"十三五"国家重点出版物出版规划项目

◉ 王利明 著

民商法研究(第二辑)

(修订版)(1992—1998年)

中国当代法学家文库

王利明法学研究系列

Contemporary Chinese Jurists' Library

中国人民大学出版社

·北京·

修订版序言

自20世纪80年代初期发表第一篇学术论文至今，我与民法同行已近四十年。21世纪以来，我在法律出版社陆续出版了个人文集一至十卷。此次应中国人民大学出版社之邀，对原在法律出版社出版的个人文集进行了全面修订，这确实是一件颇为繁复之事。

这套文集收录了我近四十年来公开发表和未发表的学术论文。今天读来，一些文章显得粗糙甚至肤浅，但这些作品反映了我当时对中国民商法现实问题的一些思考，凝聚了我的汗水和心血。这些作品的写作也是一段冥思苦想、艰苦求索的心路历程。在那个年代，没有电脑网络、图书资料极度匮乏，从事学术研究是件苦差事。许多早期作品都是在那种艰苦的环境中创作的。虽然这些文章或许不乏幼稚之处，但敝帚自珍，更何况那也是对一段艰难困苦历程的记载。

古人云："君子之为学也，将以成身而备天下国家之用也。"我也一直铭记先师佟柔教授"治学报国、奉献法治"之教诲，以研究中国法治建设中的现实问题为使命，以为中国当代法治建设建言献策为己任，借此追求法治梦和民法梦。我国《宪法》通过对"依法治国"方略的确认，书写下我们的法治梦，描绘出中国法治的宏伟蓝图。而新中国几代民法学人的民法梦就是期待一部中国民法典的面世。就我个人而言，民法梦还有一层含义，就是要构建中国民法学理论体系，这样一个体系是立足于中国实践、内生于中国文化传统、回应中国社会现实需求、展示民族时代风貌的理论体系。在世界文化多元化背景下，这样一个中国民法学理论体系也应当是一种具有自身特色，受世人广泛关注、高度评价和普遍尊重的法律文化样态，其能够为促进世界民法文化的繁荣与发展作出我们中国人自己的贡献。那么，我们应当构建什么样的中国民法学理论体系呢?

——它应当以研究中国现实问题为重心。“社会不是以法律为基础的。”“相反地，法律应该以社会为基础”（马克思语）。民法是社会经济生活在法律上的反映，更是一国生活方式的总结和体现。在社会主义条件下发展市场经济，是一项前无古人的伟大壮举。这也使我国社会主义市场经济在发展过程中出现了许多其他国家和地区从未出现的新情况、新问题。作为市场经济基本法和市民生活“百科全书”的民商法，更应当以我国社会主义市场经济发展过程中的现实问题为依归。这就要求我们将民法论文写在中国的大地上，植根于中国的社会生活和经济生活的实践，密切关注和联系中国的改革开放、市场经济发展的实践，善于总结立法和司法实践的经验，善于归纳和运用市场经济社会所形成的习惯。德沃金言，“法律是一种不断完善的实践”。只有源于实践并服务于实践的民法学理论，才是真正有生命力、有针对性、有解释力的理论。

——它应当以解决中国现实问题为依归。“道无定体，学贵适用。”我们的民法学要成为经世济民、服务社会的有用之学，就必须从实践中来，到实践中去，解决中国的现实问题。“问题是时代的声音”，我国改革开放和市场经济建设实践中所出现的现实问题，既是我国民法学发展过程中的挑战，也是我国民法学发展的重要契机。我国民法学的发展始终应服务于中国改革开放的伟大实践，对社会生活中产生的现实问题提出创造性的解决方案，以此为民主法治建设作出贡献。在我看来，解决了市场经济体制构建中的中国特色民商法重大问题，就是解决了为世界普遍关注的问题，就是对世界民商法学发展的重大贡献，也就达到了国际领先水平。还要看到，“人民的福祉是最高的法律”（Salus populi suprema lex esto），民之所欲、法之所系。民法本质上是人法，民法学研究始终应当以实现人文关怀、保障人的自由和尊严、促进人的全面发展、增进人民的福祉为理念，始终以尊重人、保护人、关爱人为出发点。

——它应当具有对世界优秀民法文化的开放和包容态度。构建以研究我国现实问题为重心的民法学理论体系并不等于对异域法律文化的排斥。相反，在全球化背景下，中国民法学理论体系应当是一个包容世界民法文化精髓的体系，它反映了人类社会发展进程中面临的共同问题和应对智慧。理论自信不等于盲目自大，学术自信离不开我们对异域法律文化的充分了解，离不开我们对人类社会最新成果和趋势的准确把握。对人类法律文明的优秀成果，应秉持鲁迅所言“我们要运用脑髓，放出眼光，自己来拿”。但借鉴不等于照搬，域外的法治经验只能作为借鉴对象，必须立足中国，放眼世界。外国的制度、理论都只能是我们借鉴的素材，最重要的是要从中国实际出发，绝不能“削中国实践之足，适西方理论之履”，绝不能在外国学者设计的理论笼子中跳舞，绝不能单纯做西方理论的搬运工，而要做中国学术的创造者，做世界学术的贡献者。

——它应当具有自身的逻辑性和科学性。民法学之所以是一门科学，是因为民法学本身具有科学的理论体系和科学的研究方法。一方面，经过两千多年的发展，民法学在自身独特研究对象的基础上，已经形成了一些具有共识性的概念、规则和制度，形成了富有逻辑的、体系严谨的理论体系。另一方面，民法学以私法自治等原则为基础，构建了自身独特的价值体系，并形成了自身的研究方法，通过这些方法的运用，对同一问题能够相互交流，进而达成具有共识性的结论。民法学研究方法也需要不断创新，在注重解释方法的同时，也要注重实证研究，高度重视利用我国丰富的案例资源，并充分借鉴经济学、社会学等学科的研究方法，努力反映时代精神、体现时代特征。

近四十年来，我本人的民商法研究经历基本上遵循了前述思路。回顾自己的学术历程，从最初在佟柔教授指导下研究民法的调整对象和民法体系、民法与经济法的关系以及经济体制改革过程中的所有权形态等问题，到 20 世纪 80 年代末期赴美学习后回国开始从事民法总则、侵权责任法归责原则、物权法基本原理等问题研究，再到后来因参与合同法立法而开始全面研究合同法问题，这期间，本人就民法中的诸多重大疑难问题撰写了不少学术论文。90 年代末期我又赴哈佛大学法学院进修，重点研究司法改革等法治热点难点问题。21 世纪以来，随着民法法典编纂正式启动，我作为起草人之一参与民法典草案的编纂工作，就物权法、人格权法、侵权责任法和民法典体系等基本理论问题展开了专门研究；后又配合物权法、侵权责任法的起草，就相关领域的重大理论问题展开了认真探讨。作为中国民法法典化的见证者和参与者，我在整个研究历程中都尽最大的努力提供建设性意见和理论支持，我也与其他民法学同人一道大力助推中国民法学理论体系的建构和民法学文化的传播。

弹指一挥间，近四十年过去了。当初荒芜的法学园地而今已繁花似锦，当初被称为“幼稚的法学”今天已成为一门显学，民法学在其中表现得尤为突出。记得在改革开放之后相当长的时间内，社会上一般人都不知民法为何物。一些重要的民法制度和民法术语更为人们所陌生。例如，在 20 世纪 90 年代初期，我国权威词典仍然把“隐私”这一概念理解为“阴私”，将其视为一个贬义词汇。而今天，“隐私”这一术语已广为人知，保护隐私的观念也已深入人心，这不能不说是一个巨大的社会进步。不得不承认，这一历史性演变与进步凝聚了一代又一代民法学人的汗水、心血与期盼。还记得 20 世纪 80 年代初我大学毕业时，民法教科书仅寥寥数本，且尚未公开出版，民法论文屈指可数。而今，我国民法学教科书汗牛充栋，民法学论文浩如烟海，民法学研究人才辈出，民法学的未来一片光明。

但我们还应当清醒地意识到，中国的法治建设任重道远，市场经济法律制度还处于不断完善之中，与此直接相关的是民法学理论体系仍处于初创阶段。这不仅表现在现有民法理论和相应民法制度还未能有效地回应诸多重大现实问题，而且表现在我国民法学理论的国际影响尚不尽如人意，民法学理论的国际话语权仍然有限。虽然法治梦和民法梦已经筑起，但这些梦想的实现，还有待我们为之做长期不懈的努力。

尼采有句理想主义名言，“不断重复一个梦幻，就能把它变为现实”。我们已经从迷茫中醒来，选择市场经济这一发展道路，法治是中国的唯一选择，舍此别无他路。在这一过程中，法学工作者肩负着重大职责和光荣使命。基于这样一种认识，我希望借《民商法研究》文集修订之机，重复我的中国民法梦想，以助推法治梦的实现。犹如涓涓细流汇入大海，学术繁荣也像水流汇集成川一样，需要靠每个人不断的努力和积累。我愿化作沧海一粟，汇入中国民法学文化的江海；我愿作为一粒石子，铺在法治的康庄大道。

期盼中国民法梦梦想成真，期待中国法治梦早日实现。

2013 年 2 月 16 日于明德法学楼，2019 年 9 月修改

原版序言

17 世纪的自然法学家、被誉为“国际法之父”的胡果·格劳秀斯曾经说过：“对于一个学者而言，没有什么比研究法律更有价值!”此话被法学家们津津乐道，聊以自慰。然而，要享受这句话所带来的荣耀，又岂止是在书斋里殚精竭虑、皓首穷经所能达致。现代社会突飞猛进、日新月异，法治已成为维系社会进步、保障人民福祉、促进经济繁荣的关键所在。对于一个研究法律的学者而言，不仅要认识到法治在现代化进程中的极端重要性，更须意识到自己对中国法制现代化的建树所应承担的责任。

我作为“文革”后第一批经高考入校的大学生，于 1978 年年初开始接触法律。当时的民法学，可以说是一片荒芜，很多人根本不知民法为何物，课堂上所学的民法，实际上不过是一些有关婚姻、财产继承、损害赔偿的政策规定。直到 1981 年年初，我准备报考研究生时，才见到了佟柔教授等人编写的民法讲义，那是一部油印的、仅二十余万字的教材，然而，我却由此迈入民法的殿堂，它是我入门的教科书。

1982 年年初，我考入中国人民大学，在佟柔老师的指导下，真正开始学习和研究民法。进校以后，恰逢学术界展开民法、经济法调整对象的争论。根据佟柔教授的意见，我开始研究民法的调整对象和经济法的理论问题，并逐渐形成了经济法就是经济行政法的认识。1982 年，在王家福教授等人的鼓励下，我在由中国社会科学院法学研究所主持的全国经济法理论研讨会上，作了一个有关经济行政法理论构想的大会发言，得到了民法界前辈的支持和鼓励。我的硕士论文选题也由此确定。

1984 年留校任教以后，我开始给本科生、研究生讲授民法课程，在此过程中形成了自己对民法体系及各项制度的看法和认识。1986 年我和郭明瑞教授等人，合作撰写了《民法新论》上、下册，该书对刚刚颁布的《民法通则》作了一定的研究，也对中国民法学的内容和体系，作了较为认真的探讨。其间，我与原国家经委的李时荣同志合作，编写了《经济体制改革中的法律问题》，与最高人民法院唐德华等同志合作编写了《民法教程》。

1987 年，我在佟柔教授的指导下，在职攻读民法博士学位。1988 年受美中法学教育交流委员会的资助赴美进修，在美国著名的财产法教授 Mr. Olin Browder 的指导下，研究英美财产法、信托法、合同法、侵权法等问题。回国后，我以《国家所有权研究》一文，于 1990 年年初，通过了博士学位论文答辩，成为新中国成立以来首位民法学博士。此后，我开始撰写有关侵权行为法的论著，相继出版了《侵权行为法归责原则研究》《民法·侵权行为法》（与郭明瑞等合著）、《侵权行为法》（与杨立新合著）、《改革开放中的民法疑难问题》等著作。当时我国的侵权行为法研究领域少人问津，这几本小书的出版，对侵权法理论的发展多少起到了一些推动作用。

1993 年以来，我与杨立新等同志合作，开始研究民法学中的一个新领域，即人格权问题。这些研究成果便是后来与他人合著的《人格权法新论》《人格权与新闻侵权》《人格权法》。在这些著作中，我极力主张人格权法应与侵权行为法一样作为民法中独立的制度对待，从而改变传统民法历来沿袭的重物轻人的状况，并在此基础上构建新的民法体系。

我对合同法研究始终抱有浓厚的兴趣，在美国学习期间，曾花很大的精力研究英美合同法的历史、现状和发展。自 1993 年以来，由于参与合同法的制定工作，我开始集中精力研究合同法问题，独自撰写了《违法责任论》，并与崔建远先生合作出版了《合同法新论·总则》。在这两本小书中，我也希望探索中国合同法自身体系和制度的建构，尤其是希望立足于中国的现实，通过不断吸收两大法系的立法和司法经验以及国际惯例，逐步建立先进的、科学的、符合中国国情的合同法体系和规则。

20世纪80年代中期，我曾在佟柔教授的指导下，就国家所有权和国有企业财产权问题，在《中国社会科学》《法学研究》等杂志上发表过一系列论文，提出通过股份制改造全民所有制企业，使其享有法人所有权；在我的博士论文《国家所有权研究》中，我就企业法人的所有权与国家所有权的关系问题作了专门探讨。同时，我也就物权特别是所有权的基本原理作了研究。最近这几年，基于国家制定物权法的需要，我又重新开始探索物权法的理论问题，并撰写了《物权法论》一书。

作为一个民法学教员，我一直很重视教材的编写，并先后参与、实际主持、主编过6本民法教材。近几年，为了改进民法的教学方法，引进英美法的判例教学法，我开始系统编写民法案例研究的教材，由此形成了《合同法疑难案例研究》《高级司法官法律培训教材·中国民法案例与学理研究》(4辑)(与郭明瑞、杨立新等合作)。

创建中国自己的民法学体系是我自研究民法以来孜孜以求的理想。我们伟大的民族在历史上创造的博大精深、包括中华法系在内的中国文化，数千年来巍然屹立于世界文化之林。我们感激先人的贡献，更应在当代对中国法律体系的建立和法制的现代化有所作为。我们的民法学应当创建自己的体系，这不仅因为我们所处的历史传统和文化积淀有其特性，我们的现实经济及社会生活独具特点，而且因为我们负有将辉煌的中华法系发扬光大的历史责任。我们的民法学需要大量借鉴两大法系的先进经验，但不能完全照搬照抄，成为某些国家民法的简单复制。人在天地间贵在自立，国家和民族贵在自强。我们的民法，也应当在世界民法之林中有自己的重要地位。作为民法学工作者，我们所做的一切，都应为着这个目标而努力。

黄仁宇先生在《中国大历史》一书中言："我们想见今后几十年内是从事中

国法制生活人士的黄金时代。他们有极多机会接受挑战、尽量创造。”过去的十多年里，我也曾在治学的道路上面对艰苦的生活和学习条件而彷徨，在那些难以忘怀的岁月里，每次总能得到佟柔教授的教诲和鼓励。当我在异国他乡的时候，他每每去信，总是要我学成归国，报效国家；而在他去世的前一天，他和我作最后一次长谈，也仍是坚信法治是中国的必由之路，民法的健全乃法制建设的最重要内容。他勉励我不论今后遇到多大困难，都要坚定地在民法学的研究道路上走下去。斯人已去，先生的教诲和人格力量，依然使我得以克服各种困难，在充满崎岖的学术之路上咬紧牙关，走到今天。

庆幸的是，在近二十年的学习和治学生涯中，我始终得到民法学界德高望重的前辈如谢怀栻先生、江平先生、王家福先生等的提携和鼓励。本院高铭暄教授、曾宪义教授、王益英教授曾对我悉心栽培、热情帮助，赵中孚教授在我博士学位论文答辩中也曾给予我不少支持，至于曾给过我各种热情帮助的学术界前辈、同人及朋友，实在是太多而无法一一列出，我只能在此对他们表示由衷的谢意。

本书的编辑大体根据年代顺序，共分为四辑：第一辑从 1984 年至 1990 年；第二辑从 1990 年至 1993 年；第三辑从 1993 年至 1996 年；第四辑则从 1996 年至今。本书只是对前段工作的总结，今后将继续写下去。本书中有数篇论文完稿于 1991 年以前，此次修改时我又增加了一些注释，某些注释中所载的论著发表于 1991 年以后，特此说明。

最后要表达的是对法律出版社及其总编辑贾京平和编辑蒋浩、朱宁的感谢，他们冒着可能亏损的风险出版此纯学术的著作，其看重学术的精神及做法令人更有理由对中国学术的未来充满信心。我也对在本书编辑过程中，曾对我提供许多帮助的姚辉副教授、王轶博士、邓旭博士、石佳友、朱岩等人，表示感谢。

1998 年 1 月 15 日于贤进楼

目　　录

第一编　民法总则

第二编　人格权制度

第三编　物权制度

第四编 债与合同制度

第五编 侵权责任制度

第六编 其他

第一编

民法总则

民法法典化与法律汇编之异同

民法是“社会生活的百科全书”，关乎国计民生和人们的日常生活。民法是社会经济生活在法律上的反映，民法典更是一国生活方式的总结和体现。民法典是按照一定的体系编排的调整民事关系的制度和规范的集合，它是成文法的最高形式。大陆法系常常被称为法典法系、民法法系，是因为绝大多数大陆法国家都有自己的民法典。编纂民法典，就是要用科学合理的、富有逻辑性和内在一致性的体系来整合现有民事单行法的全部内容，为民众提供行为准则，为法官提供裁判依据，更是为社会经济发展、人民生活幸福、社会长治久安提供根本的保障。

然而，在民法典编纂中，一直存在一种以法律汇编代替民法典编纂的思路。此种观点认为，民法的体系化可以采取法律汇编的方式，即将已经颁行的法律按照一定的体系进行整理、编排，从而实现民法的体系化。法律汇编方式简便易行，可以在最短的时间内获得民法体系化的效果，同时，由于法律汇编程序简单、灵活简便，较之于法典而言更具有灵活性，从而能够使民事立法可以根据社会生活需要及时进行废、立、改。笔者认为，法律汇编虽然也是民法体系化的一种方式，但是其本质上和法典编纂仍然存在着性质上的差异，民法法典化是民法体系化的典型标志，对法律汇编而言是一种质的超越。我国民事立法体系化不宜采取法律汇编的方式完成，民法法典化是实现这一目标的必由之路。由于该问题的重要性，本文拟对此谈一些粗浅的看法。

一、法典化不同于法律汇编

“法典”一词的英文与法文为Code，德文为Kodex，西班牙文为código，意大利文为Codice，均来源于拉丁文codex，该词的原意指“树干”，后用以指称书写的书板。[①] 大约在公元3世纪至公元4世纪，地中海地区开始用羊皮纸折叠起来缝制的书卷“Codex”来印刷出版。这一进程的推进也有深刻的政治背景。因为Codex易于保存和查询，能够允许在更大范围内的流传和阅读，因此，这一形式有助于让更多的人知晓法律的内容，并有利于法律的遵守。[②]

法典作为成文法的最高形式，是理性主义时代的产物。其实，编纂法典的现象早已存在，但这些法典并非现代学者指称的法典。[③] 例如，公元4世纪至公元5世纪，罗马法学家就编纂了“艾尔莫折尼亚诺法典”（Codice Ermogeniano）和“格来高利亚诺法典”（Codice Gregoriano）。公元5世纪，狄奥多西皇帝制定了一部完整、系统的皇帝宪令，称为《狄奥多西法典》（Codice teodosiano）。公元6世纪由优士丁尼完成的三部完整、系统的法律汇编——优帝《法典》、优帝《学说汇纂》和优帝《法学阶梯》（codex，digesta，institutiones）——也被称为“法典”，但是，这些法典与现代意义上的民法典仍然存在区别[④]，因为这些法律大多是诸法合体，实体和程序不分，民刑不分，一般不具备近现代以来民法典的体系化特征。

---

① 参见石佳友：《民法法典化的方法论问题研究》，3页，北京，法律出版社，2007。关于“codification”一词的来源，详见 Adolf Berger, *Encyclopedic Dictionary of Roman Law* 391 (1953)；Wolfgang Pfeifer, Etymologisches Wörterbuch 686 (1993)；Jacques Vanderlinden, Le concept de code en Europe occidentale du XIIIe au XIXe siècle: Essai de définition 72 (1967), at 190-191。

② 参见石佳友：《民法法典化的方法论问题研究》，3页，北京，法律出版社，2007；Jacques Vanderlinden, Le concept de code en Europe occidentale du XIIIe au XIXe siècle: Essai de définition 72 (1967), at 14。

③ 参见［意］桑德罗·斯奇巴尼：《法典化及其立法手段》，丁玫译，载《中外法学》，2002 (1)。

④ 参见陈朝璧：《罗马法原理》，20～21页，北京，法律出版社，2006。

大多数学者认为，法典化是肇始于近现代的现象。[①] 根据史料考证，大约到了16世纪，“Code”一词才具备现代意义上所言的“法典”的含义。“法典化”一词最早出现在边沁写给沙皇亚历山大一世的一封信中，边沁在该信中第一次区分了“法典化”（codification）和“立法”（legislation）两个概念。[②] 在“法典化”一词出现之前，普鲁士、法国、奥地利等国家的民法典已经诞生。但是，当时这些国家的立法者没有想到，“法典化”一词经过历史的洗礼，到今天已经得到了广泛认同和普遍使用。边沁在创造“法典化”（codification）的同时，还创造了“pannomion”一词来表达“立法”的意思。与“法典化”（codification）的命运不同的是，“pannomion”一词没有得以流传和广泛运用。[③] 一般认为，现代民法典的编纂起源于18世纪末和19世纪初。根据学者的推论，1756年的巴伐利亚民法典是民法法系最早的民法典。欧洲第一部现代意义的法典是1797年的《西加利西亚民法典》。[④]

虽然“法典化”（codification）一词广为流行，但是对法典化与法律汇编的关系，仍然存在争议。一种观点认为，“法典化”实际上就是指法律汇编，例如，有人将“法典化”定义为“一部法律汇编”（a book of law），其包含的是内容统一、系统完备的法律总和，或者至少是所有法律的综合体，或者是一个持久、综合、广泛且不允许修改的法律规范。[⑤] 通过法典化可以形成“系统和广泛制定的

---

① See Gunther A. Weiss, “The Enchantment of Codification in the Common-law World”, *Yale Journal of International Law*, Summer, 2000.

② On Bentham's neologisms “codification”, “international”, “to maximize” and “to minimize”. see John Dinwiddy, Bentham 47-48 (1989).

③ See Gunther A. Weiss, “The Enchantment of Codification in the Common-law World”, *Yale Journal of International Law*, Summer, 2000; Letter from Jeremy Bentham to Tsar Alexander Ⅰ (June 1815), in Jeremy Bentham, *The Correspondence of Jeremy Bentham* 464, 468 (Stephen Conway ed., Oxford, 1988).

④ 参见［匈］伽波·汉扎：《民法典编撰的历史回顾及其在匈牙利的最新发展》，载张礼洪等主编：《民法法典化、解法典化和反法典化》，254页，北京，中国政法大学出版社，2008。

⑤ Sten Gagnér, Zur Methodik neuerer rechtsgeschichtlicher Untersuchungen (1993).

法律集合体”①。现代意义上的法典“Codice”一词除了一般意义上的“书”的含义以外，还指“完整、系统的法律汇编”。所以，法典化也包括了法律汇编。例如，优士丁尼的《民法大全》，其实质上是一部法律汇编，但也有人将其称为法典。② 正如维斯（Weiss）所指出的，“如果我们审视诸多国家的立法和法律著述（奥地利、瑞士、法国、比利时、德国、意大利、荷兰、俄罗斯以及普通法国家）以及欧洲法、国际法最近几十年在法典化方面的一系列文献，我们就会很容易地发现，法典化的定义不可能形成某一单一的标准”③。另一种观点认为，法典化实际上是一种制定体系化的法典的过程，本质上不同于法律汇编。有学者将法典化定义为“系统化、综合化的法律体”，是对一些零散的判例或法律进行编辑、安排和系统化的过程，通过这些活动使一些法律形成一个有序的法典。法典化还被解释为是“一部法律的典章，它声称不仅能消除一切抵触，而且可以专属性和完整性地调整法律的整个部门，或者至少是其中的一大部分”④，或者是“这样一种规范，具有持久、广泛和终极性，并且在形成法律部门方面未留下其他空白”⑤，或者被形容为“对某一法域或者法律部门的规范进行编纂、安排、系统化，以将其纳入一个有秩序的法典的过程”⑥。

严格地说，法典化具有严格的定义，不应当包括法典汇编。德国学者维亚克尔（Wieacker）在解释法典化的时候指出，“法典化并不是汇集、汇编、改进或重整现有的法律，即就像从前德意志法律改革和罗马及西班牙法律汇编一样，而是在于通过新的体系化的和创造性的法律来构建一个更好的社会”⑦。尽管不少

---

① Karsten Schmidt, Die Zukunft der Kodifikationsidee: Wissenschaft und Gesetz-gebung vor den Gesetzeswerken des geltenden Rechts 78 (1985).

② 参见［美］艾伦·沃森：《民法法系的演变及形成》，李静冰、姚新华译，139页，北京，中国法制出版社，2005。

③ Gunther A. Weiss, "The Enchantment of Codification in the Common-Law World", *Yale Journal of International Law*, Summer, 2000.

④ Manfred Rehbinder, Einführung in die Rechtswissenschaft 207 (1995).

⑤ Friedrich Kübler, Ueber die praktischen Aufgaben zeitgemaßer Privatrechts-theorie 31 (1975).

⑥ *Black's Law Dictionary* 252 (7th ed., 1999).

⑦ F. Wieacker, Historia del Derecho Privado de la Edad Moderna 292 (Francisco Fernandez Jardon trans., Aguilar ed., 1957 (1908)).

学者认为法典化就是法律汇编，但二者是两个完全不同的概念，其区别主要体现为：

第一，法律汇编仅仅是将不同的单行法汇编在一起，本身并不形成体系完整的民法典。法律汇编仅仅是单行法的简单集合，受制于时势和问题的导向，单行法分别针对不同领域在不同时期的具体问题而制定，这也决定了单行法不可能通盘和全面地考虑问题，具有明显“各自为政”的局限性，造成了各个单行法之间可能发生的冲突和矛盾。法典化并不等同于法律汇编，二者是两种不同性质的活动。法典化是编纂具有体系化的法典的过程，其最终成果就表现为具有体系化特征的民法典。

第二，法律汇编欠缺规则的体系化，虽然法律汇编也要按照一定的体例编排，但其本身并不追求规则的体系化。由于法律汇编欠缺体系化，所以会产生一些问题。一方面，由于法律汇编欠缺对各个法律的体系性思考，所以难免会出现规则的相互冲突；另一方面，法律汇编虽然做到了“资讯集中”，但不利于找法，因为法典是将现有规则通过合理的体系安排予以实现，而合理的体系本身就具有便利找法的功能，但法律汇编欠缺体系化，所以仅仅是将单行法汇编在一起，仍然无法充分实现根据体系安排实现便利找法的功能。

第三，法律汇编欠缺价值的体系性。就法典化的本质而言，其不仅要实现外在规则的体系化，还要实现内在价值的统一、协调，其最重要的功能就是要进行价值整合以避免价值冲突，也就是说，要构建外在体系（即规则的体系化）和内在体系（即价值的体系化）。[①] 内在体系与外在体系的区分首先由利益法学派的代表人物赫克（Heck）在 20 世纪 30 年代提出，在此之后，得到了众多民法学者的认同。[②] 内在体系与外在体系构成了民法典体系的双重辩证关系，二者结合起来，才能满足一部现代科学立法的民法典要求。“如同自然科学一样，法学也具有高度的系统性。从法律的一般材料中经过科学研究所得出的原则，用复杂的

---

① 参见王泽鉴：《法律思维与民法实例》，225 页，北京，中国政法大学出版社，2001。

② Vgl. Heck, Begriffsbildung und Interessenjurisprudenz (1932).

组合形成一个体系，以后一旦发现新的原则就归并到这个体系中去。”① 因此，在法典化过程中，必须重视价值的统一性，包括法律的原则、精神、理念，应当始终贯彻在法典之中，而不能形成相互矛盾和冲突的状态。然而，法律汇编只是简单地将各个单行法汇编在一起，并不需要也不可能贯彻内在价值的统一，这就难免产生价值的冲突问题。

第四，法律汇编不仅仅是立法机关的活动，学者也可以完成此项工作。例如，美国法的法律汇编就是由法学会进行的，美国法学会编纂的侵权法、合同法重述等，就是法律汇编的杰作。我国台湾地区出现的“立法全书”也是由学者将各个单行法汇编在一起。我国大陆也出现大量的法律汇编，这些都是由学者完成的成果。但是，法典化是最重要的立法活动，只能由立法机关完成。

正是因为法典化与法律汇编之间存在上述区别，因此我国民法典的编纂应当选择法典化的路径，而不应当进行简单的法律汇编。虽然法律汇编也可以在一定程度上实现立法的体系化，但其功能是有限的。在我国民法典制定的过程中，一直存在着一种所谓“松散式、邦联式”的思路，即主张法典并不具有体系性和逻辑性，各部法律之间相对独立，相互之间构成松散的、邦联式的关系。② 此种观点显然是受到英美法的影响，按照这种观点制定出来的法典只是法律汇编，与“法典”名实不符。虽然法律汇编的方式相对高效，因为其不需要对既有的法律进行大的修改，而只需要将现行法律进行组合，但这种方式毕竟难以真正实现民法的体系化，也不能够消除单行法之间的冲突。只有法典化才是实现民事立法体系化的最佳途径。在我国民法典制定过程中，应当坚持以体系化的民法典来实现民法的体系化，也就是说，通过法典化的方式才能保证立法的质量。严格地讲，真正的民法典体系只有在民法典产生之后才存在，法律汇编和法典化的区别就在于是构建有限体系化还是全面体系化，法律汇编注定无法实现法典化的全面体系化功能。

---

① ［美］约翰·亨利·梅利曼：《大陆法系》，2版，顾培东、禄正平译，66页，北京，法律出版社，2004。

② 转引自梁慧星：《为中国民法典而奋斗》，37页，北京，法律出版社，2002。

二、法典化与法律汇编的本质区别在于是否体系化

从上述区别可见，法典化与法律汇编最为本质的差异就在于是否实现了规范的体系化。民法典体系化的特征在于形式的一致性、内在的一致性、逻辑上的自足性和内容上的全面性。美国学者富兰克林指出，“每个法律条文，都表现出存在的理性，而条文的结构整体也呈现出组织的原则”[①]。民法典就是以体系性以及由之所决定的逻辑性为重要特征的，体系是民法典的生命，缺乏体系性与逻辑性的“民法典”只能称为“民事法律的汇编”，而不能称为民法典。民法典的体系特征表现在以下几个方面。

（一）形式的一致性

形式的一致性即规则和制度的系统性（systemacity），换言之，是指民法的概念、规则、制度构成具有一致性的整体，相互之间不存在冲突和矛盾。就形式层面而言，法典内部不同部分的条文之间在形式上不存在冲突、抵触甚至矛盾之处，整个法典构成一个和谐的整体。例如，物权法总则的规定就应当与合同法、民法总则的规定相互协调，而这就需要根据体系化的思维作出安排：对于有些涉及所有民事法律制度的规定，如民事主体制度，就应该由民法总则作出统一规定，而不应该由物权法或者合同法单独作出规定。物权法中关于“权利人”的概念，也应当由民法总则进行统一的规定，而不是由物权法单独作出规定。又如，关于物权法调整对象的“物”，就应当与民法总则中的民事权利客体制度相衔接。形式的一致性提供了法律适用的重要依据，而且对于法律解释具有重要作用。由于“法典集中了某一部分的所有法律规范，具有内在的体系性和完备性，从而容易为人所知晓其全部内容”[②]，它不仅可以起到举一反三、触类旁通的效果，而且为通过法律解释来填补法典漏洞提供了制度性空间。

---

① Franklin，“On the Legal Method of the Uniform Commercial Code”，16 *L. & Contemp. Prob.* 330 (1951)，and Hawkland，Uniform Commercial “Code” Methodology，1962 *U. Ill. L. F.* 291.

② 石佳友：《民法法典化的方法论问题研究》，33 页，北京，法律出版社，2007。

1. 概念的一致性，即法典所使用的各项概念是一以贯之的。尽管某一概念在不同的上下文语境中其表述可能存在差别，或者具有不同的内涵，但是，从基本方面来看，它的内容具有相对的恒定性和确定的内核，同一概念在不同的语境下不存在相互冲突的现象。梅利曼指出，“民法典‘科学化’的程度，决定着在实体法、一般法理以及关于民法总则或一般原理课程中所使用的概念和原则统一的程度”①。我们之所以要追求民法典的体系化，很大程度上就是要通过体系化来消除各项民事法律制度之间的冲突与矛盾，有效地保障整个民事法律体系中各种概念、范畴的严谨性与统一性。例如，在我国现行民事立法中，出现了“民事行为”“民事活动”“民事法律行为”“法律行为”等诸多概念，这些概念究竟哪一个是属概念、哪一个是种概念，它们的内涵与外延如何界定，一般人往往很难理清头绪，这就需要通过法典化来解决民法概念的严谨和统一问题。

2. 规范的一致性，即各个民事法律规范相互之间能够形成密切协调与相互衔接的关系，构成内部自洽的规范群和制度群。按照德国学者施瓦布的看法，建立“一个协调的、按抽象程度逐级划分的概念系统”构成了法典化的基本前提。② 一方面，规范之间必须具有一定的逻辑性，至少不能产生相互冲突的现象。例如，《民法通则》规定产品质量不合格的诉讼时效是 1 年，而《产品质量法》将其规定为 2 年，这样就存在着不同法律规范适用冲突的现象。法律规范可以分为普通法规范与特别法规范、任意性规范与强行性规范等，正是由于存在着这种脉络关联，民法典才能成为一个有效适用的规范体系。另一方面，某些规范基于其对某一特定的社会关系的调整而形成一种具有上下位阶的规范等级体系。以租赁合同为例，就合同关系、债、总则这些规范之间，其等级体系表现为：租赁合同——合同——债——法律行为的上下位阶体系。这种规范的位阶结构也充分显示了民法典的形式合理性，保障了民事规范在适用上的整体效果。“民法规范不仅仅只是想要追求使个人的利益尽可能达到尽可能美的平衡；更重要的是，

---

① ［美］约翰·亨利·梅利曼：《大陆法系》，2 版，顾培东、禄正平译，73 页，北京，法律出版社，2004。

② 参见［德］施瓦布：《民法导论》，郑冲译，19 页，北京，法律出版社，2006。

它必须使其规范的总和——同时还要与其他法律规范的总和一起——形成一个能够运行的整体。”①

3. 制度的一致性，即民法的各项基本制度在调整社会关系的过程中形成了内在的一致性。与规范的一致性所不同的是，制度的一致性不仅指不同规范之间在形式上的一致，而且还指制度在内部构建上存在着一致性。制度是规范的群体，例如不当得利、侵权行为等制度，就是由一系列规范群组成的。制度的一致性是指民法的规范群要逻辑自洽、相互衔接、共同调整。例如，违约责任和侵权责任制度的关联，无权处分和善意取得制度的协调等。

（二）内在的一致性（coherence）

所谓内在的一致性，主要是指民法价值的一致性，换言之，是指民法典要尽量实现各项基本价值之间的兼顾、和谐和统一。价值是法典的灵魂，任何法典都要体现和保护一定的价值，其规范和制度都必然受制于这些价值。没有了价值，民法典就失去了依托和存在的合理性。除了形式一致性以外，民法典的体系还表现在内在价值上的协调。德国法社会学家韦伯认为，大陆国家法律具备逻辑性的形式理性，民法典便表现了这种形式理性。就民法而言，民法典是形式，而民法的基本价值、原则是实质体系的要求，民法典不能偏离民法的基本价值、原则。

内在一致性要求民法典的体系充分贯彻民法的基本价值观念，如平等、诚实信用、私法自治、交易安全等，这也有助于消除整个法典价值观念之间的冲突和矛盾。单行的法律固然能够在社会生活中的某一领域贯彻一种或多种民法价值观念，但是无法在全部民事法律领域中实现诸多民法基本价值观念的和谐融洽。诚如王泽鉴先生所言，民法典的制定基于法典化的理念，即将涉及民众生活的私法关系，在一定原则之下作通盘完整的规范。② 例如，现代民法不同于古代民法的一个主要方面在于，现代民法不仅注重对财产所有权的保护，同时也注重对交易安全的维护。当对交易安全的维护与对所有权的保护发生冲突之时，现代民法优先保护的是交易安全。此种优先保护交易安全的理念又分别体现在民法典的各个

① ［德］施瓦布：《民法导论》，郑冲译，9页，北京，法律出版社，2006。
② 参见王泽鉴：《民法总则》，22页，北京，中国政法大学出版社，2001。

编章之中。例如，总则中的表见代理制度，物权法中的善意取得制度，合同法中的无权处分制度等，都体现了优先保护交易安全的价值选择。体系化使法律规范位阶分明以增强法之可操作性，并可避免规范之间重复与矛盾，实现法律和谐的目标。[①] 通过对民事法律规范的法典化，才能够使民法中的各种价值贯彻如一，并协调它们相互之间的冲突与矛盾。

但是，随着社会的发展，社会群体的不断分化导致社会利益出现了多元化的格局，利益冲突不断加剧，从而使民法典在价值体系方面也出现了多样化的特点。这就导致了价值冲突在民法的体系中时常出现，例如合同自由原则和合同正义原则、形式正义和实质正义、保护所有权与维护交易安全等。采纳不同的价值理念将会直接决定民法典的规范和制度的不同取向。[②] 一旦缺乏了价值体系方面的考虑，就可能出现利益保护上的失衡和规则的相互冲突。如我国《合同法》第51条关于无权处分行为的效力规则，就与《物权法》第106条关于善意取得制度之间存在一定的冲突。如果无权处分合同无效，原权利人可能会行使所有物返还请求权，而如果适用善意取得制度，则第三人取得所有权，原权利人不能再请求所有物返还。所以在民法典的制定过程中，不仅仅是要确定其所要保护的基本价值，更为重要的，是实现这些基本价值之间的平衡和兼顾，构建一个和谐的价值体系。

（三）逻辑上的自足性

所谓逻辑上的自足性，是指民法典所包含的概念、规则、制度之间被某种严格的内在逻辑加以组织和编排。罗马法即已形成民法的逻辑性，罗马法之所以对大陆法影响深远，是因为“它向世人表明，以不同民族及其不同发展阶段都能够接受的常识为基础，建立一套法律体系是完全可能的”[③]。逻辑性是体系化的生命所在，也是体系的最直接表现，它也构成法典的本质特征。如果不具备逻辑性，则不可能被称为真正意义上的民法典。逻辑上的自足还表现在构成民法典的

① 参见江平主编：《民法学》，19页，北京，中国政法大学出版社，2002。

② See Hartkamp, “Judicial Discretion Under the New Netherlands Civil Code”, in *American Journal of Comparative Law* 40 (1992), pp. 551-571, 569.

③ ［英］劳森：《罗马法对西方文明的贡献》，载《比较法研究》，1988（2）。

各个具体制度自身可以形成一个一般与特殊、一般法与特别法的关系，例如，买卖合同相对于合同法总则是一个特别法，而合同法相对于债法而言是一个特别法，而债法相对于民法总则而言也是一个特别法。在民法典中，总则与分则、分则的各项制度之间便具有这种逻辑性。此外，制度的一致还表现在整个宏观结构的逻辑性，其中包括了民法典与单行法之间的逻辑体系。逻辑性主要表现为：

第一，概念的逻辑性。这就是说，各项概念本身在民法典中被逻辑地排列和安排，并且相互之间构成逻辑上的某种关系（例如一般—特殊关系）。以沃尔夫为代表的概念法学家曾经表示要建立一个概念的金字塔，这将概念的逻辑性推向了极端。但是不可否认，概念的逻辑性也有助于维护法的安定性，这也是民法典所追求的重要目的之一。例如，以权利为例，首先要区分所谓公法上的权利和私法上的权利，而对私法上的权利要进一步区分为人法中的权利、财产法中的权利等。在此之下，又要进行进一步的分类，例如财产法中的权利又要区分物权、债权等，而在物权中要进一步区分为所有权、用益物权、担保物权等，这些权利在不同领域又可以进一步区分。由此可见，权利本身已经构成了严密的概念体系。它们之间体现为一般和个别的关系。

第二，民法典的各项制度之间具有内在的逻辑联系。例如，有学者从意思表示出发，以之为中心来构建民法典的体系，也有学者从民事权利或者从民事法律关系的角度出发探索民法典体系的逻辑性。无论采取哪一种模式，都旨在寻求民法典制度安排所遵循的内在逻辑性。事实上，任何国家的民法典都必须追求各个制度之间的密切协调，合理地安排以实现抽象与具体的结合，安排先后次序的逻辑排列。例如，民法的各个请求权形成了物上请求权、债权请求权、人格权请求权、继承权请求权等周密的请求权体系，各请求权分工配合、协调一致，对民事权利进行全面的保护。在此基础上形成完整的系统，由此而形成周密、严谨的制度安排。①

第三，民法典的制度与单行法之间的逻辑联系，包括民法典与单行的商事特别法、民法典与民事单行法之间，形成了和谐一致的逻辑整体。例如，民法典总

① 参见［德］卡尔·拉伦茨：《法学方法论》，陈爱娥译，316页，北京，商务印书馆，2003。

则编与公司法、证券法之间，是一般法与特别法的关系。对于涉及调整平等主体之间财产关系和人身关系的法律，即使是在不同时期制定的，也应当保持协调一致，从而充分发挥法律的综合调整合力。

（四）内容上的全面性（completeness）

所谓内容上的全面性，又称为完备性（comprehensive），是指将同一领域、同一性质的法律规范，按照某种内在的结构和秩序整合在一起，使其能够覆盖社会生活的基本方面，对市民社会中需要法律调整的主要社会关系能够提供基本的法律规则。“法典编纂是一系统性的表述，是以综合和科学方法，对特定国家内一个或若干法律部门诸普遍和永久规则加以组织的整体。”① 如果规则不是系统全面的，而是残缺不全、七零八落，就根本无法体系化。正是从这个意义上说，法典化不同于一般的立法即在于法典“包含了各种有效的控制主体的法律规则的完整性、逻辑性、科学性”②。齐默曼（Zimmermann）认为，全面性（comprehensive）是民法典的重要特点。③ 如果一部民事法律只调整部分内容，则不能称之为民法典。例如，《瑞士联邦债务法》也具有体系化的特征，但是它不是一部民法典。历史上众多的著名法典，例如《德国民法典》，就旨在追求全面性和完备性。法典通常涵盖法律中一个广阔的领域，但完备性并非意味着一部法典要事无巨细，都加以规定，也不是说必须包罗万象，预见一切。期望一部法典提供所有的规则是不现实的，法典的编纂者“并非所有的内容都应该予以吸收，只有那些适应国家以及从而实现‘重要的内容法典化’”④。

正是由于民法典体系化的上述特点，使民法典成为实现民事立法体系化的最

① ［法］让·路易·伯格：《法典编纂的主要方法和特征》，郭琛译，载《清华法学》，第8辑，13页，北京，清华大学出版社，2006。

② Lobinger, *Codification*, in 2 Encyclopedia of the Social Sciences 606, at 609-610 (1930, Reissued 1937).

③ See Reinhard Zimmermann, “Codification: History and Present Significance of an Idea”, 3 *Eur. Rev. Private L.* 95, 98 (1995), at 103.

④ Golab, Theorie et Technique de la Codification, in Studi Filosofico-Giuridici Dedicati a Giorgio del Vecchio 296.

佳途径。“事实上所有的近代民法法系国家都是法典化的。”[①] 法律汇编虽然简便，但其不能从根本上解决民事立法内在体系和外在体系的构建问题，所以，其最多在法官适用法律中发挥一定的“资讯集中”功能，但由于其没有在根本上解决体系化的问题，因而也无法使法官真正按照体系化的法典为基础，准确适用法律。相对于法律汇编而言，由于民法典追求体系性，其编纂操作难度也更大。体系构建既要考虑到体系所赖以立足的范式本身的正当性、合理性，还需要考虑到这一基础性范式本身的可操作性、可实现的程度。但这是一种从根本上解决民事立法体系化的方式，所以即便民法典编纂工作困难重重，其也应当是实现我国民事立法体系化的不二选择。我们需要认真研究法典体系化的内在规律，找出体系化的基本特征，为民法典体系的建构和内容上的全面性寻找切实可行的途径和办法。

三、法典化与法律汇编相比具有明显的优越性

我们为什么要走法典化的道路，而不走法律汇编的道路，根本原因在于，法典化与法律汇编相比具有明显的优越性，但最大的优越性在于，法典化的体系性较强，其不仅从根本上解决立法的体系性问题，而且可以为司法、法学教育等带来极大的便利。因此，在大陆法国家，自 18 世纪法典化运动以来，法典化尝试成为一种重要的法律潮流和现象，并极大地推进了大陆法国家的民法体系化发展。19 世纪欧洲出现的多个国家系统编纂民法典的现象，也被称为“法典化运动”，这一现象正是反映了这一时代的法典编纂潮流。据统计，现在世界上有 113 个国家颁行了民法典。[②] 即使是二战以后，法典编纂运动也没有停止，许多国家和地区仍在不断编纂和修改民法典，如 1960 年的《埃塞俄比亚民法典》、1984 年《秘鲁民法典》、1995 年的《俄罗斯联邦民法典》、1998 年的《土库曼斯

① ［美］艾伦·沃森：《民法法系的演变及形成》，李静冰、姚新华译，139 页，北京，中国法制出版社，2005。

② 参见梁慧星：《当前关于民法典编纂的三条思路》，载《律师世界》，2003（2）。

坦民法典》、2000年的《智利民法典》、2002年的《巴西新民法典》、2015年的《越南民法典》等，都是近几十年来颁布的新的民法典，而且在一定程度上也反映了20世纪和21世纪的时代特征和时代精神。

在我国，之所以要坚定不移地走法典化的道路，尽快推进民法典的编纂，主要原因在于，法典化具有如下重要意义。

1. 法典化将促进民事立法的体系化

民法的法典化有助于实现民事立法外在规则体系的一致性、内在价值体系的一致性、逻辑上的自足性以及内容上的全面性，形成在特定价值指导下的统一法律术语、法律制度和法律规则，保持法律各部分内容的相互协调和相互配合，形成严谨的体系结构。具体表现在：一是规则的体系性。这主要是就民法的外在体系而言的，必须要保持规则的逻辑统一，消除不同法律规则之间的不协调、矛盾和冲突的现象。目前，由于缺乏一部民法典，各单行立法之间尚未形成完整的体系，法律规范之间重复甚至冲突的现象依然存在，从而影响了民事立法的有效实施。例如，《民法通则》和《合同法》关于欺诈、胁迫属于导致合同无效还是可撤销的事由等规定存在一定的冲突。《物权法》和《担保法》之间关于物的担保的规定也极不一致。法官面对相关的纠纷，常常遇到适用法律的困难。只有编纂民法典，才能尽可能消除这些不协调现象，增进我国民商事立法的体系性。二是规则的完备性。民法典是社会生活的百科全书，涵盖了社会生活的方方面面，民法典应当实现对社会生活全方位、多层次的调整。目前，虽然我国已经颁行《民法通则》《合同法》《物权法》《侵权责任法》等重要的民事法律，基本涵盖了社会生活的主要方面，但由于没有民法典，许多社会生活领域仍然缺乏法律调整。例如，有关隐私、个人信息、信用等制度，仍然缺乏基本的规定，导致实践中大量出现"人肉搜索"、信息泄露、性骚扰、非法跟踪、非法窥探、滥用信用评价等行为。这就需要通过制定民法典，完善相关领域的法律规则，建立完备的民事立法体系。三是价值的统一性。完备的法律规范体系应当统一贯彻社会主义法治的基本价值，彰显民法的私法自治和人文关怀理念。正如罗马法谚所云："立法理由不存在，法律也不应存在。"我国现行立法中存在许多价值冲突现象。例如，

《合同法》第51条与《物权法》第106条就发生了一定的冲突，因为《合同法》第51条强调对权利人的保护，而《物权法》第106条则强调对交易安全和交易相对人的保护，这就产生了法律价值理念之间的冲突，通过民法典编纂，就是要消除此种立法价值上的冲突。

2. 法典化将极大地便利法官适用法律

一方面，从司法层面看，分散立法难以为民事活动的当事人和法官提供基本的法律规则和法律依据。在有民法典的国家，法官应该主要依据民法典来处理案件和解决纠纷。而在没有民法典的情况下，法官找法要么无所适从，要么十分随意。迄今为止，我国已经颁布了二百五十多部法律，其中一半左右是民商事法律。但并非所有法律都应该成为裁判民商事案件的依据，在缺乏民法典的情形下，法官可以援引哪些法律规则作为裁判依据，成为经常困扰法官的一大难题。更何况，一旦我国颁行新的民事法律，就要对之前许多的单行法规则进行修改。据统计，仅《侵权责任法》的颁行就修改了之前十多部单行法有关侵权责任的规定，但因为新出台的法律中并没有明确指明其修改了哪些法律规定，这就给法官准确适用法律带来了很大的困难。另一方面，司法解释中的许多规定与我国现行立法规定并不一致。例如，《买卖合同司法解释》关于无权处分合同的效力与《合同法》第51条的规定明显不一致，实践中经常发生一方引用《合同法》，而另一方引用司法解释规定的现象，这使法官在适用法律时无所适从。实践中出现的“同案不同判、同法不同解”现象，许多都是因为法官选择法条和裁判依据不同而引发的。还应当看到，法典化的一个重要优势在于“资讯集中”，法官一部法典在手，就基本可以找到裁判民事纠纷的所有规则，只要把一部法典真正学懂、弄通，就基本可以找到解决民事纠纷的规则。而且通过编纂民法典，还可以把修改、补充法律的情况都一览无余地展现出来，这也有利于保障裁判的统一性。

3. 法典化将有利于规范执法行为

从执法层面看，缺乏整合的民事单行立法造成了许多法律空白，这不利于规范行政权力的行使。在我国，由于没有民法典，许多重要民事关系的调整规则不能通过民事法律的方式表现出来，从而留下了法律调整的空白。这些法律空白一般是通过国务院各部委的规章及地方政府颁布的地方性规章予以填补的，而一些规章难免导致出现限制公民私权，或者变相扩张行政权的现象。例如，仅房屋租售一项，就有房屋登记、期房买卖、登记备案、房屋租赁条例等行政法规。不少规定都极大地扩张了行政权力。而民法典则有利于规范行政权力：一方面，民法典作为基本的民事法律制度，一旦确立了公民的基本民事权利，就同时限定了行政权力的边界；另一方面，民法典的制定，为权力清单的制定确立了法律基础，有利于规范行政权力的行使。制定民法典，有助于制度的科学化，为良法善治奠定基础。还要看到，民法典能够提供认知基本生活的规则，实现其“生活百科全书”的功能。“法典还推进了司法的可接近性，使规则的制造中心在数量上减少，避免了实在法中的空隙。”[①] 这都使得人们更容易了解法律，也有利于提高人们的权利观念和权利意识，从而在一定程度上有利于规范执法行为。

4. 法典化有利于提升法学教育质量

从法学教育层面来看，大陆法系许多国家的经验表明，法学教科书和教学的体例在相当程度上就是民法典体例的展开。民法学之所以是一门科学，很大程度上是因为其概念、规则、制度等形成了逻辑自洽的体系，民法学的内容可以以体系的形式表现出来，这在很大程度上又是奠基在民法典的基础之上的。[②] 在缺乏民法典的情形下，民法学的知识体系可能会欠缺体系性，就此而言，民法典在体系化方法的培育方面将具有重要的功用。它有助于使教育者形成体系化的教学内容和教学方式，受教育者也可以在一个良好的体系框架下全面、系统地掌握法律知识，降低教与学过程中的法律知识搜索和整理成本，对民法整个知识的掌握形成一种体系化的思维。[③] 正如普赫塔（Puchta）所指出的：“体系化的功能，不仅在于可对所拟处理的资料，获得较好之鸟瞰，以及较佳之掌握的可能性，而且为确保所认识之真知，体系化亦构成其唯一的可能之途径，盖非经体系化，不能

① H. Rot，Critères d'appreciation d'une codification du droit，Rapports polonais，1982.

② 参见［德］卡尔·拉伦茨：《法学方法论》，陈爱娥译，316页，北京，商务印书馆，2003。

③ 参见封丽霞：《法典编纂论——一个比较法的视角》，249页，北京，清华大学出版社，2002。

科学地思考或处理问题，并检证自思考或处理问题之经验中，所取得的知识。”①

5. 民法典有助于培养法律人的专业知识体系和法律思维

法典构成一个体系，一个整体，一个独立和自足的空间。体系化有助于认知民法中最基本的范畴。因为体系化首先要求法律人形成正确的法律思维模式，法律人正确的思维模式实际上就是体系化的思考模式，而法典的体系化对其大有助益。在大陆法系，法律思维的基本方法是演绎法，即通过三段论的逻辑过程，将抽象的法律规范运用到作为小前提的法律事实中，从而得出法律结论。体系化有助于逻辑三段论思维方法的运用。例如，总则、分则的体系结构，就涉及一般法和特别法的相互关系问题。这样一种体系结构使民法典形成了一个从一般到具体、层层递进的逻辑体系。因此，总则的体系构成本身有助于培养法律人归纳演绎、抽象思考方法的能力。② 民法典本身就是体系化思维方式的结晶，而在民法典颁行以后，它反过来也可以促进法律人体系化思维方式的形成。

应当看到，在法律汇编的模式下，只是将单行法按照一定的体系汇编在一起，此种模式实际上注重单行法的制定，而不是民法典的编纂。主张法律汇编的理由之一是，各单行法的制定程序简单、灵活简便，尤其是能够使民事立法依据社会生活需要及时进行废、立、改。笔者认为，这一理由难以成立，不能据此认为法律汇编就可以完全替代民法典。一方面，民法典本身可以通过设置一般条款、兜底条款等方式保持开放性，从而妥当平衡法律的具体性与开放性的关系，为未来的发展预留空间。另一方面，民法典颁布后并非不易修改。应当看到，由于整个一部法典内容庞杂，不可能为几个条款，而对整个法典进行修改，但如果某些条款确有修改的必要，完全可以对民法典各编单独进行修改，甚至也可以专门就某一或某几个条款通过法律程序予以修改。此外，在民法典通过后，更需要运用法律解释的方式，使得法典中抽象的条文在实践中获得具体适用，与实践保持紧密的联系，从而克服法典的滞后性，并能使法典保持长盛不衰。

---

① 黄茂荣：《法学方法与现代民法》，421页，北京，中国政法大学出版社，2001。

② 参见王泽鉴：《民法总则》，26页，北京，中国政法大学出版社，2001。

四、法典化需要保持民法典与单行法的有机统一

在法律汇编的模式下，只是将单行法进行汇编、整理，而不是制定民法典，因而不涉及民法典与单行法之间的关系问题，但是在法典化的模式下，需要整合各个单行法的规则，而且在民法典之外，还会有其他的单行法规则调整民事法律关系，因而，如何处理民法典与单行法的相互关系，成为采纳法典化模式所遇到的一大难题。近几十年来，在欧洲出现了一股“去法典化”的思潮，就是单行法和法典之间的矛盾所引发的现象。

所谓去法典化，是指因为单行法大量颁布，其所确立的规则和价值与民法典发生了一定的偏离，并使民法典有被边缘化的危险。去法典化现象使得民法典难以发挥中心作用。现代社会节奏加快、发展迅速，仅仅一部民法典还不足以有效调整全部民事法律关系，并且民法典本身是对市民生活的高度抽象和概括，难以涵盖所有生活现象，因而，以民法典为中心制定一系列单行法成为必要。例如，劳动法、城市和农业租赁、知识产权、保险、运输合同、竞争法、垄断以及消费者保护等方面的立法。这些单行立法形成诸多的微系统（micro-system），它们具有自己独特的价值、原则和自成一体的制度体系，与民法的价值、原则不完全符合[①]，从而使民法典本身被边缘化。早在 1948 年，法国学者里贝尔（Ripert）出版的《法律的衰落》中呼吁学界关注民法典之外特别法的大量增长现象，但当时并没有受到学者们的关注。[②] 直到 1979 年，意大利学者伊尔蒂（Irti）在书中提出“去法典化”的主张，去法典化现象才受到各方的瞩目。伊尔蒂指出，去法典化是一种“逐渐把民法典掏空的立法活动，通过一系列的立法活动，在民法典之外调整民事关系，并提出一些新的原则。在民法典的周围，涌现出一些‘民事

① 参见［美］约翰·亨利·梅利曼：《大陆法系》，2 版，顾培东、禄正平译，152 页，北京，法律出版社，2004。

② 转引自石佳友：《民法法典化的方法论问题研究》，20 页，北京，法律出版社，2007。

微观制度’”[①]。按照缪勒罗（Murillo）的看法，“民法法系和普通法系的比较法学者们都承认，在民法法系内部，出现的根本性变化是所谓去法典化、宪法化、超国家性立法以及再法典化”[②]。在我国，有学者认为，伊尔蒂的民法典分解理论揭示了民事特别法不断取代民法典的历史趋势。因此，我国未来民法典只应规定民法的基本制度和指导原则，对各项民事制度的调整，应当交由民事特别法来完成，民法典的规定应当从数量向质量转化。[③] 主要应当通过制定单行法的方式来实现民法的体系化，而不用通过法典化的方式来实现体系化。[④] 应当说，这两种观点都注意到了民法典与民事单行法之间的矛盾，以及法典的功能在现代社会受到的更多挑战，尤其是注意到了社会快速发展对民法典体系开放性的要求。

诚然，现代社会生活纷繁芜杂，一部法典所调整社会关系的范围也是有限的。即便是制定民法典之后，其也不能成为调整民事法律关系的唯一法律渊源，而仍然需要单行法或者判例的补充和协调。日本在明治维新后制定民法典时，就注意到这一问题。日本东京大学法学学士会发表的《关于法典编纂的意见书》解释道：“因我国社会脱于封建旧制，于百事改观之际，变迁不宜过急……若勉强完成民法，则恐有悖民俗，致使人民受法律繁杂之苦。所以不若以近日必要事务为限，以单行法加以规定，法典应待民情风俗稳定时完成之。”[⑤] 这也说明了应当注重单行法，以适应社会急剧变化的需要，也就是说，对于变动性强的规则，不宜将其全部纳入法典，而应当通过制定单行法进行规定，从而保持法律的开放性和对社会生活的适应性。但这并不意味着法典生命力的终结，不能因为去法典化现象的产生而否定制定民法典的必要性。我们不能以民法已经法典化国家的“去法典化”现象，来证成今日中国民法体系构建中的路径选择问题，换

---

① ［意］那蒂达林若·伊尔蒂：《欧洲法典的分解和中国民法典之未来》，载张礼洪等主编：《民法法典化、解法典化和反法典化》，517页，北京，中国政法大学出版社，2008。

② Maria Luisa Murillo，“The Evolution of Codification in the Civil Law Legal System：towards：Decodification and Recodification”，2001 *Journal of Transnational Law and Policy*.

③ 参见张礼洪：《民法典的分解现象和中国民法典的制定》，载《法学》，2006（5）。

④ 参见伍治良：《论中国民法形式现代化之构想——中国制定民法典必要性之反思》，载《湖北社会科学》，2005（1）。

⑤ 张生：《中国近代民法法典化研究》，24～25页，北京，中国政法大学出版社，2004。

言之，我们不能依靠零散的单行法来实现民法的体系化，因为单行法不具有形式一致性、价值统一性，在众多的单行法的基础上，很难自发地形成一个富有逻辑性的整体。

正是由于法律汇编存在上述不足，其不能担当我国民事法律体系化的重任，同时也意味着我国应当尽快制定出一部内容完备、体系合理的民法典，以解决单行法缺乏体系化所带来的问题。① 当然，采纳法典化模式，也应当妥善处理好民法典与单行法之间的相互关系，具体而言：

第一，在立法层面，一是要妥善处理单行法入典的问题。我国已经颁布了大量的民事单行法，但并非所有的单行法都应当整体纳入民法典，只有那些民事基本法律如《合同法》《物权法》《侵权责任法》《婚姻法》《继承法》等，才应当整体纳入民法典，而对于那些虽然在民事法律体系中居于重要地位，但因其调整的事项过于具体，或者规则过于细化及技术化等原因，暂时也不宜纳入民法典，如《收养法》《著作权法》《商标法》《专利法》等，应当将其作为民法典的特别法，保留其单行法地位，而不宜整体纳入民法典。但是，在立法层面有必要协调好民法典与这些未入典的单行法之间的关系，民法典中有必要就这些单行法的共同性规则作出规定，涉及具体的问题可以设置引致条款，将其引致到单行法之中。另外，区分单行法的适用领域和民法典的适用领域，最为典型的就是合伙企业中的合伙协议和民法典的合伙协议，前者仅适用于组织性的合伙企业中的合伙合同，但是民法典中规定合伙合伙更多着眼于不产生组织的合伙合同，更类似于民事合伙。二是要处理好民法典和传统的商事特别法之间的关系。例如，我国已经制定了《公司法》《保险法》《企业破产法》《海商法》等单行法律，这些法律无法被纳入民法典之中，应当保持其在民法典之外的相对独立，这也就要求处理好民法典和这些商事单行法之间的关系。例如，《保险法》中有关保险合同的规定如何与民法典合同法编的规定协调，需要进行体系上的整合。三是处理好民法典和主要具有行政管理性质的单行法之间的关系。如《城市房地产管理法》《土地管理法》《消费者权益保护法》《产品质量法》《食品安全法》等单行法也

① 参见江平：《中国民法典制订的宏观思考》，载《法学》2002（2）。

无法为民法典所吸纳，但这些单行法中会大量包含民事法律规范，如《城市房地产管理法》中关于房屋买卖合同效力的规定，《土地管理法》中关于土地权属的规定等均应保持与民法典相关规定的协调。在民法典体系形成以后，应当根据民法典的体系要求，确定配套的法律法规，从而充分实现民事立法的体系化。

第二，通过民法总则沟通民法典与民商事单行法的关系。我国实行民商合一，民商事立法只能采取一部总则，因此，各个单行法都在民法总则的统率下形成一个整体。因而，民法总则不仅是民法典的总则，而且是所有民商事立法共通性、一般性的规则，其应当发挥沟通民法典与民商事单行法之间关系的作用。民法总则对各单行法的作用主要表现在三点：一是民法总则的基本原则，如平等原则、自愿原则、诚实信用原则、公平原则、绿色原则等，应当成为单行法遵循的基本原则，单行法不能违背这些基本原则。二是民法总则所确立的一些基本价值理念如保护交易安全、维护生态环境、禁止权利滥用、促进物尽其用等，对单行法也具有重要的指导作用，这不仅体现在单行法的规则设计方面，也体现在单行法规则的解释与适用方面。三是民法总则所确立的基本的规则、制度等，如民事主体、法律行为、代理、时效、民事责任等，对单行法的解释与适用等，也具有重要作用，单行法的相关规则应当是民法总则这些规则、制度的具体展开，而不应当突破民法总则所预设的制度框架。

第三，从法律适用层面上，就民事裁判而言，法官找法的依据主要应当是民法典，而非单行法，换言之，法官应当首先在民法典中寻找法律依据，这也是法典中心主义的体现。但在具体适用时，还应当具体考虑各种特殊的情形。一方面，需要区分民法典与单行法的法律位阶，如果单行法和民法典属于同一位阶，且不涉及新法与旧法的关系问题，则单行法的规则应当属于特别法，应当优先适用；但如果民法典与单行法属于不同位阶，民法典与单行法属于上位法与下位法的关系，则应当优先适用民法典的规则。需要指出的是，即使在同一位阶，也会出现新法修改旧法的情形，如果民法典的相关规则已经修改了单行法的规定，则应当优先适用民法典的规则，而非单行法的规则。另一方面，民法典的规则对单行法规则的适用应当具有指导作用。在法律适用中，民法典的原则、理念等，对单行法的适用具有指导意义。尤其是，法官在具体适用单行法的规则时，应当在民法典规则的指导下进行。

结语

比较民法法典化与法律汇编之异同可以看出，法典化相较于法律汇编具有不可替代的优势。法律汇编虽然也是民法体系化的一种方式，但是其本质上和法典编纂仍然存在性质上的差异。编纂民法典绝不仅仅只是“编”，而更应当重视“纂”。所谓“纂”就是要对既有法律规则进行适应社会变化的修改、补充与完善。尤其是要根据民法典的逻辑体系和价值体系，对纳入民法典中的单行法律进行必要的修改和补充，从而真正使制定出的民法典成为一部立足中国国情、面向21世纪的科学的、逻辑严谨、体系完整的民法典。

论我国民法典的制定*

自从党的十四大提出建立社会主义市场经济体制的目标以后，尽快健全民事立法以完善市场规则，已成为我国立法发展的必然趋势。随着我国市场经济体制的建立，以调整交易关系和保护民事主体权益为职能的民法，其作为市场经济基本法的地位和作用日益突出。民法的基本制度——民事主体、所有权和债权制度亦随之得到了发展和完善。近几年来，我国立法机关在民事立法方面先后颁布了《消费者权益保护法》《公司法》《保险法》《担保法》《城市房地产管理法》等一系列重要的民事法律，国务院也相继颁布了一系列涉及民事内容的行政法规。尤其是自 1994 年以来，在全国人大常委会法制工作委员会的主持下，开始了举世瞩目的统一合同法的制定工作，物权法的制定也已展开，这些都标志着我国民事立法已进入一个新的历史时期，同时也意味着我国有关市场经济的基本法律规则正在逐渐完善。

党的十五大报告指出，“公有制实现形式可以而且应当多样化”。这必将有力推动市场经济的繁荣和发展，大大促进我国民事立法的步伐。当前，尽快完成统一合同法和物权法的制定工作，使这些法律早日问世，成为我国民事立法工作的

* 本文系作者在由全国人大常委会法制工作委员会主持的有关的讨论会上的发言稿，后刊载于《政法论坛》1998 年第 5 期。

当务之急。在统一合同法和物权法出台后，我们应该加快民法典的制定工作。改革开放的深入进行和市场经济的发展迫切需要有一部全面调整市场经济条件下平等主体之间的财产关系和人身关系的民法典。我国司法实践已为此积累了丰富的宝贵经验，广大民法学者也做了大量的理论准备，颁行一部体系完整、内容充实、符合中国国情的民法典，将为我国市场经济的健康而有序的发展奠定坚实的基础，也将为我国在21世纪经济的腾飞、文化的昌明、国家的长治久安提供强有力的保障。

一、制定民法典的必要性

自20世纪50年代初期以来，我国民法典的制定就曾为无数的学者所呼吁和企盼。迄今为止，我国几个重要的法律部门如刑法、刑事诉讼法、民事诉讼法都已制定了较为系统完备的法律。它们尽管在名称上未被称为法典，但实际上已具备了法典的特点和功能。然而，民法典至今仍未出台，许多学者曾呼吁，在刑法典的修改工作完成以后，民法典的起草工作应尽快地提上议事日程。笔者认为，民法典制定的必要性并不仅仅在于法律工作者的热烈企盼，而主要在于我国经济和社会发展的迫切需要。民法典的制定，正是实行依法治国战略，完善社会主义市场经济的法律体系的重要标志。

法治（Rule of Law），是指“法的统治”，即法居于国家与社会的统治地位，而不仅仅是国家用法来治（Rule by Law）。在法治社会，国家机器本身也要受法的统治，人民乃是法治的最高主体。[①] 从价值理念上来说，法治的核心是规范公权、保障私权，而对公权的规范主要是通过公法确定公权的范围和边界，而对私权的保障则主要通过私法即民法来完成的。民法本质上是权利法，以私权保障为根本宗旨，对法治的实现具有基础性的意义。因此，要理解民法在社会主义法治建设中的重要性，就必须要了解民法的地位和作用。恩格斯曾经指出：“民法准

① 参见郭道晖：《法律时代精神》，499页，长沙，湖南出版社，1997。

则只是以法律形式表现了社会的经济生活条件。”[①] 民法是深深植根于商品经济、并作用于商品经济关系的。在市场经济条件下，民法的平等、等价、公平及诚实信用等原则，是市场经济活动的最基本的法律规则，而民法的各项基本制度，如民事主体、所有权、债与合同、代理、法律行为等都是规范市场经济最基本的法律形式，市场经济的成熟程度在很大程度上是以法律，特别是以民商法规则的健全程度为标志的。如果我们要确认我国的经济是以平等、等价和自由竞争为内容，由市场引导生产要素自由流转和组合的市场经济，那么就应加强民法的作用，尽快制定民法典。如果没有健全的民商法律制度，就不可能形成市场经济赖以建立的条件，也不可能形成成熟的市场经济。

民法的重要功能不仅仅体现在对市场经济的调整和促进作用上，还表现在对公民、法人的合法权益的充分保障。中国古代封建社会，法制最突出的特点就是以刑为本，重刑轻民。《说文》有云：“法，刑也。”汉代桓宽在《盐铁论》中也认为：“法者，刑罚也”“法者，所以督奸。”明代丘濬也直接将法等同于刑，其认为：“法者罚之体，罚者法之用，其实一而已矣。”[②] 这种以刑代法、重刑轻民的观念对我国影响深远，这也造成了我国古代私权不发达，私权始终未能受到尊重，所以，虽然儒家倡导“民本”思想，但始终未能将此种民本观念转化为民权思想，也没有形成体系化的保障私权的法律规则。

中国要步入法治社会，必须以保障私权为核心要义。法治作为人类文明的成果和千百年来社会政治经验的体现，其特定内涵就是公民在法律面前人人平等，公民的权利得到充分尊重和保护，法律成为社会主体的一切行为的规范和标准。法治的基本精神在于对权利的合理确认和对权利的充分保障，而我国将要制定的民法典正是通过广泛确认公民、法人所享有的各项民事权利，如人格权、身份权、所有权、他物权、债权、知识产权等，并对这些权利提供充分的保障。我国民法在内容上不仅对各项民事主体的权利要实行平等的保护，而且在公民的权利受到行政机关的不法侵害以后，也应允许公民基于侵权行为制度诉请赔偿，这就

① 《马克思恩格斯选集》，第4卷，249页，北京，人民出版社，1972。

② 丘濬：《大学衍义补》。

可以防止行政专横，有效地捍卫其自身的权利。民法不仅要通过民事权利的保障来维护个人的人格尊严、价值以及生活的安定；同时还要扩大到对宪法及其他法律所确认公民享有的各种经济文化权利（如劳动权、自由权、环境权、受教育权、休息权等）的保障，当公民的这些权利受到侵害时，均可借助侵权行为法获得救济。正如彼得·斯坦所指出的："权利的存在和得到保护的程度，只有诉诸民法和刑法的一般规则才能得到保障。"[①] 可见，民法保护民事主体各项权利的功能，集中体现了法律的基本价值。

张文显教授曾经指出，由于以商品经济关系为内容的民法是法治的真正法律基础，所以中国步入法治社会的途径之一是民法的完备和实行。[②] 民法作为调整市场经济关系的基本法，其健全程度直接关涉法制建设的进展。从世界各国的立法经验来看，大陆法系国家都以民法典的颁布作为其法制成熟程度的一个重要标志，因为"判例法以经验主义为特征，形式合理性的水平低，成文法特别是法典化的成文法则相反，比较符合形式合理性的要求，而且它要求成文法有统一的格式、规范化的语言文字，并能够联结起来组成一个协调的规则体系。这个体系在整体上有逻辑上的一贯性和条文之间的关联性，它覆盖着社会的所有领域，因而能为解决一切社会问题提供标准和方法"[③]。迄今为止，不仅一些主要的大陆法系国家都早已颁布了系统完备的民法典，而且一些受大陆法系传统影响的第三世界国家，甚至像越南等经济改革起步较晚的国家，也适应市场经济发展的需要，颁布了民法典。据统计，现在世界上有 113 个国家颁行了民法典。[④] 可见，民法典也成为检验一国法制发展程度的标准。我国要建立市场经济体制，大力发展市场经济，需要建立并完善一套市场经济的法律体系。而建立这样一套体系，不能不制定民法典。如果没有民法典，市场经济的法律体系就缺少了主干。即使我们颁布了大量的民事法律、法规，但因为未通过法典使其系统化、体系化、完备

---

① ［英］彼得·斯坦：《西方社会的法律价值》，173 页，北京，中国人民公安大学出版社，1989。

② 参见张文显：《中国步入法制社会的必由之路》，载《中国社会科学》，1989（2）。

③ 严存生：《法制现代化与合理性化》，载薛君度主编：《法制现代化与中国经济发展》，22 页，南京，南京师范大学出版社，1997。

④ 参见梁慧星：《当前关于民法典编纂的三条思路》，载《律师世界》，2003（2）。

化，市场经济的法律体系仍然是不健全的。而依法治国的战略决策的实现也必然受到影响。

民法典的制定和颁行也是文化昌明和文化发展的表现，更是中国法治现代化的具体表现。我国的祖先曾在历史上创造了包括中华法系在内的灿烂的中华文化，其内容是何等博大精深。在人类法律文明史上始终闪烁着耀眼的光芒，并与西方的各个法系分庭抗礼，互相辉映。① 今天，我们制定和颁布一部先进的、体系完整的、符合中国国情的民法典，将不仅使现实的社会经济生活得到有效的调整，而且必将使我们辉煌的中华法系发扬光大，使中华文化更显辉煌。

从我国的现实需要来看，民法典的制定还具有如下几方面的作用。

（1）颁行民法典是实现民法体系化的唯一途径

法典化就是体系化，颁行民法典的根本原因就是促使民事立法体系化。长期以来，我国在立法战略上采取的是所谓“成熟一部，制定一部”的原则，结果导致单行法过分地迁就现实情况，过分强调单行法需要考虑立法当时的客观实际，这样就使立法在很大程度上可能欠缺前瞻性；表现在民事立法方面，过多地关注单个制度、单个规则的成熟性，而在一定程度上可能忽视了同一部法律中制度与制度之间、规则与规则之间，不同法律的制度与制度之间、规则与规则之间的协调和有机统一，导致了许多规则相互之间可能发生矛盾和冲突。例如《民法通则》中民事法律行为的生效规则和合同法中的生效规则存在差异。为了协调民法典和单行法之间的关系，需要以民法典为中心，统率各个单行法律法规，构建我国民事立法的完整体系。一是处理好民法典和民事单行法之间在内容上的分工和协调。我国已经颁布了大量的民事单行法，如担保法、物权法、合同法、收养法、婚姻法、继承法、侵权责任法等，这些法律在民法典通过之后将自动成为民法典的重要组成部分，但还有一部分并不会被吸纳到民法典中，其仍然要单独存在，为此，必须要协调好其与民法典之间的关系。例如，就知识产权法而言，虽然民法典可以规定知识产权，但是，民法典不能代替各个知识产权的单行法。如

① 参见陈弘毅：《中国法制现代化的道路》，载沈乐平主编：《中国法律咨询全书》，香港，中华书局，1995。

果要在民法典之中规定知识产权的共性规则，那么，在知识产权法之中就不必规定这些共性的规则。二是要处理好民法典和传统的商事特别法之间的关系。例如我国已经制定了公司法、保险法、破产法、海商法等单行法律，这些法律无法纳入民法典之中，应当保持其在民法典之外的相对独立，这也就要求处理好民法典和这些商事单行法之间的关系。例如保险法中有关保险合同的规定如何与合同法的规定相协调，需要进行体系上的整合。三是处理好民法典和具有行政管理色彩的单行法之间的关系，如城市房地产管理法、土地管理法、消费者权益保护法、产品质量法、食品安全法等单行法也无法为民法典所吸纳，但这些单行法中也会大量包含民事法律规范，如城市房地产管理法中关于房屋买卖合同效力的规定、土地管理法中关于土地权属的规定等均应保持与民法典相关规定的协调。在民法典体系形成以后，就应当根据民法典的体系要求，确定配套的法律法规，从而充分实现民事立法的体系化。在民法典体系形成以后，就应当根据民法典的体系要求，确定配套的法律法规，从而充分实现民事立法的体系化。在民法典各部分颁布之后，需要对各部分加以整合、修改、补充、完善，从而编纂成一部民法典，这样就更加需要一个科学合理的、富有逻辑性和内在一致性的体系来整合民法典的全部内容。

（2）颁行民法典是保障司法公正的重要措施

我国在传统上属于大陆法系国家，法官的判例不能作为法律的渊源。法官并无制定法律的权力，而只能通过适用法律处理各项纠纷。就民事、经济案件的裁判而言，法官所应依据的基本规则就是民法。如果缺乏系统完备的民法典，必将会使法官在处理案件时，缺乏足够的法律依据，从而不能从根本上解决“有法可依”的问题。当然，这并不是说一部民法典就能解决法官的全部法律适用问题。即使在已经颁布民法典的国家和地区，由于社会经济的迅速发展，也难免出现法律的滞后问题，法律调整漏洞的存在也是在所难免的。但是，如果有了一部系统完整的民法典，不仅可以为法官的裁判提供一些可供遵循的基本原则，而且法官也可以依据民法的一些基本规则，采用类推或民法解释等方法，填补法律漏洞。然而，如果没有一部民法典，很多纠纷的解决缺乏法律依据，各种法律漏洞的填补方法也就难以运用。例如，最高人民法院关于《民法通则》200 条的解释，某些内容与法律规定并不完全一致，甚至已具有创制法律规则的特点，一些学者对此产生过不同意见，这主要是因为缺乏民法典的缘故。

民法典的制定，也是限制法官的自由裁量、保证法官公正执法的重要步骤。《民法通则》的制定尽管也解决了一些基本规则的问题，但毕竟在内容上过于简略，仅仅只有 156 条。而国外的民法典通常都有数千条。特别是由于我们在立法方面，历来主张宜粗不宜细，所以许多规定都非常原则，不便于实际操作。比如《民法通则》第 90 条规定："合法的借贷关系受法律保护。"本来该条是用来解决对高利贷的规范问题，但最后仅写到了对借贷关系的保护，因过于抽象而难以被理解和适用。由于法律规则过于抽象和原则，给法官留下了很大的自由裁量权。在实践中，同一案件，不同的法官会有不同的裁判结果，甚至裁判结果是根本对立的。其中固然有法官队伍的素质问题，但立法过于原则、简略，不能不说是其中的一个重要原因。由于没有一部民法典，也给法官适用法律带来很大的困难。例如，因产品质量不合格造成财产人身损害，受害人到法院起诉，法官可能基于自己的理解援引不同的法律规范进行裁判，如有的法官援引《消费者权益保护法》，有的援引《产品质量法》，有的援引《民法通则》，有的援引《侵权责任法》，有的则援引《合同法》。裁判依据极不统一，这也是目前产生"同案不同判"的重要原因。要改变这种不合理的现状，关键就是颁布一部民法典，将法官援引的规则集中统一，只要有一部民法典在手，法官就可以在共同的基础上寻找裁判依据，这就有利于保障裁判的公正和统一。

（3）颁行民法典，可以为各类行政规章的制定提供指导

由于没有民法典，民法的规则极不健全和完善，因此很多重要民事关系的调整规则不能通过民事立法的方式表现出来，从而留下了法律调整的空白。这些空白，在很多方面是通过国务院各部委的规章及地方政府颁布的地方性规章予以填补的。仅以房地产制度而言，由于我国物权制度很不健全，建设部和各地政府颁布了大量的规定。例如，关于房屋登记、期房买卖、登记备案、房屋租赁、建筑物区分所有等，我们可以将这些现象称为"规章调整"。从行政管理角度而言，

规章调整是必要的。不过，“规章调整”与“法典调整”相比，至少存在如下几方面的缺陷。

第一，规章的制定常受到部门和地区利益的主导，很难像法典的制定那样照顾到全社会的利益。许多规章在制定中注重的是机构的设立、行政机构的管理权限、收费权力的确认以及在违反规章情况下的罚款，即“设立机构、行使权力、收取费用、罚款没收”。至于机构是否有必要设立，权限是否合理，如何对权力的行使加以制约，如何防止滥用权力，如何为民众提供服务和方便，收费是否合理，是否给民众增加了负担，罚款没收是否必要等，可能并没有做认真、深入的论证和研究。有些规章常常不合理地给交易当事人增加了不必要的负担，设置了不必要的障碍，或者对交易关系实施了不合理的干预。比如有关规章规定了房屋租赁的强制备案，以及一些地方规章规定一些合同的强制鉴证，如果当事人不备案或鉴证的话，将导致合同无效，这显然是对民事关系的不合理的干预。可以说，这些规章的制定更多的是考虑本部门的利益，没有考虑如何为当事人提供方便。

第二，民法规则是一种非人格化、具有普遍适用性的法律规则。它绝不仅仅是在约束某一部分人，而要平等地约束公民和法人。规章主要考虑的是如何对被管理者进行管理，极少考虑被管理者的行为自由问题。有些规章并未经过科学的论证，往往很难考虑到社会全体成员的利益，也很难实现规章的科学化、合理化。

第三，民法的规则，尤其是民法典确定的民法规则，都要经过法定的程序向社会公布，并可通过普法宣传活动，为广大民众所了解，而规章往往是红头文件，不具有公示性，有些规章甚至属于内部文件，却确定了一些民事活动的规则，甚至可能与法律规定相冲突，这就难以为人们所遵守，也不利于保障法制的统一。

在市场经济社会，面对着繁杂的规章调整，需要借助民法典的制定，对规章的科学性和合理性提供指导，这就是说，凡是与民法典的规定相矛盾、相冲突的规章规定，都应当是无效的。例如，公民的基本民事权利（如财产权和人身权等）乃是依据全国人大及其常委会制定的法律所确认的，非依法律，行政机关不得随意对公民的基本民事权利进行限制。因此，当民法典对公民的基本民事权利及其内容作出规定以后，行政规章不得对其作出不当限制，否则是无效的。

（4）民法典的制定对完善交易规则具有重要意义

建立社会主义市场经济体制已被确定为我国经济体制改革的目标。民法典又恰好是调整市场经济关系的基本法，因而，通过制定民法典，为交易当事人从事各种交易行为提供明确的行为规则，使其明确自由行为的范围、逾越法定范围的后果和责任，从而对其行为后果具有合理预期，这就能从制度上保障市场经济的良性运转，从而有利于市场经济秩序的建立。

民法典的制定，对于实现依法治国的重要意义主要体现在：有了一部完善的民法典，其具体的实施，有助于培养人们的权利意识和平等观念，从而奠定依法治国的社会文化基础。中国是一个缺乏法治传统的国家，几千年来的封建统治以及“左”的思想影响，都导致了人们权利意识的缺失和平等观念的淡薄。等级观念、特权观念、长官意识、官本位思想等，在社会中极为盛行。这些观念都是和市场经济格格不入的，对于市场经济的发展，也是极为不利的。因而借助于民法典的制定，培育和发展公民的权利意识和平等观念，是十分必要的。民法是以平等的商品经济关系为基础的，商品经济在法律上的表现必然是以权利本位为基点的权利和义务的有机统一。无论罗马法、19世纪的法国民法如何主张个人本位，而现代民法又如何倡导团体本位；也无论在不同历史时期，不同所有制社会的民法所保障的权利在性质上存在着何种区别，各个社会的民法都坚持了一个最基本的共性：即民法以权利为核心，换言之，民法就是一部权利法。在社会经济生活中，重视民法则权利观念勃兴，贬低民法则权利观念淡薄。几千年来的法律演进史已充分证明了这一点。在现阶段，我国社会主义民法以保护主体的权利为其重要职能，确认和保护公民的财产权和人身权，充分尊重主体在法定范围内的意志自由以及对行为方式的选择自由，对民主政治的发展也极有作用。如果每个公民真正理解和遵循民法，就意味着每个公民懂得自己享有何种民事权利，懂得捍卫自己和尊重他人的财产权益、人身自由和人格尊严；也就意味着每个公民都会平等地对待他人，并要求他人平等地对待自己。这些无疑是社会主义法治所需要的人与人之间的正确关系。

二、制定民法典的相关疑难问题

我们要制定的民法典，应当是一部具有中国特色的、面向21世纪的、科学而又先进的民法典，这就要求我们在民法典的内容和体例方面，注意以下几点。

（一）关于立法理念的确定

立法理念是整部民法典的精神支柱，是进行法解释的基础，是各种情形下价值判断赖以进行的前提，关乎整部民法典的走向，因而属于制定民法典时优先需要予以注意的问题。笔者认为在立法理念的确定方面，首先应当注重私法自治，我们正处于一个新旧体制转轨时期，计划体制下国家机关直接干预民事关系的余绪犹存，在很多方面政府对民事关系的不适当的、甚至过度的干预依旧大量发生，当事人在从事交易活动方面的必要的自由仍受到限制，这与市场经济所要求的尽量尊重当事人的自由，从而充分发挥市场主体的能动性的要求是不相适应的。当然，我们强调尊重当事人的意思自治，并不是允许当事人享有绝对自由，甚至容忍其滥用民事权利，合理的、必要的国家干预仍然是必要的。其次，要充分彰显人文关怀的理念。孟德斯鸠说过，“在民法的慈母般的眼里，每个个人就是整个国家”①。民法本质上是人法，民法典就是一部尊重人、保护人、关爱人的法典，民法典应当充分保障私权，彰显宪法所确立的保障人格尊严和人身自由的价值。

（二）关于民法典的借鉴路径

中国在很长的历史时期内，因国情所限，法律文化的发展自成一体，相对封闭。直至清末变法，古老的中华法系开始吸收、借鉴大陆法系的法制经验。就民法典而言，自清末制定民律草案开始，就基本借鉴德国法的经验，国民党制定民法典更是大量照搬《德国民法典》的内容。正如中国民法学家梅仲协先生所言：

---

① ［法］孟德斯鸠：《论法的精神》下册，张雁深译，190页，北京，商务印书馆，1997。

“现行民法采德国立法例者十之六七，瑞士立法例十之三四，而法日苏联之成规，亦尝撷一二。”我国民法典的编纂应当广泛借鉴两大法系的先进经验，把握民法最新的发展趋势。但是在借鉴过程中，必须立足中国，放眼世界，兼容并蓄，为我所用，绝不能照搬照抄某个国家的法制经验，奉其为圭臬，更不能“削中国实践之足，适西方理论之履”。从我国《合同法》制定来看，就不仅借鉴了大陆法经验，也大量借鉴了英美合同法的经验（如预期违约、根本违约等制度），还吸收了《联合国国际货物销售合同公约》《国际商事合同通则》等经验，这就使我国的《合同法》保持了时代性和先进性。总之，在民法典编纂中，放眼世界固不可缺，立足国内更是根本。中国自身数千年沿袭下来的法律传统尤其是近几十年来的立法和司法经验，是我们绝不可以忽视的重要的本土资源。对此，理应有足够的重视。

（三）关于民法典的立法体例的若干疑难问题

民法典的立法体例，大致可区分为两种：其一为罗马式，又称法学阶梯式，为法国及受其影响的国家所采纳。其二为德意志式，又称潘德克吞式，为德国及其追随者采用，该种体例的最大特色是设置总则编，规定民法的共同制度和规则，另有债权、物权、亲属、继承各编。德意志式立法体例确有其科学性、合理性的一面，就我国民法典的立法体例而言，笔者认为，民法典要体系化，必须要有总则篇，从而使各项民事法律制度共性的内容得以在总则中体现，也可以达到立法简洁的目的。总则中的法律行为制度和代理等制度，可以其高度抽象的规则来填补合同法等法律调整的空白。同时，此种体例严格区分了物权和债权，这对于民法分则体系的完善也有重要意义。除此以外，关于我国民法典的立法体例，还有几个争议很大的问题，值得探讨，具体而言：

（1）人格权法的独立地位问题

人格权法是否有必要独立成编，在民法典中作出规定，值得研究。传统民法欠缺人格权的系统规定。各国人格权保护的规则主要是由司法发展起来的。许多学者主张，尽管人格权法非常重要，但可以通过民事主体制度与侵权行为制度对其提供保护。笔者认为，这一观点是不妥当的，人格权法应当在民法典中独立成编，主要理由在于：第一，人身权（其中主要是人格权）和财产权是民法中两类基本的权利，也是民法的两个支柱，既然财产权可以分为债权、物权等各项制度，并在民法典中单独成编，为何人格权不能在民法典中独立成编？否认人格权作为一项独立制度存在的必要性，实际上不利于对人格权的强化保护。第二，人格权法虽然与主体制度有密切联系，但主体的人格和人格权是两个不同的概念。主体制度主要涉及民事权利能力的问题，民事权利能力很难受到侵害，且难以受到侵权法的保护，而人格权是具体的民事权利，此种民事权利应当受到侵权法的保护。第三，人格权制度也不能够为侵权行为制度所涵盖。尽管侵权行为法能够为人格权提供保障，但侵权法是救济法，只是在人格权遭受侵害后才对权利人提供救济，但其无法实现对人格权的正面确权。人格权要法定化，就必须通过独立成编的人格权编加以确定。

（2）侵权责任法与债法的相对独立问题

笔者认为，侵权责任法应当从债法体系中分离出来，在我国民法典中独立成编。理由主要在于：一是侵权责任法归属于债法并非天经地义。特定的文化及法律因素作用所导致的英美法系侵权责任法的独立模式更具其合理性。在大陆法系的债法体系中，侵权法并没有找到适当的位置。债法体系主要是以合同法为中心建立起来的，债法主要是合同法，债的一般规则主要适用于合同之债，并不能完全适用于侵权及其他债的形式。二是由于债法内容只注重反映了合同法的规则，而忽略了侵权法的完整性，从而使侵权责任法的发展状况难以得到反映。尤其是现代社会是一个风险社会，也是一个私权得到充分彰显和保障的时代。侵权法的重要性较以往任何时候更为凸显。将其置于债法之中既不利于突出其对权利的保护功能，而且不利于适应侵权责任法的发展需要。现代社会发展以及民主法制建设的需要，已使侵权责任法所保障的权益范围不断拓展，其在传统债法体系中所负载的功能显然已不足以适应时代的需求。三是传统民法将侵权行为作为债的发生原因之一，突出运用损害赔偿的方式来解决侵权责任问题，这种做法能够对受害人提供一定的救济，但是忽略了侵权责任的本质是国家运用公权力来制裁侵权行为，忽视了侵权责任法也可以运用多种形式来对受害人提供救济。《民法通则》

专设一章来规定民事责任，从民事责任的角度来对侵权行为进行规范。这也表明侵权法在民法典中独立成编是必要的。[①] 侵权责任法的独立成编是完善我国民法体系的重要步骤，也是侵权责任法得以不断完善发展的重要条件。侵权法与债法的分离，并非否认债的概念及规则，而是使其更加合理和清晰，进而与其他法律规范共同构成科学的、符合我国国情的民法体系。[②]

（3）民事责任制度的设计

传统大陆法系民法典中并未对民事责任问题集中作出规定，而是在各项具体民法制度中单独对各类责任作出规定。我国《民法通则》一改传统民法典的编制体例，单设第六章规定了民事责任。许多学者认为，民事责任制度的设立，强调了国家对民事关系的干预及对民事权利的保障，在体例上具有创新意义。我国“将来制定民法典时，应从整体上构建民事责任制度，使之既借鉴传统民法典总体框架严谨的优点，又弥补传统民法债与责任合一的缺陷”[③]。笔者认为此种观点是值得商榷的。诚然，债与责任是不同的概念，债是特定的债务人对特定的债权人所应负的义务，而责任是不履行义务的后果，债与责任的概念的区分，可以成为侵权责任与债务分离的原因，而不应成为民事责任单独设立的根据。单设民事责任的缺陷在于：

第一，切断了义务与责任的内在关联性。责任作为违反义务的法律后果，应与民法关于义务的规定密切联系在一起，先有义务才有责任的发生。而债务等义务只能在债和合同法等分则中作出规定，如果总则中规定了民事责任，则可能与分则中各类义务相分离。

第二，在立法技术上缺乏逻辑性。例如，如果在总则中规定违约责任，而不在合同法中作出规定，显然是不合理的。只有违反合同，才能产生违约责任，因此，只有在规定各项合同制度之后，才能规定违约责任制度，如果在总则中对违约责任作出规定，则可能导致规则的先后次序颠倒。可见，此种规则设计忽略了

---

① 参见张新宝：《侵权责任法原理》，20页，北京，中国人民大学出版社，2005年3月。

② 参见王利明：《合久必分：侵权行为法与债法的关系》，载《法学前沿》第1辑，北京，法律出版社，1997。

③ 魏振瀛：《论债与责任的融合与分离》，载《中国法学》，1998（1）。

责任的基础在于请求权，在尚未规定请求权基础时即对民事责任作出规定，显然是不合理的。

第三，现行《民法通则》关于民事责任的规定，主要规定了违约责任和侵权责任的基本规则及其共同的规则，但民事责任并不限于这两种责任，其还包括缔约上的过失责任、不当得利返还责任、无因管理之债中的本人返还管理人支出的必要费用的责任等。事实上，各种责任形式的个性远大于其共性，这就决定了应当将各种责任分别规定在各项制度之中，而不应当在总则中对各种责任集中规定，这也有利于避免立法的过于繁杂，维护规则的协调统一。

第四，现行《民法通则》第 134 条专门规定了民事责任的 10 种形式，表面上看，此种列举方式使法官或当事人易于了解民事责任究竟有哪些形式，事实上，不同的责任形式是与不同的责任联系在一起的（如违约金是违约责任形式，恢复名誉是侵害名誉权的责任形式），只有在不同的责任中规定各种责任形式，才真正便于法官或当事人实际了解并合理运用这些责任形式。

（4）知识产权制度是否应当纳入民法典

自 1982 年以来，我国先后颁布了《商标法》、《专利法》和《著作权法》，并对相关的法律做过必要的修改。可以说，我国已建立了较为健全和完备的知识产权法律制度，在民法典编纂中，关于知识产权是否应当整体纳入民法典，对此存在不同的观点。笔者认为，尽管知识产权是民法的重要组成部分，但知识产权制度作为一个整体，不宜纳入民法典，理由主要在于：

第一，将知识产权整体纳入民法典将造成民法典内容过于庞杂。知识产权制度本身是一个内容非常庞杂的规范体系，其既包括实体性规范，又包括程序性规范；既涉及公法，也涉及私法；既涉及国际法，也涉及国内法。例如，在我国，专利权、商标权、商号都需要经过依法登记或审批方能取得。这些规范实际上是行政法规范，不宜在民法典中作出规定。知识产权的保护不仅有民事责任，还涉及行政责任、刑事责任，这些责任显然不宜在民法典中作出规定。此外，知识产权法还包括我国参加或缔结的有关国际条约，这些内容显然难以纳入民法典。

第二，将知识产权整体纳入民法典将损害知识产权的开放式体系。知识产权受社会文化、经济发展、新技术革命影响更巨，总是处于不断修订更迭的状态中，尤其是在互联网、高科技时代，大量有关新类型的智力成果，都有必要在知识产权法中得到确认和反映，因此，若将此一频频变动的法律置于相对稳定、系统化的民法典中，无疑会极大地影响知识产权的开放性。

第三，将知识产权制度整体纳入民法典将与民法典的规范性质与特点不相吻合。民法典作为基本法，应当保持适度的抽象性和稳定性，其规则通常大多是社会生活中民事活动基本规则的反映，因而，民法典一经颁布，其规则就应当处于相对稳定的状态。而知识产权法的技术性规范较多，甚至大多是程序性规定，且变动性较大，如果将其纳入民法典，则与民法典的规范特定不相协调。

虽然知识产权不应当作为独立的一编在民法典中作出规定。但我国未来民法典有必要对知识产权的类型和内容作出概括性、原则性的确认和界定，确认知识产权的共同规则，或仅在民事权利的客体中确认知识产权客体。这样有两个作用：一是宣示知识产权为民事权利，尽管知识产权兼具人身性和财产性，但其本质上仍属于民事权利的范畴，是私法上财产权利和人身权利的结合。民法典作为调整人身关系和财产关系的私法，应当对这一重要的权利类型予以确认和界定。在发生知识产权纠纷后，如果知识产权法未作出特别规定，可以适用民法典的规定。例如，侵害知识产权的责任，在知识产权法中缺乏规定时，可适用侵权责任法的规定。二是共性的规则在特别法中不宜分散规定，也能使知识产权法的规则保持开放性，在出现新的知识产权类型时，如果在知识产权法中难以找到规范依据，也可以适用民法典关于知识产权的共性规定。

（5）关于涉外民事关系的法律适用

我国民法典中是否应当包含涉外民事关系的法律适用规则？从比较法上看，在大陆法系，国际私法的立法有两种形式：一是在民法典中规定的模式。有的国家是将冲突规范分散规定于民法典中，这种形式以《法国民法典》最为典型，它为早期的国际私法立法所仿效。也有些国家或者地区的民法典集中规定了国际私法的内容，例如《魁北克民法典》第十编就专门规定了国际私法的内容。二是单独立法的模式。19 世纪末出现了以单行法规来专门规定冲突法的立法方式，具有代表性的是德国 1896 年《民法施行法》和以其为蓝本的 1898 年日本《法例》。[①] 在我国，1986 年《民法通则》第八章较为系统地专门规定了对涉外民事关系的法律适用问题，2002 年民法典草案第一稿将涉外民事关系的法律适用单独作为民法典的最后一编（第 9 编）加以规定。2010 年 10 月 28 日立法机关通过了《涉外民事关系法律适用法》，在该法中确立了当事人可以依照法律规定来选择涉外法律适用的规则，如果法律没有特别规定，适用与该涉外民事法律关系有最密切联系国家的法律。但该法是否应当纳入未来民法典之中，对此学界仍然存在争议。

笔者认为，我国有必要借鉴国外单独立法的模式，继续使《涉外民事关系法律适用法》作为单行法存在，而不必将其纳入民法典之中，主要理由在于：一方面，维持国际私法体系的完整性。国际私法已经成为一个独立的法律部门，不必将其纳入民法典之中。就同一个法律问题而言，如果是涉外法律关系，法律规则很可能因此而有较大差异，这与民法典所追求的体系性不相符合。国际私法发展到今天，其内容越来越丰富、关系越来越复杂，民法典已不能容纳国际私法的规定，即使强行作出规定，也与民法典体系难以协调。[②] 另一方面，《涉外民事关系法律适用法》在内容上与民事实体规范存在着本质差别，其主要规范的是冲突法，它不具体规定当事人的具体权利与义务，而是指明某涉外法律关系适用何国法律或者何种法律，所以其主要是一种法律适用规范。这些规范（如管辖、转致、识别等）主要是程序性规则性内容，大量涉及管辖权和外国法院判决的承认与执行等程序性规范，这与民法典中其他部分的实体性规范的性质也有较大差异。[③] 如果将这些内容都置于民法典之中，会导致整个民法典体系的不协调。基于上述原因，笔者认为，有关国际私法的内容应制定单行法律予以规定。

---

① 参见张文彬：《中国国际私法的过去、现在以及未来国际私法典的制定》，载《中国人民大学学报》，1996（1）。

②③ 参见徐伟功：《中国国际私法典体系结构初探》，载《法商研究》，2005（2）。

三、民法典的体系结构

自改革开放以来，我国的民商立法有了长足的发展。1986 年《民法通则》的颁布是我国民事立法发展的一个重要的里程碑。《民法通则》第 2 条规定："中华人民共和国民法调整平等主体的公民之间、法人之间、公民和法人之间的财产关系和人身关系。"这一规定明确了我国民法统一调整横向的平等主体之间的财产关系（主要包括交易关系）的范围，从而解决了多年来民法和经济法在调整范围上的争议，也确立了民商合一的基本体制。《民法通则》在第五章"民事权利"中，具体规定了财产所有权和与财产所有权有关的财产权、债权、知识产权、人身权，这已经基本构建了我国未来民法典分则的体系，所以，我国未来民法典应该在总结和借鉴《民法通则》立法和司法经验的基础上，构建民法典的体系。具体而言，民法典体系的构建应当包括如下内容。

（1）民法总则

未来民法典关于民法总则的构建，仍然应当以《民法通则》为基础，《民法通则》虽然不是以法典形式颁布，但其调整的都是基本的民事制度和民事权利，尤其是《民法通则》基本涵盖了所有民法典总则的内容，只不过基于现实需要在其中增加了部分民法分则的内容（如所有权、债权）。在某种意义上，它的确发挥了民法典的部分功能，并且其大部分内容仍然可以适用于我国的现实情况。《民法通则》有关民法总则的规定是比较系统的，可以说已经为民法总则规定了一个基本的框架，只要将《民法通则》加以补充、完善，就可以确定民法典的总则编的内容。

（2）人格权法

人格利益是人之为人的重要利益，维护人格尊严是现代法律的主要目标。人格权就是民事主体对其生命、健康、姓名（或名称）、肖像、名誉、隐私、信用等各种人格利益所享有的排除他人侵害的权利。从世界范围来看，人格权都属于民法中的新生权利，并且是一项具有广阔前景的民事法律制度。加强和完善人格权法律制度，代表了现代民法的发展趋势。我国 1986 年《民法通则》就非常重视对人格权的保护，不仅将“人身权”独立作为一节，而且明确地规定了公民、法人的姓名权、名称权、名誉权、肖像权等具体人格权。这就为人格权法独立成编提供了法律依据。我国未来民法典应当设立独立的人格权编。

(3) 婚姻家庭法，是规范因婚姻家庭关系所发生的人身和财产关系的法律规范的总和，是调整婚姻家庭等基本制度所引发的社会关系的法律规范。我国长期以来使用“婚姻法”的提法，但是其内容过于狭窄，不能包括有关家庭法的内容，因此，笔者认为，在我国未来的民法典中，有必要在婚姻家庭编中扩大婚姻家庭法的内容，称为“婚姻家庭法”。在婚姻家庭编中，具体包括：通则、结婚、夫妻、离婚、父母子女、收养、抚养等。由于我国 1950 年就颁布了《婚姻法》，而直到 1986 年才颁布《民法通则》，所以，很多人认为，《婚姻法》应当成为独立的法律部门。笔者认为，在我国未来的民法典中，婚姻家庭法不应当独立出去，而应当作为民法典的重要一编。婚姻家庭法独立成编以后，就可以很好地处理民法总则与分则的关系，从而使整个民法典更富于体系性。①

(4) 继承法

所谓继承法，是指调整因自然人死亡而发生的继承关系的法律规范的总称，是调整有关自然人死亡后将其遗留的财产转移给生者的法律制度。② 从实质上看，公民的财产继承权不过是其财产所有权在死后的延伸，保护公民的财产继承权是对财产所有权的保护。因此，财产继承制度是民法的重要组成部分。我国 1985 年颁布了《继承法》，该法已经自成体系，但在内容上有待于进一步完善。我国未来民法典将其作为继承编收入其中时，应当对其进一步修改、充实。

(5) 物权法

物权是指公民、法人依法对特定物享有直接支配和排他的权利，包括所有权、用益物权和担保物权。在物权方面，我国现行的立法是很不健全的。但我国立法机关也颁布了一些物权方面的法律。1986 年《民法通则》规定了有关物权

① 参见［日］星野英一：《私法中的人》，王闯译，4 页，北京，中国法制出版社，2004。

② 参见郭明瑞、房绍坤：《继承法研究》，前言，北京，中国人民大学出版社，2003。

的内容，但并没有明确提出物权的概念，1986 年颁行的《土地管理法》以及 1994 年颁行的《城市房地产管理法》，就不动产物权法律制度已确定了一些基本规则，1995 年《担保法》的颁行，已经确立了担保物权制度。这些都应该成为我国未来物权法的重要内容。当然，物权法的体系还很不完善。迄今为止，我国法律甚至还没有承认“物权”概念，更谈不上建立物权法体系。因此，应当加快物权法的制定。我国《物权法》建立的物权体系结构主要应包括所有权、用益物权和担保物权。

（6）债法总则

债法总则是关于债的一般规则。调整债权债务关系的分则编，究竟应当称为债权法，还是称为债务法?《瑞士民法典》称为“债务法”，而《德国民法典》称为“债”，《日本民法典》称为债权。在我国法律史上，《大清民律草案》第一次称为“债权”，第二次称为“债”。在我国《民法通则》上称为“债权”。笔者认为，采用“债权”更为确切，应当继续保留。这也可以体现现代民法的权利本位观念。债法总则的设置是债权法乃至整个民法典内在逻辑的必然要求。[①] 在体系构建上，应当规定债法总则和分则的内容，合同法总则并不能替代债法总则，未来民法典中应当设立债法总则。我国《民法通则》第五章第二节专门规定债权，这表明我国立法实际上已经承认了债权制度在我国民法体系中居于重要的地位。未来的民法典应当保留《民法通则》所建立的民法体系。

（7）合同法

合同法是调整平等主体之间的交易关系的法律，它主要规范合同的订立，合同的有效和无效，以及合同的履行、变更、解除、保全、违反合同的责任等问题。我国在 1999 年颁布《合同法》，该法是在原有的三个合同类法律的基础上，通过总结我国合同立法和司法实践的经验并充分借鉴两大法系的先进经验的基础上制定而成的。该法内容丰富、体系完整，具有较强的科学性和可操作性。但是在未来民法典的制定中，其内容仍有进一步加以充实的余地。例如，在具体合同类型上，除《合同法》已确认的 15 类有名合同以外，还应包括物权法、知识产

① 参见杨代雄：《我国民法典中债权法的体系构造》，载《法学杂志》，2007（6）。

权法、人格权法、劳动法等法律所确认的抵押合同、质押合同、土地使用权出让和转让合同、专利权或商标权转让合同、许可合同、著作权使用合同、出版合同、肖像权许可使用合同、名称权转让合同、劳动合同等。在内容上可以适当吸纳我国最高人民法院关于《合同法》的司法解释的相关内容，从而不断丰富和完善该编的内容。

（8）侵权责任法

侵权责任法是有关对侵权行为的制裁以及对侵权损害后果予以补救的法律规范。在传统的大陆法系国家民法中，基于债的发生原因而将因侵权行为而产生的损害赔偿责任认定为损害赔偿之债，从而纳入债法的调整范围。但我国立法机关已经开始制定独立的侵权责任法，这表明我国立法已经将侵权责任法作为独立的一编加以考虑，这是我国立法对大陆法系民法的一项创新。

问题在于，应当根据什么样的编排体例对民法典的各部分规定进行整理？笔者认为，应当根据人身权和财产权以及对权利的救济的思路来确定顺序。民法典分则的体例应当优先考虑人身权，然后再规定财产权，最后设置权利的救济，即侵权责任编。中国人民大学法学院民法典草案建议稿课题组采纳了这一思路。①之所以采取这一思路，原因在于：

第一，我国民法典体系的构建需要遵循“从权利到救济”的思路。区分权利的确认和权利的救济已经成为成文法的传统，只有确认了权利，才能对其进行有效救济。因此，民法典分则首先应当对各项具体权利的内容及行使规则进行确认，最后再规定侵权责任救济法。

第二，就各种具体权利的编排顺序来说，首先应当坚持“人格权优于财产权”的基本理念，特别是生命健康权等权利应当优先于财产权。因为现代民法要充分体现人本主义的精神，强调对个人的终极关怀，这就要求将人格利益置于财产利益之前优先保护。试想如果生命、健康、自由都不能得到保障，即便拥有“万贯家财”又有何用？还应当看到，财产是个人的，但生命健康权等涉及社会利益。人格尊严作为法律的最高价值，应当具有优先于财产利益和私法自治的价

① 参见王利明主编：《中国民法典草案建议稿及说明》，北京，中国法制出版社，2004。

值，将其作为重要价值加以保护，也体现了民法的现代性。《德国民法典》的五编制模式虽不无道理，但因其过度强调财产权的中心地位，给人以“重物轻人”之感。[①] 因此，人格权应当置于民事权利之首。人格尊严、人身价值和人格完整，应该置于比财产权更重要的位置，它们是最高的法益。

第三，《德国民法典》五编制体例下人身关系、财产关系两分法也未免过于简单，例如，继承权是混合性质的权利，既有财产权的特点，又有人身权的特点，将继承权纳入人身关系法之中，似乎也不完全符合继承权的性质。笔者建议，应当将继承法置于婚姻法之后、财产法之前规定。

依据这一思路，如果民法典总则作为法典的第一编，民法典分则体系采取如下方式来构建，具体而言：第二编：人格权法；第三编：婚姻家庭法；第四编：继承法；第五编：物权法；第六编：债法总则；第七编：合同法；第八编：侵权责任法。

四、民法典制定的路径：分步编纂

从各国民法典制定的方式来看，有些国家采取一步到位方法，即一次性地完成整个民法典的制定工作（其典型者如法国和德国的民法典）。也有一些国家采取分步编纂的方法，即将民法典制定工作分为若干阶段和步骤，分步骤来完成（如瑞士、荷兰、俄罗斯等国）。值得注意的是，我国民国时期的1929—1930年民法典，也是采取了分步编纂的方式。

应当说，一步到位与分步编纂各有其利弊。一步到位的模式有助于对规则和价值之间的关系进行整体安排，一次性安排整个法典的体系，其缺点在于需要较长的时间完成民法典的编纂，同时也要求立法者在整个民法典编纂中，准确地把握民法典的内容和体系，对实践问题具有通盘认识、对未来走向具有清晰的判断，并且要对整个民法典的编纂准备充分。然而，在我国现阶段，采纳一步到位的模式与我国现实情况难以吻合。一是我国目前处于社会转型时期，社会生活急

① 参见薛军：《人的保护：中国民法典编撰的价值基础》，载《中国社会科学》，2006（4）。

剧变动，而且改革也处于经验不断积累的探索过程中，很难在短期内设计出规则的最佳方案，这对于法典所应当具有的前瞻性带来了一定的困难。二是目前我国的理论准备积淀并非特别深厚，很难短期内为立法提供充分的理论资源。例如《法国民法典》的制定，虽然最后波塔利斯等人只花了 4 个月时间完成，但是此前康巴塞雷斯已经提出了数部详细的民法典草案。然而在我国，这样的条件并不具备。三是我国民法典的制定需要民众的广泛参与，以实现立法的民主化和科学化，这就需要相当长的时间予以调研以及和民众互动，使得民众了解并参与到立法之中。对于一步到位模式而言，由于时间过于短促，难以保证有足够的时间使民众积极参与到立法的过程。四是一步到位的模式无法顾及民法不同部门在不同时期的法政策的需要和差异，其后果可能是有些部门的法律过于超前，而另一些部门的法律过于落后。

分阶段制定模式有利于克服上述一步到位模式的缺陷，较之于一步到位的模式，其具有如下两方面的优势：一方面，根据民法典所包含的不同部门法的发展成熟程度，在不同阶段先后制定不同部门的法律，这样使得法律能够反映不同时期的需要，具有更强的针对性和更高的成熟程度。在不同阶段制定不同的部门法律，也有助于法律本身的不断完善，因为后制定的法律可以充分吸取先制定的法律的经验与教训。另一方面，采用分阶段、分步骤制定的方式，将会使民法典编纂的理论准备更为充分，对民法典编纂过程中重大疑难问题能够有更充分、更深入的讨论和研究，从而更能保证法典的质量。尤其应当看到，我国目前处于快速的社会转型时期，社会变化的节奏十分迅速，对于实践的总结与提升往往需要一个较长的过程。在这样的情况下，民法典采取分步骤制定也是十分明智的选择。这样的实践也使得我们可以将精力集中于现阶段需要迫切解决的问题。事实上，我国立法机关早在 2002 年就已经启动了民法典的编纂工程，但是考虑到工程量浩大，一步到位并不现实，因而立法机关采取了分步走的方式，在已经制定并实施的《合同法》等法律的基础上，编纂民法典。由此可见，我国民法典实际上就是采取了分阶段制定的模式。

然而，较之于一步到位的立法战略而言，分段制定模式也存在其局限性。一方面，不同部门的法律形成于不同的时期，使得这些法律受到这些不同时期的立法政策影响，很可能导致它们带有不同时期的时代精神和印记，从而影响民法典的价值和逻辑的一致性；另一方面，分段制定的模式往往持续一段较长的时间，在这段时间内，由于立法者和法学研究者们观念的变化、认识的深化等原因，早期制定的一些法律往往在概念、范畴的总结与提炼方面存在欠缺，容易使早期制定的法律与晚期所制定的法律之间可能存在较为明显的不协调现象，最终损害法典的价值一致性。分阶段式的立法战略虽然反映了不同时期的具体社会需要，但是它难免出现顾此失彼的现象，因此，所有在不同阶段制定的法律仍然需要通过体系化进行整合，对所有的规则进行完善。

笔者认为，在民法典编纂过程中，应当采取分阶段制定的模式，这就意味着首先应当制定一部《民法总则》，在此基础上，对已经颁布的《合同法》等法律进行修改、整合，以编纂民法典各分编。也就是说，最终进行民法典的“组装”工作，但这里所谓的“组装”并非只是将现有的民事法律进行简单的汇编，而是要进行体系性的编纂。所谓“编”是将这些单行法律纳入民法典之中，所谓“纂”则是要根据不同时期的实践需要，制定新的规则，并对原有的规则进行补充和完善。

在分阶段编纂民法典过程中，尤其需要注重构建民法典体系，并按照这一体系展开分编的制定工作。这就是说，在分段制定模式下，我们更需要进行周密的体系设计，其原因在于：第一，在民法典各部分颁布之后，需要对各部分加以有机的融合与协调，从而编纂成一部法典，这样就更加需要一个科学合理的、富有逻辑性和内在一致性的体系来整合民法典的全部内容。这部法典必须要存在内在的一致性，这要求我们在具体实施各个步骤时，依据严密的体系进行安排和设计。第二，因为不同时期的立法政策的重点和取向可能存在差异，分阶段、分步骤制定民法典就使民法典各部分的冲突与矛盾不可避免，因为社会经济生活处于发展变化当中，不同阶段、不同时期立法者基于对不同的社会需要或者社会经济形势的考虑，立法的思路必然存在差异，这样就很容易造成各编之间的冲突与矛盾。消除这些差异所带来的不协调，唯有依赖于富有逻辑和内在一致性的体系设计。通过体系化，可以将民法的价值与理念贯穿于整个法典的始终，对于不同部门的价值导向进行整体性的梳理。第三，通过体系化，可以很好地协调一般法与特别法的关系。例如，通过体系化，民事基本法可以援引一些特别法的规定，或者对特别法中过时的部分进行修正。因此，在当前的分步骤策略实施过程中，我们应当抓紧对于体系化的研究，从而在制定民法典各分编时充分考虑体系化的要求。此外，在各个法律制定出来之后，我们还要按照体系化的思维对其进行整合，从而形成一部科学的、体系完整的民法典。

五、结语

制定出一部民法典是几代民法学人的梦想，更是当今广大民法学人的历史使命和责任。世易时移、变法宜易，在人类社会已经进入 21 世纪的今天，在民法典体系的构建方面，我们应当顺应社会发展的变化、满足时代的需求，而不应墨守成规或者削足适履。民法是社会经济生活在法律上的反映，民法典更是一国生活方式的总结和体现。因此，我们应当从中国的实际情况出发，在借鉴两大法系的经验基础上构建中国特色的民法典体系。为此，广大民法学人需要研究中国的民法典理论体系，构建中国民法话语体系，从而为中国民法典的问世贡献智慧和力量。

我国民法典应当弘扬人的全面发展价值*

民法典的价值，主要是指民法典所具有的、能够满足人们规范和调整社会私人生活所需要的各种效用。民法典的价值是沟通法典概念体系与法典目的的重要桥梁。价值是法典特色的集中体现，也是民法典追求的目的。我们要制定一部科学的、面向21世纪的、体系完整的民法典，必须从中国国情出发，体现最先进的价值理念，这就是党的十七大报告所提出的实现人的全面发展的价值。但我国民法典如何充分体现人的全面发展价值，有必要对此进行探讨。

一、人的全面发展是现代民法的重要价值理念

人的全面发展是指民法通过保障人的平等、自由与安全，维护个人的民事权利，从而促进个人在社会中最大限度地实现其自我价值，满足个人在物质上、精神上更高形式上的需求。人的全面发展是民法对人终极关怀的重要体现。人的全面发展的价值在民法中得以确认，经历了一个发展的过程。作为一种基本的理念，它是近代民法的产物。尽管平等观念早在古罗马法中就被提出和传播，但当

* 本文原作于1998年，后刊载于《宁波大学学报》（人文社会科学版）2009年第2期。

时的平等只是罗马市民之间的平等，而家子和奴隶都没有法律上的人格，对他们来说，是无所谓平等的。此外，罗马法上的自由权主要由家长享有。[①] 显然，古代民法中不存在对人的普遍性尊重。在中世纪，等级制度和身份制度在法律上被强化，且神权和宗教具有法律上的至上地位，这就不可能尊重和彰显人的价值，从而严重压抑了人的发展。

人的全面发展理念发端于 14 世纪的文艺复兴运动。文艺复兴高举人文主义的旗帜，提倡以人为中心的理性解放，将人的思想、感情从正统神学之“原罪”与“来世”的枷锁和封建人身依附关系的统属网络中解放出来，树立了人的自主意识和尊严理性，实现了马克思所说的“把人的世界和人的关系还给人自己”[②]。17 至 18 世纪的启蒙运动推进了“人本主义”理念的传播，启蒙运动哲学“坚决主张人的自主与自由：人应当对他本身负责，应当对他自己理性的权利、自我发展负责。由此，启蒙思想家们抨击神学蒙昧、禁欲主义和封建制度”[③]。这种理念实际上是主张人的全面发展。随着启蒙运动的发展和理性主义的传播，人的地位得以逐步擢升，后来人被置于社会制度的首要地位，人的解放成为一系列资产阶级革命后期的目标和旗帜。康德理性哲学对于确立人的主体地位具有重要贡献，其曾提出，“人是目的而不是手段”“人只能被作为目的而不能被视为手段”，这些论述是人的先在性原则确立的理论依据。[④] 理性哲学的兴起使维护人格独立和人格尊严成为社会的核心任务，其也必然成为整个法律所要促进和实现的目标。因此，保障个人人格的独立和尊严的精神在近代民法中得以反映和弘扬。而新兴的资产阶级在反封建过程中，提高了关于保障个人人格的独立和尊严的更高的要求。市场经济的日益繁荣客观上要求扩张个人的行为自由，维护个人的基本权利，《法国民法典》确立的所有权绝对、契约自由和过错责任三大原则便是对这一要求的反映，为保障人的全面发展提供了基础。《德国民法典》也充分贯彻

---

① 参见陈朝璧：《罗马法原理》，36～40 页，北京，法律出版社，2006。

② 孟广林：《欧洲文艺复兴史哲学卷》，65 页，北京，人民出版社，2007。

③ Gay, *The Enlightenment: An Interpretation, The Rise of Modern Paganism*, New York: Vintage Books 1968, pp. 398-399.

④ 参见［德］康德：《道德的形而上学》，第 2 章，上海，上海人民出版社，2005。

了维护个人权利的基本精神。不过需要指出的是，19 世纪的民法典主要是以财产法为中心构建起来的，对人的保护集中反映在对财产权的保护，注重通过保护个人物质利益来维护人的生存和发展。正因如此，19 世纪的民法典没有详细规定人格权，也没有确立精神损害赔偿制度，对侵权责任的法律规定也极为简略。①

然而，第二次世界大战期间，纳粹法西斯政权给人类带来了深重的灾难，对个人的人格尊严造成空前浩劫。正是基于对这一惨痛历史的深刻反思，战后人权运动，关于人的至上地位以及人格尊严等哲学思想，在许多国家的法律中得到了确认。1948 年德国《基本法》第 1 条开宗明义地提出"人的尊严不受侵害"，德国法由此衍生出一般人格权的理论，从而极大地推进了人格权制度的发展。该法第 2 条明确宣告，要保障人格的自由发展。这实际上体现了人的全面自由发展的价值。德国法官正是根据《基本法》所确立的人格尊严不受侵犯原则发展出了一般人格权，将《基本法》维护人的尊严和人格自由发展的价值体现在私法之中，通过一般人格权的概念对隐私等权利进行保护。② 近几十年来，不论是民法的法典化，还是民法的再法典化，都更加注重提高对人保护的层次，不断完善保护的方法。这突出表现在，新近颁布的民法典都规定了大量的人格权法律规范，丰富了侵权责任的承担形式以及对受害人的救济方式，在亲属法等编章中突出了对人身利益的保护。进入 21 世纪之后，尊重与保护人权已经成为整个国际社会的共识。例如，《世界人权宣言》第 1 条规定"人人生而自由，在尊严和权利上一律平等"；第 3 条规定："人人有权享有生命、自由和人身安全。"这些内容后来被许多国家法律采用，由此表明，人的全面发展已经成为现代民法中的重要价值。

中华人民共和国成立以来，党和政府一贯重视对个人全面发展的保障，这也符合我国社会主义价值体系的要求。然而，由于长期高度集中的经济管理体制和"左"的思想影响，个人的自由受到严重压抑。在"文化大革命"期间，极左思潮的泛滥，对人性尊严的践踏达到登峰造极的程度，中华民族也遭受了空前的劫

① 参见薛军：《人的保护：中国民法典编撰的价值基础》，载《中国社会科学》，2006（4）。

② 参见［德］卡尔·拉伦茨：《德国民法通论》上册，王晓晔等译，170 页，北京，法律出版社，2003。

难。此后，党的十一届三中全会拨乱反正，确立了加强社会主义民主和健全社会主义法治的基本原则，并将尊重人、爱护人、把人作为人对待作为一项重要的政策目标。基于对“文化大革命”惨痛教训的反思，1986年的《民法通则》第一次在法律上规定了人格权的概念，宣告对个人的生命健康权、名誉权、肖像权等的保护，这是我国人权事业的重大进步。进入新时期以来，科学发展观强调以人为本，实际上就是突出了对人权的尊重。2004年宪法的修改第一次将“国家尊重和保障人权”的基本原则载入宪法，成为我国各项立法的基本准则。“人权”入宪是我国人权发展的里程碑，也是落实科学发展观的重要步骤。党的十七大报告明确指出，必须坚持以人为本，“尊重人民主体地位，发挥人民首创精神，保障人民各项权益，走共同富裕道路，促进人的全面发展，做到发展为了人民、发展依靠人民、发展成果由人民共享”。该报告是我党在社会主义现代化建设新时期提出的新思想、新理念，是对改革开放以来人权保护实践的全面总结和科学反映，也将进一步推动我国人权保护的法制建设，促进人的全面发展。因此，人的全面发展价值也理所当然地成为我国民法的基本价值。

促进人的全面发展是现代民法的基本价值追求。保障人格平等、保护人格尊严都需要弘扬人的全面发展的理念。进入21世纪以来，尊重与保护人权已经成为整个国际社会的普遍共识。一方面，对人的自由和尊严的强调，在民法中得到了集中体现。关于人的至上地位以及人格尊严的哲学思想，在国际公约以及许多国家的法律中都得到了体现。1948年德国《基本法》第2条明确宣告要“保障人格的自由发展”。德国法官正是根据该条所确立的“人格尊严不受侵犯”原则发展出了一般人格权，将维护人的尊严和人格自由发展的价值体现在私法之中，通过一般人格权制度对隐私等权利或利益进行保护。① 近几十年来，不论是在新制定的民法典中，还是通过民法的修订而实行的“再法典化”中，都更加注重提高对人格利益保护的程度，不断完善保护的方法。② 另一方面，在以侵权责任法

---

① 参见［德］卡尔·拉伦茨：《德国民法通论》上册，王晓晔等译，170页，北京，法律出版社，2003。

② Cédric Girard, Stéphanie Hennette Vauchez, “La dignité de la personne humaine,” Recherche sur un processus de juridicisation, Paris: PUF, 2005, p. 87.

为代表的各项具体制度中，充分保护自由和尊严的理念也得到了全面的贯彻。侵权法的保护范围逐渐扩张，从传统的以财产保护为重心，扩张到了保护个人的隐私、个人信息、肖像、信用等精神利益。传统民法上的损害赔偿以财产赔偿为核心展开，从罗马法到德国民法典，都强调其中的财产给付内容，都没有规定精神损害赔偿。20 世纪以来，精神损害赔偿逐步被承认，这在一定程度上扩大了对人格尊严的尊重。此外，在法律保护的民事权益体系中，各种利益之间存在不同的位阶，而人格尊严、人身自由始终处于一种更高的位阶，尤其是生命、健康和身体利益，总是受到更为强化的保护。甚至在合同法领域，也日益注重维护人格尊严的价值理念。正是因为人格权法和侵权责任法体现了对人的关怀和保护，因而这两个民法部门的发展成为现代民法理论和制度新的增长点。总之，传统民法没有考虑到人的全面发展的价值，而仅关注平等、自由、安全等价值，而在现代社会，人的全面发展价值是现代民法典中的核心价值。

二、人的全面发展应当成为我国民法典的重要价值

马克思说，人是一切社会关系的总和。人的全面发展是现代人格哲学和科学发展观的具体体现。人的全面发展包括政治、经济、文化、教育等多个方面。其中，民法典对于促进人的全面发展具有重要作用。在民法典的价值体系中，人的全面发展具有特殊的地位，正如有学者所指出的，法典的价值理性，就是对人的终极关怀。[①] 我国未来民法典之所以应当将人的全面发展作为其重要价值，主要原因如下。

1. 这是促进我国社会全面发展、构建和谐社会的需要。和谐社会就是要实现人与人的和谐、人和自然的和谐。要实现人与人的和谐，就必然要求每一个人都要尊重他人的权利、认真履行自己的义务，也必然要求政府作为公权力的代表，不得逾越其法定的权力界限，并对私权利予以充分的尊重，也必然要求对个

① 参见［美］艾伦·沃森：《民法法系的演变及形成》，李静冰、姚新华译，269 页，北京，中国法制出版社，2005。

人的财产、人格等权利予以充分而全面的保护。要实现人和自然的和谐，就要求我们维护生态环境、保护生态平衡，让人们不仅在物质上达到富足的状态，而且要生活在一种青山绿水、空气清洁的清新自然环境中，这样才能够让人们得到精神上的享受。可以说，人的全面发展在民法的诸种价值中具有终局意义。构建法治国家、小康社会、和谐社会的最终目的是实现人的全面发展。以人为本，就是要将个人的福祉和尊严等作为国家和社会的终极目标，而非作为实现其他目的的手段。没有个人的全面发展，社会进步无从谈起。因此，民法作为促进个人全面发展的部门法，必然要以人的全面发展为价值目标。①

2. 这是实现宪法基本价值、保障基本权利的需要。我国宪法规定，“国家尊重和保障人权”，同时，也规定个人人格尊严和人身自由不受侵犯。宪法作为国家的根本大法，它所确立的基本价值和精神必须贯彻到部门法之中。我国宪法确立的上述价值体现在民法典之中就是要确立“人的全面发展”的民法价值。宪法的价值体现在民法典之中，就要求民法以“关心人、培养人、发展人、使人之为人”作为立法的基本使命，这必然要反映人的全面发展。这种发展不仅体现在人的主体的全面弘扬与保护，也体现为权利的彰显与保障，更体现为人的自由的全面实现。正如有学者所指出的，“人的全面发展是人类社会发展的终极目标，法是人的社会产物，必然和必须服务于人的全面发展”②。

3. 这是张扬人的个性、满足个人精神需求的需要。促进人的全面发展就是要实现社会的每一个成员都能完全自由地发展和发挥他的全部才能和力量，并且不会因此而危及这个社会的基本条件。唯物史观认为，人类社会发展的主体和动力是作为社会关系总和的人，发展的终极目标是人的自身发展。在社会主义初级阶段，我国还不可能完全实现人的全面发展，但必须促进人的全面发展，朝着实现人的全面发展的目标迈进。现代化不仅是经济的现代化，也应当是人本身的现代化。为此，在不断提高人们物质文化需要的同时，我们也需要不断满足人们精

---

① 参见黄金桥：《论民法精神与我国民事立法的完善》，载张礼洪等主编：《民法法典化、解法典化和反法典化》，131页，北京，中国政法大学出版社，2008。

② 卓泽渊：《法的价值论》，134页，北京，法律出版社，2006。

神文化生活的需要，进而张扬人的个性，充分发挥人的主观能动性和创造性。因此，将人的全面发展确立为民法的基本价值，是促进作为万物之灵的人类的全面自由发展的重要途径，是激发每一个人的创造性的巨大动力，是彰显人的价值的基本理念。这就要求民法典的制定要充分尊重人格尊严、保障人格自由，为人们自主享有和行使财产权、人身权等提供制度基础。

4. 这是适应社会发展、应对现代科技挑战的需要。现代社会科技的迅猛发展在为法律发展提供了丰富的素材的同时，也对法律的发展提出了革命性挑战，尤其是对我国民商法的法典化工作提出了新的要求。例如，现代科技的发展不但要求既有人格权法律制度不断完善，还要求确立新的人格权法律制度。一方面，信息技术、基因技术和器官移植等现代科技突飞猛进要求建立新的制度。基因技术的发展使得对个人隐私的保护显得尤为重要，试管婴儿的出现改变了传统上对生命的理解，克隆技术使得身体、器官的复制成为可能，人工器官制造技术、干细胞研究、克隆技术和组织工程学的发展为人类最终解决器官来源问题铺平了道路，但同时也对生命、身体、健康等人格权提出了新的挑战。随着基因工程技术、人工授精技术、克隆技术等人类历史上前所未有的新技术的出现，一些传统民法根本没有涉及的问题也随之产生了。例如精子的法律地位、基因密码的法律地位等，这些都需要对人格权的传统理论进行反思，从而解决这些新的问题。另一方面，网络的开放性和互联性提高了个人信息的商业价值，网络语境下的人格权保护日益重要和凸显。例如，新近发生的“艳照门”事件轰动了全球，仅仅一个网站上传的图片每天就有 10 多万人点击，其影响范围的广度和影响后果的深度是任何纸质媒体难以企及的。更何况在网上披露、修改、传播个人信息，较任何纸质媒体更为容易，一旦传播开来，则在世界范围内都会造成影响，并可以无限制地下载，美国迈阿密大学的教授曾经撰写了一篇以《隐私已经死亡了吗?》为题的文章，其中提到，日常的信息资料的搜集、在公共场所的自动监视的增加、对面部特征的技术辨认、电话窃听、汽车跟踪、卫星定位监视、工作场所的监控、互联网上的跟踪、在电脑硬件上装置监控设施、红外线扫描、远距离拍照、透过身体的扫描，等等，这些现代技术的发展已经使得人们无处藏身，所以，他发出了“隐私已经死亡”的感慨。[①] 所以，将人的全面发展作为民法典的基本价值也是现代科学技术进步的基本要求。

确立人的全面发展的价值有利于弘扬民法典的精神。民法典作为全面反映理性精神的法律形式，其制定的重要意义就在于对法典精神的传播。在我国，民法典的制定和颁行，可以有效地培养人们的权利意识和平等观念，培育民法精神，促进我国市民社会的缔造，促使我国传统文化向现代文化转型。[②] 我国是一个有两千多年封建历史、封建主义思想意识和传统根深蒂固的国家。正如邓小平同志所指出的，“旧中国留给我们的，封建专制传统比较大，民主法制传统很少”[③]，人们的权利意识和平等观念十分淡薄，且等级观念、特权观念、长官意识、官本位思想等极为盛行。这些与市场经济的发展和完善严重不相符合。所以，要真正建立法治国家，必须反对任何形式的封建特权，提倡人格独立、人格平等，充分尊重公民的各项人格权，保护民事主体的财产权。中国民法典的制定正是以实现这些目标为宗旨。民法以保护主体的权利为其重要职能，确认和保护公民的财产权和人身权，充分尊重主体在法定范围内的意志自由，对行为方式的选择自由，这对民主政治的发展也极有作用。如果每个公民真正理解和遵循民法，也就意味着每个公民懂得自己享有何种民事权利，懂得捍卫自己和尊重他人的财产权益、人身自由和人格尊严；也就意味着每个公民都会平等地对待他人，并要求他人平等地对待自己。这无疑是社会主义法治所需要的人与人之间的正确关系。

总之，现代民法以促进人的全面发展和人格的自由发展为其出发点和归宿点。我们说，法律的现代化很大程度上就是指，法律是否以人为中心，真正体现对人格尊严的维护和尊重。民法作为调整私人关系和组织社会生活的重要法律，它也必须以人格尊严作为其最高目标。日本学者田中耕太郎博士指出：“私法的基本概念是人（Person）。”[④] 现代民法就是要充分体现人本主义精神和人的充分

① See Michael Rroomkin, “The Death of Privacy?”, 52 *Stan. L. Rev.*, 1461 (1999-2000).

② 参见韩世远：《论中国民法的现代化》，载《法学研究》，1995 (4)。

③ 《邓小平文选》，第 2 卷，332 页，北京，人民出版社，1994。

④ ［日］星野英一：《私法中的人》，王闯译，20 页，北京，中国法制出版社，2004。

发展。民法的价值理性就体现在对人的终极关怀上。[①] 民法在某种意义上也被称为人法，民法是关于自然人在市民社会中生活的最重要的法律，民法是保障人的全面发展的最重要形式，尤其是现代民法中高举人文主义的旗帜，弘扬人文关怀的精神，保护人的平等、尊严、隐私，成为现代社会人的全面发展的最有力保障。当然，我国民法典确定人的全面发展价值应当考虑到我国现实国情，符合我国经济社会发展的现实要求，不能过分“超前”，也不能脱离社会的现实需要。

三、人的全面发展价值在民法中的体现

民法典对人的全面发展价值的体现主要表现为对独立人格的确认、对合法财产权益的保护和对精神利益的维护。

人的全面发展首先需要有独立的人格。人格的独立是人获得发展机会和发展资源的先决条件。在我国未来民法典的总则中，应当全面贯彻人的全面发展的价值。这具体表现在：第一，在主体制度中，应当确认个人的平等，“‘人’是一切价值观念和价值活动的主体，离开了人，一切社会现实以及历史都将不存在”[②]。在民法上，所有的民事主体都享有平等的民事权利能力，在准入制度上都是平等的，这就体现了贯彻以人为本，充分注重对个人人格尊严、人身自由的尊重与保护的精神。即使法律对人根据年龄划分为完全民事行为能力、限制民事行为能力、无民事行为能力，但这并不是对人的差异保护，而是为了更好地实现人的保护和充分发展。正如有学者所指出的，“全面发展的主体既包括个性主体的每一个具体自然人，又包括群性个体的自然人集合即抽象的人，体现出发展主体的全面性”[③]。第二，在法律行为制度中，法律承认根据自己的意思表示创设与他人的权利与义务关系，当事人的意思表示能够产生法律上的效力，从而使当事人的

① 参见肖厚国：《民法法典化的价值、模式与学理》，载《现代法学》，2001（2）。
② 杨震：《法价值哲学导论》，54页，北京，中国社会科学出版社，2004。
③ 杨震：《法价值哲学导论》，225页，北京，中国社会科学出版社，2004。

意思表示成为私法自治的手段，法律行为是实现私法自治的工具。[①] 这就说明了法律对主体意思的尊重，这也是人的全面发展的一个重要体现。第三，在代理制度中，主体可以根据自己的意志选定他人作为自己的代理人，拓展自己的行为空间，实现行为的更大自由，这也体现了现代民法对人的全面发展的要求。

人的全面发展需要严格保护个人的精神利益。人类在演进和发展的历史中，随着社会的进步而不断产生了新的需求，从而改善生活环境、提高生活水平。就现阶段而言，在人们物质文化需要得到基本满足之后，需要逐步从繁重的物质生产压力中解脱出来，追求精神利益。因此，在人格权法中，人的全面发展价值主要体现在对人的物质性人格利益与精神性人格利益的全面维护中。我国于1986年颁布的《民法通则》就非常重视对人格权的保护，不仅将“人身权”独立作为一节，而且非常明确地规定了公民、法人的姓名权、名称权、名誉权、肖像权等各种人格权。这种对人格权的尊重与保护的态度使得《民法通则》在海外赢得了“中国的人权宣言”的美誉。可以说，《民法通则》的颁行极大地推动了我国民主法治事业的进程，标志着中国的人格权制度获得了长足的发展。人格权法最直接体现了人的全面发展的价值。在我国未来民法典之中，为了更充分地贯彻这一价值，必须做到如下方面：一是在一般规定中确立人格尊严和人身自由，并且要将促进人的全面发展作为一项基本原则确立下来。二是要明确规定生命健康权优先于财产权的规则。当生命健康权和财产权发生冲突时，法律应当优先保护生命健康权。[②] 尤其是在人格权商品化的情况下，必须要充分维护和尊重个人的人格尊严，而不能以意思自治为理由来侵害他人的人格尊严。随着生物技术的发展，“代孕母”的现象日益增加，无论在法国，还是在日本，都出现了代孕母案件。对于代孕母案件，首先要判断的就是，此种行为是否合法，即当事人订立的代孕协议是否有效？如果涉及有偿的商业利用，则构成对于人体的有偿性利用；譬如，以代他人受孕为条件，接受有偿的给付，这实际上等同于所谓的“身体出

---

① Flume, Allgemeiner Teil des Bürgerlichen Rechts, Band 2, Das Rechtsgeschaeft, Springer, 1992, s. 23.

② 参见薛军：《人的保护：中国民法典编撰的价值基础》，载《中国社会科学》，2006（4）。

租”“子宫出租”，显然违反了人格尊严原则①，应予以禁止。我国民法应当规定不得以人体、器官或者组织成为商业交易的标的，或者以牺牲或减损人格尊严为代价从事商业活动。人格尊严的一项重要要求就是身体的不得处置，这就是说，人不得随意处置其身体。三是全面列举各项具体人格权，并强化对各项具体人格权的保护。例如，规定人格权请求权制度和侵害人格权的损害赔偿。人格尊严体现、贯穿于各种具体人格权之中，各种具体的人格权的设定本质上都是为了维护人格尊严，可以说各种具体人格权都是人格尊严的具体体现。在我国，根据《民法通则》的规定，具体人格权包括生命权、健康权、姓名权、名称权、肖像权、名誉权、婚姻自主权等。但司法解释承认了身体权、人身自由权、隐私权等人格权；我国未来民法典应当根据我国社会发展的需要，总结立法和司法实践中的经验，全面规定各项具体人格权。四是形成人格权类型的开放性，确立一般人格权制度。一般人格权是指，有关人格尊严、人格自由和人格平等的抽象的、一般的、概括的权利。由于一般人格权的产生，形成了一种抽象的、概括性的一般条款，使得人格权的保护对象不断开放，加强了法律和变化中的社会生活的密切联系，使得许多新型人格权受到保护。② 正如有学者指出的，“人类社会历史特别是近现代历史表明，人类社会越发展，法治国家越成熟，人们对于人格权的理解越充分、丰富。人格权实际上是与人类社会文明发展进程相应，并与一定文化传统密切相关的法律概念，是文明程度、文化传统、伦理道德和价值取向的法律表述，是一个永远开放、不能穷尽的观念和价值范畴”③。

人的全面发展需要着重保护财产权益。为了实现全面发展，人除了要具备法律上的独立人格之外，还需要良好的物质基础。耶林指出，“谁侵害了他人的财产，就侵害了他人人格权”④。“保障财产权不仅仅关涉物的价值，而且是维护个人在物中的人格”⑤，民法典需要确认和保护人的财产权利，具体来说包括对财

---

① TGI Paris，3 juin 1969，D. 1970，p. 136，note J. P.

② 参见薛军：《人格权的两种基本理论模式与中国人格权立法》，载《法商研究》，2004（4）。

③ 米健：《民法典编纂，人格权不宜独立成编》，载《人民法院报》，2004-10-15。

④⑤ ［德］耶林：《为权利而斗争》，21页，北京，法律出版社，2007。

产的支配权、使用权、流转权和处分权，以及权利被侵害后的救济。在物权法部分中，也应当体现人的全面发展价值理念。在任何社会，财产和人格都是不可分割的，因为“财产权成为自由、个人自治赖以植根和获取养料的土壤……是个人发展的基本条件”①。需要指出的是，在现代民法中出现了一种趋势，即对人格尊严的维护，不仅仅体现在人法中，而且体现在财产法中。对财产权的保护，也在一定程度上要体现对人格尊严的尊重。比较典型的例子就是，在国外出现了对居住权利的保护的案例。② 由此可以看出，现代民法不仅仅强调人法中要体现对人格尊严的保护，在物法领域也要贯彻这一精神。笔者认为，在财产法之中，贯彻人的全面发展价值，首先就是要通过尊重和保护财产来间接保护人格。黑格尔曾指出，财产是人格的延长，“人格权本质上就是物权”③。法谚有云：“人的物件实际上就是人的手臂的延长。”其次，对财产权的限制，也要基于保护人的尊严和全面发展的需要。例如，在相邻关系中，基于个人最低限度的生活的保障，因而产生了通风、采光、日照等权利。因为通风、采光、日照等权利，也是关系到个人尊严和基本权利的，相邻关系制度也体现了人的全面发展的要求。合同法也要体现对人格尊严的尊重。我国《合同法》禁止当事人之间订立违反公序良俗的合同，禁止从事有伤风化、违背伦理的交易行为，提倡尊重人的人格尊严，切实保护公民的人格权。在免责条款中，当事人不得订立免除故意伤害他人人身和财产的责任，更不能订立免除故意致人死亡的责任的条款。在涉及劳动者订立用工合同时，用工方不得违反劳动合同法的规定，订立雇佣童工的合同，或者约定“工伤概不负责”。否则，这些合同依法应当被宣告无效，当事人还应当承当相应的法律责任。

---

① 刘军宁：《共和·民主·宪政——自由主义思想研究》，43页，上海，上海三联书店，2000。

② 在法国发生了这方面的案例，该案的案情如下：1995年，法国宪法法院委员会在审议有关的法案时，指出，“拥有体面住宅的权利，是一项具有宪法价值的权利”。随后，2000年11月28日，巴黎大审法院在一项判决中针对因为某被告仅有8平方米的住宅，但其家庭成员与其同住，还有一个刚出生的孩子，该人占有了某一机构的4居室的套间。法院认为，考虑其特殊性，非法占有不能被认定，因为其具有体面住宅的权利应该在本案中予以保护。许多人认为这就是在财产法中保护人格尊严的具体体现。Yves Strickler，Les Biens，PUF，Themis Droit，2006，p. 320。

③ ［德］黑格尔：《法哲学原理》，46页，北京，商务印书馆，1982。

人的全面发展价值也要全面体现在侵权责任法中。侵权责任法作为保障个人人身和财产权益的法，其也担负着要促进人的全面发展的任务。具体来说，该价值在侵权责任法之中的体现主要表现为以下几个方面：一是过错责任原则的确立。过错责任原则实际上是保障了人们的行为自由，只要行为人没有过错，就不必担心对他人的损害承担责任。如此，就保障人们的行为自由和人格发展。① 二是自己责任原则的确立。自己责任原则要求，行为人原则上只是对自己的行为负责，而不必为他人的行为负责。这可以避免人们受到不合理的牵连，从而保障了人格的独立和人的自由发展。② 三是侵害生命权的损害赔偿。生命权具有最高的价值，也是人的发展的前提。我国现行法规定的死亡赔偿标准比较低，有时甚至比残疾赔偿的标准还要低。这实际上难以唤起侵权人对他人生命权的尊严与保护，不符合人的全面发展的价值。四是人格权益的全面保障。在 19 世纪，民法典作为权利体系构建，是以所有权为中心的。物权的核心是所有权，而债权实际上是以移转所有权为目的的。人格的平等很大程度上强调在所有权取得和归属上是平等的。③ 1804 年的《法国民法典》实际上就是其典型。但是，现代民法实际上以人为中心。其虽然也强调所有权的重要性，但是，更注重人格自由发展和人格尊严的保护，人的全面发展的重要保障就是，人格权法对主体人格利益的全面确认，以及侵权责任法对于侵害人格权益的救济。五是侵害财产权益的全面救济。财产权益的保障，也间接地可以保障人的全面发展。因此，侵权责任法对财产权益的保障，也可以实现人的全面发展的价值。

在此有必要讨论社会上广泛关注的“同命不同价”的问题。我个人不赞成这一提法。因为生命本身是无价的，生命的利益也不能继承，所以，侵害生命权情况下赔偿的对象不是生命利益本身，也不存在所谓“同命不同价”的问题。在致人死亡的情况下，通常死亡后的赔偿主要包括三部分。一是直接损失的赔偿，如丧葬费、医疗费等的赔偿。二是死者近亲属的精神痛苦的赔偿，即精神损害赔

① 参见王泽鉴：《民法学说与判例研究》，第 1 册，151 页，北京，中国政法大学出版社，1998。

② 参见［日］近江幸治：《事务管理・不当得利・不法行为》，107 页，东京，成文堂，2007。

③ 参见［日］松尾弘：《民法的体系》，4 版，15 页，东京，庆应义塾大学出版社，2005。

偿。三是死者近亲属扶养丧失的赔偿。扶养丧失的赔偿，是为了保障其近亲属仍然保有生活来源。死者近亲属的扶养费，在我国东部和西部，可能是有差异的。这和我们国家的经济发展在各个地区不平衡有着直接的关系，也与我国现行的城乡二元结构有密切联系。所以，简单地按照哪一个地方为标准来认定，会导致不公平的结果。例如，就生活水平维持费用而言，不同的地方可能就很不一样，有的地方生活费很高，而有的地方生活费较低，这就需要在赔偿的时候酌情考虑，不能在法律上作整齐划一的规定。

人的全面发展是现代民法的基本特点。我们能否在 21 世纪制定一部面向世界和未来的科学的民法典，关键在于能否在民法典中贯彻关心人、尊重人、实现人的自由与全面发展的价值理念，关键在于是否贯彻了人本主义和人道主义精神。

四、弘扬人的全面发展理念应当正确处理几种关系

随着社会的逐步发展，社会关系不断得以改变，人的全面发展又遇到了新的问题。对这些问题的解决，是体现和弘扬民法人的全面发展理念的一个重要保障。笔者认为，要使我国未来民法典始终保持时代性和现代性，弘扬人的全面发展理念应当正确处理如下几种关系。

一是实质平等与形式平等的关系。在民法上，人的主体性的弘扬主要是体现自然人权利能力的平等和行为自由。但这种平等主要是抽象的人格平等。19 世纪的民法主要追求形式上的平等，具体到法典中就是承认所有自然人的权利能力一律平等。正如拉德布鲁赫所说，民法典并不考虑农民、手工业者、制造业者、企业家、劳动者等之间的区别。私法中的人就是作为被抽象了的各种人力、财力等的抽象的个人而存在的。[①] 在合同法领域，它只考虑当事人抽象意义上的平等，至于当事人的实际谈判能力是否平等并不会影响合同制度的适用。在物权法

① 参见［日］星野英一：《私法中的人》，王闯译，34～35 页，北京，中国法制出版社，2004；［德］拉德布鲁赫：《法学导论》，米健译，66 页，北京，中国大百科全书出版社，1997。

领域，民法也只是抽象规定了取得物权资格的平等，并不注重对弱者的关怀。而自20世纪开始，民法开始关注实质意义上的平等。在当代民法中，从保障社会的公平正义、维护交易安全秩序等价值考虑，民法越来越强调实质意义上的平等。但是，这并不意味着民法就放弃了形式意义上的平等。可以说，当代民法既注重形式上的平等，又注重实质上的平等。具体来说，就是以形式平等为原则，同时兼顾实质平等。笔者认为，我国未来民法典仍然应当以形式平等为主、兼顾实质平等。形式意义上的平等仍然是民法赖以存在的基础。因为“民法无视各个社会个体在智力、财产、种族、性别等方面无可改变的事实上的殊异性，无一例外地赋予其‘人格’——成为民法上‘人’的资格，从而使各个个体得以毫无差别地进入市民社会从事民事活动，以至于他们从事民事活动所取得的具体结果如何，民法一般并不予以置喙”①。但是，为了实现实质的平等，在平等的分配权利的基础上，需要对弱势群体的权利进行特殊保护。此外，为了保障那些原始性的基础性的权利，产生了衍生的次级权利，例如消费者知情权、解约权，雇员享有的集体订约权、强制订约权等，实质上就是对特殊群体的保护。

二是充分保障人格权与对人格权合理限制的关系。法律赋予并保障人格权是民事主体保持独立人格的必要前提。充分保障民事主体的人格权，可以激发民事主体的主观能动性，发掘个人的潜能，实现个人的全面发展。科学发展观强调“以人为本”，因此，人格尊严、人身自由和人格完整等人格权应该置于比财产权更重要的位置。当然，在特殊情况下出于维护公共利益的需要而对某些人的名誉权、隐私权等权利加以限制，这也是为了实现更多人更大程度的发展。例如，为了维护新闻监督和言论自由，就有必要对某些政府官员、影星等公众人物的名誉权、隐私权等作出必要的限制。再如，在当前的抗震救灾工作中，为了防止灾区发生大规模的疫情，政府防疫机构强制要求疫区人民接受免疫注射的行为有可能违背了部分人的意志，似乎限制了其身体权，但这是为了保护广大灾民身体健康、维护社会公共利益而采取的必要的限制措施。

三是保障行为自由与对自由的必要限制。民法之所以被称为私法，就是由于

① 易军：《个人主义方法论与私法》，载《法学研究》，2006（1）。

它对社会生活的调整不同于利用公权力进行管理的公法。民法是市民社会的基本法，“在市民社会中，每个人都以自身为目的，其他一切在它看来都是虚无”[①]。然而，在任何一个国家，民事主体的自由都不是绝对的，而是要受到一定的限制和约束的。因为一方面，从市场经济的内在要求出发，国家也需要通过市场机制这只“无形的手”发挥作用，同时又需要宏观调控和政府干预，以保障市场的正常运行。而宏观调控与市场机制都是社会主义市场经济体制的组成部分。[②] 这两者在民法中的体现就是，私法自治以及对私法自治的限制。另一方面，每个人都是生活在社会这个广泛而复杂的关系之中，一个人的绝对自由通常意味着与其发生民事关系的相对人的不自由。为了保证最广泛的人享有同等的自由，必须要对每个人的行为自由作出适当限制。国家为了维护公共利益和社会秩序，需要对个人的权利及其行使作必要的限制。例如，在抗震救灾工作中，为了防止灾区发生大规模的疫情，政府对特定区域进行封闭式管理，限制某些人的行动自由，这对于有效开展抗震救灾工作，维护社会公共利益是有必要的。还应当看到，对私法自治的限制，主要是通过强行性规范来进行的。私法自治与民法中的强行性规范并不矛盾，因为在任何国家的民法中，私法自治都是有限度的，不可能是无拘无束的，都需要通过强行法的规定来对自由进行必要的限制。

---

① ［德］黑格尔：《法哲学原理》，197页，北京，商务印书馆，1961。

② 参见舒锐：《也谈三点：政府、市场、政府与市场》，载《现代商业》，2008（6）。

公司有限责任制度的若干问题*

党的十四届三中全会通过的《关于建立社会主义市场经济体制若干问题的决定》，明确提出要建立现代企业制度。什么是现代企业？所谓现代企业，主要是指以公司形式表现的企业形态，主要原因在于：一方面，公司是现代社会化大生产和市场经济发展到一定阶段的产物，也是社会经济组织经过长期演化的结果。另一方面，因为公司具有合理的财产和利益机制（如内部管理机制和权力制衡机制），这就使其能够成为现代市场经济中最活跃、最重要的企业形态。因此，建立现代企业制度在很大程度上就是要建立和完善公司制度。然而，公司作为现代企业的基本形态，是以有限责任作为其责任形式和基础。从历史上看，有限责任制的产生曾为公司在社会经济生活中发挥重要作用奠定了基础，它像一股神奇的魔力，推动了投资的增长和资本的积累。在公司法中，有限责任制度也居于核心地位，并被一些学者称为公司法的"传统的奠基石（traditional cornerstone）"①，公司法的许多规则在很大程度上是由有限责任制度决定的。所以，

---

* 原载《政法论坛（中国政法大学学报）》1994年第2期、第3期。

① Cook W W. Watered Stock, "Commissions: Blue Sky Laws: Stock without Par Value", 19 *Mich. L. Rev.* 583 n. 4 (1921).

按照一般的理解，现代企业制度的主要内容乃是有限责任制度。[①] 鉴于有限责任制度的重要性，下面就此谈几点看法。

一、何谓有限责任？

责任是债务人不履行其应为的债务所发生的法律后果。责任是以债务为前提的，无债务即无责任，因债务的发生才有可能产生责任。一般来说，任何债务人均应以其全部资产对其债务负清偿责任，除法律另有规定之外，债务人的责任都是无限的[②]、独立的。正如王泽鉴先生所指出的："债务人原则上应当负无限责任，即应以财产的全部——除不得查封的物品或不得为强制执行的权利外——供债权人得依'强制执行法'的规定，满足其债权的担保。"[③] 可见，无限清偿责任应为民事责任的基本形态，有限责任应为例外。因此，在法律没有特别规定的情形下，任何民事主体所应承担的责任应当是无限责任，而非有限责任。

有限责任作为法律规定的责任形态，主要有两种表现形式：一是民法上一般的有限责任。此种责任是指根据法律规定或债的约定，债权人仅以其全部财产的一部分承担清偿债务的责任，债权人也仅就债务人的部分财产可以请求和强制执行，这就是所谓"有限制"的责任，此种责任又称为物的有限责任。在此种责任中，债权人只能就特定的财产执行，即使其债权未因此而获得全部清偿，对于其他财产也不能强制执行。不过，此种有限责任的适用范围，必须由当事人自行约定，法律只是在例外的情况下（如继承法规定继承人仅以被继承的财产对被继承人生前的债务负责）才作出规定。[④] 另一类有限责任则是指公司或法人的有限责任，此种有限责任不同于民法上一般的有限责任。在这里，"有限"的含义不是指作为债务人的公司仅以其部分资产对其债务负清偿责任，也并非公司的债权人

① 参见《转换企业经营机制，建立现代企业制度》，载《新华每日电讯》，1993－11－24。

② 所谓无限责任，是指应以财产全部（除不得查封的物品或强制执行的权利以外）用来清偿债务。

③ 王泽鉴：《债法原理》，23页，北京，北京大学出版社，2009。

④ Brox/Walker, Erbrecht, 28. Aufl., 2018, §37 Rn. 4.

只能就公司的部分资产请求清偿债务，而是指公司首先应以其全部资产承担清偿债务的责任，债权人也有权就公司的全部财产（Gesellschaftsvermögen）要求清偿债务。[①] 在公司的资产不足以清偿全部债务时，尽管会出现责任在范围上小于债务的范围的情况，但公司的债权人仍不得请求公司的股东承担超过其出资义务的责任，公司也不得将其债务转换到其股东身上。一般而言，“有限责任是指股东对其公司或公司的债权人没有义务支付超出其股份的价值的义务”。有限责任意味着每个成员对其认购的股份的全部价值，在要求支付时应负出资的义务。[②] 由此可见，“有限”的含义在很大程度并不是针对公司而言的，而是针对股东而言的，它并不是意味着清偿债务的财产的有限性、特定性，而是指责任的不可转换性以及股东责任的受限制性，这就和民法上一般的有限责任的含义有所区别。正如王泽鉴先生所指出的，“此项计算上的有限责任，非属真正的责任限制，而是关于债务内容之限制，对于此种约定或法定‘定额有限责任’，债务人仍须以全部财产负其责任”[③]。

公司应以其全部财产对其债务负责，这是由民事责任的一般原则和公司的独立人格所决定的。一方面，在民法上，任何债务人均应以自己的全部资产承担清偿债务的责任。因此，在公司作为债务人时，亦应和自然人一样以自己的全部财产负责。另一方面，相对于自然人而言，公司也是作为独立的民事主体而存在的。它与自然人一样都在法律上具有独立的人格。作为一个独立主体，它具有自己的独立财产，此种财产与公司成员及创立人的财产是分开的。所以，公司只能以自己的独立财产承担清偿债务的责任，公司股东对公司债务，不承担超出其出资义务的责任。所以，按照许多学者的观点，公司的人格与其成员的人格的分离，乃是有限责任产生的条件[④]，不理解公司的独立人格，也就不能理解公司的

① BeckOK GmbHG/Wilhelmi，2018，GmbHG §13，Rn. 49 f.；MüKoGmbHG/Merkt，3. Aufl. 2018，GmbHG §13，Rn. 332.

② See John H. Farrar，Nigel Furey and Brenda Hannigan，*Farrar's Company Law*，Butterworths Law，4th Revised edition (July 1998)，p. 67.

③ 王泽鉴：《债法原理》，48页，北京，北京大学出版社，2009。

④ See Philip L. Blumberg，*The Law of Corporate Groups*：*Procedural Law*，Boston，Toronto，Little Brown and Co.，1987，p. 31.

有限责任。

公司独立人格制度和有限责任制度为公司戴上了一层面纱（the veil of incorporation)，它把公司与其股东分开，保护股东免受债权人的直接追索。那么，股东负有什么责任呢？显然，股东应负出资的义务。如果股东以金钱出资，其应向成立中公司的特定账户注入其认购股份的价金；如果股东以实物出资，股东责任表现为其应当按照约定交付实物。在这里，股东所负有的出资义务的法律性质值得探讨，学说上对此存在争议。第一种观点认为，股东的责任是其对债权人所负有的责任，因为只有在股东履行了出资义务以后，公司才可能有足够的资产清偿债务，债权人的权利才能得到保障。① 第二种观点认为，股东通过对公司负出资义务，从而对债权人负有间接责任；换言之，股东的出资是对公司的直接责任，但这种责任和债权人之间具有一定的联系，它对债权人来说是一种间接责任。② 第三种观点认为，股东对债权人不负责任，债权人只是公司的债权人，而不是股东的债权人，股东和债权人之间没有什么关系，股东未履行其出资义务（如迟延支付价款等)，只能由公司提出请求，而债权人不能直接对股东提出请求。③ 我国《有限责任公司规范意见》和《股份有限公司规范意见》第 1 条均规定："股东以其所认购的股份对公司承担有限责任。"④ 由此可见，我国立法均认为有限责任是对股东而言的，股东并不是不承担责任，只是不对公司的债权人直接负责，而是对公司负责。

笔者认为，就股东缴纳出资、认购股份来说，股东将直接和公司发生联系而不直接与债权人发生联系，只有在特殊情况下，股东才直接对债权人负责。例

---

① See Phillip Blumberg, *The Law of Corporate Groups: Procedural Law*, Boston, Toronto, Little Brown and Co., 1987, p. 7.

② See Phillip Blumberg, *The Law of Corporate Groups: Procedural Law*, Boston, Toronto, Little Brown and Co., 1987, p. 8.

③ 我国《有限责任公司规范意见》第 70 条规定："股东未按本规范的规定缴纳出资的，公司有权向股东追缴。经公司追缴股东仍不履行缴纳义务的，公司可依诉讼程序，请求人民法院追究股东的违约责任。"

④ 《公司法》第 3 条第 2 款规定："有限责任公司的股东以其认缴的出资额为限对公司承担责任；股份有限公司的股东以其认购的股份为限对公司承担责任。"

如，根据我国《股份有限公司规范意见》的规定，公司在清算时，若公司违反法定程序分割财产，债权人有权要求股东返还。所以，就出资义务的履行来说，股东显然只应对公司负责。在股东缴纳出资以后，股东出资形成公司的资产，并使公司具有独立财产。此后，公司以独立的人格对公司债权人负责。然而，由于出资本身使股东与公司之间发生股权关系，而股权关系既不同于传统的所有权关系，也区别于普通的债的关系。股东缴纳出资会使其对公司享有管理的权利，甚至在股东出资的数额达到一定规模时，股东会享有对公司的控制的权力，这就有可能使股东通过行使控制权力而对公司施加不正当影响，从而损害债权人的利益。同时，由于公司的人格毕竟是法律拟制的结果，在众多的公司背后站立的仍然是各个股东，在很多情况下，股东极有可能利用公司的独立人格从事各种违法和规避法律的行为，对债权人的利益造成损害。所以，从维护社会秩序、保护债权人利益出发，在特殊情况下，应依法排除有限责任的限制，使股东直接对债权人负责。

还应当指出，有限责任是法定责任而不是约定责任，这就使它不同于免责条款。所谓免责条款，是指当事人之间通过约定，免除或限制其未来可能承担的责任的条款。免责条款主要有两种类型：一类是限制责任条款，另一类是完全排除责任条款。无论哪一种形式，都是对当事人未来可能发生的责任，通过约定方式加以限制或排除。免责条款只能在特定的当事人之间发生，不能在公司与不特定的第三人之间发生，不管公司与某个特定的人之间订立了何种免责条款，都对第三人不产生效力。①

二、有限责任制的价值

自产生以来，有限责任制度就使公司具有独特的功能，从而对市场经济的发展起到强有力的推动作用。在评价公司制度对美国经济发展的作用时，美国学者

---

① See Tim Frazer, "Limited Liability and the Corporation", *International Review of Law and Economics*. 1983 (3), p. 208.

伯纳德·施瓦茨曾谈到，“正是公司制度使人们能够聚集起对这个大陆进行经济征服所需要的财富和智慧”①。公司的产生为社会化大生产提供了适当的企业组织形式，并在更广泛和更深层面促进了市场经济的发展，从而使资本主义在短时期内创造出了比以前所有社会都大得多的生产力。然而，公司以有限责任为其显著特征，公司制度的核心特征之一正是有限责任。因此，美国前哥伦比亚大学校长巴特勒（N. M. Butler）在1911年曾指出：“有限责任公司是当代最伟大的发明，其产生的意义甚至超过了蒸汽机和电的发明。”② 前哈佛大学校长伊洛勒（Charles W. Eliot）也认为，“有限责任是基于商业的目的而产生的最有效的法律发明”③。许多学者认为，有限责任改变了整个经济史。那么，有限责任的价值是什么呢？从公司制度的发展历程来看，它实际体现了如下几方面的价值。

1. 减少和移转风险。在市场经济社会，竞争充满了风险，但风险总是与投资的利润相伴随的。正如戴尔芒德（Diamond）所指出的，“希望获得的利润越大，则风险也越大，只有在投资的预期利益超过预期的风险时，才能促使投资者投资，而预测和减少风险，就要靠限制责任的办法实现”④。如果对股东的责任没有限制，而单个的股东又不能完全控制公司，那么当公司欠下大笔债务时，有可能致使众多股东个体破产。而有限责任是减少风险的最佳形式。因为一方面，有限责任促使投资分散，无论投资多么复杂，只要股东依法履行了出资义务，股东就不会受到追索；另一方面，有限责任促使股东自由转让其投资。有限责任制度降低了股东的投资风险，有利于鼓励股东以出资转让的方式作出更多投资，提高资本的流通速度和利用效率。假如股东要承担无限责任，公司的责任与个人的责任难以分开，股份则不能随意转让，证券市场也难以形成。所以，有限责任

---

① ［美］伯纳德·施瓦茨：《美国法律史》，王军等译，67页，北京，中国政法大学出版社，1989。

② Tim Frazer，“Limited Liability and the Corporation”，*International Review of Law and Economics*. 1983（3），p. 208.

③ Phillip Blumberg，*The Law of Corporate Groups*：*Procedural Law*，Boston，Toronto，Little Brown and Co.，1987，p. 3.

④ Phillip Blumberg，*The Law of Corporate Groups*：*Procedural Law*，Boston，Toronto，Little Brown and Co.，1987，p. 84.

"对投资者的广泛参与投资形成了有效的刺激"[①]。

2. 鼓励投资。有限责任的最大优点在于通过使股东负有限责任，从而发挥鼓励投资的功能。社会经济的发展需要靠投资推动，但鼓励投资应通过良好的法律形式实现，"只有当立法者为资本设计出有限责任与一种特殊形式，投资者才能通过此形式而自由地扩大其权力"[②]。有限责任不仅减轻了投资风险，使投资者不会承担巨大的风险，而且使股东能够事先预测投资风险，即最大投资风险不超过其出资额，这就给予投资者一种保障。从公司制度的发展历史来看，有限责任制在历史上的作用主要是通过鼓励投资的作用来实现的。马克思曾在1848年的《共产党宣言》中指出："资产阶级在它的不到一百年的阶级统治中所创造的生产力，比过去一切世代创造的全部生产力还要多，还要大。"[③] 这在很大程度上与有限责任制鼓励投资、创造财富的功能有着密切的关系。

3. 促使所有权和经营权的分离，提高财富利用效率。投资者（股东）是公司的最终所有者，但投资者不一定实际参与管理与经营，投资者是否应实际参与管理和经营，在很大程度上要受到责任形式的影响。在负无限责任的情况下，投资者为避免承担不可预测的巨大风险，很可能要求实际参与公司的管理，从而难以促成所有权与经营权的分离。所以，按照许多国家的法律规定，无限公司的股东应参与公司的管理。但在有限责任的情况下，由于风险的事先确定性和有限性，股东通常没有必要实际参与管理从而控制公司。所以，伊斯特布鲁克和费斯凯尔（Easterbrook & Fischel）认为，有限责任导致了投资与经营管理的分离，促进了劳动的合理分工，产生这种现象的原因在于，有限责任吸引更多的股东，而股东的增多必然使许多股东鲜有机会参与管理，而将经营管理权专门交给一部分人来行使；反过来说，正是因为在一个公司中，许多股东不能实际参与管理，如果要求由股东对公司的全部债务负责，对股东来说也是不公平的，所以，有限

① Tim Frazer, "Limited Liability and the Corporation", *International Review of Law and Economics*. 1983 (3), p. 208.

② Frank H. Easterbrook & Daniel R. Fischel, "Limited Liability and the Corporation", 52 *U. CHI. L. REV*. 93-94 (1985).

③ 《马克思恩格斯选集》，2版，第1卷，277页，北京，人民出版社，1995。

责任制度极大地促使了所有权和经营权的分离。[①] 而所有权与经营权的分离促进了资本经营管理的专业化，提高了社会财富的社会利用效率。

4. 促进股权转让，增进市场交易。新西兰著名公司法学者费勒（Faraar）指出，有限责任和股份的自由转让是联系在一起的，由于投资风险的有限性，增强了股份在市场上的可转让性，从而增进了证券市场上的股份交易，促使资源实现优化配置。[②] 由于有限责任促使投资增加、股权分散、股份可以转让，因此导致了这样一种结果，即“股东之间并没有什么人身关系，他们可能彼此互不相识，他们也不会承担超出其股份利益的义务，他们所希望的是利润的最大化，在出售股票时尽可能从公司中得到一切”[③]。所以，有限责任促进了证券市场的发展。

此外，有限责任也具有减少交易费用的功能。例如，有限责任制度避免了债权人直接针对单个股东提起诉讼的情况，这样债权人只有在公司不履行其义务时，直接对公司提起诉讼，而不必对每个股东提起费用高昂的、程序烦琐的诉讼。总而言之，有限责任所具有的上述价值使这一制度在历史上发挥出巨大的作用。随着社会经济的发展，这一制度必然会释放出新的能量，发挥出更大的功效。

三、对有限责任制度的再探讨

从历史上看，有限责任制度的确起到了鼓励投资、促进资本积聚、促使所有权与经营权的分离、提高财富利用效率等作用。但是，这些价值一直面临诸多挑战。正像硬币存在正反两面一样，有限责任在发挥积极作用的同时，必然也会显现一些负面效应，这就导致一些学者对有限责任制度的价值和功能提出质疑。一

① See Frank H. Easterbrook & Daniel R. Fischel, “Limited Liability and the Corporation”, 52 *U. CHI. L. REV.* 93-94 (1985).

② See John H. Farrar, Nigel Furey and Brenda Hannigan, *Farrar's Company Law*, Butterworths Law, 4th Revised edition (July 1998), p. 67.

③ Tim Frazer, “Limited Liability and the Corporation”, *International Review of Law and Economics*. 1983 (3), p. 208.

方面，虽然有限责任具有减轻和转移风险的作用，但事实上，这种作用正逐渐为保险所替代。例如，在美国，困扰公司和股东的最大责任是产品责任，但这种责任现在可通过责任保险方法来限制或避免。而由于有限责任制可以减轻投资者风险，因而许多人因其承担风险有限而热衷于冒险，造成投资不谨慎，风险投资过度的现象。另一方面，虽然有限责任制有利于鼓励投资，但集资主要是靠证券市场中公开发行股票的方式实现的。而在许多国家，现行的有限公司绝大多数为中小型公司，其规模、经营风险和损失都有其局限性，此时，有限责任对资本的集聚作用有限。此外，虽然有限责任有利于促进所有权与经营权的分离，但也会限制投资者参与管理。由于管理决策将直接影响公司的利润和股东投资的回报，投资者也有必要参与管理。① 所以，有限责任的存在价值也是有限的。

有限责任制度在发挥其巨大作用的同时，也显现出一些弊端，并受到一些学者的诟病。归纳起来，对有限责任制度的批评主要包括如下几个方面。

1. 对债权人不公正。债权人通常无权介入公司的管理过程，甚至对公司的内部管理一无所知，一旦公司因经营管理不善等原因造成亏损，蒙受损失最大的还是债权人。如果股东负有限责任，则对债权人来说是不公平的。从法律上看，股东是公司的最终所有者，其享有管理公司的权利，不论实际情况如何，股东在理论上都有权管理公司，然而，股东却仅以其出资为限对公司债务承担责任，这显然与其享有的权利是不相称的。也有学者认为，既然股东已经意识到其投资是有风险的，那么其为什么要将其经营风险转移给外部的债权人？还有学者认为，股东获得股息、红利等会超出其全部投资额，而债权人却可能因为有限责任而变得两手空空。所以，有限责任制注重了对股东的保护，却忽略了对债权人的保护。②

2. 为股东特别是董事滥用公司的法律人格提供了机会。公司的运作是靠人来实现的，在某些情况下，董事可能利用公司的人格从事各种欺诈行为，牟取非

① See Phillip Blumberg, *The Law of Corporate Groups: Procedural Law*, Boston, Toronto, Little Brown and Co., 1987, p. 69.

② 参见龙英锋：《“揭开公司面纱”理论之探析及借鉴》，载《现代法学》，1995（1）。

法所得。而即使出现此种情况，由于有限责任的存在，阻碍了债权人要求董事负责的请求。还有一些董事常利用公司的人格从事各种隐匿财产、逃避清偿债务责任等行为。在集团公司中也可能出现利用子公司规避债务的情况，即集团公司中的附属公司可能并没有财产，只是被母公司用来作为欺诈他人、规避法律的工具，而有限责任的存在则会阻止债权人对董事直接提出请求。

3. 对侵权责任的规避。许多学者将合同之债中的债权人称为自愿的债权人（Voluntary creditor），而将侵权之债中的债权人称为非自愿的债权人（Involuntary creditor）。在现实生活中，任何不特定的当事人均可能因为公司的侵权行为而遭受损害，成为非自愿的债权人。特别是在现代社会中，产品致人损害的侵权行为频繁发生，且可能发生大规模侵权事件，使得受害人的规模成倍增长。但由于有限责任的存在，这些受害人在遭受人身伤害和死亡的情况下通常难以获得相应的赔偿。因此，一些学者认为，在采纳有限责任制之后，对侵权受害人的保护力度不够。该制度只是为了保护投资者的利益，而不利于保护广大消费者的利益。[①] 也有一些学者认为，有限责任制度阻碍了侵权行为制度的功能发挥。[②] 不过，一些美国学者如 Halpen、Trebiicock、Turnbull 等人认为，在考虑有限责任制是否会对侵权责任制度产生损害时，应看公司的侵权行为侵害的是何种利益，若侵害的是个人人身利益，则受害人应享有充分赔偿的请求权，但如果侵害的是商业利益，则受害人的补偿问题还可以通过保险的方法来解决，而不必涉及有限责任制度。[③] 不过，这些学者也建议，为保护侵权行为的受害人，法律应通过对公司提出最低资本数额要求、实行强制性保险、增加无过失责任等措施以弥补有限责任制度的不足。[④]

---

① See Christopher D. Stone, "The Place of. Enterprise Liability in the Control of Corporate Conduct", 90 *Yale L. J.* 1, 65-70 (1980).

② See Paul Halpern et al., "An Economic Analysis of Limited Liability in Corporation Law", 30 *U. TORONTO L. J.* 117, 148-49 (1980).

③ See Paul Halpern et al., "An Economic Analysis of Limited Liability in Corporation Law", 30 *U. TORONTO L. J.* 145-147 (1980).

④ See Robert C. Clark, "The Regulation of Financial Holding Companies", *Harvard Law Review*, Vol. 92, 1979, p. 789, p. 825.

在公司内部，当公司的雇员因公司的行为受到损害时，因有限责任的存在，使得雇员很难对股东提出请求，尤其是在公司因经营不善而宣告破产的情况下，因不能对股东提出请求，雇员的利益很难得到保障。为弥补这一缺陷，美国一些州（如纽约、威斯康星州等）的法律规定，股东应对工人未支付的工资负责①，加拿大的法律也有类似的规定。

正是因为有限责任制度被一些学者认为具有上述缺陷，他们在肯定有限责任制度所发挥的历史作用的同时，认为有限责任制度已不再适应现代市场经济社会的发展需要；也有人认为，有限责任与自由市场行为是不协调的，尤其是不利于保障债权人的利益。② 据此，许多学者主张应改变责任形式，塑造新的公司类型。这些学者提出了三种主张。

第一种观点认为，公司应选择无限责任形式，使股东个人对公司的债权人直接负责。此种观点认为，无限责任在市场竞争中应扮演重要作用。无限责任制度有力地保护了债权人，鼓励了谨慎的投资和市场行为，并且与民事责任的基本规则是协调一致的。因此，应鼓励无限责任公司的发展。③

第二种观点认为，应采取双重责任并存的模式，即在一个公司中使有限责任和无限责任股东同时并存，负有限责任者则不参与管理，无限责任的股东直接管理公司。在这方面，可以借鉴美国有限合伙制度。④ 在有限合伙中，一般合伙人与有限合伙人并存，既可保护有限合伙人的责任负担，又能对债权人有所保障。

第三种观点认为，应采取按比例分担责任（Pro Rata Liability）制度，即股东各依其投资比例对债权人直接负责。美国加利福尼亚州自 1853 年开始就采用这一制度，一直沿用到 1931 年。最初，法律要求股东直接对公司的债权人负责，但有最高限额的限制，而最高限额为股东在公司中的股份。在这之后，这一制度得到了发展，股东可根据其股份比例直接对各债权人负责。虽然这一制度已停止使用，但许多美国学者认为，按比例分担责任制度既可避免无限责任和有限责任

① See N. Y. Bus. CORP. LAW §620 (a)-(c) (McKinney 1963).

②③ See Rapp, Geoffrey Christopher. "Preserving LLC Veil Piercing: A Response to Bainbridge", *Journal of Corporation Law* Vol. 31, no. 4 (Summer 2006): pp. 1063-1096.

④ 参见周晓红：《台湾学者谈“有限公司”的变革》，载《中国法学》，1993 (2)。

的缺点，亦可发挥有限责任的优点，应在实践中采用。①

上述各种观点均认为，有限责任制度已不适应社会经济发展的需要，应用其他责任形式加以取代。诚然，前述担忧不无道理，但是否应废除有限责任制呢？笔者认为，有限责任制度在历史上曾经发挥过的筹集资金、分散风险、促进所有权与经营权的分离等作用是不可否认的，时至今日，有限责任制度之所以招致诸多批评，主要是因为如下原因。

1. 随着社会经济的发展，法律制度所追求的目标有所改变。市场经济发展到了一定阶段以后，必然会对交易安全、投资安全、市场秩序等提出更高要求。根据许多学者的观点，现代社会法律的目标不是鼓励过度的风险投资和聚集资本，而是如何完善投资环境、创建公平竞争的市场。这就需要加强对债权人利益的保护，而这也正是有限责任制度的薄弱之处。但对于这一缺陷，可以通过一些配套措施的完善对其加以弥补，而不能因噎废食，并据此废除有限责任制度。

2. 公司的一些侵权责任，特别是产品责任的发展，使公司与广大消费者之间可能会直接发生损害赔偿的关系，尤其是在产品缺陷致受害人遭受人身伤害，甚至是死亡的情况下，对受害人的赔偿数额可能是巨大的。因此，一些公司特别是那些为广大消费者提供产品的公司，势必要承担未来可能要支付巨额赔偿的风险；而有限责任因其本身的内涵必须要限制责任，这样可能会对消费者不利。

然而，就未来不可预测的损害赔偿风险来说，如果要求股东对产品致人损害等承担全部赔偿责任，则成千上万的公司仍将面临破产的风险，因此，无限责任制度无法避免此种风险。解决产品责任等问题必须通过责任保险等保险措施，使损害结果分散并由社会大众分担。保险制度和限制责任的有限责任制度是完全不同的，保险制度在发挥作用的同时，不能影响有限责任的存在价值。正如美国学者阿洛尔所指出的，“保险虽然起到一定的作用，但不能完全代替有限责任”②。

3. 证券市场的发展造成一种假象，似乎集资途径主要靠公司在证券市场上

① See Phillip Blumberg，*The Law of Corporate Groups*：*Procedural Problems in the Law of Parent and Subsidiary Corporations*，Little，Brown，1983，p. 89.

② K. Arrow，*Essays in the Theory of Risk-Bearing*，Markham Pub. Co (January 1，1971)，p. 140.

挂牌上市。所以，有观点认为，对于非上市公司来说，公司的集资功能是有限的，有限责任制度作为刺激集资的手段主要在上市公司中发挥作用。笔者认为，这种看法是不妥当的。诚然，公司挂牌上市可以向社会公众募集到更多的资本，但上市公司在公司中仅占很小的比例，绝大多数公司都是非上市公司，若不采取有限责任制度，则这些公司将很难吸引投资，不断发展。

各种关于根本改变有限责任制的观点都是值得商榷的。首先，无限公司虽有其优点，但因为无限责任对投资者来说所承担的风险太大，并不能鼓励投资者进行广泛的投资；而且由于在无限公司中实行所有权与经营权的合一，也不利于公司的发展。其次，双重责任并存的公司类似于大陆法系中的两合公司，这类公司因实行两种责任，具有两类不同的股东，由于两类股东所享有的权益不同，很难协调一致，容易发生纠纷，因而，这类公司其实并不具有旺盛的生命力。从采纳双重责任并存制度的国家立法来看，其也并非典型的公司形态。至于有限合伙制度，虽有其优点，但毕竟是合伙的一种类型，不能代替公司这种企业形态。最后，采纳比例分担责任的办法在实践中操作起来是很难的，这种责任形式能够实现的前提是，股东和债权人能够直接发生联系，这在小公司中或许能做到，但在大公司特别是具有成千上万股东的大公司中，要让股东和每个债权人发生联系，则几乎是不可能的。因此，很难将债务由每个股东进行分摊。更何况，证券市场的形成使每个股东可以自由转让其股份，这也使得股东本身不断变化，具有很大的流动性，从而难以使债权人和某个特定的股东发生联系。

笔者认为，有限责任制度的缺陷是存在的，但是随着社会经济的发展和法律制度的逐渐完善，此种制度的许多弊端正在逐渐被克服。例如，保险制度特别是责任保险制度的产生，解决了有限责任制所未能解决的公司的侵权责任问题，由于国家对公司的行政监督管理制度的强化、公司特别是上市公司应向社会披露其内部情况的公司制度的完善，促使与公司进行交易的当事人能够全面地了解和查阅公司的资信情况和偿债能力，从而有助于避免债权人的不必要的损失。此外，公司的资本保护等制度的逐渐完善，都有助于维护债权人的利益。总之，有限责任制度的一些重大缺陷可以通过各种措施加以弥补，不能简单地从有限责任制的缺陷中得出取消该制度的结论。

在我国当前发展社会主义市场经济的过程中，必须要建立现代企业制度，为此，必须实行公司的有限责任制。我们要利用法律机制鼓励投资和资本积累、促使企业转换经营机制、实行所有权与经营权的分离等，所有这些都要求在公司形态中普遍实行有限责任制。没有有限责任制，就不可能广泛开辟筹资来源，吸引广大投资者投资，从而促进公司的蓬勃发展。没有有限责任制，不可能促进所有权与经营权在公司内部的分离，形成公司内部科学的管理体制。没有有限责任制，也不可能促进股份的流通，推动证券市场的发展。总之，有限责任制是市场经济条件下企业成长的重要条件，也是经济发展的巨大动力。当然，在认识到有限责任制价值的同时，也应当注意到这一制度所固有的缺陷，并寻求适当的措施来消除这些缺陷，从而更好地发挥有限责任制在发展社会主义市场经济中的作用。笔者认为，从我国当前经济体制改革中转换企业经营机制、推行和发展公司制的情况来看，当前存在的最大问题是在观念上将公司的独立人格绝对化。一些人因此误认为股东在任何情况下都无须对公司债务承担责任，一些股东甚至借公司的法律人格从事各种不法行为，并造成债权人的损害。在此情况下，由于有限责任制的存在，债权人难以对从事不法行为并获得利益的股东提出赔偿请求。这样一来，有限责任制就可能被个人利用作为欺诈他人、规避法律的工具。为了弥补有限责任制度这方面的不足，笔者认为，应借鉴国外流行的“揭开公司面纱”制度，即在特殊情况下不考虑公司的独立人格而由股东直接承担责任的办法来弥补有限责任制的不足。

四、“揭开公司面纱”制度

事实上，有限责任制的主要弊端是对债权人保护的薄弱，其中最突出的问题是在股东滥用公司人格而损害债权人的利益时，债权人不能对股东直接提出赔偿请求。公司的有限责任制和独立人格像罩在公司头上的一幅面纱（Veil），它把公司与股东分开，保护了股东免受公司债权人的追索，这样在公司的资产不足清偿债务时，不仅使债权人的利益不能得到保护，而且在一定程度上也损害了社会经济利益。当然，法律可以通过规定行政的甚至刑事的责任来制裁不法行为人，但这些责任并不能使债权人所遭受的损害得到恢复。借鉴国外的立法和司法经验，在此情况下，可以允许司法审判人员根据具体情况即不考虑公司的独立人格，直接追究股东的个人责任。这种措施在英美法中被称为“揭开公司面纱（Lifting the veil of Incorporation）”，在德国法中被称为“直索责任（Durchgriff）”。所谓直索责任，是指当董事与公司的人格发生混同时，董事以个人财产对公司的债务负责。[①]

所谓“揭开公司面纱”，是指司法审判人员在特殊情况下，对公司的股东特别是董事在管理公司的事务中从事各种不正当行为造成公司的债权人的损害，应不考虑公司的独立人格，而要求公司的股东向公司债权人直接承担责任。“公司的面纱”即使公司与其成员相分别的制度，最初于 1897 年的“萨洛蒙诉萨洛蒙有限公司”（Saloman v. Soloman Ltd. 1897）一案中得到确认。[②] 随着社会生活的发展，法院在实践中逐渐意识到“公司的面纱”经常被公司的股东利用来从事各种不正当行为，以掩盖股东的个人行为，并保护股东免受债权人的追索。因此，在特殊情况下应揭开公司的面纱，将股东以公司名义行为的效果直接归属于股东自身。按照英美学者的理解，“揭开公司面纱”主要有两项内容，即确认某个公司与其成员、董事为同一人格，确认某个集团公司为一个单纯的商业实体。[③]“揭开公司面纱”的重要目的是防止欺诈、防止通过使用公司形式而规避法律义务。例如，在 Giclford Motor Co. Ltd. v. Horne[④] 和 Jones v. Lipman 案件中[⑤]，法院不考虑公司的独立人格，而责令其公司的股东对债权人负责。而在 Unit Construction Co . Ltd. v. Bullock 1960 一案中，某个英国公司拥有三个均在肯尼亚注册的公司，尽管公司章程确认各个公司的董事会应在肯尼亚召开，但事实上

---

① Michalski/Heidinger/Leible/J. Schmidt, GmbH-Gesetz, 3. Auflage 2017, GmbHG §13, Rn. 377 ff.

② See Salomon v. Salomon & Co. Ltd. (1896), [1897] A. C. 22 .

③ See Vanessa Stott, *Hong Kong Company Law*, Bpp publishing Ltd 1992, p. 9.

④ See Gilford Motor Co Ltd. v. Horne [1933] Ch 935.

⑤ See Jones v. Lipman [1962] 1 All ER 442.

三个公司完全由控股公司管理。法院认为，公司在肯尼亚注册实为一个骗局，三个公司的住所地均应为英国，并应在英国纳税。[①]

德国法在近几十年来也注意到有限责任制在这方面的弊端，而开始确立“直索”责任以弥补有限责任制的不足。所谓直索责任，按照德国联邦法院在某个判决中指出的：虽不应轻易地置法人的独立人格于不顾，但如果生活实际现象及事实均有排除法人权利主体独立性之必要时，应不考虑法人的独立人格。[②] 然而，就直索责任的理论依据和适用范围，学界和司法实践仍然存在争议。[③] 德国学说上对此主要存在两种不同的理论，即混合说（Missbrauchslehren）和连带责任说（Haftung neben der Gesellschaft）。按照第一种观点，自然人负责的基础是人格混同，即法人人格和自然人人格不再区分（Trennung）；按照第二种观点，自然人人格和公司人格仍然应当区分，但是自然人应当在特定情形承担连带责任，这一连带责任的理论基础主要是规范目的说，或者是规范适用说（Normzweck-und Normanwendungslehre）。[④] 在德国法中，按照有限责任制度，分离原则（das Trennungsprinzip）即法人独立人格与其成员相分离的原则仍为一般原则，而直索责任为例外情况。[⑤]

日本公司法也开始重视直索责任问题。日本商法有限公司法修正案正试图以加重董事、代表董事、支配股东的责任来保护公司债权人的利益。该修正案规定，在资本未满 5 000 万日元的有限责任公司中，持有公司已发行股份总数 1/2 的股份的股东，如为公司董事或代表董事，或对董事的执行职务行使重要的影响力者，对居此地位期间公司所发生的劳动债权或侵权行为债权，当公司不能清偿时，应负直接清偿责任。当公司不能偿清债务时，公司债权人得请求股东返还过去一定期间（如 2 年内）从公司所受的利益。[⑥]

---

① Unit Construction Co. Ltd. v. Bullock, [1960] AC 455.

② BGHZ10, 205, 54, 222, 61, 380.

③ Michalski/Heidinger/Leible/J. Schmidt, GmbH-Gesetz, 3. Auflage 2017, GmbHG §13, Rn. 378.

④ Michalski/Heidinger/Leible/J. Schmidt, GmbH-Gesetz, 3. Auflage 2017, GmbHG §13, Rn. 379 f.

⑤ Sudhoff Unternehmensnachfolge/Froning, 5. Aufl. 2005, Mono Rn. 119.

⑥ 参见周晓红：《台湾学者谈“有限责任”的变革》，载《中国法学》，1993（2）。

直索责任并不意味着在公司的股东实施不正当行为导致公司债权人损害时，公司债权人直接基于侵权行为的规定而请求公司的股东负责，也并不意味着公司与公司债权人之间的债的关系要转化为公司的股东与公司债权人之间的侵权损害赔偿关系。从比较法上来看，直索责任的理论根据不是侵权行为，而是公司的人格被不正当地使用并造成公司债权人的损害。其理论根据主要有如下几种：第一，滥用公司人格。滥用行为又分为两种：第一，主观滥用说，即认为只要行为人主观上具有滥用的故意时，就构成滥用。德国学者西内克（Relf Serick）指出："法人的法律地位，如被有意滥用于不正当的目的时，则不被考虑。"另一种是客观滥用说，即对于隐藏于公司之后的自然人的直索，不以主观故意为要件，而以其行为客观上构成滥用为要件。第二，欺诈说。此种观点认为，公司股东实施欺诈公司债权人的行为，并致公司债权人损害，此时，公司债权人可向股东直索。例如，董事故意隐瞒负债大于资产的事实，仍与公司债权人订约而取得财产，遂构成欺诈。在欺诈的情况下允许直索，在许多国家的公司法中均有规定，如《英国公司法》第630条规定，若董事实施欺诈行为，可向董事直索。第三，违法说。此种观点认为，若区分公司与其成员的地位将造成违法的后果时，应允许公司债权人向公司的股东直索，美国的法院在实践中大多认为，公司的人格必须用于合法的目的，若用于非法目的，则应"揭开公司面纱"。

总之，笔者认为，直索责任的理论根据在于，公司的独立人格被不正当使用，公司的人格掩盖了个人不正当的、非法的行为，并造成了对债权人的损害。因而对公司的人格不予考虑，而应允许债权人对公司的股东直索。这就是说，一方面，行为人滥用了公司的法律人格，公司的法律地位是法律确认社会经济组织作为民事主体、广泛从事民事活动的法律形式，但如果公司的主体地位被用来作为掩盖公司的成员从事不法行为、规避法律的工具，则公司独立人格也就失去了其存在的价值。因此，司法审判人员在考虑行为人责任时，不应拘束于公司的独立人格。这里所说的滥用，并不一定意味着行为人主观上具有故意或恶意，只要行为人的行为在客观上导致了公司的人格被不正当使用，就应认为已构成滥用公司人格。另一方面，行为人的行为已损害了公司债权人的利益，这里所说的损害不仅包括公司债权人现有财产的减少、灭失，也包括公司债权人应该得到的利益没有得到。如果滥用公司人格并没有造成对公司债权人的损害，就不应发生直索问题。直索责任或“揭开公司面纱”是在特殊情况下不考虑公司的独立主体资格，这并不是要否定公司的独立人格制和有限责任制。事实上，直索责任只能在例外的情况下采用，不可能作为公司法的一般原则，而公司的独立主体资格和有限责任制仍然是一般原则。强调公司的独立主体资格，将公司与公司的股东、公司财产与其成员的个人财产分开，是使公司能够成为市场经济中真正独立的、自负盈亏的经济实体的基础，也是社会经济充满生机与活力的动力所在。这一制度作为基本原则在任何时候都不能动摇，但为防止公司股东基于不正当目的滥用公司形式，逃避债务和其他义务，并致债权人损害，则需要在特殊情形下承认直索责任。从民法上看，直索责任具有如下特点。

1. 公司债权人直接向股东提出请求，这就排除了公司的独立人格障碍，但是这并不意味着在此情况下公司的责任完全转化为股东个人的侵权责任；相反，在公司债权人直接向股东提出请求时，也应不排除公司对其债权人应负的责任。

2. 直索责任在性质上是民事责任。我国现行法律注意到了公司法定代表人及其他工作人员的责任，其中也包括了造成公司债权人损失的责任，但仅规定了行政甚至刑事责任，而没有专门规定民事责任。例如，《民法通则》第 49 条对法定代表人从事抽逃资金、隐匿财产等行为，可给予行政处分、罚款，构成犯罪的，依法追究其刑事责任。严格地讲，这些责任都只是对国家所负的责任，而不是对公司债权人的责任，公司债权人所受的损失并没有因为这些责任的承担而得到弥补，而直索责任主要是为了保护公司债权人的利益，它在性质上并不是行政甚至刑事责任，而只是民事责任。

3. 直索责任应为公司责任的补充，如果公司具有足够的资产清偿债务，债权人可以不必要求直索。直索责任一般是在公司资产不足以清偿其债务时，由公司的股东负个人责任，这样可使公司债权人的债权得到充分保障。当然，在特殊情况下，法律也可以规定，即使公司具有足够的财产清偿债务，若公司的股东从事不法行为，亦应使其向债权人负责。笔者认为，既然直索责任设立的目的是保护债权人的利益，即在公司股东滥用公司法人独立地位和股东有限责任，逃避债务，严重损害公司债权人利益的，则应允许公司债权人直接向股东提出请求。当然，如果公司的财产足以保护债权人，则债权人就没有必要提出直索。对公司债权人而言，其关注的主要不是对某个股东因直索而实行制裁的问题，更重要的是其损失的补偿问题。所以，如果公司债权人能够从公司获得清偿，则没有必要向股东提出直索。

从国外的情况来看，直索责任大多是由司法审判人员根据具体情况所确立的。然而，由于直索责任在一定程度上限制了公司的独立人格制度和有限责任制的适用，因此也应当在法律上对直索责任的适用范围进行一定限定。否则，允许司法审判人员随意确定直索责任，可能会严重妨碍公司法基本原则的适用，影响公司法律内部体系的和谐一致。所以，一方面应允许直索责任以弥补有限责任制，另一方面又要对司法审判人员在适用直索责任中的自由裁量权进行必要的限制，对直索责任的适用规定严格的条件，从而充分发挥这种责任的作用。

五、在何种情况下应“揭开公司面纱”

由于直索责任在一定程度上限制了有限责任制度的适用，因此，应严格规定直索责任的适用条件。这些条件主要就是适用直索责任的具体情况，即在何种条件下可以适用直索责任。应该看到，我国目前还处于市场经济发展初期，法制尚不健全，公司制度有效实施的客观环境和条件尚未真正形成，一些不法行为人借助于公司形式规避法律、从事欺诈等不法行为的现象也比较普遍。因此，实践中可以适用直索责任的情况是很复杂的，也是需要在法律上予以明确的。当前，在某些司法审判人员中存在一种不恰当的观点，即除非行为人的行为已构成犯罪，否则不能适用直索责任。对一些明显应适用直索责任的情况，某些审判人员碍于公司的独立人格和有限责任制，不能有效追究不法行为人的责任，并充分保障债权人的利益。例如，一人设立两个公司，实际上是一套人马，当其中一个公司因经营不善欠下大量债务时，该公司的资产就被迅速转移到另一个公司的账目上，最终使债权人落得两手空空。对此种情况，某些审判人员即使在证据确凿时也不能动用另一个公司的资产清偿债务，认为这样做不符合有限责任的规定。实际上，若有限责任被用于逃避债务、规避义务的目的，则根本不符合该制度存在的目的。如果片面强调公司法人独立人格和股东有限责任的绝对性，认为在任何情况下都不能“揭开公司面纱”，则必然使债权人的利益难以得到保障、社会经济秩序不能得到维护，而有限责任制度也不能真正发挥作用。

那么，在哪些情况下可以“揭开公司面纱”，适用直索责任呢？笔者认为，主要有如下几种情况。

（一）财产混合

所谓财产混合，是指公司的财产不能与该公司的成员及其他公司的财产作明晰的区分。公司的财产与其成员和其他公司的财产的分离是股东有限责任存在的基础。也就是说，只有实现公司财产与公司股东财产的分离，公司才能以自己的财产独立地对其债务负责。许多国家的法律为保证公司具有足够的资产清偿债务，都规定了资本维持原则，要求公司应有独立的公司财产，并在范围上将公司财产与公司股东的财产进行明确的区分。如果公司财产与公司股东财产发生混合，则不仅难以实行有限责任，而且极容易使一些不法行为人借此隐匿财产、非法移转财产、逃避债务和责任，也会使某些股东非法侵吞公司财产。

财产混同也可能是利益的一体化，即公司的盈利与股东的收益之间没有区别，公司的盈利可以随意转化为公司成员的个人财产，或者转化为另一个公司的财产，而公司的负债则为公司的债务。这种情况已表明公司并没有自己的独立财产。至于公司债权人能否在公司账目混乱的情形下主张直索责任，则应视具体情况而定。如果公司账目混乱并未导致公司财产与股东以及其他公司的财产混合，则不能据此认定应“揭开公司面纱”。

（二）人格混同

所谓人格混同，是指公司与其成员之间及该公司与其他公司之间没有严格的分别，在实践中一套人马、两块牌子，名为公司实为个人等，都属于人格混同的情况。按照美国学者高尔夫的观点，若公司与个人之间无分离的业务，则属于人格混同。但大多数学者认为，若数个公司之间具有共同的董事、股东和共同利益，则为人格混同。[①] 从实践来看，人格混同现象主要有如下几种。

一是一人组成数个公司，各个公司表面上是彼此独立的，实际上在财产利益、盈余分配等方面形成为一体，且各个公司的经营决策等权利均由该投资者所掌握。此时，在各个公司之间及各个公司与该投资者之间可能已发生人格混同，这种现象在社会中比较普遍。一人办数个公司的优点是有助于减轻投资风险和灵活经营，但有可能因此导致人格混同。

二是相互投资引起的人格混同。依据《股份有限公司规范意见》第 24 条第 2 项的规定，“一个公司拥有另一个企业 10%以上的股份，则后者不能购买前者的股份”，这一规定主要就是为了避免相互持股引起的一系列问题。从各国情况来看，相互持股极易引起人格混同。因为在相互持股的情况下，一方持有对方一定量的股份，有可能就是对方出资给该公司的财产，这样双方就这部分股份并没有出资。如果双方就此持有的股份占据了各该公司的大部分，则两个公司表面上是独立的，实际上已结为一体，这就导致了人格混同。

三是因为母公司和子公司之间的相互控制关系而引起的人格混同。《有限责任公司规范意见》第 77 条规定：“一个公司对另一个公司（企业）的投资额达到控股时，该公司即成为母公司，被控股公司（企业）即成为该公司的子公司（企业）。该子公司（企业）具有独立法人资格。”但是，在现实中，尽管母子公司均为独立法人，但子公司可能因为母公司的过度控制而使其完全变成母公司的代理人，此时，即可以认定母公司与子公司发生了人格混同。美国著名法官卡多佐指出：过度控制使“母公司变为被代理人、子公司成为代理人”，则应“揭开公司的面纱”[②]。汉德（Hand）法官也认为，仅仅通过股份所有权的控制方式并不能使子公司丧失其独立存在价值，但一个公司可能在从事交易过程中变为另一个公司的代理人，此时即应“揭开公司面纱”[③]。美国学者 Otto Kahn－Frevnd 曾区

---

① See John H. Farrar, Nigel Furey and Brenda Hannigan, *Farrar's Company Law*, Butterworths Law, 4th Revised edition (July 1998), p. 63.

② Berkey v. Third Avenue Railway Co. 244 N. Y. 602 (1927).

③ Kingston Dry Dock Co. v. Lake Champlain Transport Co., 31 F. 2d 265, 267 (2d Cir. 1929).

分了两种控制方式，即“资本控制”和“职能控制”，资本控制就是通过股份资本的所有权实施控制，而职能控制则涉及直接经营管理另一个公司。他认为，资本控制本身并不能在两个公司之间形成代理关系，而职能控制则有可能形成代理关系，从而造成人格混同。① 在我国现实生活中，母公司和子公司因控制关系而完全成为一体的现象经常存在，而且极易造成欺诈。因此，在此情况下，应“揭开公司面纱”。

（三）虚拟股东

所谓虚拟股东，是指公司的人数并没有达到法定人数，而采取虚拟其他股东的方法使公司成员达到两个以上，从而满足法律规定的最低人数的要求。但事实上，公司的股东数量并没有达到法律规定的人数要求。实践中，虚拟股东主要有如下几种情况。

第一，为成立中外合资、合作企业，从而享有优惠待遇，虚构外方投资，搞假合资、假合作，实际上外方根本没有出资。此种行为损害国家利益，但也可能造成对债权人的损害。

第二，为凑足股东人数，虚拟出资和股份形式，名为公司，实为独资。例如，一个股东持有的股份与其他股东持有的份额极不相称，或者股东全部为家庭成员，这就极有可能存在假股东现象。

在实践中，股东违反义务，在出资以后撤回出资，有可能对公司资产和债权人产生重大影响，撤资是否导致撤资人的股东地位的丧失，是一个在理论上值得探讨的问题。笔者认为，撤资本身既违反了法定义务，也违反了股东之间的约定义务，撤资不能使撤资人的股东地位丧失，并使其免予承担公司债务，更不能据此“揭开公司面纱”，而使无过错的当事人承担过重责任。至于股东违反义务拒不出资，则主要应由公司催告其出资，不能据此适用直索责任。

（四）以公司名义从事不法行为

行为人以公司的名义从事不法行为，主要是实施一些欺诈行为，如以公司名

---

① See John H. Farrar, Nigel Furey and Brenda Hannigan, *Farrar's Company Law*, Butterworths Law, 4th Revised edition (July 1998), p. 62.

义生产伪劣产品，牟取获利；或者以公司名义签订合同以骗取大量的预付款，并供个人挥霍浪费；再如，为逃避债务，将应交付给债权人的货物转卖给一个由债务人所控制的公司，并以原物已归其他公司为由拒不向债权人交付货物；等等。以公司的名义从事不法行为，极易给人造成一种假象，即这些行为是公司的行为而不是个人的行为，因此应由公司而不是个人负责。实际上在此情况下，公司人格已被滥用，并成为个人从事非法行为的工具。因此，这类公司应被取缔，个人亦应对其违法行为负责。在国外的司法实践中，许多法官也认为，如果公司作为个人欺诈的工具，则不应考虑公司的独立地位，因为如果给予公司主体地位，将会导致“不公正、欺诈或不公平”的后果。[①] 我国法律虽对公司的法定代表人及其他工作人员以公司的名义从事欺诈等行为，规定了行政甚至刑事责任，但并未规定他们对债权人所应负的责任，因而仍需将来立法予以完善。

（五）不正当的控制

所谓不正当的控制，是指一个公司对另一个公司通过控制而实施了不正当的，甚至非法的影响。原则上说，以自然人控制一家公司，本身并不能构成股东的直索责任，导致直索责任必须要求控制本身具有不正当的甚至非法的现象。所以许多学者认为，法律将企业塑造为独立的权利义务主体，要求其能够独立行为，如果一个公司成为另一个公司争取利益的工具并且丧失了独立行为的能力，已经不符合法律承认这些公司的独立地位的目的，这就表明这些控制本身具有不正当甚至非法之处，因此应“揭开公司面纱”。

在英美法中，有关不正当控制问题有几种理论：一是“工具”理论（Instrumentality doctrine)。此种理论认为，如果一个公司完全成为另一个公司的工具，则应揭开这些公司的面纱。这一理论最初由美国学者 Frederick Powell 在 1931 年提出，以后在 Baltimore & Ohio R. Co. v. Goodman 一案中被正式采用。[②] 二是过度控制理论。根据这一理论，如果一个公司对另一个公司实行了过度控制，则

---

① See M/V American Queen v. San Diego Marine Constr. Corp., 708 F.2d 1483, 1491 (9th Cir. 1983).

② See Baltimore & Ohio R. Co. v. Goodman, 275 U.S. 66 (1927).

应“揭开公司面纱”。什么是过度控制？许多学者认为必须是一个公司完全操纵了另一个公司的决策过程，并使被操纵的公司完全丧失了其独立性，如果控制仅仅是为了获取一定的利益，则不能认为过度。① 也有一些法官认为，决定过度的标准是通过控制而实施了不正当的行为，违反了法定义务，而控制一方实施的不正当行为与原告的损害之间存在着因果关系。② 因此原告要证明控制是过度的，必须证明在不当行为和原告遭受损害之间存在着因果联系，如果某个股东的不正当行为并没有给债权人造成损害，则不存在请求的基础。三是“改变自我（The Alterego doctrine）”。这一理论认为，如果在母子公司之间存在着所有权和利益的一体化，则公司已改变了自我，它不再是一个独立的公司，因此应“揭开公司面纱”③。在这里，“所有权和利益的一体化（Unity of ownership and interest）”是决定是否“改变自我”的标准。④ 上述英美法的有关理论，对我们在实践中认定不正当控制问题具有一定的借鉴意义。

笔者认为，自然人作为股东控制某个公司，本身并不能构成对该股东的直索责任，因为控制权力是基于股权而产生的，当股东的股权持有量达到一定规模时，必须会产生资本的控制，所以资本的控制是不可避免的，也是合法的。但是，如果股东通过控制实施了某种不正当的行为，或控制的目的是从事有悖于法律、章程所规定的行为，则在此情况下可产生直索责任。

六、结束语

现代企业制度是与有限责任制密切联系在一起的，否定了有限责任制，也就否定了现代企业制度存在的必要性。在我国当前逐步建立现代企业制度以推进改

---

① See Phillip Blumberg, *The Law of Corporate Groups: Procedural Law*, Boston, Toronto, Little Brown and Co., 1987, p. 115.

② See Lowendahl v. Baltimore & O. R. R., 247 App. Div. 144, 157, 287 N. Y. S. 62, 76. (1936).

③ Phillip Blumberg, *The Law of Corporate Groups: Procedural Law*, Boston, Toronto, Little Brown and Co., 1987, p. 118.

④ See Bonanza Hotel Gift Shop, Inc. v. Bonanza No. 2, 596 P. 2d 227, 230 (Nev. 1979).

革、发展市场经济的情况下，必须建立作为现代企业制度基本内容的有限责任制。但在推行有限责任制时，必须认识到该制度的缺陷，并通过“揭开公司面纱”措施的采用，弥补该制度的缺陷。为此，笔者认为有限责任，是指对公司的债务，公司应以其全部资产负责，每个股东以其所认缴的出资额对公司负责，而在股东滥用公司的人格、从事有害于公司债权人的行为时，应依法对公司的债权人负赔偿责任。

论股份制企业所有权的二重结构*

股份制作为近几年来深化企业改革的一项措施，以其开拓性的实践证实了它不仅将对经营机制的转换产生重大影响，而且将促使财产关系按照商品经济的需要发生深刻的变化。在法律上正确认定和解决股份制企业的财产权问题，从而处理好国家与企业之间的财产关系，是当前改革面临的和需要着力解决的难题。

郭锋同志的《股份制企业所有权问题的探讨》一文①（以下简称郭文）对股份制企业财产权问题作出了可贵的探索。但是缕析全文，笔者认为其基本观点在理论和逻辑上均难以成立，因此，本文拟就以下几个问题加以论证，并与郭文商榷。

一、公司内部“两权分离”的深化是否改变了股东的所有者地位

20 世纪以来，西方国家股份公司的发展呈现出这样一种趋势，即由于股东人数的增多和股票的分散而导致了股权的分散，同时，随着企业规模的扩大、激烈的竞争对企业应变能力的要求，使股东的所有权与经营者在内容上的分离不断

* 原载《中国法学》1989 年第 1 期。

① 参见郭锋：《股份制企业所有权问题的探讨》，载《中国法学》，1988（3）。

深化。然而，从这种“两权分离”的现象中是否就能得出郭文所称的“股东个人所有权与公司整个经营管理权的分离”“继续用所有权理论来解释股东与公司之间的财产关系已经行不通了”，股东因此丧失了所有权的结论呢?

按照马克思的观点，“两权分离”是股份公司内部“资本所有者”即股东的权利与“别人资本的管理人”即经理所享有的经营权的分离。从法律上来看，所有权和经营权无论依循何种形式进行，也无论这种分离的程度如何，都只能是所有权权能的分离，而不是任何意义上的所有权的转移和相对消灭。经营权乃是所有权内在的权能所派生出来的权利，它只是所有权的部分权能而不是其全部权能。如果“两权分离”将导致原所有权的全部转移和相对消灭，那么，这种现象已经不再是法律意义上的“两权分离”，而是所有权的转让了。所以，就股份公司内部的两权分离而言，一方面，这种分离不可能使股东所有权消灭；另一方面，这种分离也不可能使经营者从“别人资本”的管理人身份变为自己资本的管理者。如果是这样的话，则股东的所有权岂不是被经营者剥夺了？显然，这是不符合所有权的基本原理的。

“两权分离”导致股东所有权丧失的结论，曾经是西方某些“人民资本主义”的理论家所着力宣扬的观点。从米音斯到阿道夫·贝利、从熊彼特到加尔布雷斯，他们认为股份公司的发展经历了企业主（股东）控制、大股东控制和经理阶层控制三个阶段。① 20 世纪以来，大股东集团“既同所有者的职能相分离，也同所有者的地位相分离”，大公司是 20 世纪资本主义基础上的革命工具②，按熊彼特的话来说，经理革命的时代已经到来，私有制正在发生悄悄地革命，社会主义制度比其他制度更呈现出特色，资本主义正在逐渐进入社会主义。③

我们并不否认股权分散所导致的社会财产权方面的某些变化及“两权分离”

① 参见［美］加尔布雷斯：《新工业国》，转引自《反马克思主义的资本主义现代经济理论批判》，17 页，北京，社会科学文献出版社，1987。

② 参见［美］阿道夫·贝利：《20 世纪的资本主义革命》，钟远蕃译，6 页，北京，商务印书馆，1964。

③ 参见［美］熊彼特：《资本主义、社会主义与民主》，吴良健译，213 页，北京，商务印书馆，1999。

的深化对西方公司法规定的股东和董事的权利结构所形成的冲击。然而，从大量材料中，从西方社会的现实中，我们看到的是另外的现象，而这些现象只能使我们得出与股东丧失所有权的观点正好相反的结论。

1. 股票分散极容易而且事实上也造成了股票的相对集中，这种集中导致了大股东对公司独占的控制权。列宁在批判所谓“股权的民主化”的观点时，认为大股东“只要占有40%的股票就能操纵股份公司的业务，因为总有一部分分散的小股东实际上完全不可能参加股东大会”[①]。实际上，现代公司的股票分散程度使大股东完全不必持有40%的股票，而仅仅持有5%左右的股票就可以控制公司。[②] 所以，股票的分散使大股东更有可能以他人的资本去冒投资的风险从而获取利润，更有可能以较少的资本成为公司的实际控制者。郭文曾大段引证了阿道夫·贝利在《没有财产权的权力》一书中提出的股东控制权丧失的观点，却避而不谈贝利在该书中多次提及的股票集中的现象。[③] 股票集中意味着什么呢？只能意味着控制权的集中。

2. 个人控股形成对经营者权利的强有力的约束，并且左右着公司的存亡兴衰。许多大资本家并不甘心作为赘瘤被经营者从公司的肌体上切除，他们往往借助于这样一个法宝，即通过成立一个控股公司专司购买和抛售某一公司的股票业务，进而强有力地控制着该公司。这些控股公司掌握了某一公司的大量股票，即使它不行使法定的权利，而仅仅采取对该公司股票的大量购进和售出的方式，就可以把公司变成它“手中的一张牌”来玩弄。威廉·多姆霍夫在《当今谁统治美国》一书中，最终得出这样一个结论：“关于家族办公室、控股公司和家族在大企业公司中的所有权的研究成果使人联想到很多大公司继续受主要业主的控制。”[④] 控股公司的存在意味着美国公司法中已废除的“强盗贵族法则”仍然在

① 《列宁全集》，第22卷，220页，北京，人民出版社，1990。

② 根据威廉·多姆霍夫的调查，在某些公司中，公司创业者的后嗣拥有的股票不到5%，却控制了公司，多姆霍夫引证了美国法人资料研究所的调查材料，证实了股票集中的结论。参见［美］多姆霍夫：《当今谁统治美国》，沈泽芬，郑须弥译，68页，北京，中国对外翻译出版公司，1985。

③ 参见［美］阿道夫·贝利：《没有财产权的权力》，江清译，57页，北京，商务印书馆，1962。

④ ［美］多姆霍夫：《当今谁统治美国》，沈泽芬，郑须弥译，69页，北京，中国对外翻译出版公司，1985。

产生效力。

3. 公司之间的互相控股表明股东所有权事实上并没有丧失。西方国家的反垄断法总是极力限制甚至禁止一个公司购买另一个公司的股票以遏制控股和垄断的发展，但是西方公司法又往往给公司之间的互相控股打开了方便之门。当今西方社会，母公司和子公司以及孙子公司之间的金字塔式的层层控股、一个公司与另一个公司之间的环状控股、某个跨国公司对遍及世界各地的附属公司的控股，正是公司在激烈的竞争中为保持竞争的优势而采取的对策。在公司控股的背后，我们看到的是银行资本家如何操纵工业资本家、大资本家如何操纵小资本家以及资本家彼此间相互勾结和尔虞我诈的场面。控股既是对自由竞争规则的违反，也是对所谓“股东非所有者”的观点的否定。

以上分析表明，20 世纪以来的股份公司内部的“两权分离”不仅没有达到郭文所说的“彻底分离”，而且更没有实现像郭文所说的股东所有权的丧失。“两权分离”只是事实上（不是在法律上）剥夺了小股东对公司的支配权，却非但没有剥夺反而强化了大股东的权力。对于大股东来说，其是实际行使权力，还是像郭文所说的“乐于坐享其成”，往往取决于他的投资能否给他带来预期的收益。公司经营良好，他可能把他的权力暂时搁置起来，一旦公司经营不善，他不能再“坐享其成”，就要把搁置的权力捡起并运用起来。甚至为了避免投资损失，他要随时通过控股等方式控制公司。因此，“两权分离”在很大程度上从属于大股东追求投资利润的需求。

如果“两权分离”真的使股东丧失了所有权，则我们将如何理解公司资本在股票市场上发生移转、交换，整个公司如何在市场上被贪婪而又疯狂的“套利者”买来卖去呢？我们又如何理解公司兼并浪潮的兴起及众多的公司改变归属以及董事会人马的大更换呢？如果股东不享有所有权，我们甚至很难理解市场如何按照所有权移转的法则来配置资源。尤其具有讽刺意味的是，如果认为“两权分离”将导致股东所有权的丧失，那么，西方国家通过购买私人企业的股票而产生的国有企业（西方的国有企业大多数都是通过这种办法产生的）[1]、私人所有者

---

① 一般来说，国家在股份公司中购买的股票占据 50%以上，则该公司就被命名为国有企业。

通过出资形成的私人所有的股份企业，就成为既不是国有企业、也不是私人企业的企业了。于是，公司的财产将失去最终的归属，大规模的国有企业将不复存在，而那些“剥夺者”也将被自己所创设的公司所剥夺，资本主义真的要像熊彼特所说的将“长驱直入”社会主义。显然，这只能在臆想的神话中存在，只能是某些“人民资本主义”的理论家所编造的假话。

二、“两权分离”是否使股份关系转化为债的关系

从形式上看，股票持有者能够对公司享有支配权的根据是股票，那么，股票的法律性质是什么呢？郭文认为，“20世纪以后，股票就纯粹变成了反映债的关系、是定期领受收益的支取凭证”，“如果说股东还享有所有权的话，那是就股票这张纸而言”。笔者认为，在这里，郭文犯了两个不应有的失误：一是忽略了股票这张纸所代表的股份内容；二是忽略了股份关系和债的关系在法律性质上存在着的根本区别。

股票是股份的证券形式，股份是什么呢？“股份系指资本之成分”[①]，是出资者将其财产定量地投入公司、在整个出资财产中所占的份额。而股份的证券化形式是股票，股份的持有在形式上是股票的持有，因此，股票成为马克思所说的“所有权的凭证”，它代表着现实的资本。[②] 不管股票持有者的数量、股票在市场上的价值发生何种变化，都不改变它所反映的股份关系，即所有权关系的性质。由于股份关系是所有权关系，因此股票购买者（出资者）要对他购买的股票（出资）承担损益的风险。他的出资数额将与他所享有的权利和承担的风险成正比例增长。同时，由于股份关系是所有权关系，因此股票的转让意味着所有权的转手。任何人购买某个公司的股票，他都将跨入该公司所有者的行列，一旦他买到该公司的全部股票，则该公司在法律上即成为他独占的财产，他将接管该公司，解散董事会，任命新的管理者。美国一位公司股票的套购者，曾经向国会夸耀，

① 梁宇贤：《商事法要论》，110页，台北，三民书局，1981。

② 参见《资本论》，第2卷，387页，北京，人民出版社，2004。

他就是用这种办法，把不少公司从“自满、僵化和衰弱的官僚主义的死手”中救出。[①] 所以，股票的交易正是以证券交易形式表现出来的所有权的交换，而绝不是像郭文所说的“实际上就是买卖一种领取股息收入的凭证，而不是所有权的凭证”。

就公司内部来说，公司发行股票所代表的股份关系与其发行债券所代表的债的关系是应该严格区别的。公司债对公司而言是外在化的、他人的资本，是公司对其债权人所负的义务。而股份乃是公司自己的资本，股份的总和是公司的全部财产。因此，一方面，在公司存续期间，公司负有向债权人偿还债务的义务而没有向股东返还股本的义务，公司解散以后，首先要以股东出资的财产清偿债务，剩余的财产才能返还给他的所有者即股东；另一方面，股东购买股票而持有股份，股东并不是公司的债权人，公司也不是股东的债务人，只有在股东转让股票而购买债券以后，他才从公司的所有者变为债权人。所以，如果股票变成了像郭文所说的“反映债的关系”的证券，那么西方公司法、证券交易法的内容将要发生重大的改变，各种关系恐怕要重新构造了。

郭文认为，目前“股票与债券的差别正在逐步缩小”，似乎区别两者的意义已经不大。诚然，由于无表决权股、优先股、所得公司债、永久公司债等证券的产生和发展，导致了公司债的股份化和公司股份的债权化倾向，这种倾向与西方国家民法中的物权债权化和债权物权化趋向是一致的。但是，这种现象只是反映了物权和债权关系通过它们的证券形式的相互渗透，而绝不意味着，物权以及它们的证券形式即股票已不再是物权和股票、债权以及它的证券形式即债券已不再是债权和债券。

是什么原因造成股份关系转化为债的关系，股东由所有者变为债权人呢？郭文认为这是“两权分离”的结果。因为“股东对公司的经营管理和参加股东大会行使权力漠不关心”，因此，若继续用所有权理论来解释股东与公司之间的财产关系就已经行不通了。笔者认为，这种观点是很值得商榷的。如前所述，大股东

① 参见常建强：《美国大公司企业的合并热潮》，载《全球科技经济瞭望》，1986（2）。

受其利益的驱使是不可能对其能够左右公司的权力“漠不关心”的，而只有那些一般小股东因其权力的微弱，使其只能处在对其权力的“漠不关心”状态。即使我们假定所有的股东对其权力都是“漠不关心”的，那么，是否意味着他们的所有权就丧失了呢？按照郭文的逻辑，不行使权力就是权力的消灭，这显然是把客观权利和主观权利两个不同的范畴混淆了。

股东的权利即由所有权产生的自益权和共益权，作为客观的权利，无疑是公司法确认和保护的所有权，整个西方公司法正是以保护股东的所有权从而维护私有制为其宗旨的。在英美法系国家，法官和学者经常用信托制度来解释股东和公司经营者之间的关系，股东作为信托人将其财产交给受托人经营，这并不改变其所有者地位。[①] 但是，股东的客观权利并不等于他实际享有的主观权利。股东是否行使以及能否行使其所有权，不仅取决于他自身的意志，而且还受到各种阻碍权利行使的因素的制约。正如马克思所指出的，“占有首先必须受到占有对象的制约”，“这种占有还受到占有的个人的制约”，“占有还受实现占有所必须采取的方式的制约”[②]。股东不行使其所有权，可能是因其乐于坐享其成，不愿在行使权利上操心，也可能是其权力微弱或者因其不熟悉公司的经营而难以行使权利。然而，这些因素都不妨碍他依法享有的所有权的存在，除非他转让、抛弃了股票，否则就不会丧失他的所有权。如果认为不行使权力就丧失权力（这里不涉及时效问题），那么，法定的权利还有什么现实意义呢？

正如前述，股票的分散造成股权的分散和众多小股东权力的减弱，面对着日益扩大的公司财产，单个小股东的投资显得越来越小，这当然促使小股东成为仅考虑公司盈余分配多寡的“投资股东”或仅关心股票价格涨跌的“投机股东（Speculationar）”。但是，某个股东在股份持有量上的增加必然形成股权的增加，一旦股份持有量达到一定规模，则不仅使其实际支配公司成为可能，而且使其利益和公司的利益结合得更为紧密。在这种条件下，他能够对其投资以及投资

---

① 英国的股份公司在名称上仍沿用“joint stock companies”，表明股份公司是股东的出资所构成的“资合公司”。

② 《马克思恩格斯选集》，2版，第1卷，74～75页，北京，人民出版社，1995。

所产生的支配权表现出漠不关心吗？而且，如果说股份持有量的增加可以改变股东的权利性质，这在理论和逻辑上也是不可思议的。所以，笔者认为，股东无论其股份持有量是否存在着巨大差别，也无论其是否实际行使或能否行使其对公司的支配权，都不改变其作为所有者的地位和其享有的所有权性质。“两权分离”绝不会导致股东所有权向债权的转化。

三、公司的双重所有结构是否“开始崩溃”

股份公司的成熟化是以其享有法人所有权为标志的。13 世纪在欧洲一些城市中诞生的股份公司，其财产是由各个股东直接支配并获取收益的，因此这些组织实际上是合伙。以后，不管是“康曼达”组织还是家族公司，不管是政府兴办的海外公司还是私人出资形成的公司，基本上都采取单一的财产共有形态，公司并没有作为独立的人格享有法人所有权。直到 19 世纪以后，由于企业规模的扩大阻碍了股东对其出资财产的实际占有和支配、商品经济的发展对交易安全提出了更强烈的要求，促使公司开始形成旨在担保债务和承担责任的独立的、稳定的财产。因此，股东对其出资的财产逐渐从实际占有和直接占有向价值占有和间接占有转化，同时公司开始以自己的名义直接地、稳定地占有股东出资的财产。当这种变化为立法所确认以后，股东遂对其出资财产丧失了占有、使用和部分处分权，这些权利转移给公司享有，从而使公司具备了由该三项权能构成的法人所有权。①

股份公司享有法人所有权并不是对股东所有权的否定，只是股东所有权表现为收益权和部分处分权（公司法规定的共益权）而不再是完整的所有权。从表面上看，这种双重所有权结构似乎与大陆法系传统的“一物一权”主义相违背，实际上两者之间并不矛盾。严格地说，“一物一权”是指对特定财产的所有权所产生的排他的支配权只能由所有人享有，而不是所有权的各项权能只能归属于一人。在笔者看来，对公司财产的支配权实际上是属于股东而不是属于公司的。因

① See Gyula Eorsi, *Comparative Civil Law*, Akademiai Kiado (July 2002), p. 307.

为公司以及公司的财产不过是法律拟制的产物，公司的财产最终归属于股东。股东持有的股份和合伙人的应有份一样，是所有权量的分割的产物，它们都是出资者在一个组织体（公司和合伙）的财产中所占的比例。[①] 从表面上看，股东不能像合伙人那样实际支配自己出资的财产，而是由公司的机关根据公司的意志来支配的。但是这并不意味着股东的支配权已经丧失，因为公司本身的存续或解散是由股东决定的，公司机关的产生最终要体现股东的意志和利益。而且公司解散以后，公司的财产在清偿债务后有剩余的，最后要返还给股东从而使所有权权能完全复归于股东。所以，股份公司的财产权结构是公司的财产由公司所有、公司本身由股东共有的二重结构，这种双重结构不过是“一物一权”规则的特殊表现形式。

按照郭文的观点，股份公司的双重所有权结构已经成为历史的陈迹。由于20世纪以来“股东所有权向债权的转化”“使股份公司所有权的二元性结构开始崩溃”，其结果是“公司作为所有权的唯一主体，完全按照自己的意志占有、使用、收益、处分属于自己的财产，而不必像以前那样受公司股东的左右和控制”。如前所述，“两权分离”并没有使股东丧失所有权或使其所有权转化为债权，所谓“二元性结构开始崩溃”的观点是不能成立的。郭文所称的单一的法人所有权形式只不过是郭文设计的模式。现在且不谈这种模式是否符合现实，先让我们来考察一下它的合理性以及存在价值问题。

笔者认为，单一的法人所有权形式至少存在着如下缺陷。

1. 公司的财产没有最终的归属。如果法人所有排斥了股东所有，那么股东所创建的公司将形成一个对他们来说是“异己的”“对立的”共同体，这不仅将进一步泯灭股东的团体意识、割断他们与公司之间的利害关系，而且将使公司财产成为抽象的、没有最终归属的物，股东的许多权利（如优先认购新股的权利等）也将失去依据。尤其是公司解散以后，在清偿债务后所剩余的财产将成为无主财产。单一的法人所有，将破坏资本市场中所奉行的股票所有权移转规则，股票的买卖双方将不再是公司财产所有权的出卖人和买受人。这种所有权形式最终

① 英国法中的 share，既可指股份公司中的股份，又可指合伙中的应有份。

有可能导致财产由公司经营者事实上所有，而这种后果是法律所不能接受的。

2. 公司内部权力制衡机制失调。现代股份企业成功的实践表明，由于把政治上的分权学说运用到企业中来，形成企业内部的权力制衡机制，从而使股份制企业能够保持旺盛的生命力。这种权力制衡机制正是以双重所有结构为基础的，如果要变双重所有为单一的法人所有，则权力制衡机制将被完全打乱，因为股东所有权的丧失就是股东共益权的丧失，一旦股东丧失了共益权，则公司的经营者将不再是股东选举产生的、其行为受股东制约的管理者。如此，经营者的权力不受所有者制约，也就是说不受股权的制约，其结果只能使经营者的权力绝对化，而绝对的权力又往往是与权力的滥用和腐败联系在一起的。在权力制衡机制失调以后，股份公司能否保持持续地成长和发展，恐怕是值得怀疑的。

3. 股东的利益缺乏现实的保障。股东的股票能否获得股东预期的收益，表面上似乎取决于股票市场的行情波动，实际上在很大程度上取决于企业的经营状况，特别是经营者的经营行为。公司经营者操纵股市而获取暴利，曾经是许多富豪发财的秘密。所以，一旦股东失去了所有权，特别是失去了对经营者制约的权力，则股东出资的安全系数和损益后果就完全维系在经营者身上，股东的利益将没有现实的保障。经营者极有可能滥用职权，通过损害股东利益而牟取个人利益（如利益输送、不分配股息、随意减少股息分红比例等）。

在郭文看来，公司对其占有的财产享有最充分、最完全的法人所有权而不是相对法人所有权，是最优化的财产权模式。然而现代社会，任何所有权都是受限制的所有权，不存在什么“最充分”“最完全”的所有权。郭文设计的这种不现实的单一法人所有权的模式，不仅在根据上难以成立，在提法上也很值得推敲。如认为由于股东的“传统物权已经弱化”，其享有的就不再是物权而变为债权；由于股东依法享有的权利不行使，“这种所有权已经丧失其法律意义”，从而，公司享有“最充分、最完全的法人所有权”。这些提法本身是欠妥当的。

许多人往往以“一物一权”为准则，从非此即彼的逻辑推理中得出公司财产要么为股东所有，要么为公司所有的结论，而这两种选择都将使我们在理论和实践中陷入困境。如果认为财产只能由股东所有，把法人所有视为“纯粹观念上的虚构”①，则不仅忽略了从合伙财产中演化出来的法人独立财产制的巨大作用和意义，使法人与合伙无法区别，而且将从根本上否认法人作为独立人格的存在。如果认为财产只能由法人所有，则将无法弥补上述的缺陷。在笔者看来，股份公司在市场经济社会能够保持旺盛的生命力，其根本原因在于它采取了双重所有权结构。尽管由于商品经济的发展，特别是股票的广泛发行和企业规模的扩大，使每一个层次的权利在内容上发生了某些变化，但是双重所有权结构在根本上是不会改变的。这种双重结构是市场经济条件下任何股份公司内部都具有的财产权结构，它不仅没有破坏“一物一权”的规则、导致财产归属上的混乱，反而真正明确了财产的归属；也就是说，股东凭借其所有权享有股东的自益权和共益权，而公司凭借其所有权，作为法人进入民事流转领域，独立享有民事权利和承担民事义务。这种双重结构也保证了公司内部权力配置和相互制衡的和谐状态，从而使股份制的生命力长盛不衰。

四、全民所有制企业实行股份制以后国家所有权的命运问题

从以上分析可见，双重所有仍然是而且必然是支撑现代股份公司的两根支柱，抽掉任何一根，都将使股份大厦倾覆。这一点是我们试行股份制应予高度重视的问题。

诚然，在公有制国家对国有企业实行股份制改造，目前尚无成功的经验可循。在我国当前的改革中，要使股份制成为深化企业改革、理顺财产关系和转换经营机制的良好方式，首先需要我们在股份制企业内部财产权模式上作出抉择，即应采取单一的法人所有模式还是双重所有模式。不同模式的选择直接决定着国家所有权的命运，即国家所有权是应该存在还是应该取消。

郭文从上述西方股份公司内部所谓股东丧失所有权，法人享有“最充分”“最完全”的所有权的根据出发，认为全民所有制企业实行股份制以后，“国家把

① 孙志平：《对股份及股份公司财产关系的再认识》，载《中国法学》，1988（3）。

国有股份的财产投入股份企业后即丧失法律上的所有权”，“国营企业股份制的过程，实质上就是国营企业财产权的转移过程”；国家与企业之间成为债的关系，企业享有法人所有权。简言之，就是要通过实行股份制取消国家所有权，产生股份企业的法人所有权。

国家所有和法人所有，究竟哪一种是公有制理想的产权模式，我们在这里不作探讨。应该指出的是，在现有的条件下，要把反映全民所有制的国家所有权变为法人所有权，如果不能找到一种既符合全民所有制的本质要求又符合所有权移转原则的恰当途径，恐怕这种变革本身的合理性是值得怀疑的。我们知道，西方国家企业的国有化和国有企业的私有化，都要依循等价有偿的财产所有权移转规则。西方企业的国有化和国家对企业的控股（通过购买股票的方式产生的），国家非但不丧失所有权，反而借此强化国家对企业的约束，实现国家的产业和就业等政策。那么，在公有制国家，国家所有权的移转更应该采取等价有偿的原则，这既符合市场经济所要求的所有权移转规则，又体现了公有制本身包含的社会全体成员平等地、共同地占有全民财产的内容。如果按照郭文所说的国家在入股以后就丧失了所有权，国有企业在法定范围内把国家委托给自己经营管理的财产投入股份制企业，就是受国家的授权把财产让渡给了股份制企业，则与等价有偿的所有权移转规则是大相径庭的。

正如已经指出的，股份公司的法人所有并不排斥单个股东的所有，因此，实行股份制从而确立企业法人所有权，并不意味着国家所有权的丧失。下面，笔者将就郭文所提出的单一法人所有权的合理性问题作一探讨。

1. 笔者认为，单一的法人所有不仅不能实现郭文所说的“使财产关系明晰化”，反而使已经模糊的财产关系更加模糊。如果国家所有权丧失，则国有财产将变为抽象的、由法律所“拟制”的法人的财产，其结果是：一方面，在法人存续期间，由谁来制约实际支配财产的经营者？在原有财产之上增值的财产在法律上归属于谁？是由国家和其他股东共同决定整个法人财产的命运还是由经营者作出决定？这恐怕是一个很难解决的问题。另一方面，随着激烈的竞争所导致的企业兼并的发展，某个股份企业被集体企业甚至私人企业兼并以后，兼并者购买企业所支付的价款应归属于谁？尤其是，谁来决定企业的解散？在企业解散以后，企业清偿完毕债务所剩余的财产归谁所有？这势必会造成许多财产在法律上找不到明确的归属，并为事实上的占有和支配、为私欲膨胀的个人化公为私和损公利己提供了条件。还要看到，由于国家和其他股东所有权的丧失，在股东所有权层次上的多元化、股东和法人的财产的二元化体系被破坏，则各个主体基于其所有权产生的利益和责任的独立性以及因为资产的融合产生的利益、责任的共同性和相互约束的和谐状态将被彻底打乱，本来没有理顺的财产关系和利益关系更将成为一团乱麻。

2. 笔者认为，单一的法人所有尽管使企业完全摆脱了国家和其他股东的控制，但是却毁灭了股份企业所特有的权力制衡机制，其结果是将加剧企业行为的短期化和不合理化。我国改革的实践证明，从谋求行政监督管理的适度和行政授权的适度上解决企业行为的短期化问题，将是一个无解的方程。企业行为的短期化问题只能通过建立企业的自我约束机制和权力制衡机制来解决。而建立前一种机制需要赋予企业以法人所有权，使其真正独立自主和自负盈亏；建立后一种机制又必须明确国家和其他股东的所有权，形成企业内部股东所有者对经营者行为的制约。这种制约机制是因为双重所有的存在而自然形成和实现的。股东所有权的存在、股东财产在法人内部的融合所形成的共同利害关系都会促使股东主动地约束企业经营者的行为。但是，一旦股东丧失了所有权，则这种制约机制将不复存在，国家作为股东也失去了对企业法人的约束力。尤其是，如国家不能享有并行使所有权，则目前企业中存在的消费膨胀、“投资饥渴”和国有资产不能受到有效管理和保护的种种弊端难以根治，总供给和总需求不平衡的矛盾不能缓解，必然导致经济运行中的宏观失控。

3. 笔者认为，单一的法人所有使国家的利益不能得到切实的保障。股份企业的持续和稳定的发展是股东资产能够增长收益的前提，而企业能否发展又取决于企业经营者的经营能力，尤其是他们能否正当地施展其才能、正当地行使其经营权利。如果国家和其他股东一样丧失了所有权，则国家不能和其他股东、劳动者共同抉择经营者，不能行使对经营者的监督权和重大经营事项的表决权。这样，国有资产能否收益以及收益的程度完全取决于经营者的行为选择，国家的利益将被置于一种极不安全的状态，其结局如何是可以预料的。如果说承包、租赁等方式借助于经营者向所有者提供财产担保的措施，尚不能有效地约束经营者，那么单一的法人所有将最大限度地赋予经营者以行为自由和操纵企业命运的权力，这不仅不能解决承包、租赁等方式没有解决好的矛盾，反而会加剧矛盾的发展。所以，郭文认为“国家对股份企业财产权的丧失，不但不会造成国家的经济损失，而且还会增加收益”，恐怕是一种不现实的愿望。

值得注意的是，郭文列举了改革中“两权分离”所产生的弊端，但这些弊端的产生恰好是郭文所说的在企业内部“企业生产资料所有者的利益无人代表”“企业领导者实际上成了企业利益的代表者”所造成的；也就是说，正是因为企业内部缺乏国有资产的代表者以及国家所有权对经营权的制约才导致这些弊端的产生。可见，郭文一方面主张要取消国家所有权，另一方面又认为消除“两权分离”的弊端要借助国家所有权来解决。这本身是一种矛盾的认识。

股份制并不排斥国家所有。然而，不少人对此存在着疑虑，认为国家持股是否会重蹈国家直接经营企业并进行直接干预的覆辙。笔者认为，这种担心是不必要的。实行股份制以后，股份公司与国家之间是一种平等的民事关系而不再是行政隶属关系，股东、董事、经营者都应依据公司法律规定行使权利，履行职责，包括国家委托的代表在内的所有董事会成员是根据股权比例产生的，他们共同代表公司进行经营管理，在行使投票权、决策权时一律平等并且相互制约。由于公司的经济效益直接关系到股东的收益，如果公司经营不善，蒙受损失最大的是大股东。因此，即使在国家股份占多数的情况下，国家委派参与企业经营管理的代表也必然会和其他管理人员和其他股东同心协力办好公司。在一般情况下，国家也不能再对股份企业采取下达指令性计划、实行价格管制和工资总水平限制等直接控制措施。所以，国家所有权的存在并不必然导致国家对企业的直接干预和管理。

最后，应当指出的是，否认股东享有所有权，必将成为吸收劳动者投资入股、使劳动者具备所有制上的主人和法律上的所有者的双重身份的障碍，不能发挥股份制应有的增强劳动者的责任感和积极性的作用。股份制实行的经验表明，吸收职工入股，使劳动者从资产收益、企业亏损和破产将导致的入股资金的减少和丧失的状况出发，必将更密切关注企业的生产经营状况和效益，主动行使管理企业的各项权利。如果职工对于其入股的资产不享有所有权，则很难实现这一目标，从而不能使股份制的作用得到充分发挥。

论合伙协议与合伙组织体的相互关系*

在现代社会，合伙已经成为社会经济生活的主体之一，并逐渐成为人们参与交易关系的重要方式。合伙事实上已经成为法律上的一种特殊的主体，合伙企业也是现代企业制度的一种典型形态，但合伙组织体与合伙协议之间究竟是何种关系，一直是现代民法迫切需要解决的重要课题。我国未来民法典如何处理这两者之间的关系，是构建民法典完整体系所必须解决的问题。

一、合伙的双重属性并不改变合伙协议的法律基础性质

合伙是指两个或两个以上的自然人或法人，根据合伙协议而共同出资、共同经营、共享收益、共担风险的营利性组织，合伙人对外一般承担连带无限责任[①]，或

* 本文原作于1997年，后刊载于《当代法学》2013年第4期。

① 《民法通则》第30条规定，"个人合伙是指两个以上公民按照协议，各自提供资金、实物、技术等，合伙经营、共同劳动。"

者依法承担有限责任。[1] 合伙是一种灵活便利的创业投资方式。其没有人数或者法定资本等限制，同时对债权人而言，合伙制度也具有更高的保障性，其连带责任的特点也给债权人的债权更好的保障。[2] 与公司形态相比较，合伙具有双重属性。

一是合伙协议关系的属性。它是确定合伙人之间的权利义务关系的协议，是调整合伙内部关系的依据。[3] 合伙协议，也称为合伙合同，是指由全体合伙人协商一致、依法达成的有关共同出资、共同经营、共担风险的协议。我国《合伙企业法》采用了合伙协议的概念。合伙协议的特征主要表现在：一方面，它是一种共同行为。这就是说，合伙协议是全体合伙人共同的意思表示一致的行为，它与一般的合同属于双方民事行为是不同的。要成为合伙人，必须毫不保留地接受合伙协议的全部条款。另一方面，它具有共担风险、共享收益的内容。合伙是共担风险、共享收益的，所以，合伙协议必须包含该内容。各个合伙人都应当按照合伙协议享有权利和承担义务，任何一个合伙人违反协议对其他合伙人都构成违约。[4] 尽管合伙协议的内容不能排除法律关于合伙人对外责任的规定，也不能对抗善意的第三人，但对合伙人具有严格的拘束力。

二是合伙组织体的属性，即合伙人作为一个组织体，可以对外与第三人发生各种法律关系。[5] 合伙以经营共同事业为目的，通常有一定的组织。[6] 合伙必须要由两个或者两个以上的人组成，一个民事主体当然不能形成合伙。此处所说的"人"，不仅包括自然人，还包括法人。各个合伙人之间基于一种相互信赖关系组

---

① 《合伙企业法》在普通合伙之外，还承认了有限合伙，有限合伙中的有限合伙人对合伙企业的债务承担有限责任。我国《合伙企业法》第 2 条第 1 款规定："本法所称合伙企业，是指自然人、法人和其他组织依照本法在中国境内设立的普通合伙企业和有限合伙企业。"第 2 款规定："普通合伙企业由普通合伙人组成，合伙人对合伙企业债务承担无限连带责任。本法对普通合伙人承担责任的形式有特别规定的，从其规定。"第 3 款规定："有限合伙企业由普通合伙人和有限合伙人组成，普通合伙人对合伙企业债务承担无限连带责任，有限合伙人以其认缴的出资额为限对合伙企业债务承担责任。"

② Philippe Merle, Droit commercial, Sociétés commerciales, 11e édition, Dalloz, 2007, p. 162.

③ 参见邱聪智：《新订债法各论》（下），7 页，北京，中国人民大学出版社，2006。

④ 参见林诚二：《民法债编各论》（下），5 页，北京，中国人民大学出版社，2007。

⑤ 参见佟柔主编：《中国民法》，131 页，北京，法律出版社，1990。

⑥ 参见邱聪智：《新订债法各论》（下），7 页，北京，中国人民大学出版社，2006。

成一个共同体。因为合伙人成立合伙的目的，是从事共同的事业，他们应当共享收益、共担风险。这种利益的共同性决定了合伙一般是基于信任关系而结成的组织，合伙人之间的相互信任是合伙企业存续的重要保证。所以，合伙企业具有高度的人合的性质。① 合伙虽然是基于合同而成立的组织，但这种组织体也具有一定的稳定性和持续性，其在财产和财产责任等方面都具有与合伙人一定程度的分离的性质。与一般的民事合伙不同，合伙企业是一种营利性组织。合伙人成立合伙企业的目的是投资获利，同时合伙人对合伙企业的风险和责任也要共同承担。从营利性的角度看，其与一般的企业法人具有相似性，而一般民事合伙大多是非营利性的，例如，数人之间共同出资合伙购房或共同租房，就不具有营利性。

由于合伙是一种组织体，因此，合伙具有一定的团体性。合伙的团体性表现在：一方面，合伙企业内部具有团体利益和团体意志。合伙利益是全体合伙人的共同利益，它与每个合伙人的个人利益既有联系，但又不尽一致，因此，合伙利益是一种整体利益。另一方面，合伙企业具有一定的独立性。由于某一个合伙人的死亡、退伙等也并不会当然导致合伙的解散，因而合伙企业具有一定程度的独立性。② 还要看到，合伙的团体性也表现在经营上，尽管合伙的事务由全体合伙人共同经营，但毕竟单个人的意志不能决定合伙的重大事务，对重大事务的决策必须取得全体合伙人的同意。《合伙企业法》第 26 条第 1 款规定：“合伙人对执行合伙事务享有同等的权利。”因此，某一合伙人执行事务，应当视为合伙组织的行为，其他合伙人当然应当对此负责。如果合伙人因执行职务造成他人损害，其他合伙人应当负连带责任。可见，合伙的团体性对责任承担具有一定的影响；也就是说，一个人的行为会使其他人对此行为负责。这就表明该合伙人执行职务的行为在性质上不是个人行为，而是团体的行为。在这一点上，合伙与独资企业也是有区别的。如果独资企业的工作人员在执行职务期间造成他人损害，受害人

---

① 参见高富平等：《合伙企业法原理与实务》，6 页，北京，中国法制出版社，1997。所以，新入伙的合伙人原则上应当取得全体合伙人的同意。一个合伙人死亡，其继承人成为合伙人也应该取得其他合伙人的同意。他们在合伙关系中具有平等的法律地位，所以合伙人彼此之间必须具有高度信任关系，否则不可能保持合伙的稳定性，也不利于促进合伙事业的发展。

② 参见马俊驹、余延满：《合伙民事主体地位的再探讨》，载《法学评论》，1990（3）。

只能要求独资企业的出资者负责。此外，还应当看到，合伙具有民事主体资格也是现代民法的一个重要发展趋势。现代合伙不再是一种单纯的合同关系，一般来说，合伙基于合伙协议成立，就具有团体的属性，就能够以统一的身份对外进行民事活动，合伙积累的财产也可以用作对外民事责任的承担。① 由于合伙既不能等同于自然人，也不能等同于法人，而应当作为一种特殊的民事主体，即自然人、法人之外的第三主体，因此在我国未来民法典中，应当将合伙企业作为公民和法人之外的第三主体加以规定。

因此，合伙具有合伙协议与合伙组织体的双重属性，前者是对合伙人有拘束力的内部合同关系，后者是由全体合伙人作为整体与第三人产生法律关系的外部形式。其中，合伙组织体并不都是以合伙企业的形式表现出来的。在合伙企业中，合伙人不仅要订立合伙协议，而且应按照《合伙企业法》的规定建立相应的合伙组织，并在行政主管机关进行登记。而在大量的偶然性合伙中，合伙组织体只是并非以合伙企业的形式加以表现而已，从合伙自身的团体性以及整个合伙对第三人承担责任的角度来看，其在具备合伙协议属性的同时，也仍具有合伙组织体的属性。

然而，即便承认合伙是一种特殊的主体，其与合伙协议是何种关系？尽管合伙通常表现为一种组织形态，尤其是随着有限合伙的发展，这种组织形态逐渐取得了主体的特征，但这并未改变合伙协议作为合伙组织体的法律基础的作用。之所以在法律上确认合伙协议是合伙组织体的法律基础，主要原因在于：

第一，合伙协议规定了合伙组织体的经营目的。合伙人成立合伙组织的目的就是要共同经营合伙事业。合伙事业是各合伙人利益的共同指向，是其追求的目标。正是因为其经营共同的事业，所以他们才需要共同出资、共同经营、共享利益、共担风险。② 在学说上，大多认为，当各合伙人就事业之成立有共同利害关系时，则其事业为共同。③ 合伙的目的是合伙人经营共同的事业，这种事业既可

---

① 参见马俊驹、余延满：《民法原论》，2版，149页，北京，法律出版社，2005。
② 参见邱聪智：《新订债法各论》（下），8页，北京，中国人民大学出版社，2006。
③ 参见史尚宽：《债法各论》，650页，北京，中国政法大学出版社，2000。

以是持续性的，也可以是临时性的。合伙以经营共同事业为目的决定了合伙作为一种多个合伙人所组成的组织体的存在。合伙目的实现，则合伙将因此而解散；合伙的目的终极性地无法实现，则合伙也应当终止。

第二，合伙协议确立了合伙人的基本权利义务关系。合伙人在目的事业上具有共同性。在追求这一目的的过程中，各合伙人要相互合作，共同地实现他们经营共同事业的目的。为了实现这一目的，就需要通过合伙协议规定诸如出资、合伙事务管理、盈利与亏损分配及入伙、退伙等事项。合伙人行使权利、承担义务的基本依据就在于合伙协议的约定。合伙协议之于合伙，如同章程之于公司，是合伙组织最重要的内部法律文件，是确定合伙人之间权利义务关系的基本依据。即使合伙形成为一个组织体，其可以自由决定是否另行订立章程，但是合伙协议则是必需的。任何合伙组织体可以不规定章程，但其必须有合伙协议的存在。我国《合伙企业法》并未规定合伙企业的成立必须订立章程，但其规定必须订立合伙协议。正是因为合伙协议规定了合伙人的基本权利义务内容，所以在新的合伙人入伙时，必须无条件地接受合伙协议。

第三，合伙协议是合伙人承担责任的依据。合伙人在违反法律和合伙协议所规定的义务的情形下，应当承担相应的责任。虽然我国《合伙企业法》对于合伙企业中的合伙人的责任作出了规定，但有关合伙人的义务与责任更多地来自于合伙协议的约定。如前所述，合伙分为对内和对外关系。就外部关系而言，虽然合伙协议也可对其进行调整，但外部关系主要由法律法规的强制性规定调整，因此对外部关系上的责任承担，主要应根据法律的规定加以确认。从这个意义上说，违反合伙协议的责任主要发生在合伙内部关系中。合伙协议中关于合伙人内部关系的规定，是确定合伙人权利义务的基本规范。合伙人违反了合伙协议的规定，也构成违约，需要承担违约责任。因此，根据《合伙企业法》第 103 条第 1 款规定："合伙人违反合伙协议的，应当依法承担违约责任。"由此可见，《合伙企业法》承认合伙协议是各合伙人承担违约责任的主要依据。因为这一原因，在合伙人违反义务时，亦受《合同法》相关规则的调整。

第四，合伙可以不成立企业，但必须订立合伙协议。合伙可分为持续合伙和偶然合伙。持续合伙，是指合伙人之间订立的在较长期限内持续存在的合伙。偶然合伙，是指合伙人之间为了特定事项而临时组成的持续时间较短的合伙。[①] 无论是持续合伙，还是偶然合伙，都具有特定的合伙目的。依据《合伙企业法》第18条规定，合伙协议应当载明合伙目的。在目的实现之后，合伙通常会随之终止。在持续合伙中，可能需要形成一个合伙实体，组成合伙组织，以实现合伙目的。但在偶然合伙合同中，因目的具体确定，故也可以不形成固定的企业型的组织体，在短期的合伙目的实现之后，合伙即告消灭。[②] 例如，合伙人约定共同出资购入食品等，以在元宵节庙会当天进行销售，在庙会结束后，合伙人之间的合伙关系即消灭。当然，若待完成的事项较为重大复杂，也不排除成立企业型的合伙组织体。

正是因为合伙协议是合伙成立的前提，因此，许多国家或地区在民法典的债编规定了合伙。[③] 我国台湾地区“民法”就在债编中对合伙作出了规定。这一做法就准确地反映了合伙的本质特征，即合同的性质。但是，仅在民法典债编中规定合伙仍然是不足的，因为合伙同时具有组织体的属性，而合伙协议仅是合伙组织体存续的法律基础，所以，有必要在合伙制度中对合伙协议作出规定。我国《合伙企业法》即采取了此种做法。

二、合伙的双重属性决定了合伙协议具有民事合同与组织规则的双重属性

合伙协议仍然是一种合同，是合伙人之间就共同出资、共同经营、共担风险而形成的一种合意。一方面，合伙协议必须要全体合伙人意思表示一致。从这个意义上说，合伙协议不同于决议行为，不应当采取多数决的方式达成协议。依据《合伙企业法》第19条的规定，修改或者补充合伙协议，应当经全体合伙人一致

① 参见黄立：《民法债编各论》（下），724～725页，北京，中国政法大学出版社，2003。

② 参见黄立：《民法债编各论》（下），724页，北京，中国政法大学出版社，2003。

③ 例如，《德国民法典》《瑞士债法典》《俄罗斯联邦民法典》都采取了此种做法。

同意。另一方面，合伙协议在本质上是一种有关风险收益的契约安排。其与一般的对待给付双务契约有所不同，合伙协议并不是利益相对的双方之间的协议，而是利益指向同一方向的数方主体之间的协议。合伙协议是合伙人之间基于共同的目的而订立的合同。传统上人们常称其为“合”“同”行为。例如，二人共同出资购买一辆汽车，约定各自承担一半的价款，同时约定每逢单数日由甲驾驶，双数日则由乙驾驶，并各自承担相应的汽油、保养等费用。在这种情况下，虽然有形式上的“共同出资”甚至“共同维护”，但因二人乃是各自追求自己的目的，因此尚不构成合伙。但若二人购买汽车，同时与第三人签订汽车租赁合同，将汽车出租给第三人使用并分享出租收益，则该二人之间便形成了共同的利益指向，因此在内容上即可成立合伙。合伙人之间并非互负对待给付义务，一方负担义务，并不意味着另一方就享有权利。从总体上说，因为合伙协议不是双务合同，所以，双务合同的规则如同时履行抗辩权等规则难以适用于合伙合同。

然而，合伙并不仅仅是一种协议关系，在实践中，合伙人为了共同经营合伙事业，通常会形成一个合伙组织体，这就使合伙协议超越了其作为合同而承载了的功能。合伙的双重属性决定了合伙协议也具有双重属性。正如有些学者所言，合伙在本质上虽为一种合同，但是因合伙人成立合同是为了经营共同事业，通常须有一定的组织、财产及管理机制作为维系或存续的基础，因而其同时具有团体性。[①] 也就是说，合伙协议具有民事合同和组织规则的双重属性。

（一）合伙协议本质上属于民事合同

合伙协议虽然不同于一般的合同，但其性质仍然是一种民事合同，受到合同法的规范，因此，其仍应遵循合同法的基本规则。合伙协议的订立，属“合同行为”，因此需要当事人意思表示一致才能达成。其特点在于：必须经过全体合伙人的一致同意。因为合伙协议是全体合伙人共同意志的体现，也是实现合伙目的的基础。如依据《合伙企业法》第 19 条，修改或者补充合伙协议应经全体合伙人一致同意。正是因为合伙是一种协议，因此要遵循意思自治的原则，对合同的变更、解除等也要遵循合同法的基本原则。同时，违反了合伙协议，也应依据合

① 参见邱聪智：《新订债法各论》（下），14 页，北京，中国人民大学出版社，2006。

同法的规定而承担相应的违约责任。

（二）合伙协议具有组织规则的属性

由于合伙不仅仅是一种单纯的合同关联，而且常常构成为一种组织体，这使合伙协议又具有组织规则的属性。所谓组织规则，是指组织体进行对内和对外行为所应遵循的规则。组织规则的本质在于为主体资格的确认提供制度框架，为组织的决策与管理提供协商机制，为组织财产的独立进而为与组织相关的第三人提供保障。① 在公司中，组织规则主要是以章程表现出来，而就合伙而言，法律并未要求合伙组织体应订立章程，因此，合伙协议在一定程度上就具有类似于章程的组织规则属性。各合伙人必须按照合伙协议的约定维持合伙的财产、对内履行出资等义务、对外共同行为并承担责任。

合伙协议具有自治性。所谓社会自治是指市民社会中的成员通过法定或者约定的程序自主决定、管理共同事务，自我负责的一种治理方式。这就是说，合伙协议本身并不仅仅是作为一种合同而存在的，其同时也是合伙组织体的组织规则，因而可被视为合伙人活动的"宪章"，是各合伙人以及合伙组织体行为的章程。在社会自治过程中，自治团体的成员可以通过达成一定的决议来调整自身的行为。对于此种决议，其作为成员的行为规范，只要符合法律的规定，行政权或其他权力就不应进行不当干预。在合伙关系中，这种自治的特点体现得尤为明显。由于合伙人之间主要通过合同规范他们之间的关系，这就决定了合伙与公司相比较，其具有更强的自治性特点，这就是说，合伙人之间的关系大多需要根据当事人之间的意思来决定，而应尽量减少国家的干预。合伙协议具有规范合伙组织体的功能，主要表现在：

第一，合伙协议规范合伙人与合伙组织体的关系。例如，合伙协议中规定的合伙人的出资义务以及盈余分配，既涉及合伙人个人的利益，也涉及合伙组织的财产。而合伙组织体的财产与合伙人的财产并不等同，在一定程度上是相互分离的状态。在合伙对外承担责任时，首先是以合伙的全部财产对外承担责任，而非以合伙人的个人财产先承担责任。因此，在合伙人违反合伙协议所约定的出资义

① 参见许德风：《组织规则的本质与界限》，载《法学研究》，2011（3）。

务时，可以由其他合伙人或执行事务的合伙人请求其履行该义务，但该出资义务的履行并不是针对某一个单个的合伙人，而是对合伙组织体履行该义务。再如，合伙人违反竞业禁止义务，并不仅仅是对其他合伙人存在违约责任，还会产生其应当对合伙组织体承担相应的责任。

第二，合伙协议是合伙企业进行内部管理、对外行为的章程。一方面，在合伙企业中，合伙协议成为类似于公司章程的文件，因此其不仅具有确立权利义务的特点，而且具有设立组织的特性。由于法律对合伙企业的设立并未要求制定独立的章程，但在法律关于合伙企业设立时需要提交的合伙协议内容的规范上，有诸如合伙企业的名称、主要经营场所的地点、合伙目的和合伙经营范围、合伙事务的执行、入伙与退伙、争议解决办法、合伙企业的解散与清算等内容，而这些内容远远超出了民事合同的范畴，已具有组织性规则的特征。当事人之间有关利益分配、入伙退伙、对外事务的执行，都可以依据合伙协议确定。在许多偶然性合伙中，各合伙人更多是通过口头形式达成合伙协议，而且仅对出资以及收益的分配等重要事项进行约定。这些内容是合伙协议的核心内容，对于各合伙人的利益以及合伙的存续都具有重要意义。对于人数很少的偶然性合伙而言，当事人可能不会在口头形式的合伙协议中严格约定入伙、退伙等事项，此时，当事人之间的人身信任关系是合伙存续的关键，一旦各合伙人之间的信任关系破裂，将导致合伙无法存续，就会产生合伙解散的后果。由此可见，对于设立合伙协议而言，通过合伙协议的约定可以对出资、收益分配、合伙经营、入伙、退伙等重要事项进行约定，从而明晰各合伙人对合伙企业所享有的权利以及负担的义务。另一方面，合伙协议的双重属性在民事合伙中也有所体现。在民事合伙中，合伙协议中关于合伙内部议事的规则、对外代表的规则和对外承担责任的规则，也都不单纯是合伙人之间的权利义务关系。例如，在民事合伙对外实施行为、发生责任后，即便存在合伙协议的解除事由，也不能简单地根据该解除事由而解散合伙，而需要进行合伙的清算，在承担完合伙债务后再进行解散。而清算与解散的问题，在民事合同关系中是不存在的。

从现实来看，认识到合伙协议的双重属性是十分重要的。一方面，在实践中，过分强调合伙的团体性，而忽视了合伙协议的合同属性。尤其是在合伙组织体的成立过程中，往往忽视合伙协议的基础性作用，未在合伙协议中对合伙人的权利义务关系作出具体约定，在合伙人违反义务时也不注重从违约责任的角度追究当事人的违约责任。另一方面，仅仅只是强调合伙协议作为民事合同的性质仍然是不够的，往往会造成对合伙的团体性的忽略。我国台湾地区“民法”将合伙置于债法中加以规定，主要是基于合伙并非民事主体这一认识。“因合伙无独立人格，故其所具有的团体性仅是在实质内涵上具备，在法律形式上，合伙仍不能脱离契约的本质。因此，民法关于合伙的规定，大多是强调合伙人，而非若法人或公司等以法人或公司为制度的主体。”① 因此，合伙只是一个债的关系。正是因为不承认合伙的组织体属性，因此，合伙协议也仅是规范合伙人相互之间的债务关系，这就会造成对合伙协议的功能认识不充分，不能发挥其兼具民事合同与组织规则的功能。从法律上看，合伙协议所包含的范围非常宽泛，诸如合伙的退伙、入伙等，这远非债务关系所能涵盖的。而且，合伙协议的订立也并非是为了使某个合伙人负担相应的债务，而是为了确立全体合伙人作为一个团体对内、对外进行相应行为时的共同规则。如果不能认识到这一点，则无法准确认识到合伙真正的本质属性。正如有的学者所指出的，“合伙虽为一种契约，但民法上对于已成立的合伙，赋予其团体性。例如，各合伙人的出资构成合伙财产、区分合伙人个人债务与合伙的债务等皆为合伙团体性的表现，无法单以债之契约关系加以说明”②。

三、合伙的双重属性决定了合伙人违反合伙协议的双重责任

由于合伙既是一种合同关系，也是一个组织体，这使合伙协议本身通常发挥着双重功能，即作为民事合同与组织规则的功能。认识到合伙所具有的双重属性，不仅有助于充分发挥合伙的功能，而且有利于在法律上正确认定合伙人以及

① 邱聪智：《新订债法各论》（下），16页，北京，中国人民大学出版社，2006。

② 郑玉波：《民法债编各论》（下），641页，台北，自版，1981。

合伙所应承担的责任。既然合伙协议具有双重属性，由此产生了一个复杂的问题，即在违反合伙协议的情形下，是否仅仅只是导致合伙人相互之间的责任问题，而不产生合伙人对合伙组织体的责任。传统民法对此问题实际上并未给予回答。因为按照大陆法系的传统理论，合伙本质上就是一种债的关系，因此，在合伙人违反合伙协议所约定的义务时，其所承担的责任实际上就是债务不履行的责任；换言之，在合伙人违约的情形下，仅发生对其他合伙人承担违约责任的问题，并不存在合伙人对合伙组织体承担责任的问题。笔者认为，这种看法未能准确解释合伙协议的基本属性。

在现代社会，合伙一种广泛的组织体，具有不同于公司等企业形态的重要特征，这就决定着其在现代市场经济社会中发挥着越来越重要的作用。市场经济对企业的组织形态具有多样化的要求，在公司企业之外还需要合伙作为补充，组织形式灵活的合伙能够充分适应和满足多个民事主体共同从事一定民事行为的现实需要。[①] 从现代民法的发展趋势来看，现代合伙不再是一种单纯的合同关系。一般来说，合伙人基于合伙协议成立，就具有团体的属性，就能够以统一的身份对外进行民事活动。而且，合伙能够以自己的名义对外从事民事活动，合伙积累的财产也可以用作对外承担民事责任的担保。[②] 而正是因为合伙的团体属性逐渐增强，合伙需要更多地发挥组织规则的作用，这就导致合伙逐渐超越传统民法中的债的范畴，更多地表现出民事合同与组织规则的双重属性。因此，简单地以债的关系解释合伙协议，仍然是不够的。因为合伙协议并不仅仅是规范合伙人相互之间的关系，而且是全体合伙人的共同行为的组织规则。合伙协议作为合伙的“宪章”，其不仅对各个合伙人，也对合伙组织体发挥着规范作用。合伙协议的特殊性在于，它是确立各合伙人之间相互关系的依据，也是合伙人在合伙关系下进行行为的基本规范。

《合伙企业法》第 103 条第 1 款规定：“合伙人违反合伙协议的，应当依法承担违约责任。”由此表明，合伙与公司不同，在整体上它仍然可以适用民法债和

---

① 参见魏振瀛主编：《民法》，102 页，北京，北京大学出版社，2010。

② 参见马俊驹、余延满：《民法原论》，2 版，149 页，北京，法律出版社，2005。

合同的有关原理。尤其是在违反合同义务的情况下，仍然应适用合同责任，但此种责任主要是对内责任。如前所述，合伙分为对内和对外关系。就外部关系而言，主要是合伙与第三人的关系，虽然合伙协议也进行调整，但外部关系主要由法律法规的强制性规定调整，因此在外部关系上违反法律的相应规定时，所应承担的是法定责任。从这个意义上说，违反合伙协议的责任主要发生在内部关系中。合伙协议中关于合伙人内部关系的规定，是确定合伙人权利义务的基本规范。因此，合伙人违反了合伙协议的规定，也构成违约，需要承担违约责任。

就对内责任而言，合伙的双重属性决定了合伙人违反合伙协议的双重责任，即一方面，合伙人违反合伙协议需要对其他合伙人承担相应的责任。此种责任仍然属于典型的债务不履行的责任。另一方面，违反合伙协议的合伙人需要对合伙组织体承担责任。所谓违反合伙协议的责任是指合伙人违反法定或约定的义务，而应对其他合伙人及合伙组织体所应承担的责任。合伙人违反合伙协议所导致的双重责任主要表现在：

第一，从违反义务造成损害的后果来看，有关损害通常并非直接指向特定合伙人，而是造成合伙组织体事业经营上的损害。例如，《合伙企业法》第 32 条第 1 款规定，“合伙人不得自营或者同他人合作经营与本合伙企业相竞争的业务”。该条规定了竞业禁止义务。所谓竞业禁止，是指企业的成员或经营管理人员不得从事与本企业相竞争的业务，合伙人从事任何与本合伙企业竞争性业务的行为都会损害合伙的利益。因此，合伙人违反此种义务也应当对合伙承担相应的责任。再如，《合伙企业法》第 32 条第 2 款规定，“除合伙协议另有约定或者经全体合伙人一致同意外，合伙人不得同本合伙企业进行交易”。据此，合伙人负有不得与本合伙企业进行交易的义务。特别是在合伙人执行合伙企业事务的同时，又为自己从事交易，这样就不可避免地要损害合伙企业的利益。[①]

第二，违反合伙协议的责任方式与通常的违约责任方式不同。由于合伙协议具有组织规则的属性，合伙人一方面是合伙协议的当事人，另一方面也是合伙组

① 参见朱少平主编：《中华人民共和国合伙企业法释义及适用指南》，163 页，北京，中国民主与法制出版社，2006。

织体的成员，因此，从违反义务造成损害的后果来看，有关损害通常并非直接指向特定合伙人，而是指向合伙组织体或合伙经营。因此，在违反合伙协议的情况下，违约的合伙人的行为可能不仅会对其他合伙人造成损害，还可能对合伙组织体造成损害。此时，其他合伙人和合伙组织体都有权请求违约的合伙人承担违约责任。

合伙人一旦违约，应承担损害赔偿，或者实际履行合伙义务，或依法承担强制退伙等责任。作为违约责任形式的违约金规范较少适用。在违反合伙协议的情况下，常常要采取强制退伙的方式。所谓强制退伙，也被称为除名退伙，是指因某一合伙人违反法律或合同的约定，或发生了合伙协议约定的事由，而被强制性地剥夺合伙人资格。根据《合伙企业法》第 49 条的规定，强制退伙的原因主要包括：未履行出资义务；因故意或者重大过失给合伙企业造成损失；执行合伙事务时有不正当行为；发生合伙协议约定的事由。因为强制退伙将直接导致合伙人资格的丧失，因此，为了充分尊重被退伙人的利益，法律在程序上也提供了相应的保障。对合伙人的除名决议应当书面通知被除名人。被除名人接到除名通知之日，除名生效，被除名人退伙。这种责任的特殊性，就是由合伙协议具有规范合伙人与合伙组织体之间关系的团体属性所决定的。

第三，合伙协议的解除应适用特殊规则。如前所述，合伙协议具有组织法的属性，合伙人一方面是合伙协议的当事人，另一方面也是合伙这一社团的成员，因此，即便其中一个合伙人违约甚至根本违约，并不当然导致合伙协议的解除，在合伙人的数量超过两个人的情形下，也并不导致合伙的解散或终止，而只是导致合伙组织体依据强制退伙规则对该违约的合伙人进行除名。例如，根据《合伙企业法》第 49 条的规定，在合伙人未履行出资义务、因故意或者重大过失给合伙企业造成损失的情况下，可以强制该合伙人退伙。

正是因为合伙人违反合伙协议的约定，就会对其他合伙人的利益造成损害，合伙本身以及其他合伙人都享有请求权，但此处所说的合伙本身是指合伙企业，通常应当由执行合伙事务的合伙人向未履行约定义务的合伙人提出请求，但所取得的出资、损失赔偿金等都归入合伙组织体，构成合伙的财产，而非由提出请求的该合伙人所有。例如，在合伙人违反出资义务的情况下，合伙以及其他合伙人都享有履行出资的请求权。学说上认为，出资义务可分为两种：一为合伙出资请求权，二为其他合伙人出资请求权。前者系合伙代表人请求个别合伙人向合伙履行出资义务，后者为个人合伙人请求其他合伙人向合伙履行出资义务。①

如果没有形成合伙企业，则合伙本身不享有请求权。问题在于，如果某一合伙人违约，其他合伙人是否享有同时履行抗辩权？对此存在不同观点。一种观点认为，在合伙人为二人时可适用同时履行抗辩权。因为就约定出资而言，具有对价性，但因出资是以经营事业为目的的，与买卖合同以交付为主要目的的双务合同毕竟不同，因此在二人合伙时，可适用同时履行抗辩权。如为三人或三人以上的合伙，则不能适用。② 如甲、乙、丙、丁四人约定各出资 10 万元经营某项事业，如果甲以乙未依约出资而拒绝自己的出资，则共同事业就难以维持。另一种观点认为，不管合伙人人数多寡，任何合伙合同关系均可以适用同时履行抗辩权。因为合伙合同是双务合同的一种，各合伙人为达到共同的目的，都负有协力出资的义务。在各个合伙人所负的义务之间，具有对价的关系，因而在各人履行义务之间均可适用同时履行抗辩权。③ 还有一种观点认为，是否适用同时履行抗辩权应考虑具体情况。例如，甲是未履行自己出资义务的合伙人，如果甲请求乙、丙履行出资义务，乙、丙有权针对甲未履行义务而提出抗辩；但乙、丙不得以丁未履行出资义务为理由，而拒绝履行其出资的义务。④ 在笔者看来，这几种观点都值得商榷。因为合伙人订立合伙合同的目的不在于交换财产，而旨在经营合伙事业。某一合伙人履行其出资义务不是为了直接换取另一方的对价，而是为了形成合伙财产、从事合伙经营，因此合伙在本质上不属于一般以财产交换为目的的双务合同，不能适用同时履行抗辩权。如果允许某一合伙人可以根据其他合伙人未履行出资义务为由，拒不履行自己应负的出资义务，则不仅难以形成合伙财产，且合伙事业也难以经营下去。所以，在一合伙人未履行出资义务时，其他

① 参见邱聪智：《新订债法各论》（下），20 页，北京，中国人民大学出版社，2006。

② 参见王泽鉴：《民法学说与判断研究》，第 6 册，148 页，北京，中国政法大学出版社，1998。

③ 参见苏俊雄：《契约原理及其实用》，92 页，台北，“中华书局”，1978。

④ 参见邱聪智：《新订债法各论》（下），21 页，北京，中国人民大学出版社，2006。

合伙人只能根据其违反合同而获得补救，而不能行使同时履行抗辩权。

因为合伙人根据合伙协议负有诸多的义务，而违反该义务，就应当承担相应的责任。从合同相对性的角度出发，合伙人违反合伙协议，应当对其他合伙人承担责任。问题在于，如果合伙人违反合伙协议的同时，也损害合伙本身的利益，合伙本身是否有权要求其承担责任？笔者认为，应当区分合伙本身是否形成独立的民事主体，来确定是否可以请求导致合伙损害的合伙人承担责任。

四、合伙的双重属性决定了立法应采取分离模式

我国关于合伙的立法，借鉴了其他国家的做法，采取了分别立法的模式。[①]如《民法通则》第二章在“自然人”中规定了个人合伙，在第三章“法人”中规定了联营，其中涉及合伙。这实际上是从民事主体的角度规定合伙。而《合伙企业法》又承认合伙为一种合同。依据《合伙企业法》第 4 条规定：“合伙协议依法由全体合伙人协商一致、以书面形式订立。”《民法通则》第 31 条和《合伙企业法》第 18 条对合伙协议应当载明的事项规定了十余项内容。实践中，合伙协议的内容完全可能超出法律规定的这些内容。此外，我国有关司法解释对一般合同订立的条款作出了明确规定，要求具备主体等信息，但除了法律及有关司法解释对此的规定以外，当事人还可以约定各种事项。

我国未来民法典针对合伙究竟是应当采纳单一还是分别的立法模式，值得探讨。笔者认为，因为合伙具有双重属性，因此采纳分别的立法模式更为妥当。主要原因在于：从合伙的发展趋势来看，合伙的团体性越来越强，合伙、有限合伙作为现代企业的一种形式，在社会经济生活中发挥着广泛的作用，实际上已经作为一种特殊的主体而存在，法律上必须通过登记等制度对此加以确认。实际上，合伙中的重要类型——有限合伙早已发展为介于法人和合伙之间的组织。它因为有无限责任，能够体现合伙的对外信用；同时也因为有有限责任，也有利于融

① 如德国《民法典》在第 705 条以下规定了合伙合同的内容，在《商法典》第 105 条以下则规定了合伙组织法的事项。

资。因此，有限合伙兼具法人和合伙的特点。合伙是一个组织体，具有一定的团体性，在各种合伙的类型中，有一些合伙的团体性非常强，甚至具备了法人的许多特征。例如，根据美国法律，有限合伙需要订立章程，并办理登记手续，在这些方面，合伙与公司法人已十分相似。

总之，合伙既不能等同于自然人，也不能等同于法人，而应当作为一种特殊的民事主体，即自然人、法人之外的第三主体。必须指出的是，此处所说的合伙仅仅指企业型合伙，而不包括合同型合伙。在我国未来民法典中，应当将合伙企业作为公民和法人之外的第三主体加以规定。这就有必要在民事主体制度中对合伙作出规定。从我国已经颁布的《合伙企业法》的内容来看，大多是关于合伙作为主体的行为或组织规则，这实际上承认了合伙是一类特殊的民事主体。

但在民事主体制度中规定合伙的同时，也应当将合伙作为一种合同类型而在合同法中加以规定。我们已经讨论了合伙的双重属性，从合同角度分析和看待合伙，其合理性在于：第一，强调了合伙协议是一种合同行为，因此需要当事人意思表示一致才能达成。合伙协议的订立应经过全体合伙人的一致同意。因为合伙协议是全体合伙人共同意志的体现，也是实现合伙目的的基础，因此订立合伙协议应经全体合伙人的一致同意。订立合伙协议的过程应当适用合同法总则关于合同订立的一般规定。第二，合伙当事人之间的法律关系、权利义务关系的基础，仍然是合伙协议，其完全适用合同法的原理；合伙的内部责任和外部责任，仍然是合同责任的具体适用。合同责任的有关原理，就其实质而言，就是无限责任；而民法有关连带责任的理论，也完全可以适用于合伙责任。公司之所以需要适用特别的公司组织法，很大程度是因为公司有限责任，这是对民事责任中无限责任的例外和突破，它限制了债务人的责任限度，是有限的赔偿责任，因此，无法规定于民法之中。合伙与公司显然不同，在整体上它仍然适用民法债和合同的有关原理。第三，合伙协议内容的变更仍应适用合同法中关于合同变更的规定。因为合伙协议具有民事合同的属性，而合同的变更需要当事人之间协商一致，故而，合伙协议内容的变更通常应当经全体合伙人的同意。就设立合伙企业的合伙协议而言，如果协议订立之后，当事人需要对原合伙协议进行修改，在合伙人将合伙协议修改或补充完毕之后，还应当将新的合伙协议提交给国家登记机关进行相应的变更登记，以新的合伙协议代替原合伙协议。值得研究的是，在合伙协议修订之后、未登记之前的效力如何？对此有两种观点：一种观点认为，在未将新合伙协议登记之前，原合伙协议仍然具有法律效力，仍然以原合伙协议作为处理合伙企业内外关系的基本依据。只有当新合伙协议登记注册之后，原合伙协议才能失去法律效力。[①] 另一种观点认为，在未登记之前，原合伙协议已经经过了合伙人的签名盖章，因此，虽然该协议对外不能生效，但对内应当以新的合伙协议为准。笔者赞成后一种观点，因为合伙协议的登记主要是对外发生效力，目的在于保护交易第三人，而在对内方面，既然合伙人都已经在新的合伙协议上签名盖章，依据《合伙企业法》的规定，合伙协议自签名盖章之时起生效，这就表明新的合伙协议已经从签名盖章行为完成之日起生效。第四，涉及合伙人的违约责任，仍应适用合同法的基本规则。

但分别立法模式最大的问题在于，可能造成规则的相互重复，而无法实现立法简约化，尤其是有关合伙协议内容的规则，其不仅是合同条款的问题，也是合伙组织体的行为准则和组织规则。以入伙为例，由于入伙涉及合同主体的变更，并对合伙中原有其他合伙人的权益亦会产生影响，因此应取得原合伙人的同意，在合伙企业新增合伙人时，还应采用特定的形式。入伙之所以必须经过原合伙人的一致同意，是因为，合伙具有人合性质，它是基于合伙人之间的信任关系而设立的团体，法律要求新合伙人的入伙一定要取得原全体合伙人的同意，既符合合伙的性质，也是为了保持合伙人之间的信任关系。且合伙企业的管理也因为其人合的性质而具有其独特之处。如果原合伙人对新合伙人缺乏信任，则会严重影响合伙企业的经营活动的开展，从而在合伙内部出现矛盾，影响合伙事业的进行。所以，入伙必须得到全体合伙人的一致同意。在这一点上，其突出地体现了合伙作为一种协议的特点。但合伙协议又要规范合伙人与合伙组织体之间的关系，所以，有关新入伙的问题，不仅可以由合伙人在合伙协议中加以约定，还应当由法律对此加以干预。入伙问题关系到合伙债务的承担，因为合伙债务也需要全体合

---

① 参见苏号朋、王斌来：《论合伙企业中的合伙协议》，载《甘肃政法学院学报》，1997（3）。

伙人承担无限连带清偿责任，若新合伙人不具有充分的责任承担能力，也会加重其他合伙人的负担。若新合伙人个人陷入经济困境，也可能导致其合伙份额被强制执行，甚至导致合伙的解散。因此，有关入伙的问题，就有必要由民事主体制度对其作出规范。这就有可能形成法典体系内部的规则重复。《民法通则》第31条和《合伙企业法》第18条对合伙协议应当载明的事项都作出了规定，这本身就表明在处理合伙内容的立法技术上是存在冲突的。

笔者认为，对有关合伙协议内容的规则，主要由合伙人之间进行合意约定，应当在合同法而非民事主体制度中加以规定。一方面，合伙协议并不是全部都以成立合伙组织体为目的，部分合伙并不存在组织体，因此，合同法所规定的合伙，其作为一种合同类型，更具普遍性和一般性。对于合伙协议的具体内容，应当在合同法中进行规定。另一方面，将合伙协议规定在合同法之中，实际上仍是基于对意思自治的尊重。在民事主体制度，大量的是强行性规范，体现国家干预的色彩，通常不允许当事人通过意思自治而进行自由约定。而合同法的规范则以任意性规范为主，允许当事人进行自由约定。而合伙协议的订立仍是以合意为基础，因此，对于合伙协议的内容，仍应当由合同法加以规范。

从规范性质的考量角度出发，也可以对合伙合同的内容进行区分。因为合同法主要是任意法，因此对于合伙的现有内容，其中强制性色彩重于任意性色彩的部分，即可将其纳入民事主体制度加以规定，对于其中可以由当事人通过合意而加以改变的部分，则置于合同法部分加以规定。同时，对于主要具有强制性色彩但也允许当事人进行合意改变的部分内容，则可以在设计该规范时为当事人预留约定的空间即可。尽管《民法通则》第31条和《合伙企业法》第18条对合伙协议应当载明的事项都作出了规定，但《合伙企业法》第18条主要是针对设立合伙企业的合伙而设计的，对于大量的合伙而言，其并不以设立合伙企业为目的，因此，合伙协议的内容与设立合伙企业的情形存在差异。

总之，对于合伙协议的内容的确定而言，不能完全以《合伙企业法》第18条的规定为依据，而还应斟酌、参考《民法通则》等相关法律的规定。尤其是在当事人未设立合伙企业的情况下，应当在确定合伙协议内容方面赋予其较宽的自治空间。

五、结语

合伙协议的性质表明，既然其具有民事合同和组织规则的双重属性，因此，仅将合伙规定在债编之中是不足够的。在我国未来民法典的制定中，应当充分考虑到合伙以及合伙协议所具有的双重属性，而作出相应的法律应对。鉴于合伙协议所具有的民事合同属性，应当将其作为有名合同的一种类型在合同法中作出规定，同时，也应当在《合伙企业法》中对合伙协议作出规定，从而凸显其作为组织规则的属性。

第二编

人格权制度

论一般人格权

一般人格权（das allgemeine Persönlichkeitsrecht），是相对于具体人格权而言的。所谓具体人格权，又称为个别人格权（einzelne Persönlichkeitsrecht），是指由法律具体列举的由公民或法人享有的各项人格权，如生命健康权、姓名权、肖像权、名誉权等。所谓一般人格权，是法律采用高度概括的方式而赋予公民和法人享有的具有权利集合性特点的人格权，也是适应新型人格利益保护而产生的兜底保护条款。[①] 一般人格权的产生是人格权法发展的重要标志，本文拟对一般人格权问题谈几点看法。

一、一般人格权的产生和发展

在人格权制度的发展历史上，首先出现具体人格权，然后才形成一般人格权的概念，而一般人格权的产生和发展，标志着人格权制度的日趋完善。1804 年的《法国民法典》受法国《人权宣言》的影响，极为重视个人的自由，提出了契约自由、过失责任和无限制所有权的近代民法三大基本原则，从而为后世西方国

① 参见王泽鉴：《民法总则》，126 页，北京，中国政法大学出版社，2001。

家民法提供了蓝本。但该法典中却未提及人格权的概念，更未涉及一般人格权的概念。在《法国民法典》几次修订中，修订者曾建议在该民法典中规定一般人格权，但并没有被多数人接受。1959年，Nerson指出："有一件事是大家所一致接受的：在法国，每个人都认为在技术层面并不存在着一个所谓的一般人格权。"[①] 由于《法国民法典》第1382条规定了侵权责任的一般条款，已经可以对各项人格利益提供救济，因此，从整体上看，法国学者并不主张借鉴德国法上的一般人格权概念。[②] 司法实践中，法官常常扩张适用《法国民法典》第9条关于私生活保护的规定，但该条规定仍属于对具体人格权而非一般人格权的规定。

一般认为，一般人格权概念产生于德国。在德国，哲学家康德在其哲学体系中提出了人格的理论，将人格视为自由展开的能力，已经类似于后世的一般人格权理论。[③] 1866年民法学家诺依内尔（Neuner）提出了人格权的概念，他认为人格权是主张自我目的并且展开自我目的的权利，人格权作为一种新型的权利，能够融入潘德克顿法学体系之中，并将人格权界定为人自身目的存在和人自我目的的宣示和发展的权利。[④] 一般认为，诺依内尔是一般人格权的首倡者。[⑤] 在1895年，德国学者基尔克曾在其《德国私法》一书中，强烈呼吁应当在法律上采纳一般人格权的概念，但1900年的《德国民法典》并没有采纳这一观点，也没有接受一般性的、广泛的人格权，而只是规定了生命、健康、姓名等个别的人格权。按照拉伦茨的看法，《德国民法典》之所以没有采纳一般人格权的概念，是因为难以给这种权利划界，而划界则明显地取决于在具体财产或利益的相互冲突中，究竟哪一方有更大的利益。[⑥] 梅迪库斯认为："民法典有意识地既未将一般人格

---

① Nerson, "De la protection de la personnalité en droit français", in Travaux de l'Association Henri Capitant, t. 13, Dalloz, 1963, p. 86.

② Marino, Responsabilité civile, activité d'information et média, PUAM-Economica, 1997, p. 210.

③ Kant, Kritik der praktischen Vernunft, 1788, Erster Teil, I, Buch, 3.

④ Neuner, Wessen und Arten der Privatrechtverhaeltniss, 1866, S. 15.

⑤ Stefan Gottwald, Das allgemeine Persönlichkeitsrecht: ein zeitgeschichtliches Erklärungsmodell, Berlin: Berlin-Verl. Spitz [u. a.], 1996, p. 12.

⑥ 参见［德］卡尔·拉伦茨：《德国民法通论》，王晓晔等译，171页，北京，法律出版社，2003。

权，也未将名誉纳入第 823 条第 1 款保护的法益范围。”[①] 直到第二次世界大战以后，德国民法开始强化对人格权的保护。战后德国基本法对人类尊严的重视，促使了民法人格权理论的发展。依据基本法的规定，德国法院采纳了德国学者 Nipperdey、Nawiasky 等人的主张，认为宪法所确认的权利可以适用于私法关系，从而根据德国战后基本法第 2 条关于“人类尊严不得侵犯。尊重并保护人类尊严，系所有国家权力（机关）的义务”，“在不侵害他人权利及违反宪法秩序或公序良俗规定范围内，任何人均有自由发展其人格的权利”的规定，确定了“一般人格权（das allgemeine Persönlichkeitsrecht）”的概念。在 1954 年的 Schacht-Leserbrief 的案例（“读者来信”案）中，法院判决认为，被告的行为将原告置于一种错误的事实状态中，让读者误以为其同情纳粹，这侵害了原告的人格。法院根据德国基本法第 1 条关于人格尊严的规定，认为一般人格权应当被视为由宪法所保障的基本权利，并推导出一般人格权的概念。[②] 此后，在 1957 年的一个案例中，法院明确地将一般人格权解释为《德国民法典》第 823 条第 1 款中的“其他权利”（即绝对性权利）[③]。

需要注意的是，根据联邦最高法院以后的相关判例，一般人格权最直接的法律渊源为民法典第 823 第 1 款所规定的“其他权利”，德国民法学上称其为“框架性权利”。德国法院采用一般人格权的概念，解释出一系列具体的人格权。例如，德国法院在司法实践中根据“一般人格权”而具体确定出对肖像的权利、对谈话的权利、秘密权、尊重私人领域的权利等，完备了对人格利益的司法保护。[④] 从德国判例来看，一般人格权的具体保护对象包括：隐私、肖像、名誉、形象、姓名、同一性、信息自决、尊严、荣誉等。[⑤] 在某些案例中，德国联邦法

---

① ［德］迪特尔·梅迪库斯：《德国民法总论》，邵建东译，805 页，北京，法律出版社，2000。

② Schacht-Brief Decision，13BGHZ 334 (1954). 有关本案的介绍，可参见［德］迪特尔·梅迪库斯著，邵建东译：《德国民法总论》，805～806 页，北京，法律出版社，2000。

③ BGH，02.04.1957，BGHZ 24，72.

④ 参见施启扬：《从个别人格权到一般人格权》，载《台湾大学法学论丛》，第 4 卷第 1 期。

⑤ See Gert Brüggemeier, *Protection of Personality Rights in European Tort Law*, Cambridge University Press, 2010, p. 25.

院认为，侵害一般人格权并非直接导致精神损害赔偿，而只是产生恢复原状的效果，应剥夺行为人因侵害一般人格权而获得的全部利益。自“骑士案”[①] 之后，一些案例表明，侵害一般人格权也会产生精神损害赔偿。[②]

不过，德国法院直接援引基本法而创设出一般人格权的概念、扩大具体人格权的范围的做法，在法学方法上也受到一些权威学者，如拉伦茨等人的批评。他们认为此种做法超越了法院的职权，加剧了法律的不确定性。[③] 一些德国学者认为，一般人格权的概念富有广泛性和不确定性的特点，不宜作为法律概念。例如，拉伦茨认为，一般人格权在内容上极难确定，故侵害一般人格权不适用民法关于侵权行为的规定。[④] 也有人认为，因为一般人格权在内容上“无止境地扩大”，因此可能危及法律的安全性，对言论自由及新闻自由也可能发生妨碍。[⑤] 但是，大多数德国学者认为，法律不可能通过列举的方式将各种具体的人格权列举穷尽，为扩大人格权的保护范围，需采纳一般人格权的概念。尤其是一般人格权的概念可广泛运用于对自然人人格利益的保护，从而可弥补法律规定的不足。因此，采纳一般人格权的概念是必要的。目前，在德国，一般人格权概念已得到广泛确认。

受德国法的影响，一些大陆法系国家在民法典中明确承认了一般人格权。例如，《匈牙利民法典》85 条承认了一般人格权。《葡萄牙民法典》第 70 条第 1 款规定了一般人格权。在荷兰，受《欧洲人权公约》的影响，荷兰最高法院已经确认要尊重每一个公民私生活的一般权利，与该权利相同的称谓为隐私权、保护隐私的权利、人格权、一般人格权等。[⑥] 尽管一般人格权的法律属性并不确定，但

① 26 BGHZ 349 (1958).

② See Basil S. Marksinis, *Protecting Privacy*, Oxford University Press, 1999. pp. 36-37.

③ 参见王泽鉴：《人格权之保护与非财产损害赔偿》，载王泽鉴：《民法学说与判例研究》，第 1 册，31 页，台北，自版，1992。

④ Larenz, Lehrbuch des Schuldrechts, Bd. Ⅱ. 1962, S. 366.

⑤ Palandt, Kommentar zum Bürgerlichen Gesetzbuch, 15. Aufl., 1956, S. 674.

⑥ See Supreme Court, 12 June 1992, NJ 1992, 589. Supreme Court, 6 January 1995, NJ 1995, 422, para 5. 10: right to be let alone derives from the general personality right.

其被认为是其他一些权利（如隐私权）的基础。①《日本民法典》中没有承认独立的人格权制度，只是在第710条中规定，“不问是侵害他人身体、自由或名誉情形，还是侵害他人财产权情形，依前条规定应负赔偿责任者，对财产以外的损害，亦应赔偿”。但是，自20世纪50年代开始，也逐渐以个别增加的方式发展人格权制度。② 一些学者主张采纳“一般人格权”概念，实务采取了扩张解释《日本民法典》第709条“权利的侵害”的态度，认为它与《法国民法典》第1380条同样包含了广泛的各种“法律上应受保护的利益的侵害”，因此不存在有将认定损害赔偿的前提仅限于具体人格权的必要。③

在美国法中，并不存在着人格权或一般人格权的概念，因为英美法从中世纪后期就产生了诽谤法，并形成了一个完整的体系，对名誉等权利进行保护，使得名誉权等人格利益置于侵权法的保护之下，这就限制了人格权作为独立民事权利的理论发展。尤其是英美法中并没有统一的人格概念，有关姓名、肖像、名誉等人格利益是分别依照仿冒之诉、诽谤之诉等相应的诉因进行的，所以难以形成统一的人格权概念。值得注意的是，从20世纪初以来，美国的隐私权制度得到迅速发展，隐私权包容的范围非常宽泛，已经具有了与一般人格权相同的功能。

由此可见，从比较法上看，各国都在不断强化对人格权益的保护，即在具体人格权之外，也逐步强化对人格利益的保护，许多国家都通过一般人格权实现对新型人格利益的保护，这也使得人格权益的保护体系更为完整，在保护范围上也更为周延。经过几十年的发展，一般人格权的内容已经非常丰富，形成了体系化和类型化的内容结构，同时，一般人格权在性质上属于框架性权利，可以为许多新型人格利益的保护提供法律依据，从而不断满足社会发展的需要。

我国《民法通则》在“民事权利”一章中单设了“人身权”一节，其中详细规定了各种具体的人格权，但《民法通则》并没有规定一般人格权的概念。虽然

---

① M Smits, Constitutionalisering van het vermogensrecht in JM Smits et at (eds) Preadvtezenuitgebracht voor de Nederlandse Vereniging voor Rectsvergelijking (2003) 124.

② 参见邓曾甲：《日本民法概论》，116页，北京，法律出版社，1995。

③ 参见［日］星野英一：《私法中的人——以民法财产法为中心》，181页，北京，中国法制出版社，2004。

在第101条中作了“公民的人格尊严受法律保护”的规定，但该法第120条却只规定具体人格权的损害可以请求加害人承担民事责任，侵害人格尊严的侵权行为并不包括在内。王泽鉴先生在评述我国《民法通则》时曾指出，此种列举方式对人格权的保护较欠周全，由于无一般人格权制度，因此在自由、贞操、隐私等人格利益遭受侵害时应如何处理尚缺乏依据。① 从我国立法和司法实践来看，也越来越注意到具体人格权之外的一般人格权制度的重要性。从实践的发展趋势来看，一方面，具体人格权的类型和内容越来越丰富，另一方面，对一般人格权制度也越来越予以认可。《侵权责任法》第2条第2款所规定的侵权责任法保护的人格权益就不仅仅包括各种具体人格权，还涉及其他的“人身权益”，这实际上涉及对一般人格权的保护。2001年2月26日，最高人民法院《关于确定民事侵权精神损害赔偿责任若干问题的解释》第1条也规定：“自然人因下列人格权利遭受非法侵害，向人民法院起诉请求赔偿精神损害的，人民法院应当依法予以受理：（一）生命权、健康权、身体权；（二）姓名权、肖像权、名誉权、荣誉权；（三）人格尊严权、人身自由权。违反社会公共利益、社会公德侵害他人隐私或者其他人格利益，受害人以侵权为由向人民法院起诉请求赔偿精神损害的，人民法院应当依法予以受理。”从而将人身自由权和人格尊严权纳入精神损害赔偿制度保护的范围。按照起草人的解释，“人格尊严”在理论上被称为“一般人格权”，是人格权利一般价值的集中体现，因此，它具有补充法律规定的具体人格权利立法不足的重要作用。在处理具体案件时，可以将人格尊严作为一般人格权以补充具体人格权。② 由此可见，最高人民法院实际上也已经将宪法关于“中华人民共和国公民的人身自由不受侵犯”和“中华人民共和国公民的人格尊严不受侵犯”的规定，解释为人身自由权和人格尊严权，这实际上是通过司法解释确认了一般人格权。最高人民法院的司法解释，不仅弥补了我国因一般人格权制度的欠缺而导致的人格权制度的不足，而且为充分而全面地保护公民所享有的各项人

① 参见王泽鉴：《民法学说与判例研究》，第6册，293页，北京，中国政法大学出版社，1998。

② 参见陈现杰：《〈最高人民法院关于确定民事侵权精神损害赔偿责任若干问题的解释〉的理解与适用》，载《人民法院报》，2001-03-28。

格利益提供了依据。从全面保护公民的人格利益出发，确有必要在民法上建立一般人格权制度并促使人格权制度日趋完善。2017 年《民法总则》第 109 条规定："自然人的人身自由、人格尊严受法律保护。"该条对一般人格权作出了规定，不仅弥补了我国因一般人格权制度的欠缺而导致的人格权制度的不足，而且保持了人格权益保护范围的开放性，为充分而全面地保护个人所享有的各项人格利益提供了依据。

二、一般人格权的内容

依据我国《民法总则》第 109 条的规定，一般人格权包括人身自由与人格尊严两方面的内容。

（一）人格尊严

所谓人格尊严，是指作为法律主体得到承认和尊重，换言之，是人作为人应当受到的尊重。人在社会生活中生存，不仅要维持其生命，而且要享有有尊严的生活。因此，人格尊严是人作为社会关系主体的一项基本前提。其是指公民作为一个人所应有的最基本的社会地位并且应当受到社会和他人的最基本的尊重，是公民基于自己所处的社会环境、地位、声望、工作环境、家庭关系等各种客观条件而对自己和他人的人格价值和社会价值的认识和尊重。

人格尊严作为一种法益，是在 17 至 18 世纪，从传统到现代社会的转变过程中，由启蒙哲学家从自然法理论中提炼的。基于基督教伦理和教会法，通过格劳秀斯（Grotius）、托马斯（Thomasius）、普芬道夫（Pufendorf）和其他学者的著作，作为 persona 的一项典型特征，被广泛地认可和接受，并被 19 世纪以后的法律所普遍采纳。[①] 第二次世界大战以后，由于战争给人类带来的深重灾难、纳粹对人格尊严的严重践踏，促使世界各国对此加以反思，并将人格尊严置于极为重要的地位，而于法律中加以确认。尤其是 1948 年《世界人权宣言》中确立

① See Gert Brüggemeier, Aurelia Colombi Ciacchi and Patrick O'Callaghan Edited, *Personality Rights in European Tort Law*, Cambridge University Press 2010, p. 7.

了对人格尊严的保护，进一步促进了人格尊严价值的传播。各国在其宪法中一般都宣告保护人的尊严；而当代主要的人权公约，如1966年《公民权利和政治权利国际公约》，2000年欧洲联盟《基本权利宪章》等，都对人的尊严予以突出的保护。将人格尊严纳入一般人格权并作为其重要内容的做法始于德国。从制度史的角度来看，德国法上的一般人格权就是法官依据其《基本法》第1条关于人的尊严的规定发展起来的。“从‘人格尊严’这一最高宪法原则的意义上来说，并不能够直接得出传统意义上对自由的保护，但是从当代社会的发展和对人格保护的需要来说，（一般人格权）存在其出现的必要性。”[①] 从发展趋势来看，现在人格尊严越来越多地被认可为一种可诉之权利，日益突出并占据优势地位。[②]《欧洲民法典草案》的起草者认为，在民法中有必要为隐私和人格尊严设置专门的条款，并转换成一条私法规则作为欧洲人权宪章的第1条庄严地公布于世。[③]

在我国，人格尊严是《宪法》规定的政治权利，同时也应作为民法上的一般人格权来对待。我国《民法通则》第101条规定：“公民、法人享有名誉权，公民的人格尊严受法律保护。”我国有关特别法也对自然人的人格尊严作出了规定。例如，《妇女权益保障法》第42条第2款规定，“禁止用侮辱、诽谤等方式损害妇女的人格尊严。”我国《精神损害赔偿司法解释》第1条也确认了“人格尊严权”的概念，这是其成为一般人格权内容的法律依据。《民法总则》将人格尊严的保护规定在民事权利之首。一方面，表明人格尊严应作为保护民事权利的价值来源和价值基础，也表明其具有最高价值，私权本身是为了保障个人的尊严，尊严是私权的基础和依归，这实际上是将人格尊严保护作为民法典规则的价值基础。因此，《民法总则》将人格尊严保护置于各项民事权利之首加以规定。另一方面，法律的终极目标是个人的幸福和福祉，而这一切都离不开对人格尊严的保护。正如有学者所指出的，人不是为社会和国家而存在的，相反，社会和国家是

---

① BVerfGE 54，148［153］.

② See C. Mccrudden，“Human Dignity and Judicial Interpretation of Human Rights”，in 19 *Eur. J. Int. L.* 655，667（2008）.

③ 这就是现在的 Sect. VI. - 2：203。See K. Von Bar，*Non-Contractual Liability Arising out of Damage Caused to Another*，Oxford，2009，418。

为人而存在的。人是目的，社会和国家是手段，因此，维护个人的人格尊严也是国家的重要目的。[①] 可见，确认人格尊严原则对于维护社会的和谐具有重要的意义。还要看到，人格尊严体现人格权保护的基本价值，表达了人格权保护的根本目的。换言之，法律之所以保障各种人格权，很大程度上就是为了维护个人的人格尊严。确认人格尊严作为一种人格权，也有利于保持人格权法的开放性，提升对各种新型人格利益的周密保护。

人格尊严作为一般人格权的重要内容，具有弥补具体人格权因具体列举而难以满足对人格利益的全面保护的功能，即人格尊严原则具有补充性。许多学者认为，对人格尊严权的保护就是对一般人格权的保护。[②] 其原因在于：一方面，人格尊严是具体人格权立法的基础。公民的各项人格权都在不同程度上体现了人格尊严的要求，表现了我国法律对人格尊严的尊重。事实上，许多侵害人格权的行为，如污辱和诽谤他人、宣扬他人隐私、毁损他人肖像、虐待他人等，均有损他人的人格尊严。另一方面，人格尊严作为一般人格权，可以弥补我国民法关于具体人格权规定的不足。在有关立法中，提出了人格尊严权的概念，但这并非意味着人格尊严就成为一项具体的人格权，实际上，人格尊严应当属于一般人格权，而不应当成为一种具体的人格权。例如，《民法通则》第 101 条规定，“公民、法人享有名誉权，公民的人格尊严受法律保护，禁止用侮辱、诽谤等方式损害公民、法人的名誉。”该规定实际上就是将人格尊严作为一种补充性的条款来规定的。也就是说，对于公民的名誉权，一般适用名誉权的规定，但对侮辱他人、并不为第三人所知且未造成社会评价降低的行为，虽不能适用名誉权的规定，但可以通过侵害人格尊严而加以保护，这就体现了人格尊严的补充适用性。[③] 当现行立法对具体人格权的规定不足或者存有漏洞的时候，可以依据法律关于人格尊严的规定进行弥补。例如，在著名的“超市搜身案”中，超市保安怀疑消费者偷拿

---

① 参见王家福主编：《人权与 21 世纪》，7 页，北京，中国法制出版社，2000。

② 参见杨立新主编：《民商法理论争议问题——精神损害赔偿》，8 页，北京，中国人民大学出版社，2004。

③ 参见唐德华主编：《最高人民法院〈关于确定民事侵权精神损害赔偿责任若干问题的解释〉的理解与适用》，30 页，北京，人民法院出版社，2001。

财物，对其进行搜身，这实际上就侵犯了消费者的人格尊严，而并没有造成原告社会评价降低，因此，并没有侵害原告的名誉权。[①] 再如，马某诉崔某一般人格权纠纷案，被告在原告举行结婚仪式前，故意将垃圾撒在其家门口，被告应当赔偿原告精神损失。[②] 此案实际上侵害的也是原告的人格尊严。

（二）人身自由

人身自由有广义和狭义之分，从狭义上理解，人身自由特指身体活动的自由，从这个意义上理解，人身自由在性质上应当属于具体人格权的范畴，对此，笔者将在下文讨论。而从广义上理解，人身自由不仅包括人身自由权，还包括精神的自由、个人依法享有的自主决定的权利，从这一意义上说，人身自由在性质上又属于一般人格权的范畴。我国《民法总则》第109条所规定的“人身自由”，应理解为一般人格权的内容。

人身自由作为一般人格权的内容，首先可以解释对一些新型人格权加以保护的基础。例如，在德国法上，由于民法典中本来也没有隐私权的概念，因此，无法沿用隐私权对个人信息加以保护。随后，德国法院发展出了所谓的“信息自决权”，其理论基础就是一般人格权。除此之外，对于一些新的人格利益，如果援用具体人格权无法保护，也可以援引一般人格权中的人格自由加以解释和保护。具体来说，人身自由包括如下几个方面的内容。

第一，身体活动的自由。此处所说的身体活动自由，主要是肢体行为等物理活动上的自由。这就是说个人可以自由支配其身体组成部分，并且进行自由活动。在德国1957年的Elfes案件中，法官Dieter Grimm根据德国基本法第2条，提出了“自由发展个人人格的权利”[③]。从保障人权的角度看，“保障人身自由权是保障一切人权的基础”已成为各国的共识，这也表明了人身自由原则的极端重

① 参见“钱缘诉上海屈臣氏日用品有限公司搜身侵犯名誉权案”，（1998）沪二中民终字第2300号民事判决书。

② 参见河南省济源市人民法院（2011）济民一初字第238号民事判决书。

③ Donald P. Kommers, *The Constitutional Jurisprudence of the Federal Republic of Germany*, Duke University Press, 1997, p. 315.

要性。[①] 因此，身体活动自由是人身自由的重要内容。

第二，自主决定。关于自主决定是否应该成为一项独立的人格权，存在不同观点。从比较法上看，一些国家通过判例确立了自主决定权，例如美国罗伊诉韦德堕胎案（Roe v. Wade）一案中确认了堕胎自由属于个人自主决定的范围。[②] 我国也有不少学者主张将自主决定权作为一项独立的具体人格权。笔者认为，自主决定不应作为一项独立的人格权。主要理由在于：一方面，自主决定是私法自治的延伸，如果将自主决定权作为一项独立的人格权，其范围将很难确定，而且有很多具体的人格权都会涉及自主决定，也就容易造成不必要的竞合。自主决定的范围比较模糊，如果将其认可为独立的人格权，则很难确定权利的边界，也容易导致此种权利与其他权利不易区分。另一方面，人格权法上的自主决定是与人格利益联系在一起的。例如，我国《侵权责任法》规定了患者的自主决定权，再如，我国《婚姻法》所规定的婚姻自主是对婚姻利益的一种自主决定。这些自主决定权都是人格自由的内容，而不宜作为一项具体人格权。人格权法上的自主决定不是一般意义上的自主决定，而是指可以包含在一般人格权的人格自由之中的人格利益。

笔者认为，自主决定可以作为人身自由的内容，从而弥补具体人格权规定的不足。由于人身自由的内涵十分宽泛，因而可以将自主决定包含其中。从我国现行立法来看，有的法律将自主决定作为具体人格权的内容。例如，我国《侵权责任法》规定了患者自主决定权，此种权利很难包括在隐私权之中。它和隐私权不同之处在于，患者自主决定权很难说是对私生活的决定，其主要是对个人事务的自由决定。但是，如果医疗机构侵害了患者的自主决定权，没有造成患者的损害，是否可以作为侵害一般人格权，而请求精神损害赔偿？例如，在日本曾经发生过违反患者的意愿为其输血的案件，虽然没有导致患者的生命权或健康权的侵

---

① 参见谢佑平：《公民人身自由权的宪法保障与司法保护》，载《河南省政法管理干部学院学报》，2005（1）。

② See Roe v. Wade，410 U. S. 113（1973）.

害，但是，侵害了其自主决定。[①] 对此，侵权法上没有明确规定，笔者认为可以通过一般人格权制度为受害人提供保护。

第三，精神活动的自由。它是指自然人按照自己的意志和利益，在法律规定的范围内自主思维的权利，是自然人自由支配自己内在思维活动的权利[②]，是自然人进行意思表示或其他民事活动的意志决定自由。[③] 在我国台湾地区，有学者认为，在欺诈、胁迫等情形，受害人有权请求侵害精神活动的自由的赔偿。也有学者主张精神自由权的概念。[④] 笔者认为，精神自由权不宜规定为具体人格权，但其可以作为一般人格权在例外情形下保护受害人。尤其是考虑到精神自由概念的模糊性，法官认定侵害精神自由时应当尽到尽可能充分的论证义务。

三、一般人格权与具体人格权的关系

我国学界关于一般人格权的本质，存在不同的认识，概括起来有如下几种学说。

1. 人格关系说。一般人格权，在瑞士法中称为“人格关系”。不过，瑞士学者对一般人格权或“人格关系”均无明确的定义。我国台湾地区学者施启扬在对瑞士民法的规定进行解释时，也认为人格关系（persönliche Verhaltnisse）即为一般人格权。他提出应该将台湾地区“民法”中关于侵害“人格法”的规定（第18条）改为侵害人格关系，“因为人格权是一个‘上层概念’，人格权中的各种具体内容权利，只是一种地位或资格，与一般权利在性质上并不相同”[⑤]。

2. 概括性的权利说。大多数德国学者将一般人格权视为一种概括性的权利。

---

① 参见日本最高法院判决，平成12年（2000年）2月29日，民集54-2-582。

② 参见杨立新：《人格权法专论》，324页，北京，高等教育出版社，2005。

③ 参见冉克平：《论人格权法中的人身自由权》，载《法学》，2012（3）。

④ 参见杨立新主编：《民商法理论争议问题——精神损害赔偿》，8页，北京，中国人民大学出版社，2004。

⑤ 施启扬：《关于侵害人格权时非财产上损害赔偿制度的研究修正意见》，载《台湾法学丛刊》，第83期。

如拉伦茨认为，一般人格权具有“概括广泛性”[①]。而另一个德国学者莱普迪(Nipperdey)则认为一般人格权不仅涉及国家和个人的关系，而且涉及《德国民法典》第823条所包括的具体人格权，一般人格权范围极为广泛，在内容上是不可列举穷尽的。[②] 法官的任务只是依有关价值观念将一般人格权具体化并确定其界限。因为人格的本质不易明确划分其界限，一般人格权作为概括性权利，在内容上是不易完全确定的。[③] 按照许多德国学者的观点，一般人格权是一种“渊源权(Muttergrundrecht，Quellrecht)”，或“权利的渊源”，由此可引导出各种具体的人格权。[④] 按照艾内克卢斯(Enneccerus)等人的观点，依据“一般人格权”可发掘出某些具体的人格权，这样可扩大人格权的保护范围。[⑤]

3. 个人的基本权利说。在20世纪50年代，德国学者胡伯曼针对否定一般人格权的观点而主张，否定一般人格权实际上否认了个人的基本权利。他认为，一般人格权不同于人格权本身，亦不同于各项具体人格权。他将一般人格权分为：发展个人人格权的权利、保护个人人格权的权利、捍卫个人独立性的权利，这三种权利分别受到公法、私法等法律的保护，并共同组成为一般人格权。[⑥]

4. 一般权利说。有学者认为，一般人格权相当于知识产权的概念，而具体人格权则相当于著作权、商标权等具体的知识产权。有学者认为，从实际产生过程来看，一般人格权的概念不是作为具体人格权的抽象而提出的，而是作为具体人格权的补充而提出的，也就是说，一般人格权不是一种抽象权利，而是一种现实权利。[⑦]

以上四种学说从不同角度阐述了一般人格权的本质。笔者认为，一般人格权既是各种权利的概括，同时也是各种具体人格权产生的基础。一般人格权具有渊

---

① Larenz，Lehrduch des Schuldrechts，Bd. Ⅱ，1962，S. 366.

② See Stig Strömholm，*Right of Privacy and Right of the Personality*，Stockholm，Norstedt，1967，p. 57.

③④ 参见施启扬：《从个别人格权到一般人格权》，载《台大法学论丛》，第4卷第1期。

⑤ Enneccerus-Kipp，Lehrbuch des bürgerlichen Rechts，Recht der Schuldverhältnisse，1995. S. 937.

⑥ See Stig Strömholm，*Right of Privacy and Right of the Personality*，Stockholm，Norstedt，1967，p. 39.

⑦ 参见胡吕银：《一般人格权探析》，载《学海》，2001(5)。

源权的功能。此种权利作为个人的基本权利，最本质地表现了人格权的特点。但是，一般人格权不能等同于人格关系，因为人格权是人格关系的内容，而不同于人格或人格关系。要真正了解一般人格权的本质，还必须清楚一般人格权与具体人格权之间的关系。具体来说，两者之间应当具有如下关系。

第一，抽象的和具体的关系。具体人格权是指由法律具体列举的由公民或法人享有的各项人格权，如生命健康权、姓名权、肖像权、名誉权等。一般人格权作为民事主体以全部人格利益为标的的总括性权利，是指民事主体依法享有并概括和决定其具体人格权的人格利益。正如哲学上的一般和具体、普遍和个别的关系一样，一般人格权和具体人格权实际上也是这种一般和个别的关系。也就是说，一般人格权是一般性的权利，而具体人格权是个别的人格权。一般人格权确定了人格权的基本价值，其包容的价值非常抽象、概括；具体人格权具有确定的内涵和外延，并且被法律确定为特定的权利。

一般人格权也可以说明具体人格权存在的正当性。一般人格权凸显以人为本的理念，明确了人格权立法的目的与宗旨，因为人格权要作为一项独立的制度而存在，必须要有自身的原则与宗旨。对一般人格权的确认，将有助于解释个别人格权保护的目的，如对公民的生命健康、名誉、肖像、隐私等各项具体人格权的保护，都是由公民依法享有人身自由和人格尊严所决定的，同时也表明我国法律对人格利益的高度重视。例如，确认公民享有人身自由和人格尊严为一般人格权，这不仅是对公民作为人的共同价值的确认，也是对社会主义条件下公民价值的认可，同时也表明公民能够在不违法的条件下自由从事各种活动，享受各种人身利益和财产利益。[①]

第二，本源和派生的关系。尽管从人格权发展历史来看，先有具体人格权，之后逐步形成一般人格权，但是，由于一般人格权确定了人格权的基本价值，因此在产生一般人格权之后，又推动了具体人格权的发展。尤其是一般人格权揭示了人格权的基本价值，因此从中派生了许多具体人格权。从这个意义上说，两者之间是本源和派生的关系。一般人格权和具体人格权是相对应的，其具有统摄和

---

① 参见刘心稳：《试论人身权》，载《政法论坛》，1988（2）。

创设的功能，相当于一种渊源权。

由于一般人格权确定了民法的基本价值，因此它和民法的基本原则具有相似性。因为民法基本原则是一项克服成文法局限性的立法技术，它在普遍性、概括性等方面和一般人格权有些相近。但规定一般人格权和设立民法基本原则并不冲突，因为民法基本原则更为抽象，其普遍适用于民法的各个部门，基本原则本身不具有创设权利的功能，而一般人格权具有创设权利的功能，且法官可以依据一般人格权来确定哪些属于人格利益或非人格利益，这种功能是基本原则所不具有的。但二者都具有概括和抽象的特点，都给法官留下了一定自由裁量的空间。

第三，既定和补充的关系。尽管在法律上，人格权不能实行法定列举主义，但是也不能任由当事人对其进行自由设定。同时，人格权作为一种需要予以规范的权利，也不能由法官任意裁量。否则，将造成人格权创设的混乱，并会在一定程度上威胁个人行为自由，例如实践中出现的“亲吻权”“悼念权”等。① 如果其中存在需要法律提供保护的合法人格利益时，则将其归入具体人格权或者一般人格权特别是其中的人格尊严中加以保护，对不宜提供法律保护的部分，则不能上升为人格权益。由于许多新型人格利益不可能在法律上获得权利的地位，因此需要借助一般人格权来补充。在具体人格权类型化还不丰富时，可以适用一般人格权来保护各种新型的人格利益。例如，侮辱他人并未为第三人知道，受害人的社会评价未降低，故不构成侵害名誉权，同时也不构成对身体权的侵害，此时具体人格权没有受到侵害，则就可以通过一般人格权来对受害人加以保护。

第四，一般和特殊的关系。在一般人格权与具体人格权的法律适用上，一般认为，在具体处理案件时，应当优先适用具体人格权的规定，而将一般人格权作为补充适用的条款。② 拉伦茨认为，对于“一般人格权”和“特别人格权”的关系可做如下概括：“一般人格权作为任何人都应当尊重的权利，是所有特别人格权的基础，特别人格权是一般人格权的一部分。因此，从法律逻辑上说，一般人

① 参见“陶莉萍诉吴曦道路交通事故人身损害赔偿纠纷案”，四川省广汉市人民法院（2001）广汉民初字第832号民事判决书。

② 参见陈现杰：《〈最高人民法院关于确定民事侵权精神损害赔偿责任若干问题的解释〉的理解与适用》，载《人民法院报》，2001-03-28。

格权，优先于特别人格权。在法律适用中，如特别人格权受到侵害，但因难以划界从而不能援引关于一般人格权的规定，则优先适用特别人格权。与‘一般人格权’相比，特别人格权在内容上规定得较为明确，或者还可以规定出来。”[①] 所以，一般人格权和具体人格权之间可以说是一般和特别的关系。如果某种人格利益受到侵害以后，能够从具体人格权中找到法律适用的依据，首先应当适用具体人格权的规定。如果没有具体人格权的规定，则可以按照一般人格权的规定来适用。

四、一般人格权的适用

一般人格权是一种高度概括的权利，其适用应当受到一定的条件限制，因为一般人格权规定是弹性较大的条款，具有很强的包容性，适用一般人格权给予法官很大的自由裁量空间，如果对一般人格权的适用缺乏限制，那么就会使得一些不应受到人格权保护的利益受到一般人格权的保护，从而无限制地扩张了精神损害的范围，其结果会造成法律的不确定性，所以一般人格权的适用应当具有严格的条件限制。笔者认为，一般人格权适用的条件主要包括如下几个方面。

1. 必须发生侵害不能为具体人格权所包含的合法的人格利益之行为

一般人格权只有在侵害人格利益的情况下才能适用。但这并不意味着所有侵害人格利益的行为都应该适用一般人格权。一般人格权只有在不能适用具体人格权时才有适用余地。因为一般人格权只是补充具体人格权的规定，如果具体人格权有适用余地，则不必适用一般人格权。法律有具体条款规定，必须先适用具体规定，只有在穷尽了具体条款之后，才能用一般条款进行裁判，否则就会出现“向一般条款逃逸”的趋势。在借鉴德国法上一般人格权的概念时，必须注意到，由于《德国民法典》中具体人格权的规定并不发达，德国法官在实践中从一般人格权中解释出具体人格权。但因为我国《民法总则》已经规定了一些重要的具体

① ［德］卡尔·拉伦茨：《德国民法通论》上册，王晓晔等译，173页，北京，法律出版社，2003。

人格权，在此情况下不必要通过援引一般人格权解释出众多的具体人格权，也没有必要通过一般人格权发展出具体的人格权。而应当优先适用具体人格权的规定，只有在没有相关具体人格权的规定时，才有必要适用一般人格权的规定补充有关具体人格权规定的不足。

2. 无法类推适用和准用具体人格权

在侵害新型人格利益的情况下，法院往往最多只能通过类推适用的方法对其提供及时的保护，这种办法也在一定程度上为自然人的人格利益提供保护。在一般人格权设立以后，也应给予法官保护新型人格利益自由裁量的空间和技术手段。因此，在出现新的人格利益需要作为权利加以保护之后，法院就没有必要采用类推的方式保护人格利益。由于我国《民法通则》没有建立一般人格权保护制度，因此，在司法实践中，对于侵害一般人格权的侵权行为，只能采取法律类推的方式，对受害者进行法律保护。最明显的例证是，《民法总则》第 185 条对侵害英烈等的姓名、肖像、名誉、荣誉四项人格利益的民事责任作出了规定，但侵害英烈等上述四项人格利益之外的人格利益，如隐私，则无法适用《民法总则》第 185 条的规定，这就需要类推适用该条对相关的行为予以规范。再如，关于简称的保护，《民法总则》虽然规定了法人、非法人组织的名称权，但并没有对法人、非法人组织的简称保护作出规定，这也需要类推适用名称权的规则。

不过，从立法上看，司法上的类推适用仅属于权宜之计，其存在明显的缺陷。一方面，类推适用给法官过大的自由裁量权，容易造成法律适用的不安定性。因为各种新型具体人格权益是大量存在的，很难完全借助于法官的自由裁量权予以判断。另一方面，某些新型人格利益往往可能超出具体人格权内容的涵盖范围，此时类推适用有可能造成牵强附会、造成体系上的不和谐。例如，名誉和隐私存在较大的差异性，自然人的一般人格权包括人身自由和人格尊严，而名誉权则是具体人格权中的一项具体的权利，二者并不是同一概念。对法律尚未规定为权利的具体人格利益，采取类推方式保护的方法是不足取的。只有全面建立一般人格权的民法保护机制，才能全面实现宪法关于保护公民人格权的原则，切实保护公民的一般人格权。因而，凡是在不能类推的情况下，需要通过一般人格权进行保护。

另外，在某些情况下，法律可能规定，在特殊情况下，要准用其他具体人格权的规则。例如，法律可以规定，就声音的侵害，可以准用侵害肖像的规定。如果法律规定了准用的规则，法官也不能直接适用一般人格权的规则。

3. 新的人格利益符合一般人格权所承载的价值

如前所述，一般人格权的价值包括人格自由、人格尊严，这也应该成为对新型人格利益进行司法保护时的重要判断标准。当某种新的人格利益出现以后，应该根据一般人格权所承载的价值，判断其是否需要得到保护。在实践中存在着这样一些案例，如在他人墓碑上书写侮辱他人的言辞或砸毁他人的墓碑，或者故意向他人发出噩耗以愚弄他人，殡仪馆将原告父亲的骨灰盒弄错致使原告遭受精神痛苦等，在这些案件中，如何确定是否应该适用一般人格权，应当分为两个步骤加以考虑：一是法官应当判断是否存在人格利益遭受侵害的情形。这就是说，法官应当首先判断受侵害的利益究竟是财产利益还是人格利益。例如，毁损他人的墓碑，虽然也包含了财产利益的侵害，但其主要是对人格利益的侵害。二是应当根据社会一般人的看法、生活习惯、传统伦理道德等多种因素来考虑，确定原告所遭受侵害的人格利益是否符合一般人格权的价值。同时，法官还应当结合具体案件的情况，通过衡平考虑各种应受法律保护的利益和价值判断受害人的利益是否需要保护。[①] 例如，在原告吴某波等诉被告鄱阳县殡仪馆人身损害赔偿纠纷一案中，原告的父亲去世后，原告与殡仪馆协商好了火化时间，但嗣后因为设备故障，导致原告的父亲没有按照约定的时间火化，也影响到原告父亲的按时安葬。法院认为，“关于侵犯死者的人格尊严权方面：就人格尊严权这个概念在民法上来说，不是一个具体的人格权，属于一般人格权的范畴”[②]。笔者认为，此种观点不无道理。从社会一般人的观念来看，被告的行为虽然没有造成原告财产损失，但造成了原告人格尊严的损害，我国现行立法没有规定此种行为侵害了原告的何种人格利益，此时，即可通过一般人格权对原告进行兜底保护。

① Fuchs，Deliktsrecht，2 Aufl.，1996，S. 35.

② 江西省鄱阳县人民法院（2006）鄱民一初字第951号民事判决书。

4. 加害人的行为违反善良风俗

在侵害一般人格权的情况下，通常来说，行为人的行为都违反了善良风俗。根据我国《精神损害赔偿司法解释》第 1 条第 2 款规定，“违反社会公共利益、社会公德侵害他人隐私或者其他人格利益，受害人以侵权为由向人民法院起诉请求赔偿精神损害的，人民法院应当依法予以受理”。依据该条规定，侵害其他人格利益的责任应以行为人的行为违反社会公共利益、社会公德为要件。笔者认为，该条规定中的“人格利益”并非指一般人格权，但其所规定的责任要件也可适用于一般人格权。主要原因在于：一方面，由于一般人格权包含的范围非常宽泛，应当对其做必要的限定。毕竟一般人格权的规定属于弹性很大的条款，其保护的法益范围不宜过宽，不然就会危及法律的稳定性，给法官随意裁判提供机会。另一方面，现行立法缺乏规定，通过善良风俗原则加以限制能够将社会生活中的最低限度的道德要求引入法律裁判过程中，提供了这些道德要求法律化的途径。

此外，在通过适用一般人格权对受害人提供精神损害补救时，也应当考虑受害人是否实际遭受了精神损害，这应当结合社会的一般观念和受害人个人的感受来确定其是否遭受精神损害以及受害程度。

五、一般人格权的救济

在侵害一般人格权的情形，虽然受侵害的仅是一种法益，但是，法律也为受害人提供了充分的救济。因此，受害人可以按照侵权法的一般规则，请求获得救济。例如，受害人因此遭受的财产损失，加害人应当予以赔偿。再如，受害人主张加害人赔礼道歉、消除影响的，法院也可以支持。

在一般人格权遭受侵害的情形下，受害人能否主张精神损害赔偿？从比较法上看，1959 年，德国联邦政府向联邦议院提呈了《关于修订民法中保护人格与名誉的法律草案》，其中建议肯定侵害一般人格权的精神损害赔偿责任，但该草案受到了强烈批评。有观点认为，这一规定可能使媒体的新闻自由受到单方面限制，将不当影响信息的传播，后该草案并没有获得通过。[①] 到目前为止，关于一般人格权遭受侵害后权利人能否主张精神损害赔偿责任，立法中并不明确，但司法实践实际上是肯定了受害人的精神损害赔偿请求权。

《民法总则》第109条就人身自由和人格尊严作出了规定，学界通常理解为是确立了一般人格权。从《侵权责任法》第22条的规定来看，精神损害赔偿的适用前提是"侵害人身权益"，这一适用条件比较宽泛，只要可以被解释为人身权益的权利和利益，受到侵害之后，都可以请求精神损害赔偿。因此，侵害一般人格权也可以依据《侵权责任法》第22条主张精神损害赔偿。

具体来说，《民法总则》第109条所规定的"人身自由""人格尊严"，可以包含如下几种类型：一是各种新型的人格利益。现代社会进入了一个互联网、大数据时代，科学技术发展日新月异，这也使得许多新型人格利益不断涌现，亟须法律作出应对。市场经济的发展、商业模式的改变以及网络营销等，在深刻改变我们消费方式的同时，也对我们的个人信息安全、隐私权保护等构成了一定的威胁。征信制度、黑名单制度的建立也都给个人信息的保护带来了挑战。各种名目繁多的评级、企业自己建立的黑名单制度，因信息失真导致评价不准确，不仅会导致对他人名誉、信用等的损害，也会影响他人正常的经营活动。因此，信用利益的保护在现代社会显得越来越重要。正是因为上述原因，导致新型人格利益不断出现，我国《民法总则》第109条确立一般人格权，能够有效应对社会生活的发展需要，许多新型人格利益遭受侵害后，都可以借助一般人格权加以调整。例如，声音、肢体动作、悼念等，只要侵害了这些利益，损害了人格尊严和人身自由等基本价值，就可以受到一般人格权的保护。二是《民法总则》第185条所列举的四项英烈的权益之外的其他人格权益，都可以依据《民法总则》第109条获得保护。例如，侵害英烈的隐私、个人信息，无法类推适用死者人格权利益的保护规则，就有必要通过一般人格权来保护。三是其他具体人格利益无法包含的利益，具体而言，主要包括如下几种。

---

① 参见《德国民法人格与名誉保护新规则法草案》，王洪亮译，载《中德私法研究》，2018（3）。

1. 遗体利益

死者的遗体不仅关系死者的人格尊严，而且关系生者的人格利益。关于自然人死亡以后，遗体在法律上具有何种性质，是否应当受到人格权法的保护，存在争议。笔者认为，首先，遗体不同于自然人的身体，其不具有生命特征，不能够作为自然人身体权的对象。身体区别于遗体的地方在于它是活体，自然人死亡后，身体就转化为遗体，因此，也就谈不上身体利益了。自然人一旦死亡，其主体资格就归于消灭，身体权也就当然随之消灭了。因此，即使存在着所谓的延伸利益，其也不是死者的利益了，因为死者不再是民事主体，不可能独立享有任何利益。在民法上，除了人之外，所有的物都无法成为权利的主体。[①] 遗体既非活体，当然就不会承载人格。其次，遗体也不同于单纯的物，不能简单地将其视为权利客体。遗体本身体现了一定的精神利益，不能将遗体简单地作为所有权的客体，因为遗体寄托了死者近亲属的个人感情、对死者的怀念、死者和生者的尊严，也体现了一定的善良风俗。

依据《精神损害赔偿司法解释》第3条的规定，行为人“非法利用、损害遗体、遗骨，或者以违反社会公共利益、社会公德的其他方式侵害遗体、遗骨”的，死者近亲属有权主张精神损害赔偿责任。该条实际上已经对遗体的保护作出了规定。但死者近亲属究竟对死者遗体享有何种人格利益，该条并没有作出规定。笔者认为，在行为人侵害死者遗体的情形下，死者近亲属应有权主张其一般人格权遭受侵害，并据此请求行为人承担侵权责任。从我国司法实践来看，在侵害死者遗体的情形下，法院也大多通过一般人格权对受害人提供救济。例如，在“汪某某、李某某与程某、程某某等一般人格权纠纷案”中，法院认为，“父母对子女具有人格上的利益。汪某死亡后，其父母汪某某、李某某有权对遗体进行告别、悼念，且遗体的处理属于其父母汪某某、李某某的人格权利。而上诉人程某某在死者的母亲李某某没有到场的情况下，也没有充足证据证明其已获得汪某某、李某某的明确授权以及征询汪某母亲李某某意见的前提下，代为签字同意火化死者汪某的遗体，侵犯了汪某某和李某某的一般人格权，上诉人程某某存在一

① 参见余能斌等：《论人体器官移植的现代民法理论基础》，载《中国法学》，2003（6）。

定过错，应当承担赔偿责任”①。

2. 祭奠利益

祭奠利益是指公民基于亲属关系等而产生的对死者表示追思和敬仰的利益。② 中华民族历来重视通过祭奠仪式寄托生者对逝者的悼念和追思，因此，祭奠利益在性质上应当是一项重要的人格利益。我国现行立法并没有对祭奠利益作出明确规定，笔者认为，祭奠利益应当属于一般人格权的范畴。从我国司法实践来看，侵害他人祭奠利益的行为主要体现为破坏他人坟墓、遗失他人骨灰等。例如，在“孟某甲与孟某乙等一般人格权纠纷案”中，法院认为，“孟某甲与孟某乙均系孟某某与宋某某之子女，现双方因宋某某去世后的祭奠等问题发生争议。对此本院认为，孟某某、孟某甲、孟某乙作为宋某某的直系亲属均有知悉宋某某的去世、遗体告别及祭奠的权利，但孟某某、孟某甲未能知悉宋某某的去世，孟某乙在将宋某某火化后亦自行处理了其骨灰”，该行为侵害孟某某等人的一般人格权。③

3. 墓碑、坟墓等体现的人格利益

墓碑和坟墓记载了死者的相关信息，还可能包含了生者对死者的相关评价，因此是重要的死者人格利益。同时，墓碑和坟墓虽然是有形财产，但也寄托了生者对死者的哀思，其中也包含了人格尊严和人格利益，应当受到法律保护。从司法实践来看，侵害他人墓碑、坟墓的，一般通过一般人格权对受害人提供救济。例如，在“邱某某、王某某一般人格权纠纷案”中，法院认为，由于上诉人邱某某家祖坟没有墓碑、安葬刘某某的时间较长久，墓冢不明显，因此，上诉人王某某在平整屋后土地之前没有提前与墓冢的后人协商，在听到提醒、阻止之后，也未停工协商处理，上诉人王某某存在过错，其行为导致邱某某家族今后无法寄托对亲人的哀思，给上诉人邱某某的家族成员带来精神上的损害。④

---

① 湖北省随州市中级人民法院（2015）鄂随州中民一终字第00304号民事判决书。

② 参见张红：《侵害祭奠利益之侵权责任》，载《法学评论》，2018（2）。

③ 参见北京市高级人民法院（2018）京民申118号民事裁定书。

④ 参见四川省宜宾市中级人民法院（2015）宜民终字第1369号民事判决书。

4. 婚姻仪式中体现的人格利益

我国有重视婚姻仪式的传统，婚姻仪式也寄托了个人对婚姻关系的重视，个人对婚姻仪式应当享有重要的人格利益。行为人破坏他人的婚姻仪式，将有损他人的人格尊严，侵害他人的一般人格权。例如，在“赵某某、郎某某、赵某与扎兰屯市金百灵大酒店有限责任公司人格权纠纷案”中，法院认为，“被告扎兰屯市金百灵大酒店在婚庆订单上明确写明新娘名字的情况下，婚庆主持人在婚礼现场两次说错其名字，可见被告作为专业的婚庆服务机构，未尽到相应的义务，存在过错。然三原告人格权是否受到损害，应依据婚礼主持人的错误是否得以消除及是否造成严重后果加以判断”①。在该案中，行为人在婚姻仪式上两次念错新娘的名字，破坏了他人的婚姻仪式，应当构成对他人一般人格权的侵害。除破坏婚姻仪式外，如果行为人损坏了他人与婚姻相关的特定纪念物品，也可能侵害他人的一般人格权。例如，在“白某某与莒县施华洛婚纱摄影店一般人格权纠纷案”中，法院认为，“婚庆录像是属于具有人格象征意义的特定纪念物品，加之婚礼仪式的特殊性和不可重复性，录像光盘的丢失给被上诉人造成一定程度的伤害，原审支持被上诉人的精神损害抚慰金并无不当”②。在该案中，法院实际上认为，丢失他人的婚礼仪式录像光盘，也构成对他人一般人格权的侵害。

一般人格权是由法律采取高度概括的方式赋予自然人享有的具有包容性的、以人格利益为内容的权利。它不仅具有兜底条款的作用，而且为法官判断何种人格利益应当受法律保护提供了判断标准。一般人格权“随着人格自觉、社会进步、侵害的增加而扩大其保护范畴”③。日本法学家星野英一先生指出，一般人格权的产生，使得对那些需得到保护而实体法条文未具体规定的人格利益，或伴随社会发展而出现的新型人格利益给予保护成为可能。④ 因此，在法律上确认一般人格权，将会为随着社会发展而出现的需要法律保护的新型人格利益上升为独

① 内蒙古自治区扎兰屯市人民法院（2016）内0783民初944号民事判决书。

② 山东省日照市中级人民法院（2016）鲁11民终546号民事判决书。

③ 王泽鉴：《侵权行为法·一般侵权法》，第1册，137页，北京，中国政法大学出版社，2001。

④ 参见［日］星野英一：《私法中的人》，王闯译，载梁慧星主编：《为权利而斗争》，359页，北京，中国法制出版社，2000。

立的权利形态提供充分的空间，形成一种开放的人格权体系，不断扩大人格权保障的范围。从未来发展趋势看，许多新型人格利益借助一般人格权受到保护，并且在成熟的时候可发展为独立的人格权利。在一些新的人格利益产生之后，在确定此种利益是否构成人格利益时，应当考虑这些利益是否体现了人格尊严和人身自由、侵害这些人格利益是否违反了一般人格权中所包含的价值。

论人格权保护与舆论监督的相互关系*

一、舆论监督与人格权保护的关系

自从《民法通则》颁行以来，人身权第一次获得了民法的确认和保护，侵害人格权包括新闻侵害人格权的纠纷迅速增多。据统计，1988年上半年，在全国各级人民法院受理的侵害名誉权的近千件案件中，影响极大的案件均为新闻侵权案件，此类案件占侵害名誉权案件的1/5左右①，而投诉于法院并未立案以及投诉于纪检部门在内部解决的新闻纠纷则难以统计②，由此形成了一种“告记者热”“告作家热”现象。对此类现象，学者褒贬不一，看法各异，许多新闻界人士对此深感不安和忧虑，认为新闻侵权纠纷的增多将妨碍新闻工作者在从事新闻舆论监督工作方面主动性的发挥。也有些学者以新闻自由和舆论监督为立论根据，主张新闻报道活动不能构成侵权责任。③ 为此，有必要探讨新闻自由、舆论

* 原载《法学家》1994年第5期。

① 参见关今华、庄钟希：《精神损害赔偿实务》，100页，北京，人民法院出版社，1992。

② 参见王晋闽：《试论新闻侵权》，载《国际新闻界》，1991（Z1）。

③ 参见杨立新：《新闻侵权问题的再思考》，载《中南政法学院学报》，1990（1）。

监督与人格权保护的相互关系。

新闻自由是我国宪法规定的公民的言论、出版自由在新闻活动中的体现①，它作为言论出版的重要组成部分，已被我国法律所确认。早在1949年中国人民政治协商会议制定的《共同纲领》中就规定了“保护报道真实新闻的自由”。现行《宪法》第35条明确规定：“中华人民共和国公民有言论、出版、集会、结社、游行、示威的自由。”新闻自由是广大新闻工作者基于人民的委托所享有的依法自由从事采访、写作、发表、出版新闻作品并不受他人非法干涉的权利。而人民群众也基于新闻自由原则，广泛了解各种新闻和信息，撰稿发表意见，监督政府及其工作人员的工作，可见，新闻自由也是广大公民所享有的权利。

舆论监督是舆论界（主要是指新闻界）利用传播媒介发表各种意见或言论，对社会的政治和文化生活进行批评、监督的权利。舆论作为广泛流行的、消除个人观念误差的多数人的共同意见②，是以传播为其形成渠道和载体的。在各种传播方式中，新闻传播工具在反映舆论和形成、引导舆论过程中具有决定性作用，只有通过大众传播工具，才能把舆论凝聚起来，影响人们的思想和行动。舆论是新闻报道的重要内容，新闻报道是舆论传播的主要方式③，正是从这个意义上说，舆论监督属于新闻自由的范畴，新闻工作者通过行使新闻批评的自由权利，才能实现对社会生活的舆论监督作用。④

那么，舆论监督与人格权保护之间具有何种关系呢？人格权作为公民享有的基本人权，是人能够真正作为个人而存在，并同他人协调地生存在一起所必备的权利，也是个人把自己与社会联结起来并与社会发生各种联系和交往的前提。人格权要赋予个人享有一种同一切“轻视人、蔑视人、使人不成其为人”的现象作斗争的武器。人格权的保护与新闻自由、舆论监督都是现代社会的产物，也是社会文明的重要标志。它们从根本上说是一致的，都是建立社会的民主和法治，保持现代社会的稳定与和谐所不可缺少的制度。一方面，透过大众传播媒介所作出

① 参见《中国大百科全书·新闻出版》，421页，北京，中国大百科全书出版社，1990。
② 参见张隆栋：《大众传播学总论》，192页，北京，中国人民大学出版社，1993。
③ 参见《中国大百科全书·新闻出版》，457页，北京，中国大百科全书出版社，1990。
④ 参见杨立新：《新闻侵权问题的再思考》，载《中南政法学院学报》，1994（1）。

的新闻传播、评论等可以向人民告知各种情况、提供形成民意的渠道、作出监督政府的行为，从而在整个民主政治的运作中起着极为重要的作用。如果法律仅注重保护人格权而忽略了对舆论监督的保护，那么，个人的人格及其尊严虽然得到了他人尤其是新闻界的尊重，但此种保护以压制舆论监督为代价，使社会缺乏一个大胆批评、畅所欲言的宽松环境。人们对社会生活中出现的各种丑陋和违法现象，不能借助于大众传播工具予以大胆披露和批评，这不仅会纵容一些侵害公民权利包括侵害公民人格权的行为，而且会使个人的人格权沦为一种与社会利益不协调的绝对化的极端的个人权利。另一方面，由于保护人格权是实现个人的人格尊严、自由的重要手段，人们彼此互相尊重他人的人格权，并自觉捍卫自己的权利，将会为民主和法治的实现奠定基础。法律注重人格权保护的另一个重要原因在于：新闻自由、舆论监督作为一种法律承认的权利和自由，在其存在目的、内容以及权利行使方式等诸方面都与公民的人格权有着不可分割的联系。新闻自由、舆论监督在社会生活中所具有的极端重要性，并不意味着此种权利和自由是不受任何限制的。事实上，在任何社会中，权利、自由都是相对的，都要受到反映统治阶级意志的法律的限制，这就是像孟德斯鸠所说的“自由是做法律所许可的一切事情的权利，如果一个公民能够做法律所禁止的事情，他就不再自由了，因为其他的人也同样会有这个权利”①。因此，新闻自由的权利也要在法律规定的限度内行使，即使是那些把新闻自由视为“天赋人权”或所谓“现代国家的象征”的西方社会，新闻自由也有严格限制，这一限制集中体现在行使新闻自由权利不得侵害公民的人格权方面。尤其是随着现代社会的发展，这种限制更为重要：一方面，现代社会对新闻自由多采取倾斜性保护政策，逐渐取消了对新闻界的事前限制，而采取了事后惩罚措施。在我国，党和政府出于反腐倡廉等需要，注重舆论监督，新闻界更应自律，同时法律必须通过加强对人格权的保护，来限制和防止新闻业者滥用新闻自由的权利。另一方面，随着 19 世纪末期以来，新的通信技术的发展，高科技在大众传播中的广泛运用，大众传播手段日益先进，对社会影响更为深刻，在此情况下，利用大众传播媒介对个人隐私等人格权进行

① ［法］孟德斯鸠：《论法的精神》上册，154 页，北京，商务印书馆，1978。

侵害也变得更为容易，侵害人格权以后造成的影响也更为严重。所以，法律必须加强对人格权的保护以限制滥用新闻自由权的现象。

从我国法律规定来看，虽然目前新闻侵权法还不尽完善，但禁止滥用新闻自由权，侵害公民人格权，历来为我国宪法所确认。我国《宪法》第 38 条规定："中华人民共和国公民的人格尊严不受侵犯。禁止用任何方法对公民进行侮辱、诽谤和诬告陷害。"第 51 条也规定："中华人民共和国公民在行使自由和权利的时候，不得损害国家的、社会的、集体的利益和其他公民的合法的自由和权利。"这些规定都表明，新闻工作者行使新闻自由权、舆论监督权，必须严格遵守国家的法律和法规，尊重他人的人格权，维护他人的人格尊严和自由。由此可见，法律所设定的人格权制度乃是对新闻自由和内容的限制，新闻工作者享有新闻自由、舆论监督权，也有尊重他人人格尊严、不得侵害他人名誉和隐私等权利的义务。此种义务不是道德义务而是法定义务，是和权利密切结合在一起的。例如，舆论监督内容之一是披露各种必须由人民知道的有关国家管理中的重要情况，维护人民的知情权，但并不是说所有的情况都要借助于舆论予以披露。如果新闻报道内容纯属个人私人秘密，并与公共利益和公共兴趣无关，并因此报道侵犯了公民个人生活的安宁，引起了个人精神上的痛苦或不安时，则报道就超出了新闻自由的范畴。还应该看到，在我国现实生活中，新闻舆论对社会生活的影响作用是巨大的，但越是重要就越需要对新闻自由和舆论监督权实行制衡，越需要法律对这种权利作出限制。从现实来看，各种因新闻活动引起的纠纷，仅仅通过新闻单位自律，或通过党政渠道解决都是不够的，这就必须通过为公民的人格权提供法律救济来实行权利制衡；也就是说，一旦公民的人格权受到了来自新闻部门和新闻工作者的侵害，公民可主动地提出赔偿请求，这就可以防止舆论监督的不正当行使。这种权利的制衡，在根本上说也是符合新闻自由和舆论监督的目的的。因为在我国，新闻自由、舆论监督是赋予广大人民享有的当家作主、参与国家管理的权利，也是表达民意、帮助人民监督政府的途径。新闻自由、舆论监督作为一种权利，由新闻工作者享有并行使，完全是人民委托的结果。因此，新闻工作者在从事新闻活动中必须遵守法律和新闻职业道德，最大限度地服从人民的意志和利益，而任何侵害公民人格权的行为，都从根本上违背了人民的意愿和利益，也背离了法律设置新闻自由、舆论监督的目的。

新闻自由、舆论监督与公民的人格权制度是统一的、不可分割的整体，而新闻自由和舆论监督作用的发挥，也是人格权得以正当行使的保证。恩格斯曾说：个人隐私应受法律保护，但当个人私事甚至阴私与最重要的公共利益——政治生活发生联系的时候，个人的私事就已经不是一般意义的私事，而属于政治的一部分了，它不受隐私权的保护，而应成为新闻报道不可回避的内容。我国民法对人格权的保护，不是个人主义的产物，而是维护社会利益的需要。法律的价值是多样的，在社会公共利益和个人人格权之间发生冲突时，法律的天平应倾斜到公共利益一方。[①] 新闻工作者为维护社会公共利益，需要披露社会阴暗面，揭露、批评一些违背人民利益的错误言行和不良现象，如果这些批评属于正当的舆论监督，批评的事实是真实的，则被批评者不能以其名誉受到损害、个人秘密受到披露为由而要求他人承担侵害人格权的责任。当然，正当的舆论批评在效果上会影响到被批评者的名誉，但事实上社会对他们评价的下降以及他们名誉上的贬损，并不是新闻批评造成的，而是他们自身的不良行为造成的。[②]

总之，对公民的人格权应予以充分尊重。人格权既是民法所确认的民事权利，也是宪法所确认的公民的基本权利，它和新闻自由一样都是公民享有的基本权利，并应受到我国新闻侵权法的充分保护。所以，在对待当前的“新闻官司”时绝不能认为因为人格权制度的存在妨碍了舆论监督。[③] 相反应该看到，这些现象恰好表明：人格权制度的形成为法治大厦奠定了一块坚实的基石。所以笔者认为，对“告记者热”的现象应该作准确的分析，如果这种现象表明了公民的权利观念的产生和法律意识的觉醒，体现了公民对不正当的舆论应予以监督的要求，那么，当事人对簿公堂不是什么坏事，这表明我们的社会在逐步走向成熟，走向

① 参见曹三明：《新闻纠纷的法律思考》，载《新闻记者》，1991-07。

② 参见刘天运：《浅谈舆论监督与侵权的界限》，载《新闻知识》，1992（4）。

③ 在各种对“新闻官司”的看法和意见中，新闻界多数人对此种现象表示不理解。参见刘保全：《新闻官司何其多》，载《新闻窗》，1992（4）。

进步，尤其是表明社会的民主和法制正在逐步完善。当然，应当承认在新闻侵权纠纷中，确实存在着一些无理告状或当事人提出的诉求理由不充足的现象。一些记者出于维护正义的良好愿望，大胆披露社会中的某些丑陋现象，却因为事实稍有出入而招致麻烦，甚至对不正之风、滥用职权等行为予以批评和斥责，在事实上并无出入而因为个别地方遣词造句不当，也引起诉讼，这确实不利于记者大胆行使舆论监督权。对此，应该在法律上采取必要措施切实保障舆论监督职能的发挥，但绝不能据此要求削弱甚至取消对人格权的保护。

二、应妥当平衡人格权保护与舆论监督之间的关系

保护新闻自由、舆论监督及公民的人格权，必须认识到它们之间是有一些冲突和矛盾的。因为新闻侵权的主要对象是公民的人格权，特别是公民的名誉权和隐私权，法律对新闻侵权行为制裁程度不同，将直接影响到对新闻自由与公民人格权的不同保护。一方面，法律若特别强调对公民的人格权的保护，则必须适当限制新闻工作者在从事新闻活动方面的某些自由，并在一定程度上为新闻工作者从事新闻活动确定规则和范围；反过来说，如果法律对舆论监督活动予以充分保护，则必须对新闻侵害人格权的行为特别是轻微的侵害人格权的行为予以容忍，法律必须限制受到轻微损害的受害人提出某些请求。另一方面，为了准确认定新闻侵权责任，也有必要妥当平衡人格权保护与舆论监督之间的关系。从实践来看，人格权保护与舆论监督之间的冲突主要体现为舆论监督与名誉权、肖像权、隐私权等权利保护之间的冲突。在新闻报道侵害人格权的情形，行为人是否具有过错，往往难以进行准确判断，它需要在个案中综合考量言论的目的、类型、内容，权利人是否属于公众人物、机关团体或者国家工作人员，言论是否包含侮辱性和隐私披露的内容，事实陈述是否真实，陈述人是否具有恶意、是否尽到了合理审查义务，事实陈述或者意见表达与公共利益的关联性。例如，为了保护食品安全，新闻媒体对某企业产品的质量报道不实，导致该企业的名誉权受损，在认定新闻媒体是否构成侵权时，即应当考虑其保障食品安全的目的。尤其应当看

到，在新闻活动中，新闻工作者行使舆论监督的权利，大胆揭露和批评一些违法和不良现象，总会涉及对被批评者的指责，而由于新闻活动过程环节多、时间短促、专业性强，不可能绝对准确地把握事实和意见，也不可能完全避免过失。[①] 所以，如果将任何失实的、哪怕是轻微失实的新闻都作为新闻侵权处理，这虽然会加强对人格权的保护，但也确实会影响舆论监督权的正当行使。

人格权和新闻自由的冲突，是各国法律都必须要面对的一种“价值的冲突”(a clash of value)，在此情况下，法律必须选择优先保护的法益。从国外的经验来看，大多倾向对新闻自由实行优先保护。例如，根据美国1964年最高法院的一个判决，在出版物涉及公众关注的问题时，言论自由和出版自由的价值将比个人名誉更优先受到保护。[②] 在英国的一个判例中，法官迪普洛克（Diplock）曾宣称，法律虽应在对言论自由和个人权利之间的保护方面谋求平衡，但应对涉及公众关注的利益的言论提供优先保护。笔者认为，从我国的实际情况来看，在人格权和舆论监督的权利之间发生冲突时，应该对舆论监督的权利实行优先保护。其原因在于，一方面，中国正在向法治社会迈进，要建立民主和法治、加强廉政建设，新闻舆论监督机制的健全是必不可少的。为了使广大人民通过大众传媒参与国家管理、监督政府行为、纠正各种社会不良现象，新闻传媒应该享有比较充分的自由和权利，在保护人格权与舆论监督之间，法律应向后者倾斜。另一方面，在现实生活中，舆论监督机制尚不够健全，舆论监督的作用没有得到充分的发挥，广大新闻工作者对各种丑陋、违法现象进行揭露和批评，总会遇到各种阻力和困难。在此情况下，更应该鼓励新闻工作者大胆行使舆论监督的权利，并对正当的监督实行特殊保护，因为，“如果诽谤判得太多，记者和传媒动辄受罚，在我们这样一个舆论监督本来就不发达的国家，其后果就可想而知了”[③]，且这种状况也根本背离了人格权保护的立法宗旨。

法律在两种法益存在冲突的情况下，向一种法益的保护倾斜是必不可少的。

---

① 参见王晋闽：《试论新闻侵权》，载《国际新闻界》，1991（Z1）。

② See New York Times v. Sullivan，376 U.S.254（1964）.

③ 孙旭培：《新闻工作者与新闻纠纷》，载《新闻通讯》，1991（6）。

例如，所有权与生命权发生矛盾，法律一般应当向生命权保护倾斜，以体现对生命尊严的维护。不过，在新闻侵权领域，对新闻自由和舆论监督提供倾斜保护，并不意味着要赋予负有舆论监督职责的新闻记者以特殊地位。因为新闻记者并不是在任何情况下都应享受特殊保护，只有在他们行使正当的舆论监督和新闻自由权时，其新闻活动才应受到保护，对滥用权利的行为，不仅不应保护，反而应使其承担法律责任。所以，法律的特殊保护不是针对某一类特殊团体和个人，而是针对某一类法益、某一类行为。当然，要实现倾斜保护，必须正确区分正当的舆论监督与非正当的舆论监督的界限，不能将一些不正当的侵害他人权利的行为作为舆论监督行为而予以保护。

保障正当的舆论监督的关键在于：侵权责任法应当将新闻侵害人格权的行为与一般的侵害人格权的行为区别对待，分别调整。这首先需要建立严格的新闻侵权责任构成要件。责任构成要件是行为人承担责任的条件，也是判断行为人是否应负侵权责任的根据。在责任构成要件中，既不能简单地套用一般侵权行为的构成要件，也不能混同一般的侵害人格权行为与新闻侵权行为。对一般的侵害人格权的行为，可以通过较为宽松的构成要件加以制裁，从而向人格权的保护倾斜。而对新闻侵权则应采取较为严格的构成要件，限制过多的新闻侵权责任的产生，从而实现对舆论监督的特殊保护。这具体表现在：第一，新闻工作者和其他公民在从事正当的舆论监督中，只要不是无中生有、凭空捏造、丑化他人人格，只要不是抓住他人隐私或个别事实对他人人格进行侮辱、诽谤、诋毁，只要基本事实属实，即使在新闻报道和评论中出现了一些轻微的失实，但造成的损害后果并不严重时，可借鉴国外的一些立法采取的“微罪不举”规则，要求受损害者予以忍受，而不应认定为侵权。第二，新闻报道和评论中所述的事实属实、定性准确，但个别遣词造句不当，甚至个别言词有夸大现象，只要作者主观上出于善意，并无侮辱和诽谤之意，不应将其认定为侵权。如将某人描写为“作风霸道”，虽然用词不当，但并不能轻易认定为诽谤。第三，新闻报道的内容虽然失实，但未损害他人名誉权和未造成不良后果的，不应认定行为人侵害了他人的名誉权。例如，为树立所谓典型形象，虚构、夸大人物事迹，尽管对知道真相的人来说，会对被褒扬者产生不良印象，但毕竟作者主观上并无侵权的意图，且此种情况一般对被褒扬者不会产生不良后果，因此不能轻易认定作者侵权。第四，对用假名和隐名方式进行新闻批评，引起“对号入座”的名誉权纠纷，一定要严格确定批评的对象及对该对象的批评是否准确、公允，不能因某方面特征相符，就认定某人为作品中的被批评的对象。对于那些自愿“对号入座”者的请求，法院不应支持。第五，对于在有关新闻单位主办的《内参》《内部情况反映》《情况汇编》等内部刊物上发表的、仅供有关部门的领导参考的新闻作品，应当与在公开的报纸杂志上发表的有关文章相区别。对于前一类作品，因其并未公开发表，登载的目的也只是仅供一定范围内的人士参阅，且大多为反映情况和意见，因此不能要求作品反映的事实完全正确，只要事实大体上是真实的，特别是考虑到作者反映和披露某些情况时，主观上是善意的，是出于发挥舆论监督的目的及良好愿望而撰写这些文章的，就不应简单地认定作者侵权。总之，笔者认为，对新闻工作者和其他公民从事正当的舆论监督活动，不能轻易地认定其为侵权。

保障正当的舆论监督的另一项措施是明确一定的免责条件。免责条件的成立将导致行为人责任的免除，所以免责条件是对责任构成的否定。为了实现对舆论监督的倾斜保护，在新闻侵权法中应建立一定的免责条件，为新闻工作者在出现新闻纠纷时提供免责的机会。例如，社会公共利益就是各国侵权法中广泛承认的一种抗辩事由，这一规则对新闻工作者实行了有效的保护。在我国新闻侵权法中，也应当采纳这一标准。这就意味着凡与社会公共利益相关的事项，理应置于舆论监督之下，对这方面的事和人的批评应属正当的舆论监督范围内的行为。而为了维护社会公共利益从事的新闻报道的评论，应获得更多的免责机会。再如，美国法中确定的“公众人物”（public figures）的概念，认为那些地位特殊或为公众所瞩目的人（如政府官员、候选人、体育艺术明星等），其表现或与公共利益有重大关系或为大众关心的焦点，新闻媒介对这些公众人物的评论报道满足了大众要求知悉的心理，因此符合社会利益，而公众人物对新闻媒介披露其隐私也应适当容忍。这一经验值得我们借鉴。同时，允许报纸杂志适当报道一些公众人物的情况，也极有利于保障政府官员的公正廉洁。

三、不当舆论监督与人格权侵权的认定

如前所述，正当的舆论监督有利于维护公序良俗和公共道德，从根本上讲，正当的舆论监督也有利于民事主体合法权益的保护，舆论监督的作用的发挥，有利于降低人格权保护的成本，也是人格权得以正当行使的保证。从这一意义上说，舆论监督与人格权制度是统一的、不可分割的整体。因此，正当的舆论监督，即便对人格权作出了一定的限制，也不构成侵权。新闻工作者为维护社会公共利益，需要对一些负面新闻进行报道，这就有可能侵害相关主体的人格权。对新闻报道而言，如果其所报道的事实是真实的，则应当属于正当的舆论监督，不应当承担侵权责任。也就是说，虽然正当的舆论监督在客观上会影响到被批评者的名誉，但社会对他们评价的下降并非新闻批评本身所造成的，而是他们自身的不良行为造成的。[①] 最高人民法院《审理名誉权若干问题的解释》第 9 条规定："新闻单位对生产者、经营者、销售者的产品质量或者服务质量进行批评、评论，内容基本属实，没有侮辱内容的，不应当认定为侵害其名誉权；主要内容失实，损害其名誉的，应当认定为侵害名誉权。"因此，在新闻媒体上发表报道和评论，只要主要内容属实，即使是在个别细节上有失真实或遣词造句不当，也不能认为构成侵权。例如，在"广州侨房公司诉改革杂志社侵犯名誉权纠纷案"[②] 中，法院认定正当行使舆论监督，即使细节瑕疵也不构成侵权。毕竟舆论监督在本质上符合社会公共利益，且因为新闻报道的时效性、实时性等原因，难免发生报道存在瑕疵的情况，在此情形下，应当保障新闻报道自由。

民法典分编草案第 805 条规定："行为人为维护公序良俗实施新闻报道、舆论监督等行为，影响他人名誉的，不承担民事责任。但是行为人捏造事实、歪曲事实、对他人提供的事实未尽到合理审查义务或者包含过度贬损他人名誉内容的除外。"依据该条规定，下述情形不属于正当舆论监督。

---

① 参见刘天运：《浅谈舆论监督与侵权的界限》，载《新闻窗》，1992（4）。

② 广东省广州市天河区人民法院（2003）天法民一初字第 1832 号民事判决书。

第一，捏造、歪曲事实。即使行为人主观上具有舆论监督的目的，但客观上实施了捏造、歪曲事实的行为，也不应当属于正当的舆论监督。例如，在“方某民等名誉权纠纷案”中，法院认为，“方某民恶意歪曲事实、断章取义，使用‘一笔德艺双馨的好交易’、‘忽然对崔永元的正常收入很感兴趣’的表述，实际是在误导公众得出崔永元存在利益交换、谋取私利的判断，其言论本身已经偏离了质疑批评性言论的轨道，构成侵权”①。但是，如果相关表述未歪曲事实，则不应构成侵权。例如，在“胡某照与立德共识（北京）网络传媒科技有限公司名誉权纠纷案”中，法院认为，“立德共识公司刊载的《胡某照：岂能翻‘剽窃’的案》一文，其内容主要是对诸葛亮历史评价问题的学术成果是否存在抄袭争议进行分析评论，属于学术批判类以及社会现象批判性文章；从文字用语看，该文章个别地方稍有偏激或不当，但并没有明显以侮辱、诽谤等方式故意贬损胡某照的个人名誉及人格，亦未达到故意捏造歪曲事实，或者刻意侮辱诽谤的程度”，因此，不构成侵害名誉权。②

第二，对他人提供的事实未尽审查义务。也就是说，除消息具有足够的权威来源外，行为人对其他渠道所了解的消息应当具有审查义务，不能仅凭道听途说的事实未尽审核义务而加以传播，否则可能构成侵权。例如，在“南方报业传媒集团与世奢会（北京）国际商业管理有限公司名誉权纠纷案”中，法院认为，“新闻媒体只有违背了真实性审核义务，故意歪曲事实进行不实报道，或者因过失未尽合理审查义务导致不实报道的，才构成侵权。反之，新闻媒体没有歪曲事实、不实报道的主观故意或过失，且有合理可信赖的消息来源为依据，则不应承担侵权责任”③。再如，在“北京秀水街市场有限公司与北京法制晚报社名誉权纠纷案”中，法院认为，“新闻媒体作为面向大众的传媒机构，在对某一对象进行批评揭露式报道时，应当有更强的审慎意识，不得使用未经核实的消息来源，要进行符合常理的善意推理。新闻媒体违背了真实性审核义务，故意歪曲事实进

① 北京市第一中级人民法院（2015）一中民终字第07485号民事判决书。

② 参见陕西省高级人民法院（2017）陕民申1914号民事裁定书。

③ 北京市第三中级人民法院（2014）三中民终字第07694号民事判决书。

行不实报道，或者因未尽到合理审查义务导致不实报道的，构成名誉权侵权”。因此，被告法制晚报社构成侵权。[①]

在判断行为人是否尽到其相应的审查义务时，主要应当考虑如下因素：一是所陈述事实来源的可信性。[②] 行为人在公开发布相关言论和消息时，首先要判断其披露的事实来源的可信程度。如果其依据官方的资料、档案或者新闻发布会上的材料所描述的事实，即便此后证明是失实的，那么也不应简单地认定构成侵权。反之，如果是道听途说，未作任何调查核实就加以披露报告失实的事实，则应当构成侵权。二是对于显然可能引发争议的内容是否进行了必要的调查。如果相关言词极有可能引发争议，则行为人应当尽到更高的调查义务，以尽可能确定报道内容的真伪状况。例如，某人在网上披露某明星涉嫌偷税漏税等违法犯罪行为，该消息一旦披露，就可能引发极大的争议，此时，行为人在披露该事实时即应当尽到更高的调查与核实义务。三是所陈述事实的时效性和与公共利益的关联性。[③] 一方面，需要考虑相关言词的时效性。例如，就新闻报道而言，其具有很强的时效性，因此，应当适当降低新闻报道者对信息真实性的审查义务，不宜要求新闻媒体对消息的真实性进行过于繁冗的调查。另一方面，需要考虑相关言词与公共利益的关联程度，如果新闻报道的内容与社会公共利益关联密切，需要及时报道，则也不应当课以报道人过重的审核义务。四是受害人名誉贬损的程度。也就是说，如果相关言词所涉及主体名誉权的损害程度越高，则其审查义务也越高，反之，则行为人的审查义务也应当随之降低。五是审查的成本。确定报道人的审查义务标准时，还应当考虑审查的成本，如果报道人付出极小的成本即可对报道内容的真实性进行审查，则其应当尽到相应的审查义务，反之，其审查成本较高，其审查义务则应当相应降低。

第三，相关评论包含了过度贬损他人名誉的内容。应该指出，即便主要内容是真实的，但如果行为人具有侮辱、诽谤他人的恶意，则仍可构成侵害名誉权。

---

① 参见北京市朝阳区人民法院（2015）朝民初字第57355号民事判决书。

② 参见周敏：《新闻侵权民事责任的抗辩事由》，载《法学》，1999（1）。

③ 参见刘文杰：《论新闻侵权的归责原则》，载《环球法律评论》，2010（4）。

依据最高人民法院《关于审理名誉权案件若干问题的解答》第 8 问，认定是否构成侵害他人名誉权，除了认定该言词的内容是否基本属实外，还要考虑该言词是否具有诽谤性。例如，在“周某某与杨某某名誉权纠纷上诉案”中，法院认为，即使原告的言词内容属实，但在“帖中使用了‘道德败坏’‘贪官’‘作恶多端必自毙’等带有侮辱性的字眼并辱及杨某某家人。上述网帖发布后，部分网友点击阅读并进行了跟帖回复，以上言论足以使人相信杨某某品德低下、为人不端，造成社会公众对杨某某的评价降低”，因此，构成侵害名誉权。[①] 据此，要成为名誉权侵权的抗辩事由，要求相关言论一方面必须主要内容真实，即该言论的主要内容必须符合客观情况，同时，该言论必须不存在侮辱、诽谤的内容。即便相关言论的内容真实，但如果其包含侮辱、诽谤的内容，则仍可能侵害他人的名誉权。例如，某人发表的文章中尽管陈述的事实是真实的，但辱骂他人是泼妇、娼妓等，也可以构成侵权。

不过，在确定言词的内容是否具有诽谤性时，必须对该言词作全面、整体的分析和理解。例如，对某篇文章中的某句话是否具有诽谤性存在争议，则应分析整个文章的内容，然后确定该句话是否具有诽谤性[②]，绝不能断章取义，肢解言词的全部内容。一般来说，言词是否具有诽谤性，应由原告举证证明。

① 参见浙江省杭州市中级人民法院（2017）浙 01 民终 191 号民事判决书。

② 参见唐德华主编：《民事审判若干理论与实践问题》，167 页，长春，吉林人民出版社，1991。

论美国隐私法中的合理期待理论

现代社会的重要特征在于，政府的行为越来越被要求公开透明，而对个人的隐私则越来越要求强化保护。在美国，自沃伦和布兰代斯在 1890 年提出隐私权的概念以来，法院不断扩张隐私权的保护范围，然而，究竟如何界定侵害隐私权的判断标准，一直是一个有争议的话题。自 1967 年的 Katz 案之后，通过隐私合理期待理论逐渐明确隐私权侵权的认定标准，并在司法实践中得到了广泛运用。该理论对于准确认定侵害隐私权的行为，划定隐私权的保护范围等，都发挥了重要的作用。在我国民法典人格权编制定过程中，借鉴美国隐私法中的合理期待理论，对于准确划定隐私权的保护范围也具有重要意义。

一、隐私合理期待理论的产生和发展

隐私权是权利人对其具有私密性的私人空间、私人活动和私人信息等享有支配并排除他人公开和侵扰的权利，此种支配权包括个人自己保有私生活秘密和私生活安宁，未经个人同意不受他人非法披露和公开。沃伦和布兰代斯 1890 年在《哈佛法律评论》上发表了《论隐私权》一文，在这篇文章中，两位作者将隐私权界定为一种个人独处的权利。[1] 他们认为，“随着政治、社会以及经济的发展，美国应该承认隐私是一项独立的权利”，“普通法有很强的生命力，它们总是能适应社会的发展需要”[2]。但他们认为，隐私权是一种受侵权法保护的权利，侵权法应当为所有隐私权受侵害的受害人提供救济。个人对其隐私的支配是个人人格尊严的体现，也是保障个人私生活安宁和生活幸福的必然要求。隐私是人类价值的缩影，这些价值可以概括为“个人自决”、“个性”和“个人人格”[3]。所以，违背个人意愿而将其私人生活非法披露和公开，将侵害其隐私权，本质上是侵害了个人对隐私的自决。反之，如果取得了个人同意，即使是实施了上述行为，也不构成对隐私权的侵害。沃伦和布兰代斯在提出隐私权的概念时，主要将隐私权作为一项“独处的权利”（right to be let alone)，用于保护个人的尊严，其关注的重点是媒体违背个人意愿而将个人私人生活对外公开，但这篇文章并未将隐私权上升为受宪法保护的权利。

将隐私权作为一种既受侵权法保护又受宪法保护的权利，实际上是通过后来的判例逐步发展起来的。诚如前述，隐私权是整个人格权法领域发展最为活跃、最为迅速的权利。一方面，自20世纪以来，随着互联网、高科技的发展，隐私保护受到了日益严峻的威胁，红外线扫描、远距离拍照、GPS定位、微型隐蔽摄像头拍摄、无人机监视等一系列高科技手段，对个人进行监视、追踪、窥探等，从而对隐私构成了极大的威胁。正是在这一背景下，个人对其隐私保护的内在需求也会随之增强，隐私权的保护范围也会随之扩张。另一方面，法律在不断丰富和扩张隐私权内涵的同时，也需要明确侵害隐私权的标准，以保证人与人之间能够顺畅地开展交往活动，防止不当妨碍个人的行为自由。但无论如何，这都涉及一个基本的理论问题，即以什么标准作为设定隐私权侵害的依据。在这一背景

① See Warren and Brandeis, “The Right to Privacy”, 15 Dec. 1890, Vol. Ⅳ, NO. 5, *Harvard Law Review*, pp. 193-220.

② Warren and Brandeis, “The Right to Privacy”, 15 Dec. 1890, Vol. Ⅳ, NO. 5, *Harvard Law Review*, p. 193.

③ ［美］阿丽塔·L. 艾伦等：《美国隐私法：学说、判例与立法》，冯建妹等译，17页，北京，中国民主法制出版社，2004。

下，隐私合理期待理论应运而生。

隐私合理期待理论产生的背景是美国《联邦宪法第四修正案》对公民财产保护范围的扩张，即从对公民不动产的保护扩张至对不动产内的公民隐私的保护。美国《联邦宪法第四修正案》指出，“人民的人身、住宅、文件和财产不受无理搜查和扣押的权利，不得侵犯。除依照合理根据，以宣誓或代誓宣言保证，并具体说明搜查地点和扣押的人或物，不得发出搜查和扣押状”。但是对此处所说的“搜查”如何理解？非法搜查行为是否仅仅侵害了不动产权利？20 世纪以来发生了一系列的变化，根据普通法，如果行为人实际地、物理性地“侵入（actual physical intrusion）”他人的不动产之内或不动产之上，则将构成非法侵入（trespass）。但如果没有实际地、物理性地进入，则不构成非法侵入。[①] 在 1928 年的 Olmstead v. United States 案中，欧姆施泰德（Olmstead）违反禁酒令而从加拿大进口酒类，并通过电话与其同谋联系，由于欧姆施泰德的家中装有电话设备，而且该户外有电话线，因此，几名联邦探员通过窃听电话的方式掌握了欧姆施泰德的行为。在该案中，首席大法官塔夫脱认为，由于联邦探员的行为并没有侵入欧姆施泰德的住宅或者工作场所搜查，而只是监听了欧姆施泰德的电话内容，因此，该行为并不违反宪法第四修正案。[②] 美国联邦最高法院指出，执法者在住宅外以搭接电话线的方式窃听公民的通话，并不构成对住宅的非法入侵，因为非法入侵以实际地、物理地侵入为要件，因而也不构成对宪法第四修正案的违反。但是，布兰代斯法官（他率先提出隐私权概念）却在判决中发表了具有重要意义的反对意见，他认为，宪法第四修正案所保护的不仅是财产，同时也应保护公民的隐私。因此，即便没有在物理上侵入他人的不动产，也可能构成对他人隐私权的侵害。布兰代斯的反对观点对以后的判决产生了重大的影响，并引起美国法院逐渐关注没有“实际地、物理性地侵入（actual physical intrusion）”他人的不动产的非法搜查是否侵害他人隐私，以及是否违反美国《联邦宪法第四修正

① 参见张民安主编：《隐私合理期待总论》，11 页，广州，中山大学出版社，2015。

② See Olmstead v. united states，277 U. S. 438，464 (1928)．第五修正案规定：不经正当法律程序，不得被剥夺生命、自由或财产。不给予公平赔偿，私有财产不得充作公用。

案》的问题。①

随着电子和其他技术手段的发展，宪法修正案也应当随之发展，在面对警察所采取的超越第四修正案所预想的侦查手段和技术时，美国联邦最高法院在1967年的“卡兹案（Katz v. United States）”创设了里程碑式的判决。② 在该案中，卡兹（Charles Katz）在洛杉矶、迈阿密和波士顿等地利用公共电话亭下赌注，涉嫌非法赌博，联邦调查局在未通知卡兹也没有获得合法许可的情况下，在公共电话亭外安装了电子窃听器，通过该窃听器获得了卡兹谈话的内容，并将其作为证据认定卡兹非法赌博。联邦执法人员根据获取的电话内容在洛杉矶逮捕了卡兹，后来卡兹在法院提起诉讼，认为联邦调查局的行为违反了宪法第四修正案的规定。上诉法院认为，联邦调查局并没有物理性地侵入该公共电话亭，因此，支持了联邦调查局的做法。但案件上诉至联邦最高法院后，施瓦特（Stwart）大法官代表联邦最高法院作出了裁判，其意见得到审理该案的法官的支持，施瓦特大法官指出，在涉及政府执法人员窃听的问题上，欧姆施泰德一案中所确立的财产所有权规则已经被后来的判例所突破。所以，若要判断该行政执法人员的窃听是否违反宪法第四修正案，实质地、物理性地侵入并非决定性的因素，在执法人员并未获得窃听令的情况下，政府执法人员的窃听行为构成了第四修正案中所说的“搜查”和“扣押”。联邦最高法院最后支持了卡兹的主张。

卡兹案推翻了前述欧姆施泰德案的判决，对侵害隐私权行为的认定不再固守物理性侵入私人空间的标准，而采取了更为灵活的“隐私合理期待”标准，在隐私权的保护方面具有里程碑式的意义，具体而言，包括如下三个方面的意义。

第一，从“场所”到“隐私”的转变。在卡兹案之前，隐私权的保护与物理场所之间存在直接关联，在私人空间之外，隐私权难以受到法律保护。1964年颁布的《罗德岛法典》（The Rhode Island Code of 1647）中规定，“一个人的房

---

① 参见张民安主编：《隐私合理期待总论》，16页，广州，中山大学出版社，2015。

② See Katz v. United States, 389 U. S. 347, 360-361 (1967).

间就是他自己、他的家人和动产的城堡”[①]。这形成了早期隐私权保护范围的界定标准，即“隐私止于屋门”原则。沃伦和布兰代斯最初提出了隐私权，主要是一种“独处权”，“独处”范围主要限于私人住宅，私人住宅是私生活的天然“城堡”，权利人一旦走出屋门，进入公共场所，就意味着自愿放弃了“独处”的隐私，融入公共生活，自然就不应当享受隐私权的保护。这种判断标准的好处在于隐私的边界非常清晰，隐私权的范围与私人财产权的范围是高度统一的。但是“隐私止于屋门”原则对个人隐私的保护有所不足。Katz 案表明，在很多情况下权利人即便身处公共场合，只要他存在对隐私的“合理期待”，也可能存在应受保护的隐私利益，例如，公共场所的电话亭就可能成为私人隐私的空间。在 Katz 案中，确立了如下规则，即使窃听电话的方式并没有“实际地、物理性地侵入（actual physical intrusion）”他人的不动产，但如果构成非法窃听，也违反了宪法第四修正案，侵害了他人的隐私。这就形成了从“场所”到“隐私”的转变。隐私是一种精神性的人格利益，其保护范围并不限于客观的“场所”。正如 Harlan 大法官所指出的，“封闭的电话亭犹如个人的住宅，个人在该区域内享有一种受宪法保护的对隐私的合理期待；不论是物理上的侵入，还是电子侵入该空间，都构成对宪法第四修正案的违反”[②]。也就是说，第四修正案“保护的是人，而非地点（protects people，not places）”。在 Katz 案中，施瓦特大法官认为，即使公共电话亭是由透明玻璃制作的，人们从外面可以看见打电话的人，但这并不意味着他人可以偷听该人打电话的谈话内容，也就是说，“进入公用电话亭所要排除的并非眼睛，而是耳朵。在公用电话亭所受到的第四修正案的保护，不应该低于办公室、朋友的公寓、出租车内所享有的程度。当一个人进入公用电话亭关上玻璃门并投入电话费时就允许他相信他的谈话内容不会被广播给世界知道”[③]。这一规则对以后的判例产生重大影响。在 1984 年的一个案例中，联邦最

① 据有学者考证，该规则实际上来自英国首相小皮特（William Pitt）在一次有关消费税法案的演说，在该演说中，他宣称穷人的住宅就是他的私人领地，“风能进，雨能进，国王不能进”。参见张民安主编：《美国当代隐私权研究》，119 页，广州，中山大学出版社，2013。

②③ Katz v. United States，389 U. S. 347，360-361（1967）.

高法院甚至进一步宣称，“住宅作为私人财产的神圣不可侵犯已经是毫无争议的事实，但是在美国《联邦宪法第四修正案》中，住宅不是因为它所具有的财产价值而受到保护，而是因为它所具有的隐私价值而受到保护的”①。

第二，隐私合理期待理论的形成。自沃伦和布兰代斯提出隐私权的概念以来，隐私的概念一直在扩张，法院一直没有找到准确界定隐私范围的标准，卡兹案则提出了隐私合理期待理论，从而为美国司法认定隐私侵害提供了明确的判断标准。在该案中，法官所考虑的重心并不在于执法人员的行为是否侵入了不动产之内或之上，而是关注执法人员的搜查、扣押行为是否侵害了公民所享有的合理的隐私期待。在判断是否成立合理期待时，首先要求个人主观上具有合理的隐私期待。正如 Harlan 大法官在该案中所指出的，个人主观上有一种对隐私的期待[has exhibited an actual (subjective) expectation of privacy]；“某人如果故意将自己的事情展示在社会公众面前，即便是在家里或者在办公室，其也不受宪法第四修正案的保护；但即便在公共场所，如果个人像保护隐私一样处理自己的事务，则其也受宪法第四修正案的保护”②。同时，在个人主观上具有合理的隐私期待后，该合理期待还应当受到社会的承认。在 1979 年的 Smith v. Maryland 案中，美国联邦最高法院的法官援引了 Katz 案中 Harlan 大法官的论述，认为与 Katz 案的规则一样，判断某行为是否违反了美国《联邦宪法第四修正案》，首先需要判断执法人员的行为是否侵害了美国《联邦宪法第四修正案》所保护的公民所享有的正当的、合理的或者合法的隐私期待，这其中需要判断两个问题：一是该公民是否将其私人事务保留在个人范围之内，二是社会是否会承认该种隐私期待。③ 在符合上述两个条件的情形下，即可认定个人具有合理的隐私期待，即应当属于宪法第四修正案的保护范围。④ 隐私的合理期待既存在于私人场所，也存在于公共场所。1999 年，美国加州更是通过刑法修订打击这种公共场所侵犯隐私的威胁。依据加州法律，偷看“浴室、更衣室、试衣间、化妆间、晒阳间以及

① Segura et al. v. United States, 468 U. S. 796 (1984).

② Katz v. United States, 389 U. S. 347, 360-361 (1967).

③ See Smith v. Maryland, 442 U. S. 735 (1979).

④ See Katz v. United States, 389 U. S. 347, 360-361 (1967).

其他使用者合理期待得到隐私的地方，其意图是侵犯里面的人的隐私”均是违法行为，无论是通过一个小洞还是使用诸如潜望镜、望远镜、双筒望远镜、照相机的工具。[①]

第三，进一步强化了隐私权受宪法保护的正当性。Katz 案的内容在于扩张了隐私权的保护范围，不再将空间隐私的保护范围限于个人住宅等私人空间，而是扩展到了家外的公共电话亭，并通过“合理期待”理论给予了合理性论证，并在一定程度上确立了空间隐私的概念；同时，由于该案是通过解释宪法第四修正案扩张隐私权的保护范围，这实际上也进一步强化了隐私权受宪法保护的正当性。

虽然隐私合理期待理论在很大程度上是为了规范公权力的行使，但其所确立的原则对于划分公共领域和私人生活领域同样具有重要意义。[②] 也就是说，“合理期待”标准不仅仅适用于约束公权力对公民隐私权的侵害，也适用于平等主体之间侵犯隐私权的认定。因为“合理期待”旨在厘清个人隐私的边界，划定私人领域与公共领域，这是认定侵犯隐私权的前提，无论对于政府侵权还是私人侵权都具有重要意义。自 Katz 案之后，许多学者都主张以“合理期待”的标准来确定商业和其他领域的隐私保护。例如，曾经对美国《消费者隐私权利法案》（Consumer Bill of Privacy Rights）立法影响极大的海伦·尼森鲍姆（Helen Nissenbaum）指出，确定是否存在侵犯数据隐私，应当考虑不同场景中的“合理期待”[③]。这就是说，在某些情况下，即便没有信息主体的明确许可，但只要相关的信息处理行为是当事人在该情形下能够合理预见的，那这种信息处理行为也同样是合法的。例如，在自动驾驶等场景下，需要收集个人的信息数据，但信息收集者可能无法做到收集个人的任何信息都征得其同意，此时，判断是否存在隐私侵权应当看数据的收集者和处理者是否尽到了合理的注意义务，是否符合数据被

---

① 参见［英］罗森伯格：《隐私与传媒》，马特译，240 页，北京，中国法制出版社，2012。

② See Fogel，Jeremy. “A Reasonable Expectation of Privacy，” *Litigation* Vol. 40，no. 4（Spring 2014），p. 6.

③ Helen Nissenbaum，*Privacy in Context：Technology，Policy，and the Integrity of Social Life*，Stanford University Press，2009，p. 233.

收集者的一般预期。现在，合理期待理论的适用范围越来越宽泛，正如大法官Alito所指出的，对隐私最大的保护并不是来自于宪法或者法律，而是来自于实践的需要。①

隐私合理期待是适应现代高科技发展而产生的一项重要的隐私判断标准。现代社会，随着科学技术的发展，法律与科学技术的关系变得越来越紧张，界定何为“隐私合理期待”变得越来越困难。② 美国甚至有学者撰文称，日常的信息资料的搜集、在公共场所的自动监视的增加、对面部特征的技术辨认、电话窃听、汽车跟踪、卫星定位监视、工作场所的监控、互联网上的跟踪、在电脑硬件上装置监控设施、红外线扫描、远距离拍照、透过身体的扫描等，这些现代技术使得人们“零隐私”，“隐私已经死亡”!③ 在现代高科技的条件下，Katz案成为经典的案例，成为美国处理隐私案件的重要参考，无论采用何种高科技工具，只要侵害了个人对其隐私的“合理期待”，均可认定构成对隐私权的侵害。在2004年的美国诉琼斯一案中，被告琼斯被怀疑贩卖毒品，警察基于合法的搜查令，在琼斯的车上安装了GPS定位系统，用于监视琼斯的行为，但监视的时间和范围都超出了法律规定的范围。美国联邦最高法院认为，虽然警察可以依法实施搜索行为，但在琼斯的汽车上安装GPS则是非法的，构成对其隐私权的侵害。④ Sonia Sotomayor大法官指出，对个人实施长期监控侵害了个人的隐私合理期待，违反了宪法第四修正案，即便借助GPS定位系统对个人进行短期监控，也可以完整、准确地记录个人的私人活动，也不符合个人合理的隐私期待。⑤ 在Dow Chemical v. United States⑥ 案中，法院甚至认为，在没有搜查令的前提下，政府环保局使用直升机在高空对Dow公司的发电设备进行拍照，也侵害了Dow公司合理的隐私期待。由此可见，现代科学技术的发展对隐私权的保护带来了巨大的挑战，但

① United States v. Jones. 565 U. S. 400 (2012).

② Fogel, Jeremy., A Reasonable Expectation of Privacy, Litigation vol. 40, no. 4 (Spring 2014), p. 6.

③ Michael Roomkin, The Death of Privacy? 52 Stanford Law Review 1461 (1999—2000).

④ United States v. Jones, 565 U. S. 400 (2012).

⑤ United States v. Jones, 565 U. S. 400 (2012).

⑥ Dow Chemical v. United States, 106 S. Ct. 1819 (1986).

也丰富和发展了隐私权的判断标准。

二、隐私合理期待的判断步骤

Katz 案的重要意义在于，其明确了隐私合理期待的判断步骤和判断标准。在该案中，Harlan 法官在判决中发表了附合意见，在该附合意见中，他提出了隐私合理期待的判断步骤和标准。[①] Harlan 大法官采用了个人主观和社会认可相结合的判断标准，推导出“合理期待”构成隐私权保护的正当理由，他认为，是否构成侵犯“隐私”有两个条件：首先，一个人确实有隐私期待利益（主观条件）；其次，社会认可这种期待利益是一种“合理的”期待利益（客观条件）。[②] 据此，隐私合理期待的判断可以分为如下两个步骤。

（一）主观标准的判断

隐私合理期待判断的第一步是主观标准的判断，即要确定该公民是不是对其行为享有隐私保护的期待。在判断公民是否具有该种期待时，还要看其是否将该种期待予以展现。Harlan 大法官指出，在“在室外大庭广众下所作出的行为和陈述则并不应被保护，因为将这些行为和陈述仅仅留存于自己这一期待并未被展现出来”[③]。从主观上来看，权利人希望自己的某种隐私在特定的情形下应受到保护，禁止他人非法披露、非法打扰，而不当然需要个人积极采取措施予以保护。因此，在侵害隐私权的案件中，法官重点考虑的是，受害人是否具有实际的、主观的隐私期待，而不考虑客观上这种期待是否正当合理。采用这种标准就意味着，在判断某种隐私利益是否应当受到保护时，首先应当考虑权利人自身是否希望该利益受到保护，正如 Harlan 法官所指出的，在公共场所中，如果个人

① 参见张民安主编：《隐私合理期待总论》，19 页，广州，中山大学出版社，2015。

② 参见［美］阿丽塔·L. 艾伦等：《美国隐私法：学说、判例与立法》，冯建妹等编译，57～62 页，北京，中国民主法制出版社，2004。在其后的美国政府诉怀特（United States v. White）案更发展出一项规则：如果某人自愿地将秘密告知他人，而他本人愿意让政府知道这些秘密，则他对已泄露出的信息不享有宪法上的隐私期待利益。

③ Katz v. United States，389 U. S. 347，360-361 (1967).

自愿放弃其隐私，则其对隐私不再有合理期待。如果权利人通过一定的行为表明其不具有保护该隐私利益的意愿，如权利人走上舞台，则表明权利人主观上并不排斥他人的拍摄行为。再如，如果权利人进入到某个“摄像头”之下，且安装者声明此处有监控，则权利人就不能禁止他人的监控行为。在这些情形下，权利人都通过自己的行为表明其不具有主观的隐私合理期待。

但是如何判断权利人主观上对隐私的保护是否已经形成了合理的预期？Katz案明确提出了隐私合理期待的主观判断标准。[①] 在该案中，政府在答辩中声称，Katz进入公共电话亭打电话，他和他的朋友在公共电话亭通话并不属于宪法第四修正案所保护的隐私，因为政府官员并未物理性地侵入电话亭，而电话亭也是对所有公众开放的，而且在透明玻璃制作的电话亭内打电话也能为外面的人所看见，因此，Katz不应当享有隐私的合理期待。但美国联邦最高法院驳回了政府的辩称，认为公用电话亭虽然是用玻璃制作的，但是这并不影响Katz对在该公用电话亭内打电话享有隐私期待。宪法第四修正案所规定的“身体”超出了物理性的躯体范围，它还包括个人对其行为或者活动享有的隐私期待。Harlan法官指出，不宜对宪法修正案作出限制，在当今社会，隐私可能被物理甚至电子方式的侵入所侵犯，不能无视隐私也具有主观性的一面，隐私不像物权的客体有体物那样，是一种纯粹客观的物质实体，而是一种免于干涉的私密状态，某种状态是否构成隐私，与当事人的主观期待和思想观念息息相关，隐私的范围不存在一个纯粹客观的物理界限。[②] 所以，判断是否存在隐私合理期待，首先要看当事人主观上对其隐私的保护是否形成了合理的期待。

随着科学技术的发展，隐私合理期待主观判断标准也在不断发展。较早的判例认为，主观的隐私合理期待一般发生在私人空间内，但是在公共场所，一般认为，个人即不再享有合理的隐私期待。例如，行为人在公共场所录像，即便将个人录入，也不构成对其隐私权的侵害，在此情形下，个人并不享有隐私的合理期待。在United States v. Taketa案中，用于录像的监控器被隐秘地放置在机场办

① 参见张民安主编：《隐私合理期待总论》，27页，广州，中山大学出版社，2015。

② 参见马特：《隐私权研究》，23页，北京，中国人民大学出版社，2014。

公室的房顶上，被告认为，其在该区域享有合理的隐私期待，其可以期待自己不被政府部门录像。[1] 在Taketa案中，第九巡回法院认为，个人办公室与公共场所显然不同，在公共场所中，个人并无对隐私保护的合理期待。同时，无论是否借助电子设备进行监视，在判断的结果上并无不同。[2] 在两年后的United States v. Sherman案中，第九巡回法院也重申了这一观点。在该案中，被告在高速公路旁边从事贩毒的行为被执法者的无声摄影机所拍摄，法院认为，由于摄影机被隐藏在树上，所以，拍摄的内容已被公开，因此，被告并不享有合理的隐私期待。[3] 根据Taketa案和Sherman案中法院的观点，如果相关的拍摄行为发生在公共场所，且所拍摄的内容可以在不借助其他设备的情形下直接观察到，则拍摄个人的行为并不违反宪法第四修正案，而如果相关的拍摄行为发生在不可被公众观察的区域，即私密的场合，则没有授权的录像行为可能被认为违反了宪法第四修正案。[4] 可见，在公共场所，传统判例普遍认为，个人主观上并不享有合理的隐私期待。现代的判例则普遍认为，即便在公共场所，个人主观上也可以享有合理的隐私期待，这实际上已经突破了传统判例所秉持的个人在公共场所不享有隐私合理期待的立场。换言之，对场所隐私的判断不能单纯借助主观标准，还需要借助客观标准予以认定。

还需要指出的是，隐私的主观合理期待本身也是依据具体案件情形而各不相同的。正如Alito大法官所指出的，一个人对其隐私的合理期待可能与其个人经历密切相关[5]，因此，在判断个人隐私的主观合理期待时，还需要考虑个人的特殊经历等具体情况。例如，如果因为某种特殊经历而使得个人不愿意与他人分享特定的事件，则应当认定个人在主观上对该特定事件享有合理的隐私期待。

---

① See United States v. Taketa, 923 F. 2d 677-678, (9th Cir. 1991).

② See United States v. Taketa, 923 F. 2d at 677, (9th Cir. 1991).

③ See United States v. Sherman, No. 92-30067, 990 F. 2d 1265 (9th Cir. 1993).

④ See Guirguis, Max, "Electronic Visual Surveillance and the Reasonable Expectation of Privacy", *Journal of Technology Law & Policy*, Vol. 9, Issue 2 (2004), p. 157.

⑤ See Fogel, Jeremy, "A Reasonable Expectation of Privacy", *Litigation* Vol. 40, no. 4 (Spring 2014), p. 9.

（二）客观标准的判断

隐私合理期待判断的第二步是客观标准的判断。所谓客观的隐私期待，是指按照社会公众的看法或一般人的观点，在当时特定的情形下，该公民的隐私期待是否是合理、且应当被承认的，或者按照 Katz 案中法官所说的，该公民是否享有“宪法保护的合理的隐私期待（constitutionally protected reasonable expectation of privacy）”。隐私合理期待虽然也有主观判断性，但其并不完全依赖于个人的主观判断，而是取决于社会公众的主观愿望。[①] 在某些情况下，虽然权利人主观上认为其某种隐私应受保护，但如果这种期待并不符合社会的一般观念，或者这种期待是不合法且不合理的，那么，权利人也不享有隐私权。因为个人的期待具有主观性，不同主体有不同的隐私感受和判断标准，如果任由主观期待漫无边际，个人可能期待其所有的生活事务和行动轨迹均构成隐私，他人不得越雷池一步，这可能构成对公共领域的侵占，并可能阻碍媒体新闻自由和政府正当执法行为。例如，在高速公路上开车可能被探头拍摄，但社会一般公众可能认为该拍照行为是必要且合理的，此时，个人也不得主张其享有隐私的合理期待，不得主张该拍照行为侵害了其隐私权。因此，个人的“期待”必须具有“合理”性，才可构成“合理期待”，此种合理性的判断就是社会的认可。按照此种标准，在具体侵害隐私的案件中，法官需要考虑的是，受害人主观的隐私期待是否具有正当性，也就是说，社会是否认为此种期待是合理的。所以，个人对隐私保护的合理期待也必须得到社会的客观认可，符合社会公众的一般观念，否则也难以构成对隐私权的侵害。[②]

在判断个人的隐私合理期待是否合理、能否被社会客观认可时，需要综合考量多种因素。在 Katz 案以后一系列的判决中，法院在判断政府的监控行为是否违反了个人隐私的合理期待时，往往会考虑如下因素：一是监控行为发生的地点；二是监控的侵入行为本身的性质和程度；三是监控的目的。尽管法院并未明确需要通过这三点的适用来进行法律上的判断，但无论是在 Katz 案之前还是之

---

① 参见张民安主编：《隐私合理期待总论》，233 页，广州，中山大学出版社，2015。

② See Katz v. United States, 389 U. S. 347 (1967).

后的判例中，都遵循了这一路径。在判断隐私期待是否具有合理性时，常常需要考虑具体的场景。例如，在 1983 年 United States v. Knotts 案中，警察将一个电子追踪器放在 chloroform container 中对 Knotts 的行踪进行追踪。该追踪器具有一定的发射范围，警察需要对其进行持续尾随，警察最后发现该追踪器在一处房屋中不再移动，故发现了 Knotts 的住所。最高法院认为，警察对于电子追踪器发出信号的追踪不构成对第四修正案的违反，因为当 Knotts 行驶在公共道路上时，其对于自己的行踪并不能产生合理的隐私期待。在公共道路上，即使权利人对于自己的隐私产生了期待，此项期待也不能在社会中获得普遍认同。①

不过，隐私合理期待的客观判断标准也引发了较大争议，不少学者认为，其不具有可操作性并具有很大的模糊性（unworkable and circular）。② 首先，在当今信息社会中，卫星通信和互联网技术的应用使得人们对于信息的保密成为一种常态，很难通过外在的行为判断其对于隐私的合理期待，尤其是对各种信息的保密不再需要通过物理方式完成，而是在无意识中就可以成为隐私信息。例如，电子邮箱中的邮件，在发出或收到时就受到账号密码的保护，无须行为人采取额外的保密措施，即可保持私密状态。其次，如何判断隐私的合理期待能够得到社会的普遍认可，这是一个即使是法官、哲学家或社会学家也很难回答的问题。③ 此种社会期待本来应由社会公众所主导，但在司法实践中，却实际由法官所掌控。而且，社会对于隐私的客观期待还会因技术的迅速发展而随之改变。④

上述两个步骤通过主客观标准相结合的方式判断隐私的合理期待，这一标准又被称为"Katz 标准"，这一标准具有一定的合理性：一方面，隐私的合理期待具有一定的主观性，需要考虑个人的主观因素，毕竟隐私本身就含有"自治"或"自我决定"的内容。另一方面，隐私合理期待又不能完全依据个人的主观标准判断，也就是说，个人的主观隐私期待应当是合理的，而"合理"与否的判断应当从社会的角度，考虑具体的案件场景，从几个关键性的要素着手，判断合理与

---

① See United states v. Knotts, 460 U. S. 276 (1983).

② See Jim Harper, "Reforming Fourth Amendment Privacy Doctrine", 57 *AM. U. L. REV.* 1387 (2008).

③ See Jim Harper, "Reforming Fourth Amendment Privacy Doctrine", 57 *AM. U. L. REV.* 1392 (2008).

④ See Jim Harper, "Reforming Fourth Amendment Privacy Doctrine", 57 *AM. U. L. REV.* 1386 (2008).

否。例如，就非法信息而言，对于行为人从事违法犯罪活动的信息，虽然行为人也主观上期待其不为人知，但此种期待不属于“合理”的期待。然而，何为合理何为不合理，在法律上确实不存在具体清晰的判断标准，通常只能由法院进行判断。但法官并不知道公众的喜好和价值观，所以法官只能根据自己的喜好和价值观来判断他人的隐私期待是否是合理的，而不会探讨两者是否具有一致性。[①]

三、隐私合理期待的排除规则

“合理期待”理论极大扩展了个人隐私的范围，突破了“隐私止于屋门”的传统规则，明确了隐私权保护的标准，但个人隐私范围过于宽泛和不确定，也会产生一些负面影响。确实要看到，在扩张隐私权的保护范围时，也需要平衡个人隐私保护与人们行为自由之间的关系，防止个人动辄得咎。在美国，关于如何通过“合理期待”理论限定隐私范围，平衡个人私生活与公共领域之间的利益，学理上又发展出合理期待的排除规则。对于合理期待的排除，主要有六种理论。

一是公共暴露理论（public disclosure）。此种观点认为，如果权利人将自身置于公共场所，或者将自己的私人秘密公开，则不得再对该利益主张隐私的合理期待。如前所述，在 Katz 案中，Harlan 法官就已经明确提出，在公共场所中，如果个人自愿放弃其隐私，则其对隐私不再有合理期待。也就是说，如果相关侵害隐私权的行为发生在公共场所，当事人自愿暴露其隐私，则个人的隐私权将难以受到宪法第四修正案的保护。依据这一标准，如果某人自愿把自己暴露在公众视野之下，或者自愿告知任何人都想获得的信息，则其对于已经曝光的信息就不再享有隐私的合理期待。[②] 当然，公共暴露的标准也存在模糊地带，需要法官自由裁量。例如，当事人丢弃生活垃圾，如丢弃个人的信件、光盘以及其他信息存储设备等，是否意味着其自愿暴露了相关隐私？其他人能否从这些物品中分析个

---

① See Daniel J. Slove, “Fourth Amendment Pragmatism”, 51 *B. C. L. Rev.* 1511 2010. 转引自张民安主编：《隐私合理期待总论》，235 页，广州，中山大学出版社，2015。

② 参见张民安主编：《美国当代隐私权研究》，449 页，广州，中山大学出版社，2013。

人的隐私？美国多数法院认为，个人在丢弃相关物品后，就不再对其中所包含的个人信息等享有合理的隐私期待，因此，警察在搜查个人的生活垃圾时，并不构成对他人隐私权的侵害。但多数国家认为，个人在抛弃生活垃圾时，并不当然意味着个人不再对其享有合理的隐私期待，因此，从个人生活垃圾中分析个人隐私信息的行为应当构成对他人隐私权的侵害。[①]

一般认为，如果权利人自己进入公共场所，则可以适用公共暴露理论。因为公共场所是公众可视的区域[②]，也是公众可进入的区域。[③] 例如，在 Oliver v. United States 案中[④]，法官合并审理了两个警察侵入大麻种植地的案件，在这两个案件中，大麻种植地周围被竖起了栅栏，且被用锁头封闭，并且写有“不得入内”的告示牌。肯塔基州的警察通过人行小路经过原告的房屋，来到种植大麻的地区。被告对警察搜取的证据提出了异议，因为该被告在其种植的土地上设立栅栏和告示牌的行为，表明该原告展现自己具有隐私的合理期待，此时他人侵入该土地就构成了非法搜查。但是案件上诉至美国联邦最高法院后，联邦最高法院推翻这一判决，认为宪法第四修正案的保护范围仅限于公民的身体、房屋、作品和名誉，而对于此种公开场所并不予以保护。美国普洛瑟教授早在 1960 年撰文指出：“在公共场所对他人进行拍照并不构成对其隐私的侵害，因为拍照只是进行了一些记录，其所记录的内容也是行为人在公共场所能够自由见到的内容。”[⑤] 该观点随后被《美国侵权法重述》（第二版）采纳，在相当长的一段时间内成为通说。相反，如果是私人场所，如个人的家或者办公室，则公众通常是不可进入的，因为个人为将其与公共区域隔离开而刻意付出了努力。[⑥]

在现代社会，随着互联网的发展，个人信息被流转到网络服务提供者和云端，此种行为是否表明权利人已经公开其信息？对此，有学者认为，在现代社

① 参见马特：《隐私权研究》，249 页，北京，中国人民大学出版社，2014。

② See United States v. Santana，427 U. S. 38，42 (1976).

③ See United States v. Reicherter，647 F. 2d 397，398-399 (1981).

④ See Oliver v. United States，466 U. S. 170 (1984).

⑤ 李晓明：《公共视频监控系统与隐私保护的法律规制》，载《华东政法大学学报》，2009 (1)。

⑥ See Guirguis，Max，“Electronic Visual Surveillance and the Reasonable Expectation of Privacy”，*Journal of Technology Law & Policy*，Vol. 9，Issue 2 (2004)，pp. 154-155.

会，公共暴露理论也应当随之发展。[①] 例如，在 Gmail 案中，Google 公司认为，由于用户可能知道他们的邮件内容在扫描垃圾邮件时被扫描，因此，用户不应对被扫描的数据享有合理的隐私期待，但法院并没有支持 Google 公司的主张，认为其超出了用户的一般性常识和合理期待。[②] 在美国诉琼斯案中，政府部门认为，被告知道自己的行为是公开的，因此，在政府部门通过技术手段对其进行追踪、监视时，其也不应当对其隐私享有合理的期待；同时，政府部门还认为，政府部门通过安装在原告汽车上的 GPS 定位系统了解其行踪，也是原告可以合理预见的，因此，其并不能主张隐私权受侵害，但法院同样并没有支持政府部门的主张，认为公开的行为并不包括可以被监视的预期，政府的行为明显超过了合理预见的限度。[③]

二是风险承担理论。此种观点认为，一旦个人对外披露其隐私，则其对相关信息就不再享有合理的隐私期待。风险承担理论与后文中的权利人同意具有内在的关联性，即在个人自愿向第三人披露其私人事务或者私人信息时，其应当负担该信息被进一步扩散的风险，而不得主张合理的隐私期待。例如，在 United States v. Miller 案中，关于政府向银行索取被告财务记录的行为是否构成对其隐私权的侵害，法院认为，银行客户在向银行披露其私人信息时，应当承受银行将向政府披露该信息的风险。[④]

三是非法信息理论。按照这种观点，对于非法的信息，行为人不能对其享有合理的隐私期待，执法机关可以通过侦查发现该信息。这就是说，非法信息并非法律上应当保护的权益，因而对此类信息不应享有隐私的合理期待。当然，公权力机关在对个人进行侦查时，应当符合法定的程序和条件。例如，在 United

---

① See Hall, Holly Kathleen, "Arkansas v. Bates: Reconsidering the Limits of a Reasonable Expectation of Privacy", *University of Baltimore Journal of Media Law & Ethics*, Vol. 6, Issue 1-2 (Summer/Fall 2017), pp. 22-38.

② See Fogel, Jeremy, "A Reasonable Expectation of Privacy", *Litigation* Vol. 40, no. 4 (Spring 2014), p. 9.

③ See United States v. Jones, 565 U. S. 400 (2012); Fogel, Jeremy, "A Reasonable Expectation of Privacy", *Litigation* Vol. 40, no. 4 (Spring 2014), p. 9.

④ See United States v. Miller, 425 U. S. 435 (1976).

States v. Jacobsen 案中，执法官员请求搜查嫌疑人的行李，但遭到拒绝，后执法法官将嫌疑人的行李带往另一个机场，并对其进行了警犬嗅毒的测试，法院认为，警犬嗅毒测试并没有暴露除毒品之外的隐私利益，因此，该行为不构成对嫌疑人隐私权的侵害。[①]

应当指出，非法信息理论为公权力行使职权提供了有力的保护，使其在收集个人的非法信息时可以被免责。然而，自该理论形成以来，一直备受质疑。因为某人实施了违法行为之后，虽然应当受到法律的否定性评价，但这不意味着其违法信息可以被随意查阅和公开，即便某人已经构成犯罪，但如果已经改过自新，已经开始新的生活，重新回到社会，也应当对其信息隐私提供保护，现代刑法的理念主要是为了矫正不法行为，让行为人回归到正常的社会公民角色上来。[②] 而且刑事制裁本身不是目的，法律通过刑事制裁是为了发挥惩戒和教化的作用。如果某人已经受到了刑事制裁，对其隐私不予保护，此种做法也不利于教育其本人，也会使其服刑期满后难以尽快回归正常的社会生活。美国学者布罗斯坦认为："我们这个社会给予个人隐私以很高的价值，即使隐匿'不光彩'的信息，乃至于隐私并不是'有意义的经济投资的结果'，也概不例外。以实例观之，这种社会价值包含在（宪法）第五修正案反对自证其罪的规定之中。"[③] 因此，即使是非法信息，如果确实属于隐私，权利人对其保护具有合理的期待，则其也应当受到隐私权的保护。当然，对于非法信息，国家有权机关应当有权依法予以调查和处理。[④]

四是第三人知情（Third-party doctrine）。此种观点认为，一旦当事人将自己的个人信息自愿披露给第三方，则他将不再享有对于该信息的合理隐私期待。在 1976 年的 United States v. Miller（1976）案中，法院就确立了这一原则，后

① See United States v. Jacobsen, 466 U. S. 109 (1983).

② 参见［美］理查德·A. 波斯纳：《正义/司法的经济学》，苏力译，260 页，北京，中国政法大学出版社，2002。

③ ［美］爱德华·J. 布鲁斯通：《隐私无价》，常鹏翱译，梁慧星主编：《民商法论丛》，第 21 卷，395 页，香港，金桥文化出版（香港）有限公司，2001。

④ 参见马特：《隐私权研究》，25～26 页，北京，中国人民大学出版社，2014。

来在 Smith v. Maryland（1979）案中，法院又进一步地发展了这一规则。按照这一理论，如果个人自愿将其个人信息告知第三人时，其将不再享有合理的隐私期待，此时，国家机关就可以从相关主体处获取个人的相关信息，该行为并不需要经过个人的法律授权，也不需要遵守宪法第四修正案关于搜查和逮捕需要合理的理由以及合法的搜查授权等规则。① 第三人知情理论与风险承担理论具有一定的关联性，如果权利人向第三人披露其私人信息，则其应当承担一定的风险，即在第三人扩散相关信息时，权利人不得主张其隐私权受侵害。

在一般情况下，第三人原则（the Third Party Doctrine）能够有效保护个人的隐私，因为在个人披露其隐私后，该第三人传播相关隐私信息的范围是有限的，或者说可以在个人合理预见的范围之内。但随着现代科学技术的发展，个人信息和隐私的传播和利用方式日益多样化，个人开始可能以某种方式对第三人公开了其隐私，按照第三人原则，该第三人可以再次向他人披露个人的相关隐私信息，这可能会大大超出个人最初公开其隐私的合理期待范围。尤其是随着大数据技术的发展，包含个人隐私的个人信息、数据可能被无数次地传播与利用，这显然不利于保护个人的隐私。在此情形下，第三人知情规则难以对一些私人企业所掌握的个人数据（如个人的电子通信记录、云端数据等）提供保护。② 如果不对第三人原则的适用进行必要的限制，当个人以某种方式向第三人公开其隐私后，就不得再主张享有隐私的合理期待，这可能使个人隐私信息的传播脱离个人的控制，从而使个人对公司以及政府产生一种不信任，甚至产生一种寒蝉效应(chilling effect)。③ 因此，有必要对第三人原则进行必要的修正。④

---

① See Hall, Holly Kathleen, "Arkansas v. Bates: Reconsidering the Limits of a Reasonable Expectation of Privacy", *University of Baltimore Journal of Media Law & Ethics*, Vol. 6, Issue 1-2 (Summer/Fall 2017), pp. 22-38.

②③ See Hall, Holly Kathleen, "Arkansas v. Bates: Reconsidering the Limits of a Reasonable Expectation of Privacy", *University of Baltimore Journal of Media Law & Ethics*, Vol. 6, Issue 1-2 (Summer/Fall 2017), p. 33.

④ See Hall, Holly Kathleen, "Arkansas v. Bates: Reconsidering the Limits of a Reasonable Expectation of Privacy", *University of Baltimore Journal of Media Law & Ethics*, Vol. 6, Issue 1-2 (Summer/Fall 2017), pp. 22-38.

五是权利人同意（Voluntary consent doctrine）。此种观点认为，如果个人同意他人了解自己的私人事务或者私人信息，则其将不能再对这些事务或者私人信息具有隐私保护的合理期待。在 Katz 案中，Harlan 法官认为，如果个人对外暴露自己的私人事务，则即便其身处家中或者身处办公室，相关的私人事务也不受隐私权的保护。[①] 在 Schneckloth v. Bustamonte 案中，当事人驾驶无牌照的汽车被警察拦下并征得乘车人的同意进行搜索，在车上发现了赃物，法院认为在此情形下搜查行为获得了当事人的同意，因此，获取当事人个人信息的行为并不违反宪法第四及第五修正案的规定。[②]

如果权利人因信任第三人不会泄露其私人事务、私人信息而同意第三人获取其隐私，其就不再享有隐私的合理期待。[③] 同时，行为人仅能在个人同意的范围内实施相关行为，否则也可能构成对他人隐私权的侵害。[④] 例如，2013 年，加利福尼亚州北部地区地方法院受理了一些用户指控 Google 扫描用户电子邮件的案件，这些用户主张，Google 公司扫描用户的邮件，构成对其隐私权的侵害，因为用户只是允许 Google 公司扫描令人反感的邮件，而没有允许 Google 公司扫描所有的电子邮件。法官 Lucy Koh 认为，Google 公司的服务条款允许 Google 公司扫描用户的邮件，但用户并没有允许 Google 公司扫描全部的邮件。该案实际上提供了一种区分关于隐私的合理期待和不合理期待的界限，因为用户对两项事务的同意是可以区分开的，同意某一事项并不意味着同意另外一个事项。[⑤] 当然，在许多案件中，判断权利人是否同意往往是十分困难的，这将不可避免地使法官享有一定的自由裁量权。

为了明确个人同意的判断标准，司法实践中还发展出了透明规则（transparency），即个人应当知道相关行为的潜在影响，即只有行为人让个人充分了解所

---

① See Katz v. United States, 389 U. S. 347 (1967).

② See Schneckloth v. Bustamonte, 412 U. S. 218 (1973).

③ See Hoffa v. United States, 385 U. S. 293 (1966).

④ See Fogel, Jeremy, "A Reasonable Expectation of Privacy", *Litigation* Vol. 40, no. 4 (Spring 2014), p. 11.

⑤ See Fogel, Jeremy, "A Reasonable Expectation of Privacy", *Litigation* Vol. 40, no. 4 (Spring 2014), pp. 9-10.

有的相关情况，个人才能够作出合理的同意，此种同意也才具有法律效力。[①] 例如，在前述Gmail案中，如果Google公司没有告知用户扫描邮件可能带来的各种潜在影响，则其行为就不是“透明（transparent）”的[②]，此时，即便个人作出了同意，也无法发生效力。

六是所搜查的对象具有快速移转性。此种观点认为，如果搜查的对象是一些快速移转的物体，如机动车等，具有极大的逃离可能性，则执法机关有权立即采取措施进行搜查，个人对该物体不再享有隐私的合理期待。例如，在Carroll v. United States案中，一审法院认为，如果警察有理由认为他人的机动车内有违禁品，那么宪法授权其可以在无搜查令的情形下搜查该机动车，此行为符合宪法第四修正案保护公民的范围。[③] 因为机动车本身具有快速移动和逃离的可能性，因此公民可能不会享有对机动车的合理隐私期待。[④] 但如果是机动车以外的其他物品，如包裹、手提箱等则公民可能享有对该物品的隐私合理期待。再如，在United States v. Ross案中[⑤]，法院认为，本案同样应当适用Carroll v. United States案中确立的宪法第四修正案中的“机动车除外”原则。原因在于，机动车具有快速移动的特点，执法机关应当立即采取搜查措施，在此种情况下，个人不应当享有合理隐私期待。

四、对隐私合理期待理论的评论

Katz案所确立的隐私合理期待标准，在美国隐私法上具有里程碑式的意义。因为自沃伦和布兰代斯提出隐私权的概念之后，隐私的内涵和外延不断扩张，虽然《美国侵权法重述》（第二版）对隐私作出了四种分类，但事实上，实践中大

---

① See Fogel, Jeremy, “A Reasonable Expectation of Privacy”, *Litigation* Vol. 40, no. 4 (Spring 2014), p. 11.

② Julia Love, “In Privacy Cases, Google Defends Email Snooping”, *Recorder*, Sept. 9, 2013, p. 3.

③ See Carroll v. United States, 267 U. S. 132 (1925).

④ 参见张民安主编：《隐私合理期待总论》，25页，广州，中山大学出版社，2015。

⑤ See United States v. Ross, 655 F. 2d 1159.

量产生的案例远远突破了这一范围的限制，且这四种形态本身也具有一定的不确定性。尤其是，美国是判例法国家，对隐私侵权历来缺乏明确的立法标准。正如有学者所指出的，美国的隐私概念十分宽泛，但隐私的立法处于一种“碎片化”（fragmented manner）的特点，即主要通过分散立法的方式来对信息隐私进行保护，因而对隐私的保护缺乏明晰的、统一的标准。① 就整个隐私权的保护而言，虽然美国在1974年制定了《隐私法案》，但是该法制定的主要目的在于对个人数据进行保护，而没有对隐私权作出体系性的规定，并没有对各类隐私的侵权判断提供明确的规则。② 而在司法实践中，法官在案件中常常将隐私权视为一个框架性的权利，通过判例不断扩张隐私的保护范围，以满足法律的扩张和社会的客观需要。司法实践对隐私保护的迅速发展，使得学理的研究常常具有滞后性。以至于Daniel Solove教授认为，美国法上的隐私权概念是混乱的，没有人能清晰地界定其范围，隐私权是一个涵盖范围很广泛的概念，个人自由地思考、控制个人的身体、在家独处、控制个人的信息、不被监视的自由、保护个人的名誉、保护不被非法搜查的权利等，都属于隐私权的内容。③ 受到此种宽泛概念使用方式的影响，实践中的一个难题就在于如何把握“隐私权”的边界问题。合理期待理论正是在这样一种学说背景下产生的，在很大程度上回应了司法实践的需要，为实践中准确认定隐私权侵权提供了明确的标准。总体而言，合理期待理论具有如下重大意义。

第一，突破了传统的“隐私止于屋门”的规则，极大地扩展了个人隐私的范围，解决了公共场所是否享有隐私的问题。在现代社会，住宅已经不是隐私的防火墙，传统的“隐私止于屋门”原则已被突破，私人生活不仅包括家庭生活，而且依赖于外在环境。如果从客观上可以认定一个人有独处的意愿，或者一个人以非公共活动的方式行为，其行为具有私人性质，则隐私也存在于公共生活之中。

① See Carter Manny, “Recent Controversy Surrounding the EU-US Safe Harbor Data Protection Regime”, 47 *BuS. L. REV.* 33, 34 (2014).

②③ See Hall, Holly Kathleen, “Arkansas v. Bates: Reconsidering the Limits of a Reasonable Expectation of Privacy”, *University of Baltimore Journal of Media Law & Ethics*, Vol. 6, Issue 1-2 (Summer/Fall 2017), pp. 22-38.

如果依靠秘密或突然的方式拍摄的照片被公开，也应当认定其侵害了隐私权。[①]

第二，对隐私权的侵害确立了明晰的判断标准，从而既有利于保护个人的隐私权，也有助于规范公权力，防止公权力滥用侵害个人隐私权。从合理期待理论的产生来看，最初的Katz案主要是发生在公权力侵犯公民隐私的案件中，即政府的公权力损害了公民的合理隐私期待。但隐私合理期待标准并不仅仅适用于公权力侵害隐私权的情形，对私人之间的隐私权侵权认定同样是值得重视的，因为无论是面对公权力机关，还是在与私人的互动中，个人都有一定程度的隐私利益保障要求。合理期待标准有利于约束公权力、防止公权力滥用，这也有助于法治国家、法治政府的建设。隐私合理期待理论在后来的司法实践和学说建构中得到了更为广泛的发展，以至于成为一种关于个人隐私保护的一般判断标准。

第三，隐私合理期待的主观和客观判断标准的确立，以及在此后一系列案件中发展起来的除外规则，都使得这一标准更加具体化，也更具有针对性。合理期待理论有利于有效应对高科技爆炸而带来的隐私保护问题。合理期待理论的出现也在很大程度上是为了应对高科技广泛运用于生活之后的“隐私”内容不确定的问题。因为高科技的应用对隐私的保护形成了极大的挑战，随时可能有新的高科技应用场景，也同时伴随着相应的私生活遭受侵害的不测风险。针对高科技的发展而引发的大量隐私侵犯案件，法律上又有必要及时作出回应。也就是说，有必要为隐私权的认定与保护提供相对明确的判断标准，从而为裁判提供依据和分析具体问题的标尺。合理期待理论就发挥了此种功能，其可以为法官认定隐私权侵权提供相对明确的判断标准。例如，随着DNA检测技术的发展，DNA检测成为判断犯罪的一种重要物证技术，但DNA本身又包含了大量的个人生物信息，是个人重要的隐私，所以，个人对其DNA信息也应当享有一种主观的隐私期待，任何人不得擅自将他人的DNA进行非法利用，或者擅自披露DNA中的生物信息，否则就构成对他人隐私权的侵害。再如，人脸识别技术获得了广泛的应用，但个人面部的生物信息也是个人的重要隐私，任何人不得随意获取他人的面部生

① 参见马特：《隐私权研究》，212页，北京，中国人民大学出版社，2014。

物信息，个人对此种隐私保护也具有合理的期待。任何人不得将他人的面部信息用于非法目的，也不得非法泄露，否则也将构成对他人隐私权的侵害。由于在实践中经常通过人脸识别技术用于各种电子设备如手机解锁、开关门禁等，所以，一旦泄露相关信息，就可能造成权利人重大损害。另外，公权力机关利用各种科技手段，如窃听、红外线扫描、远距离拍照等方式，必须要尊重个人的隐私，公权力机关所采取的方式和方法是否妥当，合理期待理论给了法官一种针对具体情形加以判断的标准。[①]

但是，应当看到，美国的隐私合理期待理论也面临着如何在具体场景中细化和应用的问题，具体而言，隐私合理期待常常遇到如下几个方面的问题。

第一，隐私合理期待两种判断标准的具体运用。如前所述，Katz 案最重要的意义在于，其提供了隐私合理期待的两种判断标准，从而弥补了美国隐私法在隐私判断方面的缺陷，然而，这两种标准究竟应当如何运用，其分别适用于何种情形，抑或必须结合适用，都是必须委诸法官作出选择和判断[②]，然而，由此也确实给法官带来了极大的自由裁量权力。法官经常要考虑的是，何谓隐私的“合理期待”，究竟是指当事人的主观期待，还是一般人的普遍期待？事实上，这两种期待也可能发生冲突和矛盾，选择的判断标准不同，就可能得出截然不同的结论。例如，在美国 Oliver v. United States 案中[③]，肯塔基州法院采用主观标准，认为被告在其种植的土地上设立栅栏和告示牌的行为，表明该原告展现自己具有隐私的合理期待，此时他人侵入该土地就构成了非法搜查。但是该案件上诉至美国联邦最高法院后，联邦最高法院则采用客观标准推翻了这一判决，认为原告不享有隐私的合理期待。由此表明，选择的标准不同，所得出的结论则截然不同。但问题的关键在于，究竟应当选择何种标准，往往取决于法官的自由心证，缺乏明确的适用规则。

诚然，在多数情形下，将二者结合起来综合判断是一个比较好的做法，但在

---

① See Helen Nissenbaum, *Privacy in Context*: *Technology*, *Policy*, *and the Integrity of Social Life*, Stanford University Press, 2009, p. 233.

② 参见张民安主编:《隐私合理期待总论》，234 页，广州，中山大学出版社，2015。

③ See Oliver v. United States, 466 U. S. 170 (1984).

具体的案件中，有可能需要适用不同的标准。因为不同人对于个人隐私的重视度差异较大，而对不同类型的隐私而言，不同群体的敏感程度也不相同。因此，不宜完全采用主观标准确定隐私的合理期待。然而，完全采纳客观标准也不一定十分合理。因为社会公众对于不同情形下是否存在隐私，隐私需要保护到什么程度，保护的程度有多大，认识并不完全一致。因此，在判断隐私的合理期待时，首先应当认定个人对其隐私有合理的主观期待，也就是说，个人对其隐私的主观期待是隐私合理期待的前提和基础，同时，也应当根据客观标准对其进行必要的限定。

第二，如何运用客观标准进行判断。在卡兹案中，客观标准是指按照一般人的标准判断是否侵害隐私，但一般人是抽象的、宽泛的概念，事实上，人们所从事的职业不同，就可能受到不同团体和区域习惯的影响，对同一事物的认识也不相同。在一些问题上，不同人群的隐私期待可能存在较大差别，部分人可能持有一种隐私期待，而其他人则可能秉持完全不同的隐私期待，这就为隐私合理期待的规则化带来了一定的困难。由此也决定了，在运用隐私合理期待的客观标准时，首先应当确定，究竟是按照一般人标准还是按照特定人标准予以判断？例如，在前述 Gmail 案中，IT 行业的相关从业者可能认为这是行业惯例，并不会侵害用户的隐私，而社会一般公众则可能认为，该行为侵害了用户的隐私。此外，即便对社会一般公众而言，不同群体同同一事件也可能有不同的认识。例如，某人在公众场所实施了有违公共道德和公共秩序的行为，有些人可能认为个人此时不应当享有合理的隐私期待，其他人可以将其拍摄并公之于众，其他一些人则可能认为，即便是在公共场所实施不道德的行为，个人也应当享有合理的隐私期待，其他人不能随意拍摄并在网络上公开传播。所以，客观标准的运用有时需要特定行业领域、特定行为的特征，需要考虑特定人群的合理期待标准。

隐私合理期待确实应当考虑特定的场景，在何种情况下权利人的期待是合理的，应当依据具体的场景进行判断。例如，应对方要求，未经本人同意就推送其微信名片，如果确实并无恶意，不应认为其构成对本人隐私合理期待的侵害。但如果应某中介公司的要求，将某人的微信名片推送给中介公司或未经同意将某人拉入内容为广告发布的群聊之中，则可能侵害他人对隐私的合理期待。

第三，综合考虑行为的性质、行为方式、所造成的损害后果等多种因素。侵害隐私本身是否构成侵权，在许多情形下仅仅根据上述标准是难以认定的，尤其是个人的隐私期待是否合理，还应当考虑案件的有关具体情况，尤其是行为人的行为方式等因素。例如，在行为人跟踪、监视、骚扰他人的情形下，一次行为可能还难以构成对个人隐私的侵害，但如果行为人多次实施上述行为，即可能构成对个人隐私合理期待的侵害。此时，仅通过上述主观标准和客观标准，可能难以准确判断该行为是否构成侵害他人隐私权，还需要考虑到行为人的行为强度、行为方式、行为的频繁性以及所造成的后果等。在美国，法官在具体判断隐私的合理期待时，也考虑了行为人行为的具体方式等情况。例如，在 United States v. Maynard 案中，缉毒人员通过安装卫星定位追踪器，对犯罪嫌疑人实施了长达 28 天的全天候监控。法院认为，如果该监控只是一次性的，则因为通过监控可以获取具有针对性的信息，使得该一次性的监控具有合法性，但如果此种监控是长期且持续性的，那么所能披露的信息将远远超出被监控者的合理期待，从而可能构成对其隐私的侵害。[①] 在本案中，法官提出了“马赛克理论”（Mosaic Theory），该理论认为，判断某种行为是否构成对他人隐私的侵害，以及他人是否对该隐私是否具有合理期待，应当考虑行为的整体状况，而非单次行为。由此也表明，仅通过抽象的主观标准或者客观标准，难以准确认定隐私合理期待的标准，在具体案件中，还需要综合考虑行为人的行为方式等具体情况。

另外，还应当看到，技术的发展使得合理期待的内涵不断变化。随着科技的迅速发展，隐私合理期待理论也应当进行必要的修正。[②] 还应当看到，公众对技术发展水平的认知也是有一个过程的。例如，就个人信息的保护而言，当前，很多大数据企业对个人的数据搜集有碎片化的特点，但这些碎片化搜集的信息很容易被数据企业组合起来，用于分析个人的家庭住址、职业与收入水平、社交圈子、商品或者服务偏好、人格习性等各种系统化的信息。此种行为被称为“人格

---

① See United States v. Maynard, 615 F. 3d 544, 562 (D. C. Cir. 2010).

② See Hall, Holly Kathleen, “Arkansas v. Bates: Reconsidering the Limits of a Reasonable Expectation of Privacy”, *University of Baltimore Journal of Media Law & Ethics*, Vol. 6, Issue 1-2 (Summer/Fall 2017), pp. 22-38.

画像”，而个人对这些情况可能并不知情，对于一些人来说，如果能够事前了解相关的个人信息收集和利用方案，其很可能拒绝使用看似便利的技术服务。例如，在出入特定场所时，是出示和使用普通的身份卡，还是接受更便捷的人脸识别，对当事人有重要的影响。据《经济学人》的报道，人脸识别技术对自然人的性偏好的准确识别率高达80%以上，这有可能使个人遭受就业歧视。① 此外，随着语音识别技术的发展，行为人也可能合成个人的声音，或者伪造个人的讲话，给个人造成损失。技术的发展也会对个人隐私合理期待的内容和标准产生影响，如何妥当确定隐私合理期待的判断标准，并使其能够适应现代科学技术发展的需要，也成为隐私合理期待理论的一大难题。

五、隐私合理期待理论对我国民法典编纂的启示

（一）我国民法典不宜将隐私合理期待理论成文化

隐私合理期待理论虽然主要是由法官在实践中创造的，仅适用于个案，但是该理论在世界范围内产生了广泛的影响。这一标准不仅迅速被美国各州法院所接受，而且影响了英国、加拿大以及欧洲大陆的司法判例，各国司法实务中都不同程度地运用“合理期待”标准衡量和保护公共场所的个人隐私权。例如，英国也发生过类似的案件，同样适用了“合理期待”标准，把隐私权的保护推广到了家门之外。② 当然，英国等国家的法院在适用这一规则时，主要是在普通法层面进行讨论，而非如同美国一样在宪法的层面进行讨论，但是其研究的方法与思路大

① Facial Technology, “Keeping a Straight Face”, *The Economist*, September 9-15, 2017, pp. 67-69.

② 例如，著名时尚期刊《人物》在2001年10月刊登了广播一台著名主播萨拉·考克斯和她的丈夫乔恩·卡特的照片。两个人都赤身裸体，照片被小心作了掩饰。照片被拍摄时，他们正在度蜜月，在塞舌尔群岛中一个岛屿上的酒店式别墅中游泳，晒太阳浴。照片是由一位伪装成游客、在相邻的别墅预订了房间的摄影师借助长焦镜头拍摄的。报社主张照片是在公共场所拍摄的，但考克斯认为，只有住在别墅中的人才可以进入那个岛。新闻投诉委员会的职业守则将隐私空间定义为“可以对隐私有合理期待的公有或私有的房产”。考克斯夫妇向新闻投诉委员会投诉，委员会认定酒店别墅属于隐私范畴，要求《人物》刊登道歉信，最后考克斯夫妇获得了巨额和解赔偿。参见［英］罗森伯格：《隐私与传媒》，马特译，35页，北京，中国法制出版社，2012。

体上还是相同的。[①]

一些大陆法系国家也通过判例接受了该理论，并广泛适用于民事主体之间的侵犯隐私权案件。最为典型的就是20世纪90年代著名的“摩纳哥公主案”。该案中，原告卡罗琳（Caroline von Monaco）为摩纳哥公主，生活在巴黎。1993年，德国的Burda公司属下的“Bunte”杂志和“Freiheit Revue”刊登了一些关于她日常生活的照片。对此，她在汉堡州法院提起了诉讼，要求停止侵害和赔偿损失。该案经汉堡州最高法院、联邦最高法院和德国宪法法院的审理，最后她又上诉到欧洲人权法院。1999年12月15日，德国联邦最高法院在该案判决中指出，隐私也存在于公共场合，只要权利人相信其活动不在公众视野中，具体标准应依赖于个案的情况判断。[②] 虽然该案没有明确使用隐私合理期待标准，但其实际上也运用了隐私合理期待的判断标准和方法。欧盟人权法院也在相关的判决中援引了“合理期待”理论。[③] 例如，在1997年的Halfford v. The United Kindom一案中，欧洲人权法院在就警察是否侵犯原告依据《欧洲人权公约》第8条所享有的隐私权作出判决时，第一次采用了隐私合理期待的理论分析该条所规定的隐私权问题。[④]

在我国正在制定的民法典中，是否有必要借鉴该理论？应当看到，美国法毕竟是判例法，法官关于隐私合理期待的判决能否形成有效的成文化的规则，仍然存在疑问。在社会生活中，隐私权保护边界的划定必须在隐私权保护与社会生活顺畅进行中予以平衡。所以这就需要在法律上确立隐私保护的界限和判断标准，因此，有不少学者认为，Katz案所确立的标准，有必要对其进行成文化。关于隐私权侵权的认定，《美国侵权法重述》（第二版）第652B条规定了两个构成要件：一是他人被侵扰的事项应当是具有私人性质的事项；二是行为人的侵扰行为应当是一个有理性的人高度反感的行为。但该条并没有明确隐私合理期待的内容，正如加利福尼亚州最高法院在某个案件中所指出的，仅仅具备这两个构成要件还不够，如果行为人要

---

① 参见张民安主编：《隐私合理期待总论》，36页，广州，中山大学出版社，2015。

② See Michael. Henry, *International Privacy, Publicity and Personality Laws*, Butterworths Press, p. 157, 169.

③ 参见张民安：《隐私合理期待总论》，35～40页，广州，中山大学出版社，2015。

④ 参见张民安主编：《隐私合理期待总论》，41页，广州，中山大学出版社，2015。

就其实施的侵扰行为对他人承担隐私侵权责任，他们还应当具备一个构成要件，这就是说，在客观上，他人必须对行为人所侵扰的场所、谈话内容或数据资料享有合理的隐私期待。[①] 可见，在美国，虽然隐私合理期待理论是法官认定隐私权侵权的重要标准，但《美国侵权法重述》（第二版）并没有将该标准成文化。在我国，有学者建议借鉴合理期待理论，在法律上予以成文法化，规定在我国民法典中，有必要采纳如下规则，即“公民或者他人实施的某种行为或者他们作出的某种事情在性质上不属于其私人行为、私人事情，则公民或者他人的行为、事情就属于公共行为、公共事情，如果公民或者他人对制定法明确规定的这些行为或事情具有主观上的隐私期待，则他们的此种主观上的隐私期待是不合理的。”[②] 笔者认为，这一主张虽然不无道理，但存在一定的困难。从我国立法和司法实践经验来看，我国民法典人格权编不宜将隐私的合理期待成文法化，主要理由在于：

第一，合理期待标准具有模糊性和不确定性。应当看到，合理期待理论是判断隐私保护的重要标准，其经验也值得我们借鉴，尤其是这一标准结合权利人的主观标准与客观标准，为隐私的判断标准提供了可检验性的基础。但也应当看到，隐私合理期待的判断标准也存在一定的模糊性和不确定性，这使得该理论自产生以来就引发了诸多争议。[③] 一方面，主观标准与客观标准的内涵本身具有不确定性。例如，就主观标准而言，权利人主观上是否有一种对隐私保护的合理期待，客观上往往难以判断，只能完全交由法官根据情形予以认定。正如有学者所指出的，“合理”本身是一个不确定概念，其判断标准更多的是要求事实而非法律判断，因此导致了这一标准在实践中经常存在许多不确定性和模糊性，从而给了法官过大的自由裁量权，法院因此缺少确定的规范标准，使得实践中的判决存在片面武断情形。[④] 另一方面，主观标准与客观标准之间的关系如何，尚未形成

---

① 参见宋志斌、蔡雅智：《美国侵权法上的新闻媒体侵扰侵权制度——Shulman v. Group W Productions 案评析》，载张民安主编：《侵扰他人安宁的隐私侵权》，广州，中山大学出版社，2012。

② 张民安主编：《隐私合理期待总论》，53 页，广州，中山大学出版社，2015。

③ See Akhil Reed Amar，“Fourth Amendment First Principles”，107 *Harv. L. Rev.* 757，759 (1994).

④ See Tomkovicz，James J. “Beyond Secrecy for Secrecy's Sake：Toward an Expanded Vision of the Fourth Amendment Privacy Province.” *Hastings L J* (1985).

定论。也就是说，二者在判断隐私合理期待中的功能和作用如何，在什么案件中应当适用主观标准，在什么案件中应当适用客观标准，完全由法官认定，这可能导致司法裁判的不统一性和不确定性。

第二，我国现行立法已经承认了一般人格权的概念，可以实现对新型人格利益的保护，而不需要借助隐私合理期待理论实现这一制度功能。隐私合理期待理论在很大程度上是为了解决新的隐私利益的保护问题。在 Katz 案之后，法官经常用该标准确定新的隐私利益保护问题。例如，在 Schmerber 一案中，美国联邦最高法院所宣示的目标："美国《联邦宪法第四修正案》最重要的作用就是保护公民的隐私利益和人格尊严，政府执法人员不得在没有搜查令的情况下侵犯公民的隐私利益和人格尊严。"① 依据这一标准，在判断某一利益是否涉及隐私的保护时，需要借助人格尊严理论，这就使得这一标准的适用范围十分宽泛。但在我国，由于《民法总则》第 109 条已经确立了一般人格权的概念，可以有效应对现代社会发展需要，为不断出现的新型人格利益提供保护，因而就没有必要再通过设立合理期待标准确定新型人格利益保护问题。

第三，我国民法典分编草案已经为隐私权的界定提供了相对明确的标准。我国民法典分编草案第 811 条第 2 款规定："本法所称隐私是具有私密性的私人空间、私人活动和私人信息等。"该条对法律所保护的隐私的范围，明确保持了开放性。例如，私人空间的概念具有很强的包容性，不仅包括私人住宅，还包括了私人箱包、车辆、办公场所和公共场所的帐篷。尤其是，私人空间不仅包括物理空间，还包括虚拟空间，如个人的邮箱、聊天记录等私人不希望外界所知晓的空间。私人活动和私人信息同样如此。可见，人格权的法定性与人格权的开放性之间并不冲突。

当然，在民法典分编草案规定了隐私权概念之后，具体判断哪些利益应当受到隐私权保护，则可以由法官在借鉴隐私权合理期待理论的基础上予以判断，但法律上没有必要明确规定合理期待标准。例如，当个人隐私权与舆论监督权发生冲突时，通过两种权利的比较，如果有必要保护隐私权，法官可以根据具体情形

① Schemeber v. California，384 U. S. 757，767 (1966).

适用隐私合理期待理论。

（二）隐私合理期待理论可以为法官认定隐私权侵权提供有益的参考

虽然我国民法典分编不宜明确规定隐私合理期待理论，并将其作为界定隐私权内涵和外延的标准，但该理论作为实践中总结的经验，对于法官准确认定隐私权侵权提供了有益的参考。事实上，该理论可以在具体个案中为法官认定隐私权侵权提供一定的指引和参考。例如，依据我国民法典分编草案第 812 条第 5 项的规定，“以短信、电话、即时通讯工具、传单、电子邮件等方式侵扰他人的生活安宁”，构成对他人隐私权的侵害。但问题在于，是否所有的以短信、电话等方式侵扰他人私人生活安宁的情形都构成对隐私权的侵害？如何判断个人的私人生活安宁受到了不当侵扰？按照合理预期理论，个人对私人生活安宁要有合理的期待，同时，此种期待在社会一般人看来也应当是合理的。在我国一些案例中，判断是否构成侵害隐私权，并没有运用合理期待理论，但采用了容忍义务的标准。例如，在“白某芬上诉张某君等隐私权纠纷案”中，法院认为，“鉴于贾某成、张某君居住的房屋周边出现过被人泼尿等不良行为，贾某成、张某君安装摄像头对其居住安全起到一定作用。虽然涉诉的摄像头可拍摄到院内公共区域，考虑到白某芬与贾某成、张某君系不动产相邻方，且涉诉的摄像头并未涉及白某芬的私密空间，因此，白某芬在贾某成、张某君未明显侵害其利益的前提下亦有一定的容忍义务。”[①] 该案中，法官使用的容忍义务实际上就是按照社会一般人的观点判断权利人是否有容忍的义务。

尤其应当看到，隐私权的保护常常与其他利益的保护发生冲突，隐私合理期待理论本质上就是要平衡个人隐私利益保护与其他利益（如公权力行使）等之间的关系，这也意味着，隐私合理期待理论可以为我国法上隐私权侵权的认定提供有益的借鉴。美国法对侵害隐私权采纳合理期待理论，实际上允许法官根据具体案情判断何种侵害行为侵害了他人的私人生活安宁等隐私，损害了他人对隐私保护的合理期待，这实际上是赋予了法官一定的自由裁量权，由其根据具体情形加以判断。笔者认为，确定侵害隐私权的构成要件不仅要看行为人是否实施了上述

① 北京市第二中级人民法院（2016）京 02 民终 6654 号民事判决书。

各种侵害他人隐私的具体行为，还要确定行为人实施此种行为时是否取得了受害人的同意。在司法实践中，针对各种大量的侵害隐私的行为，法官有必要借鉴隐私合理期待理论，解决隐私权侵权纠纷，具体而言，体现在如下几个方面。

第一，对个人信息的搜集和处理，即便在收集他人个人信息时取得了权利人的同意，并不意味着信息控制者可以任意处理他人的信息。权利人仍然对此有合理的期待，即个人信息不被非法、不正当的处理。这也是为什么相关的法律规则都要求信息收集和利用的方式要遵守“合理原则”。正如 Daniel Solove 教授所指出的，虽然单独的个人信息收集行为可能是无害的，但是一旦这些被收集的信息被整理聚集时，就会严重威胁个人隐私。这些被收集的信息一旦为第三人利用、分析和作其他处理，则可能在不特定的主体之间流转和共享。① 这样会使得当事人对个人信息的处理结果越发难以预期，而个人信息收集和处理的活动对隐私可能带来的风险也就越来越大。

数据共享行为同样如此，也就是说，信息收集者究竟可以在何种范围和程度上共享个人信息，除了信息主体的明确同意之外，也应当考虑“合理期待”的问题。例如，如果共享的信息属于敏感个人信息，则信息主体的“合理期待”范围就相当有限，通常信息的控制方的处理行为也只能限定于主体的明示同意范围之内。但如果所收集、处理的仅仅是一般的个人信息，则应当适当扩张信息主体的“合理期待”范围，也就是说，在主体的明示许可范围之外，如果相关的数据处理和共享行为是数据控制者进行经营活动所必需、或者是为了更好地实现主体的利益等原因，就可以在一定范围内对数据进行共享。当然，个人隐私和信息权利人对自己的隐私和信息保护的合理期待也必须得到社会的客观认可，符合社会公众的一般观念，否则也难以构成对隐私和个人信息的侵害。②

第二，在判断是否存在隐私侵害时，既需要考虑行为人主观的隐私期待，也需要考虑社会一般人的合理期待。在具体确定隐私合理期待标准时，可能还需要

---

① See Daniel J. Solove, “Access and Aggregation: Public Records, Privacy and the Constitution”, 86 *Minn. L. Rev.* 1137, 1185 (2002).

② See Katz v. United States, 389 U. S. 347 (1967).

考虑特定的商业模式特点，予以具体判断。例如，一些网络服务提供者在提供网络服务时，可能推广付费免除商业广告的服务，即网络用户可以通过支付费用的方式免除广告打扰，此时，在认定相关的广告投送活动是否侵害了用户的隐私权时，就应当区分付费用户与非付费用户，分别确定其隐私合理期待的范围。

第三，网络空间的合理期待问题。随着互网络的发展，隐私的保护范围也在不断扩张。个人在网络空间中行为，其所享有的隐私合理期待也应当受到法律保护。例如，在一些短视频网络平台上，个人对其网页浏览历史、视频观看记录等，也应当享有不被他人知悉和获取的合理期待，如果平台擅自获取和公开相关的信息，即应当构成对他人隐私权的侵害。

第四，公共场所的合理期待问题。即使是在公共场所，也不能认为个人抛弃了其隐私，而应当根据具体情形判断当事人是否形成了对隐私的合理期待。公共场所的隐私合理期待也应当受到法律保护。例如，在公共场所的谈话应当有免于他人偷听的隐私期待，公共厕所应有不被探头偷拍和他人偷窥的合理期待，公共电话亭也应当有免于他人偷听的隐私期待，公共场所的更衣室有免于他人窥视的隐私期待。这些都属于合理的隐私期待。据报载，一对年轻情侣在类似地铁闸机口的地方激情拥吻，该行为被疑似地铁监控视频拍下，后该视频未作任何处理即被上传至网络，并广为流传。[①] 在该案中，该情侣的行为虽然发生在地铁闸机口这一公共场所，地铁内的乘客、地铁工作人员等虽然可以看到其亲密动作，但该情侣对其自身亲密动作这一私人活动受隐私权保护也有一定的期待，尤其是期待其行为不被上传至网络流传。地铁通过监控拍摄到这一画面后，将其上传至网络，实际上是使该行为的公开范围远远超过权利人愿意公开的范围，这也构成对其隐私权的侵害。再如，在 2010 年“私人在与邻居公共部位安装摄像头”案中，上海法院一审、二审判决均认定该行为足以构成对他人隐私权的侵犯。法院审理认为，“虽然被告所安装的摄像头的监控范围属公用区域，但这与原告日常生活有密切联系，因此足以侵害到原告的隐私权”[②]。这都说明了，即便在公共场所，权利人也可能

① 参见周宽玮等:《情侣拥吻视频网上流传 疑遭地铁站监控》，载《东方早报》，2008-01-16。

② 上海市徐汇区人民法院（2010）徐民一（民）初字第 6327 号民事判决书。

享有对隐私的合理期待，而不能以其进入公共场所为由而否定对其隐私的保护。

第五，未来新的隐私利益的发展需要通过隐私合理期待来予以检验其是否应当纳入隐私权的保护范围。随着社会的发展，新的隐私利益不断出现，但是这些利益是否应当受到隐私权的保护，也要明确一定的判断标准。例如，个人信息中的被遗忘权，是否应当在法律上确认一直是有争议的问题。被遗忘权的确认涉及信息利用与个人隐私保护的平衡关系问题等，其中也涉及对隐私范围的判断问题。如果社会一般人认为其享有合理的隐私期待，那么其就可能享有被遗忘权，从而避免自己的隐私信息在互联网上被长久地保存。通过这种方式可以确定被遗忘权适用的范围。再如，从隐私权的发展来看，科技进步可能不断衍生出新型隐私，例如基因隐私、声音等可能会成为未来新的权利，新型隐私利益的不断出现需要合理期待理论予以论证。

结语

早在一百多年前，Samuel D. Warren 和 Louis Brandies 在论述隐私权时就曾警告："无数的机械设备预示着，将来有一天，我们在密室中的低语，将如同在屋顶大声宣告般。"① 随着互联网的发展和高科技的进步，各种新型的隐私侵害的现象不断产生，隐私合理期待理论为隐私权的保护范围和隐私权侵权的认定提供了有益的判断标准，同时，借助隐私合理期待理论，也有助于认定侵害隐私权的行为，保障个人的行为自由，防止个人动辄得咎，这就有效平衡了隐私保护和行为自由之间的关系。自该理论产生以来，其对许多国家的隐私权的司法保护产生了重要影响，但是，隐私合理期待理论是一柄双刃剑，它既可能为隐私权保护保持一定的弹性和灵活度，也可能导致法官享有过大的自由裁量权。如何有效借鉴并适用该规则，是我们需要慎重对待的课题。

---

① "Numerous mechanical devices threaten to make good the prediction that 'what is whispered in the closet shall be proclaimed from the housetops' ", Ellen Alderman and Caroline Kennedy, The Right to Privacy, 323 (1995).

第三编

物权制度

所有权制度在当代的发展

所有权是社会经济制度的基础，也是市场交易的前提。哈耶克始终视产权为市场经济和个人自由的基石，而熊彼得则将产权视为西方市场经济的两大支柱之一。随着市场经济的发展，所有权制度相应地也出现了发展和变化。自 20 世纪以来，所有权制度在世界范围内呈现出一些重要的发展趋势。把握这些发展趋势，对于我国正在制定的物权法不无参考价值。

一、所有权受限制的趋势

在自由资本主义时期，以绝对的、不受限制的私有权为原则，当时不少学者主张所有权的绝对性和无限制性，认为所有权人对其所有物可以自由地使用、收益和处分，而不受任何限制。这一原则虽然对自由资本主义时期的经济发展起过推动作用，但是它过分强调个人权利而忽视了社会整体利益，加剧了个人利益与社会利益之间的冲突，阻碍了生产的社会化和大规模经济建设的进行，甚至导致了个人滥用其所有权而损害他人和社会公共利益的现象。因此，自 19 世纪末期以来，绝对的个人主义的所有权观念日渐式微，同时产生了如下两种所有权观念：一是社会的所有权观念。此种观念认为，法律保障所有权的目的旨在发挥物的效用，使物达到充分利用的状态并增进社会的公共福利。所以，所有权的行使应当顾及社会公共利益，个人不得滥用其权利而损害他人和社会公共利益，因此，从维护社会公共利益的角度出发，应对所有权作出适当的限制。二是个人与社会调和的所有权思想。此种观点认为，如果过分强调个人所有权的绝对性，将有害于社会公共利益，但若过分强调所有权的社会性，又将会侵害个人的财产权利、损害个人的财产自由。因此，法律应当协调个人的权利与社会利益。具体而言，个人行使所有权时应当顾及社会利益，同时社会也应当尊重个人对其财产所享有的权利。也就是说，“物权法具有排他性，涉及公共利益，如何合理调和自由与限制，是每一个物权法面临的重大课题”①。

20 世纪以来，西方国家所有权制度的发展主要表现为法律对私人所有权的限制。1919 年德国《魏玛宪法》第 153 条第 4 项规定：“所有权负有义务，于其行使应同时有益于社会公益。”据此，财产所有权人行使其对财产的占有、使用、收益和处分权时不得违背社会公共利益，并且法律还会出于公共利益的需要而科以所有人义务。1947 年日本修改民法典时，在第 1 条第 1 款明确宣布：“私权必须遵守公共福祉。”从大陆法系民法的立法看，对所有权的限制主要表现在如下几个方面。

第一，对土地所有权的客体范围和效力范围的限制。1804 年的《法国民法典》第 552 条规定：“土地所有权并包含该地上空和地下的所有权。”《法国民法典》将土地所有人对土地上空和地下的所有权称为添附。这一规定将土地所有人对土地的权利无限延伸，上至天穹，下至地心。但这一规定随着社会的发展逐渐暴露出对国家和社会公共利益的不利一面。1900 年实施的《德国民法典》第 905 条规定：“土地所有人的权利扩及于地面上的空间和地面下的地层，但所有人不得禁止在其对排除干涉不具有利益的高度或深度范围内进行的干涉。”这一规定相对于《法国民法典》的规定而言，在维护社会公共利益方面无疑具有很大的进步。然而，地上多高、地下多深，土地所有人的权利才不发生作用，对此各国的

---

① 王泽鉴：《物权法上的自由与限制》，载孙宪忠主编：《制定科学的民法典——中德民法典立法研讨会文集》，210 页，北京，法律出版社，2003。

民法典一般都未作出具体规定，而是通过颁布单行法规的方式加以限定。例如，通过颁布航空法而对土地所有人地上空间的权利施加限制；通过颁布矿业法对地下矿产的开采实行特许制度；通过颁布水利资源法对水利资源的利用实行特许制度；通过颁布都市规划法对都市土地的利用作出明确的规划；等等。根据这些法律、法规的规定，土地所有权的效力不得及于不存在特别利益的高处或低处，所以当他人合法地利用权利人土地之高处或低处时，所有权人的排除妨碍请求权得不到法律的支持。

第二，相邻关系的限制。法律规定土地所有权人应当对相邻的不动产所有人和使用人在行使其权利过程中提供必要的便利，并容忍来自他人的轻微妨害。这实际上是对所有权进行了一定的限制。例如《德国民法典》第 906 条规定：“以干涉不损害或仅轻微损害土地的使用为限，土地所有人不得禁止煤气、蒸气、臭气、烟气、煤烟、热气、噪声、震动和其他来自他人土地的类似干涉的侵入。以由于按当地通行的使用方法使用他人的土地引起重大损害，而不是采取此种使用者在经济上可望获得的措施所能阻止为限，也适用前项规定。”也就是说，对于正常的生活所造成的轻微妨害，相邻各方权利人都必须加以忍受；只有在超过了正常妨害限度的情况下，权利人才可以提出停止侵害、排除妨害、消除影响、赔偿损失等请求。

第三，对所有权行使方式的限制。所有权的行使方式必须合法，当代各国民法典对此都作出了明确规定。例如《德国民法典》第 903 条规定：“以不违反法律和第三人的权利为限，物的所有人得随意处分其物，并排除他人的任何干涉。”在对所有权行使方式的限制上，法律不仅要求所有人行使权利的方式必须合法，而且还抽象地要求权利人必须根据诚实信用原则来行使权利，不得滥用所有权、损害他人合法权益。如《德国民法典》第 226 条明确规定：“权利的行使不得以加害于他人为目的。”这就是说，所有权的行使不得构成权利的滥用，否则一旦造成他人损害，权利人将负担损害赔偿责任。

尤其需要指出的是，在现代社会中，人们越来越重视对环境的保护，因此环境保护问题在所有权制度中也逐渐成为一项重要的因素。在各国均开始关注社会的可持续发展背景下，生态文明已经成为人类社会整体文明的重要组成部分。因此，所有权人在行使权利时应当负有保护环境的义务，不得在行使所有权时影响环境、破坏环境。在当代，保护环境、维护生态文明已成为我国的一项基本国策，在今后相当长的时期内，它也是我国未来发展战略和科学发展观的核心内容之一。而从全球范围来看，对于环境的关注也是当代全球性和地区性组织的基本议题之一。因此，在所有权制度中，有必要基于环境保护的原因对所有权的行使进行一定的限制，即所有权制度应当注重平衡资源的有效利用与环境保护之间的关系，兼顾近期的利用效率和长远的社会利益。

第四，所有权受到他物权的限制。所有权也称为自物权，是权利人对自己拥有的物所享有的权利。但人们不可能永远都只使用自己的物，也需要使用他人的物。因此，在他人之物上建立的物权也称为他物权，包括用益物权和担保物权。此外，所有权人还可以与他人签订合同，使他人对其所有的物进行债权性的利用。根据许多大陆法国家的民法和判例，所有人可以与他人订立合同，在自己的所有物上设立租赁权和地上权之类的利用权。一旦设立，所有人不得随意解除和变更合同。在自己的所有物上设定利用权，是对所有权的自我限制。①

上述对所有权的各种限制，大多属于私法上的限制。此外，各国都颁布了许多行政法规对所有权及其行使施加了公法上的限制。这些限制包括如下几种：(1) 限制与禁止对某些物的占有和所有，如有关取缔枪支弹药和鸦片法、兴奋剂取得法等。(2) 限制对某些物的生产和交易的法律，例如对于黄金、文物等限制流通物的交易。(3) 以都市计划安排土地开发使用方面的法律规定。在这方面，许多国家的法律对于合理利用土地、规划城市建设以及对土地的使用和开发都作出了限制性规定。(4) 有关河海、矿产、森林、海洋等自然资源和环境的保护法。(5) 有关不动产的征收、征用等方面的规定等。学者认为，公法上的限制也形成了对所有权的内在限制，所有人违反公法限制行使权利，在法律上除了应认定其为无效外，取消其行为，还可以违反公法限制为理由，剥夺所有人的所有权，停止其权利的行使。此外，在法律上可以采取排除、纠正措施，可以没收所

① 参见［日］田中夫、山本进一：《民法总则·物权法》，334页，东京，法学书店，1976。

有物，违反刑法时可以判处刑罚。[①]

西方法律对所有权的限制成为当代民法发展的重要趋势，这些限制常常被西方学者称为“所有权的社会化”“变主观的所有权为社会的功能”[②]。由此表明，所有权已不再是罗马法中所称的绝对的不受限制的所有权，而是受限制的、相对的所有权。尤其应当看到，“根据特殊情况，国家可以用废除和没收的方法限制所有者的权利。特别是自从进入 20 世纪以来，对所有权所采取的公法的限制有了重大的发展”[③]。尽管此种限制并未改变私人所有权的归属，但无疑使所有权在内容和行使方式上都受到了法律的诸多限制。正是由于这一原因，许多学者认为，罗马法的所有权概念以个人本位为基础，确认了个人对其财产的绝对自由，在市场经济发展初期，对促进经济的发展、财富的创造和市场的繁荣发挥了重要的作用。但随着市场经济的发展，其缺陷也日渐暴露。因此，应当引入以团体法为基础的日耳曼法的物权制度，因为对所有权的限制正是日耳曼法中的物权制度的一个重要特征。[④] 笔者认为，尽管在日耳曼法中，所有权基于团体本位的观念，个人的物权都是受限制的、相对的权利，但其所有权制度与当代所有权制度存在着性质上的差别。因为，“日耳曼法的物权现象实则为社会上身份支配关系之反映，及封建制度发达，土地所有权更与土地上之公法的支配相混同。一面以各种公法的支配权为土地所有权之副产物；一面复以各种公法的支配权视为无体之不动产，承认其为所有权之客体。于是公法上之权利义务遂亦包摄于物权之观念中焉”[⑤]。在日耳曼法中，所有权受限制的原因主要在于身份上的等级及隶属关系；而当代所有权限制理论的基础在于调和个人利益与社会利益的冲突，维护社会整体利益，并非来自身份上的支配关系。所以，完全以日耳曼法解释当代所

---

① 参见［日］田中夫、山本进一：《民法总则·物权法》，345 页，东京，法学书店，1976。

② ［俄］弗莱西茨：《为垄断资本主义服务的资产阶级民法》，郭寿康译，9 页，北京，中国人民大学出版社，1956。

③ J. H. Beekhuis，F. H. Lawson，*International Encyclopedia of Comparative Law*，Property and Trust，Structural Variations in Property Law，H. C. B Mohr，1972，p. 10.

④ 参见［日］我妻荣：《物权法》，2 页，东京，岩波书店，1995。

⑤ 李宜琛：《日耳曼法概说》，50 页，上海，商务印书馆，1944。

有权的限制问题是不妥当的。

应当看到，我国所有权制度发展的历史和西方国家是不同的。中华人民共和国成立以来，由于实行高度集中的计划经济管理体制，经济上强调“一大二公”，注重保护国家和集体的财产，而忽视了对私人财产权的保护。“文化大革命”时期，大搞“打、砸、抢”，对私人财产随意没收，农村实行“割资本主义尾巴”，这些都使得所有权神圣的观念受到极大的践踏。改革开放以来，我国民主法制逐步建立，社会主义市场经济的发展以及公民财产的逐步增加，都需要强化对公民财产权的保护。尤其在实践中，不尊重老百姓的财产权利，随意侵害老百姓财产权利的现象时有发生。所以，在我国今后一段相当长的时期内，仍然应强化对私人财产的保护，增强物权的神圣性，而不应当过分强调对所有权的限制。

二、所有权利用的多样化

罗马法时代，所有权主要突出权利人对其财产的支配权，而并未凸显其利用的功能。这主要是因为，在罗马法中，因实行自然经济，生产规模相对较小，对物的使用和效能相对低下，所有权权能常常集中于所有人手中，权能分离的现象并不十分复杂和普遍，对财产的利用方式也受到了限制。但在当代市场经济条件下，所有权权能分离现象越来越普遍，对财产的利用也日趋复杂和多元化。由于现代社会资源本身的稀缺性，人口与资源的压力日益突出，而资源的有限性与不断增长的人口之间的矛盾越来越突出，因此，各国立法都十分注重对于资源最大效率的利用；这就必然要求在所有权制度中充分贯彻物尽其用的原则，要求权利人尽可能以最有效的方式利用有限的资源。[①] 因此所有权从注重抽象的支配逐步发展到注重具体的利用。物权的权利人支配其物，并不完全重视抽象的支配，而更加注重通过对物的支配而获得一定的经济利益。当代物权法通过加强对利用权能（即使用和收益权能）的保护，以“利用”或“利用的必要性”来代替“支配

① 孙中山亦曾主张实行“地尽其利”，“以增进财富，充裕民生”。参见刘得宽：《民法诸问题与新展望》，64页，北京，中国政法大学出版社，2002。

性”，使物资利用权（用益权）优于所有权，同时使“社会性的利用”优于“私人性的利用”[①]，借此充分鼓励和督促权利人对物的利用，以发挥物的效用，促进经济的发展。所有权利用的多样化主要表现在如下几点。

一是所有人基于自己的利益将所有权的权能移转给非所有人行使，从而实现物尽其用。所有权人的权能包括占有、使用、收益、处分四项权能。这些权能都可以根据所有人的意志与所有权发生分离。在罗马法中，因实行自然经济，生产规模相对较小，对物的使用和效能相对低下，所有权权能常常集中于所有人手中，权能分离的现象并不十分复杂和普遍。但在当代市场经济条件下，所有权权能分离现象越来越普遍。所有权的每一项权能都可以与所有权发生分离，并在此基础上形成由非所有人享有的各种权利，而各项权能也可以作为交易的对象由非所有人享有。所有权权能分离，使所有权能够得到最充分的利用，实现物尽其用的目标。随着经济的发展和物的效用的增加，权能所包含的内容也将随之扩大。所有权人在实际行使所有权过程中，常常将其所有权的权能依据法律规定和当事人之间的约定分离出去，这是所有人行使所有权的具体形式。

二是所有权人在权能分离的过程中设定他物权。在现代社会，在不动产之上，权利人所能够设定的他物权种类越来越多。土地上所能存在的权利不仅包括所有权，还包括资源利用权、取水权、地上和地下的空间权、地役权等。土地上的各种权利还可以根据期限等进一步地进行分割，不动产权利本身也可以进行抵押而形成抵押权。权利的类型越复杂，就表明所有权的利用越有效。权能分离通常基于限制物权的设定，因此权能分离的现象日益复杂，限制物权的种类也随之增多。当代物权法中不断增多的物权形式，也证明了权能分离的多样性。

三是所有权与经营权的分离。随着20世纪以来市场经济的迅速发展，适应现代化大生产需要而产生的股份有限公司，不仅可以通过发行股票的形式聚集到庞大的资财，而且根据公司的实际需要，将资本所有者排斥在公司的生产经营范围之外，让一些具有专门的经营才干的经理人员来管理企业，形成所有权与经营

① 林刚：《物权理论：从所有向利用的转变》，载司法部法学教育司编《优秀法学论文选》，215页，北京，法律出版社，1996。

权的分离。正如马克思所指出的："实际执行职能的资本家转化为单纯的经理，即别人的资本的管理人，而资本所有者则转化为单纯的所有者，即单纯的货币资本家。""这个资本所有权这样一来现在就同现实再生产过程中的职能完全分离，正象这种职能在经理身上同资本所有权完全分离一样。"① 这种分离是 20 世纪以来公司发展的重要趋势②，也是所有权发展的重要表现形式。

四是所有权的证券化趋势。在现代社会中，所有权可以通过有价证券等方式加以表彰，从而使得证券权利和实物权利出现了分离，实物权利人可以对所有权实现更有效率的多重利用，基于所有权所产生的证券权利本身也成为一种对所有权的分割利用，可以将这些证券权利单独质押、流通，从而使物的所有权更有效率，也更符合现代商业社会的流通便利需求。物权的证券化主要有如下几种形态：第一，将不动产的价值形态分成若干份额，以证券的形式对外出售。③ 第二，美国的土地信托的典型操作模式。开发业者购买一块生地（raw land），租给一家由开发业者组成的公司，并将该土地的所有权信托移转给一位受托人，依据信托契约，受托人发行土地信托受益凭证，而由委托人（开发业者）销售该受益凭证，受益凭证代表对土地所有权（信托财产）的受益权，由销售受益凭证所得的资金，用来改良土地。受托人收取租金，负有给付受益凭证持有人固定报酬的义务，并将剩余租金用来买回受益凭证，使开发业者的实质所有权（对信托财产的受益权）所受的负担解除。④ 第三，近几十年来，随着互联网和数字化的发展，实物也可以以电子化的形式表现出来，例如储存的商品可以以电子化的权利形式体现出来，并可以进入交易领域进行交易，这就使得对物的利用效率更高。

---

① 《马克思恩格斯全集》，第 25 卷，493、494 页，北京，人民出版社，1974。

② ［美］阿道夫·贝利：《20 世纪的资本主义革命》，6 页，北京，商务印书馆，1964。

③ 有日本学者认为，金钱不仅使物权与债权获得了前所未有的高度统一，同时也使二者区别之限愈益模糊。参见［日］於保不二雄：《物权法》，5～6 页，东京，有斐阁，1956。

④ 详见谢哲胜：《不动产证券化之研究》，载《台大法学论丛》，第 27 卷第 1 期。

三、所有权形态的多样化

罗马法上的所有权制度是完全建立在个人主义基础之上的，认为所有权不仅是私人所有权，甚至共有的形态都不过是单个所有权的结合。然而，当代所有权理论承认共有是所有权的一种形态，而非单个所有权的结合。团体的所有权在近代法律中并未被承认，但现代民法承认了家庭、合伙、社会团体、国家可以作为所有权的主体，从而形成了多种所有权形态。尤其是随着市场经济的发展，公司形态在社会经济生活中扮演着越来越重要的角色，因此，在法律上确认公司对其财产享有所有权是十分必要的。而法人所有权的出现也是所有权主体变化的重要体现。所有权的形态除了这些变化以外，还表现在如下几个方面。

（一）所有权的期限分割

所有权发展的另一个趋势就是所谓所有权的期限分割。所谓所有权的期限分割，又称为有期产权，它是通过有期共享（［西］tiempo compartido）的形式而产生的一种新的物权形式。[①] 从现实来看，此种制度通常是与旅游、度假、休闲联系在一起的，特别是在旅游圈中出现的轮换度假（［西］intercambio vacationl）体制，使有期产权人可以轮换不同的地方，享用相应期限的不动产及设施的使用权。[②] 这种新的权利形式赋予购买人在事先确定的期限内排他性地使用特定不动产的权能；通常是由许多人长期或短期相继和轮换使用同一不动产，且这种权利可以在生前或死后转让。[③] 例如，如某人想每年夏天到北欧某个国家的海边度假，他可以在当地购买一栋别墅的7、8月的所有权。如果他想每年冬天到那里去滑雪，可以只购买该栋别墅12月的所有权。这种做法不仅可以使所有人获取较高的收益，而且可以充分实现这栋别墅的价值。在该期限内，权利人享有对其购买的房屋的完全支配权，任何人占用其财产，他都可以以所有人的身份请求返还财产、排除侵害。当然，每个权利人只是在既定的时间内享有独占的支配权。

① 参见徐国栋主编：《罗马法与现代民法》，122页，北京，中国法制出版社，2000。

②③ 参见高富平：《物权法原论》（上），212页，北京，中国法制出版社，2001。

一些国家，如葡萄牙，已经通过立法承认其为有期物权。也有的称其为“度假寓所所有权”（Ferieneigentum）。欧盟在 1994 年曾发布了一项关于时间分配式共有的指令[①]，此种所有权的产生，是所有权无期限原则的一种例外，也是现代社会因资源的相对稀缺而需要对资源进行更有效的利用的产物。然而，这种期限所有权究竟是一种物权还是债权，在大陆法系国家也存在着疑问。有一些学者认为，它在本质上是一种分期租赁，因此是一种债权。然而，在法律上它和租赁又存在区别。主要表现在：所有人在既定的期限内享有完全的所有权，对某栋房屋而言，所有权人如不使用，可以以出租人的身份出租出去，由他人承租使用。

（二）建筑物区分所有权的产生与发展

从传统孤立的个人所有权向团体性所有权发展，这也是所有权发展的另一个趋势，这尤其表现在建筑物区分所有权制度的产生上。建筑物区分所有权的产生伴随着工业化时代所带来的城市化进程而不断扩展和加深。1804 年《法国民法典》并未规定建筑物区分所有权制度，第一次世界大战以后，由于住宅缺乏和建筑物中各项共同设施的改建，法国立法机关深感《法国民法典》第 664 条规定过于简略，于是于 1938 年 6 月 28 日废止了第 664 条，而制定了《有关区分各阶层不动产共有之法律》予以替代之。[②] 该法共 14 条，包括两个部分：一部分规定了各个分层住宅人的团体关系（sociletisconstrucion），另一部分规定了分层所有人之间的法律关系。由于该法第 14 条对区分所有人之间的法律关系规定得极为详细，体现了强烈的个人主义色彩（如关于区分所有建筑物之改良须得到全体区分所有权人同意的规定），因此，该法于 1965 年 7 月 10 日被全面修正，修正后称为《住宅分层所有权法》。该法共分为 50 条（截至 2012 年 4 月 26 日），详细规定了建筑物区分所有权制度。[③] 该法可以说是一部较为完整的建筑物区分所有的立法。后来法国在 1938 年、1939 年、1943 年，通过单行法的形式界定了建筑物区分所有权人的基本权利和义务，从而使建筑物区分所有权成为法规创造的不动

① 参见［德］鲍尔、施蒂尔纳：《德国物权法》上册，张双根译，679 页，北京，法律出版社，2004。

② 参见陈华彬：《现代建筑物区分所有制度研究》，19 页，北京，法律出版社，1995。

③ 参见陈华彬：《现代建筑物区分所有制度研究》，23 页，北京，法律出版社，1995。

产财产权形式。[①] 在1900年《德国民法典》制定时期，由于立法者深受罗马法的影响，因此该法典并未承认建筑物区分所有权。《德国民法施行法》第182条禁止设立楼层所有权。第二次世界大战以后，由于战争对城市建筑物的严重破坏，房屋残缺，需要建造大量住宅（德国全国失去了1/10的住宅），而个人又难以或不愿意建造或拥有整幢建筑，大多希望以自己的资金、就自己的居住部分享有完全所有权，因此建筑物区分所有制度逐渐被采纳。[②] 1950年巴登—符腾堡州公布了一项根据《德国民法施行法》第131条而产生的法律，规定了一种所谓"准住宅分层所有权"[③]，1951年3月15日，德国颁布了《住居所有权及永久居住权的法律》(Gesetz über das Wohnungseigentum und das Dauerwohnrecht)，该法分4部分共64条，主要规定了住宅所有权的概念、设定，住宅所有人之间的共同关系，住宅所有权的管理，住宅地上权，长期居住权，程序等方面的内容[④]，从而对建筑物区分所有制度作出了详细的规定。

建筑物区分所有权促进了所有权制度的发展，它使得所有权的内容从单纯的财产权发展到与组织法的结合。最为典型的就是建筑物区分所有权中的共同管理权，这反映了古典自由主义时期的个人本位向团体本位的过渡和发展。例如，建筑物区分所有权人并不享有按份共有人的优先购买权，对其他区分所有权人的进入和退出不享有限制的权利，因此建筑物区分所有权比共有更具有团体性。可以说，建筑物区分所有权是现代社会的产物。

（三）信托制度的发展对所有权产生的影响

现代意义的信托起源于普通法，是基于英国衡平法而发展起来的一项制度，被法律史学家梅特兰（Maitland）誉为"普通法皇冠上的宝石"[⑤]。一般认为，信托制度最初起源于中世纪英国的use制度，信托的产生与广泛运用也是英美法的

① Warren Freedman and Jonathan B. Alter, *The Law of Condominia and Property Owners' Associations*, Quorum Books, 1992. pp. 109-124.

② 参见［德］鲍尔、施蒂尔纳：《德国物权法》上册，张双根译，635页，北京，法律出版社，2004。

③ 黄越钦：《住宅分层所有权之比较法研究》，载郑玉波主编：《民法物权论文选辑》（上），436页。

④ 参见陈华彬：《现代建筑物区分所有制度研究》，36~42页，北京，法律出版社，1995。

⑤ 何宝玉：《英国信托法原理与判例》，1页，北京，法律出版社，2001。

最大成就。[1] 虽然信托制度起源于英美法，但由于其巨大的制度优势，在长期发展的过程中逐渐对大陆法国家产生了重大的影响。不少大陆法系国家都通过专门立法规定了信托制度。例如日本不仅有信托法律，而且在 1947 年和 1979 年还对其《信托法》进行了修改。除民事信托之外，日本还制定了有关商事信托法，如 1951 年的《证券信托投资法》、1952 年的《贷款信托法》。也有一些大陆法系国家在其颁行的民法典（如《魁北克民法典》）中规定了信托制度。信托制度的主要功能在于能够更有效率地利用财产，并促进资金的融通和流转，但信托制度引入大陆法系形成了对大陆法系原有所有权制度的一些冲击。例如，信托所有权的构造（所谓双重所有权）与大陆法系的一物一权和所有权的排他性等原则，存在着一定的抵触。[2] 受托人所享有的处分权的性质也很难从传统物权的角度得到解释。[3] 有鉴于此，一些采取罗马法上一物一权主义概念的大陆法国家，在引入信托制度时，也对信托制度进行了一些必要的改造。

四、动产的重要性日益凸显

在整个 19 世纪，物权法以调整不动产法律关系为主，因为在当时的社会生活中，不动产的价值更大、地位更高。传统的物权法规范的主要是不动产法，物权法的许多规则也基本上是从不动产发展出来的（譬如物权变动规则等）。然而到了近代社会，动产的重要性逐渐凸显出来，在法律上也获得了越来越重要的地位。在近代民法中，动产与不动产的二分对立格局源于法国民法典。在现代社会中，物权法仅仅以不动产为核心来确立其体系已经越来越不符合社会发展的需要了。

首先，随着现代科学技术的发展，动产的价值在现代社会越来越大，无论是

① Rosalind F. Atherton, *The International Academy of Estate and Trust Law* (*Selected Papers 1997—1999*), Kluwer Law International, 2001, p. 5.

② 参见方嘉麟：《信托法之理论与实务》，8 页，北京，中国政法大学出版社，2004。

③ 参见钟瑞栋：《信托财产权、信托法与民法典》，载《甘肃政法学院学报》，2007 (2)。

在交换价值还是在使用价值上，动产都具有越来越重要的地位，例如汽车、航空器、船舶等动产的价值远远超过了许多不动产。尤其是现代社会已经进入了所谓的“消费社会”，动产的形态和价值不断上升，成为社会经济中的一个显著的现象。动产与不动产在价值上的差异逐渐消失，是财产发展的一种趋势。[①] 一方面，科学技术手段的飞跃发展，大量新型的动产财富被创造出来；另一方面，“消费社会”中对于休闲产品（譬如说赛马、赛车、游艇等）、艺术收藏品的需求，处于持久的增长态势。因此，完全以不动产为中心构建物权法的体系是不适应社会发展的需求的。

其次，现代社会中动产与不动产的区分在很大程度上越来越模糊。一些所谓的“第三类”财产的出现，使得传统的二分格局显得越来越尴尬和不合时宜。譬如，对于某些形态的集合财产，它是动产、不动产甚是还包括无形财产的总括和集合，显然很难将它硬性地归入动产或者不动产之中。还有，随着所谓财富的“非物质化”“去物质化”，纯粹以价值形态而存在的无形财产大量出现，它们也很难简单地归入传统的动产和不动产之中。

最后，动产和不动产所适用的法律规则出现了交错，传统上适用于某一类财产的规则如今也越来越多地适用到另一类财产上。譬如，某些特殊的动产也适用登记成立或者登记规则，而后者本来是适用于不动产的；又如，抵押在最初只能适用于不动产（这以《法国民法典》为典型），如今，抵押也越来越多地适用于动产。由此可知，物权法如果仍然是仅仅以不动产为中心来建立体系和确定法律规则的话，将与现实社会发生脱节，不符合社会发展的需要。

应当看到，从物权法的发展趋势来看，动产和不动产的规则呈现出相互渗透甚至是相互转化的状况，因为一方面，由于不动产证券化趋势的发展，不动产具有动产化的趋向。物权的证券化不仅有利于充分实现不动产的交换价值，也为物权人开辟了新的融资渠道。另一方面，某些动产，如船舶、航空器等也要在法律上采取登记制度，从而与不动产的规则完全一致。还要看到，在担保物权中，不动产抵押和动产抵押基本上采用相同的规则。正是由于这一原因，有一些学者认

① 参见尹田：《法国物权法》，80 页，北京，法律出版社，1998。

为应当使动产和不动产规则统一化。

因此，进入21世纪的现代社会，在我国市场经济体系不断完善的今天，我国物权立法在建构自身体系时，既应当注重不动产的地位，但是又不能完全以不动产为中心来确立体系和制定相应的法律规则。有鉴于此，我国物权立法充分考虑到了动产和不动产的发展变化，在以不动产作为规范重心的前提下，也强调了对动产权利的规范，尤其是突破了动产与不动产的界限，规定了各种资源的归属和利用问题，使物权法的体系得到了新的发展。

五、所有权客体形式的多样性

日本著名民法学家我妻荣认为，所有权制度变化的一个重要特点表现在物权关系和客体的结合。如不动产与附随不动产的权利成为一体，集合物作为单一的物权客体；构成一个企业的许多物的权利关系和事实关系结合而成为企业的财产，并作为一个物权的客体来看待。① 权利和物结合共同构成法律上的集合物并成为所有权的客体和某项交易的对象，表明交易的对象日益丰富以及对物的利用效率也不断提高。在现代社会，为了促进物尽其用，充分发挥担保物的价值，集合财产作为担保物的现象越来越普遍，尤其是以企业整体财产作担保，越来越普遍。因为一方面，以企业财产作担保，可以使企业的品牌、信用等无形财产计算到担保财产之中。另一方面，以企业财产作担保，就可以将企业财产拍卖，而整体财产拍卖一定比单个财产出售更有价值。整体财产出售，还可以导致整体财产的接管，受让人在买受时，可以对企业进行整治，从而使企业起死回生。但是，如果将企业分拆拍卖，将会导致企业的消灭。由此可见，集合财产担保是很有效率的。正是因为越来越多的集合财产作为担保物，物权客体范围遂得到了扩张。正如日本学者川岛武宜所指出的，“使近代法中的集合物成立的时机，是该组成物之间的交换价值的关联，集合物的近代性格正是存在于这一点上”②。

---

① 参见［日］我妻荣：《物权法》，2页，东京，岩波书店，1995。

② ［日］川岛武宜：《所有权法的理论》，170页，东京，岩波书店，1981。

所有权客体的另一个变化表现在有价证券的产生与发展方面。在农业社会中，土地和其他不动产在经济生活中居于最重要的地位，但随着商品经济的发展，动产逐渐显得重要。如果说在1804年的《法国民法典》中，财产的客体主要是土地、房屋等，那么在1900年的《德国民法典》中，财产的重要的客体是有价证券，有价证券被视为新的动产。有价证券形式上是债权，实质上是所有权。特别是对无记名证券来说，谁依法占有无记名证券，谁就成为该证券所记载的财产的所有人。有价证券的出现，改变了财产的概念，它使财产易于保管、隐藏、使用和转让，极大地促进了市场经济的发展。正如英国学者詹克斯所说的："由于工业的逐渐发展和商业活动的更大发展，终于创造了另外一种和最初的形态完全不同的动产；这种动产的价值并不取决于它的自然性质，而是取决于它的法律性质。如果把一张一百生丁的票据看作是一个自然界中的对象，那么它可能值不了什么；如果把它看作是某个有钱人的付款保证，那么它就可能值一百法郎。债券、股票、保险证券以及其他许多系争财产和作为债务要求权对象的财产，都和上述情况一样。"① 除有价证券之外，一些无体财产也具有商品属性，并成为所有权的客体。一些非所有权的权利也几乎上升到所有权的地位。例如在法国，租用商业房屋的权利被称为"商业所有权"，这些都表明了所有权的范围已逐渐扩大。

还需要指出的是，在现代社会，人口激增、经济快速发展以及城市化的日益加快，导致不可再生的土地资源越来越稀缺，决定了人类对土地的利用逐步从平面转向立体，空间的利用与开发也就越来越重要。因此，地上和地下空间也成为重要的财产，出现了空间权、空间役权等制度，并且使空间本身也成为所有权的重要客体。

---

① ［英］詹克斯：《英国法》，转引自［俄］弗莱西茨：《为垄断资本服务的资产阶级民法》，16～17页，北京，中国人民大学出版社，1956。

结语

探讨所有权在当代的发展，可以从中把握所有权制度的发展规律和趋势，一方面，法律应当和市场经济的发展紧密结合在一起，当财产和财富在市场经济中呈现出如此多样化的形态时，法律也应当随之进步革新。另一方面，立法必须为市场经济的发展提供必要的指引和服务，当所有权的形态和利用方式表现出多元化的趋势时，我们的立法也必须随之进行修改和完善，为所有权的高效、多层次利用提供必要的制度保证。此外，在现代社会资源稀缺的情况下，所有权的利用还必须注重对环境的保护，实现人和自然的和谐共处，保障社会的可持续发展。

物尽其用：物权法的基本价值

引言

物权法的价值实际上就是物权法的基本功能。一般认为，物权法主要具有确认物权、物尽其用、保护物权等功能。[①] 所谓物尽其用，是指通过明确权利人对物享有的权利和对物权的保护，充分利用各种可用之物，最大限度地发挥物的效用。我国清代诗人阮元在《吴兴杂诗》中云："交流四水抱城斜，散作千溪遍万家。深处种菱浅种稻，不深不浅种荷花。"这是一首通俗的田园诗，但其中隐念着深刻的物尽其用生活常理。尤其是在现代社会，资源的稀缺性与人类社会不断增长的需求呈现出越来越紧张的矛盾关系，为缓解这一矛盾，需要充分提高这些资源的利用效率，促进物尽其用。而以调整物的归属与利用为己任的物权法，也当然应当以促进物尽其用作为其基本的价值追求。

物尽其用是现代物权法的基本价值，体现了物权法作为财产法的独特作用。也就是说，物权法需要在充分发挥定分止争的重要功能的前提下，促进物尽其用

① 参见《物权法草案之解读：物权法草案将公开征集民意》，载《新京报》，2005-07-02。

功能的实现。无论是从物权法自身的演变来看，还是从制度构造来看，物权法的功能不仅仅在于界定财产归属、明晰产权从而达到定分止争、实现维护社会秩序的效果，更在于使有限的资源得到充分利用，从而更好地满足社会经济生活的需求。从定分止争到物尽其用的发展，诠释了物权法功能上的演进过程，在我国民法典物权编制定过程中，正确理解物尽其用的基本价值，对于明确物权法的规范目的，在立法上优化设计良好的规范，并准确适用物权法，充分发挥物权法在社会生活中的作用，都具有重大意义。

一、物权法从“归属到利用”的发展体现了物尽其用的基本价值

自物权制度产生以来，人类社会就形成了两种各具特色的物权体系，即以“所有”为中心的罗马法物权体系和以“利用”为中心的日耳曼法物权体系。罗马法物权体系由于受个人主义思想的影响，强调所有而非利用；而日耳曼法物权体系受团体主义的影响，强调利用而非对物的所有。[①] 在罗马法上，所有权为抽象的支配的权利，对物的利用乃是抽象的支配的作用，所有权被定义为“对物的最重要的支配权”（signoria eminente sulla cosa）[②]。由于所有权是对物的抽象的支配权，因此他物权只是由所有权全面的支配权功能所产生的，它只是对物的部分的、特定的支配权。罗马法上有“予发见予物时，予即回收（Ubi meam rem invenio ibi vindico）”原则，又有“物在呼叫主人（res clamat ad dominium）”原则，即所有人可随时收回其物，这些原则均属重保护静的安全思想之表现。[③] 此种理念有助于明晰物权、定分止争、保护物权，但并没有充分彰显物的利用功能，无法为物的多层次利用提供手段。而日耳曼物权体系并不注重物的抽象支配，也并未将所有权视为抽象的支配权，而是基于各种物的利用形态来分别认可

① 参见史尚宽：《物权法论》，1～7页，北京，中国政法大学出版社，2000。

② 史尚宽：《物权法论》，1页，台北，1987。

③ 参见郑玉波：《法的安全论》，载刁荣华主编：《现代民法基本问题》，3页，台北，汉林出版社，1981。

各种权利，从而以利用为中心建立了物权体系。[①] 这种物权体系并不注重物的抽象支配，而是积极保护对物的各种积极利用的权利，因而相较于罗马法的物权体系而言，更关注物的利用，从而更有利于为物的利用提供多层次的手段，以实现物尽其用。[②]

由于罗马法以所有为中心的物权体系适应了早期资本主义经济发展的需要，因而为大多数西方国家所接受。在这种物权体系下，物权法注重保护所有权本体的完整性，强调对所有人享有的各项权能进行全面保护。罗马法以降，传统的大陆法系物权法的核心价值主要体现在确定物的静态归属，从而达到定分止争、界定产权的作用。近代大陆法系国家民法是继受罗马法的产物，将产权保护提高到了前所未有的位置。在 1789 年法国《人权宣言》第 17 条中，所有权被界定为天赋人权，处于和自由同等的地位。《法国民法典》第 544 条宣告："所有权是对于物有绝对无限制地使用、收益及处分的权利，但法令所禁止的适用不在此限。"这就形成了近代民法的三大原则之一，所有权绝对不受限制的原则。整个《法国民法典》的第二编财产以及对所有权的各种限制，都是以绝对所有权为中心构建起来的。1900 年《德国民法典》虽然已经受所有权社会化观念的影响，对所有权的绝对性作出了必要的限制，但是《德国民法典》第 903 条规定："在不与法律或第三人的权利相抵触的限度内，物的所有人可以随意处置该物，并排除他人的一切干涉。"正是在这样一种确认和保护物的归属和处分权能的基础上，构建了《德国民法典》的物权体系。然而，自 20 世纪以来，所有权已不仅仅注重归属和支配，更注重行使所有权而实现物的价值，以实现物尽其用的目的。

定分止争只是提供了物尽其用的前提，却并未提供对物进行多层次有效利用的手段。作为基本法律制度的物权法，其立法目的在于保护主体对于财物的支配，但支配本身并不能自然地使被支配对象发挥充分的效益。相反，任由权利人滥用利用和处分的权利甚至会破坏有序的人类共同生活。[③] 因而，在定分止争的

① 参见［日］我妻荣：《物权法》，3 页，东京，岩波书店，1995。

② 参见［日］我妻荣：《物权法》，49 页，东京，岩波书店，1995。

③ 参见［德］鲍尔、施蒂尔纳：《德国物权法》上册，张双根译，5 页，北京，法律出版社，2004。

功能已经获得实现之后，物权法的重心应当转换到如何使被主体支配的财物充分发挥效益，促进社会财富的增长，有效增进人类的福祉。尤其应当看到，随着社会的发展，资源的有限性也与人类不断增长的需求和市场的发展形成尖锐的冲突和矛盾。由于人口增长，经济发展速度加快，现代社会的资源和环境对于发展的承受能力已临近极限。由于资源利用中冲突的加剧，物权法必须承担起引导资源合理和有效利用的功能，“以使互不相侵而保障物质之安全利用”①。在世界范围内，传统的所有权绝对主义观念也在保护生态环境的大背景下出现松动，并在相当程度上融入了“预防原则”和“可持续发展原则”的要求。② 而在资源严重紧缺、生态严重恶化的情况下，更应当重视资源的有效利用。③ 这也使得物权法的价值发生了相应的转变，从传统的注重对静态财产的保护而转向对物的更有效的利用。

可以说，定分止争和物尽其用是现代物权法的两大功能，正如川岛武宜所说：“市民社会的主要目标是保护所有权。人的存在是以对自然界的支配和利用为基础的。外界自然通过某种方法为人类所利用，其直接的全体是给予所有权。”④ 郑玉波先生认为，在民商法上，交易安全通常被区分为静的安全和动的安全，所谓静的安全，是指法律对主体已经享有的既定利益加以保护，使其免受他人任意侵夺；所谓动的安全，是指法律对主体取得利益的行为加以保护。⑤ 物权所表彰的，是抽象的支配，也正因为如此，物权法被普遍认为从来就是由以占有、使用、收益、处分的权能为内容的所有权为中心构成的。然而，当代物权法在发挥定纷止争功能的同时，也以物尽其用为其重要功能。

物权法从“归属到利用”或从“所有到利用”的表现是多方面的。一是物权

---

① 史尚宽：《物权法论》，1页，北京，中国政法大学出版社，2000。

② 参见石佳友：《物权法中环境保护之考量》，载《法学》，2008（3）。

③ 2006年6月5日，国务院新闻办公室发表了《中国的环境保护（1996—2005）白皮书》。《白皮书》指出，由于中国人均资源相对不足，地区差异较大，生态环境脆弱，生态环境恶化的趋势仍未得到有效遏制。

④ ［日］川岛武宜：《所有权法的理论》（日文版），17页，东京，岩波书店，1987。

⑤ 参见郑玉波：《法的安全论》，载刁荣华主编：《现代民法基本问题》，1页，台北，汉林出版社，1981。

法的基本宗旨发生改变。在以所有权绝对为宗旨的立法中，保护物权成为首要目的。但是在当代物权法中，物尽其用也成为物权法所追求的目标。《欧洲民法典草案》在确立该民法典草案基本价值时认为，物权编的一个重要宗旨是，采取更高效、更灵活的方式来实现其权利让与与财产转移、确保债务履行以及管理财产的各种权利。[①] 二是对物权的需求从拥有转向追求使用价值、交换价值，对物的占有不再仅仅是为了拥有而拥有，而在于拥有该物、利用该物、追求价值和价值的增值。[②] 在制度的设计上，将物尽其用真正作为物权法的价值之一，与保护物权并列。而这种价值在物权法的内容体系中贯穿适用，对财产权的客体、权能、属性、用益物权、相邻关系以及征收等制度进行重新审视，强化物尽其用的义务。例如，所有权和经营权的分离就体现了这一价值理念的变化。所有权人享有物的所有权，但未必需要实际控制和利用物，所有权人也未必具有充分利用物的专业技能，因此，在社会分工高度专业化的今天，将物的使用交由最具有专业技能的人，能够充分发挥物的效用。因此，“所有”与“控制”的分离是提升物的利用效率的必然选择。三是制度体系的变化。在物权法中，用益物权制度的功能也日益凸显。从物权自身的功能来看，物由所有人进行现实的支配并由其自己利用，从而导致权利主体对物的所有关系和利用关系趋于一致。从所有权自身来看，其包括了使用权能和处分权能。前者包括所有人可以采用任何方式使用其物的权利，而后者则是指所有人可以转让其所有物，并且可以在其物之上设立他物权。[③] 使用不仅是指对物的效用的利用，还包括在物之上获得经济利益，因而使用权应包括收益权。只有充分发挥所有权的使用和收益权能，也才能使所有权实现其经济价值，从而实现物尽其用。所有权仅意味着权利主体对财产的支配、控制状态获得了法律的确认和保障，这一确认本身并不意味着一定能实现物尽其

---

① 参见欧洲民法典研究组等编著：《欧洲示范民法典草案：欧洲私法的原则、定义和示范规则》，高圣平译，51 页，北京，中国人民大学出版社，2012。

② 参见高富平：《从实体物本位到价值本位——对物权客体的历史考察和法理分析》，载《华东政法学院学报》，2003（5）。

③ See Jacob H. Beekhuis etc.，*International Encyclopedia of Comparative Law*：Volume Ⅵ：Property and Trust：Chapter 2：Structural Variations in Property Law，J. C. B. Mohr（Paul Siebeck），Tübingen，1973，p. 12.

用、促进社会财富的增长。欲使资源最大限度地发挥其效用，就必须由最能有效利用资源的人来利用资源。因此，“近代不动产所有权之趋势应为利用权优于所有权，因为对不动产加以利用生产物品者，比单纯拥有不动产所有权者而不加以利用者对社会的贡献更大。固然取得不动产所有权有其成本，但此种成本已经不影响人们利用现有资源以生产产品或服务，因此，拥有不动产所有权者未必加以利用，不加以利用，则无法提供产品和服务供满足人们的需要，因此，法律必须鼓励人们去利用不动产加以生产，因为利用权人才是真正利用不动产以生产产品或服务之人，而所有权人并非直接利用不动产之人，因此，利用权之保障应优于所有权而受保障”[①]。在市场经济条件下，土地不动产的利用价值越来越强调效益性，用益物权在社会生活中的作用日益凸显。四是担保物权的种类不断丰富。“物权法借助于担保移转、抵押、土地债务以及质权为融资手段提供了担保手段，即所谓真正的信用。流入经济需求当中的资本量的大小，在很大程度上取决于物权法对担保方式的扩大或者限制。”[②]

当代物权法经历了从“归属到利用”或从“所有到利用”的历史演变过程，这表明，人类作为主体对客体认识和利用程度的深化。根据经济分析法学派的观点，所有的法律规范、法律制度和法律活动归根结底都是以有效地利用资源、最大限度地增加社会财富为目的，也就是通过法律手段促进资源的优化配置，实现帕累托最优。[③] 无论是财产权的初始分配，还是在产权初始分配之后的合同交易中，法律的制度安排都应当将物尽其用作为重要的政策目标。在财产权的初始分配中，是否需要在一宗财产上设置产权以及让何人享有产权，一个核心的考虑因素就是谁有助于更好地发现、维护、流通和利用这些财产。[④] 同时，这也表明法律制度更应当有效地回应社会的需求，回应时代的需要。如前述，现代社会人与资源之间的矛盾，比历史上任何时候更为突出和尖锐。为有效解决人与资源的矛

---

① 谢哲胜：《财产法专题研究》，140页，台北，三民书局，1995。

② ［德］曼弗雷德·沃尔夫：《物权法》，吴越、李大雪译，11页，北京，法律出版社，2002。

③ 参见王启富、马志刚：《权利的成本——效益分析》，载《政法论坛》，1999（4）。

④ See Steven Shavell, *Foundations of Economic Analysis of Law*, Harvard University Press 2004, pp. 16-19.

盾，需要促使有限的资源发挥最大限度的效用，民法典必须承担起引导资源合理和有效利用的功能，“以使互不相侵而保障物质之安全利用”[①]。因此，法律应当鼓励对资源进行多种形式的利用与共享，实现其效益最大化。

由此可见，现代物权法除具有界定财产归属、明晰产权的功能外，其重心已表现为最大限度地发挥资源的效用以获得最佳的经济社会效益。[②] 物尽其用和定分止争并不是相互排斥的，而是相辅相成的，其原因主要在于，一方面，这种注重确认和保护物权的模式本身也能发挥物的效用，因为产权不明晰，人们就会为抢夺资源发生利益冲突，进而导致资源利用效率低下。因此，定分止争本身就是一种有效利用资源的前提。正如波斯纳所说：“对财产权的法律保护创造了有效率的使用资源的激励。”[③] 另一方面，产权的确认本身也有利于实现物尽其用。法律保护所有人自由处分其物本身也是物尽其用的具体体现。根据经济分析法学派的观点，在判断财产权制度是否有效率的三个标准中，一个重要的标准就是财产权是否具有可转让性。[④] 如果财产权具有可转让性，就意味着资源能够流向最能有效利用该资源的主体，从而实现资源的优化配置，否则，财产只能由所有权人加以利用，而所有权人不一定是财产的最佳利用人，这就难以实现物尽其用。可见，物尽其用以自由处分为前提，自由处分以物尽其用为目的。市场经济是通过资源的优化配置而实现效益目标的。资源应当如何优化配置，这不仅取决于资源的占有量，更重要的是要有一套资源配置规则和交易规则，这种规则主要是通过确定财产的所有权归属，明确财产所有权的主体，并承认其处分财产的权利，从而为资源的交易提供法律前提。此外，物尽其用还要求对物进行多种形式的利用，这不仅要求确权以确认物的所有权归属，还要确认与保护他物权。现代物权法出现了“从归属到利用”“从所有到利用”的发展趋势，为了充分利用资源，

① 史尚宽：《物权法论》，1页，北京，中国政法大学出版社，2000。

② 参见马俊驹、尹梅：《论物权法的发展与我国物权法体系的完善》，载《武汉大学学报》（哲社版），1996（5）。

③ ［美］理查德·A. 波斯纳：《法律的经济分析》，蒋兆康，40页，北京，中国大百科全书出版社，1997。

④ 参见高德步：《产权与增长：论法律制度的效率》，83页，北京，中国人民大学出版社，1999。

充分发挥财产的效用，吸收更多的主体利用资源，在一物之上需要设立越来越多的物权形态，从而促进财产的动态利用。[1] 借助于他物权制度，尤其是用益物权制度，非所有人可以利用所有人的财产组织生产经营，从而充分发挥物的效益。我国物权立法应当尽可能地确认和保护各项用益物权，凡是实践中出现的对不动产的使用、利用形态都应进行认真的整理和审视，对于不违反法律规定的利用方式，可以考虑将其确认为物权类型，以充分发挥物的经济效用。

总之，作为一种解决因资源的有限性与需求的无限性而引发的紧张关系的法律手段，物权法的功能不仅仅在于界定财产归属、明晰产权从而达到定分止争、实现社会秩序的效果，更在于使有限自然资源的效益得到充分发挥，从而更好地满足人类的需求。无论是从物权法自身的演变来看，还是从制度构造来看，物权法都应以充分发挥资源的经济社会效益作为其追求的目标。

二、现代物权法在物尽其用价值方面所展现的若干趋势

现代各国物权法十分重视对物的充分有效利用，使财产最大限度地达到物尽其用的状态，物尽其用的效益价值已经成为物权法的重要价值。因此，现代物权法也表现出若干新的发展趋势。

（一）所有与利用分离的多样化

传统上，大陆法系国家民法主要是通过设定他物权的方式实现对物的利用，因为大陆法系的物权法理论以所有权“权能分离”为基础，所谓“权能分离”是指所有权包含的使用和处分权能在行使中可以与所有人的所有权相分离，所有人可以在自己的财产之上，为他人设定各种用益物权，或将物提供担保设定担保物权，还可以将所有权出租设立信托等方式加以利用。这种分离并不导致所有权的消灭，反而使所有权更为有效地行使和利用，并通过分离充分实现财产的使用价值和交换价值。而在当代物权法中，所有与利用分离的形式更加复杂，更加多样

① 参见吕来明：《从归属到利用》，载《法学研究》，1991（6）；林刚：《物权理论：从所有向利用的转变》，载《现代法学》，1994（1）。

化。正如施蒂尔纳所指出的："所有权人可以让别人分享对物的使用，也可以将对物的变价权转让给别人，甚至还可以赋予第三人取得属于自己所有之物的取得权。换言之，所有权人有可能为了他人的利益，自其完全权利中'分离'出去一部分权能，并且这种分离可以采取使该他人取得一项物权性权利的方式。"[①]

首先，他物权的形态更加多样且更有利于促进物尽其用。在不动产所有权权能的基础上分离出越来越多的权利，这些都表明了对物的利用价值日益提高。尤其是不动产之上的物权类型越来越多，对物的利用更有效率。法律鼓励当事人设立更多的互不矛盾的物权，从而使主体能够更充分、有效地利用资源。例如，当代地役权适应物尽其用的需要产生了所谓空间地役权、公共地役权等形态。从比较法上来看，各国法律对地役权的种类并无限制，从而使地役权的发展保持了开放性，尤其是允许当事人通过约定地役权充分发挥不动产的利用价值，可以说就地役权而言，权利人自由创设空间较大。这些优势使其能够适应社会的不断发展，满足各种利用他人土地的社会需求。[②]

其次，对土地和建筑物的不同利用方式形成了不同的权利。在土地和建筑物之上构建了一个多重的使用权体系，形成一个复杂的"权利束"结构，同时允许多个使用权人获取同一土地和空间的不同效用。所有权权能分离现象充分体现了物尽其用的价值。例如，各国法律普遍承认了对土地之上和土地之下的空间进行利用的权利，该项权利或者被认为是独立的权利（如空间权），或者被认为是土地所有权的内容而已。[③] 另外，土地之下还有矿产资源等，它们可能被认为是土地所有权的客体，也可能形成独特的物权。[④] 只要这些物权之间并不发生冲突和矛盾，一块土地之上可以设定多种物权。土地之下可以形成空间利用权，地下资源的开采权、利用权；土地之上可以设定地上权、空间的利用权等，土地所有权本身还可以用于抵押，物上的权利状态越来越复杂。

---

① ［德］鲍尔、施蒂尔纳：《德国物权法》上册，张双根译，32页，北京，法律出版社，2004。

② 参见刘乃忠：《现代地役权发展趋势》，载《中南财经政法大学学报》，2002（3）。

③④ See Jacob H. Beekhuis etc., *International Encyclopedia of Comparative Law*: Volume Ⅵ: Property and Trust: Chapter 2: Structural Variations in Property Law, J. C. B. Mohr (Paul Siebeck), Tuebingen, 1973, p. 9.

最后，由于实物和价值形态发生分离，实物高度价值化，权利人不仅可以对实物进行利用，同时也可以对其价值进行利用和支配。只要对价值和实物的支配和利用之间不发生冲突，就可以形成多样化的权利。[①] 例如，将某栋建筑物作价1 000万元分别抵押给不同的债权人，从而使债权人在抵押物的交换价值上享有多个抵押权，就实现了多个权利人对交换价值的支配。这种价值的支配和利用确实已经突破了一物一权的限制，“一物一权限制人们就一物上设定物权的个数，将影响对一物利用的密度，自然影响资源利用的效率”[②]。当权利人对价值进行支配和利用时，其实一物之上已经形成了对实物的支配和对价值支配的分离。

还应当看到，所有与利用的分离在信托制度中表现得更为明显。虽然信托是英美法的传统制度，但是因为实现了对信托财产的高效利用，因而为大陆法系国家所广泛借鉴，甚至许多大陆法系国家和地区的民法典（如《魁北克民法典》）都对信托制度进行了规定。

（二）建筑物区分所有权制度的发展

建筑物区分所有权不同于传统的独门独院、一家一户的传统所有权之处，就在于它是在对建筑物进行区分的基础上形成的产权。所谓区分所有，是指在对建筑物进行纵向、横向分割的基础上，形成一层或者一套房屋的产权，并进而产生专有部分的所有权、共有权以及共同管理权，这些权利共同构成建筑物区分所有权。建筑物区分所有权制度也是解决人与资源矛盾的典型制度，它突破了传统物权法的一物一权制度，允许在同一个物之上同时存在多个所有人，以区分所有的形式，共同对物进行利用与共享。区分所有人对建筑物的整体进行共同利用的法律框架，是在区分专有部分及共有部分，并引入共同管理权的基础上形成的；在这样一整套法律框架的基础上，区分所有人的全体共同对建筑物进行利用、享有和处分。曾经有观点认为建筑物区分所有权是低效率的，但是现在却普遍认为该

---

① 参见陈晓敏：《大陆法系所有权模式历史变迁研究》，108页，北京，中国社会科学出版社，2016。

② 谢哲胜：《台湾物权法制发展》，载陈小君主编：《私法研究》，第6卷，164页，北京，法律出版社，2008。

制度能够有效提升对建筑物的充分管理和利用。[①]

（三）所有权的期限分割

物权发展的另一个趋势就是所谓所有权的期限分割。[②] 所有权的期限分割，又称为有期产权，它是通过有期共享（［西］tiempo compartido）的形式而产生的一种新的物权形式。从现实来看，此种制度通常是与旅游、度假、休闲联系在一起的，特别是在旅游圈中出现的轮换度假（［西］intercambio vacationl）体制，使有期产权人可以轮换不同的地方，享用相应期限的不动产及设施的使用权。[③] 这种新的权利形式赋予购买人在事先确定的期限内排他性地使用特定不动产的权能；通常是由许多人长期或短期相继和轮换使用同一不动产，且这种权利可以在生前或死后转让。[④] 例如，某人想每年夏天到北欧某个国家的海边度假，他可以在当地购买一栋别墅的7、8月的所有权。如果他想每年冬天到那里去滑雪，可以只购买该栋别墅12月的所有权。这种做法不仅可以使所有人获取较高的收益，而且可以充分实现这栋别墅的价值。在该期限内，权利人享有对其购买的房屋的完全支配权，任何人占用其财产，都可以以所有人的身份请求返还财产、排除侵害。当然，每个权利人只是在既定的时间内享有独占的支配权。一些国家，如葡萄牙，已经通过立法承认其为有期物权。也有的称其为“度假寓所所有权”（Ferieneigentum）。欧盟在1994年曾发布了一项关于时间分配式共有的指令[⑤]，此种所有权的产生是所有权无期限原则的一种例外，也是现代社会对资源进行更有效的利用的产物。然而，这种期限所有权究竟是一种物权还是债权，在大陆法系国家也存在着疑问。有一些学者认为，它在本质上是一种分期租赁，因此是一种债权。然而，它在法律上又与租赁存在区别，主要表现在：所有人在既定的期限

① See Jacob H. Beekhuis etc., *International Encyclopedia of Comparative Law*: Volume Ⅵ: Property and Trust: Chapter 2: Structural Variations in Property Law, J. C. B. Mohr (Paul Siebeck), Tuebingen, 1973, p. 5.

② 参见徐国栋主编：《罗马法与现代民法》，122页，北京，中国法制出版社，2000。

③④ 参见高富平：《物权法原论》，212页，北京，中国法制出版社，2001。

⑤ 参见［德］鲍尔、施蒂尔纳：《德国物权法》上册，张双根译，679页，北京，法律出版社，2004。

内享有完全的所有权，对某栋房屋而言，所有权人如不使用，可以以出租人的身份出租出去，由他人承租使用。

（四）共有制度的发展

首先，物权法放宽了共有物处分的条件。大陆法系国家传统上有代表性的观点是，关于共有物处分应采一致决定说。此种观点认为，共有物归属于全体共有人，对共有物进行处分应当征得全体共有人的同意，否则可能构成对某一共有人利益的侵害。例如，《德国民法典》第747条规定："整个共有物仅得由全体共有人共同处分。"但要求共有物的处分必须取得全体共有人的同意十分困难，不符合物尽其用的要求，因为在很多情况下，可能因为某一共有人不同意处分共有财产而丧失利用共有物的最好时机。因此出现了多数决定说[①]，我国物权法采纳了这种模式。[②]

其次，共有物分管协议也体现了物尽其用的原则。所谓共有物分管协议，是指共有人之间所订立的，由部分或全部共有人分别占有共有物的特定部分，并对这一部分进行管理的合同。[③] 分管协议以共有人对共有物的特定部分进行管理的安排为内容。在比较法上，虽然各国法律大多将分管协议作为债权合同，但是在分管协议进行登记之后，也具有一定的物权效力，并能够拘束新加入的共有人。根据分管协议，可以由共有人中的部分人来管理共有物，也可以委托共有人之外的第三方来管理，与全体共有人直接管理共有物的方式相比，此种方式显然更具有效率，也符合专业化分工的原则，有利于物的最有效利用。

再次，准共有制度也体现了物尽其用原则。所谓准共有，是指两个以上单位、个人共同享有用益物权、担保物权等权利。[④] 例如，三个人共同购买一块土地的使用权，而对该土地使用权享有共有权，此种共有属于准共有。因为法律允许多个主体共同享有用益物权，共有的客体不再限于所有权；法律设置共有制度

---

① 参见《瑞士民法典》第647条，《意大利民法典》第1105条。

② 参见《物权法》第96条。

③ 参见谢在全：《分别共有内部关系之理论与实务》，91页，台北，三民书局，1995。

④ 《物权法》第105条规定："两个以上单位、个人共同享有用益物权、担保物权的，参照本章规定。"

的主要原因是确立对物的共同利用的规则，允许用益物权共有，有利于促进物尽其用。

最后，共有财产的分割也应遵循物尽其用原则。从各国物权法的发展趋势来看，物尽其用原则在共有财产的分割中发挥了越来越重要的作用。例如，在法律上，进一步放松了对共有财产分割的限制，禁止当事人订立长期的禁止分割的协议，努力降低因分割形成的交易成本等，这些都体现了物尽其用的立法政策。[①]我国《物权法》也适应这一发展趋势，在共有财产分割中作出了特殊的规定。[②]

（五）添附物所有权归属的确定

所谓添附（accessio），是指不同所有人的物结合在一起而形成不可分离的物或具有新物性质的物。[③] 从比较法上来看，添附制度成为大陆法系国家物权法中取得财产权的重要方法，从而解决物权在归属上的纠纷。在解决物和物之间因附合、混合、加工等原因而产生的纠纷方面，添附制度具有物权请求权制度所不可替代的功能。一般而言，如果某人使用他人的物进行加工、装修或发生混合，就构成对他人物权的侵害，权利人可行使物权请求权请求返还原物，从而恢复对原物的占有。但是在许多情况下，因物和物之间发生混合和附合，权利人不能行使物权请求权，尤其是在以他人财产进行加工、装修等发生添附的情况下，不能拆除或者拆除将会造成很大的损失时，如果一定要他人拆除，从而取回原物，不仅违反了民法的公平和诚信原则，也违反了效率原则。此时，就需要通过添附制度解决财产的归属，添附物所有权归属的确定也应遵循物尽其用原则。如果发生添附之后对物无法进行分割，则应确定物的最终归属。就此而言，如果当事人之间有约定，应按照约定处理；如果没有约定，则要尊重物尽其用原则，以符合物的效用最大化的原则，确定物的最终归属。因此，在当代物权法中，添附制度也能发挥物尽其用的作用。

（六）强化用益物权以充分发挥物的使用价值

物尽其用价值最充分地体现于用益物权制度中。从定分止争到物尽其用，很

① 参见苏永钦：《寻找新民法》，441页，北京，北京大学出版社，2012。

② 参见《物权法》第99条。

③ 参见谢在全：《民法物权论》上册，505页，台北，2003。

大程度体现在物权法不仅注重财产的抽象归属，而且通过用益物权制度保障对物的使用价值的充分利用，这就是说，物权人可以自己利用其物，也可以交由他人利用。用益物权不仅类型丰富，其地位和作用也日益凸显。[①] 用益物权以获取物的使用和收益为原则，其最终目的就在于以最充分的方式利用物，这正是物尽其用原则的内涵所在。现代社会出现了从所有到利用的发展趋势，用益物权比以往任何时候都显得重要。因为就不动产而言，人们更加注重的是对土地和其他资源的利用并获取收益。只有这样，才能充分鼓励权利人对物进行合理的利用，充分发挥物的使用价值，促进社会经济的发展。适应物尽其用的需要，许多国家的法律确认了空间利用权、空间地役权、空间地上权。这就可以使权利人利用空间，兴建空中走廊、空中花园、地下车库、地下商场等建筑物，从而可以在不占用更多土地的情况下，利用空间来创造社会财富。随着社会的发展，人们对财产的利用能力的增强，利用财产的方法增加，这些都导致新的用益物权的产生。只要这些用益物权相互之间不产生冲突和矛盾，都可以为法律所承认。[②]

（七）物权的证券化

物权的证券化主要体现在不动产的证券化上。所谓不动产证券化，是将不动产上的财产权变成证券形态。具体而言，是将对土地及建筑物的财产权，由直接支配的物权关系，转变为具有债权特性的证券形态，使原来流通性不强的土地及建筑物财产权转化为流通性较强的证券。物权的证券化主要有如下几种形态：第一，将不动产的价值形态分成若干份额，以证券的形式对外出售。[③] 第二，美国土地信托的典型操作模式，即开发业者购买一块生地（raw land），租给一家由开发业者组成的公司，并将该土地的所有权信托移转给一位受托人，依据信托契约，受托人发行土地信托受益凭证，而由委托人（开发业者）销售该受益凭证，受益凭证代表对土地所有权（信托财产）的受益权，由销售受益凭证所得的资金，用来改良土地。受托人收取租金，负有给付受益凭证持有人固定报酬的义

① 参见王胜明主编：《中华人民共和国物权法解读》，4页，北京，中国法制出版社，2007。

② 参见房绍坤：《用益物权基本问题研究》，105页，北京，北京大学出版社，2006。

③ 有日本学者认为，金钱不仅使物权与债权获得了前所未有的高度统一，同时也使二者区别之限愈益模糊。参见［日］於保不二雄：《物权法》，5～6页，东京，有斐阁，1956。

务，并将剩余租金用来买回受益凭证，使开发业者的实质所有权（对信托财产的受益权）所受的负担解除。[①] 第三，抵押权以证券化的形式转让。所谓抵押权的证券化，是指在抵押权设定以后，因为抵押权常常由银行所有，银行可以将抵押权转移给一投资公司，投资公司以抵押权所具有的权益发行证券。物权的证券化使物权和债权的关系更为密切，这就是说，物权不仅是权利人对物所享有的独占的支配权，而且可以作为一项可交易的财产，以具有债权特点的证券形式在社会上进行流通，证券化可以使对物的利用更有效率。当然，所谓的资产证券化也具有一定风险，一味地追求物的价值的最大化，而忽视物本身所具有的使用价值的限度，就有可能放大债权不能受偿的风险，带来系统性金融风险，美国前些年的次贷危机就是十分典型的例证。第四，实物的电子化。在近几十年来，随着互联网和数字化的发展，实物也可以以电子化的形式表现出来。例如，储存的商品可以以电子化的权利形式体现出来，并可以进入交易领域进行交易，这就使得对物的利用效率更高。

（八）担保物权的类型日益丰富，可担保财产的类型和范围日益增加

担保物权作为保障债权实现的方式，以物权人取得标的物的交换价值为指向。现代市场经济条件下，担保的功能日益突出，而担保的类型越多，越能担保债权的实现，资金的融通也更为便利，可见，担保与金融创新关联密切。因此，一方面，各国法律为充分发挥财产的金融价值，准许大量具有交换价值的财产进入担保领域，从而使物的交换价值得到了充分的、更有效率的利用，这是比较法上的重要趋势。在立法例上，根据《魁北克民法典》第 2660 条规定，除了家用、生活必需品等不得作为担保财产外，其他具有交换价值的财产均可进入担保领域。另一方面，现代各国极大地扩张了抵押和质押的范围，动产抵押的重要性日益增加，已经与不动产抵押并驾齐驱，海域使用权抵押、浮动抵押等方式也被广泛采用。同时，质押的范围也不断增加，从动产向权利扩张，新类型的质押不断出现。例如，应收账款质押、基金份额质押等大量出现，尤其是动产让与担保、纳税担保等非典型担保形式也开始产生。这就改变了传统上依据标的物的不同对

---

① 详见谢哲胜：《不动产证券化之研究》，载《台大法学论丛》，第 27 卷第 1 期。

担保物权进行分类的特点。担保物权类型的不断丰富也使得财产能够通过提供担保而发挥更大的经济效用，这也是物权法物尽其用原则的重要体现。还应当看到，在担保物权的实现程序中，担保物权的实现更为简便。权利实现的效率得到提升，在动产担保物权的实现中，部分情形下允许当事人采取私力救济，在程序设计上，在平衡担保人和担保权人利益关系的基础上，保障担保权人能够简单、迅速地实现权利。

总之，现代各国物权法已经逐渐地放弃了传统的注重对物的实体支配、注重确定财产的归属，转而注重对物的多样态利用、注重财产的价值形态，对物的有效利用已经成为物权法的一项基本原则，这些规则也是人类生活经验的总结，应当为我国民法典物权编所借鉴。

三、物权法彰显物尽其用的价值应当处理好几种关系

（一）处理好物尽其用与节约利用资源、保护生态环境的关系

物尽其用不仅需要充分发挥物的经济效用，还需要强化对环境资源的保护，也就是说，物尽其用并不是说竭泽而渔、滥用地力、无度开发，将物的价值全部用尽，恰恰相反，物尽其用的含义是将各种可用之物充分利用。尤其是在维护生态环境的前提下，应当节约利用资源、有效利用资源。在西方，即使是一些主张保护财产就是保护自由的学者也认为，为了共同体的利益，过度、非伦理地使用财产是非常危险的。“一个民族的人们越是成熟，越是注重发展私有财产的社会方面，以阻止其浪费和滥用。”① 在美国发生的一个相邻关系纠纷中，法官霍尔姆斯提出了一个著名的论断，即“限制所有人财产的有害使用乃公共利益的要求。这一公共利益表明了一道界线，使所有人不得逾越”②。

物尽其用也具有节约利用资源的含义，而绝不是无度地利用资源，节约本身就是物尽其用的一种体现。改革开放以来，伴随着我国经济的高速发展，也出现

① Gottfried Dietze, *In Defense of Property*, The Johns Hoopkins, 1971, p. 113.

② Gottfried Dietze, *In Defense of Property*, The Johns Hoopkins, 1971, p. 110.

了无序开发资源、浪费资源的现象，矿产的无度开发将危及子孙后代所能开发的资源，造成了代际的不平等。有报道称，在露天开采煤矿的过程中，每开采1吨煤就会破坏0.02～0.18hm^{2}的土地资源，排土场占地约为露天采煤占地的2倍以上，土地塌陷面积为开采面积的1.2倍，塌陷区土壤有机质含量平均下降30%①，由此也造成了资源过度开采、环境严重污染、产业结构不合理以及价格扭曲等诸多现象。② 我国是一个水资源短缺的国家，目前，我国人均水资源量仅为世界人均水平的1/4，局部地区人均水资源量远远低于世界人均水平，水资源很可能成为21世纪中国最为稀缺的自然资源。③ 而与此同时，对水资源的浪费以及因水污染造成的损害依然十分严重，这其中的观念误区就在于，将物尽其用看作竭泽而渔式的无度开发。

贯彻物尽其用就必须要树立节约资源的理念。《民法总则》第9条规定："民事主体从事民事活动，应当有利于节约资源、保护生态环境。"这就确立了绿色原则，该条实际上将节约资源与保护生态环境视为绿色原则的一体两面，将节约凸显出来，表明了节约资源的理念。在制度设计中融入了节约与环境保护相结合的先进理念和指导思想。《物权法》必须以保护环境和生态、节约资源作为其一项重要任务，这就决定了《物权法》在注重充分发挥资源的有效利用的前提下，强调合理利用资源、保护环境、维护生态平衡。因此，在物权法中贯彻物尽其用原则，需要妥当平衡物尽其用与保护资源环境之间的关系。

在现代社会，随着人口激增、经济快速发展以及城市化的日益加快，土地等不可再生资源越来越稀缺；在这样的背景下，节约资源、保护环境、维持生态平衡、实现可持续发展，就成为各国法律普遍关注的重要课题。如何有效率地利用资源，并防止生态环境的破坏，也已经成为直接调整、规范物的归属和利用的

① 参见吕世海、叶生星主编：《北方森林草原交错带》，194页，北京，中国环境科学出版社，2012。

② 参见《中国以23%的稀土资源储量长期供应全球90%以上的市场需求》，见http://www.gov.cn/wszb/zhibo518/content_2165776.htm，最后访问时间：2019-05-06。

③ 我国水资源总量不足，人均水资源只有世界平均水平的1/4，全国600多个城市中有400多个水资源短缺，其中100多个严重短缺。参见周生贤：《采取最严格的措施让江河湖海休养生息》，载《环境保护》，2007(9)。

《物权法》的重要使命。正是因为这一原因，现代物权法发展的重要趋势之一，就是要在强化物的利用效率、促进物尽其用的同时，越来越重视环境的保护。例如，许多国家的法律明确要求，物权人在行使权利时必须要注重保护环境，用益物权人在行使其权利时也负有保护环境、尊重生态的义务。[①] 因此，物权法与环境保护的关系不仅是环境法上的重要议题，也是物权法研究的前沿问题。在我国资源严重紧缺、生态严重恶化的情况下，更应当重视资源的有效利用。“保护”与“利用”之间必然存在内在的张力，保护对利用形成必要的合理限制，从这一意义上说，保护生态环境这一原则正好是对物尽其用原则的限制。物尽其用要求所有人在行使物权中，尤其是在利用物的过程中，不得浪费资源。如果忽视环境资源的保护，可能构成权利滥用。

物尽其用要求用益物权人在行使用益物权时，必须遵守法律有关保护和合理开发利用资源的规定。《物权法》第 120 条规定：“用益物权人行使权利，应当遵守法律有关保护和合理开发利用资源的规定。所有权人不得干涉用益物权人行使权利。”根据这一规定，所谓合理开发和利用资源，是指开发和保护必须结合起来，对于自然资源的利用和养护必须协调处理，既要保证资源的有效利用，防止浪费，又要保证长远的可持续发展，兼顾近期的利用效率和长远利益。就物权的行使与抛弃而言，就应当尽量做到物的有效率利用，要尽量节约资源、保护生态环境。例如，我国目前可耕作的土地面积为 18.4 亿亩；人均不足 1.4 亩，是世界平均水平的 1/3。这一数字不仅远远低于世界平均水准，而且耕地总体质量差，沙化现象严重。[②] 所以，对耕地实行最严格的保护政策，是我国一项基本的国策。出于保护耕地原则要求，《物权法》规定，农村集体经济组织的成员在行使承包经营权的过程中，不得改变土地的用途。用益物权人行使其权利的过程中，必须合理利用土地，保护耕地，例如，不能擅自占用耕地建房、修坟、取土、挖沙等。[③]

---

① 参见吕忠梅：《关于物权法的“绿色”思考》，载《中国法学》，2000（5）。

② 参见孙佑海：《物权法与环境保护》，载《环境保护》，2007（5）。

③ 参见胡康生主编：《中华人民共和国物权法释义》，267 页，北京，法律出版社，2007。

物尽其用要求对海域使用、矿产资源的开发、水资源的利用等都必须要本着节约原则，有效率地利用，同时要注重维护生态环境。《物权法》第119条规定："国家实行自然资源有偿使用制度，但法律另有规定的除外。"该条确立了自然资源有偿使用制度，对于有效防止资源滥用具有重要意义。而《物权法》确认准用益物权，就适应了我国可持续发展的要求。因为我国当前的生态环境十分脆弱，保护生态平衡已成为当务之急。例如，就水资源的利用与保护而言，在物权法中将取水权规定为准用益物权，通过确认和保护对水资源的取用权利，最大限度地发挥水资源的经济效益，从而实现水资源可持续利用的终极目标，这对于保护环境和生态的平衡，是十分必要的。

（二）兼顾物尽其用与保护民事权利的关系

物尽其用原则也对财产权利的行使设置了一定的限制，即权利人在行使财产权利时，应当考虑个人利益与社会利益的平衡。传统民法以个人利益为中心，权利人有权按照自己的意愿行使物权，他人不得非法干涉。但按照绿色原则，民事主体从事民事活动时，应当有利于节约资源、保护生态环境，这实际上是对权利人行使权利作出了一定的限制，在一定程度上可以说是民法典社会化的重要体现。① 罗马法时期曾有法谚云："任何人不恶用自己的物，乃国家利益之所在(expedit enim rei publicae ne quis re sua male utatur)。"19世纪末叶以后，各国均以法律或判例的形式确立了"权利滥用禁止"原则。任何人利用自己的财产进行使用收益，不得以牺牲资源、环境为代价。从事生产开发，侵害所有人和其他人的利益，也将构成权利滥用，并应承担相应的责任。② 例如，土地承包经营权人不得采用污染土地的方式利用土地等，否则也构成权利的滥用。

物尽其用与保障私权之间可能发生冲突。以共有物的管理规则为例，在比较法上看，有的国家法律规定，共有财产性质的变更、改造等必须要取得全体共有人的一致同意，此种一致同意的方式在效率上较为低下。因此，为了贯彻物尽其用，一些国家如《意大利民法典》第1105条就采取了多数决的规则，优先考虑

① 参见陈甦主编：《民法总则评注》上册，68页，北京，法律出版社，2017。

② 参见孙佑海：《物权法与环境保护》，载《环境保护》，2007（5）。

物的价值的有效利用。但是多数决有可能会损害单个所有人的利益，因此，该条也同时规定“这一改造不得损害其他共有人的权利且不得造成过重的费用负担”。这实际上就有效协调了物尽其用与保护少数共有人权益的关系。我国《物权法》第 97 条为提高共有物的利用效率，将一致同意改为 2/3 多数决，虽然这一规定确实有利于提高效率，但却忽视了少数共有人的利益保护。因此有必要借鉴《意大利民法典》的相关经验，规定共有物的管理和处分不得损害少数共有人的权利。[①] 由此可见，物尽其用与保障私权之间应当实现妥当的平衡。

（三）兼顾物尽其用与维护交易安全的关系

物尽其用以确保物的分配达到最高效率为目的。然而，各个主体对于物的利用效率是不同的，对于同样的物，有的主体可以高效利用，有的则可能造成物的浪费。此时，如果严格遵循物尽其用的原则，那么应当将物的归属确认给高效的利用人。但是，这种分配的方式却可能与交易安全发生冲突。例如，某人一物数卖，多次处分自己的物给不同的受让人，第一受让人对物的利用效率较低，因而可能也会出价较低，而以后的受让人因为利用效率更高，因而可能出价更高。此时，如果完全按照物尽其用的原则，则当然应当将物分配给后面的受让人，但这将给交易安全带来不利影响。因而，在发生交易安全与物尽其用的冲突时，还是应当依据物权变动的一般规则确认物权的归属，即不能以牺牲交易安全换取对物尽其用价值的贯彻。波斯纳指出：“如果（一方当事人）从违约中获得的利益超出他向另一方作出履行的期待利益，如果损害赔偿限制在对期待利益的赔偿方面，则此种情况将形成对违约的一种刺激，当事人应该违约。”[②] 由于此种违约可以使资源转移到最有能力利用它的人手中，对社会整体利益是有利的，因此，当违约能够实现更大价值时，应当鼓励此种违约。笔者认为，此种观点值得商榷，因为法律的目标并不是仅仅实现所谓的效率，而更应当强调对交易秩序的维护，因此，即使违约对一方当事人更有效率，但该行为也会构成对社会整体交易秩序的破坏。尤其是在一系列交易相互联系的情形下，一方当事人的违约行为不

---

① 参见陈晓敏：《大陆法系所有权模式历史变迁研究》，96 页，北京，中国社会科学出版社，2016。

② Posner，*Economic Analysis of Law*，Little Brown and Company，1977，pp. 89-90.

仅破坏单个的合同关系，而且可能造成多个交易锁链的断裂，给多个交易当事人造成损害。

四、我国民法典物权编应充分彰显物尽其用的价值

物尽其用是民法典物权编的重要价值，我国正在制定的民法典物权编应当贯彻这一价值目标。应当看到，我国《物权法》在制定之时，已经充分考虑到了物尽其用的原则，为权利人充分利用财产留下很大的活动空间，物权法不仅规定了所有权人对物的占有、使用和收益，而且规定了所有权人之外的其他主体享有利用物的权利，如用益物权、担保物权等①，从而鼓励权利人创造财富、积累财富。② 物尽其用是物权法的基本功能，贯穿于物权法始终，体现在物权法的各个方面。当然，由于各方面的原因，我国《物权法》整体上更为注重对物权的确认，对于物尽其用原则的贯彻仍有进一步完善的空间。因此，正在制定的民法典物权编应当进一步充分体现物尽其用原则，具体表现在如下几个方面。

第一，在基本原则中确立物尽其用的原则。在现代民法中，效率原则具有日益重要的地位，效率原则在物权法中主要体现为物尽其用原则。在民法典物权编中应确立物尽其用的原则，一方面有助于对物权编立法，以及特别法的制定发挥指导和价值引领的功能；另一方面，这一原则的确立也有助于法官在适用法律时准确解释法律规定。

第二，规定添附制度，充分发挥物的效用。如前所述，物权法上的添附制度也能发挥物尽其用的作用，但我国现行物权法并未规定添附制度，所以在发生添附的情形下，财产被添附的一方如果主张恢复原状则可能导致损失和浪费。例如，某人未经他人同意的情形下，在租用的房屋上加盖新的楼层，或者未经出租人同意进行精装修，添附人可能已经投入了大量的人力物力，且添附的结果对于被添附人而言是有益的，在此情形下，如果财产被添附一方坚持恢复原状，则可

---

①② 参见王胜明主编：《中华人民共和国物权法解读》，4页，北京，中国法制出版社，2007。

能要求拆除添附部分，这就造成了损失和浪费。因此，我国民法典物权编有必要规定添附制度，无论是将所有权确认给添附还是被添附的一方，都有利于继续发挥物的利用效率。通过添附制度解决其归属问题，而不是使原权利人行使物权请求权，实际上体现了效率原则。因此，作为一种维护物的经济价值的法律技术，添附制度有助于充分发挥物的效用，避免造成财产的损失和浪费。

第三，修改区分所有权人的组织机构的决议程序，完善建筑物区分所有权制度。根据效率原则，在坚持民主表决的前提下，应适当降低业主大会作出有效表决的门槛，避免会议出现表决僵局。考虑到《物权法》第 76 条所规定的事项涉及业主的重大利益，必须广泛凝聚业主的共识，所以对表决程序作出严格的规定是有必要的，但该条规定的两个“三分之二”则过于苛刻，实践中使得业主难以就相应的事项作出决定。笔者认为，可以适当放松要求，只要符合一个“三分之二”即人数或面积中任意一个达到 2/3 即可。

第四，明确承认相邻关系中的容忍义务，有效地协调权利人之间对不动产的利用关系，减少权利行使中的冲突成本。合理的相邻关系制度要求不动产权利人要容忍相邻的其他不动产权利人对其物的合理利用行为。从相邻不动产所有人的角度来看，其在行使对不动产的权利时可要求不动产所有人提供便利，从而能够对其不动产进行充分的利用，使其经济社会效益得到最大限度的发挥。这就需要另一方承担一定的容忍义务，容忍另一方的权利扩张，尤其是在一方利用自己财产可能会造成另一方的损害时，更应负有此义务，如此才能使得财产发挥更大的利用价值。例如，一方为利用自己的土地，不得不借助邻人的土地通行，如果该邻人封闭其土地，不允许该方通行，则显然不利于土地的高效利用。再如，在越界建筑的情形下，考虑到越界建筑的施工必然花费了成本，并且越界建筑既已建成，若将之拆除，不但浪费所支出的建筑成本，也会损害建筑物的利用价值，并附带产生拆除建筑物的费用。我国物权法虽有不少条文涉及容忍义务的内容，但由于物权法关于容忍义务的规定并不明确，不能应对和解决所有相邻关系情形的容忍义务。鉴于容忍义务在相邻关系中具体核心地位，我国民法典物权编有必要在相邻关系部分增设专门的容忍义务条文，并将其扩张适用于其他绝对权领域，这有利于妥当解决绝对权行使过程中的权利冲突问题，充分发挥对不动产的利用效率。

第五，承认共有物分管协议制度，完善共有制度。关于共有物分管协议，《物权法》第 96 条规定：“共有人按照约定管理共有的不动产或者动产。”第 98 条规定：“对共有物的管理费用以及其他负担，有约定的，按照约定；没有约定或者约定不明确的，按份共有人按照其份额负担，共同共有人共同负担。”这些条款虽然承认对共有物的管理可以按照约定来确定，但并没有对当事人可否事先订立分管协议作出规定。从效率上说，分管协议的订立有利于有效利用共有物，因为一方面，在许多情况下，依照份额确定各共有人的权利义务并不完全合理。例如，有的共有人懂得如何管理共有财产，而有的共有人却不知如何管理，这就需要由各共有人之间通过协商，以确定合理的、最有效率的管理和利用方法。采用分管协议的方式，有利于充分发挥共有人对共有物的管理和利用。另一方面，在某些情形下，某物可能由多个部分组成，各个部分可能是各自分开的，或者即使构成一个整体，也可以分开管理，这就需要各个共有人之间达成分管协议，约定各个共有人在物的管理方面的权利义务关系。共有物的管理事务不必非得由共有人自己来承担，可根据效率和专业分工原则，交由专业的第三方机构去承担。例如，物业管理如今都交由专业的物业公司来承担，而非由业主自己来完成，因为这超出了业主自己的专业能力范畴。

第六，规定居住权制度，促进“居者有其屋”的目标实现。所谓居住权，是指居住权人对他人所有的住房以及其他附着物所享有的占有、使用的权利。该制度起源于罗马法，并为大陆法系国家所普遍认可。居住权是一项人役权，其主要是为保障特定家庭成员的住房需要而设立的，具有家庭成员之间相互扶助和帮助的特点。我国民法典物权编采纳这一制度时，应当扩张其适用范围，“旧瓶装新酒”，以解决我国正面临的住房困难与紧张问题。通过该制度可以为住房制度改革提供法律保障，并进一步促进公租房、社会福利房等住房制度的改革，换言之，即在国家对这些房屋享有所有权的情形下，为个人设置居住权，从而保障低收入群体的居住生活需要。[①] 由于土地资源的有限性及建筑成本的昂贵等原因，并非所有的人都能够购买商品房、取得商品房的所有权，因此，设置居住权制度，有利于缓解住房紧张的现实困境，实现“居者有其屋”的目标，这也有利于维护社会稳定。另外，在诸如合作建房、购买分时度假房屋等领域，只要当事人出于居住需求而参与交易，仍能取得居住权。如此一来，居住权在我国就具有广阔的适用空间，能解决许多现实问题，并能充分发挥物尽其用的效果。

第七，规定土地经营权制度，进一步发挥农地的经营效应。承包地“三权分置”是农村土地制度改革的重要举措和创新。由于家庭联产承包责任制生产规模过小，规模利益无法体现，边际效应不断递减，效率降低，逐渐落后于农村生产力的发展水平，因此确有必要实行土地承包权与经营权的分离。[②] 通过三权分置，不仅能在一定程度上克服土地承包责任制的缺陷，而且能够促进土地要素合理流转，提升土地规模效益和竞争力[③]，因此有必要在民法典物权编中对土地经营权作出明确规定。物权编中可以规定，土地承包经营权人可以在土地承包经营权上为经营主体设立土地经营权。经营权是在承包经营权基础上产生的，该权利可以是债权性的也可以是物权性的。经登记的经营权可成为物权，并产生对抗第三人的效力。土地经营权人可以土地经营权为金融机构设定抵押权，以促进农地融资的发展，充分发挥土地经营的效用。[④] 当然，土地经营权的存续期间不能超过土地承包经营权的期间。

第八，确认更多类型的担保物权，充分发挥物的交换价值。市场经济以信用为王，以担保为重。《物权法》适应市场经济的需要，扩大了担保物的范围，允许原材料、半成品、产品应收账款、基金份额等作为担保财产，完善了担保物权体系，明确规定了浮动抵押权、最高额质押等各种新的担保形式，但受立法经验所限，《物权法》对担保物权的类型和范围仍有一些不必要的限制。例如，依据

① 参见申卫星：《从“居者有其屋”到“住有所居”》，载《现代法学》，2018（2）。

② 参见刘先江：《农村土地经营权流转的政治学分析》，载《政治学研究》，2014（1）。

③ 参见韩长赋：《土地“三权分置”是中国农村改革的又一次重大创新》，载《光明日报》，2016-01-26。

④ 参见高圣平：《承包三权分置的法律表达》，载《中国法学》，2018（4）。

我国《物权法》第223条第7项规定，法律、行政法规规定的财产权利，才能出质。而在我国实践中，很多权利都可以纳入担保财产的范围，如收益权、收费权等。因此有必要在正在制定的民法典物权编中承认更多的担保客体和担保方式，从而充分发挥物的交换价值。

五、结语

从注重物的归属到注重物的利用是现代物权法重要的发展趋势，我国《物权法》侧重于调整物的归属关系，一定程度上忽视了物尽其用的价值。因此，我国正在编纂的民法典物权编应当进一步彰显物尽其用价值。但是，在进一步强化物尽其用价值时，也应当妥当处理物尽其用与环境保护之间的关系，必须在充分保护生态环境的前提下发挥物的效用，对物的利用不能以破坏生态环境为代价。物尽其用也不意味着要将物的使用价值耗尽，而应当与生态环境保护形成有效的衔接，从而既有利于社会财富的创造，也有利于生态环境保护，最终实现“让子孙后代能遥望星空、看见青山、闻到花香”的目标。

物权行为若干问题探讨*

我国物权法的立法工作迫在眉睫，而针对物权立法的理论研究急需深入并展开，在探讨物权立法的基本理论时，围绕我国物权立法是否应采纳德国的物权行为理论，学术界存在激烈的争论。鉴于许多学者将物权行为理论视为物权体系的理论基础①，或物权法的基本原则②，因此，对物权行为理论进行探讨，并回答我国物权法是否应借鉴这一理论的问题，十分必要。本文拟就此谈一些粗浅的看法。

一、传统的物权行为概念

物权行为的概念最早是由德国学者萨维尼在其1840年出版的《现代罗马法体系》一书中提出的。③ 但实际上，物权行为制度最早在罗马法中便已存在。例如，罗马法上的交付（traditio）要求当事人一方以转移所有权的意思，移交物件

* 原载《中国法学》1997年第3期。

① 参见孙宪忠：《物权行为理论探源及其意义》，载《法学研究》，1996（3）。

② 参见申政武：《论现代物权法的原则》，载《法学》，1992（7）。

③ 参见王泽鉴：《民法学说与判例研究》，第1册，275页，台北，1975。

于另一方，才能移转所有权。“在古典法和优士丁尼法中，对占有的转让可以通过某些隐蔽的和准精神方式加以完成，几乎是通过双方合意来宣布对所有权的转让。”[①] 另外，罗马法上的要式买卖（mancipatio）也强调物权移转必须采取一定的方式，在要式买卖契约中，不得附带条件、期限或负担。这些制度都对萨维尼物权行为理论的形成产生了重大影响，萨维尼也正是在总结和解释罗马法制度的基础上创设了物权行为理论，并对德国民法的物权体系乃至大陆法系的物权法产生重大影响。

究竟什么是物权行为？萨维尼在《现代罗马法体系》一书中写道：“私法上契约，以各种不同制度或形态出现，甚为繁杂。首先是基于债之关系而成立之债权契约，其次是物权契约，并有广泛适用。交付（Tradition）具有一切契约之特征，是一个真正的契约，一方面包括占有之现实交付，他方面包括移转所有权之意思表示。此项物权契约常被忽视，如在买卖契约中，一般人只想到债权契约，便却忘记 Tradition 之中亦含有一项与买卖契约完全分离，以移转所有权为目的之物权契约。”[②] 萨维尼的这一论述包含了三项重要原理：第一，物权行为的独立性原理。因为他认为交付是一个独立的契约，它是独立于债权契约的“一个真正的契约”，与买卖契约是完全分离的。它与买卖契约即原因行为并非同一个法律关系。[③] 第二，交付必须体现当事人的独立的意思表示，由于这一独立意思表示与原因行为无关，便产生了物权行为的无因性理论。[④] 第三，交付必须以所有权的移转为目的，物权行为的实施旨在使物权产生变动。

萨维尼的上述思想虽包含了物权行为的重要原理，但并未明确提出物权行为的概念，后世对物权行为的界定，历来众说纷纭。物权行为又称物权合意（Dingliche Einigung），或者物权契约（Dinglicher Vertrag），依照德国通说，其是指：当事人双方就物权的设立、移转、变更或消灭的合意。[⑤] 根据物权行为理

① ［意］彼德罗·彭梵得：《罗马法教科书》，黄风译，211 页，北京，中国政法大学出版社，1992。
② 王泽鉴：《民法学说与判例研究》，第 1 册，283 页，台北，1975。
③ 参见孙宪忠：《物权行为理论探源及其意义》，载《法学研究》，1996（3）。
④ 参见王泽鉴：《民法学说与判例研究》，第 1 册，283 页，台北，1975。
⑤ Vgl. Harm Peter Westermann/Dieter Eickmann/Karl-Heinz Gursky：Sachenrecht，2011，S. 308 ff.

论，首先要区分处分行为和负担行为，负担行为是指仅以设立债的关系为目的的法律行为，处分行为是以物权变动为目的的行为。负担行为是否有效不影响处分行为的效力，这就是所谓的“物权无因性原则”[①]。德国学者一般认为物权行为并不需要一个原因性的目的（即内容无因性），同时物权行为的效力也不取决于负担行为效力（即外部无因性）。[②] 但近几十年来，物权行为的无因性也在瑕疵同一性（Fehleridentität）、行为一体性（Geschäftseinheit）以及条件关联性（Bedingungszusammenhang）等场合被予以突破，这体现了无因性的缓和。[③]

从我国学者的论述来看，大体上有以下几种观点：第一，从物权行为的目的出发界定物权行为。如史尚宽先生认为：“物权行为谓以物权之设定、转移、变更或消灭为目的之法律行为。”[④] 郑玉波先生认为：“……物权变动之原因虽多，但最重要者厥为法律行为。此种法律行为，系以直接发生物权之变动为目的，故亦称物权行为。”[⑤] 第二，从物权行为的构成角度界定物权行为。如姚瑞光先生认为：“物权行为，由物权的意思表示，与登记或交付相结合，而成立要式行为。”[⑥] 谢在全先生认为：“物权行为系物权变动之意思表示，与登记、书面或交付相结合之法律行为。”[⑦] 王泽鉴先生也认为：“惟无论我们对物权行为采取狭义说或广义说，依法律行为而生之物权变动，必须具备意思表示及交付（动产）或登记（不动产）二项要件，则无疑问。”[⑧] 第三，从独立性和无因性角度界定物权行为。如钱明星教授认为，物权行为是指物权变动效力的发生，直接以登记或交付为条件，即在债权合同之外还有以直接发生物权变动为目的的物权合同（物权行为）。[⑨]

---

① Vgl. Kegel, Verpflichtung und Verfügung-Sollen Verpflichtungen abstrakt oder kausal sein?, in: Internationales Recht und Wirtschaftsordnung, Festschrift für F. A. Mann zum 70. Geburtstag, 1977, S. 57ff.

② 参见［德］鲍尔、施蒂尔纳：《德国物权法》上册，张双根译，92页，北京，法律出版社，2004。

③ Wolfgang Wiegand, Die Entwicklung des Sachenrechts im Verhältnis zum Schuldrecht, Archiv für die civilistische Praxis, 190. Bd., H. 1 (1990), S. 122-126.

④ 史尚宽：《物权法论》，17页，台北，荣泰印书馆，1979。

⑤ 郑玉波：《民法物权》，35页，台北，1963。

⑥ 姚瑞光：《民法物权论》，18页，台北，1988。

⑦⑧ 谢在全：《民法物权论》上册，68页，台北，1994。

⑨ 参见钱明星：《物权法原理》，48页，北京，北京大学出版社，1994。

比较上述三种观点，笔者认为都不无道理。但是第二种观点较为全面地体现了传统的物权行为理论。根据这一观点，传统的物权行为是指以物权变动为目的，并须具备意思表示及交付或登记两项要件的行为。其主要特征如下。

（1）物权行为以物权变动为目的。也就是说以设立、变更或消灭物权关系为目的，它与债权行为不同。债权行为是以发生给付为目的法律行为，所以它又称为负担行为。而物权行为是以发生物权变动为目的的行为，它又称为处分行为。[①] 由于物权行为将发生物权变动，因此行为人应对标的物享有处分权，“而于负担行为，则不以负担义务者对给付标的物有处分权为必要”[②]。

（2）物权行为以交付或登记为其生效要件。物权行为以物权变动为目的，但单纯的物权变动的合意不足以发生物权的变动，还必须依赖于交付或登记行为。有德国学者指出，物权行为区别于负担行为在于，“仅仅存在当事人意思表示的一致并不能一定保证产生物权变动的效果，而是要以标的物确实的交付作为法律行为产生效力的前提。交付是物权变动的外在形式，也是当事人合意的外在表现，交付本身并不能直接体现其目的，交付的目的是由当事人直接的物权合意所决定的”[③]。王泽鉴先生曾以买卖为例，指出了物权行为与债权行为的区别：

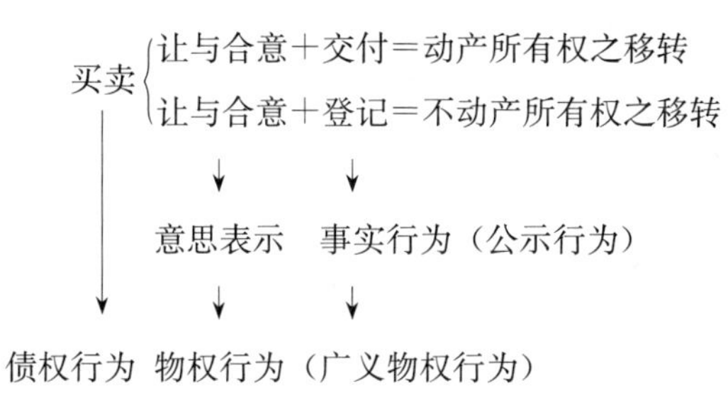

① 参见王泽鉴：《民法学说与判例研究》，第5册，112页，台北，1991。

② 谢在全：《民法物权论》上册，68页，台北，1994。

③ Vgl. MüKoBGB/Oechsler BGB §929 Rn. 3.

根据上图，王泽鉴先生认为，依广义物权行为概念，物权行为必然包括登记或交付。[①] 而我国台湾地区学者也大多接受了这一观点。正如谢在全所指出的："不动产之物权行为，乃物权变动之意思表示，与登记、书面相互结合之要式行为；动产之物权行为，乃动产物权变动之意思表示，与交付相结合之法律行为。"[②]

（3）物权行为必须具有物权变动的合意。物权行为以物权变动为目的，而物权变动又必须经当事人达成物权变动的合意。此种合意学者通常称为物权契约。而狭义的物权行为理论，认为物权行为仅指物权契约，"物权行为就其固有意义而言，仅指当事人欲使发生物权变动之意思表示"[③]。物权合意直接决定了登记或交付行为的实施，由于交付或登记都是基于物权合意而产生的行为，无论是通过交付或登记设立所有权或他物权，都取决于物权合意的内容。物权合意的存在是物权行为独立于债权行为的基础。从此种意义上说，物权合意是物权行为的核心。

以上几点是对萨维尼及其他采纳物权行为理论的学者所提出的观点的归纳。这些观点最初是萨维尼在解释罗马法的形式主义立法过程中提出来的。萨维尼采用历史的研究方法，通过历史的溯源而寻找法律的规则和理论，不失为一种独特的法学研究方法。然而，随着社会生活的发展及法律文明的演进，过去的规则不一定符合现实的需要，不能将历史的规则照搬到现实生活中。例如，罗马法的要式买卖，随着简单商品经济的迅速简便的内在需要，已在罗马帝政后期逐渐被废除[④]，而在更进一步要求交易迅速简便的现代市场经济时代，更不可能采纳上述制度。所以，从罗马法的上述规则中抽象出的物权行为理论，并适用于各种动产或不动产的交易，其研究方法本身是值得怀疑的。

---

① 参见王泽鉴：《民法学说与判例研究》，第1册，278页，台北，1991。

② 谢在全：《民法物权论》上册，67页，台北，1994。

③ 王泽鉴：《民法学说与判例研究》，第1册，277页，台北，1991。

④ 参见周枏：《罗马法原论》上册，306页，北京，商务印书馆，1994。

二、对物权行为的独立性理论的评述

所谓物权行为的独立性，是指物权行为不仅与债权行为相互分离，而且是独立于债权行为之外的。① 独立性原则也可追溯自交付原则，所谓交付原则是指物权行为的效力以交付作为生效的前提。② 根据独立性原则，物权的移转表现为两个截然不同的法律行为。③ 债权契约仅能使当事人互享债权和负担债务，而不发生所有权移转的效果。只有通过物权行为，才能导致所有权的移转。以买卖为例，当事人之间缔结买卖合同的合意是债权行为或债权合同，它仅能使双方当事人负担交付标的物和支付价金的义务。如果要发生标的物和价金的所有权移转，则当事人必须达成移转的合意，同时还要从事登记或交付行为。许多学者认为，物权行为的独立性是物权行为的基本特征，甚至有人认为它是物权法的基本原则。④

承认物权行为独立性理论的学者，在阐述物权行为与债权行为的关系时，认为物权行为与债权行为可能发生四种不同的联系：一是物权行为与债权行为同时并存。例如，在特定物的买卖、赠与、互易等关系中，当事人订立债权合同，必须实施物权行为才能移转所有权。二是债权行为先于物权行为。例如，在不特定物的买卖中，债权行为仅能发生移转某不特定物的所有权的义务，必须嗣后为物权行为才能使某项不特定物的所有权移转。三是仅有债权行为而无物权行为，如雇用。四是仅有物权行为而无债权行为，如抵押的设立、即时买卖、即时赠与。⑤

总之，主张独立性理论的学者认为，移转物权的合意与交付或登记行为的结合本身是独立于债权行为的，因此物权行为是独立的。笔者认为物权行为独立性的观点不能成立。其根据在于：

---

① 参见谢在全：《民法物权论》上册，69页，台北，1994。

② Vgl. MüKoBGB/Oechsler BGB §929 Rn. 2.

③ Vgl. MüKoBGB/Oechsler BGB §929 Rn. 5.

④ 参见申政武：《论现代物权法的原则》，载《法学》，1992（7）。

⑤ 参见张龙文：《民法物权实务研究》，4页，台北，汉林出版社，1977。

第一，所谓移转物权的合意实际上是学者虚构的产物，在现实的交易生活中，不可能存在独立于债权合意之外的移转物权的合意。以买卖为例，当事人订立买卖合同的目的，就是使一方支付价金而取得标的物的所有权，而另一方通过交付标的物而取得价金的所有权。因此，移转价金和标的物的所有权既是当事人订立债权合同的目的，也是债权合同的基本内容，如果将移转标的物和价金所有权的合意从买卖合同中剥离出来，买卖合同也就不复存在。而且，当事人订立任何一份买卖合同，都必须对价金和标的物移转问题作出规定，否则买卖合同将因缺少主要条款而根本不能成立。既然当事人在买卖合同中规定了价金和标的物的移转问题，他们没有必要就标的物和价金的所有权移转问题另行达成合意。因此，所谓移转物权的合意是包含在债权合同之中的，它本身不可能超出债权合同。正如有的学者所指出的："物权行为中所包含的意思表示在法律意义上是对债权行为意思表示的重复或履行。"[①]"物权行为不过是原来债权行为意思表示的贯彻或延伸，并非有一个新的意思表示。"[②] 尤其是在许多情况下，买卖双方当事人在订立买卖合同后便不再直接接触，从而也没有再作出意思表示的机会，根本不可能达成所谓的物权合意。

物权和债权的性质区别并非必然导致物权的意思表示独立于债权的意思表示，也并非是产生特殊的物权变动方法的根据。张龙文先生指出，"盖债权契约，仅发生特定给付之请求权而已，债权人不得依债权契约而直接取得物权。故应认为债权契约以外，有独立之物权移转之原因即物权契约之存在"[③]。笔者认为这一观点值得商榷。因为一方面，物权的变动并不需要物权移转的合意，即使就即时买卖、即时赠与来说，并非无债权合同而仅有物权合同。相反，在即时买卖、即时赠与关系中，当事人在达成买卖和赠与合意以后，立即履行了债权合同，因而仅存在债权合同，而不存在所谓的物权合同。只不过这种债权合同是以口头方式表现出来而已。另一方面，债权合同也要发生物权变动的后果。例如，在买卖

① 董安生：《民事法律行为》，166页，北京，中国人民大学出版社，1994。

② 谢哲胜：《物权行为独立性之检讨》，载《政大法学评论》，1994（52）。

③ 张龙文：《民法物权实务研究》，4页，台北，汉林出版社，1977。

合同中，当事人约定移转价金和标的物所有权，实际上就是在债权合同中确定了物权变动。只不过实际的物权移转必须待履行期到来以后，因当事人的实际履行才能发生，但这丝毫不能否认债权合同以移转财产权为内容的特点。

第二，就交付行为来说，它并不是独立于债权合意而存在的。交付的性质是实际占有的移转，从物权法的理论来看，单纯的实际占有的移转并不能必然导致所有权的移转。例如，出租人将房屋交给承租人，虽然实际占有发生移转，但所有权不发生移转。然而，为什么在动产买卖合同中，动产一旦交付就会导致所有权的移转呢？其原因在于，在交付以前，当事人在买卖合同中就已形成移转动产所有权的合意，因为该合意的存在，使动产一经交付便发生移转所有权的效果。如无所有权移转的合意，而只有使用权移转的合意（如租赁），是根本不可能因交付移转所有权的。由此可见，交付效果不可能与买卖合同分割开来。尤其应当看到，实际交付标的物不是什么单独的行为，而是当事人依据债权合同履行义务的行为。例如，在买卖合同中，交付标的物是当事人应负的基本义务，而一个交付行为是否真正完成，取决于出卖人所实施的交付行为是否符合买卖合同的规定。如果出卖人未按合同约定的期限提前或迟延交付，或交付的标的物有瑕疵，或交付标的物的数量不足，显然不符合合同的规定，不能构成真正的交付。所以，如果将交付行为与买卖合同割裂开来，那么交付行为的正确和正当与否也失去了评价标准。

第三，就登记来说，其本身并非民事行为，而是行政行为。一切极力主张物权行为独立性的学者，也认为登记系公法上之行为，显然不能作为法律行为之构成部分。[①] 还有些学者进一步指出，“在不动产登记之情形，不仅时间上有差距，而且是地政机关依公法所为之行为，却指为私法上物权行为的一部分，实在是不伦不类”[②]。

民法确认不当得利返还请求权是否意味着民法承认物权契约的存在？所谓不当得利，是指无合法根据取得利益，而造成他人的损害。不当得利制度的根本目

① 参见王泽鉴：《民法物权》，第1册，67页，台北，1992。

② 谢哲胜：《物权行为独立性之检讨》，载《政大法学评论》，1994（52）。

的在于剥夺受益人的非法所得，维护受益人与受损人之间的利益平衡。[①] 赞成物权行为独立性的学者认为，不当得利制度的创设就证明了物权行为独立性的存在，“盖如依债权契约即可移转物权，则债权契约无效之场合，物权仍属原主所有，原主仅得本于所有权请求回复占有，自不生不当得利返还请求权”[②]。笔者认为，这一观点也是不能成立的。从大陆的民事立法来看，尽管在《民法通则》第134条所规定的返还财产的责任形式中，包括了不当得利的返还和原物的返还，但两者在性质上是不同的，它们在适用中既可以单独存在，也可以同时并存。一方面，返还原物以原物依然存在为要件。如果原物因不法占有人的利用而遭受损害，或者原物已改变了形态或转化为货币，则所有人可要求返还不当得利，而不能要求返还原物。但如果原物依然存在，未造成任何毁损，占有人也未对原物进行使用和收益，则所有人可以要求返还原物，与返还不当得利相比较，这对权利人更为有利。另一方面，返还原物与返还不当得利的请求权可以同时并存。例如，占有人对原物已进行使用，并从中获得一定利益，而原物依然存在。在此情况下，所有人既可以要求返还原物，也可以要求其返还所获得的利益。正如德国学者 Hedemann 所指出的，“不当得利请求权，对于一切不能圆满解决之情形，负有调节之任务”[③]。不管是否承认物权行为的独立性，不当得利返还请求权和所有物返还请求权既可以发生竞合，也可以发生聚合。可见，不当得利制度的存在与物权行为是否存在必无必然联系。

除德国立法与判例以外，绝大多数国家的立法和判例并不承认物权行为理论。法国采纳纯粹的意思主义，主张物权的变动，依当事人的债权意思表示即发生效力，而无须采取登记或交付等形式。瑞士法采纳登记或交付主义，即物权的变动，除债权意思表示外，还必须以登记或交付为要件。美国法则采纳契据交付主义，即有关不动产权利变动之情形，除让与人的债权意思表示外，仅须作成契据（deed），交付给受让人，即发生不动产权利变动之效力，受让人可以将契据

---

① 参见王泽鉴：《不当得利》，12页，台北，三民书局，1990。

② 张龙文：《民法物权实务研究》，4页，台北，汉林出版社，1977。

③ Hedemann，Schuldrecht，3. Aufl.，1949，S. 330、334.

拿去登记，但一般而言（各州规定不尽一致），登记不是生效要件而是对抗要件。[①] 这些立法例各具特色，对促进和鼓励交易，维护当事人的利益，以及维护交易安全都发挥了重要作用。当然上述制度因强调某一方面的功能可能弱化了其他方面的功能，但其薄弱之处依然可以通过其他制度加以弥补。可见，采纳物权行为理论并非世界各国立法通例。即使在德国，对物权行为理论的批评也甚多。例如，德国学者基尔克对萨维尼的物权行为理论作出了尖锐的批评，认为这一理论是“学说对社会生活的凌辱”。因为按照这一理论，“到商店购买一双手套，当场付款取回标的物者，今后亦常非考虑到会发生三件事情不可。即第一，债权法上缔结契约，由此契约所生债权关系，因履行而会消灭；第二，与此种原因完全分离之物权契约，为得所有权让与缔结；第三，除此两个法律行为以外，还须有行使‘交付’之法律上的行为。这完全是拟制的，实际上此不过对于单一的法律行为有两个相异的观察方式而已。今以捏造两种互为独立之契约，不仅会混乱现实的法律过程，实定法亦会因极端之形式思考而受到妨害”[②]。

三、对物权行为的无因性理论的评述

法律行为有要因和不要因之分。所谓要因，是指法律上的原因（Cause）；所谓无因，是指物权行为的法律效力不受债权行为的影响。依照萨维尼的观点，无因性原则（Abstraktionsprinzip）是物权行为的核心原则之一，来自于罗马法，在他的解释之下，物权的变动也是当事人自由意志的结果，因此其效力也是由特定的当事人意志所决定的。[③] 萨维尼的观点奠定了无因性理论的基础。正如谢在全指出的：“若债权行为会左右物权行为之效力，则该物权行为系有因行为（有因主义）。反之，倘物权行为之效力，不受其原因即债权行为所影响时，则该物

① 参见谢哲胜：《物权行为独立性之检讨》，载《政大法学评论》，1994（52）。

② 刘得宽：《民法诸问题与新展望》，468页，台北，三民书局，1979。

③ Vgl. MüKoBGB/Oechsler BGB §929 Rn. 8.

权行为系无因行为（无因主义），具有无因性。”① 简言之，根据无因性理论，原因行为即债权行为的不成立、无效或被撤销，并不影响物权行为的效力，物权行为一旦生效，就发生物权变动的效果。“物权无因性原则”是物权行为的核心原则。②

物权行为的无因性和独立性是联系在一起的，由于物权行为独立于债权行为之外，所以债权行为的效力不影响物权行为的效力。如果物权行为本身不能独立存在，那么无因性理论也就无法成立，也就是说，物权行为的独立性是无因性的基本前提。通说认为，物权行为无因性理论的优点主要在于：

第一，有利于区分各种法律关系，准确适用法律。根据无因性理论，法律关系非常明晰。以买卖为例，则分为三个独立的法律行为：一是债权行为如买卖契约；二是为转移标的物所有权之物权行为；三是移转价金所有权的物权行为。每个法律关系容易判断，且有利于法律适用。

第二，充分保护交易当事人的利益和交易安全。如前所述，根据物权行为的无因性，债权合同即使被宣告无效或被撤销，也不影响物权行为的效力，买受人仍然取得所有权，而且将标的物移转给第三人时，第三人也能取得标的物的所有权，这对当事人利益和交易安全的保护是有利的。无因性避免了过分强调保护出卖人的利益，忽视对买受人利益保护的弊端，在整体上较好地平衡了当事人之间利益。③

第三，有利于完善民法体系。无因性理论对德国民法物权法和债权法的制定产生了重大影响，《德国民法典》的起草者认为，采纳物权行为理论有助于区分债权和物权。因此，该法典中许多条文都体现了这一理论，如《德国民法典》第929条要求具有所有权移转的合意并同时有物的交付，才能移转动产所有权。第1205条要求在一项动产上设立担保物权，必须具有设立该担保物权的合意并同

① 谢在全：《民法物权论》，79页，台北，1994。

② Vgl. Kegel, Verpflichtung und Verfügung-Sollen Verpflichtungen abstrakt oder kausal sein?, in: Internationales Recht und Wirtschaftsordnung, Festschrift für F. A. Mann zum 70. Geburtstag, 1977, S. 57ff.

③ 参见孙宪忠：《物权行为理论探源及其意义》，载《法学研究》，1996（3）。

时具有物的交付。正如德国民法立法草案理由所指出的："比较古老的法典，尤其是普鲁士的一般州法以及 Code civil，常将债权法之规定与物权法之规定相混……此乃对概念上之对立无正确的评价。此会困惑对于法律关系本质之洞察，同时也会威胁法律之正确适用。"[①] 而无因性理论正好解决了物权法与债权法的区分，从而有利于完善民法体系。

物权行为无因性理论有利于充分保障当事人的利益吗？笔者认为对此种论断需要作具体分析。试以动产的买卖为例，如果出卖方已交付标的物，买受方未支付价金，而买卖合同被宣告无效或被撤销，在此情况下，根据无因和有因理论进行判断，当事人的利益状态是不同的。

依据有因性理论，标的物的所有权并不因交付发生移转，在法律上仍归出卖方所有，买受人必须返还原物。如果买受人宣告破产，则出卖人享有别除权，如果买受人将标的物卖给第三人，则构成无权处分，出卖人可享有追及权，但如果第三人取得财产时出于善意，则可以取得标的物所有权。如果买受人在标的物上设立抵押、质押，因为买受人对该标的物不享有所有权，除相对人构成善意取得外，其无法取得抵押权、质权。

而依据无因性理论，在买卖合同被宣告无效或被撤销以后，标的物的所有权因交付即发生转移，出卖人丧失所有权，所有权在法律上归买受人享有，出卖人不得向其主张返还原物，而只能请求其返还不当得利。如果买受人宣告破产，则出卖人不能享有别除权，而只能作为普通债权人参与破产财产的分配；如果买受人将标的物出卖给第三人，则为有权处分，出卖人不能享有追及权，而只能请求买受人返还因转卖所得的价金。第三人直接取得标的物时，即使是出于恶意（即明知或应知买卖合同已被宣告无效或被撤销），也得取得标的物的所有权。如果买受人在标的物上设立担保物权，由于担保物权具有优先于普通债权的效力，出卖人不能请求返还标的物，只能向买受人请求赔偿。[②]

从上述分析可见，无因性理论虽对买受人和第三人有利，但对出卖人却极为

---

① 刘得宽：《民法诸问题与新展望》，468 页，台北，三民书局，1979。

② 参见梁慧星：《民法总论》，157 页，北京，法律出版社，1996。

不利。因为出卖人在交付标的物而未获得价金的情况下，买卖合同因被宣告无效或被撤销，而不能享有对标有物的所有权，对其显然是不公平的。一方面，出卖人依据先前的合同已经作出了履行，交付了标的物，而买受人并未作出履行，这表明出卖人并无过错而买受人可能是有过错的。尤其是在买卖合同的无效或被撤销是因买受人的过错造成的情形下，否认出卖人对其交付的标的物的所有权，而承认有过错的买受人享有所有权，根本违反了民法的公平和诚信原则，而且也鼓励了交易当事人的不法行为。另一方面，虽然出卖人享有不当得利返还请求权、价金返还请求权或损害赔偿请求权，但这些请求权都是债权请求权而非物权请求权，不能产生优先于普通债权的效力，也不能对抗第三人。如果买受人破产，或将标的物低价转让等，在此情况下，出卖人仅享有债权请求权，根本不能维护其利益，甚至使其一无所获。如果使出卖人享有所有权，可以据此产生优先于普通债权或对抗第三人的效力，则可有力地保护出卖人的利益。

无因性理论虽然有利于维护买受人和第三人的利益，但这种保护是以违背民法的公平和诚信原则为代价的。因为买受人尚未交付价金，表明其没有依据先前的合同作出履行，买受人在自己未曾履行时，不宜承认其可获得对方交付的财产的所有权。否则，可能会鼓励欺诈及其他违背诚信原则的行为。在合同被宣告无效或被撤销的情形下，买受人未作出对待履行可能是有过错的。在此情形下承认买受人取得标的物所有权，则会极大地鼓励了其过错行为。从民法上看，不管合同是否被宣告无效或被撤销，买受人在未作出对待履行以前，不应取得出卖人交付的标的物的所有权，更不能将标的物转让给第三人。如果允许买受人取得所有权，并可以自由转让，实际上是鼓励无权处分行为，这对交易秩序的维护无丝毫的作用。尤其应当看到，依据无因性理论，第三人在恶意的情况下，也能取得标的物所有权，这本身与所有权善意取得制度是相违背的，而且不符合所有权取得的合法原则。

我国审判实践经验和民间习惯与无因性理论也是大相径庭的。例如，买受人在未支付价款的情况下也能取得标的物的所有权、买卖合同被宣告无效后买受人仍可转让标的物、第三人出于恶意也能取得标的物的所有权等，这些规则根本不可能为审判实践采纳，也不符合民间习惯。一些主张无因性理论的学者也认为该理论“违背生活常情，与一般观念显有未符”①。

物权行为无因性理论是否有助于区分各种法律关系，并有助于法律适用？如前所述，物权合意本身是一种理论的虚构，就一个买卖关系，将其分成三个不同的法律关系即买卖合同、移转标的物所有权的物权行为和移转价金的物权行为。事实上这三种关系完全是虚构的，因为现实生活中只存在一种法律关系即买卖关系，不可能存在三种关系。从法律适用的角度来看，笔者认为，这一理论不仅无助于法律适用，反而使法律的适用更为困难。例如，按照承认物权行为的一般观点，物权行为是法律行为，故应适用法律行为的一般规定。② 事实上，由于独立于债权合意的物权合意根本不存在，而交付或登记行为是事实行为，根本不是法律行为，尤其就交付行为而言，完全是一种履行合同的事实行为，如何能适用法律行为的一般规定呢？交付行为的正确和适当与否，只能依据合同而非法律行为的一般规定来作出判断。

正是由于无因性理论存在着明显的弊端，许多学者利用解释的方法，尽量强调物权行为与债权行为的联系，提出了所谓物权行为无因性相对化理论。该理论共有三种：一是共同瑕疵说。该学说认为，如果债权行为因为当事人欠缺能力，或因欺诈、错误、违法等原因而被宣告无效或被撤销，物权行为也因具有共同的瑕疵而应被宣告无效或被撤销。二是条件关联说。此说认为，当事人可以依据其意思将物权行为的效力与债权行为的效力联系在一起。此种意思可以是明示，也可以是默示的，在很多情况下，可以解释当事人有默示意思。三是法律行为一体说。此说认为应将物权行为与债权行为统称为一个整体的法律行为，适用民法关于法律行为一部无效而导致整个法律行为无效的规定。因此，当债权契约无效时，物权契约也应该宣告无效。③

笔者认为，上述无因性相对化理论也是值得商榷的。共同瑕疵说认为物权行

① 王泽鉴：《民法学说与判例研究》，第1册，286～287页，台北，1979。

② 参见史尚宽：《论物权行为之独立性与无因性》，载郑玉波主编：《民法物权论文选辑》上册，4页，台北，五南图书出版公司，1984。

③ 参见王泽鉴：《民法学说与判例研究》，第1册，287页，台北，1979。

为的效力要受到债权行为效力的影响，这不仅否认了物权行为的无因性，而且动摇了物权行为独立存在的基础。条件关联说试图通过解释当事人的默示意思，使物权行为的效力系于债权行为上，此种观点实际上在很大程度上否定了物权行为的无因性，而且当事人默示的意思如何解释，在何种情况下进行解释，在实践中也是很难操作的。同时，由于物权的合意本身是一种虚构，此种所谓的解释也难免摆脱虚构的色彩。而法律行为一体说，一方面承认物权行为的独立性，并认为物权行为是作为与债权行为不同的法律行为，另一方面又认为物权行为与债权行为是一个整体的法律行为，这本身是相互矛盾的。这三种理论实际上反映了这样一种现象，即物权行为无因性理论具有明显的弊端，而承认物权行为的学者被迫对该理论作出某些修正。但修正的结果则在一定程度上否认了物权行为无因性理论。

物权和债权的区别并不意味着物权行为必须独立存在，且不受债权行为效力的影响。物权是直接支配物并排斥他人干涉的权利，债权是特定当事人之间请求为一定行为或不为一定行为的权利。物权与债权在性质上是有别的。但取得这两种权利的法律行为的性质在绝大多数情况下并无明显区别。[①] 也就是说，物权和债权的设定在很多情况下，都可以以同一个债权合同为基础。债权行为的效力直接决定交付行为的效力。如果债权合同被确认无效或被撤销，交付行为仍然可能有效，这就是萨维尼所说的“源于错误的交付也是有效的”理论，这则使无法律根据的交付合法化，甚至使违法的交付行为也成为合法行为。例如，当事人一方故意欺诈对方，向对方交付假冒伪劣产品。后受欺诈方要求撤销合同，在此种情形下，当然属于不合法的交付行为，不能承认其效力。而依照无因性理论，双方当事人所为的物权行为不当然无效，受让人可以保有其已经取得的所有权，这势必对交易安全与秩序的维护产生负面效应。

有一种观点认为，物权行为无因性理论为保护善意的第三人提供了充足的理论基础。[②] 这显然也是不能成立的。因为按照物权行为无因性理论的本旨，物权

① 参见谢哲胜：《物权行为独立性之检讨》，载《政大法学评论》，1994（52）。

② 参见孙宪忠：《物权行为理论探源及其意义》，载《法学研究》，1996（3）。

行为的效力不受债权行为的影响，不管原因行为是否合法有效，不管第三人取得财产是善意还是恶意，均可以取得对财产的所有权。而此种制度设计无疑与同样具有保护善意第三人功能的善意取得制度存在显著的差异，这主要体现在善意取得制度保护的对象是善意且无过失的第三人，如果第三人恶意则不得主张善意取得，而根据无因性理论，第三人在取得财产时基于恶意且具有过错，也能取得所有权。也正因为如此，笔者认为不宜采纳物权行为无因性理论，而认为债权行为一旦被确认无效或被撤销，物权行为自然无效或一同被撤销。如果受让人已将财产转让给第三人，则可以通过善意取得制度对第三人进行保护。较之物权行为无因性理论，善意取得制度不仅有利于保护善意第三人，而且因其可以区别第三人是善意还是恶意的不同情形，以决定是否对其进行保护，也能体现社会公平正义和诚信原则的要求。

还应看到，萨维尼“源于错误的交付也是有效的”无因性理论，极有可能纵容受让人与第三人之间恶意串通，损害出卖人的利益。例如，受让人通过欺诈方式取得了出卖人交付的某项具有重要价值的特定物，为防止出卖人追夺该物，遂与第三人恶意通谋，以虚假的买卖合同将该物转让给第三人，而按照无因性理论，买卖合同尽管因欺诈而被撤销，受让人和第三人尽管都具有恶意，但仍能取得该物的所有权，这显然是不妥的。

四、我国民法是否应采纳物权行为

我国现行民法是否已采纳了物权行为理论，对此存在着两种截然对立的观点。一种观点认为，我国民法不承认物权行为。[①] 另一种观点认为我国民法和司法实践，均已不自觉地承认了物权行为。[②] 这两种观点，哪一种更符合现行立法规定，值得探讨。从我国现行立法规定来看，确实承认了登记和交付为物权变动

---

① 参见梁慧星：《我国民法是否承认物权行为》，载《法学研究》，1989（6）。

② 参见《城市房地产管理法》第60、61条；《十地管理法》第10条；《城市私有房屋管理条例》第6条。

的要件。就动产所有权移转而言，我国《民法通则》第 72 条第 2 款规定：“按照合同或者其他合法方式取得财产的，财产所有权从财产交付时起移转，法律另有规定或者当事人另有约定的除外。”就不动产所有权的变动而言，我国法律明确要求，不论是土地权属的变更，还是房屋所有权的变更，均应当登记。① 还应当看到，我国现行立法对许多物权的设定要求采取书面形式，如《担保法》第 38 条规定：“抵押人和抵押权人应当以书面形式订立抵押合同。”从上述规定来看，我国现行立法在物权的变动上并未采纳法国法的纯粹的意思主义，认为物权的变动不能仅以债权意思表示即发生效力，还必须采取交付、登记或书面形式，才能发生物权变动的效力。

那么，这是否意味着我国民法采纳了物权行为理论？笔者认为，我国民法并未采纳这一理论，其根据在于：

第一，就动产来说，我国民法从未承认动产所有权的移转必须具有物权合意。《民法通则》第 72 条规定：“按照合同或者其他合法方式取得财产的，财产所有权从财产交付时起转移，法律另有规定或者当事人另有约定的除外。”梁慧星教授认为，此处所说的“合同”，当然是指债权合同，包括买卖合同、互易合同、赠与合同等；所说“其他合法方式”首先是指民法方式，如继承、遗赠等，其次应包括法院判决、拍卖，最后应包括某些公法上的行为，如征用、没收等。② 笔者认为，这一解释是完全符合立法本意的。因此，该条并未要求当事人在债权合同之外，另订物权合同，并基于该合同交付动产，移转动产所有权。从我国现行《合同法》关于出卖人应当按照约定的质量、数量交付标的物的规定来看③，我国司法实践历来将动产的交付作为履行债权合同对待的，而未承认交付行为是独立于债权行为之外的物权行为。如果买卖等债权合同被宣告无效或被撤销，当事人应依据法律规定，返还原物，恢复原状，而绝不能因交付行为而取得所有权。

---

① 参见牛振亚：《物权行为初探》，载《法学研究》，1989（6）。

② 参见梁慧星：《民法学说判例与立法研究》，126 页，北京，中国政法大学出版社，1992。

③ 参见《合同法》第 153 条、第 154 条、第 155 条、第 158 条。

第二，就不动产来说，有关不动产合同的内容，尽管常常在物权法中加以规定①，但我国法律历来认为有关房地产转让的合同，本质上也是一种民事合同，并应适用民法关于合同的一般规定。在这点上，它与债权合同并不存在差异。我国法律也不承认在不动产转让合同中存在债权合同和物权合同两个合同，不动产的交付是依据不动产买卖合同所产生的义务，而不动产登记也要以不动产买卖合同为依据。例如，依据房屋买卖合同，买受人须履行支付价款的义务，出卖人履行交付房屋并协助买方到不动产所在地的房地产管理机关办理不动产过户登记手续的义务。最高人民法院 1995 年 12 月 27 日《关于审理房地产管理法施行前房地产开发经营案件若干问题的解答》(已失效) 第 12 条规定："转让合同签订后，双方当事人应按合同约定和法律规定，到有关主管部门办理土地使用权变更登记手续，一方拖延不办，并以未办理土地使用权变更登记手续为由主张合同无效的，人民法院不予支持，应责令当事人依法办理土地使用权变更登记手续。"从这一司法解释来看，它并未承认登记或交付行为是独立于买卖合同之外的物权行为，而是将其视为买卖合同履行行为的组成部分。如果一方不履行交付或登记手续，另一方有权依据合同要求其履行。在我国司法实践中，如果当事人之间订立的不动产买卖合同，因具有欺诈、胁迫或违法因素等，被法院确认为无效或被撤销以后，即使不动产已交付和登记，也应涂销登记。这就表明我国司法实践并未承认物权行为的无因性。

第三，就抵押权、质权、土地使用权的设定来说，尽管我国法律规定，这些合同的订立要求采用书面形式，这只是对合同形式要件的规定，它并未要求在债权合同之外另行订立物权合同。从学理上说，质押合同的目的在于设立质权，但质权是否设立并不影响质押合同的效力，也就是说，质押合同的生效仅需当事人意思表示一致即可，其并不以质权的设立为生效要件。②

总之，我国现行立法并未承认物权行为的存在，现行立法对交付、登记等物权变动的要件规定，主要是出于公示的要求，不能成为物权行为存在的依据。概

---

① 参见《城镇国有土地使用权出让和转让暂行条例》《城市房地产管理法》。

② 参见《物权法》第 187 条、第 188 条、第 212 条。

括来说，我国民法的规定类似于瑞士法的立法模式。此种模式要求物权之变动，除债权意思表示外，还须以登记或交付为要件。[①] 而此种模式与德国法的模式是完全不同的。从中国的实际情况来看，采取此种模式较之于采取物权行为模式，其优越性明显地表现在：第一，它符合我国的立法传统，而且易于被执法者理解和掌握。物权行为理论“捏造了独立于债权行为之外的物权行为，又进一步割裂原因与物权行为的联系，极尽抽象化之能事，符合德国法学思维方式对抽象化之偏好，严重歪曲了现实法律生活过程，对于法律适用有害无益，毫无疑问是不足取的”[②]。第二，我国的立法模式切实反映了各种纷繁复杂的动产交易和不动产交易的内在需要，体现了市场活动的一般规律，而且完全符合我国现实生活常情。可以说，这一模式是本土化的产物，对于规范本土的交易关系具有其他模式不可替代的作用。而德国的物权行为理论将现实生活中某个简单的交易关系，人为地虚设分解为三个相互独立的关系，使明晰的物权变动过程极端复杂化。这不仅不像有的学者所说的“物权行为理论追求的，是建立精确、细致、完全、公开的法律体系，它只能为复杂而又层次较高的市场经济服务”[③]。相反，它使本身简单明了的现实法律过程徒增混乱，有害于法律的正确适用。[④] 所以德国学者批评这一理论是“学说对实际生活的凌辱”十分恰当。第三，我国的立法模式能够有效地、平等地保护交易当事人的利益，不管是对出卖人还是对买受人都能够兼顾其利益，并平等地加以保护。而物权行为无因性理论，割裂交付、登记与原因行为的关系，虽然强调了对买受人的保护，但忽视了对出卖人的保护。第四，我国立法模式能够有效地维护交易安全和秩序，同时借助于善意取得制度，也可以有效地保护善意第三人。而物权行为无因性理论，主张“源于错误的交付也是有效的”，第三人基于恶意也能取得所有权，买受人在买卖合同被确认为无效后仍能转卖标的物等，这些规则不仅不利于维护交易安全，同时也将破坏交易秩序。

笔者认为，物权行为理论尽管被德国立法和实务所采纳，但并不符合我国的

---

① 参见刘得宽：《民法诸问题与新展望》，466页，台北，三民书局，1979。

② 梁慧星：《民法学说判例与立法研究》，122～123页，北京，中国政法大学出版社，1992。

③ 孙宪忠：《物权行为理论探源及其意义》，载《法学研究》，1996 (3)。

④ 参见梁慧星：《民法总论》，122页，北京，法律出版社，1996。

实际情况。朱苏力先生曾经指出，现代的作为一种制度的法治不可能靠“变法”或移植来建立，而必须从中国本土资源中演化创造出来。[①] 法治建设必须借助于本土资源。德国的物权行为理论符合德国的抽象化偏好，但并没有被其他国家立法和实践所接受，反映了法律本土化的必要性。同样，按照法律本土化的要求，我国物权立法也不宜采纳这一理论，而只能从我国实际出发，进一步完善我国现行的立法模式和规则体系。

笔者认为，我国物权立法和实务不宜采纳物权行为理论，并不妨碍在学说上对这一理论展开深入研究。同样，从理论上看，借助物权合同的概念概括某些合同，揭示其不同于其他类型的合同特点，也可能是必要的。根据我国许多学者的观点，我国民法中的合同是当事人之间设立、变更、终止债权债务关系的合意，合同为发生债权债务关系的法律事实，债权债务关系为合同发生法律效力的后果，所以合同毫无疑问只能是债权合同。这一观点是有一定道理的。但如果采纳这一合同概念，虽能概括绝大多数民事合同，但某些合同却难以被概括其中。这些合同主要是指抵押合同、质押合同、国有土地使用权出让合同、承包合同等。这些合同与一般的合同关系不同，这些合同均以设立、变更、终止物权为目的。尤其应看到，这些合同不仅受合同法，而且受物权法的规范。一般债权合同主要受合同法的调整，并且通常作为有名合同在合同法中加以规定。而抵押合同等，虽然也适用合同法的一般规则，如合同的订立、变更、解除、违约责任等，但这些合同主要是在物权法中被加以规定。因此，它们也主要受物权法调整。所以，笔者认为如果采用梁慧星教授所主张的狭义的合同概念，将民事合同限于债权合同的范围，那么，可以将债权合同所不能包括的抵押合同、质押合同、国有土地使用权出让合同、承包合同等在学理上统称为物权合同，它们和债权合同一样都属于合同的范畴，但在学理上可以将其归为两种不同的类型。作出此种区分，有利于增加合同分类的科学性，也有利于法律的适用。当然，这只是一种学理上的分类，并不需要在立法上采用明确的物权合同的概念。尤其是如果不采用狭义的合同概念，而适当拓宽合同的概念，将《民法通则》第 85 条关于“合同是当事

① 参见苏力：《法治及其本土资源》，17 页，北京，中国政法大学出版社，1996。

人之间设立、变更、终止民事关系的协议”的规定，解释为不仅仅是设立、变更和终止债权债务关系，而且包括设立、变更和终止物权关系，将现行法规定的各种民事合同都作为合同法的有名合同对待，那么在此情况下，就不必在学理上区分并使用债权合同和物权合同的概念，无论合同具有什么样的特点，只要它们符合《民法通则》第85条的规定，都可被统称为合同，并适用合同法的规定。至于物权法中有关合同的规定，也都可以看成是合同法的有机组成部分。

论国家所有权的民法保护*

一、加强民法对国有财产的保护作用的必要性

所有权的保护在整个所有权制度和民法制度中居于重要地位。所有权的民法保护不仅与确认、保护所有权的规范互为一体，而且整个所有权制度，包括所有权内容的确定、所有权取得和丧失的方式、所有权的行使方式、财产转让的各种法定形式等，都可以视为是对所有权的保护。除所有权制度以外，其他的民事法律制度也与所有权的保护有着极为密切的联系。例如，债权制度对动态财产的保护、他物权制度对所有权的实现与保护、继承制度对所有权人死亡后财产的保护等，都是对所有权保护的组成部分。可以说，对所有权的保护是整个民法的核心内容，由此也表明了民法对所有权的保护提供了一个完整、周密的保护机制。

国有财产的形式在历史上是多种多样的，在不同的历史时期，国家所有权的保护方法也不尽相同。自中华人民共和国成立并建立公有制经济起，对国有财产的保护和管理一直是立法和司法的重要任务。中华人民共和国成立后不久，政务

* 原载《中国法学》1991年第2期。因第一辑篇幅所限，本文收录在第二辑中。

院和有关部门先后通过的《企业中公股公产清理办法》、《关于国营企业清理资产核定资金的决定》以及《国营企业资金核定暂行办法》等法规，对防止国有资产的流失、保护国有资产的完整和有效使用，起到了一定作用。在社会主义改造期间，有关公私合营等方面的法规，对赎买政策的实施有重要作用。社会主义改造完成以后，我国先后制定了一系列行政法规和规章，并建立了管理和保护国有财产的行政体制。这种方式对于保护国有财产的完整和实物的分配是不无作用的。但是，随着我国经济体制改革以来有计划的商品经济的发展，单纯借助于行政法的方法保护国有财产，显然是不够的，而且是不适当的。其原因在于：第一，单纯的行政方法的管理，必然导致众多的政府机关分别运用行政权力，通过各种行政手段对国有财产的经营者即企业进行干预，从而使企业缺乏必要的自主性和活力。企业对资产的经营既不负盈也不负亏，实际上由国家承担了资产损益的风险和责任，造成了企业经营的国有资产大量浪费。第二，单纯的行政方法的管理，使双重权利发生混合并相互“串换”，导致一级政府中的任何行政机关都可以代表国家行使所有权，以至于缺乏真正能够对国有资产在经营中的损益负责的人格化代表。在国有财产明显受到侵害的情况下，常常不知道应由谁代表国家向不法行为人提出请求和提起诉讼，而在国有财产受到损失以后，也不知道应由谁来承担责任。第三，单纯的行政方法的管理，是与实物的管理和实物的分配联系在一起的，行政机构对国有财产的经营，常常导致投资效益低下，或只见投入而不见产出。同时，国有财产在“条条”和“块块”的束缚下，难以通过合理流动来实现资产的优化组合，从而不能产生国有资产价值的最大增值。第四，尤其应该看到，由于单纯的行政管理往往导致部门分割、条块分割、管理多头、政出多门，从而造成了长期存在的产权界定不明，一个管理部门常常不知道它究竟管理着多少国有财产，也不清楚这些财产究竟具有多大的价值。特别是一旦财产流动以后，许多财产成为“三不管”的财产。由此产生的后果是，国有财产大量流失，许多国有财产被置于“无主财产”的地步，侵占、侵吞甚至哄抢国有财产的不法行为一度越来越严重。

笔者认为，现阶段国有资产经营效益不高、保护措施不严，主要是一个管理和保护的方式和方法问题。然而，这种方式和方法的选择和运用，直接涉及公有制的现实运行，即是压抑还是充分发挥社会主义公有制的优越性问题。为了实现国有资产的合理配置和有效利用，提高国有资产的经营效益，建立对国有资产的有效保护的法律机制以充分发挥公有制的优越性，必须彻底改变用单纯的行政方法管理国有财产的做法，大力加强民法的方法在保护和管理国有资产中的作用。事实上，只有通过民法调整，才能使国有财产的管理和保护处于一种稳定、明确的规范控制之下，从而建立一套完整的法律规则和程序。

二、民法对国有财产的动态利益的保护

所有权制度的存在乃是与资源的有限性相联系的。它的功能不仅是满足所有人独占的和排他的愿望，而且还是激励和保护主体充分利用有限的资源的机制。在所有权制度中，应该把维护实物的安全、保护静态的财产与实现实物的价值、保护动态的利益密切结合起来。

应该看到，对国有财产动态利益的保护，一直未能引起我国立法的注意。过去在我国的国有资产管理中采取集中的行政管理办法，国有资产不能合理流动，资源也不能得到充分有效地利用，大量可以得到而且应该得到的动态利益，在这种只注重实物管理而不重视价值增值的体制中丧失了。由于资产不能流动，各种“马拉松式”的投资层出不穷，大量的投资不能尽快转换成可供有效利用的资产。在企业内部，一方面是资金奇缺、“投资饥渴”，另一方面是现有资产的 1/3 处于闲置和半闲置状态。[①] 国有资产不能流动，也极大地妨碍了资源的合理配置，所以，为了有效地保护国有财产，首先要摒弃小农经济的财产观念，即只做财产的消极保护者，而不做财产价值的积极创造者的观念。消极的实物保护固然能够维护实物的完整性，但是如果忽略了对动态利益的实现和保护，则只能导致财产利益的损失和浪费，并不能真正有效地保护财产。

当前的治理整顿工作，是深化改革的重要步骤。在这个过程中，我国一方面

---

① 参见张彦宁：《推动企业兼并提高经济效益》，载《谋略对策》，1988（11）。

要坚决摒弃各种“私有化”的言行，维护社会主义国家所有权和公有制；另一方面，也要结合产业结构、产品结构、企业组织结构和技术结构的调整，推动国有资产的流动，以实现资产的优化组合和有效利用。资产的流动包括：对亏损的小企业的拍卖或折股出售、对已经资不抵债的企业实行破产清理、加快横向联合的步伐、推动企业兼并工作的展开、对多余和闲置的国有资产有偿出售和调剂、在政策规定的范围内实行股份制改造等。各种资产流动的方式，不仅不可能导致国家所有权的丧失，而且是保障国有资产的保值和增值、巩固国家所有权制度的重要措施。特别是在当前的条件下，通过资产流动使“死资产”转化为“活资产”，从而能尽快形成新的生产能力，解决资金严重短缺的问题。对于整个社会来说，这种流动可以在并不增加总需求的情况下使总供给得以增加。一旦产权流动起来，如何有效地保护国有资产在流动中的利益即动态利益是我国民法在当前必须承担的一项重要任务。

美国法学家瑞奇（Reich）指出，各种新财产因法律而形成并由法律而创设。[①] 可见，民法与动态财产的联系表现在两方面：一方面，如果没有财产法律，那么，主体对客体的占有就只是事实上的占有而不能形成为权利，任何利益都不是法定利益，因而不能够称为“财产”。这就是说，因民法对动态财产的保护才形成财产概念，保护财产是民法的重要职能。另一方面，现代社会财产法律不仅保护财产，而且本身可以创造无体财产，如股票、债券等有价证券以及各种无形的法定利益。因此，我国民法对动态的国有财产关系的调整和保护，首先意味着由民法确认各种动态财产，包括国家持有的股票、债券，国家在其所享有的知识产权中的利益，等等。同时，要通过建立和健全各种保护动态安全的制度以保护国有财产的动态利益。

从广义的保护来说，我国民法对动态财产的保护体现在民法的调整上。民法鼓励和允许当事人进入交换领域，从事各种财产和财产权能的交换和转让行为，从而促进资产的合理流动。同时，民法通过所有权和合同制度维护财产占有秩序

---

① See Vandevelde, “The New Property of The Nineteenth Century, The Development of The Modern Concept of Property”, *Buffalo Law Rev*. Vol 29, 1980.

和动态安全、借助于物的限制流转制度控制进入交易的物的范围、依据法律行为制度确立市场活动的抽象的行为准则等，形成民法对国有财产的动态安全的保护体系。从狭义的保护来说，民法主要是通过债权的保护方法和物权的保护方法，在国有财产的动态利益受到侵害时，有效地保护这些利益的安全。下面谈谈这种保护方式。

第一，债权的保护方法，特别是损害赔偿的保护方法，旨在补偿国有财产因受不法侵害而遭受的财产损失。如果说这种方法在保护实体财产时，往往因市场中实物的短缺、货币不能替代实物而只能发挥出有限作用的话，那么，在对无体财产的保护中，它是最有效的法律保护方法。因为，既然财产是无体的，就只能以货币单位确定出无形的但又可以确定的实际损失，然后由加害人作出补偿，以尽快恢复受到损害的利益。用债的方法保护国有财产的动态利益，包括赔偿如下利益的损害：（1）对未来利益的损害。如应该将国有财产投入使用以产生收益，因为当事人的恶意行为致财产不能投入使用，造成未来利益的重大损失。（2）非法占有和侵害实体财产，致使财产不能投入使用而造成无形财产损失。例如，挪用大笔公款，使资金不能使用而造成利益的损失。（3）非法占有和损害无形财产，如在投资入股时，故意将国有的无形财产不计价就投资入股，无偿利用国有的无体财产权以牟取私利，故意压低国家股份的股息，等等。应该指出，无形的、动态的利益损失必须是可以确定的，即如果没有侵权人的侵害行为，这些利益是能够实现的，而不能是臆想的、虚构的利益。一旦不法行为人侵犯了国有的无形财产和造成无形财产的损失，就应该负损害赔偿责任。

第二，物权的保护方法。这是指在财产受到损害时，依法请求不法行为人返还原物、排除妨碍、恢复原状的权利。物权的保护方法主要是针对实物的保护而创设的，对于无形财产的保护主要是通过债的保护方法来实现的，但是这并不意味着物权的保护方法不能作用于对无形财产的侵害。现代民法理论中“物权的价值返还请求权”日益成为物上请求权的重要内容，因此，加强物权的保护方法在保护动态国有财产利益上的作用，是十分重要的。这就是说，一旦实物被非法占有，不仅要返还实物，而且要返还实物所有的孳息或收益；恢复原状不仅要使原物恢复到原有状态，而且要使新物与旧物之间的价值相等；排除妨碍不仅包括排除对实物正常使用的妨碍，而且包括实物的价值和无形财产的收益在实现过程中所受到的妨碍。无论何人非法占有实物还是价值，都可以使国家产生追及的效力，不能因价值难以确定而免除不法行为人的返还责任。所以，重视民法的物权方法对保护国有资产收益，保障国家所有权在经济上的实现，具有重大的意义。

三、对国家所有权的特殊保护理论的质疑

根据苏联民法，社会主义国家的民法必须对国有财产实行特殊保护，以维护国有财产的神圣不可侵犯性。① 这种特殊保护原则体现在：第一，无期限限制的返还请求。根据《苏联民法典》第153条，返还被非法占有的国有财产，不受时效的限制。第二，不适用善意取得原则。根据《苏联民法典》第153条的规定，返还被非法占有的国有财产，不问占有人是善意还是恶意，也不管对财产的占有是怎样丧失的，一旦被非法占有则占有人必须返还。第三，根据苏联民法理论，在国家与集体所有制组织或公民个人就财产所有权的归属发生争议，而又无法判明真实情况时，推定争议的财产为国家财产。②

大量的资料表明：国有化的广泛性、国家对土地及其所有自然资源的专有性和垄断性，是苏联民法的特殊保护规则产生的重要原因。同时，这种特殊保护规则，也与苏联社会流行的把国家所有制视为最发达的、最成熟的社会主义所有制，而集体所有制被视为低级的社会主义所有制的观点有着直接的联系。强调不同所有制之间的差别，是苏联民法不仅对国家专有的财产而且对一切国有财产都实行特殊保护的一个重要原因。

根据我国宪法和民法的规定，城市的土地、矿藏、水流、森林、山岭、草原、荒地、滩涂等自然资源属于国家专有，禁止以买卖、租赁、抵押或其他形式非法转让。这种国有资源的国家独占和垄断是由国家主权产生的。按照国际法的

---

①② 参见［苏］维涅吉克托夫：《苏联民法对社会主义财产的保护》，第三章，北京，法律出版社，1957。

主权原则，各国可以基于其主权对资源进行垄断，对外排除其他国家获得这类资源，对内不允许任何公民和法人享有所有权。因此，当国家专有的土地及其他自然资源被不法行为人非法处分，在法律上现存的占有人是不可能根据善意取得和时效取得规则而取得所有权的。这与其说是对国家所有权的特殊保护，不如说是对公民和法人享有的所有权客体范围的限制，也可以说是对取得对土地及其自然资源的主体资格的限制。

那么，对于除国家专有财产以外的其他国有财产，特别是由企事业单位占有的各类国有财产，是否应适用特殊保护规则呢？根据《民法通则》第 117 条的规定，任何人侵占国家的、集体的和个人的财产都要负返还财产和赔偿损失的责任。在这里，法律只是体现了对各类财产的平等的、共同的保护，并没有规定对国有财产的特殊保护。在《民法通则》关于时效制度的规定中，并没有提及国有财产的返还不受时效限制的问题。最高人民法院关于民法通则的解释在提及善意占有时，也没有规定国有财产的返还不适用善意取得的规则。① 显然，特殊保护规则并没有立法依据。

然而在民法理论界，一种流行的观点认为，从《宪法》第 12 条关于“社会主义的公共财产神圣不可侵犯”的规定出发，应借鉴苏联民法关于对国有财产实行特殊保护的措施。这就是说，对我国国有财产的民法保护，应采纳请求返还国有财产不受善意取得和时效的限制、财产发生争议时推定财产为国有的规则。②笔者认为这种看法是很值得商榷的。

公共财产的神圣不可侵犯性，并不能成为特殊保护论的法律依据。公共财产包括了国家和集体的财产。假如说除个人财产以外的整个公共财产都要受特殊保护，那么在我国当前全社会范围内的财产绝大部分都是公共财产的情况下，对公共财产的特殊保护只能使民法的所有权保护规则、时效规则和善意取得规则的适用范围大为缩小，甚至不可能发生作用。在我国现阶段，适应生产力的发展需

---

① 参见最高人民法院《关于贯彻执行〈中华人民共和国民法通则〉若干问题的意见（试行）》第 89 条。

② 参见高等学校法学试用教材：《民法原理·修订本》，170～171 页，北京，法律出版社，1986。

要，存在着多种经济形式和所有制结构，它们都是我国社会主义经济的组成部分。保障多种经济形式的共同发展，是我们长期的国策。我国宪法和民法对国有财产的保护是与其对集体组织和个人的财产的保护相一致的。而按照“特殊保护论”，认为国有财产优于集体和个人的财产并应对国有财产实行特殊的法律保护，只能助长“一大二公”的思想，不利于多种所有制结构的共同发展。

“特殊保护论”与根据我国有计划的商品经济的条件而建立社会财产秩序的要求是相悖的。财产秩序包括财产占有秩序和交换秩序。一方面，按照占有秩序的要求，必须界定产权和通过时效取得、善意取得制度维护占有秩序。然而，按照“特殊保护论”的主张，当国有企业与其他民事主体就财产的归属发生争执而一时又无法查清时，推定财产归全民所有制企业，这实际上不仅免除了企业在诉讼中的举证责任，无助于财产权的界定，而且免除了企业因管理不善而致国有财产流失的责任，从而不利于法律对现存的占有秩序的维护。另一方面，按照市场经济的要求，在交易中流动的各个所有权都要平等地受到民法的保护。为了交易的安全，除了一些法律限制的或禁止进入流通的物以外，任何进入市场进行交易的财产都要适用善意取得规则，国有的财产也不例外。否则，任何人购买国有财产都要负返还义务，还有什么交易秩序可言！所以，建立交易秩序必须摒弃对各种主体的所有权实行不平等对待和保护的规则，使国家以民事主体的身份进入市场。企业经营的国有财产，在民事领域中与其他主体的财产更应该平等地受到民法的保护。平等保护原则正是商品经济的内在要求在法律上的体现，强调对国家转让的和企业经营的国有财产进行特殊保护，不利于我国商品交换秩序的稳定。

事实上，对国有财产的保护，关键在于建立和完善对国有财产的保护和管理制度，明确国家机关和企事业单位支配、管理和经营国有财产的权利和义务，加强其对国有财产的责任感，制裁各种侵害国有财产的行为，而并不在于对其实行特殊的法律保护、赋予这些占有国有财产的组织以特殊的权利。如果实行特殊保护，不仅不能有效地保护国有财产，反而会适得其反。

市场经济与私有财产的法律保护*

我国经济体制改革的战略目标是建立社会主义市场经济体制。市场经济的蓬勃发展必将对财产权利的界定和保护提出更高的要求，同时势必导致财产形式多元化发展和民营经济的发展。因此，加强对私有财产的法律保护，对建立社会主义市场经济体制、实现改革的伟大战略目标，具有至关重要的作用。下面，笔者将不揣浅陋，就此谈几点不成熟的看法。

一、保护私有财产与发展市场经济的相互关系

从历史上看，商品和市场经济确与私有财产的法律保护关系密切。历史学家黄仁宇曾在其《资本主义与21世纪》一书中，比较东西方市场化过程，认为中国虽然在一些朝代出现过繁荣的商业，但因为中国未能形成一套完整的保障私有财产的法律制度，私有财产始终不为“中国法制所支持”，因此中国未能进入资本主义市场经济。① 而欧洲的情况却与此不同。在古代罗马时期，由于“罗马人

---

* 本文系参加1993年9月14日在北京召开的“海峡两岸市场经济法学研讨会”所提交的论文。

① 参见黄仁宇：《资本主义与21世纪》，24页，台北，1991。

最先制定了私有财产的权利、抽象权利、私人权利、抽象人格的权利”[①]，因而促进了罗马社会简单商品经济的充分发展。中世纪以后，欧陆国家在通过残酷的原始积累而向市场化过渡的过程中，竭力将私有财产奉为“天赋人权”而加以保护，使资本主义市场“与国家互为一体”，从而导致了资本主义市场经济的逐步建立。[②] 资本主义法律对私有财产的保护曾达到极不人道和残忍的地步，如饥饿者偷窃一两件食物即可被判处死刑，甚至妇女幼童亦无可幸免。[③] 可见，资本主义保护私有财产的历史乃是一部践踏人权的、罪恶的历史。

社会主义市场经济虽然强调运用市场中各种经济信号反应灵敏的特点以促进生产和需求的及时协调，强调市场对资源配置的作用，但社会主义市场经济乃是以公有制为主体的经济，而个体经济、外资经济只是公有制经济的有益补充。与所有制结构相适应，社会主义分配制度力求以按劳分配为主，兼顾效率与公平，适用多种调节手段，防止两极分化，逐步实现共同富裕的目标。这样，在发展市场经济与壮大私有财产之间不能简单地画上等号。

然而，对私有财产的法律保护确与发展社会主义市场经济之间有着极为密切的联系。这是因为社会主义市场经济具有市场的一般特点，因此在一定程度上受到私有财产发展的制约，这样，推进市场化过程，离不开民营经济的发展与对私有财产的保护。众所周知，自从改革开放以来，我国公民的人均收入逐年增长，1991 年城乡居民储蓄存款额达 9 110 亿元[④]，尤其是个体经济在经济生活中相当活跃，增长速度也较快。从流通领域看，个体经济在各种经济成分中所占的比重从 1980 年的 0.7%提高到 1990 年的 20.9%，近两年又有大幅增长的趋势。截至 1990 年年底，全国城乡个体工商户共 1 328.3 万户，从业人员 2 092.8 万人，拥有资金 397.4 亿元，户均 2 990 元。私营企业从 1988 年开始注册登记，到 1990 年年底登记注册 9.8 万户，从业人员 170.2 万人，户均 17.4 人，注册资金 95.2

① 《马克思恩格斯全集》，第 1 卷，382 页，北京，人民出版社，1956。

② See Fernand Braudel, *Capitalism and Material Life*, New York: Harper and Row. 1973, p. 326.

③ 参见黄仁宇：《资本主义与 21 世纪》，184 页，台北，1991。

④ 参见 1991 年国家统计局的统计报告。

亿元，户均97万元。1990年，资产超过百万元以上的私营企业达492户。[①] 私有财产的增长过程，在一定程度上折射出中国的市场发育过程，并对中国市场的形成和发展起到了重要的推动作用。如果我们回顾一下中国市场发育所经历的道路，就可以看出，从最初以农村的联产承包责任制为基础的初级市场，发展到城市的农贸市场；由农产品交易扩大到小工业品的交易；由消费品市场发展到生产资料市场；由个体、集体的市场活动波及国有企业的市场活动；以致由单一的商品市场向劳务市场、资金市场、技术市场、信息市场等扩展，都离不开个体的经济活动和私营经济的增长。个体业主按照市场导向和利益导向，能够将更多的市场资源自然组合为经营要素，他们将竞争机制和自主经营模式带进其经营的行业，同时使国营部门实实在在地体会到了市场竞争的压力[②]，因此在一定程度上推动了市场的发展。所以，从中国的改革的实践来看，在公有制条件下保护私有财产，对推动市场经济的发展具有不可低估的作用。同时，由于多层次经济结构的发展，亦促进了我国保护财产包括私有财产的法律的日趋完备。

应该看到，现阶段我国的市场发育尚处于初级阶段，市场经济体制的建立也需要经历一个相当长的时期，为推动市场经济的迅速发展，有必要加强对私有财产的保护。从根本上说，保护私有财产是建立社会主义市场经济秩序，使市场经济沿着法制化、规范化道路发展所必需的。具体来看：

第一，保护私有财产有助于鼓励交易、培育市场。一个正常的交易，首先要求主体对其交换的财产享有所有权，否则就根本不能就该项财产进行交换。在市场经济社会，财产所有权的一项重要功能在于，确认和稳定财产在动态中的交换关系，使主体能够自由、平等地使用和支配自己的财产，让渡对自己财产的权利，从而取得对他人财产的权利，所有权正是商品、市场经济存在的基础和前提条件。科斯根据帕累托定律证明“资产的权利界定是市场交易的前提条件”这一

---

① 参见郭振英等：《关于我国所有制结构的现状、问题和建议》，载《中国社会科学》，1992（2）。这些数据实际上是不够准确的，因为有大量的无照户没有统计，集体企业、“三资”企业也有相当一些企业是戴“集体”“三资”帽子的私营企业。

② 参见时宪民：《个体户发展的社会学思考》，载《中国社会科学》，1993（2）。

所谓的“科斯定律”①，实际上正是从经济学角度阐述了法律上的所有权制度的功能。事实上，所有权的法律与交易的法律是很难截然分开的。法律保护所有权和其他物权的一系列方法，诸如物权法定、客体特定、物权变动的公示原则、担保物权等，不仅在于保障财产权，而且还在于维护交易的安全。所以，保护私有财产对于维护市场秩序是十分必要的。还要看到，对于私有财产的保护有助于鼓励交易。英国学者诺思等人认为，“有效率的私人财产权”与“公平而自由的交换”是有一定的联系的。② 在财产权利的归属既定的情况下，为了有效地利用资源，就必须通过交易和所有权权能移转的方式，促进财产权权能的分离和财产的流动。在市场经济条件下，财产的运动速度往往与财产价值的增长成正比，不能流动或不能高速度流动的财产，不管它具有多大的价值，都不能充分实现自身的价值或产生应有的效益。通过资产流动本身也为资源的合理配置、特别是资产存量的合理化调整提供了方便的途径。而通过资产的流动来提高资产的使用效率，必须加强对财产包括私有财产的保护。当然，从我国目前的情况来看，私有财产在经济运行中不占主导地位，但由于各类主体之间的交易活动日益频繁、复杂，各种交易联系日趋密切，如果私有财产不能得到充分保护，则私人所有者不能自由地从事各种正当的交易活动，必将妨碍私人财产所有者之间的交易关系，妨碍私人财产所有者与其他财产形式的所有者之间的正当交易。

第二，保护私有财产有助于鼓励公平竞争。完整的财产权包括能决定命运的处分权，而自由处分财产，必然要求财产所有者能够相对自由地进入交易市场，通过缔结合同而配置资源、组合生产、交换财产。在这个基础上，每个交易者能够根据其自身的意志，按照市场价格的波动，在平等基础上进行竞争，并按照竞争法则求生存、求发展，这样才能够促进市场经济的发展。如前所述，我国改革的实践已经证明，由于个体业主实施了最彻底的市场行为，他们基于利益驱使，

① Ronald Coase, “The Institutional Structure of Production”, *The American Economic Review*, Vol. 82, 1992, pp. 713-719.

② 参见［美］诺思、托马斯：《西方世界的兴起》，陈郁等译，88～97 页，北京，华夏出版社，1988。

无所顾忌地投身于市场，按照优胜劣汰的竞争规律在市场大海中拼搏，因此促使竞争机制得以扩展，并刺激了市场体系的发育。正如有的学者所指出的，“社会主义市场经济之所以能在中国这片热土上形成主旋律，个体、私营经济客观上率先起到了推波助澜的作用”①。私营经济的发展，必将促进竞争的展开，并促使国有企业感受到日益激烈的竞争，为了在竞争中获胜，国有企业也必须转换经营机制，解决品种老化、经营不善、决策缓慢、官商作风等一系列问题，从而使国有企业本身也实现了“市场化改造”。还应该看到，市场经济是对外全方位开放的经济，需要大力鼓励个体经营者以灵活的经营机制和高超的商贸发展战略，在国际市场上大显身手，从总体上增强我国企业在国际市场上的抗衡能力和竞争能力。总之，公平竞争与私有财产的发展是联系在一起的，私人所有者不能在机会均等的条件下进入市场，或不能与其他所有者在竞争中处于平等地位，则公平竞争秩序难以形成，市场经济也很难得以充分发展。

第三，保护私有财产，有助于发展公平交易和信用的观念。法律保护财产，意味着任何人都不得非法占有、取得他人的财产，对财产的保护也给每一个人施加了尊重他人财产安全的义务，而尊重他人的财产安全实际上就是尊重他人的人格和劳动成果。在健全的财产保护的法律制度下，任何人要取得他人的财产，必须让渡自己的财产，按照市场法则实行公平交易，一旦造成对他人财产的损害，则应按等价交换原则予以赔偿。这种法律后果也正是社会主义市场经济条件下所要求的人与人之间的新型的平等、自由、开放的相互关系和生活方式的内容。还应当看到，保护私有财产，也有助于强化市场经济所需要的信用观念。因为一旦公民养成互相尊重他人财产和劳动成果的习惯，就会在此基础上建立一种信用观念，而信用正是债权得以实现、资金得以灵活运用和加速周转的基础，也是市场经济所包括的信用经济的重要内容。正如黄仁宇先生所指出的，信用的建立使资金得以灵活运用，而信用又全靠法治维持②，也就是说，要依赖于保障财产的法律制度的维持。

① 周桂根等：《加快发展个体和私营经济》，载《新华日报》（南方），1993-01-09。

② 参见黄仁宇：《资本主义与21世纪》，24页，台北，1991。

我国改革的历史已经证明，在经济结构和所有人单一的条件下，不可能形成真正的商品经济，而只有在经济形式多样化、各种所有者并存的条件下，才能形成真正的商品交换和市场经济机制。为促进市场有秩序地运行和发展，必须保护各类财产包括私有财产。正如诺思所指出的，建立市场必须保障私有财产，“只有在安全、有秩序和有法律保障的商业路线、交易市场和契约关系之下，利润才能增值”①。忽视对私有财产的保护，无助于我国社会主义市场经济的有秩序的发展。

二、保护私有财产与发挥市场主体的能动性

社会主义市场经济是以主体的独立、交易的自由和市场的竞争为基础的。然而，市场主体能否作为独立和能动的主体在市场中从事各种竞争活动，能否在利益机制的引导下从事生产经营、充分发挥其创造社会财富的潜力，从而最大限度地推动社会经济的发展和社会财富的增长，在很大程度上取决于财产法律的完善和法律对财产保护机制的完善。

我们已经探讨了保护私有财产与发展市场经济的关系，这种关系表明所有权的确认和保护，必将促进市场的发展和秩序的形成，并使作为财产客体的各种资源达到最大限度的利用。然而，对所有权的确认和保护，不仅有助于提高物的使用效益和推动市场的发展，而且还在于促使所有权主体的能量得以释放、能动性得以充分发挥。所有权关系体现为作为主体的所有人与作为客体的财产的结合，由于法律对所有权的确认和保护，从而使所有人能够将其意志和利益体现在财产之上，使人们能够将其财产视为“属于他的、看作是自己的、看作是与他自身的存在一起产生的前提；把它们看作是他本身的自然前提，这种前提可以说仅仅是他身体的延伸”②，从而使主体对财产的利用和使用效益产生高度的责任感，对

---

① North, Douglass C. and Robert Paul Thomas, *The Rise of the Western World*: *A New Economic History*, New York: Cambridge University Press, 1973, pp. 56-57.

② 《马克思恩格斯全集》，第 46 卷上册，491 页，北京，人民出版社，1979。

创造财富产生极大的热情。因此，保护所有权包括保护私人财产权必将形成一种创造财产、有效地利用财产的激励机制。

正如界定国有企业财产权是发挥国有企业作为市场主体的能动性的措施一样，保护私有财产，也是释放私营企业和个体经营者作为市场主体的潜力和能量，以进一步发展私营经济①的重要手段。阿兰·赖恩指出：“所有权的法则保证我们可以称自己的东西为自己的东西，从而确保我们对幸福生活的向往，并促使我们去工作。”② 所谓“所有权法则”主要包括所有权的确认和保护两个方面，确认和保护形式上是相对独立的，实质上是寓为一体的。保护制度包含了对权利归属的最终确认，无论是归属的变动还是权能的变动，都需要通过保护制度使变动的财产权利不断得以重新确认。整个所有权制度，包括对所有权内容的确定、所有权取得和丧失的形式、所有权行使方式、财产转让的各种法定形式等都可以视为对所有权的保护。保护私人财产所有权所产生的效果是多方面的。在充分发挥作为市场主体的个体户和私营企业的能动性方面，通过对私有财产的保护可以产生如下效果。

第一，提供“制度预期”。“制度预期”也是一种对财产的安全感，这就是说，私人所有者能够预见到未来的对私营经济的政策的稳定性和长期性，从而敢于作长远投资和大宗投资，并勇于承担各种投资的风险。所有者能够预料到投资中可能出现的风险，并可以采取措施事先将风险减少到最低限度，不必担心因为政策的变化而产生的不可预测的风险。由于存在“制度预期”，私人所有者可以主动地捍卫其财产权利，排除一切外来的、对财产权利行使的非法干涉，可以在法律规定的范围内大胆经营。所以，私营企业要有大的发展，就需要形成“制度预期”。自改革开放以来，我国立法机关颁行了一系列法律、法规，加强了对私

① 私有财产与私营经济是两个不同的概念。私有财产包括《宪法》第13条所规定的公民的合法收入、储蓄、房屋和其他合法财产，其含义较为广泛，而私营经济则是指生产资料和劳动产品归个人所有和支配，对公有制经济起补充作用的经济。但由于在私营经济中运营的财产主要是个体劳动者和私营企业的生产资料和其他财产，这些财产在本质上均属于私有财产，所以保护私有财产必然包括保护个体户和私营企业的投资、收益、经营等问题。可见，私有财产与私营经济是两个不可分割的概念。

② ［英］阿兰·赖恩：《财产》，73页，顾蓓晔译，台北，桂冠图书股份有限公司，1991。

有财产的法律保护。确认和保护城乡个体劳动者对生产资料和合法收入的占有、使用、收益和处分权，确认和保护其在从事生产经营活动中依法享有各项权能，禁止对个体劳动者的生产资料进行侵害、随意平调或升级，或非法干涉个体劳动者从事的合法经营活动，等等，这些规定都在某种程度上提供了一种“制度预期”。然而，由于执法中存在的问题，此种“制度预期”尚未完全形成。因此，许多个体业主“好像‘蜗牛头上的触角’伸伸缩缩，慢慢行走，他们用于研究政策变化的精力，甚至超过用于企业经营管理的精力”[①]，这就妨碍了私营企业的正常经营。实践中大量存在的私营企业“戴红帽”，以所谓“挂户企业”“合作企业”“股份企业”“民营企业”等名称进行登记的现象[②]，也反映了许多个体业主对政策变化的担忧。甚至一些地方党政领导也存在“方向”问题上的顾虑，尤其在一些地方，依然存在着歧视个体业主，或对其乱摊派、乱收费、乱罚款，甚至敲诈勒索、非法没收财产等现象，从而严重妨碍了个体业主的正当经营。这些现象如果不能完全改变，必将束缚个人大胆创业、自主经营的积极性和能动性，进而限制了我国市场经济的发展。所以，当前需要加强对私有财产的保护，并对私人财产所有人提供一种“制度预期”和安全感。

第二，实现利益期待。利益期待实际上是财产所有人对财产的价值和收益及行使财产权所获得的利益的合理的期望。所有权本身体现了所有人的意志，也使所有人从中获得合法的财产利益。所有权具有强烈的排他性，它使所有人可以通过使用财产而取得一定的利益，并能受到法律的保护。所有人对其财产产生合理的期待是顺理成章的，但是这种期待能否产生和实现也取决于对所有权的保障程度。如果缺乏对财产的保障，对财产的利益的享有都是不稳定的，则很难形成利益期待，而没有利益期待，减少了创造财富的诱因，也就没有投资信心、置产愿望和创业的动力。从当前的情况来看，对私有财产的保障，其直接的效果是能够使个体户和私营企业的所有人对其合法的财产、投资及经营产生一种利益的期

① 陆学艺等：《个体私营经济健康发展的几个问题》，载《新华文摘》，1992（12）。

② 据四川省统计，1990 年私营企业转化为“假集体”的企业比 1989 年增加 16 倍；广东省统计，全省经营加工装配的近 2 000 个私营企业中，有 60%左右是借用集体名义登记注册的。参见郭振英等：《关于我国所有制结构的现状、问题和建议》，载《中国社会科学》，1992（2）。

待；也就是说，他们应充分信赖法律，不必担心其合法财产利益会遭受他人的非法占有、妨害及侵害，也不必害怕“树大招风”和“露富”的危险，更不用四处寻找“靠山”以维护其利益。在实践中出现的“能捞则捞”、一有风吹草动就申请停业，宁愿当个体户“小打小闹”也不愿升级为私营企业的现象应予彻底改变。对私有财产的充分保护，可以促使人们产生置产创业的愿望和对未来利益的合理期待，这种愿望和期待能够刺激人们勤奋工作、艰苦创业、注重储蓄和积累；也激励人们大胆投资、敢冒风险、勇于创新和开拓，还可以使人们“对于自己拥有较大权利的东西，必会尽较大心力来管理、保护，又居于人类创造求生的天性，对于自己拥有较大利益范围的东西，必会尽较大使用收益的职能，其生产力达于最高点”①，从而在此基础上促使社会财富极大地增长。

第三，保障投资自由。市场主体的能动性表现在许多方面，诸如灵活、主动地进入市场，及时了解市场信息并作出变化，随时根据市场需要而改进产品的品种和质量等。笔者认为，市场主体的能动性的一个重要方面在于投资和积累的积极性，而经济增长需要靠投资推动，利润不断转化为投资，资金不断积累，企业才能成长壮大，社会财富才能迅速增长。实现这一目标，需要建立一套规则以保障投资自由。过去，我们一直注重改善外国投资者在我国的投资环境，不断加强对外国投资者的法律保护，这无疑是正确的。但是，由于经济增长最终还要依赖于“对内搞活”，因此需要鼓励个人兴办企业、大胆投资和创业。正像对外开放和对内搞活是不可分割的组成部分一样，吸引外资与鼓励个人投资是刺激经济发展、迅速提高我国整体综合国力的完整措施，二者是缺一不可的。而鼓励个人投资的重要途径乃是加强对私有财产的保护，充分保障个人的投资自由。因为在市场经济条件下，对私有财产的保护与投资自由、经营自由、竞争自由有着密切的联系，对财产的保障程度越高，意味着在法定范围内个体业主享有广泛的自由，因而个体业主的能动性也越强，反之，即使人们占有大宗财产，也很难运用这些

---

① 洪宝川：《社会所有权与所有权社会化研讨》，载郑玉波主编：《民法物权论文选辑》，202页，台北，1984。

财产从事各种投资经营活动。目前，尽管我国法律注重鼓励个人投资[1]，但个体业主的投资积极性普遍不高，并成为影响私营经济发展的重要原因。许多个体业主所获得的税后利润并未用于投资，其中相当一部分用于挥霍性的生活消费，以致在个体和私营经济中，资金积累率普遍偏低、资金分散、规模效益提高不快、技术改造缓慢。[2] 这些现象确与对财产的法律保护不尽完善有关。所以，为加快经济发展，提高我国整体综合国力，我们应通过保护私有财产来保障投资自由。这样，一方面可以鼓励个人基于其对利益的追求而主动地将利润转化为储蓄和投资，尤其是可以鼓励个人从事长远的、大规模的投资，并注重资产的长期使用效益；另一方面，保障私有财产，有助于开辟投资渠道，促进私营企业成长。投资渠道敞开，资金才能灵活使用，在这方面，可以鼓励个人与国有、集体企业联合兴办股份企业，允许个人收购长期亏损的国有企业，鼓励个人与外商合办企业等，这样有助于加强资本集中、转换国有企业的经营机制。尤其是对私有财产的保护，必然辐射到各个领域，如对劳动力资产、技术资产、信息资产等方面的保护。如果各种具有经济利益的财产都受到法律的有效保护，也可以促进投资形式的多样化、推动劳动力、技术、信息等市场的发展。此外，还可以促使个人因追求资产的价值而合理地交换财产和转移所有权权能，使资源向更有能力利用的人手中转化，从而达到资源的有效配置。

财富最终是由芸芸众生创造的，充分释放个人创造财富的潜力，是搞活经济、迅速提高我国综合国力的基础，而充分发挥作为市场主体的个体业主的积极性，也是搞活经济的重要措施。从这个意义上说，搞活经济与保护公民个人财产，有着密切的联系。

---

① 例如，根据有关法规规定，私营企业的税后利润用于生产发展基金的部分不得低于50%，而且免征个人收入调节税，其目的是鼓励私营企业扩大生产经营规模，加强投资。

② 参见郭振英等：《关于我国所有制结构的现状、问题和建议》，载《中国社会科学》，1992 (2)。

三、保护私有财产与法律的完善

我国自改革开放以来，为适应不同时期社会经济发展的需要，有关保护私有财产的法律也逐渐完善。1982 年颁行的《宪法》明确规定："国家保护公民的合法的收入、储蓄、房屋和其他合法财产的所有权"，"国家依照法律规定保护公民的私有财产的继承权"。1988 年 4 月 12 日七届人大一次会议通过的宪法修正案第 1 条对现行宪法第 11 条作了补充规定，增加了有关私营经济的条款，并规定国家保护私营经济的合法权益。这就在法律上正式确立了私营经济的合法地位。同年 6 月 25 日，国务院颁发了《私营企业暂行条例》、《私营企业所得税暂行条例》和《国务院关于征收私营企业投资者个人所得税的规定》三项法规，将私营经济的发展和管理纳入了法制的轨道。

诚然，法律本身不能创造社会财富，但却能有效地刺激和鼓励人们创造社会财富。我国法律对私有财产的各项保护措施都在不同程度上有利于保障和促进作为社会主义公有制经济有益补充的个体经济的发展，有利于我国社会生产力的提高和财富的增长。尤其是 1988 年我国颁布了《私营企业暂行条例》以后，因私营企业在法律上取得了合法地位，使许多具备条件的个体工商户大步跨入私营企业的行列之中，从而扩大了企业的经营规模和范围。据统计，至 1990 年年底，全国登记注册的私营企业有 9.8 万户，从业人员 170.2 万人，户均 17.4 人，注册资金 45.2 亿元，户均 9.7 万元。这些私营企业大多是由个体经济发展而来的。以北京市为例，1988 年，有 1 300 多家私营企业是从个体工商户发展起来的。[①] 1992 年以后，受邓小平同志南方谈话精神的鼓舞，"下海"之风蓬勃兴起，私营经济发展迅速，许多地区也颁行了一些促进私营、个体经济发展的新规定，如鼓励个人发展第三产业、鼓励在职人员兼职等，并在实践中加强了对个体经济的切实保护，这些措施都起到了良好的效果，并且标志着我国有关私营经济的政策、法律已发展到一个新的阶段。

① 参见刘龙政：《我国个体所有制经济发展阶段性探析》，载《中国经济问题》，1992（6）。

彼德·斯坦指出："法律规则的首要目标，是使社会中各个成员的人身财产得到保障，使他们的精力不必因操心自我保护而消耗殆尽。"保护公民个人的私有财产是我国各个法律部门的一项重要任务，而我国法律在完成这一任务的过程中，也在不断发展和完善。各个法律部门采用不同的方法，有效地保护公民的个人财产，为促进"一大二公"的模式向多层次的经济结构顺利转化，发展作为我国社会主义公有制经济有益补充的个体经济，起到了重要作用。当然，应当看到，由于在某些地方，个体和私营经济尚没有完全摆脱姓"社"姓"资"的阴影，一些个体业主在经营中从事不正当竞争、偷税漏税、损害消费者利益等不法行为，尤其是许多"大款"挥金如土甚至吃喝嫖赌，严重地毒化了社会风尚，刺激了拜金主义、享乐主义观念的滋长，这些现象使不少人对鼓励个体经济发展的政策产生了疑虑，并在实践中影响了对个体业主的私有财产的切实保护问题。笔者认为，产生上述现象的原因是多方面的，它们不仅不应成为影响对个体经济实行保护的因素，相反，在当前的条件下，为迅速提高我国综合国力、促进社会生产力的提高、加快市场经济发展的步伐，应该通过制定《物权法》，加强对个体经济和公民个人财产的全面的、有效的保护；同时，需要在如下几个方面尽快完善有关法律。

1. 对各类主体的合法财产实行平等保护。平等保护正是市场经济的内在要求在法律上的体现。有一种观点认为，现行宪法规定"社会主义的公共财产神圣不可侵犯"（第12条），却没有明文规定"公民的私有财产神圣不可侵犯"，据此可以认为，"宪法对公私财产的保护处于明显不同的层次"①。这种看法不无道理。笔者认为，强调公有制的主导地位是十分必要的，但对公私财产应实行平等保护，这是市场经济所要求的交易秩序形成的条件，也是社会主义法治精神的体现。从整体上看，平等保护与维护公有制的主导地位并不矛盾，因为只有实行平等保护，建立财产秩序和交易秩序，促进市场经济的发展，最终才有利于公有制的发展。当然，从我国宪法的基本精神来看，对公民合法财产是予以充分保护的，但在有关法律文件中，对个体经济和私有财产的保护方面确实存在着一些不

① 孙潮、戚渊：《论确立市场经济的宪法地位》，载《新华文摘》，1993（2）。

合理的规定，甚至个体业主与外国投资者同属私人财产所有者，但在保护上却是有差别的。如1992年国家体改委颁发的《股份有限公司规范意见》第24条规定，一个自然人所持股份不得超过公司股份总额的5‰，而外国和我国香港、澳门、台湾地区投资者所持的外资股不包括在个人股之内，其对外资股所占的股份也没有限制。显然，这一规定并没有把个人股与外资股置于平等的保护之列。事实上，一旦股票进入市场成为自由买卖的对象以后，作出这种人为的限制也是不可能的。笔者认为，为加强对公私财产的平等保护，我国宪法应明确规定，公民个人财产只要是通过合法途径取得的，也应具有神圣不可侵犯性，除此之外，还应完善公司法、物权法、合同法、破产法、侵权法等有关法律，在财产的取得和转让、公司的成立和合并以及企业的破产、股票的购买、债券的发行、资产的收购、对财产遭损时的补救等方面都尽可能地对公私财产实行平等保护。

2. 对公民的合法财产实行全面保护。保护财产是我国各个法律部门的共同任务，因而在完善对私有财产全面保护的法律方面也应从多方面着手。首先应在宪法中明确规定司法机关保护私有财产权的职责权限，完善法院独立行使审判权的机制，使之不受任何行政机关、地方、个人、单位的干涉①，同时应对私有财产权的法律限制、征用、征收、罚款、没收、税收等作出规定。当然，宪法也应规定对公民私有财产的征用只能由国家为社会的公共利益、严格依照法律程序进行，并且还要提供适当的补偿。除此之外，笔者认为还应尽快颁行国家赔偿法，以赋予公民在其财产权利受到政府侵害以后有权获得政府赔偿，从而使公民在其权利受行政机关的不法侵害以后，可以运用损害赔偿的方式，防止行政专横，有效捍卫其财产权利；同时应尽快制定公司法和证券法，保护作为投资者的股东的合法权益、保证证券交易的公平、公正和真实。

应当指出，全面保护公民合法财产的前提是要确定合法与非法收入的界限。从法律上明确合法与非法的界限，并严格禁止采用非法手段获取个人财产，将有助于堵塞用不正当手段谋取个人财产的途径，引导人们凭合法手段取得财产。应当看到，目前个体经济在发展过程中确实存在着一些非正常因素，一些个体经营

① 参见龚祥瑞、姜明安：《再论公民财产权的宪法保护》，载《中国法学》，1993（2）。

者从事偷税漏税、非法经营、掺杂使假、短尺少秤、偷工减料、行贿送礼、倒买倒卖、投机倒把等行为①，从中谋取非法所得，并直接损害了国家和社会利益。对这种非法获取的财产，法律不仅不予保护，而且应严加禁止，对违法犯罪者应绳之以法，这样才能够鼓励人们凭合法手段，特别是通过自己的劳动获取应得的报酬，从而形成良好的经济秩序和社会风尚。当然，禁止非法取得财产，必须明确合法与非法的界限。在这方面，需要尽快完善有关产品质量、消费者保护、反不正当竞争等有关市场管理的法规。由于当前经济关系剧烈变动，决定罪与非罪行为的社会危害性也发生着巨大的变动，因此刑法中有关贿赂的性质与范围、收受回扣是否均构成受贿罪、投机倒把罪的构成等都需要根据实际需要而予以准确确定。此外，为防止和减少偷税漏税行为，也需要改变目前税赋过重、费用过多、税收税率不合理的现象，尽快完善税法、健全税制。

3. 为个体经济的发展创造公平竞争的法律环境。公平竞争是个体经济发展的必要条件和环境，也是市场经济的重要组成部分。目前，由于新旧体制依然并存，各种经济关系尚没有理顺，公平竞争的环境并没有真正形成。对于个体经济者来说，尽管他们在竞争中具有灵活多变、自主性和适应能力强的特点，但在竞争中仍受到许多束缚。例如，多年来个体经济一直在划定的圈子里不得越雷池一步，有关部门曾明文规定 95 个行业和商品不准个体工商户和私营企业经营，使个体经济的补充作用受到很大压抑。② 尽管《私营企业暂行条例》赋予私营企业许多权利（如自主经营权、自行招工权、自行定价权、与外商合办企业权等），但在产品外销、对外经营、经营范围等方面仍受到许多限制，私营企业在银行的贷款利率也普遍高于国有企业的贷款利率，其贷款条件更为苛刻。由于私营企业不能享受到三资企业和集体企业所享有的各种优惠，许多私营企业搞假合资、假集体（如挂靠等）以换取政策上的优惠。尤其是私营企业不能像国有企业那样可以从政府那里获得强有力的支持、扶植和优惠，也增加了许多私营企业主的心理

---

① 据统计，1986 年至 1989 年间，全国处理总作案人数的比例由 12.9％上升到 18.6％，年均个体商贩作案人数的增长率为 24.5％。参见郭振英等：《关于我国所有制结构的现状、问题和建议》，载《中国社会科学》，1992（2）。

② 参见周桂根等：《加快发展个体和私营经济》，载《新华日报》（南方），1993－01－09。

阴影，一旦私营企业向规模化、大型化发展，就会感到缺乏依靠。所以，笔者认为，从迅速发展我国生产力和提高我国综合国力出发，应制定扶植个体经济的法律，尽可能地鼓励和允许个人从事更大规模的有利于国计民生的经营活动，尽量减少对个人在经营范围等方面的限制。同时，应尽快制定公平竞争法，保障各类主体的合法竞争行为，禁止各种不正当竞争行为，从而使私营经济在公平竞争的法律环境中迅速发展壮大。

四、结束语

日本学者石田文次郎在论证所有权的社会意义时曾指出："人类所造所有权，确可谓人类史上的伟大功业"，所有权的确认和保护，直接决定着市场经济的形成和发展。同样，在社会主义条件下，市场经济体制的形成也依赖于法律对所有权包括私人所有权的保护。诚然，因私有财产的保护必然刺激私有财产的增长，并会引起贫富差距的拉大，社会中也可能出现以强凌弱、以富欺贫的现象，但这些现象不能成为对私有财产不予保护的理由。社会主义要达到的目的是共同富裕而不是共同贫穷，而通向共同富裕之路只能是增进效益、提高生产力、增长社会财富，为此需要通过完善各种法律制度以保护公民的正当收入、投资、收益、储蓄、房产、股息、红利等，尤其是要保障公民在行使财产权中享有的法定自由，鼓励公民从事各种有利于国计民生的经营活动。也只有这样，才能促进社会财富的迅速增长，最终实现共同富裕，并尽快建立一个充满生机与活力的社会主义市场经济体制。

共有人优先购买权研究

优先购买权，又称为“先买权”，是指特定的民事主体依法享有的、在同等条件下先于他人购买某项特定财产的权利。优先购买权不仅适用于共有关系，也可依法适用于其他法律关系，但共有中的优先购买权具有典型意义。由于在实践中，共有人优先购买权的行使引发了不少纠纷，因此，有必要在物权立法中进一步完善共有人优先购买权制度，以充分保护当事人的合法权益。本文拟对此谈几点看法。

一、关于优先购买权制度存在的必要性

优先购买的规定源远流长，据有学者考证，优先购买权的规定最早可追索至古希腊、古罗马时代，古罗马时期的立法中已经规定了 ius protimiseos 制度，这就是所谓优先购买制度。中世纪意大利学说中存在 Ius retractus 制度，其本质上也是一种先买权，德国普通法中的 Retraktrecht 一语，就由此而来。[①] 大陆法系各国大多以不同的形式规定了特定条件下的优先购买权。例如，1804 年的《法国民法典》对继承中遗产共有人的优先购买权作了较为细致的规定，该法

① 参见郑玉波：《民商法问题研究》(一)，415 页，台北，三民书局，1991。

第 815—14 条规定："任何共有人，均可在此项通知之日起一个月期限内，以司法外文书告知让与人，其将按照通知的价格与条件行使先取权。在共有人行使先取权的情况下，行使先取权的人，自向财产出卖人作出答复之日起，可以有两个月期限实现对该财产的变卖；过此期限，经向其发出催告后 15 天如无效果，宣告先取财产的权利无效，并且不妨碍出卖人可能对其提出损害赔偿请求。"该规定具体明确了遗产共有人先取权的行使期限和行使方式。而《德国民法典》对优先购买权规定得更为详密，该法在债编和物权编中对优先购买权进行了规定。在债编中，先买权被以特种买卖形式予以规范[①]，其规定足有 11 条之多，这些规范分别对先买权行使的要件、行使方式、价款及其支付、义务人的通知义务和先买权的冲突与转让限制等问题进行了规定。而在物权编中，则主要通过第 753 条，规定了共有物分割中共有人所享有的优先购买权。[②]

我国古代立法也有关于优先购买权的规定，有学者考证，优先购买权制度最早可以追溯到《唐律》[③]，在五代时已经有法律明确记载。[④] 我国现行民事立法有关优先购买权的规定并不多，但对共有中的优先购买权却一直有明确的规定。我国《民法通则》第 78 条第 3 款规定："按份共有财产的每个共有人有权要求将自己的份额分出或者转让。但在出售时，其他共有人在同等条件下，有优先购买的权利。"最高人民法院《关于贯彻〈中华人民共和国民法通则〉若干问题的意见（试行）》第 92 条规定："共同共有财产分割后，一个或数个原共有人出卖自己分得的财产时，如果出卖的财产与其他原共有人分得的财产属于一个整体或者配套使用，其他原共有人主张优先购买权的，应当予以支持。"《城市私有房屋管理条例》第 10 条也确认，"房屋所有人出卖共有房屋，须提交共有人同意的证明书。在同等条件下，共有人有优先购买权"。可见，我国立法和司法解释继承了

---

① 参见《德国民法典》第 463－473 条。

② 参见《德国民法典》第 753 条。

③ 唐律规定，房地产买卖必须先问近亲，次问四邻，近亲四邻不要，才得卖与别人。参见孔庆明等编著：《中国民法史》，256 页，长春，吉林人民出版社，1996。

④ 《五代会要》载，后周广顺二年奏准："如有典卖庄宅，准例：房亲、邻人合得承当；若是亲人不要，及着价不及，方得别处商量。"

大陆法系的传统，明确承认和保护共有人的优先购买权。

我国在物权立法过程中是否应当继续保留上述规定，对此存在着两种不同的观点。

一种观点认为，在共有中应当取消优先购买权制度。其理由是：一方面，这对所有权作出了不合理的限制。共有人对其应有的份额的权利具有所有权的效力，共有人转让其应有的份额，实际上是处分其个人财产，不应当对其在法律上加以限制。法律上要求共有人必须将其财产转让给享有优先购买权的其他共有人，否则将导致买卖行为无效，这实际上是对共有人处分权的不合理限制。而且，这也不利于保护善意的买受人的利益。另一方面，承认优先购买权将对交易形成妨害，不利于鼓励交易。因为，共有人在寻找买主、确定价格过程中，将会有很长的谈判时间，支付相当的缔约费用，如果在已经确定了价格、花费了较大的交易成本之后，只是因为其他共有人要主张优先购买权，就宣告无效，对交易十分有害，甚至还要由其承担缔约过失责任，显然不妥。此外，优先购买权的设定不利于形成公平的交易。因为，优先购买权的设立，给予了共有人某种优先购买的机会，但在提供这种机会的同时，却剥夺了非优先购买权人的购买机会，使得优先购买权人和非优先购买权人不能进行公平的交易和竞争。因此，优先购买权制度存在的合理性在现代社会受到质疑和挑战。

另一种观点认为，应当保护共有人享有的优先购买权。主要原因在于，一方面，这有利于稳定共有关系、维护财产秩序。因为共有要保持稳定，共有人就必须要保持稳定，而共有人的稳定方式之一就是要允许其他共有人享有优先购买的权利。在新的共有人加入之后，有可能与原共有人发生纠纷，影响财产秩序的稳定。另一方面，有利于对共有财产的有效利用。共有人已经长时间利用共有财产，因此维护共有关系的稳定，保护共有人优先成为标的物所有人，这种权利的配置有利于有效发挥物的功能，以达物尽其用的目的。

笔者认为，在物权法中设立优先购买制度是必要的，主要理由如下。

1. 有效配置资源，促进物尽其用

这具体表现在：第一，通过优先购买权的行使，有可能使共有向一人所有转化。与一人所有相比较，在许多情况下，共有这种形态并不是一种很有效率的产权安排方式。[①] 因为共有人对财产的处分、管理和使用等都需要各共有人达成一致意见，这种协商过程一定会增加额外的交易费用。一旦因为共有人不能达成协议，则共有财产就不能够有效地被管理、使用和处分。而一人所有则不存在着这些问题。法律赋予其他共有人以优先购买权，允许当事人之间在某一共有人欲出售其份额予第三人时，其他共有人可以在同等条件下行使优先购买的权利，如此则既不损害出卖人的利益，又能通过优先购买权的行使来减少共有人的数量，从而能够使共有向一人所有转化，更好地发挥物的效用。[②] 正如王泽鉴先生所概括，“共有人优先承购权，旨在防止土地的细分，并兼及消除共有关系，以尽地利”[③]。第二，优先购买权人在直接取得标的物所有权以后，不必在市场上寻找相同功用的物品。在共有关系中，共有人行使优先购买权而取得其他共有人的份额，也可以取得对整个共有财产的权利，从而可以节省交易费用[④]；更何况，即便优先购买权人能够从市场上购买到与出卖的共有财产相同的物，但是否符合其需要也难以确定。第三，优先购买权人本身作为共有人已经实际地使用其共有财产，了解、熟悉该共有财产的情况，也应该懂得如何有效地利用该财产。而第三人未必了解该共有财产的情况，其取得共有的份额甚至整个共有财产，也不一定能够有效地使用该共有财产。

有一种观点认为，按照资源最佳配置的原则，只有通过自由交易的方式，使资源转向最有效率利用的人手中，才是最有效率利用资源的方式。而优先购买权人未必是最有效率利用共有财产的人，因此优先购买权的设定将有可能排斥更有效率利用财产的主体取得该财产的可能性。这一观点有一定的道理，但严格说来也值得商榷。由于共有人比其他人能够更了解和更有效率地使用共有财产，因此

① 因此，法国民法典的编纂者奉行了这样一种颇具特色的法律思想，“既不承认共有，也不承认共有财产的状态”。参见尹田：《法国物权法》，265 页，北京，法律出版社，1998。

② 参见戴孟勇：《先买权：理论与立法》，载《岳麓法学评论》，第 1 卷，47 页，长沙，湖南大学出版社，2000。

③ 王泽鉴：《民法学说与判例研究》，第 3 册，348 页，北京，中国政法大学出版社，1998。

④ 参见王碧林：《论民事权利的正确行使》，载《中央政法管理干部学院学报》，1994 (2)。

如果共有人行使优先购买权，购买到该共有财产就表明其获得该物对其有一定价值。如果第三人确有能力使用，对该物的价值的预期比原共有人更高，也可以将价格提高。因为，优先购买权只是在同等条件下的购买，并没有阻止真正地、有效率地利用共有财产的人通过自由交易的方式取得该财产。这样，通过双方自由竞价的方式，更能够充分地实现物的价值，更符合出卖人的利益；并且由此形成合理的价格使最想得到它的人（同时也是对该物的效用预期更高、更能有效率地利用该物，因此肯出更高价格的人）取得该物，确定物的最有效率的归属。

2. 减少共有人之间的纠纷

在共有关系中，数个共有人将会形成一个组织体。在这个组织体中，共有人对共有财产的管理、经营、使用能否有效地进行和运作，在很大程度上要取决于共有人在相互信任基础上的合作。如果允许共有的份额随意向第三人转让，由此产生的弊病是：一方面，某些新的成员加入共有人组织体的共同关系之中，可能对共有人之间的共同合作关系产生消极影响。① 因为新的共有人是否能够与其他共有人合作、能否尊重其他共有人的利益等，这些都是不确定的，其他共有人也可能会对新的共有人不信任。从不确定到确定、从不和谐到重新达成默契需要花费相当的交易成本，不利于物的有效利用。另一方面，新的共有人加入以后，有可能会破坏原有的共有人对标的物所形成的支配关系，新的共有人可能不愿意继续维持对共有财产的使用和利用状态，而主张变更原来达成的使用管理协议，甚至要求对共有财产进行分割，这也有可能会发生纠纷。为了维护原有共有人之间关系的稳定，不至于产生新的纠纷，有必要让共有人自己去作出选择，由其决定原有共有人是否愿意在同等的条件下行使优先购买权。如果愿意行使优先购买权，就可以阻止第三人加入共有关系，从而也便于节约对管理、使用、处分共有财产的过程中的交易费用。

3. 维护共有人团体的利益

首先，承认共有人的优先购买权确认了共有人对共有财产所享有的物权的优先效力。共有人基于其物权应当享有优先于第三人购买的权利，这本身是物权优

① 参见王宗正：《论合伙财产的法律性质》，载《中外法学》，1997（4）。

先效力的体现。[①] 其次，优先购买权维护了共有人对共有物的继续占有状态，这种占有即使不是基于物权所进行的占有，也具有权利推定、占有保护、占有持续的三大功能，具有维护社会经济秩序稳定的作用。在出卖共有权份额时，赋予其他共有人的优先购买权也是为了保护其持续占有的状态，维护既有物权秩序的稳定。最后，承认共有人享有的优先购买权，简化物上的法律关系，维持原有的使用关系，更有利于保护原有的共有关系。[②] 尽管共有人转让的是他自己的份额，但共有人的加入或退出还会影响其他共有人的利益。如果原有的共有财产经营得较好，共有人一般会希望维持原有的共有关系不变，即使经营得不好，共有人一般也不愿再有其他人加入共有关系。

优先购买权的设定只是给予了共有人某种优先购买的机会，并没有剥夺非优先购买权人的交易机会，尽管在同等条件下购买共有物的机会给予了共有人，但这本身是物权效力的体现，优先购买权人和非优先购买权人仍然可以在同等条件之外形成一种公平的交易和竞争。因此，优先购买权制度并没有违反市场经济的自由公平竞争原则，而是在此基础之上加强了对共有秩序及共有人利益的保护。

4. 平衡共有人与善意第三人的利益

现代民法为维护交易安全，强调对善意第三人的保护。应当承认，在共有人出卖其共有财产时，第三人在受让该财产时可能是善意的，即不知道或不应当知道共有人转让份额未通知其他共有人（如告诉受让人其已通知了其他共有人，实际上并没有告诉），在此情况下，是否应保护善意第三人？笔者认为，对此应当区分两种情况。

一是第三人知道某个共有人出售的财产是共有财产，但并不知道共有人在出售该财产时没有尊重其他共有人的优先购买权，或者不知道其他共有人享有优先购买权，而共有人在出售该财产时没有通知其他共有人，侵害了其优先购买权。笔者认为，在这种情况下很难说第三人是善意的。因为，所谓“善意”是不知道或不应当知道转让人无权转让其财产，如果第三人既然知道共有人转让的是其共

① 参见房绍坤、于志宏：《优先购买权初探》，载《烟台大学学报（哲学社会科学版）》，1992（1）。
② 参见叶知年：《对不动产先买权若干问题探讨》，载《福州大学学报（社会科学版）》，1998（3）。

有财产中的份额，而且我国法律明确规定共有人在转让其份额时应当给其他共有人以优先购买权，也就是说第三人应当知道并了解转让人转让其共有财产份额时是否尊重了其他共有人所享有的优先购买权，第三人在交易时应负有此项注意义务。因而，第三人不知道转让份额的共有人没有通知其他共有人，这就表明其主观上非善意或有过失，违反了交易时作为一个合理的交易主体所应具有的注意义务，这当然不能适用善意取得的规定。当然，如果转让人明确告诉第三人其已通知了其他共有人，实际上并没有告诉，则不能视为受让人是恶意的。

二是第三人根本不知道出卖人出售的财产是共有财产。例如，共有人将共有的财产登记在某一个共有人名下，而该共有人以单独的所有人名义将该财产出售给第三人，显然第三人主观上是善意的，并不知道该财产不归该共有人所有。因为，第三人只能相信登记记载的权利人，而不可能去实际了解真正的权利人。如果在这种情况下，第三人受让该财产，则可以即时取得该财产的所有权，即在此情况下，可以适用动产的善意取得、不动产的公示公信制度保护善意第三人的利益，从而维护交易安全。

同等条件的认定是一个复杂的问题。因为，出卖人与第三人之间就转让事宜特别是价格问题可能会进行反复的协商，经过不断的讨价还价，以确定交易价格，这其间第三人可能为促成交易而支出了一定的费用。如果在协商达成合意以后，再告诉优先购买权人其已经确定的价格，而优先购买权人又主张优先购买权，使得第三人不能买受该共有份额，第三人支付的交易费用就不能得到补偿，而优先购买权人坐享其成。① 如果出卖人分别与第三人和优先购买权人谈判，就会形成两个合同，出卖人的行为就可能构成双重买卖。因此在实际操作中，不妨将同等条件事先确定。笔者认为，出卖人应当事先确定一个出售份额的价格条件，可将该价格条件规定一个范围。例如，将在某价款至某价款之间出售其份额，并将其价格条件告诉优先购买权人。如果优先购买权人表示在此价格条件范围内，其愿意优先购买，则出卖人在与第三人协商缔约时，只要是在该价格条款之内所确定的价款，在确定以后都应提前通知优先购买权人。如果超过这一幅

---

① 参见房绍坤、于志宏：《优先购买权初探》，载《烟台大学学报（哲学社会科学版）》，1992（1）。

度，就不必再通知优先购买权人。当然，也可以由优先购买权人事先确定一个价格幅度，通知出卖人。只要出卖人在该价格条款内达成的交易，都应当由优先购买权人优先购买。这就是说，出卖人应首先与优先权人协商一个大致价格区间，然后再寻找买方，由此也可避免或减少关于价格条件发生的纠纷。

二、关于优先购买权的性质

权利的性质决定了权利的内容、行使方式和行使效果，因此有必要对优先购买权的性质进行探讨。关于优先购买权的性质，主要有以下几种观点。

1. 期待权说。按照许多学者的看法，优先购买权乃是一种期待权。[①] 所谓期待权，是指一种将来可能取得权利的权利，其权利系寄托在将来可能取得的权利上。期待权的法律性质即决定于将来可能取得权利的法律性质。王泽鉴先生认为，期待权是指因具备取得权利之部分要件，受法律保护，具有权利性质的法律地位。[②] 期待权说认为，标的物所有权人（共有人、出租人等）未将标的物出卖，则优先购买权人的权利尚未现实化，只处于期待权状态。[③]

笔者认为，此种学说有一定的道理。就优先购买权而言，在某项财产出卖以前，权利人不能向他人主张任何权利，该权利能否行使、何时才能行使是不确定的。所以，法律赋予某人享有优先购买权，只是使其取得了某种期待的利益，即期待将来在某项财产出售时可以享受的利益。期待权在性质上属于权利人依据法律或合同的规定，依法对未来的某种权利享有一种期望或期待的利益。期待权分为债权的期待权和物权的期待权。如果将优先购买权作为一种物权对待，自然应属于物权的期待权。

2. 形成权或附条件形成权说。此种观点认为优先购买权是形成权。所谓形成权，是指基于当事人一方之意思，可以使现已成立之法律关系发生变化之权

① 参见谢哲胜：《财产法专题研究》（一），254 页，台北，1995。

② 参见王泽鉴：《民法学说与判例研究》，第 1 册，145 页，北京，中国政法大学出版社，1998。

③ 参见张新荣：《试论“优先购买权”及其法律保护》，载《法学》，1989（9）。

利。[①] 优先购买权无论是法定还是约定，性质上都属于形成权，可以依据权利人一方的意志而使法律关系发生变动。依德国法学通说，优先购买权人得依一方之意思，形成以义务人出卖与第三人同样条件为内容之契约，而无须义务人（出卖人）之承诺。唯此项形成权附有停止条件，只有在义务人出卖标的物于第三人时，才能够行使。[②]

笔者认为，优先购买权不是一种形成权。因为，优先购买权只是在订立买卖契约时优先买受的权利，而非使已成立之法律关系发生变动的权利，二者是有本质区别的。法律规定优先购买权，并没有赋予优先购买权人以自己单方意思表示而成立买卖合同关系的权利，因为一方面，优先购买权应当在同等条件下行使，而不是没有任何条件的优先购买；另一方面，即便优先购买权人在同等条件下行使权利，也应当与出卖人进行具体协商，即是否应当出让给优先购买权人，出卖人负有承诺的义务，但就合同的内容还要进一步协商，不能认为一旦共有人提出要约，出卖人就必须承诺。形成权说实际上给出卖人强加了一种就合同的内容必须承诺的义务，几乎等同于强制缔约，这是不妥当的。[③] 如果不通过强制承诺的方式，则可能需要通过法律拟制的方法，直接在当事人之间形成合同关系。但是这种拟制的合同关系未必符合当事人的意思。

3. 物权或债权说。此种观点认为，优先购买权依其能否对抗第三人可分为物权性和债权性优先购买权，无论是法定的优先购买权还是约定的优先购买权，也都可以分为物权性质的优先购买权与债权性质的优先购买权。[④] 对于基于共有关系等这类的法定优先购买权，学者对其性质有不同意见：一种观点认为，优先购买权附随于买卖关系，本质上仍属债权。[⑤] 另一种观点认为，此种优先购买权

① 参见王伯琦：《民法总则》，28 页，台北，1979。

② 参见王泽鉴：《民法学说与判例研究》，第 1 册，507 页，北京，中国政法大学出版社，1998。

③ 参见房绍坤、于志宏：《优先购买权初探》，载《烟台大学学报（哲学社会科学版）》，1992（1）。

④ 参见孙宪忠：《德国当代物权法》，170～171 页，北京，法律出版社，1997。

⑤ 我国台湾地区法院基本上采纳债权说，认为“土地法”上优先承买权，仅具债权之效力，故耕地所有权已移转于他人者，不得对于承买耕地之他人，主张优先承买该地，仅能对于出租人请求损害赔偿。参见王泽鉴：《民法学说与判例研究》，第 1 册，508 页，北京，中国政法大学出版社，1998。

具有法定性，能够产生对抗第三人的物权效力，虽然不是典型的物权，但也应当在物权法中予以规定。优先购买权的核心是优先于他人，而他人是不特定的多数人，这显然不是债权所具有的特征，而是一种对世权。

优先购买权是否可以作为一项物权受物权法调整？有一种观点认为，优先购买权是附随于买卖关系的，法律设定该权利，只是对出卖人所附加的义务，应当视为买卖关系的组成部分，优先购买权本质上仍然是债权，在合同法中加以规定即可。笔者认为，优先购买权具有某些物权的效力，可以纳入物权法中加以规定。其主要理由在于：

1. 优先购买权是法定的而非当事人约定的权利。在市场经济体制下，意思自治、契约自由为民法的基本原则，财产的处分依法应尊重所有人的意志，出卖人一般愿与出价最高者成交，并可根据自己的意愿选择买受人。但是某项财产变动将涉及对某些特定人（如承租人、承典人、共有人等）的利益的保护时，立法者从公平、效益和维护社会生活正常秩序的价值取向出发，立法政策对此类特定关系人予以倾斜，因而赋予其优先购买的权利。所以，优先购买权乃是法定的而不是约定的权利，它体现了法律对特定主体的保护。① 优先购买权之所以能对第三人（其他购买人）产生效力，关键在于它是依法产生的，而不是基于共有人之间的约定产生的。当然，当事人可以约定优先购买权，这种约定优先购买权如未经登记，则不得对抗第三人。

2. 优先购买权具有一定的对抗第三人的效力。也就是说，优先购买权不仅可以对抗出卖人，而且可以对抗第三人。② 在比较法上，瑞士法甚至肯定了法定优先购买权中，优先购买人可以对抗买受人，买受人不受善意的保护。③ 在我国法上，优先购买权也具有一定的对抗第三人的效力。在第三人与共有人均意图购买共有财产时，因为优先购买权的存在，所以共有人可以依法优先购买共有财产，从而使得优先购买权具有了一定的对抗第三人的效力。当然，由于优先购买

① 参见王福祥：《论优先购买权》，载《法制与社会发展》，1995（2）。

② 参见李景辉、隋福珍：《论我国民事法律中的优先权》，载《法律适用》，1997（1）。

③ 参见常鹏翱：《物权法的展开与反思》，130页，北京，法律出版社，2017。

权人在购买前并不一定直接占有标的物，也不是标的物的所有人，因而不能以所有人或占有人的名义，以物上请求权或占有保护请求权的方式行使其权利，而只能根据最高人民法院《关于贯彻〈中华人民共和国民法通则〉若干问题的意见（试行）》第118条通过请求人民法院宣告该房屋买卖无效那样的方式保护其权利，这也是优先购买权作为一种具有某些物权效力的权利的特点。当然，这一规定虽然有效保护了共有人的优先购买权，但是直接宣告房屋买卖合同无效的方式，可能与优先购买权的性质存在矛盾。是否合理还有待于进一步探讨。

3. 明确优先购买权为一种具有某些物权效力的权利，有利于强化共有人之间的关系。优先购买权的物权化有利于防止出卖人与其他买受人共谋，如出卖人与其他买受人之间通过协议故意不合理地抬高价格，以阻止优先购买权人购买，架空优先购买权，同时也有利于法律明确优先购买权的类型，防止在实践中把一些本不应作为优先购买权保护的利益加以保护。[①]

4. 共有人的优先购买权产生于共有制度当中，是共有人基于其所有权所享有的一项权利。由于共有制度是物权法中所有权制度的重要内容，因而，优先购买权应当在物权法中被加以规定。

我们说优先购买权具有某些物权的效力，但其毕竟不是物权：一方面，其对标的的支配力较弱，虽然可以对抗意图买受共有物的第三人，但却不得对抗所有第三人，因为并不具备物权对世性的特征，所以不宜认定其为物权；另一方面，优先购买权性质上是一种不确定的权利，也有学者将其称为机会权利。[②] 这是因为即使优先购买权是在由法律规定的情况下，共有人是否能够实际享有这一权利，必须取决于其他共有人是否实际转让其共有份额；即便发生了共有份额的转让，其他买受人所出的条件可能是共有人不能接受的条件，因而优先购买权人的权利无法实现。这就是说，优先购买权只是赋予优先购买权人在同等条件下优先购买的机会。

---

① 参见张家勇：《试析优先购买权的法律性质》，载《西藏民族学院学报（哲学社会科学版）》，1999（1）。

② 参见王福祥：《论优先购买权》，载《法制与社会发展》，1995（2）。

优先购买权对出卖人出卖财产的处分权进行了限制，因为出让人对财产的处分自由受到优先购买权的约束，只要优先购买权人在同等条件下行使了优先购买权，并通知出卖人，则出卖人不得将标的物再转让给优先购买权人以外的其他人；否则，出卖人对优先购买权人因此遭受的损失应当承担赔偿责任。还要看到，优先购买权不是独立的物权，因为其在性质上只是一种从属性的权利，附随于主权利之上。[①] 例如，共有人所享有的优先购买权，实际上是附随于共有关系中的所有权的。基础关系（可能是共有、租赁、出典关系等）是优先购买权产生和行使的基础，二者紧密结合、不可分离。因此，某一个共有人转让其份额，实际上优先购买权也随之发生了转让，优先购买权不能够与共有权发生分离，单独转让。在出卖人出卖标的物之前，优先购买权人已先于这种买卖关系而处于某种法律事实或法律关系中，如果不存在此种法律关系或事实关系，优先购买权存在的基础也将不复存在。[②] 因此，如果共有人退出了共有关系，其将无权再主张优先购买权。

综上所述，法定的优先购买权可以从不同角度进行认识，依不同标准予以把握。就其本质而言，其应当是一种具有某些物权效力的权利，可以对抗部分第三人；它也是一种请求出卖人与之缔约买卖合同并在同等条件下优先买受的权利；其具有期待权的性质，为一种“取得权利的权利”；同时也是一种依赖于基础关系的附从性的权利。

三、关于共有人优先购买权适用范围的若干问题

（一）关于共同共有人是否享有优先购买权的问题

共同共有关系是指各共有人根据共同关系，不分份额地共同享有对共有财产的权利。在此种共有中，共有财产并不被区分为份额，只要共同关系存在，各共

① 参见戴孟勇：《先买权：理论与立法》，载《岳麓法学评论》，第1卷，48页，长沙，湖南大学出版社，2000。

② 参见王福祥：《论优先购买权》，载《法制与社会发展》，1995（2）。

有人就不能具体划分共有财产的份额，或确定共有财产的哪个部分属于哪一共有人，而只有在共同共有关系终止、共有财产被分割以后，才能确定各共有人的份额。财产权利是否被划分为份额，是共同共有与按份共有的主要区别。正是因为不分份额，所以在共有关系存续期间内，共有人是不可能转让份额的，因此也不可能导致其他共有人优先购买权的发生。

问题在于，在共同共有关系终止以后，原共有人要处分共有财产，其他原共有人能否主张优先购买权？根据最高人民法院《关于贯彻执行〈中华人民共和国民法通则〉若干问题的意见（试行）》第92条规定，“共同共有财产分割后，一个或数个原共有人出卖自己分得的财产时，如果出卖的财产与其他原共有人分得的财产属于一个整体或者配套使用，其他原共有人主张优先购买权的，应当予以支持”。应当看到，最高人民法院的上述规定是为了更有利于物的共同管理、使用、维修以及避免共有物损害和纠纷出现而作出的。从充分发挥物的效用来讲，这一规定确有其合理性。然而，由于共有财产因分割而转化为各个共有人的单独所有财产时，如果允许原共有人再享有优先购买权，则会不当限制其他共有人的财产所有权的行使。有许多学者认为，在共同共有关系存续期间内，因为共同共有人不是按确定的份额享有权利，不存在共同共有人之一转让份额的情况，不发生优先购买权的问题，而在共同共有关系终止后，当事人之间的共有关系已经不复存在，更不存在所谓优先购买权。① 这些学者认为，以“属于一个整体或者配套使用”及其他类似理由作为优先购买权的根据，可能导致无限扩大优先购买权的适用范围，并会在实践中产生诸多弊端。② 这种观点有一定的道理。

笔者认为，对该问题要依优先购买权的立法目的，具体问题具体分析，才能得出妥当的结论。一旦发生共有财产分割，按份共有与共同共有并无实质不同，在此情形下都可能会发生某一共有人转让其共有的份额而引起共有关系的变化、财产权利重新界定等问题，因而，优先购买权具有相同的适用余地。在共同共有关系在因共同关系的终止而消灭，共有人之间要实际分割共有财产时，实际上也

①② 参见李开国、黄明耀：《论房屋买卖中的优先购买权》，载《中国政法学院学报》，1993（2）。

要按一定的份额来进行。一般来说，对共有财产的分割，有协议的，按协议处理；没有协议的，一般可根据均等原则，并考虑共有人对共有财产的贡献大小以及共有人生活、生产的实际情况等进行处理。在分割共有财产的时候，如果要处分该共有财产，原共有人应当享有优先购买权。对此要区分两种情况。

1. 在分割共有财产时，如果全体共有人一致愿意将共有财产全部出售给某第三人，笔者认为在此情况下没有必要使某个共有人仍然享有优先购买权。因为，既然全体共有人都愿意将共有财产出售给他人，保留某个共有人的优先购买权就失去其意义。但如果某一个共有人愿意保留其分割的共有财产的一部分，则不宜将该标的出售于第三人。

2. 在分割共有财产时，某一或某几个共有人要求继续占有和使用其分得的共有财产，而另一个或另一些共有人则希望将其分得的共有财产的份额予以出售。在此情况下，其他共有人应当享有优先购买权，其主要理由在于：

第一，在我国，共同共有关系的典型形式是夫妻共有财产和家庭共有财产。如果夫妻离婚以后处分共有财产，在夫妻任何一方要取得该分割的共有财产时，其应当有权主张优先购买权，这对于维护当事人的合法权益也是必要的。例如，夫妻双方共同所有一套两室一厅的房屋，离婚时房屋被分割以后，一方要求继续居住其中的一间，而另一方要求将自己分得的一间出售。此时，如果第三人买得该房屋，对继续居住的一方会多有不便。就家庭成员来说，因为长期在一起生活、使用该房屋，如果有其他人加入进来，在感情上、生活上也多有不便。

第二，夫妻或家庭成员长期共同占有某一共同财产，由原共有人继续保留该共有财产，可能更有利于发挥该财产的经济效用，并有利于维护家庭成员之间的和谐、和睦；同时，由于按份共有人之间的结合关系与共同共有人之间的结合关系就同为共有而言，并无实质区别，甚至共同共有人间结合的紧密程度强于按份共有的。因此，即便在共有关系终止以后，维持原共有人对共有财产的使用和利用关系也有利于减少因为第三人的加入而产生的纠纷。

第三，在分割共有财产的时候，由原共有人享有优先购买权也便于实际的操作。因为，在此情况下，可以采取折价补偿的方式使希望取得该共有财产的人取得该共有财产，愿意出售其分得份额的共有人也不必要在市面上寻找买主，从而节约交易成本。

（二）建筑物区分所有权人是否享有优先购买权

所谓业主的建筑物区分所有权，简称为区分所有权，是在对建筑物内的不动产进行区分的基础上，业主享有的由专有部分所有权、共有权、共同管理权相结合而组成的一种特殊物权。建筑物的区分所有与共有是不同的，共有乃是一个所有权，即使在按份共有关系中，各个共有人应按照各自的份额享有权利并承担义务，各个共有人的权利都可及于共有物全部，但任何一个共有人都不得对共有财产主张单独的所有权。而在建筑物区分所有权中，要将一栋建筑物区分为专有部分和共有部分，专有部分是单独的所有权，与一般所有权无异，在产权登记时也应分别进行登记。因此，在建筑物区分所有的情况下，一栋建筑物实际上已经分割为独立的单位为多人分别单独享有，这样，所有权已不是一个而是数个。由于区分所有人对其专有部分享有所有权，因此其可以独立使用、收益并处分该财产，他人不得干涉。这是因为建筑物区分所有人的权利是相互独立的，在某个区分所有权人转让其所有权时，其他区分所有权人不得主张优先购买权，否则，将会对各个区分所有权人独立的所有权施加极不合理的限制。尤其是因为区分所有人人数众多，如果各个区分所有人都要求主张优先购买权，将产生许多不必要的纠纷。

（三）集体经济组织成员是否享有优先购买权

集体经济组织在出让集体财产时，集体经济组织成员是否享有优先购买的权利？对此问题存在着两种不同的观点：一种观点认为应予肯定，理由是集体经济组织成员对集体财产享有共有权利，赋予优先购买权也具有实际意义；另一种观点认为不能从财产共有上推导出集体经济组织成员享有优先购买权。笔者认为，集体所有的财产在性质上并不是共有关系，而是成员集体所有，并不适用共有关系中优先购买权的规则。这就是说，每个集体经济组织的成员对集体经济组织的财产并不享有具体的份额，也不能根据其成员的资格具体确定其份额，既然不存在具体的份额，也当然不存在优先购买权的问题。再者，农村集体经济组织出卖任何财产都需要通知其成员是否优先购买，亦无必要。但是在特殊情况下，集体经济组织的财产也可能直接关涉其成员的利益，如村民小组出售农用机械等长期为小组成员所使用的财产，这些财产一旦转让给第三人以后，本村村民的生产和生活就会受到妨碍，在此情况下，如果集体组织出售其财产直接关涉集体组织成员的个人利益，应允许集体组织成员享有优先购买权。因此，解决该问题的关键在于立法应明确集体经济组织成员享有优先购买权的客体范围，如农地使用权、农田水利设施及其他重要的农业生产资料等，从而允许集体经济组织成员在集体财产转让时享有优先购买权。

(四) 共有财产共同出售时各个共有人是否享有优先购买权

在共有人共同出售共有财产时，各个共有人是否享有优先购买权？一些学者认为，应当允许优先购买权，“法律正是为了使优先购买权人先于其他购买人购得标的物，才设定这种权利”[①]，因此应当允许个别共有人对共有财产也享有优先购买权。优先购买权制度的宗旨在于消除既存的社会关系，使出卖物所有权主体单一化，从而减少纠纷的发生，使经济生活秩序得以稳定。[②] 笔者认为，如果说允许共有人出卖其份额时其他共有人享有优先购买权有利于维护共有关系的稳定，那么，既然共有人都要求出卖共有物，就意味着共有人不愿再继续保持共有关系，或者是想解散共有合作关系。在此情况下，允许其他共有人享有优先购买权，这并不能达到优先购买权稳定共有秩序的立法本旨。所以，对此种情况，不宜确认个别共有人有优先购买的权利。

四、优先购买权行使中的若干问题

(一) 优先购买权的法定限制

优先购买权，乃是对出卖人的处分权所作的限制。此种限制直接依法律规定产生，具有法定性。[③] 这种法定性表现在：一方面，优先购买权的主体是法定

---

① 王福祥：《论优先购买权》，载《法制与社会发展》，1995 (2)。

② 参见张学文：《优先购买权优先顺序新探》，载《法学杂志》，1999 (4)。

③ 在我国司法实践中，有一种观点认为，优先购买权人知道出卖人出卖房屋，而 3 个月内不行使优先购买的权利，视为放弃该项权利。参见冯世名：《试析房屋买卖中的优先购买权》，载中国高级法官培训中心：《第三届学术讨论会论文选》，185 页，北京，人民法院出版社，1992。

的，是特定法律关系中的主体所享有的一种特殊权利，该权利人专属于法定的权利人本人，目的在于保护特定关系中的当事人的权利，因此，该权利不得转让。如果优先购买权人脱离基础关系转让优先购买权，则由于购买人不是法律保护的特定对象，从而使优先购买权丧失其存在的意义。另一方面，优先购买权的行使条件和行使期限等都是由法律明确规定的。还要看到，优先购买权尽管有优先的效力，但从保护第三人利益出发，各国立法无一例外地对其进行了相应的限制，排除优先购买权的适用。例如，法院在执行程序中拍卖相关被执行人的财产，则应当按照拍卖程序确定买受人，原则上不适用共有关系中的优先购买权，因为在强制执行程序中，出卖人已不能控制财产，被执行人的财产是由执行机关支配处置的，只要符合强制执行程序，出卖人无须通知其他共有人①，其他共有人也不得主张优先购买权。

在实践中，出卖人坚持以拍卖、招标方式出卖标的物的，是否应当排除其他共有人的优先购买权？拍卖、招标不同于一般买卖，具有很强的公示性，第三人无须知晓物上的负担，通过竞买程序即可获得合法的所有权，并排除相关权利人的追索。在此情况下，优先购买权不能拒绝第三人参加竞买。但笔者认为，此种方式并没有剥夺其他共有人的优先购买权，因为在以拍卖、招标方式出卖标的物的情况下，出卖人应当通知优先购买权人参加购买。如果第三人的出价与优先购买权人相同，仍然应当由优先购买权人取得出卖的标的。

（二）同等条件的限制

同等条件是对优先购买权人行使优先购买权的限制。作出这种限制是必要的：这首先尊重了作为出卖人的所有人的所有权，不至于因优先购买权的行使，使出卖人的利益遭受损失；其次，表明确立优先购买权并没有剥夺其他人的购买机会。如果不能提供同等条件，则按价高者得的市场原则决定物的归属，因此不违反公平竞争的原则。可以说，同等条件是优先购买权行使的前提，对此各国立法都有明确的规定。例如，《法国民法典》第815—14条规定，先取权人按照让与人向其通知的“价格及条件”行使先取权。《德国民法典》第505条第2款规

① 《德国民法典》第512条规定：“以强制执行方法或破产管理人进行的出卖，排除先买权。”

定："行使先买权时，先买权利人和义务人之间的买卖，按照义务人与第三人约定的相同条款而成立。"由于"相同条款"过于严苛，《德国民法典》随后在第507、508、509条作了变通规定。我国《民法通则》第78条第3款规定："按份共有财产的每个共有人有权要求将自己的份额分出或转让。但在出售时，其他共有人在同等条件下，有优先购买的权利。"

然而，对"同等条件"应当如何理解，学理上存在不同的看法。有人认为，应当借鉴德国法的上述经验，采用"相同条款"作为先买权人行使权利的条件。[①] 笔者认为，这一看法不妥。如果像德国法那样完全按照出让人与第三人之间的买卖合同的"相同条款"作为优先购买权人行使权利的条件，这种所谓的"绝对等同说"在适用中过于严苛，优先购买权在现实中恐有不能实现之虞。尤其是其他买受人所提供的条件，如提供某种机会等，优先购买权人不能做到，但他可以用多付金钱的办法来弥补这些附加条件的不足时，则不能苛求优先购买权人提出的条件必须与其他买受人的条件完全一致。

笔者认为，同等条件应当主要指的是价格条件。此处的价格条件不仅包括价格的高低，还应当包括付款的期限和付款的方式。[②] 也就是说，除优先购买权人支付的价格应当与其他买受人支付的价格条件相同，也应当适当考虑支付方式等，因为支付方式的确定必须从根本上影响到出卖人的利益或合同利益的重要内容。例如，第三人允诺一次付清，则优先购买权人不得主张分期支付。但是如果出卖人不允许第三人延期付款，则优先购买权人除非为出卖人提供了充分而适当的担保，否则不得请求延期付款。[③] 所以，价格条款是第一位的，而根本上影响到出卖人的利益的支付条件是第二位的。至于其他交易条件，如是现金支付还是转账支付，只要没有从根本上影响到出卖人的利益，出卖人不能以此作为同等条件。由此可见，同等条件并不要求合同条款完全相同。

（三）优先购买权的行使期间及出卖人的通知义务

优先购买权为一种期待权，只有在某项特定财产出售时，权利人才可享受其

---

① 参见黄建中：《共有关系中的优先购买权研究》，载《法律适用》，2005（4）。

② 参见胡康生主编：《中华人民共和国合同法释义》，340页，北京，法律出版社，1999。

③ 参见《德国民法典》第509条。

利益。优先购买权在标的物出卖的“一定期限”内不行使的视为放弃。传统民法中称这一行使期限为“先买权时效期限”[①]。该期限从权利人收到出卖人的通知时起算。若出卖人虽未通知，但买受人明知该事实的情况下，仍然不行使优先购买权，也不宜长期允许该权利的存在，否则可能构成权利的滥用。[②] 因此，如果出卖人怠于履行通知义务，则以权利人知悉出卖人和第三人缔约之日起计算。期限长短各国具体规定不同，期限过长不利于交易的便捷和安全，期限过短不利于优先购买权人权衡利弊。

笔者认为，我国物权法应当对共有人行使优先购买权的最长期限作出明确规定。该期限在性质上应为除斥期间，超过该期限，则优先购买权消灭，即不论出卖人是否尽通知义务，也不论优先购买权人是否知悉自己的优先购买权受损事实以及短期时效是否存在中断、中止情事，最长期限届满，优先购买权不得再行使。优先购买权人不得再以行使优先购买权为由来否定出卖人和第三人之间已经成立的买卖合同。这在一定程度上可以防止权利人滥用优先购买权，从而稳定交易秩序和保护既得权利，同时，也能起到减少时效计算争议的作用。《民法通则意见》第 118 条规定：“出租人出卖出租房屋，应提前三个月通知承租人，承租人在同等条件下，享有优先购买权。”笔者认为，规定 3 个月作为优先购买权的期限比较适宜。该期限是法定的强制性规定，当事人不得排斥该期限的适用。当然，当事人也可以约定优先购买权的行使期限，但约定期限不得超过法定期限，以免当事人通过约定实际排除法定期限的适用。

出卖人应当向优先购买权人负有通知的义务。这种通知既可以是在出售时明确告知，也可以是在与第三人达成交易之前通知。告知的内容既包括要出售份额的情况，也包括价格及其他重要的交易条件。通知的到达是优先购买权人权利期限计算的起点，也是优先购买权人知晓交易条件、行使优先购买权的前提。如没有收到通知，优先购买权无行使的可能；如收到通知后在法定期间内权利人不行

---

① 刘云升：《先买权制度法律价值等诸问题的探讨——兼论先买权制度在未来民法典上的定位》，载《河北法学》，2000（5）。

② 参见常鹏翱：《物权法的展开与反思》，153 页，北京，法律出版社，2017。

使优先购买权，则视为弃权。[①] 可见，出卖人的通知义务是行使优先购买权的关键。从实践来看，优先购买权受到侵害的主要情况就是出售时不通知优先购买权人。如果出卖人违反通知义务，则其与第三人的买卖行为无效，在法定期间内权利人可以以优先购买权受侵害为由请求人民法院予以宣告。

（四）优先购买权的竞合

共有人在行使优先购买权时有可能发生优先购买权竞合的现象，即在同一标的物上存在几个优先购买权而几个权利人都主张该权利，某一项权利的行使将要排斥其他权利的实现。优先购买权的竞合在实践中经常存在，对此种情况需要具体分析。

1. 关于共有人之间的优先购买权的竞合

如果在某一共有人出售其共有份额时，其他共有人争相行使其购买权，究竟应该由哪一个共有人购买？对此，大陆法系国家有不同规定，大致有三种处理方法：第一，由其他共有人共同行使优先权说。例如，《德国民法典》第 513 条规定："1. 数人共有先买权者，仅得由全体行使之；2. 权利人中的一人的权利不行使时，其他人仍得以全体行使先买权。"第二，按份额享有先买权说。该说认为，各共有人可以依其份额比例买受共有物。[②] 例如，《法国民法典》第 815—14 条第 4 款规定："如数个共有人行使其先买权，除有相反约定外，该数个共有人被视为按各自在共有财产中所占比例取得出卖部分。"如此，可维持各共有人对共有物的比例关系不变，对各共有人较为公平，但交易成本过高。第三，出卖人决定说。我国许多学者认为，在这种情况下应当由出卖人在各共有人中决定优先购买权人。笔者认为，既然各个共有人都享有优先购买权，但都没有优先于其他共有人的权利，这样大家都处于平等的地位，可以说都是平等的买受人。在此情况下，就应当由出卖人选择究竟应当由哪一个买受人购买。这种做法既可减少交易成本，也可保证在优先购买权效力相同的情况下，出卖人选择权的行使，能够以其自己的意思决定买方。

---

① 参见潘斌：《论民法上的优先购买权》，载《中山大学学报（哲学社会科学版）》，1989（3）。

② 参见崔建远：《物权法》，246 页，北京，中国人民大学出版社，2014。

2. 共有人与承租人之间的优先购买权的竞合

在实践中，共有人的优先购买权与承租人的优先购买权也可能发生竞合的问题。例如，甲乙双方共有一栋房屋，各享有一半的份额，双方将该房屋出租给丙使用。在甲出售该房屋时，乙作为共有人享有优先购买权，而丙作为承租人也享有优先购买权。如果双方都主张优先购买权，则发生优先购买权的竞合问题。在此种情况下，应当保护哪一个权利人的优先购买权，在学理上有不同的看法：一种观点认为，按份共有人优先购买权与承租人优先购买权不可能发生竞合，在按份共有人转让其份额时，只能由其他按份共有人行使优先购买权，在出租人转让租赁物时，只有承租人才能行使优先购买权，因为份额与实物非属同一，故不发生竞合问题。[①] 另一种观点认为，法定优先购买权皆为物权性权利，讨论权利竞合之处理，只能从该权利性质比较得出，不能从该权利所产生之基础关系推出。既然共有人优先购买权与承租人优先购买权均为物权性权利，何有物权优于债权法理之适用？在共有人与承租人优先购买权发生竞合情况下，宜根据先设物权优于后设物权的原理，先产生的优先购买权优于后产生的优先购买权实现。[②] 第三种观点认为，承租人的优先购买权效力优于共有人的优先购买权，此种观点为我国台湾地区司法实务界通说。[③]

比较上述三种观点，都不无道理。我国多数学者赞同共有人享有优先权。笔者认为，要确定这两种优先权的效力，必须从基础法律关系着手分析。共有人优先购买权是基于共有关系而产生的，而承租人的优先购买权是基于债权关系而产生的。即使租赁权已经物权化，但就其效力而言，与纯粹的物权相比较仍然是受限制的，更何况共有关系发生在先，租赁关系发生在后，即便租赁权物权化以后，发生在先的物权也应该优先于发生在后的物权。法律设定承租人的优先购买权，目的在于使承租人取得租赁物所有权继续保持其对该物的占有、利用。由于买卖不破租赁原则的确立，承租人已受到了充分保护，即使共有人取得所有权也

---

① 参见张驰：《权利优先行使辨析》，载《法学》，1996（4）。

② 参见张家勇：《论优先购买权》，38页，中国人民大学1998年硕士学位论文。

③ 参见王泽鉴：《共有人优先承购权与基地承租人优先购买权之竞合》，载王泽鉴：《民法学说与判例研究》，第3册，北京，中国政法大学出版社，1998。

不能解除租赁合同，对抗租赁权。有学者从经济分析的角度提出，优先购买权仅在标的物对优先购买权人的价值高于第三人时，才有存在的意义。[①] 但在买卖不破租赁的前提下，很难说共有物对承租人而言价值更高。在这种情况下，如果再行赋予承租人以优先购买权，使其取得共有份额，延续财产的共有状态，这样就无法简化物权关系，发挥物尽其用的效益，且与优先购买权的立法目的相违背。不同的基础关系决定了两种优先购买权具有不同的价值和功能，通过对不同基础关系的比较可以确定出法律应优先保护何者。正如王泽鉴先生指出的："所有权之关系为恒久之关系，租赁、地上权或典权之设定，多受有期间之限制，为简化土地上之物权关系，发挥土地之用益价值，明定共有人享有较优先之优先承购权，在立法论上，以值考虑。"[②]

3. 共有人与典权人之间的优先购买权的竞合

共有人将共有的房屋出典给他人，在典权关系存续期间，某一个共有人将其所享有的典物所有权的份额出让给他人时，典权人应当享有留买权，同时其他共有人也享有其优先购买权，究竟哪一方当事人可实际行使优先购买权？笔者认为，这种情况下应当由共有人优先行使优先购买权。因为，出典关系基于在典物上设定他物权，其存续具有暂时性；共有关系为所有权关系，其存续具有永久性。典权人已支付典价，依法享有典权，即使典物所有权发生变动，也不影响典权存在，因此典权已受到足够的保护；且典权人依典权可能在未来取得所有权，自不必另行出资购买所有权份额。如果允许典权人优先买受共有份额，其既为买受人，又为典权人，势必导致权利关系混乱，特别在回赎时将徒增纠纷。总之，确立共有人优先购买权的优先性能够有效地避免共有关系的复杂和典权关系的混乱，从而建立清晰高效的产权安排，促进地尽其力、物尽其用。

① 参见杨宏晖：《基地承租人的双重保护必要性之检讨》，载龙卫球、王文杰主编：《当前民商事理论创新与立法前瞻》，285 页，北京，中国法治出版社，2014。

② 王泽鉴：《民法学说与判例研究》，第 3 册，352 页，北京，中国政法大学出版社，1998。

论占有的性质

占有的性质一直是民法中的一个古老而又现实的问题。所谓古老，是因占有在罗马法制度中就已存在。而谓之现实，是因占有在近代以来，仍是民法理论中一个无法绕开的问题。千百年来，围绕占有而展开的争论中最主要的问题就是占有究竟是事实还是权利，这种争论即便在今天也尚未停止。对该问题的讨论并不仅仅是一种学说上的争议，还直接关系到物权法制度的架构。对占有的性质如果没有准确的认识，则无法作出相关的制度设计，也难以构建完整的占有法律制度体系，并完成对占有的保护。

一、占有是一种事实状态

罗马法与日耳曼法对于占有的性质存在分歧。罗马法学家拉贝奥指出，“坐在某个地方即所谓占有，因为那个地方自然被位于其上的人占据着”[①]。罗马法中并没有对占有（possessio）作出系统的规定[②]，对于占有与所有权（dominium

① ［意］桑德罗·斯奇巴尼选编，范怀俊译：《物与物权》，205页，北京，中国政法大学出版社，1993。

② MünchenKomm/Joost，Buch 3. Abschnitt 1. Vorbemerkung，Rn. 1.

proprietas）的关系也经历了由古典时期的泾渭分明到后古典时期的融合，并在优士丁尼时期再次被严格区分。但毫无疑问的是，占有以对物的事实控制这一观念为基础，而并不以享有所有权作这一对物的最强权利为前提。[①] 一般认为，罗马法中的占有，“是指一种使人可以充分处分物的、同物的事实关系，它同时要求具备作为主人处分物的实际意图”[②]。因此，占有显然是一种事实，而不是权利。[③] 正如马克思在研究罗马法的基础上所指出的：私有财产的真正基础，即占有，是一个事实，是不可解释的事实，而不是权利。只是由于社会赋予实际占有以法律的规定，实际占有才具有合法占有的性质，才具有私有财产的性质。[④] 但是自优士丁尼时期以后，罗马法上占有的概念进一步扩大，主要表现在优士丁尼针对役权也承认权利人的占有，从而形成了准占有制度。[⑤] 在优士丁尼时期，由于占有和所有权再次被严格区分，真正的占有仅仅指以所有的意思善意进行的占有，而与之相对的则被称为自然占有（naturalis possessio）。基于此种区分，真正的占有事实上已经不再是纯粹的事实，而更接近于权利。[⑥]

在日耳曼法中，占有（Gewere）一词最初的意思是指穿衣着装，所以该词是一种比喻的说法，即“将对物之事实上之力，譬为衣服；物之主体，取得此等事实上之支配力，犹之穿有衣服也。是以所谓Gewere者，并非保护、防御之意，实为对物支配之外面的表现也”[⑦]。日耳曼法中的占有有其特点：首先，强调占有的多重性，即占有并非排他的存在，数个占有可以同时并存；其次，强调占有与权利的重合。[⑧] 权利只有具有 Gewere 的表象，才能受到物权法的保护。因此，

---

① 参见［德］马克思·卡泽尔、［德］罗尔夫·克努特尔：《罗马私法》，田士永译，205～214页，北京，法律出版社，2018。

② ［意］彼德罗·彭梵得：《罗马法教科书》，黄风译，270页，北京，中国政法大学出版社，1992。

③ 参见陈朝璧：《罗马法原理》，338页，北京，法律出版社，2006。

④ 参见《马克思恩格斯全集》，第1卷，382页，北京，人民出版社，1956。

⑤ 参见［意］彼德罗·彭梵得：《罗马法教科书》，黄风译，273页，北京，中国政法大学出版社，1992。

⑥ 参见［德］马克思·卡泽尔、［德］罗尔夫·克努特尔：《罗马私法》，田士永译，214页，北京，法律出版社，2018。

⑦ 李宜琛：《日耳曼法概论》，38页，上海，商务印书馆，1943。

⑧ MünchenKomm/Joost，Buch 3. Abschnitt 1. Vorbemerkung，Rn. 1.

Gewere 不仅仅是一种占有事实，同时也表征了一种权利。[①] 占有已经超越事实，与本权相互结合，甚至包含了本权。这是其与罗马法上与本权相分离的“占有”最为显著的不同。[②] 我妻荣教授将这一区别概括为，罗马法上的占有是承认脱离于真实支配权的占有本身的目的效力，而日耳曼法承认的则是真实支配权的外部表象效力。[③] 从这一角度上看，日耳曼法占有的权利性质明显超过占有的事实状态性质。

在近代，以德国学者萨维尼和耶林为代表的学术界对占有究竟是事实还是权利，展开了激烈的争论。萨维尼在 1803 年撰写的《论占有》一书中指出，“一切暴力皆为非法”，罗马法中的占有实际上是一种事实状态，是为了维护法律上的和平秩序，而对占有进行的必要保护。[④] 德国法学家耶林虽然也认为占有是一种事实，但是在本质上，占有保护的不是个人的占有行为本身，而是因为占有行为而形成的客观效用。[⑤] 而对于占有人和所谓“持有人”来说，客观效用都是相同的。[⑥] 正是因为如此，耶林的学说又被称为“客观占有论”。萨维尼、耶林关于占有的争论，对近现代大陆法系国家民法产生了重大影响。

1804 年《法国民法典》在很大程度上接受了萨维尼的占有学说，区分了占有和持有的概念。法国 1975 年 7 月 9 日的法律则是基于耶林的客观理论，对于“持有人”也给予了占有保护。[⑦]《德国民法典》主要采纳的是耶林的观点，而放弃了萨维尼学说，认为占有是一种事实而非权利。[⑧] 该法典第 854 条将占有的概念定义为：“物的占有，因对物有实际控制而取得。”“在取得人能够对物行使控

---

① See Rudolf Huebner, *A History of Germanic Private Law*, trans. by Francis S. Philbrick, Little Brown and Company, Boston, 1918, pp. 184-185.

② 参见易继明：《论日耳曼财产法的团体主义特征》，载《比较法研究》，2001（3）。

③ 参见［日］我妻荣：《新订物权法》，罗丽译，471 页，北京，中国法制出版社，2008。

④ 参见［德］弗里德里希·卡尔·冯·萨维尼：《论占有》，朱虎、刘智慧译，8 页，北京，法律出版社，2007。

⑤ Jhering, Über den Grund des Besitzschutzes-Eine Revision der Lehre vom Besitz, 2. Aufl., 1869, S. 192.

⑥ Philippe Malaurie, Laurent Aynès, Droit Civil, Les biens, Defrénois, 2003, p. 129.

⑦ Philippe Malaurie, Laurent Aynès, Droit Civil, Les biens, Defrénois, 2003, p. 130.

⑧ MünchenKomm/Joost, Buch 3. Abschnitt 1. Vorbemerkung, Rn. 1.

制时，有原占有人与取得人的协议足以取得占有。”该法典第868条规定：“作为用益权人、质权人、用益承租人、使用承租人、受寄人或基于其他类似的法律关系而占有物的人，由于此类关系对他人暂时享有占有的权利和义务时，该他人也是占有人（间接占有）。”从上述条款中也可以看出，德国民法关于占有的概念很大程度上采纳了日耳曼法的占有概念。① 但同时，《德国民法典》也在一定程度上保留了罗马法的传统，例如，依据《德国民法典》第854条的规定，仍然将占有作为一种事实状态而非权利对待。②《德国民法典》之所以将占有作为一种事实状态加以规定，是因为考虑到虽然占有并非一种权利，但出于维护社会秩序的考虑，亦应予以保护。因占有所显示出来的支配性特征与物权的支配性特征相同，所以《德国民法典》将占有规定在物权编中，透过物权保护的方法对之加以保护。③

与大多数大陆法国家采纳罗马法“占有是一种事实状态”的观念不同，《日本民法典》则借鉴了日耳曼法的模式，突破了罗马法的传统，将占有确认为一种权利，以占有权为标题来概括占有的内容，并在占有权中规定了占有权的取得、占有权的效力、占有权的失效等问题。该法典第180条规定：“占有权，按照自己所表示意思，而持有这个物件的，取得之。”这一立法是颇具特点的，在大陆法国家也较为罕见。④ 而被其他国家作为事实状态的占有，在日本法上被作为构成占有权的基础事实。⑤

基于上述的讨论可以发现，无论是在学说还是在立法上，对于占有性质的认识都存在普遍的差异。关于占有究竟是事实还是权利的论点，都有其合理之处，但笔者更倾向于事实说，原因在于：

第一，如果认为占有是一种权利，就容易混淆占有行为本身和占有产生的法律后果，也混淆了事实上的占有和物权。占有是一种能产生诸多法律效果的法律

① 参见王泽鉴：《民法物权·占有》，6页，台北，1995。

② MünchenKomm/Joost, Buch 3. Abschnitt 1. Vorbemerkung, Rn. 6.

③ 参见［德］迪特尔·梅迪库斯：《德国民法总论》，邵建东译，22页，北京，法律出版社，2000。

④ 参见孟勤国：《占有概念的历史发展与中国古代占有制度》，载《中国社会科学》，1993（4）。

⑤ 参见［日］我妻荣：《新订物权法》，罗丽译，474页，北京，中国法制出版社，2008。

事实，在许多情况下，占有是权利取得和存续的要件，丧失占有即会导致失权的后果（如质押、留置）。占有在许多情况下更多地体现为一种权能，难以成为独立的权利。[①] 例如，我国《物权法》对所有权的定义就包括了占有。如果认定占有是一种权利，就使得权利之中又包含了权利，容易混淆权利和权能的区别，造成解释上的困难。

第二，如果认为占有是一种权利，将无法解释大量的无权占有现象。合法的占有都是基于本权的占有，例如，承租人就是基于租赁合同的占有，保管人的占有是基于保管合同的占有。在这些情况下，占有人都享有占有权。但是，这并不意味着各种占有都能产生权利。事实上，大量的占有是不能产生权利的。如果占有都是一种权利，必然使占有的概念过于狭窄。

如果将占有限定为占有权，那么只能在确定是合法占有的前提下，法律才能够对占有提供保护。这样一来，就会导致善意的无权占有也不能得到法律的保护，这就使得对占有的保护范围过于狭窄。因为在现实生活中，存在大量产权尚不明确的情况，但法律必须对占有提供保护。在权属明确的情况下，如果发生争议，往往可以通过合同法解决，而无须通过物权法来解决。所以，将对占有的保护限定在对合法、有权占有的保护的范围内，将会使得很多占有无法获得法律保护。[②]

第三，确认占有是一种事实状态从而保护占有，有利于维护财产的秩序和社会的安宁。事实上，在现实生活中，许多占有的状态尽管还没有形成权利，但法律从维护社会秩序的稳定出发，需要对这些占有状态进行保护。如拾得遗失物和漂流物、发现埋藏物，依据法律规定，占有人应及时返还失主或上交国家，而不能据为己有，占有人也不能因其占有而获得占有权并长期占有这些物。但这是否意味着占有人的占有不受法律保护？显然不是。因为占有一旦形成，便应当受到法律保护，假如对上述占有人不予以保护，任何人都可以凭借暴力从占有人手中侵夺其占有物，则社会经济秩序和财产秩序将遭到严重破坏，法律秩序也将荡然

①② 参见郭明瑞主编：《中华人民共和国物权法释义》，435页，北京，中国法制出版社，2007。

无存。因此，为保护占有、维护秩序，需要扩大占有的概念，使即使未形成权利的占有也能获得法律的保护。因此，在对占有的性质的认识上，应将占有理解为一种事实而非权利。[①]

第四，从对占有进行保护的原因来看，占有以持续性占有利益的保护为目的。如何解释占有的保护的根据，历来存在争议。有观点认为是出于“法律和平思想”保护占有，也有观点认为占有是所有权保护的“前沿阵地”和“桥头堡”，因而保护占有实际上是为了保护本权。但是一方面，法律上的和平应当是占有保护的结果而非原因，而另一方面，单纯为了保护本权则无法解释对于缺乏本权的占有保护的问题。因而，较为有力的观点则认为，占有保护的根据在于应对法律承认的持续性利益进行保护。[②] 此种观点事实上更为准确地揭示了占有获得保护的原因。由于占有正是以对该种持续的状态保护为目的，而不以其背后的本权存在为必要，因而应当将占有作为一种事实状态，而非权利，此时占有的保护才具有独立于权利保护的价值。

如前所述，我国《物权法》关于占有的内涵采纳了事实状态说。此种制度设计扩大了对占有的保护范围，全面地体现了占有的功能，既有利于保护公民的各类财产，也有利于加强对交易安全的保护。

总之，占有是一种事实状态，这种事实状态就是指占有人对物的一种事实上的控制。[③] 一方面，占有虽然是主体对于物进行控制的事实状态，但占有必须基于占有的意思而进行，这就要求占有人必须具有一定的主观状态，也就是说，占有人必须具有占有的意思。例如某人脚下踩到某物，但是其并未意识到自己对该物的事实控制，这也不构成占有。另一方面，占有必须在客观上形成对物的控制，这也称为对物的管领，它需要借助于自然或者法律的控制力与物发生某种接触。对物的控制主要是对特定的动产或不动产的控制，占有人必须要实际控制某个特定物才能构成占有，因而占有只能是对特定物的占有，而不能是泛泛的对一

① 参见梅夏英、高圣平：《物权法教程》，541页，北京，中国人民大学出版社，2007。

② 参见［德］鲍尔、施蒂尔纳：《德国物权法》上册，张双根译，337页，北京，法律出版社，2004。

③ MünchenKomm/Joost, Buch 3. Abschnitt 1. Vorbemerkung, Rn. 6.

般物的占有。

二、占有作为事实状态符合物权法的规范体系

从我国占有制度的发展来看，一直采纳了事实说。于清末宣统三年（1911年）制定的《大清民律草案》借鉴了德国和日本的民事立法经验，并从我国国情出发，在第三编“物权”第七章中规定了占有，总共55个条文（从第1261条至第1316条）。《第二次民律草案》于第三编第九章规定了占有，共计40条（从第271条至第310条）。1929年南京国民政府的《民法典》“物权”编规定了占有，至今仍为我国台湾地区“民法”所沿用施行。在这些草案和法律中所提到的“占有”均是指一种事实状态。中华人民共和国成立后，废除了国民党的“六法全书”，占有制度也随之被取消。1986年《民法通则》将占有作为所有权的一种权能进行了规定，但并没有规定单独的占有制度。我国《物权法》单独设立第五编规定了占有。尽管《物权法》关于占有的规定只有5条（从第241条到第245条），但占有在《物权法》中独立成编，表明其在《物权法》中具有重要地位。从《物权法》的相关规定来看，实际上是将占有定位为一种事实状态。

我国《物权法》关于占有的规定正是基于将占有定位为一种事实状态，从而确定了占有的相关法律制度，具体表现在：

1.《物权法》第241条规定：“基于合同关系等产生的占有，有关不动产或者动产的使用、收益、违约责任等，按照合同约定；合同没有约定或者约定不明确的，依照有关法律规定。”这就是说，在基于合同权利而产生占有的情况下，占有人的占有不仅是一种事实状态，而且是基于有效合同而存在本权的占有。所以，基于合同的占有，双方当事人必须先依照合同的约定或合同法中的规定来确定当事人之间对物的使用、收益等具体的权利义务，而不能直接依据物权法关于占有制度的规定来确定。如果发生当事人违反合同的情形，首先应当适用合同中关于违约责任的规定。但是，在合同没有约定且合同法没有规定的情形下，才能

适用物权法中关于占有的相关具体规定。[①] 这是因为此时占有没有本权，而仅仅属于一种事实状态。在此情况下，无法再依据合同关系确定当事人间的权利义务。从该条规定可见，物权法关于占有的规定，要适用于没有本权的占有。

2.《物权法》第242条、第243条区分了善意占有与恶意占有，并设置了不同的法律规则。所谓善意占有，是指无权占有人在占有财产的时候，不知或不应当知道其不具有占有的权利而仍然占有该财产。[②] 例如，不知道他人在市场上出售的财产是盗赃物，而以合理的价格购买了该财产并对该财产进行了占有，占有人占有该财产主观上是善意的。善意占有人不知自己的占有有瑕疵通常源于相关的法律认识错误，如占有人不知合同属无效合同，但自合同被宣告无效或被撤销之日起，占有人便应当知道其占有是有瑕疵的。通常，如果某人占有该物时有正当的理由相信其占有有合法的依据，而占有该物，也可以被认为是善意占有。[③]《物权法》第243条提及了"善意占有"。所谓恶意占有，是指无权占有人在占有他人财产时明明知道或者应当知道其占有行为属于非法但仍然继续占有。《物权法》第242条和第243条又规定了恶意占有，实际上包括了非法占有。例如，拾得人在失主找来以后，拒绝交付拾得物，而将拾得物据为已有，再如小偷占有赃物，等等。如果占有人明知其无占有的权利而占有该物，显然应为恶意占有。虽然占有人善意或恶意需要通过各种情况具体判断，但是在无相反证据的情况下，通常推定为善意。[④] 对于善意占有和恶意占有的区分在占有人费用返还请求权、占有人责任等问题上均具有价值。[⑤] 一般认为，善意占有与恶意占有的区分在有权占有的情况下毫无意义，因为有权占有人直接基于本权进行占有，无论是出于善意还是恶意，都不影响其本权的行使，因此善意占有和恶意占有属于无权占有情况的再分类。[⑥] 其实，无论是善意占有还是恶意占有，都属于没有本权的占

① 参见胡康生主编：《中华人民共和国物权法释义》，513页，北京，法律出版社，2007。

② 参见史尚宽：《物权法论》，539页，北京，中国政法大学出版社，2000。

③ 参见［德］弗里德里希·卡尔·冯·萨维尼：《论占有》，朱虎、刘智慧译，73页，北京，法律出版社，2007。

④ 参见［日］我妻荣：《新订物权法》，罗丽译，485页，北京，中国法制出版社，2008。

⑤ 参见史尚宽：《物权法论》，540页，北京，中国政法大学出版社，2000。

⑥ 参见温世扬、廖焕国：《物权法通论》，887页，北京，人民法院出版社，2005。

有，也都属于一种事实状态。所以只有将占有定位为一种事实状态，这一区分才有意义，由此也表明，物权法规范善意占有和恶意占有，也是以其属于事实状态为基础的。

3.《物权法》第244条确认恶意占有人在使用占有物的过程中造成物的损害应当承担赔偿责任。

《物权法》第244条规定，“恶意占有人还应当赔偿损失”。因此，恶意占有人在使用占有物的过程中造成物的损害，应当承担赔偿责任。恶意占有人占有他人财产是无权占有，而且占有人明知其没有本权，或本应知道其没有本权却因过失而不知，其占有不仅缺乏法律上的依据，也缺乏道德上的正当性，在法律上并无予以保护的必要。[①] 因此，恶意占有人的责任显然应当重于善意占有人的责任。在恶意占有人造成占有物毁损、灭失的情况下，其应当对全部损失承担赔偿责任。恶意占有人除了应当返还现存的实际利益之外，其还应当就其他损失承担赔偿责任，此种赔偿责任应当适用完全赔偿原则。也就是说，恶意占有人赔偿的范围不仅包括所受损害，而且包括所失利益。例如，甲恶意占有乙的财产，导致乙的经营收入丧失，此时，甲也应当赔偿该收入损失。需要指出的是，恶意占有属于典型的事实占有，此种占有并非不产生法律后果，它也要产生一定的责任，而且要受到物权法占有制度的规制。从法律上看，恶意占有人的赔偿责任应当是严格责任，即无论是否可归责于恶意占有人，其都应当承担损害赔偿责任。

4.物权法区分了作为事实状态的占有与作为所有权权能的占有。即使是就所有权中的占有而言，其也只能被称为占有，并作为一种所有权的权能，而不能被称为占有权。因为权能只是权利的组成部分，在权能分离之前，它不能被称为一项独立的权利。权能只有在与权利分离之后，才可能称其为一种权利。《物权法》有关所有权权能的占有是在第39条中关于所有权的概念中规定的，其主要适用物权请求权，而作为事实状态的占有，其规定于占有部分，主要适用《物权法》关于占有保护请求权的规定。

5.依据《物权法》第245条的规定，对占有的保护不仅包括对有权占有的

① 参见梁慧星编著：《中国物权法草案建议稿》，813页，北京，社会科学文献出版社，2000。

保护，也包括对无权占有的保护。所谓占有保护请求权，是指占有人基于占有的事实而享有的、在占有受到侵夺或妨害的情况下享有的请求权。占有保护请求权有广义与狭义之分，狭义的占有保护请求权在性质上属于物权法所规定的请求权，而广义的占有保护请求权除包括占有保护请求权外也包括债权法所规定的侵害占有的损害赔偿请求权。[①] 占有保护请求权是建立在占有是一种事实状态的基础上的，也就是说，占有保护请求权的对象既包括合法的占有权，但又不限于占有权，还包括占有这一事实状态。它不仅仅保护有权占有人，无权占有人也受到占有制度的保护。《物权法》第245条规定，占有人返还原物的请求权，自侵占发生之日起1年内未行使的，该请求权消灭。此处所说的"侵占"就是指非法占有，性质上属于事实状态，因此受到物权法的规范。

据此可见，《物权法》关于占有的规定虽然简略，但是将占有定位为一种事实状态予以规定，并在此基础上构建了完整的物权法体系。正是将占有定位为一种事实状态，从而不仅确立了相关的法律规范，构建了完整的占有制度，而且完善了物权法的体系。

三、作为事实状态的占有及其构成要件

占有的构成要件，是指在符合哪些条件的情况下，才能构成法律上的占有。萨维尼曾在1803年撰写了《占有论》一书，提出罗马法中的占有要获得占有令状保护，必须具备两个要件，即"体素"（corpus）和"心素"（animus）。所谓"体素"是指管领物件的事实状态，该事实是指占有人能对物随意进行使用、管理和收益，同时，多人不得对同一物进行管领和控制。简言之，体素就是指占有的事实状态。所谓"心素"，是占有的核心要件，它是将物据为已有的意图（animus domini）。[②] 构成占有，必须要占有人具有排斥其他人占有该物的意图。如果占有人不具备"心素"，则不是真正的占有，而是"所持"。法谚称："我们通

① 参见章正璋：《我国民法上的占有保护》，载《法学研究》，2014（3）。

② Savigny, Recht des Besitzes, S. 112 ff., 279 ff.

过实体体素和心素来取得占有，仅具备心素或仅具备体素均不足以取得占有。”自萨维尼以后，许多学者认为法律保护占有的目的就是实现占有人将物据为己有的意图。[①] 但德国法学家耶林则对萨维尼的双重要件说提出异议。他认为罗马法中的占有虽然有“心素”的要求，但心素是指占有的意图（Beherrschungswille）[②]，而不是据为己有的意图。也就是说，占有人只要具备了持有物的意思，而不必具有将物据为己有的意思，就可以构成占有。“在涉及任何一个处于支配一物的状态的人时，都可以假定这一占有意图。如果 A 提起一项占有诉讼，宣称 B 剥夺了他的占有，则要求 A 证明的惟一的情况是他在那以前一直支配该物的事实。而 B 通过证明 A 的占有是根据一项租约，或 B 的同意，则可能胜诉，但 A 所持意图的问题并不在争议之列。”[③] 耶林认为，萨维尼的观点会导致罗马法的裁判官法上所保护的占有人不是占有人而是持有人，从而与《国法大全》的正文相矛盾。他提出要强调客观条件，认为占有不必具有所有的意思或为自己的意思，任何人只要形成对物的支配即可形成占有。同时，他认为萨维尼关于法律由于尊重占有人旨在实现的意志而保护占有的观点，将会导致法律保护基于暴力的占有和其他不法占有的现象，这完全违背了法律保护占有的目的。但无论是萨维尼还是耶林，都认为只要形成了对某物的控制状态，即可构成对该物的占有，实际上还是将占有定位为一种事实状态。[④]

从将占有定位为一种事实状态这一前提出发，构成占有，必须具备两个要件。

（一）主观要件

所谓占有的主观状态，是指占有人意识到自己正在占有某物。占有必须具有

---

① See K. W. Ryan, *An introduction to the Civil Law*, Brisbane, Law Book Co. of Australasia, 1962, p. 149.

② Jhering, Der Besitzwille, 1889, S. 29, 52 f.

③ K. W. Ryan, *An introduction to the Civil Law*, Brisbane, Law Book Co. of Australasia, 1962, p. 150.

④ See K. W. Ryan, *An introduction to the Civil Law*, Brisbane, Law Book Co. of Australasia, 1962, p. 151.

主观状态，但这种状态不一定是基于据为己有的意思。[①] 如前所述，关于占有主观状态，历来存在如下两种学说，即占有主观说和占有客观说。两种学说的区别在于，占有的构成是否必须有据为己有的意思，即所谓主观要件（心素）。[②] 这两种学说对大陆法系的民法都产生了重大影响，但笔者认为，客观说更为合理。一方面，在占有人基于法律或合同的规定占有他人财物的情况下，由于财产仍然归他人所有，占有人不能将该财产据为己有。如承租人依法占有出租人的财产，保管人依法占有寄托人的财产，他们都不可能将该财产据为己有，甚至也不能具备据为己有的意图。这是否意味着他们的占有不能构成占有而不受法律保护呢？显然并非如此。按照主观说，这些占有就不能受到占有的保护，这显然不利于保护承租人、保管人等的利益。另一方面，某人采取暴力方式非法侵夺他人财产并将该财产据为己有，尽管该人具有萨维尼所谓的“心素”，但也不能说该占有应受到法律的确认和保护。正因为如此，耶林认为萨维尼的学说将会保护不法的占有者。[③]

尽管构成占有并不要求占有人具备据为己有的意图，但占有人应当具有一种占有的意思。所谓占有意思，是指意识到自己正在占有某物。[④] 因此，根本无意识地占有和辅助他人占有都不构成占有。

无意识的占有在法律上不具有任何意义，如果行为人本身没有任何意识而进行控制，比如将一件体积较小的物体踩在脚下良久而浑然不知，虽然其对该物具有事实上的控制，但是该行为人对此却毫无意识，因而不能构成民法上的占有；正如美国学者泰（Tay）所认为的，这种占有不构成占有，因为占有必须是有意识的、有意图的关系，“是受自我意识和意志控制的”，而无意识的占有在法律上是没有意义的。[⑤] 笔者认为，这一看法有一定道理。如果一个人根本未意识到其

① MünchenKomm/Joost，§854，Rn. 8.

② 参见［日］我妻荣：《新订物权法》，罗丽译，475页，北京，中国法制出版社，2008。

③ Rudolf von Jhering，Ueber den Grund des Besitzschutzes，Scientia Aalen 1968，S. 79.

④ MünchenKomm/Joost，§854，Rn. 10.

⑤ See H. A. E. S. Tay，“The Concept of Possession in the Common Law，Foundation for a New Approach”，*Melboune University Rev*. Vol. 4，1964.

处于占有的状态，如何确定其占有受到了侵害并寻求法律保护呢？只有当行为人意识到其控制了该件物品，其主观心理上愿意继续控制该件物品，则从此时开始，行为人的行为才变成有意识的行为，才构成民法上的占有。正如霍姆斯（Holmes）所称："为了获得占有，某人必须与客体以及外部世界有实际关系，并且必须具有某种意图。"[①]

如果某人并没有占有的意图，而只是具有辅助他人对物进行控制的状态，则此种情形构成占有辅助而非占有。例如，雇员占有使用雇主的财产、仓库保管员对物的具体保管等。[②] 一般认为，占有辅助人虽事实上占有某物，但由于其系为他人利益且依他人指示控制某物，故其并不因此而取得占有，只是因其控制某物而使他人（如雇主等）取得占有。如公司的仓库保管员接受了他人交付的财产，因为其是为公司取得财物的占有，因而不构成法律上的占有。由于占有辅助人不是占有人，其既不享有因占有而产生的权利，也不应承担因占有而产生的义务，故不应获得占有的保护，即使在其控制物的期间，占有主人强行取回其物，占有辅助人也不得主张自力救济或占有保护请求权。[③] 如果对物实施控制的人意识到或应当意识到其是在为别人占有某物，则不具有占有意思。因此，占有辅助人的占有都不构成占有。

占有人应当具有占有的意图，但是并不要求占有人必须具有据为己有的意思，也并不意味着占有人应当具有为自己的利益而占有的意图。在绝大多数情况下，占有人通常是为自己利益而占有。但在某些情况下，占有人并不一定是为自己利益而占有，如拾得人拾得遗失物、漂流物后占有该物，拾得人希望尽快返还失主，因此很难说拾得人具有为自己利益占有该物的意图，但拾得人完全意识到自己在占有该物，拾得人仍然具有占有意图，因而仍然构成占有。

（二）客观要件

从客观上来讲，占有要求占有人事实上控制或管领了某物（Sachherrschaft）。[④]

---

① ［美］霍姆斯：《普通法》，冉昊等译，216 页，北京，中国政法大学出版社，2006。

② 占有辅助人概念系德文 Besitzdiener 的翻译，为德国法学家白克尔（Bekker）所创设。

③ 参见王泽鉴：《民法物权·占有》，54 页，台北，自版，1995。

④ MünchenKomm/Joost，§854，Rn. 3.

虽然罗马法上将单纯心素占有（如对逃跑奴隶的占有）作为正常的占有[①]，但是现在普遍认为，占有的取得要求以占有人完成某种事实上的控制（tatsächliche Gewalt）为要件。[②] 占有人事实上控制、管领某物是占有的客观外在表现，是占有的客观构成要件。[③] 所谓控制和管领，就是指对物的一种事实上的支配，表现了一种人与物之间的接触关系。例如，有两个人同时发现不远处有某件遗失物，两个人都想占有该物，但其中一人抢先一步将该物拾起，该人就形成了对遗失物的事实支配。虽然另一人也发现了该物，但他没有拾起该物，便没有形成事实支配状态。

控制必须要依据社会的一般观念来判断。[④] 例如，某人将其捕获的一条大鱼放入公园大湖里，表明他已经失去了对该条鱼的控制；但如果将鱼放入自己的鱼塘中，表明他仍然没有放弃对该鱼的控制。[⑤] 由于占有作为一种社会现象，在现实生活中纷繁复杂，因而对物的控制状态往往需要根据特定的环境以及法律观念加以确认，通常要考虑如下因素。

第一，空间因素[⑥]，即要考虑人和物之间在空间上的某种结合关系。通过人与物之间的接触，来判断某人是否对某物形成了事实上的控制。王泽鉴先生指出，在认定对物的事实控制状态时，要考虑“人与物在场合上须有一定的结合关系，足认其物为某人事实上所管领”[⑦]。如某人在耕田以后将农具暂放于田中而回家吃饭，建筑工人将建筑工具放于工地回家休息，不能认为他们已丧失了对某物的占有。因为在这些情况下，人与物在特定情况下具有密切的结合关系，故不能认为其丧失占有，但“遗失钱包于车站，离去后数小时发觉其事，因车站人潮来往，依社会观念，可认定丧失占有，钱包成为遗失物。反之，停放汽车于路

---

① 参见黄风：《罗马法词典》，202页，北京，法律出版社，2002。

② François Terre，Philippe Simler，Droit Civil，Les biens，5e éd.，2000，p. 117.

③ 参见史尚宽：《物权法论》，533页，北京，中国政法大学出版社，2000。

④ MünchenKomm/Joost，§854，Rn. 5 ff.

⑤ 参见［德］弗里德里希·卡尔·冯·萨维尼：《论占有》，朱虎、刘智慧译，279页，北京，法律出版社，2007。

⑥ MünchenKomm/Joost，§854，Rn. 5.

⑦ 王泽鉴：《民法物权·占有》，14页，台北，自版，1995。

旁，出国数日，仍不失其占有”[①]。

第二，时间因素[②]，即要考虑人和物在时间上的结合关系，在时间上具有一定的持续性和连续性，如果某人对物的控制时间短暂，也可能不成立占有。例如，甲的牲畜进入乙的院内，随后又离开，因为牲畜进入乙的支配范围的时间较短，不宜认定乙已经占有了该牲畜。[③] 再如，某人暂时在他人家中逗留，其对他人房屋及财产也不成立占有。总之，占有人对物的事实上的控制状态要根据实际情况加以确定。

第三，法律关系因素，即要考虑人对物之间的结合关系是否已经形成了一种法律关系。[④] 因为在某些情况下，占有人并未在事实上实际占有该物，或者物脱离其占有是因其意志以外的原因所致，但是在法律上其仍然没有丧失对该物进行占有，其仍然是法律上的占有人。[⑤] 例如，甲将其房屋出租给他人，虽不能直接占有该房屋，但在法律上他仍然是该房屋的占有人（间接占有人）。

总之，占有人对物的控制状态也需从客观环境来加以确定，只有确定占有人对物形成了一定的控制状态，才能确定是否符合占有的客观要件。一方面，占有虽然是主体对于物进行控制的事实状态，但占有必须基于占有的意思而进行，这就要求占有人必须具有一定的主观状态，也就是说，占有人必须具有占有的意思。例如某人脚下踩到某物，但是其并未意识到自己对该物的事实控制，那么这也不构成占有。另一方面，占有必须在客观上形成对物的控制，这也称为对物的管领，它需要借助于自然或者法律的控制力与物发生某种接触。对物的控制主要是对特定的动产或不动产的控制，占有人必须要实际控制某个特定物才能构成占有，因而占有只能是对特定物的占有，而不能是泛泛的对一般物的占有。

---

① 王泽鉴：《民法物权·占有》，14页，台北，自版，1995。

② MünchenKomm/Joost，§854，Rn. 11.

③④ 参见温世扬、廖焕国：《物权法通论》，882页，北京，人民法院出版社，2005。

⑤ 此种现象称为对物的“法律控制”，这区别于单独对物的事实控制。参见［德］弗里德里希·卡尔·冯·萨维尼：《论占有》，朱虎、刘智慧译，279页，北京，法律出版社，2007。

四、占有作为事实状态的权利推定效力

所谓占有的权利推定规则，是指在法律上，如果没有相反的证据，应从占有人占有某项财产的事实中，推定其为该动产的权利人，任何人要对该占有提出异议，应当进行举证，以推翻该推定。[①] 但是占有的权利推定是可以辩驳的，只要存在相反的证据，是可以推翻此种推定的。从比较法上来看，大陆法系国家的民法典大多规定了占有的权利推定规则。例如，1804 年的《法国民法典》第 2279 条第 1 款规定："涉及动产时，占有即等于所有权证书。"这是对占有推定效力的明确确认。因为所谓"证书"事实上是一种正当交易的公示，具备了占有就具备了一定的公示，因此善意第三人可以合理信赖占有人为有权占有。[②]《德国民法典》第 1006 条第 1 款规定："为动产占有人之利益，推定其为物的所有人。"该条同样承认了占有的推定效力，不过该条旨在解决前占有人和现占有人何者为所有人的问题。[③] 我国《物权法》虽然没有对占有的权利推定规则作出明确规定，但从该法保护占有的相关规则来看，《物权法》实际上包含了这一规则的内容。

法律设置占有的权利推定规则的意义在于：一方面，有利于界定产权、为法院裁判提供依据。因为占有的权利推定规则实际是确定产权的基本规则，也就是说，在动产和未登记不动产的归属发生争议的情况下，法律上可以根据占有的权利推定规则来认定所有权归属。在当事人不能举证推翻这一推定结论时，就可以认定占有人享有权利。另一方面，有利于维持占有人占有自己财产的安定状态。民事主体占有自己的财产之后，不需要时刻收集证据以证明自己对财产的占有是合法的，或者证明自己对财产具有所有权（事实上，就动产而言人们常常很难证明其属于自己的财产）。如果每个人对自己占有的财产，一旦有人提出异议，就要由占有人证明其所有权，那么人们在购物之后就必须永久地保留各种取得该财产的法律文件（如买卖合同书）或者书面证据（如购物发票）。这就会给人们的

① MünchenKomm/Joost, §854, Rn. 42.

②③ 参见孙维飞：《占有推定之运作机理》，载《华东政法大学学报》，2011（4）。

生产、生活带来极大的不便。所以占有权利推定规则对保护公民财产具有重要意义。[①] 此外，该规则有利于维护交易安全和秩序。在占有人对占有的财产进行处分的时候，受让人可以借助于占有的外观，产生对出让人的信赖。占有的推定力是公信力制度的前提和基础，而公信力又是推定力的具体运用方式。[②] 占有的权利推定规则为善意取得制度奠定了理论基础，它对保护交易安全、鼓励和促进交易具有重要意义。[③] 还要看到，为了维护交易安全需要确定公示原则，对动产的公示方法就是占有。在《物权法》中，规定占有就必须对占有作出明确的界定，占有只是一种事实状态而不是一种权利，如果仅仅将占有限定为权利，实际上限定了动产的公示方法，给动产的物权变动带来很大的困难。正是基于公示的推定力，抽象的物权得以向世人表征其具体的存续状态，为物权人的利益与物权交易奠定了安全性的基础。[④]

占有的权利推定规则与占有作为一种事实状态是密切联系在一起的，正是因为占有是一种事实状态，才能产生相应的权利推定作用，如果将占有定位为一种权利，则权利推定作用就没有存在的必要性。因为占有只是一种事实状态，法律上推定为合法占有、有权占有、善意占有，以维护和平持续的秩序。占有所依据的本权不同，在法律上获得保护的方式也有所区别，如果占有是一种事实状态，在占有受到侵害以后，占有人就可以占有之诉的方式对占有进行保护。因为占有是一种事实，所以占有人无权处分占有物，导致受让人善意取得所有权，占有人应当依不当得利的规定将其获得的利益返还给原权利人。[⑤] 如果其本权是物权，就可以行使物权请求权；如果其本权是债权，则可以通过债权的保护方法来保护占有人的权利。

由于占有是事实状态而非权利，因此占有权利推定规则只具有消极作用，并

① 参见程啸、尹飞：《论物权法中占有的权利推定规则》，载《法律科学》，2006（6）。

② 参见肖厚国：《物权变动研究》，341页，北京，法律出版社，2002。

③ 参见于海涌：《法国不动产担保物权研究——兼论法国的物权变动模式》，244页，北京，法律出版社，2004。

④ 参见马特：《物权变动》，257～258页，北京，中国法制出版社，2007。

⑤ 参见王泽鉴：《民法物权·占有》，30页，台北，自版，1995。

不具有积极作用。所谓消极作用，是指法律仅保护占有人合法的占有事实状态，可以对抗第三人的侵害和进行权利对抗，但占有人也不能仅仅以占有为依据，要求确认其具有某项物权，并办理相应的登记手续。这是因为占有的权利推定规则只是维持现有的临时财产状态，而不是确认最终的财产归属。因此，占有人也不能基于占有事实状态要求法院确认其享有合法的占有本权。占有人在请求确认物权归属时，不能仅仅依据自己合法占有某物，就要求重新确权，占有人还必须提出其他证据，证明其对某物享有物权。

五、占有作为事实状态的定位与占有保护请求权

占有保护请求权又称为占有人的物上请求权、占有人的请求权、占有物上请求权、基于占有而发生的请求权。① 关于占有保护请求权的性质，在学说上有三种观点：一是法律秩序维持说。该说为德国学者邓伯格所倡。此种观点认为，占有保护请求权制度的目的在于，维护社会秩序，尤其是财产秩序。二是本权保护说。此说为德国学者耶林所倡。其认为，占有保护请求权制度的目的在于保护所有权等本权。因为占有人证明其享有本权往往非常困难，法谚有云，“权利的证明为恶魔的证明”。因此，才有必要设置占有保护请求权。三是债权的利用权人保护说。此种学者为埃尔利希所倡。此种观点认为，占有保护请求权制度的意义在于，保护物的债权的利用权人。因为债权的利用权人往往仅享有相对权，法律赋予其占有保护请求权，从而就可以对抗第三人。② 笔者认为，占有保护请求权的主要目的是要维护法律秩序、保护占有人的利益。尽管该制度也具有保护本权和债权的利用权人的作用，但是，本权和债权性利用权可以受到其他制度的保护（如物权请求权），法律并非仅仅为了本权人和债权性利用权人而设立该制度。另外，法律保护本权和债权性利用权也是为了维护法律秩序。所以，笔者更倾向于

① 参见姚瑞光：《民法物权论》，424页，台北，自版，1988。

② 以上三种观点参见吴文嫔：《论占有保护请求权的性质》，载《国家检察官学院学报》，2007（3）；温世扬、廖焕国：《物权法通论》，915页，北京，人民法院出版社，2005。

采用第一种学说。

一般来说，在占有人不享有物权的情况下，其只能享有占有保护请求权，因为如果物权受到侵害，物权人可以直接行使物权请求权，而不必基于占有来行使占有保护请求权。所以，行使占有保护请求权的人，通常都是非物权人。而物权人为了便利起见也可以行使占有保护请求权。[①] 在物权人的物权受到侵害，其行使物上请求权遇到障碍或者其不愿举证证明其享有物权的情况下，可以行使占有保护请求权。例如，权利人对于其是否享有物权不能确定，因占有保护请求权的存在，无疑对其增加了一层保护。通过占有的保护，使得物权人得到更便捷的保护，并减轻了物权人的举证负担。因为物权受到第三人侵害以后，所有人和他物权人都无须证明其享有所有权，只需证明其具有合法的占有权，即可以向第三人提出请求和提起诉讼。但占有保护请求权与物权请求权不同，其特点在于：

第一，它是专门为保护占有而设定的请求权。占有可能基于本权，也可能非基于本权，即使是无权占有，它虽然不是一种权利，但仍是一种利益，而且是一种财产利益，因而应当受到保护。[②] 占有保护请求权的主体是占有人，无论占有人是否享有物权，其都享有此项权利。

第二，占有保护请求权适用于三种情形，即侵夺占有、妨害占有、妨害占有的可能，具体包括如下情形：一是侵夺占有（Besitzentziehung）。[③] 所谓侵夺是指违反占有人的意思，将占有物的全部或一部移转至自己控制，并使占有人全部或部分地丧失占有，如抢夺和盗窃他人财物、霸占他人房产等。在学理上，通常认为采取毁损他人占有物的方式进行占有，也属于侵夺占有。[④] 二是妨害占有（Besitzstörung）。[⑤] 所谓妨害是指以侵夺占有以外的非法手段妨碍占有人占有其物，致使占有人不能正常地占有其物。[⑥] 例如，在他人车库入口处停车，妨害他

① 参见宁红丽：《物权法占有编》，187页，北京，中国人民大学出版社，2007。

② 参见王泽鉴：《民法物权·占有》，258页，台北，自版，1995。

③ MünchenKomm/Joost, §861, Rn. 1 ff.

④ 参见王泽鉴：《民法物权·占有》，219页，台北，自版，1995。

⑤ MünchenKomm/Joost, §862, Rn. 1 ff.

⑥ 参见孙宪忠：《德国当代物权法》，123页，北京，法律出版社，1997。

人进入车库使用停车位。妨害占有与侵夺占有的区别表现为：该行为并未使占有人失去占有，但却使占有人不能正常占有。一般认为，妨害占有人对占有物进行使用和收益，亦应属于妨害占有。因为占有人依据占有的权利，可在法定或约定的范围内对占有物进行使用、收益，侵害他人占有致使占有人不能进行正当的使用和收益，应负侵害占有的责任。[①] 如甲租赁乙的汽车搬运货物，被丙盗用，甲被迫租用他人汽车。因此，甲可就其不能使用汽车的损害，向丙请求赔偿。侵害占有的行为人，一般为第三人。但所有人亦可基于故意和过失而侵害占有人的合法占有。例如，所有人故意毁损、侵夺标的物，使占有人不能继续占有，占有人也可请求所有人承担侵害占有的责任。三是可能妨害占有。[②] 依据《物权法》第245条，占有人的占有可能受到妨害，此时，占有人也可以行使占有保护请求权，请求消除危险。例如，邻居的树枝即将坠落于自家院落，从而可能妨害承租人对该房屋的占有，此时，承租人可以行使占有保护请求权。

第三，占有保护请求权具体包括三种形式，即占有物返还请求权、占有妨害停止请求权、占有妨害防止请求权。各国民法大多规定了占有保护请求权，例如，《德国民法典》第861规定了侵夺占有而发生的请求权，第862条规定了因占有妨害而发生的请求权，第867条规定了占有人的追寻权。《日本民法典》规定了占有保持之诉、占有保全之诉和占有回复之诉。[③] 我国《物权法》第245条规定了占有物返还请求权、占有妨害停止请求权和占有妨害防止请求权三种形式。

占有保护请求权可以通过意思表示的方式行使，也可以通过诉讼方式实现。权利人提起占有保护请求权的诉讼，又称为占有诉权，或占有之诉。它是指占有人在其占有受他人侵害的情况下，可基于合法的占有，请求不法行为人返还占有物、停止对占有的侵害、排除对占有的妨害、恢复占有物的原状。但占有保护请求权也可以为实体法上的请求权，并可以在诉讼外行使。这就是说，权利人可以

① 参见宁红丽：《物权法占有编》，186页，北京，中国人民大学出版社，2007。

② MünchenKomm/Joost，§862，Rn. 3.

③ 参见《日本民法典》第197条、第198条、第199条。

不通过诉讼的方式直接针对相对人主张权利。① 当然，如果权利人通过意思表示的方式来行使占有保护请求权，而相对人提出异议的，权利人为保护自身的权利，应向法院起诉。

占有保护请求权人是指占有受到侵夺或妨害的一切占有人，包括动产占有人和不动产占有人，具体包括如下两种类型：一是有权占有人。占有保护请求权特别适用于那些依据合同已经占有另一方的财产，但仅享有合同债权的权利人的保护。例如，承租人的租赁权受到第三人侵害，虽不能根据租赁权排除第三人的侵害，但可以通过行使占有保护请求权而对第三人提出请求和提起诉讼。如果占有人的本权不是物权而是债权，在其占有受到第三人侵害以后，因债权不具有对抗第三人的效力，则占有人基于其债权难以排除第三人的侵害，其必须采用占有保护请求权对其占有进行保护。二是无权占有人。无权占有人包括善意占有人和恶意占有人。善意占有应受保护，自不待言，但即便是恶意占有，也不允许任何人随意剥夺占有人的占有，而必须由有关机关依法定程序剥夺占有，从这个意义上说，无权占有也受到保护。对无权占有人保护的原因，是为了保护占有形成的事实秩序，也是为了维护正当程序。当然，法律对善意占有人和恶意占有人的保护程度是不同的。从比较法的角度来看，大多承认无权占有人享有占有保护请求权。② 而我国《物权法》关于占有保护请求权的规定，并没有限于有权占有人，从体系解释的角度来看，无权占有人也可以行使此项权利。

占有保护请求权与物权保护请求权都属于物权法上的请求权，也是由物权法规定的不以过错为要件的请求权。在许多情况下，物权人既可以提起物权请求权，又可以主张占有保护请求权。因为在行使物权请求权时，权利人的举证负担较重，如果其不愿意承担较重的举证责任，可以行使占有保护请求权。依据许多学者的看法，物权人可以选择提起物权请求权和占有保护请求权。③ 例如，甲的

---

① 参见史尚宽：《物权法论》，591 页，北京，中国政法大学出版社，2000。

② 例如，《法国民法典》第 2282 条规定："不论占有的实体如何，占有均受保护使之不受干扰与威胁的侵害。"

③ 参见温世扬、廖焕国：《物权法通论》，916 页，北京，人民法院出版社，2005。

所有物被他人占有，其可以选择主张物权请求权和占有保护请求权。由此可见，占有保护请求权不仅具有保护占有的功能，而且具有保护物权的功能。例如，行使了占有物返还请求权而恢复了所有人对物的占有，从而可保护所有人的所有权。但是，占有保护请求权和物权请求权毕竟是有区别的，主要表现在如下几点。

第一，主体不同。物权请求权的行使主体必须是物权人，而占有保护请求权人是占有人。所以，在权利人提起诉讼之后，对于物权请求权的行使，法院应当审查权利人是否享有物权，而对于占有保护请求权的行使，不必审查权利人是否享有物权，而只需要审查其是否是占有人。①

第二，功能不同。占有保护请求权的功能主要在于维护社会占有秩序，而物权请求权的功能在于保护物权的圆满支配状态。行使物权请求权具有终局性和确定性，而占有保护请求权只是使占有人回复占有，并没有确定权利归属的功能。② 占有保护请求权设立的目的在于迅速解决纷争，因此其具有迅速解决纠纷、恢复占有的功能。③

第三，举证责任不同。物权人行使物权请求权，必须证明其享有相应的实体权利，即物权；而占有人行使占有保护请求权，只需要证明其占有的事实即可，而不需要证明其占有是否具有合法的本权。

第四，适用时效不同。根据我国《物权法》第 245 条第 2 款的规定，占有物返还请求权适用 1 年的除斥期间。而物权请求权是否适用诉讼时效，法律并没有作出明确规定，一般认为，排除妨害、消除危险的请求权不应当受到时效的限制。

在物权人的物权受到侵害的情况下，物权人是否只能行使一种请求权，还是可以同时行使两种请求权？对此，学理上存在不同的见解。通说认为，物权人可以选择行使其中一项请求权。④ 笔者认为，在物权遭受侵害的情况下，为了保护

---

① 参见谢在全：《民法物权论》下册，658 页，台北，自版，2003。

② 参见喻文莉、屠世超：《占有保护请求权若干问题探讨》，载《河北法学》，2004（9）。

③ 参见［日］我妻荣：《日本物权法》，468 页，台北，五南图书出版公司，1999。

④ 参见谢在全：《民法物权论》下册，1025 页，北京，中国政法大学出版社，2003。

物权人的利益，应当允许其选择其中的一种请求权，至于占有人则只能行使占有保护请求权。[①] 物权人在其权利受到侵害的情况下，一般应当行使物权请求权，而不能行使占有保护请求权，但如果权利人对其是否享有物权难以举证，也不妨选择行使占有保护请求权。此时两种请求权发生竞合，当事人只能选择一种请求权加以行使，因此，如果一种请求权不能得到支持，请求权人则不能再行使另一种请求权，更不能同时行使两种请求权。

① 在学理上有一种观点认为，占有之诉和本权之诉得同时提起或分别提起，某一请求权败诉之后，仍然可以提起另一种之诉。参见王泽鉴：《民法物权·占有》，367页，台北，自版，1995。

第四编

债与合同制度

论债权的请求权体系*

债权的请求权体系是债法体系的主要表现。准确地了解债权请求权体系，对于正确适用债法规范，充分保障债权人利益，维护交易的安全，都具有十分重要的意义，本文拟对债权的请求权体系及顺序问题谈几点看法。

一、债权请求权概念

所谓请求权（Anspruchsrecht），是指请求他人为一定行为或不为一定行为的权利。① 请求权人自己不能直接取得作为该权利的内容的利益，必须通过他人的特定行为间接取得。请求权包括债权请求权、物权上的请求权、人格权上的请求权、继承法上的请求权、亲属法上的请求权等。罗马法中并没有近代意义上的"请求权"概念。在《法国民法典》中，凡是特定人之间的请求关系，都可以被归入债的范畴，"债"和"请求权"两个概念并没有严格区分。请求权的概念最早由德国学说汇纂学派代表人物温德夏特（Windscheid）于 1856 年发表的《从现代法的立场看罗马私法上的诉权》一书中提出，在他看来，尽管罗马法中的

---

* 本文原作于 1993 年，部分内容收录于王利明：《违约责任论》，中国政法大学出版社 1996 年版。

① MünchKomm/Grothe，§194，Rn. 2.

“诉权”并不是请求权，但有必要“将罗马法中通过actio语言方式表示出来的内容转化为我们法学的语言（实体权利的语言）”①。他认为，请求权就是要求他人作为或不作为的权利。此种观点为《德国民法典》所采纳②，并为许多大陆法国家的民法所运用。③

债权请求权，又称为债权法上的请求权，它是指债权人基于债权而请求他人为一定行为或不为一定行为的权利。请求权和债权的概念通常是互相替代的，这主要是因为债权的主要内容就是请求权。“债权最初是以请求权这种形式存在的，而且就债权而言，由于债务不履行所引起的效果就是请求权的发生。”④ 德国学说和判例也普遍认为，在债权关系基础上发生的各个请求权与债权是同一的，所以，从这个意义上说，债权法上的请求权的概念和债权具有同一意义。但是，“为了明确与其他请求权的共同性，特别是结合给付之诉来考虑，在诉讼上不是用债权而是用请求权这个概念”⑤。此种观点是有一定道理的。我国学者在表述债权概念时，通常也对债权和请求权的概念没有作出任何区分。

虽然许多学者主张债权和请求权具有同一性，但在法律上仍有必要对二者进行区分，主要理由在于：

第一，二者对权利的观察角度不同。债权是从权利标的角度予以观察，是与物权相对应的概念；而请求权是从权利的作用角度对权利所进行的观察，其与支配权、抗辩权、形成权相对应。⑥ 二者观察的角度不同，不宜将二者等同。

第二，债权请求权并非请求权的唯一类型，除债权请求权外，还包括物权请求权、亲属法上的请求权、根据人格权产生的请求权、占有保护请求权等。⑦ 例如，在所有人的财产遭受他人非法侵占的情况下，所有人可以根据物上请求权要求返还原物，此种请求权并非债权请求权。⑧ 再如，继承法中继承权的回复请求

---

① 转引自朱岩：《论请求权》，载《判解研究》，2003（4）。

② 参见《德国民法典》第194条。

③ 参见［日］奥田昌道：《论请求权的概念》，载东京大学《法学论丛》，第82卷，236页。

④⑤ ［日］奥田昌道：《论请求权的概念》，载东京大学《法学论丛》，第82卷，241页。

⑥ 参见郑玉波：《民法债编总论》，5页，北京，中国政法大学出版社，2004。

⑦ 参见［德］卡尔·拉伦茨：《德国民法通论》上册，322页，北京，法律出版社，2003。

⑧ 参见《物权法》第3条。

权也不同于债权请求权。此类权利也属于请求权的范畴，但并非债的发生原因，而且这些请求权不以相对人拥有责任财产为前提，在性质上并不属于债权请求权。因此，请求权是债权请求权的上位概念。德国学者梅迪库斯也认为请求权是一般规定，而债权是特别规定，债权请求权属于特殊的请求权而非一般的请求权，所以债法关于债权的规定不能适用于债法调整范围之外的请求权。①

第三，请求权并非债权的全部权能。除请求权外，债权还包括强制执行权能、私力实现权能、保持力权能等②，此外，债权还可能产生抗辩、抵销、解除、撤销等权利。即便债权的请求权权能因时效的经过而减弱，债权的其他许多权能仍不受影响，如保持力等。因此，即便债权的诉讼时效经过，债务人自愿履行债务的，债权人仍有权受领债务人的给付并有权保有该给付利益，并不构成不当得利，债务人也不得以不知时效经过为由，请求债权人返还所受领的利益。③ 因此，请求权只是债权的一项权能。正是在这个意义上，德国学者 von Tuhr 将请求权的概念表述为“作为权能的请求权”④。请求权只是债权的一种手段或作用，它是从作为基本权利的债权中派生出来的一项权能，但不能完全等同于债权。⑤

厘清“债权”与“请求权”的关系，有助于构建完整的请求权体系。如前所述，请求权体系的构建对于强化民事权利的保护，同时对增强法典的体系性等，都具有十分重要的意义。区分债权和请求权，意味着不能仅将请求权归入债的范畴，应当承认债权之外的其他类型的请求权。除了债权请求权之外，人格权、身份权、物权等各种基础性的权利都可以产生特定的请求权。只有将债权和请求权加以区分以后，才可能构建一个请求权体系。如果否认了二者之间的差别，则势必将所有的请求权都归入债的范畴，这就否认了各种请求权独立存在的价值。

① 参见［德］梅迪库斯：《德国债法总论》，杜景林等译，7 页，北京，法律出版社，2004。

② 参见王泽鉴：《债法原理》，2 版，68～69 页，北京，北京大学出版社，2013。

③ 参见王泽鉴：《民法债编总论》，第 1 册，17 页，北京，中国政法大学出版社，2002。

④ ［日］奥田昌道：《论请求权的概念》，东京大学《法学论丛》，第 82 卷，243 页。

⑤ 参见［日］柚木馨：《判例债权法总论》上卷，11 页，日本昭和 31 年（1956 年）。

厘清“债”与“请求权”的关系，还有助于合理界定债权请求权的准确内涵。究竟什么是债？在大陆法系，主流观点认为债是一种请求关系。在罗马法上，债就是一方请求他方为一定行为或不为一定行为的关系。德国学者 Zimmerman 通过解释罗马法认为，债就是请求权，就是某人应当向他人履行的义务。[①]这样一来，就必然导致请求权和债权请求权的混同。事实上，并不是任何请求权都是债，只有以财产给付为内容的或者以从事某种行为为内容的请求权才可以归入债的范畴。由于债权是以财产给付为内容的请求权，因此，凡是非财产给付内容的请求权，不应当属于债权的范畴。例如，受害人在名誉权被侵害以后，请求行为人停止侵害、恢复名誉、赔礼道歉。从当事人之间的相对关系来看，这些请求即属请求权，但停止侵害、恢复名誉、赔礼道歉等请求权的内容并不具有明显的财产内容，而只是一种非财产性的人身关系。正因如此，笔者认为，侵权责任关系并不能全部纳入债法范畴，不能笼统地说，所有的侵权行为都会导致债的发生，通常，主要是因侵权行为产生了加害人或其他赔偿义务人的损害赔偿责任时，才能认为侵权行为是债的发生原因；如果侵权行为产生的责任方式仅是停止侵害请求权、恢复名誉请求权或赔礼道歉的请求权时，此时在侵权人与受害人之间并没有形成损害赔偿之债，所以不属于债的发生原因。这也是笔者主张侵权责任法应当独立成编的理由所在。当然，侵权行为可以成为债的发生原因，如侵权损害赔偿就属于债的一种类型，因为它是以财产给付为内容的相对法律关系，而且以责任财产的存在为前提。也就是说，债权人有权请求债务人赔偿损失。但是，对于停止侵害、恢复名誉、赔礼道歉等侵权责任，无法归入债的范畴。因为这些责任形式不是以财产给付为内容的，不能认定为债。如果将这些责任形式作为债的形态，也与一般人的观念大相径庭。例如，某人名誉权遭受侵害，权利人请求赔礼道歉，不能说其享有对于赔礼道歉的债权，也不能说行为人负有赔礼道歉的债务，因为这种责任具有人身属性和道德色彩，无法归入财产性给付之中。正因为这些形式无法归入债权请求权，笔者认为，侵权责任法应与债法分离。

---

① See Reinhard Zimmermann，*The Law of Obligations*，Clarendon press，Oxford，1996，p. 1.

二、债权请求权体系

所谓债权请求权体系，是指基于各种债的发生原因而产生的具有内在的逻辑联系的请求权的系统结构，它是由各项债权请求权所构成的完整的体系。请求权都是以一定的基础权利（如债权、物权等）为前提的，债权请求权是以债权为基础的，由于债的发生原因不同，各种债权的请求权也不同。债权的请求权体系是建立在债的发生原因之上的，要探讨债权的请求权体系，必须首先讨论债的发生原因。

在罗马法中，债（obligatio）被称为“法锁”，用来拘束债权人和债务人。[①]“债是一种迫使我们必须根据我们城邦的法律制度履行某种给付义务的法律约束。”[②] 据彭梵得考证，罗马法上债的历史起源于私犯（ex delicto）这一概念，“契约责任在初期从属于这一概念”[③]。罗马法中的合同之债最初来自于“nexum（以人身偿债的契约）”[④]。正是由于这一原因，盖尤斯在其《法学阶梯》中将债分为两类，“每个债或者产生于契约，或者产生于私犯（omnis enim obligatio vel ex contractu nascitur vel ex delicto）”[⑤]。盖尤斯的论断被认为是对合同和侵权的最早的分类学说。也有人认为，Astaphium 最早提出债的概念。[⑥] 在罗马法中，不法行为与和合同之债最初并未统摄于债的概念之下，经过逐渐演化而为债的概念所统辖。[⑦] 不过，按照后世学者的解释，盖尤斯曾经提出除合同或侵权之外，还存在着第三类形态，但并未明确提出第三类形态的概念。对此，后世学者认为盖尤斯所说的三类形态实际上是“准契约”“准不法行为”[⑧]。而查士丁尼在制定

---

① Obligatio 可以追溯至西塞罗，其词根是“lig”，本意是拘束的意思。R. Zimmermann，*The Law of Obligations*，Clarendon Paperbacks，1990，p. 1.

②③ ［意］德彼罗·彭梵得：《罗马法教科书》，284 页，北京，中国政法大学出版社，1992。

④ R. Zimmermann，*The Law of Obligations*，Clarendon Paperbacks，1990，p. 5.

⑤ ［古罗马］盖尤斯：《法学阶梯》，226 页，北京，中国政法大学出版社，1996。

⑥ See R. Zimmermann，*The Law of Obligations*，Clarendon Paperbacks，1990，p. 1.

⑦ See R. Zimmermann，*The Law of Obligations*，Clarendon Paperbacks，1990，p. 5.

⑧ Digeste XLIX. 7. 1. 转引自蓝瀛芳：《泛说债之发生论》，载《台湾辅仁法学》，第 7 期，5 页。

《法学总论》时，正是借鉴了盖尤斯的三分法，而将债分为四类，即“契约的债、准契约的债、不法行为的债和准不法行为的债”①。

罗马法关于债的请求权的分类对后世立法产生了重大影响。18 世纪的法国学者波蒂埃（Robert Joseph Pothier）在其著名的《债法论》一书中将债分为“契约、准契约，不法行为、准不法行为，有时仅因法律或衡平而产生”，其观点显然受到了罗马法的影响，并对 1804 年的《法国民法典》的制定产生了重要影响。② 波蒂埃的《债法论》曾供给《拿破仑法典》3/4 的材料。③《法国民法典》将债分为两类，即“契约之债”和“非契约之债”。“非契约之债”又包括不法行为、准契约、依法律产生的债，可见该法典完全采纳了波蒂埃的学说。《德国民法典》在世界立法史上第一次将债从物法中分离出来独立成编，并形成了债权与物权的制度区分，这是对民事立法体系的重大贡献。④《德国民法典》第二编第七章规定了各类债的关系，包括买卖、互易、赠与等合同之债，以及无因管理、不当得利、侵权行为等债的关系。《德国民法典》并没有仿效罗马法而采用准契约的概念以概括无因管理等形态，而是将无因管理作为一种与各类契约并列的债的形式，规定在各类契约之中，并放在“委托”之后，表明其与委任契约有着密切的联系。德国学者通常认为法定债务关系包括不当得利、无因管理和侵权，而合同则属于意定的债务关系。⑤ 然而，这几种形态并没有完全概括各种债的发生原因。因而耶林便于 1861 年提出了缔约过失责任的概念。他认为，在契约关系成立以前，在特定条件下，契约当事人已进入一个具体的而且可以产生权利义务的债的关系，而缔约上的过失破坏了当事人之间的信赖关系，当事人因自己的过失致使契约不成立，对信赖其契约行为有效成立的相对人，应赔偿基于此信赖而生的损害。⑥ 德国司法实践已逐渐承认了缔约过失责任。而希腊、意大利民法典

---

① ［古罗马］查士丁尼：《法学总论》，159 页，北京，商务印书馆，1993。

② Jean-Louis Gazzaniga, Introduction historique au droit des obligations, PUF, 1992, pp. 56-57.

③ 参见许中缘：《体系化的民法与法学方法》，88 页，北京，法律出版社，2007。

④ 参见覃有土、麻昌华：《我国民法典中债法总则的存废》，载《法学》，2003（5）。

⑤ 参见［德］迪特尔·梅迪库斯：《德国债法总论》，51～52 页，北京，法律出版社，2004。

⑥ 参见王泽鉴：《民法学说与判例研究》，第 1 册，79 页，台北，1990。

则明确规定了在缔约阶段当事人应遵循诚实信用原则，因一方的过失而使契约未成立时应负损害赔偿责任。①

《日本民法典》并没有完全采纳德国的模式，而认为无因管理作为一种法定的债的形式，与合同所产生的债以及不当得利、侵权行为均属于债的发生原因，因此，《日本民法典》在第三编“债权”中共规定了总则（第一章）、契约（第二章）、无因管理（第三章）、不当得利（第四章）、不法行为（第五章）等，后四类形态共同构成了债法的体系。

我国自清末变法以来，对德国民法的继受始终是我国民事立法与理论研究的主流②，受德国学说影响，我国学者大多认为，债的发生原因为四类，即契约、无因管理、不当得利、不法行为；也有学者认为债的发生原因可分为法律行为之债与非法律行为之债，法律行为之债应包括契约、单独行为（如指示证券），非法律行为则包括无因管理、不当得利、侵权行为。③ 学界也一般认为，债的类型中还应当包括缔约过失之债。缔约过失之债不能被合同之债与侵权损害赔偿之债所涵盖，应当属于独立的债的类型：一方面，缔约过失责任发生在订约阶段，当事人之间并不存在着合同关系，不能以有效的合同作为确定责任的根据；另一方面，缔约过失所侵害的对象是信赖利益，此种利益并非侵权法所保护的利益。在侵权行为发生前，加害人与受害人之间通常并不存在着任何法律关系；而在缔约过失行为发生时，加害人与受害人之间已具有缔约关系，基于此种关系，双方具有合理的信赖利益。因此，缔约过失责任不适用侵权责任。据此可见，基于缔约过失的请求权是法律直接规定的、独立于其他债权请求权的请求权。缔约过失行为、侵权行为、不当得利、无因管理共同构成债的发生原因。

基于上述比较法上关于债的发生原因的探讨，虽然随着社会经济生活的发展，债权请求权的类型体系在不断扩张，新的债权请求权类型不断出现，但从总体上看，债权请求权主要有以下几种。

---

① 参见《希腊民法典》第197～198条，《意大利民法典》第1337条。

② 参见梅仲协：《民法要义》，序言，北京，中国政法大学出版社，1998。

③ 参见邱聪智：《债法各论》，40页，台北，1994。

1. 合同请求权。合同请求权主要包括两类，一是基于合同约定或法律规定产生的履行请求权，其中既包括针对合同约定内容所产生的请求权，也包括针对法律规定之附随义务的请求权；二是因违反合同约定产生的违约损害赔偿、继续履行、采取补救措施等请求权。[①] 其主要包括继续履行、采取补救措施（如减价、修理、更换、重作）或者赔偿损失等内容。由于上述请求权都具有财产属性，因而都应当属于合同之债的范畴。

2. 侵权损害赔偿请求权。侵权损害赔偿请求权，是指被侵权人依法请求行为人承担损害赔偿、停止侵害等侵权责任的权利。侵权行为是此种请求权的基础和前提。从《侵权责任法》第 15 条的规定来看，侵权责任形式既包括损害赔偿，还存在着停止侵害、排除妨害、消除危险、赔礼道歉、恢复名誉等其他责任方式。在侵权责任承担方式中，具有财产属性的侵权责任形式，如损害赔偿、停止侵害、排除妨害、消除危险、返还财产等，属于侵权之债的范畴；而赔礼道歉、恢复名誉等责任形式，由于不具有财产属性，不应当属于侵权之债的范畴。

3. 不当得利返还请求权。所谓不当得利，是指没有合法根据取得利益，而使得他人遭受损失的事实。我国《民法通则》第 92 条规定："没有合法根据，取得不当利益，造成他人损失的，应当将取得的不当利益返还受损失的人。"这一规定确认了基于不当得利而产生的返还请求权，而该请求权也属于债权请求权之范畴。

4. 无因管理请求权。无因管理，是指没有法定或约定的义务，而管理他人事务的行为。《民法通则》第 93 条规定："没有法定的或者约定的义务，为避免他人利益受损失进行管理或者服务的，有权要求受益人偿付由此而支付的必要费用。"这一规定与《民法通则意见》的相关规定结合，确立了完整的无因管理请求权体系，其中偿还必要费用、赔偿实际损失所产生的请求权，均属债权请求权范畴。

5. 缔约过失请求权。所谓缔约上的过失责任，是指在合同订立过程中，一方因违背其依据诚实信用原则所产生的义务，而致另一方信赖利益损失，应承担

① Hans Brox, Allgemeines Schuldrecht, Muenchen, 2009, S. 20f.

的损害赔偿责任。缔约过失请求权可以追溯到《民法通则》第 61 条第 1 款。[①] 虽然在理论上，缔约过失请求权是否可以纳入合同请求权或侵权请求权的范畴，或属于独立的请求权类型，存在争议。但笔者认为，其属于独立的请求权类型。

此外，一些非典型之债也可能会产生债权请求权，其中典型形态便是基于法定补偿义务而产生的债权请求权。例如，因防止、制止他人民事权益被侵害而使自己受到损害的，由侵权人承担责任。侵权人逃逸或者无力承担责任，被侵权人请求补偿的，受益人应当给予适当补偿。此种受益人享有之补偿请求权，就来源于见义勇为这一特殊行为而产生的法定补偿义务。

根据债权请求权的独立性和派生性，可以将其分为两类：一是原生的请求权，此种请求权是直接基于权利本身而产生的。例如，合同请求权就是基于合同债权本身而产生的权利。由于这种请求权已经包括在权利之中，是作为权能出现的，所以通常对这种请求权一般仅在债法中作为债权权能来考察。二是在权利受到侵害的情况下，权利人针对义务人所提出的一种请求的权利，有学者将之称为“保护请求力”。梅仲协指出：“请求权系权利之表现，而非与权利同其内容也。就绝对权而言，在权利不受侵害时，其请求权则隐不显现，然则一旦遭遇侵害，则随时可以发动，且其发动不限次数，受一次侵害，则可表现一次请求权也。”[②] 这就是说，在权利未受到侵害以前，此种权利是隐而不现的，一旦权利受到侵害，这种权利就表现出其作用。所以，它是实体权利派生的产物，是以权利救济的手段出现的。债权请求权大多是此种请求权。

三、债权请求权的先后顺序

债的概念其实可以从权利和义务的两个视角出发进行观察。从权利角度来

---

① 《民法通则》第 61 条第 1 款规定：“民事行为被确认为无效或者被撤销后，当事人因该行为取得的财产，应当返还给受损失的一方。有过错的一方应当赔偿对方因此所受的损失，对方都有过错的，应当各自承担相应的责任。”

② 梅仲协：《民法要义》，37 页，北京，中国政法大学出版社，1998。

看，其是一种债权；从义务的角度来看，其是一种债务。[①] 然而，由合同、缔约过失、无因管理、不当得利、侵权行为所构成的体系基本可以概括各项债的请求权关系。各项债的各项请求权在适用中常常会发生密切联系，同一个案件可能要适用多项债权的请求权，这就需要从债权的请求权体系观念出发以正确地适用法律、解决纠纷。考察债权的请求权体系，实际上包括两方面的内容：一是要明确各种债权请求权之间的内在联系，特别是在某种债务不履行的行为产生多项债权请求权的情况下，要确定各项请求权的竞合或聚合问题。在实践中，债务不履行的行为通常导致多种债权请求权的并存或相互冲突现象，如何确定请求权就需要从整体上了解债权请求权的结构以及各项请求权的内涵和特点，特别是了解各项请求权的相互关系。二是要明确债权请求权的先后顺序。王泽鉴先生认为，各种债权的请求权在同一案件中同时并存或发生冲突时，应该确定各项请求权在行使上的先后顺序，以形成一种体系的观念，并“可以避免遗漏，可以确实维护当事人利益，因为各个请求权之构成要件、法律效果、举证责任及时效多有不同，主张何者，关系至钜”[②]。各种请求权的先后顺序不明确，不仅难以正确适用债权的请求权，而且对复杂的案例将难以理出头绪，不知从何处着手分析并解决问题。由于债权请求权的竞合或聚合问题十分复杂，本文将不作深论，下面将讨论债权请求权的先后顺序问题。

所谓债权请求权的先后顺序，是指在适用债的请求权时，应优先考虑哪一项请求权。债权请求权的先后顺序，是由债权请求权体系所决定的。德国学者梅迪库斯认为，请求权是一个完整的体系，它是由合同请求权、缔约过失请求权、无因管理请求权、物权请求权、不当得利和侵权请求权所构成的体系。[③] 各种请求权在同一案件中同时并存或发生冲突时，应该确定各项请求权在行使上的先后顺序，以形成一种体系的观念。他认为，请求权的顺序也应当按照上述顺序排列，

① 在英语中，实际上 obligation 本意是一种拘束力，而无法体现出权利的含义。See R. Zimmermann, *The Law of Obligations*, Clarendon Paperbacks, 1990, p. 1.

② 王泽鉴：《民法债编·总论》，第1册，17页，台北，1990。

③ Dieter Medicus, Buergerliches Recht, Carl Heymanns Verlag, 1999, SS. 5-9.

这种观点是不无道理的。由于物权上的请求权属于物权法的范畴，本文将不作专门探讨，但应当指出的是，合同上的请求权与其他的债权请求权在行使中存在着先后顺序。笔者认为，各项债权请求权应按如下顺序排列。

1. 合同请求权

合同请求权包括因合同有效成立时的给付请求权和因不履行合同债务而产生的损害赔偿请求权。[①] 由于在我国现行法中，违约责任形式不限于损害赔偿，因此基于违约产生的请求权包括了基于违约产生的损害赔偿请求权，但又不限于损害赔偿请求权。基于违约而产生的请求权是合同上的请求权的核心内容，通常可以与债权的概念通用；只有在不履行合同债务的情况下，请求权的概念与债权独立才具有重要意义。[②] 此种观点是有一定道理的。因为在债务履行期限到来以后，债务人严格按照债和合同的规定履行了债务，则债权人无须行使请求权，要求债务人作出一定行为或不作出一定行为。只有在债务人不履行债务时，债权人才有必要行使请求权，主动向债务人提出请求或向法院提起诉讼，这样请求权也才具有独立存在的价值。可见，基于违约的请求权是合同请求权的主要内容。[③] 不过，基于违约的请求权毕竟不能完全代替合同请求权，合同请求权与其他的债权请求权在行使中存在着先后顺序。笔者认为，在各项债权的请求权中，考察请求权的先后顺序应将合同请求权作为第一顺序的请求权加以考虑，即合同请求权与其他的请求权发生密切联系时，应首先考虑适用基于合同的请求权。[④] 这主要有以下原因。

第一，合同请求权应优先于无因管理上的请求权而加以考虑。因为无因管理之所谓无因，是指无法律上的原因，包括无法定的义务或约定的义务为他人管理事务。如果管理人和本人之间事先存在着合同关系，管理人是依照约定管理他人的事务，则管理人负有管理的义务，不构成无因管理。

第二，合同请求权应当优先于不当得利返还请求权加以考虑。不当得利是指

① 参见王泽鉴：《民法债编·总论》，第1册，60页，台北，1990。

② 参见［日］奥田昌道：《论请求权的概念》，载东京大学《法学论丛》，第82卷，238页。

③ Fikentscher/Heinemann，Schuldrecht，Berlin，2006，S. 55.

④ 参见王泽鉴：《民法债编·总论》，第1册，60、63页，台北，1990。

无法律上的根据获得利益，并造成他人损害。无法律上的根据是不当得利构成的前提要件。如果当事人之间事先存在着合同关系，则一方因他人的履行而受利益，可以认为具有法律上的原因，不构成不当得利。所以，当事人之间存在着合同关系足以否定不当得利的存在。尤其应当指出的是，尽管当事人之间存在合同关系，在一方违约（如在接受对方履行以后没有作出对待履行）以后，违约方所获得的利益是否构成不当得利，值得探讨。笔者认为，除了一些特殊情况以外，违约并不能免除违约方的履行义务，而非违约方完全可以根据合同要求违约方继续履行或者承担其他责任，而不必基于不当得利提出请求。由于基于违约的民事责任足以保障非违约方的利益，因此非违约方也没有必要基于其他请求权维护自身利益。

第三，在某种法律关系中，如果一方提出合同上的请求，而另一方基于侵权要求对方赔偿损失，在此情况下，合同上的请求权可以优先于基于侵权的请求权加以考虑。因为侵权行为乃是指因过错侵害他人财产和人身的行为，如果行为人从事某种行为具有合法的依据，则虽造成对他人的损害也不负侵权行为的责任。合法依据包括侵害人和受害人之间事先存在合同关系，且此种合同关系在内容上并不违反法律和公共道德。在此种情况下，行为人依据事先存在的合同从事一定的行为（如依据合同使用某项财产或占有某物）不构成侵权。例如，甲在乙的门前堆放物品，乙提出甲侵害其使用权，甲认为双方有约在先，乙允许甲堆放物品。乙限制甲堆放物品已构成违约，应负违约责任。在此案件中，如果合同关系能有效成立，乙的行为确实构成违约，那么将否定乙的基于侵权行为的请求权的存在，而应成立违约的请求权。当然，如果一种违法行为同时导致违约责任和侵权责任的竞合，则受害人可以选择一项对其有利的请求权加以行使。

第四，关于合同请求权与缔约过失请求权的关系，也是一个值得探讨的问题。按照缔约过失责任的创立人德国学者耶林的观点，缔约过失应依合同法上的原则处理。我国也有许多学者认为缔约过失责任应适用合同责任的原则，因此，缔约过失请求权与基于违约的请求权不应有所区别。笔者认为，此种观点不妥。

缔约过失责任是缔约人因故意或过失违反先合同义务而应承担的民事责任。[1] 所以，缔约过失的请求权适用于双方无合同关系的情况，而基于违约的请求权乃是以有效合同的存在为前提。如果当事人之间存在着合同关系，则属于合同责任；若不存在合同关系，则可以考虑缔约过失责任。正是从此种意义上说，基于违约的请求权可以优先于缔约过失的请求权加以考虑。例如，甲、乙之间经多次磋商，已就购买某件家具问题达成口头协议。甲提出因该种家具仅有一套，希望乙尽快回家取钱付款，否则将出卖给他人。乙立即回家向他人借款 2 万元。当乙回甲处付款时，甲提出因不能确定乙是否返回付款且双方无书面合同，因此已将该家具出售给他人。本案中，对甲应承担何种责任问题，有两种不同观点：一种观点认为，合同已经成立，甲应负违约责任；另一种观点认为，合同并未成立，但由于乙对甲已可以产生合理的信赖，甲将家具转卖给他人是有过错的，因此应负缔约过失责任，赔偿乙所受的损失。笔者认为，这两种观点都有一定道理，关键在于确定当事人之间的合同关系是否成立。如果合同关系已经成立，则产生违约性质的合同请求权，而排除缔约过失请求权。正是在这个意义上，笔者认为，基于违约的请求权应优先于缔约过失的请求权加以考虑。

2. 基于缔约过失的请求权

基于缔约过失的请求权应作为第二顺序的请求权考虑，其原因在于：一方面，此项请求权与合同请求权联系十分密切。它通常都是适用于合同在订立过程中以及合同因不成立、无效和被撤销的情况下所产生的责任，即是在因当事人不存在合同关系而难以适用违约责任的情况下所产生的责任。另一方面，随着诚实信用原则适用范围的扩大，在合同关系终止后，先前的合同当事人一方因违反诚信原则所产生的忠实、保密等附随义务而给先前的另一方合同当事人造成损害，亦应负缔约上的过失责任，这就使缔约过失责任与合同上的责任联系更为密切。如果某个案件不能适用合同请求权，则应考虑是否可以适用缔约过失的请求权。尤其应看到，缔约过失责任虽产生于合同订立阶段，但当事人已为了订立合同而形成了一定的信赖关系。这就表明，订约当事人之间已形成

① 参见崔建远：《合同责任研究》，3 页，长春，吉林人民出版社，1992。

了一定的联系，双方已通过接触而进入特殊的联系阶段，即双方已对合同能够成立形成了合理的信赖。据此，双方均应依诚信原则负互相协助、照顾、保护等义务。而在侵权行为、非给付的不当得利的情况下，当事人常常并没有形成某种特殊的联系，彼此甚至是完全陌生的，既然在缔约过失发生时，当事人之间已具有一定的特殊的联系，因而应当优先于侵权行为等请求权，而适用基于缔约过失而发生的请求权。

3. 基于无因管理的请求权

无法定或约定的义务，以为他人管理的意思，而自愿管理他人的事务，称为无因管理。基于无因管理的请求权，管理人有权请求本人返还管理人在管理活动中所支付的必要费用。基于无因管理的请求权应优先于基于不当得利和侵权行为的请求权而适用，其原因在于：

第一，针对基于不当得利的请求权而言，无因管理的请求权应当优先适用。所谓不当得利是指无法律上的原因而获得利益，并致他人损害的行为。从法律适用的角度来看，如果构成无因管理，则不应再适用不当得利，无因管理可以排斥不当得利的构成。因为一方面，在无因管理的情况下，管理人为避免本人的损失而从事了某种管理事务的行为，管理人将支付一定的费用或劳务，而本人则从管理人的行为中获得一定的利益，但本人的获益不应构成不当得利。因为对此种情况若按不当得利处理，则不可能发生任何无因管理。由于无因管理是合法的行为，是法律所鼓励的行为，应当使其优先于不当得利而适用。另一方面，适用无因管理而不是不当得利，对本人是有利的。因为管理人基于无因管理制度，可请求本人返还其在管理活动中所支出的必要的费用，而基于不当得利制度，其可以请求本人返还其获得的不当得利。在一般情况下，管理人要证明自己支付了多少必要的费用是较为容易的，而要证明本人所获得的利益，则相对困难一些。因此，按不当得利处理，并不一定有利于管理人。

第二，针对基于侵权行为的请求权而言，基于无因管理的请求权应当优先适用。一旦确认无因管理的请求权成立，自然可以否定侵权行为请求权的成立，因为侵权行为在性质上是指行为人因过错侵害他人财产或人身并造成他人损害的行为，所以侵权行为都是应受法律禁止的非法行为。而无因管理则是指管理人在无法定和约定义务情况下，自愿为他人利益而管理他人事务。尽管管理人并未获得他人明确授权，但由于管理行为是为了他人利益，避免他人利益受损而从事的，因此，无因管理是合法的、应当受到法律鼓励的行为。法律确立无因管理制度，确认主动管理他人事务以避免他人遭受损失的行为人，有权就其花费的费用向本人请求返还，这就可以鼓励人们见义勇为，主动为他人提供服务，有利于弘扬社会团结互助的精神。既然侵权行为在性质上是一种非法行为，而无因管理在性质上乃是一种合法行为，因此，一旦成立无因管理，则自然否定了侵权责任的存在，只有在不构成无因管理的前提下，才有可能确定是否成立侵权。

4. 基于不当得利和侵权行为的请求权

不当得利的受益人与侵权行为的行为人，在获得不当得利和实施侵权行为时，均没有法律上的根据，这两种情况都应受到法律的禁止。它们之间也具有密切的联系。因为在不当得利的形态中，有一种形态是因受益人实施侵权行为而产生不当得利，如无标的物处分权的人擅自处分他人标的物，使自己获取非法利益，行为人的行为既构成不当得利，又构成侵权。一般认为，在出现不当得利返还责任与侵权责任竞合的情况下，从尊重当事人的自主自愿、保护受害人的利益出发，应允许受害人就两项请求权择一行使，受害人选择并实现一项请求权，意味着受害人放弃了另一项请求权。但无论如何，两项请求权不能同时实现。

基于不当得利的请求权与基于侵权行为的请求权，在一般情况下不发生适用的先后顺序问题。但在特殊情况下，有可能出现先后顺序问题。例如，拾得人拒不返还拾得物，是应构成不当得利还是侵权？对此问题，司法实践中存在着不同的看法。笔者认为，对拒不返还拾得物的情况，应优先考虑不当得利的适用。因为一方面，如果按侵权处理，并确定行为人具有过错、对拾得人要予以制裁，这在实践中难以为一般人所接受且不利于拾得人精心照管他人遗失的财产；另一方面，按不当得利而不是按侵权处理，是比较公平合理的。失主一般只需证明拾得人占有了失主财产、这种占有是无法律根据的。拾得人只要将其占有的财产返还给失主，失主的利益便受到了保护。尤其应看到，在许多情况下，失主因丢失某物将遭受严重的损失，而拾得人并不因拾得该物而获得较多的利益（如拾得物对其无太多的价值等），因而损害与获利之间并无对应的关系。在此情况下只能以获利为准要求获利人返还不当得利，而不能以损害为依据要求获利人赔偿其完全不能预见的损害。反之，如果按侵权处理，一旦失主证明自己遭受了较多的损失，此种损失就要由拾得人赔偿，这对拾得人未免太不公平。

合同的概念与统一合同法的规范对象*

“名者，实之宾也”，法律现象也是如此。讨论统一合同法的疑点及解决之道，首先必须对统一合同法中的“合同”这一概念予以澄清。讨论该问题并不在于单纯获得某种学理上和逻辑上的满足，而主要在于通过对合同的准确定义以明确统一合同法的规范对象和内容。换言之，鉴于合同已广泛适用于社会生活的各个方面和各个领域，我们在统一合同法的制定中需要首先考虑：统一合同法中的合同概念是什么？它应当包括哪些合同，规范何种合同关系？如果合同的概念不清楚，是不可能确定统一合同法的特定的规范对象的。

合同又称为“契约”，在英文中称为“Contract”，在法文中称为“Contrat”或“Pacte”，在德文中称为“Vertrag”。这些用语都来源于罗马法的合同概念“Contractus”。据学者考证，“Contractus”由“con”和“tractus”二字组成。“con”由“cum”转化而来，有“共”字的意义，“tractus”有“交易”的意义。因此，合同的本意为“共相交易”①。然而，数千年来，合同的概念在适用中常常超出了交易的范畴。古希腊的一些哲学家曾以契约来解释法的起源；《圣经》

* 原载《法学前沿》（第2辑），法律出版社1998年版。本文在写作中曾得到姚辉博士的大力帮助，在此谨致谢意。

① 王家福主编：《民法债权》，255页，北京，法律出版社，1991。

曾经将契约作为宗教科学的概念来对待；而 18 世纪至 19 世纪的理性哲学思想家曾经把契约作为一种逻辑的抽象和理性的观念；霍布斯、洛克等人则把契约视为一种社会政治概念；20 世纪的罗尔斯甚至将契约视为道德哲学的观念。凡此种种，说明合同是一个适用范围十分广泛且极为重要的概念。

自罗马法以来，合同一直是民法中的一个重要概念。然而，民法学者对合同的概念并非不存在分歧意见。长期以来，大陆法系与英美法系对合同的概念一直存在着如下不同的理解。

（1）协议说。大陆法系学者基本上认为合同是一种协议。严格地说，“协议说”来源于罗马法。在罗马法中，契约被定义为“得到法律承认的债的协议”[①]。这一概念基本上为大陆法系所继受。如《法国民法典》第 1101 条规定：“契约，为一人或数人对另一人或另数人承担给付某物、作或不作某事的义务的合意。”这就从债务的角度揭示了契约作为一种发生债的关系的合意的本质。《德国民法典》则从“法律行为”的角度规定了契约的概念。该法第 305 条规定：“以法律行为发生债的关系或改变债的关系的内容者，除法律另有规定外，必须有当事人双方之间的契约。”这就是说，契约是发生、变更债的关系的法律行为。正如德国学者萨维尼所指出的：“契约之本质在于意思之合致。”[②]

（2）允诺说。在英美法中，一般认为合同是一种“允诺”。英国著名学者 Treitel 认为，合同是当事人之间达成的协议，该协议课以双方一定的义务，并且该义务由法律认可和保证执行。[③]《美国合同法重述》（第二版）第 1 条规定：“合同是一个允诺或一系列允诺，违反该允诺将由法律给予救济，履行该允诺是法律在某些情况下所确认的一项义务。”[④] 英美法认为合同实质上是一种允诺，乃是由英国的历史习惯和诉讼程序的影响所决定的。在中世纪的英国法中，并没有形成合同的概念。最初出现的，只是所谓的“允诺之诉”，即当允诺人违背其

① ［意］彼德罗·彭梵得：《罗马法教科书》，黄风译，307 页，北京，中国政法大学出版社，1992。

② 转引自胡长清：《中国民法债编总论》，16 页，上海，商务印书馆，1934。

③ See G. H. Treitel, *The Law of Contract*, Stevens & Sons, 1966, p. 1.

④ *Restatement*, second, Contracts, section 1.

允诺时，受允诺人有权向法院起诉，请求强制执行诺言。[①] 同时，合同概念也与英美法将不当得利与无因管理等关系作为“准合同”对待的做法有联系。由于允诺构成了合同的本质，因此合同法的宗旨在于保障允诺的实现，在一方违反允诺时，考虑如何对另一方提供补救。不过，由于这一概念仅仅强调了一方对另一方作出的允诺，而没有强调双方当事人的合意，因此也受到许多学者的批评。

英国学者阿蒂亚曾经指出：《美国合同法重述》对合同所下的定义“忽略了合同中达成协议的因素。在这定义中没有指明典型的合同是双方的事情，一方所作的许诺或表示要做的事是对另一方所作的许诺或要做的事的报答”。将合同作为允诺，“忽视了在许诺成为合同之前，一般要有某种行为或许诺作为对另一方作出的许诺的报答”[②]。阿蒂亚的批评具有一定的道理。然而，认为两大法系关于合同的概念存在着重大分歧，也与实际情况并不相符。事实上，英美传统的合同法主张合同是一种允诺，但根据合同法中的“交易原则”，并非任何允诺都是可以强制执行的，只有那些作为交易一部分的允诺在法律上才是可以强制执行的。交易可以有多种形式，如货币与诺言的交易，服务与诺言的交易等，法律只能强制实施那些存在着交易的诺言。[③]

所以，要约人作出一项允诺（Promise）时，受要约人或受允诺人必须以其允诺或其他行为予以回报，才能构成一项有效的协议（Agreement）或约定。[④] 而法官在约定中不能找出双方的约定曾有允诺的交换时，即不会给予该允诺强制执行的效力。[⑤] 据此可见，英美合同法认为合同并非一种单方的允诺，而是以交易为基础的允诺，这就和大陆法系合同的概念十分接近。

由于“允诺说”容易导致将合同视为单方允诺的误解，所以，一些英美学者也开始完全采纳大陆法系关于合同的见解，将合同视为一种协议。如英国《牛津法律大辞典》给契约所下的定义为：“合同是二人或多人之间为在相互间设定合

① 参见王军：《美国合同法》，5页，北京，中国政法大学出版社，1996。

② ［英］阿蒂亚：《合同法概论》，程正康等译，29页，北京，法律出版社，1982。

③ 参见［美］罗伯特·考特等：《法和经济学》，张军等译，296～297页，上海，上海三联书店，1994。

④⑤ 参见杨祯：《英美契约法论》，2页，北京，北京大学出版社，1997。

同义务而达成的具有法律强制力的协议。”① 而《美国统一商法典》第 1—201（11）条亦确认：“‘合同’指产生于当事人受本法以及任何其他应适用的法律规则影响而达成的协议的全部法律债务。”

合同的本质在于，它是一种合意或协议。实际上“协议”一词常常也就是指“合意（mutual assent）”。大陆法系学者通常用“意思表示一致”或“合致”的表述来概括这种合意。② 由于合同是合意的结果，因此它必须包括以下要素：第一，合同的成立必须要有两个或两个以上的当事人。第二，各方当事人须互相作出意思表示。这就是说，当事人各自从其追求的利益出发而作出意思表示，双方的意思表示是交互的，才能成立合同。第三，各个意思表示是一致的，也就是说当事人达成了一致的协议。由于合同是两个或两个以上意思表示一致的产物，因此当事人必须在平等自愿的基础上进行协商，才能使其意思表示达成一致。如果不存在平等自愿，也就没有真正的合意。我国《民法通则》第 85 条规定：“合同是当事人之间设立、变更、终止民事关系的协议。依法成立的合同，受法律保护。”这一关于合同的立法定义，也再次强调了合同本质上是一种协议，是当事人意思表示一致的产物。

在统一合同法的制定过程中，有关合同乃是协议的问题，并不存在任何分歧。但由于在社会实际生活中，协议本身所包含的内容纷繁复杂，要约、承诺的订约方式可以广泛应用在民事、行政、劳动甚至亲属等各种关系之中，简单地以完成了要约、承诺的程序从而达成合意的事实，尚不能确定统一合同法所称“合同”的内容。换言之，合意的内容多种多样，并不当然都构成统一合同法所谓的“合同”；也并不当然都应成为统一合同法所规范的对象。那么，究竟统一合同法应如何定义合同并确定其规范对象，即成为该法制定中亟待解决的重要课题。

就目前而言，对于合同的定义及其规范对象，学界大致存在以下三种不同的理解。

（1）广义的“合同”概念。广义的合同概念是指以确定权利、义务为内容的

① 《牛津法律大辞典》（中译本），205 页，北京，光明日报出版社，1988。

② 参见梁慧星：《民法学说判例与立法研究》，243 页，北京，中国政法大学出版社，1993。

协议。例如，除民法中的合同以外，还包括行政法上的行政合同、劳动法中的劳动合同、国际法上的国家合同等。可见，广义的合同概念实际上包含了所有法律部门中的合同关系。“合同”一词中也表现了各种不同的法律关系，如财产关系、行政关系、劳动关系、身份关系等法律关系。

（2）狭义的“合同”概念。狭义的合同概念是将合同视为民事合同，即指确立、变更、终止民事权利义务关系的合同。例如，合同不仅仅是债发生的原因，也不局限于债权合同，凡是以发生私法上效果为目的的合意，都属于合同的范畴。德国民法中的 Vertrag，法国民法中的 Convention，以及日本民法第 113 条至第 117 条中的契约，都指以发生私法上的效果为目的的合意。[①] 所谓合同，不但包括所有以债之发生为直接目的的合同，也包括物权合同、身份合同（如婚姻合同）等。[②] 目前我国学者大多采纳了狭义的合同概念[③]，而我国《民法通则》第 85 条关于合同的概念的规定实际上也采纳了狭义的合同概念。

（3）最狭义的合同概念。此种观点认为，民法上的合同仅指债权合同，即以发生债的关系为目的的合意，换言之，根据合同设定债的关系、消灭债的关系、变更债的关系，德国民法债编中所谓的 Vertrag，法国民法中的 Contrat，以及日本民法债编中的所谓契约，都指债权合同。[④]《德国民法典》第 305 条规定：“以法律行为发生债的关系或改变债的关系的内容者，除法律另有规定外，必须有当事人双方之间的契约。”我国台湾地区“民法”也认为契约是债的发生原因之一种，此处所说的契约实际上是作为债权契约规定的。大陆也有学者认为，我国《民法通则》第 85 条关于“合同是当事人之间设立、变更、终止民事关系的协议”的规定，并非认为合同泛指所有民法上的合同，此处所称的“民事关系”应仅指债权债务关系。因为《民法通则》将合同规定在“债权”一节，明定合同为发生债的原因（第 84 条），且我国民法不承认有所谓物权行为；至于那些非发生

① 参见苏俊雄：《契约原理及其适用》，36 页，北京，中华书局，1978。

② 参见周林彬主编：《比较合同法》，29 页，兰州，兰州大学出版社，1989。

③ 参见佟柔主编：《民法原理》，259 页，北京，法律出版社，1986。

④ 参见苏俊雄：《契约原理及其适用》，36 页，北京，中华书局，1978。

债权债务关系的合意（如自愿结婚和离婚等）在我国法律中均不称其为合同。①

我们首先分析一下广义的合同概念。此种观点把合同法的规范对象扩展为所有的合同关系。从这一规范对象出发，他们认为统一合同法中的合同应包括各种类型的合同。在我国行政法学界，目前一种极为流行的观点建议把行政合同列入统一合同法中。何为行政合同？按照应松年教授的观点，就是行政加合同。其特点在于，合同的一方必须是代表公共利益的行政机关，行政机关运用行政合同的目的在于实现行政管理和公共利益的目标，而不是企业或个人的利益和目标。在行政合同的权利义务配置方面，行政机关保留某些特别的权力。从国内外的实践和法律规定看，这些特殊权力主要是：监督甚至指挥合同的实际履行情况；单方变更合同的内容；认定对方违法并给予制裁。统一合同法应当规范行政合同。②我国行政法学会会员一致认为："如果统一合同法不能明确规定行政合同及其性质和特点，就不能充分发挥行政合同在市场经济中的作用，这将关系到国家巨额投资能否得到正确合法的使用、国有资产能否增值、公共利益能否得到充分保证，国家必要的计划能否落实等重大问题。因此，建议在起草统一的合同法中单列行政合同一章，作为合同的特殊形态加以规定。"③

行政合同究竟如何定义，其规范的对象是什么，仍是个值得探讨的问题。即使存在行政合同，其是否要由统一合同法调整，亦不无疑问。笔者认为，《合同法》的主要调整对象是交易关系。所谓交易乃是指独立的、平等的市场主体就其所有的财产或利益进行的交换。交易包括了商品的转手、财物的互易、利益的交换等各种方式，其法律形式就是合同。正如马克思所指出的："这种通过交换和在交换中才产生的实际关系，后来获得了契约这样的法的形式。"④ 合同的一般制度就是规范交易过程并维护交易秩序的通用规则，而各类合同制度也是保护正

① 参见王家福主编：《民法债权》，262页，北京，法律出版社，1991；梁慧星：《民法学说判例与立法研究》，244页，北京，中国政法大学出版社，1993。

② 参见应松年：《行政合同不可忽视》，载《法制日报》，1997-06-09。

③ 中国法学会行政法学研究会：《建议把行政合同列入合同法》，载《法学研究动态》第7期，7页。

④ 《马克思恩格斯全集》，第19卷，423页，北京，人民出版社，1963。

常交换的具体准则。典型的买卖活动是反映商品到货币、货币到商品转化的法律形式。但是商品交换过程并不只是纯粹的买卖，还包括劳务的交换（诸如加工、承揽、劳动服务）以及信贷、租赁、技术转让等各种合同形式，它们都是单个的交换，都要求表现为合同的形式，并应受合同法的规范。由于合同法只是规范反映交易关系的民事合同，而反映行政关系的行政合同、劳动关系的劳动合同等，即使在名称上称为合同，因其不是对交易关系的反映，因此不应属于统一合同法所称的合同范畴。尤其应看到，因为合同法是调整交易关系的法律，所以合同法构成我国民法的重要组成部分。广义的合同概念将合同法的调整对象扩张至行政、劳动等关系，使合同法不仅作用于交易领域，而且延伸到了民法所不能或不应当规范的领域。这不仅使合同法失去了其所应具有的民事性质，而且由于规范对象及内容的无法确定，也使得合同法成了无所不包、内容庞杂、体系混乱的法律。按照这样的思路构筑统一合同法，很难使其成为一部系统完整及科学合理的法律。当然，一些学者将行政合同的概念扩大化，认为凡是由政府一方参与订立的合同都是行政合同，例如，政府购买公共服务的合同、BOT 协议等，都属于行政合同。此种解释显然又不当地扩大了行政合同的范畴。事实上，当政府以民事主体的身份订立合同时，其不再以行政管理者、公权力行使者的身份出现，而是以与其他民事主体具有平等地位的主体出现，其订立的合同也应当属于民事合同，受合同法调整。但如果政府是以行政管理者的身份订立合同，如行政监管合同、税收征管合同等，这些合同就是行政机关行政职权的行使方式，不应当归入民事合同的范畴，且受合同法调整。总之，笔者认为凡不以反映交易关系为内容的合同不宜受统一合同法调整，并非指在法律上对其不予规范，甚至使这些合同发生纠纷也无法可循。虽然不以反映交易关系为内容的协议，不应受统一合同法规范调整，但可以通过制定单行行政法规的方式予以调整。

当然，应当看到，由于合同形式复杂多样，在现实生活中常出现一些非典型的民事合同。这些合同具有民事合同的特点，也具有某些行政色彩，其中最典型的就是国有土地使用权出让合同。按照行政法学界的观点，这种合同应作为行政合同对待。笔者认为，此类合同确实具有行政因素，比如在发生争议时国家土地管理部门作为出让方可以直接依据法律规定对受让方实施行政制裁；在合同订立后，出让方有权监督受让人是否依据合同规定的目的使用土地等。但国有土地使用权出让合同仍是民事合同而非行政合同。其根据在于：第一，国家土地管理部门以土地所有人的代表的身份与其他民事主体从事交易行为时，并不是以主权者和行政管理者的身份出现的。作为合同当事人，其与另一方当事人即土地使用者的法律地位是完全平等的，双方均应遵循平等、自愿、等价有偿的原则。《城镇国有土地使用权出让和转让暂行条例》第11条规定："土地使用权出让合同应当按照平等、自愿、有偿的原则，由市、县人民政府土地管理部门（以下简称出让方）与土地使用者签订。"第二，根据《城市房地产管理法》第12条的规定，土地使用权的出让，可以采取拍卖、招标或协议的方式。而在采取拍卖、招标的方式下，实际上就是要运用公开竞争的方法将土地使用权转让给他人。在这些活动中，国家土地管理部门当然应以民事主体的身份出现，否则，拍卖、招标等活动根本不可能进行。第三，过分强调土地管理部门在出让国有土地使用权过程中的主权者身份，势必会混淆土地出让与划拨之间的关系，而且不能充分发挥出让合同在国有土地管理中的作用。从单纯行政划拨方式转向出让等方式，是有效地、合理地利用土地、促进市场经济发展的重要步骤。而土地使用权出让不同于行政划拨，在于在前一种关系中，国家土地管理部门不是以行政管理者而是以合同当事人的身份出现的。当然，在土地使用权出让以后，国家仍然有权监督土地的使用情况，当使用人不按法律规定或合同约定使用土地时，国家可以给予警告甚至无偿收回土地。但这些权利乃是土地所有权的体现，并不是行政权力的运用。第四，即使认为出让人享有的某些权利具有行政的性质，一旦将其规定在合同中，便成为合同中所规定的权利。出让人行使的权利不仅来源于法律规定，而且来源于合同，当出让人超越合同规定行使权利时，也将构成违约。第五，收取土地出让金并不是什么行政管理手段，出让金是土地使用权的商品价格。如果将土地出让金作为一种管理手段，其数额完全由土地管理部门来决定，则根本不可能真正实行土地使用权制度的改革，土地使用权也不可能真正进入市场进行转让并充分发挥土地的效益，国家也难以通过转让获取应有的收益，甚至极易助长管理机关的腐败行为。总之，笔者认为，土地使用权出让合同不是什么行政合同，而是民事合同，当然应受统一合同法调整。

现在讨论一下最狭义的合同概念。最狭义的合同概念认为，应将合同作为发生债权债务关系的合意，这是完全符合大陆法系债法理论的。债作为民法中的一个重要概念，确实是一个高度抽象的科学概念。诚如王泽鉴先生所言："在大陆法系，尤其是在素重体系化与抽象化之德国法，历经长期的发展，终于获致此项私法上之基本概念，实为法学之高度成就。"① 债的一般规则，不仅使除合同及侵权行为之外的债的形式在法律上有所依归，而且由于债的一般规定可适用于债的各种形式，从而避免了对各种债的形式都要规定一般规则所产生的重复现象。如无债的概念和规则，将极大影响民法规范的适用和体系的建立。正是从这个意义上，笔者认为，强调合同是债的发生原因或债的形式，是极为必要的。但是，这并不意味着民事合同在内容上仅限于债权债务关系的合意。根据大陆法系民法体系，合同是债的一种形式或债的发生原因。有关合同的法律与侵权行为、不当得利、无因管理等共同构成了债法体系。② 合同法只是债法的组成部分而不是与债法相分离的、与物权法等法律相对应的法律部门。

最狭义的合同概念强调了合同的债的属性，从而突出了民法的债法规范对合同法的指导意义以及合同法对债法的依存关系，也使得统一合同法中的一些基本特点更为鲜明突出。正是基于这些原因，这一观点对我国统一合同法的制定产生了较大影响。统一合同法的第一稿（即专家建议稿）第 2 条便采纳这种观点："合同是当事人之间设立、变更、终止债权债务关系的协议。"③ 理论界也大多赞同这一看法。

笔者认为，债作为民法中的一个重要概念，确实是一个高度抽象的科学概念。强调合同是债的发生原因或债的形式，是极为必要的。但是，这并不意味着民事合同在内容上仅限于债权债务关系的合意。虽然债权债务关系是民法调整的

① 王泽鉴：《民法学说与判例研究》第 4 册，7 页，台北，自版，1979。

② 详细参见王泽鉴：《债法原理》，56－58 页，北京，北京大学出版社，2009。

③ 梁慧星主编：《民商法论丛》，第 4 卷，442 页，北京，法律出版社，1996。

财产关系的主要形式，但并非唯一的形式。民法所规范的平等主体之间的关系除债权债务关系外，还包括物权、人身权、知识产权等各种关系。在现实生活中，权利人行使各项民事权利，都有可能借助于合同的形式，这就使合同在内容上不仅是单一地确立债的关系，而且有可能通过合同产生、变更、终止除债的关系以外的其他民事法律关系。这些合同因其仍然是就民事关系的设立等达成的合意，因此仍然属于民事合同的范畴。既然统一合同法是民法的组成部分，当然就应统一调整这些民事合同，事实上，也不可能在统一合同法之外就这些合同单独制定其他合同法律。

如果认为合同只是发生债权债务关系的合意，显然将合同的定义限定得过于狭窄。与传统的大陆法国家如德国、法国债法不同，我国并没有构建完善的债法体系，而是以合同法为中心构建完整的合同法体系，在未来民法典中，合同法总则将在一定程度上发挥债法总则的功能。事实上，从债法的发展趋势来看，许多国家的民法典（如意大利、西班牙、奥地利以及新制定的魁北克民法典），都采取了合同中心主义。法国新债法的修改坚持了合同的中心化，瑞士债法也坚持以合同为中心。以合同法为中心构建债法体系，就应当维持合同法体系的完整性，因此，就不应当将其范围限于以债权债务为内容的合同关系，只要是平等主体之间所订立的民事合同，都应当纳入合同法的调整范围。按照这样一种思路，合同法所调整的合同并不限于未来民法典合同编所规定的有名和无名合同，而应当包括民法其他部门所涉及的合同，这些合同的内容不能完全用债权债务来解释，但其只要是民事合同，就都可以纳入合同法的调整范围。具体来说：

第一，物权法中的合同关系。物权法涉及大量的合同形式，包括农村土地承包经营权合同、抵押合同、质押合同、国有土地使用权出让合同、地役权合同等，这些合同并不完全是当事人之间设立、变更、终止债权债务关系的协议，因此不是典型的债权合同。例如，建设用地使用权出让合同中，还涉及政府对合同对方当事人的监督权，这显然不是纯粹的债权债务问题，土地使用权在性质上并不是债权，而是物权，使用人享有该项权利以后，可以支配土地并排斥他人的干涉。尤其是土地使用权的期限较长，最长年限甚至长达 70 年，该项权利是长期的物权。设立物权的合同并不是典型的债权合同，在德国法中，此类合同常常被归入物权合同的范畴。我国民事立法和司法实践虽不承认物权合同的概念，但许多学者也认为，这些合同确实具有不同于一般债权合同的特点。[1] 一方面，这些合同旨在设定物权。另一方面，有些合同因涉及物权的变动，因而在法律上具有特定的形式要件的要求（如要求当事人必须办理登记或交付手续）。还应看到，这些合同不仅受合同法的规范，还要受物权法的规范。可见这些合同并非典型的债权合同。但假如因此认为这些合同不属于统一合同法的合同范畴，不应受统一合同法调整，显然是不妥当的。

第二，人格权法中的合同关系。人格权虽然具有专属性和与主体的不可分离性，即在一般情况下，人格权是不能转让的。然而，一些人格权益也可以成为经济利用的对象，权利人在许可他人利用这些人格权益时，也需要与他人订立许可使用合同。例如，当事人订立有关姓名、肖像、声音等的许可使用合同，甚至依据《民法通则》的规定，法人名称权还可以依法转让，权利人还可以与他人订立名称权转让合同。这些合同的成立、生效等规则理应适用合同法总则的有关规定，但此类合同主要涉及人格权的行使问题，因此，与财产权交易合同不同，人格权许可使用合同在很多情形下无法简单适用合同法的规则。例如，人格权许可使用合同不得侵害权利人的人格尊严和人身自由，人格权法也会对人格权许可使用合同的解释、解除等规则作出特殊规定，很难说此类合同都是设立、变更、终止债权债务关系的合意。

第三，婚姻、继承法中的合同关系。诚然，我国立法和司法实践并不承认婚姻为一种合同，但在婚姻家庭亲属关系中，确实会涉及一些合同关系，如离婚协议、分家析产协议、遗赠扶养协议、夫妻财产约定等，这些协议或约定也属于当事人之间的合意，与一般民事合同并无本质差别，有关这些合同的订立、履行、变更、解除以及违约责任等，一般也应当适用合同法的规定。但是，这类合同具有特殊性，例如，就离婚协议而言，其所涉及的身份关系安排内容不应当适用合

① 参见孙宪忠：《不动产物权取得研究》，载梁慧星主编：《民商法论丛》，第3卷，61页，北京，法律出版社，1997。

同法的规则，即便当事人离婚的意思是虚假的，也不宜依据民事法律行为的规则认定其无效，但其所包含的财产分割等内容则应当适用合同法的规则。因此，应严格区分离婚协议中的身份关系和财产关系，身份关系不应适用合同法的规则，但财产关系应当适用合同法。当然，即便是涉及财产的分割、处理的协议，由于其具有一定的人身属性，而且往往涉及婚姻、家庭等伦理因素，因而并不完全是债权债务关系。

第四，知识产权法中的合同关系。在知识产权法领域，也存在着一些合同，如著作权许可使用合同、专利实施许可合同、商标使用许可合同以及专利等权利的转让合同等，都具有债权合同的特点，但因其涉及知识产权的行使、转让等问题，而且有些合同，如涉及著作权的合同，由于其往往具有身份因素，也不能完全通过债权债务关系来解释，因此，也不宜将其界定为典型的债权合同。

第五，在民法中，一些共同行为如合伙协议、联营合同等，也不是纯粹的债权合同。早在 1892 年，德国学者孔兹（Kunze）就提出，应将契约行为和合同行为分开，双方法律行为应为契约，而共同行为（如合伙合同）则称为合同。根据法国学者的观点，契约是双方的法律行为，它不同于共同行为，前者主要约束合同当事人，而后者产生的效力可能约束某些并未参加该行为的人。如股东所通过的决议可对全体股东产生约束力。① 我国有学者区分了合同行为和契约行为。笔者认为，合伙协议、联营合同等合同与一般的债权合同的不同之处在于，一方面，一般的债权合同中，当事人互负债权债务关系，而对合伙协议、联营合同而言，当事人是为了实现共同的目的、完成共同的事业而订立协议，当事人订立这些合同的目的不在于发生债权债务关系，而在于确定共同投资、经营或分配盈余等方面的关系。另一方面，一般的债权合同是当事人相互作出意思表示，在债权合同中，一方当事人的权利通常就是对方当事人的义务，而对合伙协议、联营合同而言，当事人的意思表示的方向具有一致性，这显然不同于债权合同。例如，合伙协议是合伙组织体的法律基础，其规定了合伙组织体的经营目的，确立了合伙人的基本权利义务关系，也是合伙人承担责任的依据，其不同于债权债务关

① 参见尹田：《法国现代合同法》，4 页，北京，法律出版社，1995。

系。但由于这些合同本质上仍然是反映交易关系的，因此当然应受到合同法的调整。

第六，随着经济社会的发展，许多新的合同关系应运而生，需要纳入合同法的调整范围。例如，BOT 协议、酒店经营管理合同、旅游服务合同等，即使统一合同法在分则中对这些合同未作规定，也不影响到合同法总则对其所应有的适用性。只要合同的内容不违背法律规定和社会公共利益，法律就承认其有效，而不论当事人签订的是有名合同还是无名合同，都应该受到合同法的调整。“原则上，现代合同法对合同可能采取的各种类型，在数量上不加限制。”“除非为了公共利益或为了保护某些种类的人（如未成年人）的需要，应另行规定者外，凡自由承担的义务都可以执行。”① 因为合同法不同于物权法的一个重要特点在于：物权法主张“物权法定”，而合同法则要贯彻“合同自由”原则，允许合同当事人在法律规定范围内自由确定合同的内容。尤其是对于一些新型的无名合同，很难在《合同法》中予以列举，即使能够列举也不能列举穷尽，与其过多地规定“准用”条款，不如扩大《合同法》的适用范围。从立法技术上看，可以节省一些关于“准用”的规定，尤其是可以使法官在处理一些新的合同纠纷时适用《合同法》总则的规定，而不至于因未规定“准用”而面临无法可依的困难境地。因此，为了将各种新的合同关系均纳入合同法的调整范围，就必须扩大民事合同的内涵及合同法的适用范围，而不能将合同仅限于债权合同范畴，否则，将使得这些新型合同关系难以受到法律调整，也会不当限制合同法的适用范围，影响合同法功能的发挥。

总之，笔者认为，统一合同法无论是采纳广义的合同概念，还是采纳最狭义的合同概念，都不十分妥当，最好是采取狭义的合同概念。一方面，我国合同立法历来采纳的是狭义的合同概念。我国《民法通则》第 85 条关于“合同是当事人之间设立、变更、终止民事关系的协议”的规定，实际上采纳了狭义的合同概念。合同是当事人之间产生、变更、终止民事权利义务关系的意思表示一致的法律行为。无论何种形态的合同，只要它是当事人之间设立、变更、终止民事关系

---

① 上海社会科学院法学研究所编：《国外法学知识丛书·民法》，157 页，北京，知识出版社，1983。

的协议，都可以看作是我国合同法的有机组成部分，并可以适用我国合同法的规定，统一合同法应当继续采纳《民法通则》的合同概念。另一方面，我国司法实践事实上也采纳了狭义的合同概念。在发生合同纠纷以后，只要合同是当事人之间产生、变更、终止民事权利义务关系的意思表示一致的协议，在没有特别法可供适用的条件下，可以依据合同法解决纠纷。如果合同法只限于规范狭义的债权合同，必将造成法律的疏漏，不利于法官依法裁判、解决纠纷，以及为权利人提供有效的救济和保障。还应当看到，采纳狭义的合同概念有助于准确适用合同法律、解决合同纠纷。合同类型随着交易的发展而不断发展，当新型的无名合同产生以后，在法律上不能确定其为债权合同的情况下，也应当为其确立法律适用的规范。采纳狭义的合同概念，意味着无论何种形态的合同，只要它是当事人之间设立、变更、终止民事关系的协议，都可以看作是我国合同法的有机组成部分，并可以适用合同法的规定。采纳狭义概念既避免了广义合同概念因过于宽泛所产生的缺陷，也可以解决最狭义的合同概念因适用范围过于狭窄而在法律调整方面所引起的疏漏。

强制缔约的若干问题探讨

缔约自由是合同自由的重要内容，它是指导当事人订立合同的基本原则。然而，在现代合同法中，由于强制缔约（Kontrahierungszwang，Abschlusszwang）的发展，缔约自由制度受到了一定的限制。《合同法》第 179 条中有关供电人强制缔约的义务、第 289 条中公共运输的承运人的强制缔约义务，都是强制缔约制度的组成部分。法律在特殊情形下规定强制缔约，是保护弱者和维护社会公共利益的重要方式，其产生也反映了现代合同法强化人文关怀、维护合同实质正义的发展趋势。

一、强制缔约是对缔约自由的限制

强制缔约是指依据法律、行政法规的规定，只要一方当事人提出缔结合同的请求，另一方当事人就负有与之缔结合同的义务。因此，按照德国学者尼普代的观点，在强制缔约中，负有强制缔约义务的一方，有法律上的义务必须与相对人订立合同。[①] 依据强制缔约制度，受强制缔约保护的另一方当事人，有权请求义

① Nipperdey，Kontrahierungszwang und diktierter Vertrag，1920，S. 7.

务人订约，要求义务人发出要约，或者其发出的包含有妥当条件的要约义务人必须接受。[①] 强制缔约一般仅限于特殊的情形，法律规定个人或企业负有应相对人的请求而与其订立合同的义务，即对相对人之要约，非有正当理由不得拒绝承诺。[②]

强制缔约制度实际上是对意思自治原则下当事人的缔约自由的限制。意思自治与合同严守（pacta sunt servanda，Agreements must be kept）是合同法的两大原则。在19世纪，合同法理论与经济自由主义相伴而生。这套理论认为，合同法是一个自足的体系，反映了在19世纪占据主导地位的自由放任主义经济的理念（laissez-faire economic attitudes）。这种理念推定，个人自由与社会财富的创造是完全能够同步实现的。[③] 古典的合同法理论认为，“契约即公正”[④]，也就是说，合同自由可以自然导向合同正义，人们按照自己的意愿自主地进行交换，这种关系对于双方都是公正的，对于社会也是有利的。然而，合同自由并没有也不可能完全实现社会正义。一方面，由于信息不对称、竞争不充分、集体合作规模大等原因，市场不能够完全自发地、有效地配置资源，不少时候无法通过自发的合同交易实现社会财富的最有效流通。另一方面，单个的交易当事人往往不能考虑到社会公共利益，因而过分强调合同自由，有可能无法保障公共利益的实现。从20世纪初开始，许多合同法学者开始批判这种经典合同理论，认为那种关于“合同自由的自足合同理论”是不现实的，没有反映合同实践的现状，阻碍了社会的发展。[⑤] 对于合同自由，也开始施加必要的限制。当代合同法在保障自由价值的同时，“也注重伸张社会正义和公平，以求得当事人之间以及当事人

---

① Bamberger/Roth/ Eckert，§145，Rn. 12.

② 参见陈自强：《契约之成立与生效》，158页，台北，学林文化事业出版有限公司，2002。

③ See Mindy Chen-Wishart，*Contract Law*，（4th edition），Oxford University Press，2012，p. 10.

④ 尹田：《法国现代合同法》，20页，北京，法律出版社，1995。

⑤ 对经典合同理论的代表性批评，可见 M. Horwitz，“The Historical Foundations of Modern Contract Law”，87 *Harvard Law Review* 917（1974）；Gilmore，Grant，*The Death of Contract*，The Ohio State University Press 1974；对整个私法领域的经典意思自治理论的反思，参见熊丙万：《私法的基础：从个人主义走向合作主义》，载《中国法学》，2014（3）。

与社会利益之间的平衡”[①]。强制缔约即为对合同自由的限制，通过此种限制可以有效地保护弱势群体的利益，实现合同的实质正义。

强制缔约是对合同自由的限制。一方面，它为当事人强加了必须缔约的义务。缔约自由包括当事人有权决定是否缔约，以及选择缔约伙伴的自由，它是实现当事人利益的重要工具。[②] 然而，强制缔约构成对缔约自由的限制，因为缔约当事人负有必须发出订立合同之意思表示的法定义务。[③] 另一方面，它也对缔约的内容加以了限制。针对要适用强制缔约的情形，当事人不仅负有缔约的义务，而且，应当按照法律规定的内容来缔约。因为处于弱势地位的一方，其往往不具有谈判能力，如果仅仅对强势一方强加了缔约义务，而没有对缔约内容加以限制，仍然无法实现对弱势群体的保护。从实践来看，缔约内容的限制往往要通过特别法的形式加以明确。[④] 需要指出，在强制缔约关系中，由于合同的缔结仍然需要经过要约和承诺环节，其在形式上仍然是当事人双方进行磋商、意思表达一致的产物。因此，强制缔约并没有从根本上否定合同意思自治的基本规则。“契约关系的发生，仍然有赖当事人互相意思表示一致而成立契约，准此，缔约强制尚未脱离契约原则的范畴。”[⑤]

强制缔约是如何对合同自由进行限制的呢？其主要是从如下几个方面进行展开。

第一，将缔约规定为当事人的法定义务。从而限制了当事人的订约自由。订约自由是合同自由的重要组成部分，这就是说，在法律规定强制缔约的情形下，一方当事人依据法律规定而负有义务与对方订约，义务人违反该义务应当承担相应的民事责任。有学者认为，预约合同也是一种强制缔约，因为在预约的情况

---

① 王晨：《日本契约法的现状与课题》，载《外国法评译》，1995（2）。

② MünchKomm/Busche, vor §145, Rn. 12, 2012.

③ Staudinger/Bork, vor §145, Rn. 29 f.; Busche, Privatautonomie und Kontrahierungszwang, 1999, S. 243.

④ MünchKomm/Busche, vor §145, Rn. 14.

⑤ 陈自强：《契约之成立与生效》，158 页，台北，学林文化事业出版有限公司，2002。

下，当事人都负有按照预约合同订立本约的义务，这是以合同形式出现的强制缔约。[①] 笔者认为，预约显然不属于强制缔约的范畴，预约是当事人之间基于私法自治而订立的合同，订立本约的义务属于合同义务，而不是法定义务。预约合同也必须基于合同自由进行协商而定，违反预约合同也不能直接导致本约的订立。[②] 正是因为强制缔约是法定义务，所以，受保护的一方都可以依据法律规定直接请求义务人承担相应的责任。此处所说的责任主要是民事责任，一方违反强制缔约义务，另一方当事人可以请求对方履行强制缔约义务，并对产生的损失请求损害赔偿。

第二，强制缔约包括强制要约和强制承诺两个方面。这就是说，依法负有发出要约义务的当事人，应当及时发出合理的要约。依法负有承诺义务的当事人，不得拒绝对方合理的订立合同要求。强制缔约最初产生主要是在强制承诺方面，而随着其不断发展，现在不仅包括强制承诺，而且将强制要约纳入其中。对要约的强制主要体现为依据法律或行政法规的规定，部分企业负有强制订货的义务。但是对于强制缔约来讲，主要还是强制承诺的问题。也就是说，在法律规定了强制缔约义务的情况下，如果当事人没有作出承诺，该合同也并非当然不成立。在例外情况下，法院可以判决该合同成立，即便当事人没有作出承诺，该合同也会成立。[③] 正是因为强制缔约仍然要经过要约和承诺的程序，所以一方违反强制缔约义务时，合同仍未成立，只不过违反义务的一方应当承担相应的责任。

第三，强制缔约的义务来源于法律和行政法规的规定。法律之所以要规定强制缔约，根本原因在于维护公共利益。因为在特定情况下（如一方当事人处于垄断地位），缔约自由这一工具也可能失去其实现双方当事人利益的功能，从而损害一方当事人利益，关系到社会公共利益的实现。强制缔约往往与特定企业具有相当市场支配力（marktbeherrschendes Unternehmen）或者垄断地位（Monop-

---

① Bamberger/Roth/ Eckert，§145，Rn. 19.

② MünchKomm/Busche，vor §145，Rn. 60.

③ 参见崔建远：《合同法总论》上卷，127 页，北京，中国人民大学出版社，2008。

olbereiche）有关。[①] 强制缔约制度的主要功能在于防止部分公共服务的提供者选择性地提供公共服务、损害广大消费者利益，进而损害社会公共利益。[②] 一般而言，负有强制缔义务的通常是提供水、电、气等公共服务的大型企业，消费者个人与此类大型企业在经济实力、谈判能力上存在较大的差异，如果仍然采用传统的绝对合同自由原则，则大型企业可能会滥用其订约自由，单方面决定交易对象、交易价格等合同内容，从而损害相对人的利益。因此，双方当事人通过此种合同形成的利益关系就可能严重失衡，最终导致合同内容违背公平正义的基本民法原则，违背善良风俗和法律[③]，甚至有可能使合同另一方当事人不能获得必要的公共服务而影响其基本的生存。[④] 因此，强制缔约制度通常发生在向社会提供公共产品或者服务的一方与广大消费者之间，以及基于维护社会公共利益的需要而必须缔结的合同关系之中。我国《合同法》第 289 条规定的公共运输企业强制缔约义务就属于此种情形。然而，由于强制缔约对合同自由施加了较强的限制，而且只能由法律和行政法规进行规定，而不能由地方性法规和部门规章等其他规范性文件规定，如果允许所有规范性文件规范施加合同当事人以强制缔约的义务，显然会导致对合同自由的过度限制，使得行政手段过分干预民事活动的自由，也不利于在各地区、各行业形成统一的法律适用。而且强制缔约涉及基本的缔约自由权利，依据法律保留的原则，应当由法律作出规定，不能认为可以由所有规范性文件加以限制。

从比较法上来看，各国立法大多规定了强制缔约的制度。《德国民法典》中并没有规定强制缔约制度，但后来一些商事法律和其他特别法中出现了有关强制缔约的规定，例如在铁路运输、能源供应、汽车责任保险[⑤]、残障人士就业、社

① Staudinger/Bork，vor §145，Rn. 16；MünchKomm/Busche，vor §145，Rn. 18；Bamberger/Roth/Eckert，§145，Rn. 17.

② MünchKomm/Busche，vor §145，Rn. 12，2012.

③ Bamberger/Roth/ Eckert，§145，Rn. 16.

④ 参见韩世远：《合同法总论》，86 页，北京，法律出版社，2008。

⑤ MünchKomm-VVG/Brand，§113，Rn. 17.

会保险等领域出现了要求有关企业强制缔约的规定。[①] 也有一些国家不仅确认了公共承运人的强制缔约义务，而且广泛确认了供电、水、气等具有垄断性的公用事业部门均不能拒绝消费者或者客户的要约。[②] 由于这些部门居于垄断地位，一旦滥用其订约的自由，拒绝消费者的合理要约，则消费者将无法获得生活所必需的服务或商品，从而导致生活失去保障，因此，法律为保护消费者利益而确立了居于独占地位的公用事业部门的强制缔约义务。

在我国，中华人民共和国建立以后，由于高度集中的经济管理体制的建立，经济领域大量实行指令性计划，依据指令性计划订立合同，实际上也是一种强制缔约制度。[③] 改革开放30多年来，指令性计划已经大量减少，在社会生活中已经不发挥很大的作用。尽管如此，强制缔约制度在我国仍然有其适用的空间。一方面，我国在很多领域都存在垄断企业，它们与消费者之间形成事实上的不平等地位。为了维护消费者权益，有必要通过强制缔约制度强制垄断企业接受消费者的要约。事实上，强制缔约制度确实是避免合同自由之滥用、保护消费者权益的有效措施之一。[④] 另一方面，从保护民生、强化弱势群体保护出发，对于那些日常生活必需的服务和产品（Daseinsvorsorge）[⑤]，需要实施强制缔约制度。例如，一些提供社会公共服务的企业，其服务往往关系到民生，不同于一般的商业活动。且由于这些服务的社会性质，国家往往限制这些服务的准入机制，即这些社会服务往往仅仅能够由社会上的少数企业提供，有些情况下甚至为个别企业所垄断，民众如果想要享有这种服务只能和特定的企业签订合同。在此情况下，企业和相对人之间的经济地位会出现明显的不平等。国家有必要对这些企业课以强制缔约的义务，以保障民生、维护消费者的基本利益。此外，强制缔约义务往往还有一

---

① 参见［德］梅迪库斯：《德国债法总论》，杜景林、卢谌译，70～71页，北京，法律出版社，2003。

② Jauernig BGB, vor §145, Rn. 9 f.; Bamberger/Roth/ Eckert, §145, Rn. 14.

③ 参见朱岩：《强制缔约制度研究》，载《清华法学》，2011（1）。

④ Jauernig BGB, vor §145, Rn. 11 f.

⑤ Staudinger/Bork, vor §145, Rn. 21; MünchKomm/Busche, vor §145, Rn. 15; Jauernig-BGB, vor §145, Rn. 10; Bamberger/Roth/ Eckert, §145, Rn. 14 f.

定的法律政策目的，如有关交通责任强制保险的内容，就是国家为了建立受害人的综合救济机制，保证受害人能够及时获得赔偿，化解社会矛盾而设立的。① 正是因为这些原因，我国《合同法》和有关的法律法规都确认了强制缔约制度。例如，《合同法》第289条规定，“从事公共运输的承运人不得拒绝旅客、托运人通常、合理的运输要求”。因此，只要旅客、托运人提出了通常合理的运输要求(即要约)，从事公共运输的承运人就负有强制承诺的义务。这一点在我国地方立法也有体现。② 公共承运人承担着公共运输的功能，要求其负有强制缔约的义务，是为了满足社会公众运输方面的一般需求。从今后的发展趋势来看，随着法律上合同正义要求的强化，以及对弱者保护的加强，强制缔约制度的适用范围将会不断扩展。

二、强制缔约义务的内容

如前所述，强制缔约实际上给缔约当事人强加了如下三个方面的义务。

(一) 强制要约的义务

所谓强制要约的义务，是指依据法律或行政法规的规定，一方当事人必须向他方当事人作出要约的意思表示。一般的强制缔约主要体现为承诺的强制，如供用电、水、气、热力，公共运输中的强制，均表现为对承诺的强制。但郑玉波先生认为，强制缔约主要是对缔结合同自由的限制，其中包括了对要约自由和承诺自由的限制。例如，我国台湾地区关于粮食的紧急征购和配售，属于对要约自由的限制。③ 在大陆，也有学者认为强制缔约不仅包括承诺的强制，还包括要约的

① 参见刘锐等：《中国机动车强制保险制度研究》，129页，北京，法律出版社，2010。

② 如《北京市出租汽车管理条例》第17条规定：“出租汽车驾驶员除下列情形外，不得以任何理由拒绝载客或者中途终止客运服务：(一) 乘客在禁止停车的路段招手拦车；(二) 乘客携带违禁和易燃、易爆等危险品以及污损车辆的物品乘车；(三) 醉酒者、精神病患者在无人监护下乘车；(四) 乘客要求出本市或者在夜间到远郊区、县而不按规定随驾驶员进行登记；(五) 乘客的要求有其他违反出租汽车管理、道路交通管理、治安管理规定的。”

③ 参见郑玉波：《民法债编总论》，33～34页，北京，中国政法大学出版社，2004。

强制，即根据法律的规定，某一权利主体有义务向他人发出要约以订立合同。[①]事实上，我国立法中已经出现了关于强制要约的规定，例如，《证券法》第 88 条规定了持股 30%以上的股东继续收购时的强制要约义务。民法典分编（草案）第 286 条同样也对要约的强制进行了规定。从这一点上来看，强制缔约义务当然应当包括强制要约。

（二）强制承诺的义务

所谓强制承诺的义务，是指依据法律或行政法规的规定，一方当事人必须针对他人的要约作出承诺的意思表示，即对接受要约义务的强制。[②] 在强制承诺的情形下，虽然承诺人依法负有必须订立合同的义务，但这并不意味着该合同可以依据法律的规定直接成立，而是还应当依据要约一承诺的一般程序订立合同。这就要求承诺人在必须作出承诺的意思表示之前，要约人必须作出明确的要约。强制缔约义务人负有应相对人请求订立合同的义务。

在此，有必要讨论企业实行黑名单制度。2014 年 6 月 14 日，国务院发布了《社会信用体系建设规划纲要（2014—2020）》，该文件指出，“强化行政监管性约束和惩戒。在现有行政处罚措施的基础上，健全失信惩戒制度，建立各行业黑名单制度和市场退出机制”。建立黑名单制度，其实就是要形成一个联动机制，对失信人予以惩戒，使其“一处受限，处处受限”。但黑名单制度也涉及个人基本生活保障的问题，因为在将个人纳入黑名单之后，个人将面临各种资格上的限制，如不能获得银行的贷款，无法预订高铁票、卧铺票和飞机票，无法报名参加旅游团体计划等。这实际上涉及黑名单制度与强制缔约义务的协调问题。笔者认为，将他人纳入黑名单的行为不应当影响其基本的生活需要，因为这涉及对个人基本民生和基本人权的保障。例如，凡是在高铁上抽烟的，要处以罚款，并可能被纳入高铁乘客“黑名单”。尽管纳入高铁黑名单是有必要的，但不能禁止乘客乘坐火车出行，如果某人被纳入黑名单后，出行被完全限制，则会严重威胁到当事人的基本生活保障。有关企业虽有权依法设置黑名单，对相关个人的交易行为

① 参见朱广新：《合同法总则》，81 页，北京，中国人民大学出版社，2008。

② Staudinger/Bork, vor §145, Rn. 29.

进行必要的限制，但并不能完全排除其强制缔约义务，对于被纳入黑名单的人所提出的合理缔约要求，相关企业仍应当依法作出承诺，否则可能需要承担缔约过失责任。

（三）按照法律规定的合同内容缔约的义务

强制缔约是否包括缔约内容的强制？对此，学者之间观点不一。有学者认为，强制缔约的内容仅限于对缔约行为的强制，而不包括对内容的强制。另一些学者则认为，除了强制缔约行为，缔约内容也应当属于强制缔约的内容。[①] 德国学者梅迪库斯就认为："强制订约通常也会排除共同决定合同内容的自由"[②]。从实践来看，强制缔约已经广泛运用于对合同内容的强制。正如克茨教授所指出的，"许多重要的合同，如雇佣、房屋出租、保险和消费者信用协议等，现在都以强制性规则体系加以调整。这些强制性规则为较弱的一方当事人提供了某种保护，关于提供能源、交通或生活必需品的条款都在法律中有普遍规定或受公共机关的监督"[③]。

笔者认为，强制缔约应当包括对缔约的限制和对内容的限制两方面的内容。因为合同一方当事人不仅负有与相对人订立合同的义务，而且还负有以相对人可接受的合理、相同内容订立合同的义务。[④] 是否缔约的强制与缔约内容的强制是相互联系、密不可分的。从我国相关法律规定来看，强制缔约的内容并不仅仅限于是否缔约之上。例如，《机动车交通事故责任强制保险条例》（以下简称《强制保险条例》）第 13 条规定："签订机动车交通事故责任强制保险合同时，投保人不得在保险条款和保险费率之外，向保险公司提出附加其他条件的要求。签订机动车交通事故责任强制保险合同时，保险公司不得强制投保人订立商业保险合同以及提出附加其他条件的要求。"该条第 1 款的内容限制了投保人在保险条款和费率之外向保险公司提出其他条件的权利，而第 2 款则限制了保险公司向投保人就保险条款之外提出其他条件的权利。这两款的规定共同限制了机动车交通事故

① 参见冉克平：《论强制缔约制度》，载《政治与法律》，2009（11）。

② ［德］梅迪库斯：《德国债法总论》，杜景林、卢谌译，70 页，北京，法律出版社，2003。

③ ［德］海因·克茨：《欧洲合同法》上卷，周忠海等译，14 页，北京，法律出版社，2001。

④ Staudinger/Bork，vor §145，Rn. 15.

责任强制保险合同的双方当事人就保险合同以外其他内容作出约定的权利，即双方只能够就法律、法规所明确规定的强制保险合同的基本内容签订合同，在此范围之外的其他约定均不受到法律的保护。事实上，如果法律仅仅规定了是否缔约的强制，而对缔约内容没有任何的限制，则强制缔约关系中占有优势的一方，就会利用自己的优势缔约，在缔约内容上给合同相对方任意增加相关义务，使得双方权利义务极不均等，甚至最终迫使相对人放弃缔约，这样强制缔约制度本身的目的就根本无法实现，法律关于是否订约的强制性规定也就会成为具文。[①] 这就是说，如果强制缔约本身不包括内容强制（Inhaltszwang），强制缔约的经济目的就会无法实现，强制缔约的受益人反而单方地负担了过重的义务。[②] 当然，在某些情况下，如果法律对强制缔约合同的内容并没有具体的规定，则应当按照社会一般的公平原则和诚实信用原则确定合同的内容。如果相对人认为合同内容有违公平和诚实信用，可以诉诸法院，要求法院对合同内容加以变更，强制缔约义务人应当接受变更后的合同条款。

在强制缔约的情形下，一方负有强制缔约义务，但此种义务是否包括变更解除的义务？一般认为，强制缔约义务是指缔结合同的义务，不应当延伸到合同的变更和解除。因为在缔约之后，强制缔约义务已经履行，当事人就应当按照已经成立的合同，依照《合同法》的相关内容严格履行合同规定的条款。当事人不能够以合同是通过强制缔约而成立的为由，任意变更合同的内容甚至解除合同。即使要变更或解除合同，也必须要符合当事人的约定或法律规定。当然，针对强制缔约合同，法律上有可能对具体的变更和解除事宜作出一定的规定，这属于法律赋予当事人的变更和解除合同的权利。例如，《强制保险条例》第 14 条规定："保险公司不得解除机动车交通事故责任强制保险合同；但是，投保人对重要事项未履行如实告知义务的除外……投保人应当自收到通知之日起 5 日内履行如实告知义务；投保人在上述期限内履行如实告知义务的，保险公司不得解除合同。"据此，当投保人隐瞒重要事项时，保险人便享有对机动车交强险保险合同的解除

① Staudinger/Bork, vor §145, Rn. 15.

② Bamberger/Roth/Eckert, §145, Rn. 12.

权。但是，如果投保人自收到解除机动车强制保险合同的通知之日起5日内，履行了如实告知义务的，保险人无权解除机动车强制保险合同。

还需要讨论的是，优先购买权是否具有强制缔约的效力？我国现有民商事立法设置了多项优先购买权制度，典型的有《物权法》中共有人的优先购买权制度、《合同法》中承租人的优先购买权、《公司法》中的股东优先购买权等。问题在于，优先购买权人是否可以强制要求出让人与其缔结财产或者股权转让合同？尤其是当出让人不再愿意向任何人转让时，优先购买权人能否主张强制缔约？以《公司法》第72条规定的股东优先购买权为例，该条规定，“经股东同意转让的股权，在同等条件下，其他股东有优先购买权”。那么，股东的优先购买权是否具有强制缔约的效力呢？例如，在某房地产开发有限公司股东优先购买权纠纷案中，该公司共有9名股东，其中8名股东与第三人签订了《股权转让协议》，约定以9千万元的价格转让公司股权。协议签订后，另1名股东知情后向8名股东提出要行使优先购买权。8名股东得知此事后，表示不再向任何人转让股权，并随即与第三人协议解除了《股权转让协议》。优先购买人随即诉至法院，要求8名股东向其强制转让股权。一审法院认为，既然优先购买权人作出了行使优先购买权的意思表示，那么，无论出让人是否愿意出让，都应当以《股权转让协议》为内容向优先购买权人出让股权，并判令8名股东向优先购买权人出让股权。法院作出判决的主要依据在于，优先购买权可以产生直接使得合同成立的效果，因此，行使优先购买权可以实现强制缔约。笔者认为，该一审法院的判决值得讨论，因为优先购买权并不具有强制缔约的效力，主要原因在于：一方面，从立法目的上看，优先购买权主要是基于特殊的法律政策考虑，而赋予当事人的权利。例如，为了维护有限责任公司的封闭性和人合性，有限责任公司的股东享有优先购买权。而强制缔约虽然也是特殊法律政策考量的结果，但是，作为两者基础的法律政策考量因素往往是不同的。另一方面，强制缔约往往产生使合同直接成立的效果，而优先购买权并不具有使当事人之间直接产生合同关系的效力。2009年最高人民法院《关于审理城镇房屋租赁合同纠纷案件具体应用法律若干问题的解释》第21条规定，出租人出卖租赁房屋未在合理期限内通知承租人或者存在其他侵害承租人优先购买权情形，承租人请求出租人承担赔偿责任的，人民法院应予支持。但请求确认出租人与第三人签订的房屋买卖合同无效的，人民法院不予支持。可见，我国司法实践并不认可优先购买权可以直接产生合同订立的效力。还要看到，按照我国学界的通说，优先购买权本质上是一种形成权，形成权的作用即在于依据权利人的意思形成、消灭或者变动法律关系①，换言之，在同等条件下，权利人的意思得直接成立买卖合同，因而优先购买权的行使无须强制缔约制度来规范。

三、强制缔约的适用范围

如前所述，强制缔约既可以适用于要约阶段，也可以适用于承诺阶段。但其究竟应当适用于何种情形，则值得探讨。有学者认为，对于强制缔约应当设置一般条款，以实现保护消费者权益和保障民生的目的。但是，笔者认为，强制缔约的设置仍然应当通过法律上具体规定的方式，而不宜采纳一般条款。理由主要在于：一方面，强制缔约构成了对私法自治的重要限制，此种限制在法律上的设置应当谨慎。如果设置一般条款，则可能过分限制了合同自由；另一方面，如果设置了一般条款，则使得法官享有了较大的自由解释空间，这也给予了法官任意干预合同自由的借口。笔者认为，强制缔约制度的设立目的是实现社会公共利益，从其制度目的出发，应当主要适用于如下情形。

第一，强制要约收购，它是指法律为了保护中小股东的利益，当一持股者持股比例达到法定数额时，强制其向目标公司同类股票的全体股东发出公开收购要约的制度。《证券法》第88条规定："通过证券交易所的证券交易，投资者持有或者通过协议、其他安排与他人共同持有一个上市公司已发行的股份达到百分之三十时，继续进行收购的，应当依法向该上市公司所有股东发出收购上市公司全部或者部分股份的要约。"

第二，医疗机构在紧急抢救情形下的强制缔约义务。从比较法上来看，各国

① 参见常鹏翱：《论优先购买权的法律效力》，载《中外法学》，2014（2）。

和各地区的法律大多规定了医疗机构的强制缔约义务，如《日本医师法》第 19 条规定，“从事诊疗之医师，在诊察治疗之请存在的场合，若无正当事由，不得拒绝该请求。”由于医疗服务关系到公民的生命、健康权，法律对医疗服务行为进行了特别的规制，以保护患者的生命、健康权。因此，在特殊情形下，法律也规定了医疗机构负有强制缔约义务。例如，我国《执业医师法》第 24 条规定：“对急危患者，医师应当采取紧急措施进行诊治，不得拒绝急救处置。”《医疗机构管理条例》第 31 条也规定，“医疗机构对危重病人应当立即抢救”。在紧急情况下的救助义务也是一种强制缔约义务的体现，在患者需要紧急抢救的情况下，有患者家属或者第三人将患者送往医疗机构救治时，可以视为向医疗机构发出了订立医疗服务合同的要约，在此情况下，医疗机构负有强制缔约的义务。在医疗领域规定强制缔约，从根本上是为了保障患者的生命健康权，充分实现医疗机构的公益目的。

第三，供应电、水、气、热力等社会必需品的企业所负有的强制缔约义务。从比较法上看，在需要采用强制缔约制度的社会关系中，负有强制缔义务的通常是提供水、电、气等公共服务的大型企业，双方当事人在经济实力、谈判能力上存在较大的差异，如果仍然采用传统的绝对合同自由原则，则大型企业可能会肆意利用合同订立的主动权，单方面决定交易对象、交易价格等合同内容，从而使合同相对方处于被动接受的不利地位。因此，双方当事人通过此种合同形成的利益关系就可能严重失衡，最终导致合同内容违背公平正义的基本民法原则，甚至有可能使合同另一方当事人不能获得必要的公共服务而影响其基本的生存。[①] 另外，在现代社会中，供用电、水、气、热力涉及千家万户，其事关社会的基本运行秩序和稳定，属于民生必需品，具有很强的公益色彩。正是因为其关系到基本民生，因此，供用电、水、气、热力合同不仅关系到当事人的利益，而且关系到社会公共利益。[②] 因此，强制缔约制度通常发生在向社会提供公共产品或者服务的一方与广大消费者之间，以及基于维护社会公共利益的需要而必须缔结的合同

① 参见韩世远：《合同法总论》，86 页，北京，法律出版社，2008。

② 参见崔建远主编：《合同法》，395 页，北京，法律出版社，2003。

关系之中。[1] 我国《合同法》虽然对供用电、水、气、热力合同的订立没有规定强制缔约，但在有关特别法之中，对此作出了规定。例如，《电力法》第26条规定："供电营业区内的供电营业机构，对本营业区内的用户有按照国家规定供电的义务；不得违反国家规定对其营业区内申请用电的单位和个人拒绝供电。"这就确认了强制缔约义务。

第四，责任保险中的强制缔约。从比较法上来看，采用强制责任保险的方式救济受害人，是比较普遍的做法。在欧美国家，强制责任保险被广泛采用，伴随着责任保险的发展，就是严格责任不断类型化。[2] 而且，从承保对象来看，强制责任险有从人身安全向财产安全扩张的趋势。例如，在英国，机动车强制责任保险最初仅保障人身，到2003年以后，其保障范围就扩大到财产。[3] 从损害补救方面来看，强制责任保险发挥的作用也日益突出。这种作用表现在：一方面，通过责任保险来提供救济，避免责任人清偿能力的不足，并实现责任的社会化分担。[4] 绝大多数机动车致害的赔偿通过责任保险得以解决。据1970年的统计，在美国，机动车责任保险的保费收入在1970年达到100亿美元，在法国高达90亿法郎，可以涵盖绝大多数交通事故责任。[5] 欧洲许多国家的责任保险几乎可以解决交通事故等赔偿责任问题，从而极大地减缓了侵权法在事故责任领域所遇到的压力，为受害人提供了充分的救济。另一方面，责任保险除了能够提供有效赔偿外，还以其简单、便捷的获赔程序而广受青睐，大量的责任保险的赔付都是由保险公司直接支付给受害人，从而免除了受害人烦琐的诉讼程序的负担。责任保险最大限度地节省了社会成本，有助于广泛地分散损失，使个人所受到的灾祸损害

---

① 参见［德］海因·克茨：《欧洲合同法》上卷，周忠海等译，14页，北京，法律出版社，2001。

② See Gerhard Wagner (ed.), *Tort Law and Liablity Insurance*, Springer Wien New York 2005, p. 311.

③ See Markesinis & Deakin. s, *Tort Law*, 6th edition, Clarendon Press, Oxford, 2008, p. 69.

④ 例如，英国在1897年制定了《工伤赔偿法》，首先在工伤领域实行严格责任，并逐步推行责任保险，1946年制定了《全民保险（工伤）法》。See Andre Tuné, *International Encyclopedia of Comparative Law*, Vol. 4, Torts, Introduction. J. C. B. Mohr (Paul Siebeck) Tübingen, 1974, p. 45.

⑤ See Andre Tuné, *International Encyclopedia of Comparative Law*, Vol. 4, Torts, Introduction, J. C. B. Mohr (Paul Siebeck) Tübingen, 1974, p. 51.

减到最小限度。[①]

我国《保险法》第50条规定了责任保险制度，但责任保险可以分为强制性责任保险和商业性责任保险。在商业性责任保险中，投保人可以自由决定是否投保，因此，只有在强制责任保险中，保险人才负有强制缔约义务。例如，《机动车交通事故责任强制保险条例》第10条规定，在机动车交通事故责任强制保险中，保险公司负有强制缔约义务。[②]

第五，从事公共运输的承运人应满足旅客、托运人通常、合理的运输要求。《合同法》第289条规定，"从事公共运输的承运人不得拒绝旅客、托运人通常、合理的运输要求"。该条对从事公共运输的承运人施加了一种强制缔约的义务。所谓公共运输，是指面向社会公众的，由取得营运资格的营运人所从事的商业运输行为。强制缔约的内容是从事公共运输的承运人不得拒绝旅客、托运人通常、合理的运输要求，如何理解"通常、合理的运输要求"？首先，此处所说的通常、合理的运输要求，主要是就缔结合同而言的。也就是说，双方在订立合同时，托运人和旅客提出了与承运人缔约的要求，只要其要约的内容是通常的、合理的，承运人就应当接受该要约。通常的、合理的要求，包括运输线路的确定、运输工具的要求、票价的确定等。但如果该要求是不合理的，则承运人有权拒绝。例如，托运人选择的线路非常危险，或者愿意支付的运输费用过低，承运人也可以拒绝。其次，通常、合理的运输要求，也可以作扩大解释，即可以包括在运输过程中的要求。在运输过程中，承运人对旅客所提出的通常、合理的要求应该予以满足，例如，航空运输中应该提供基本的能够保障旅客正常饮用的饮料、矿泉水等。值得注意的是，通常、合理的运输要求不能根据个别旅客来进行确定，而应该根据交易习惯来进行认定。[③]

第六，法律和行政法规所规定的其他强制缔约的场合。对于强制缔约，法律

---

① See John Fleming, "Is there a Future for Tort?", 44 *La. L. Rev.* 1193, 1198.

② 《机动车交通事故责任强制保险条例》第10条规定："投保人在投保时应当选择具备从事机动车交通事故责任强制保险业务资格的保险公司，被选择的保险公司不得拒绝或者拖延承保。"

③ 参见胡康生主编：《中华人民共和国合同法释义》，448页，北京，法律出版社，2009。

出于公共利益的维护、消费者的保护等，有可能会进行必要的政策调整。另外，随着市场经济的发展，将来也可能增加新的强制缔约的规定。因此，强制缔约并不限于上述情形。

四、强制缔约的效力

在学理上，强制缔约的效力被区分为直接效力和间接效力。所谓直接效力，是指强制缔约的当事人应当负有的缔约义务。所谓间接效力，是指违反强制缔约义务所应当承担的责任。① 因此，从效力而言，强制缔约既产生义务，也产生违反义务的责任。如果仅有义务而没有责任作为保障，其强制性仍然难以实现。

1. 强制缔约的直接效力

强制缔约的直接效力在于，负有强制缔约义务的一方当事人必须受强制缔约规定的约束，不能够拒绝社会上不特定相对人的缔约请求。② 从法律上看，强制缔约义务虽然是在合同法中规定的，但其性质属于强行性规范，而不是任意性规范，当事人不能约定排除其适用。负有强制缔约义务的一方必须应相对人的请求与其订立合同。当社会上不特定的相对人向负有强制缔约义务的一方提出缔约请求并履行相应的手续之后，强制缔约义务人就应当及时作出承诺，从而订立合同。但笔者认为，即使在强制缔约的情况下，合同成立也应当符合如下条件。

第一，在强制要约的情形下，要约的内容应当符合法律的要求。通常，法律都对要约的内容作出了规定，要约人不能在法律规定之外另外提出要求，否则，相对人有权拒绝。例如，《合同法》第289条规定了旅客和托运人在提出要约时应当提出“通常、合理的运输要求”，这就意味着，要约的内容应当符合法律要求，应当公平合理地确定合同内容。从强制缔约制度的设立目的来看，其往往是保护消费者的权益，因而受强制缔约义务限制的一方当事人，通常是大公司、大企业。如果仅仅要求订立合同，而不对其内容进行限制，仍然无法实现强制的目

---

① 参见易军、宁红丽：《强制缔约制度研究——兼论近代民法的嬗变与革新》，载《法学家》，2003（3）。

② MünchKomm/Busche, vor §145, Rn. 23.

的。例如，对于提供公共服务的企业，虽然法律规定其必须缔约，但是，对于价格等关键条款必须加以限制，否则就无法实现强制的目的。因此，强制缔约不仅包括对缔约行为的强制，而且包括不得违反法律规定的缔约条件，如法律关于价格的相关规定。

第二，在强制承诺的情形下，相对方在提出合理缔约的请求后，受要约人依法应当表示承诺。《合同法》第 289 条规定，“从事公共运输的承运人不得拒绝旅客、托运人通常、合理的运输要求”。此处明确提到了相对人必须提出要求，表明强制缔约义务的履行前提是相对人对其发出了订立合同的要约，否则合同无法成立。如果相对方没有提出请求，也不能导致合同的成立。而且，提出的要约必须是合理的，而不能是受要约人所无法接受的条件。一旦提出了这种合理要约，受要约人就应当依法作出承诺。有学者认为，由于强制缔约义务的存在，即便义务人并没有作出明确的表示，仅仅是保持沉默，通常认为此时义务人属于“默示承诺”，合同也能够宣告成立。[①] 笔者认为，此种观点值得商榷。即使是在强制缔约的情况下，合同的成立也需要经过要约、承诺的阶段，在相对人发出要约后，负有强制缔约义务的一方应当及时作出承诺的意思表示，否则，合同不能成立。只不过，依据特殊情形，如果受要约人不承诺，要约人可以起诉追究其法律责任，法院考虑法律设置强制缔约的目的等因素，也可以强制受要约人为承诺的意思表示，从而使合同成立。[②] 例如，就强制责任保险来说，根据《机动车交通事故责任强制保险条例》第 10 条，保险公司具有强制缔约的义务，如果投保人选择某一保险公司投保，保险公司无故拖延或拒绝的，投保人可以向法院起诉要求保险公司与其订立保险合同，法院可以直接判决合同已经成立。如果因为保险公司无故拖延或拒绝给投保人造成损失的，保险公司应当负缔约过失责任。

2. 强制缔约的间接效力

第一，请求继续履行强制缔约义务。在违反强制缔约义务的情况下，并非一

---

① 参见王泽鉴：《债法原理》，62 页，北京，北京大学出版社，2010。

② 参见易军、宁红丽：《强制缔约制度研究——兼论近代民法的嬗变与革新》，载《法学家》，2003（3）。

概都要导致合同成立。对此需要依据具体情形而定。通常而言，在供应电、水、气、热力等社会必需品，以及强制责任保险等情形，一方违反法律规定的强制缔约义务引发纠纷，相对方可以请求法院强制合同成立。这主要是因为从法律设置此种强制缔约的目的来看，其具有保障民生、救济受害人等目的，如果不强制合同成立，就难以实现这一目的。但因为强制缔约的情形较多，各种情形是否都可以强制合同成立，不可一概而论。例如，就航空运输而言，在我国曾出现“航空黑名单”案，虽然航空公司违反强制缔约义务，但是，此种情形下并不应当强制合同成立，相对人应当要求其继续履行缔约义务，以促使合同的成立。

第二，损害赔偿。如果负有缔约义务的一方拒绝订立合同，其应当承担相应的法律后果，主要是损害赔偿。[①] 不仅如此，拖延、迟延订立合同的，也应当负担相应的损害赔偿。[②] 例如，在责任保险中，保险公司无故拒绝投保人的缔约请求，投保人发生车祸之后就要自行对受害人承担赔偿责任。在此需要讨论的是，违反强制缔约义务的责任基础，究竟是违约责任，侵权责任，还是缔约过失责任？对此，有几种不同观点。一种观点认为，应当承担侵权责任。[③] 另一种观点认为，应该区分不同的情况，如果是一般情形的话，拒绝缔约应适用侵权责任，但如果针对特定的主体必须缔约的，负有缔约义务的一方拒绝缔约，则应该承担违约责任。[④] 笔者认为，违反强制缔约义务，主要是缔约过失责任问题，而非侵权责任问题。毕竟违反强制缔约的义务主要发生在缔约的阶段，在缔约阶段违反了法定的先合同义务，因而应当成立缔约过失责任。当然，这并不是说，违反任何法定义务都会导致缔约过失责任的发生。在这里，所违反的只是法定的缔约义务，因此违反强制缔约义务，可以构成缔约过失责任。之所以并未成立侵权责任，原因在于，一方面，违反义务的一方并未直接实施加害行为，所以不能认为

---

① Staudinger/Bork, vor §145, Rn. 20; MünchKomm/Busche, vor §145, Rn. 12; Bamberger/Roth/Eckert, §145, Rn. 16.

② Staudinger/Bork, vor §145, Rn. 31.

③ 参见王泽鉴：《债法原理》，第 1 册，79 页，北京，中国政法大学出版社，2001。

④ 参见李军：《从“强制缔约”到“承诺在先”——关于公共事业服务中承诺在先原则确立的实证分析》，载《法律适用》，2008（1）。

成立侵权责任。毕竟侵权责任以行为人实施一定的侵害行为为责任基础，而在强制缔约中，如果合同相对人拒绝缔约，缺乏加害行为，也没有造成绝对权益的损害，因此难以要求其承担侵权责任。另一方面，侵权责任原则上以特定的民事权利受到侵害为基础，在违反强制缔约义务的情况下，很难解释受害人的何种权利遭受侵害。此外，违反强制缔约义务所产生的损害赔偿责任也并不是违约损害赔偿。因为在强制缔约制度下，如果法院不强制当事人订立合同，则当事人仍然处于缔约阶段，没有形成合同关系。在此情形下，缔约义务人无法承担违约责任。就具体的损害赔偿范围而言，违反强制缔约义务通常会造成信赖利益的损失，而且因为一方有理由信赖另一方会遵守法律规定的订约义务而与对方订约，所以信赖订约是正当的。因而，一方信赖对方要订约而支付的各种费用，完全可以要求对方赔偿。

第三，公法上的责任。强制缔约义务既来自于私法，也来自于公法。如果当事人违反了公法上所设定的强制缔约义务，其往往可能会承担公法上的义务。例如《强制保险条例》第 38 条规定："保险公司违反本条例规定，有下列行为之一的，由保监会责令改正，处 5 万元以上 30 万元以下罚款；情节严重的，可以限制业务范围、责令停止接受新业务或者吊销经营保险业务许可证：（一）拒绝或者拖延承保机动车交通事故责任强制保险的；（二）未按照统一的保险条款和基础保险费率从事机动车交通事故责任强制保险业务的……"因此，违反强制缔约义务，也可能产生行政责任。

对《合同法》格式条款规定的评析*

格式条款的产生和发展是20世纪合同法发展的重要标志之一，它的出现不仅改变了传统的订约方式，而且对合同自由原则形成了重大的挑战。据此，各国都纷纷通过修改或制定单行的法律对格式条款加以规范。我国《消费者权益保护法》曾对格式条款作过专门规定①，此次颁布的新《合同法》对格式条款问题更是进行了详细而明确的规定。下面拟对《合同法》关于格式条款的规定结合实例提出几点评析意见。

一、格式条款的概念及与示范合同的区别

（一）法律条文

《合同法》第39条第2款规定："格式条款是当事人为了重复使用而预先拟定，并在订立合同时未与对方协商的条款。"

（二）学理分析

关于格式条款的概念，不同国家、地区的法律规定不同，但大多将其称为合

---

* 原载《政法论坛》1999年第6期。

① 参见《消费者权益保护法》第24条，《合同法》第39～41条。

同，如英国采用标准合同（standard form contract）名称，而法国法、美国法、日本法称为附合合同、附意合同（contrat de adhesion，contract of adesion），我国台湾地区称其为定型化契约。当然，也有的使用条款名称，如德国法使用的是一般契约（交易）条款，《国际商事合同通则》使用的是标准条款（standard terms）的概念。

我国《合同法》采用格式条款而不是格式合同的概念，无论是在理论上还是实践中都具有极为重要的意义。因为从实践看，尽管格式条款有可能构成一个完整的、独立的合同，表现为一个固定化的完整的书面合同，但是格式条款并不完全等同于格式合同。格式条款订入合同有几种不同情况：一是将格式条款以公告的形式张贴于码头、仓库等公共场所，也可能通过“价目表”“使用须知”“通知”“说明”等形式张贴于一定的营业场所，还可能通过简单的告示表现出来（如货物出门概不退换的告示）①；二是格式条款由有关行政主管部门制定，有关企业直接采用而订入合同；三是格式条款由有关企业单独个别拟定而订入合同；四是将格式条款印刷于一定的文件之上（如车船票、飞机票、电报稿、保险单）。但绝大多数格式条款都是以一个书面合同中的某一条或者数个格式条款的形式表现出来的。在这些情况下，格式条款大多只是作为整个合同（如买卖合同、运输合同、保险合同等）的组成部分，或作为这些合同的部分条款存在的。假如在法律上将格式条款称为格式合同，则很难说明一个合同中存在部分格式条款的现象。合同法使用格式条款的概念，意味着在一个合同中可以将所有的条款分为两类，即格式条款与非格式条款。即使不存在书面合同，那么对于已经纳入合同的和将要纳入合同的格式条款，也可以适用我国《合同法》第39、40、41条的规定。可见，《合同法》采用格式条款的概念扩张了《合同法》上述规定的适用范围，这对于保护消费者利益是极为有利的，因为区分格式条款与一般合同条款的主要意义就在于加强对消费者权益的保护。在加强对格式条款的规范、充分保护消费者的利益方面，设立了三项重要规则：一是明确格式条款制定者采取合理方式，提请对方注意免除或者限制其责任的条款；二是禁止格式条款的制定者利用

① 参见张新宝：《定式合同基本问题研讨》，载《法学研究》，1989（6）。

格式条款免除其责任、加重对方责任、排除对方主要权利；三是在解释格式条款时应当作出不利于提供格式条款一方的解释。这些规定不仅对于经济上处于弱者地位的消费者的权利提供了有力的保障，而且可以有效地防止和限制公司与企业滥用经济优势损害消费者的利益。扩大《合同法》对格式条款的适用范围，显然对消费者的保护是十分必要的。

根据《合同法》第39条，所谓格式条款是指当事人为了重复使用而预先拟定，并在订立合同时未与对方协商的条款。对此定义有如下问题值得研究。

1. 关于格式条款“是由一方为了重复使用而预先拟定”的问题。一方面，该定义强调格式条款是在订约以前就已经预先制定出来，而不是在双方当事人反复协商的基础上制定出来的，这是十分必要的。另一方面，笔者认为在理解该定义时，不能将“重复使用”作为格式条款的特征。因为重复使用并不是格式条款的本质特征，而仅仅是为了说明“预先拟定”的目的。有的格式条款仅使用一次，并没有重复使用，但这并不能否认其为格式条款。而有的经过双方当事人自由协商的普通合同条款，反而重复使用多次，但并不能因此成为格式条款。当然，格式条款大多是为了重复使用而不是为一次性使用制定的，从经济上看，格式条款的运用有助于降低交易费用，因为许多交易活动是不断重复进行的，许多公用事业服务具有既定的要求，所以通过格式条款的方式可以使订约基础明确、节省费用、节约时间，从而大大降低交易费用。但“重复使用”只是其经济功能，而不是其法律特征。

2. 关于“订立合同时未与对方协商”的问题。格式条款的内容具有定型化的特点。所谓定型化，是指格式条款具有稳定性和不变性，它将普遍适用于一切要与起草人订合同的不特定的相对人，而不因相对人的不同有所区别。一方面，格式条款文件普遍适用于一切要与条款的制定者订立合同的不特定的相对人，相对人对合同的内容只能表示完全的同意或拒绝，而不能修改、变更合同内容。因此，格式条款也就是指在订立合同时不能与对方协商的条款。另一方面，格式条款的定型化是指在格式条款的使用过程中，要约人和承诺人双方的地位也是固定的，而不像一般合同在订立过程中，要约方和承诺方的地位可以随时改变。

值得注意的是，根据我国《合同法》第 39 条的规定，格式条款是当事人为了重复使用而预先拟定，并在订立合同时未与对方协商的条款。可见，格式条款的主要特点在于未与对方协商。笔者认为，对《合同法》第 39 条的规定应理解为格式条款是指在订立合同时不能与对方协商的条款。因为未与对方协商的条款并不意味着条款不能与对方协商。某些条款有可能是能够协商确定的，但条款的制定人并没有与对方协商，而相对人也没有要求就这些条款进行协商，但这并不意味着这些条款就属于格式条款。假如当事人一方在能够协商的情况下而不与对方协商，或放弃协商的权利，则不能认为未协商的条款因此而成为格式条款。当然，如果条款制作人明确提出其制作的条款不能协商，则这些条款可以成为格式条款。

3. 关于是否应强调格式条款的附从性。格式条款又称为附从条款，其原因在于相对人在订约中居于附从地位。相对人并不参与协商过程，只能对一方制定的格式条款概括地予以接受或不接受，而不能就合同条款讨价还价，因而相对人在合同关系中处于附从地位。格式条款的这一特点使它与某些双方共同协商参与制定的格式条款不同，后一种合同虽然外观形式上属于格式条款，但其内容是由双方协商确定的，因此，仍然是一般合同而不是格式条款。如 1919 年的《德国海上保险约款》就是由德国海上保险公司、海上贸易关系团体及保险契约者保护所协商制定的格式条款。正是因为相对人不能与条款的制定人就格式条款的具体内容进行协商，因此格式条款的运用使契约自由受到了限制，而且极易造成对消费者的损害。因为消费者通常都是弱者，条款的制定人又大多是大公司、大企业，它们有可能垄断一些经营与服务事业，消费者在与其进行交易时常常别无选择，只能接受其提出的不合理的格式条款。因此，格式条款的制定对制定的一方来说是自由的，而对相对人来说则是不自由的。这就形成了格式条款的弊端，因此有必要对格式条款在法律上进行控制。当然，对于相对人来说，虽然它们不具有充分表达自己意志的自由，但从法律上看，它们仍然应当享有是否接受格式条款的权利，因此仍享有一定程度的合同自由。所以格式条款的适用，也没有完全否定合同自由原则。

笔者认为，格式条款是指由一方当事人为了反复使用而预先制定的、并由不特定的第三人所接受的，在订立合同时不能与对方协商的条款。在讨论格式条款的概念时，应当将格式条款与示范合同加以区别。在实践中，格式条款常与示范合同相混淆。所谓示范合同，是指根据法规和惯例而确定的将之作为示范使用的文件。在我国，房屋的买卖、租赁、建筑等许多行业正在逐渐推行各类示范合同。示范合同的推广对于完善合同条款、明确当事人的权利义务、减少因当事人欠缺合同法律知识而产生的各类纠纷具有作用。但由于示范合同只是当事人双方签约时的参考文件，对当事人无强制约束力，双方可以修改其条款形式和格式，也可以增减条款，因此它不是格式条款。目前，关于格式条款与示范合同的区分标准主要有如下几种：（1）未与对方协商说。根据这一观点，凡是由一方预先制定的且没有经过双方仔细协商的条款都是格式条款，而示范合同虽然是由一方预先制定的，但它是可以由双方协商确定的条款。示范合同只是给订约双方订立合同提供了参考，它本身并不是格式条款。（2）反复使用说。此种观点认为，格式条款都是要反复使用的，而不是一次订约使用的，格式条款的最大优点就是它可以反复使用，从而可以简化谈判过程，降低交易费用。示范合同则不一定是为了反复使用而制定的，可能是为一次性的使用而制定的。（3）由主管机关制定且具有强制性说。许多格式条款都是企业的行政主管机关或者行业主管部门为企业订立合同而制定的。例如，房地产管理部门制定的房屋买卖合同、土地管理部门制定的土地使用权出让合同。而示范合同则只是由有关部门制定出来提供给缔约当事人参考的，它并不具有强制性。（4）为了反复使用而预先制定且未与对方协商说。《合同法》第39条采纳了这一观点，根据该条的规定，只要是由一方预先制定且未与对方协商的，就属于格式条款，而示范合同虽然是预先制定的，但不是为了反复使用的，或者是可以与对方协商的。格式条款与示范合同一样都可能是为反复使用而预先制定的且都可能是由企业的主管机关制定的，但格式条款是固定的、不能修改的，而示范合同只是订约的参考，因此是可以协商修改的。当然，在一个合同中可能存在两种条款，即格式条款和一般示范合同条款，其区别关键看这些条款是否定型化、是否不能与对方协商。

二、格式条款的成立

（一）法律条文

《合同法》第39条第1款规定："采用格式条款订立合同的，提供格式条款的一方应当遵循公平原则确定当事人之间的权利和义务，并采取合理的方式提请对方注意免除或者限制其责任的条款，按照对方的要求，对该条款予以说明。"

（二）学理分析

我国《合同法》对于格式条款订入合同没有作出明确规定，而只是规定免责条款订入合同的条件。这就给人一种印象，即只有免责条款制定人才有提起当事人注意的义务，而一般格式条款一经拟定就可以直接纳入合同之中；也有许多学者认为，格式条款一旦由条款制作人起草出来，便自然应当纳入合同，成为合同的条款。笔者认为，这种理解是不妥当的。

首先，我们要区别格式条款和格式条款文本。《合同法》所称的格式条款实际上是指已经订入合同的条款而不是起草者起草的文本，因为并不是说起草的文本都应作为格式条款纳入合同，该文本可能只具有示范和建议的性质。尽管相对人对格式条款没有自由协商的权利，但也必须有概括的接受或不接受的意思表示。只有被接受后才能使格式条款纳入合同。否则，如果将格式条款制作人起草的任何格式条款文本均作为格式条款，而不需要考虑订入合同的程序，将会使人们误以为格式条款文本可以直接订入合同，而不需要考虑相对人是否愿意接受该条款。这是不妥当的，也是很危险的。正如有人指出的，"由此而带来的后果必然是，格式条款成为一项具有强制约束力的法规，对方当事人只有无条件接受并执行的义务，而没有同意或者不同意的权利，这对消费者而言无疑是雪上加霜"①。

由于《合同法》将格式条款视为已经订入合同的条款，因此免除了格式条款

① 苏号朋：《论格式条款订入合同的规则》，载《第二届"罗马法、中国法与民法法典化"国际研讨会论文集》，272页。

订入合同的程序规定。这是否意味着格式条款除格式化的免责条款以外，不需要经过任何程序便可以纳入合同？笔者认为不是这样，格式条款订入合同必须经过一定的程序，并不能自动纳入合同。格式条款订入合同的程序实际上也就是《合同法》第39条所规定的条款制作人应采取合理的方式提请对方注意。这就是说，提供格式条款的一方在订约时，有义务以明示或者其他合理、适当的方式提醒相对人注意其欲以格式条款订立合同的事实。该提起相对人的注意应当达到合理程度。判断其是否达到合理的程度时，应当依据以下五个方面的因素：(1) 文件的外形。从文件的外在表现形式来看，应当使相对人产生它是规定当事人权利义务关系的合同条款的印象。(2) 提起注意的方法。根据特定交易的具体环境，提供格式条款的一方可以向相对人明示其条款或以其他显著方式如广播、张贴等公告形式提醒相对人注意。在这两种提醒方式中，应当尽可能以个别提醒注意为原则，而以公告方式为例外。(3) 清晰明白的程度。提醒相对人注意的文字或语言必须清楚明白。(4) 提起注意的时间。提起相对人注意的行为，必须是在合同订立之前或订立过程中。(5) 提起注意的程度。必须能够引起一般相对人的注意，合理注意在不同的情况下其确定的标准是不同的。但总的来说，应通过合理注意而使相对人对条款的内容有足够的了解。换句话说，应向相对人提供合理机会了解条款内容，这一规定的目的是使相对人能够有更多的时间认真地研究格式条款。总之，笔者认为，《合同法》第39条的本来含义应当是指任何格式条款都必须要有条款的制作人向相对人提请注意，只不过是对格式化的免责条款，条款的制作人应当尽到更高的提请注意的义务。例如，原则上应当采用个别提醒的方式，提请注意的程度也应当更高。相对人同意使用格式化的免责条款订入合同，原则上应当以明示同意为原则，当然，如果根据交易的实际情况，或者根据交易惯例或双方当事人的约定，也可以以默示方式作出。

其次需要指出的是，对于企业以公告、告示、通知、说明、须知等方式提出的文件，并不一定都是格式条款。这些文件是否能够成为格式条款，除了需要订入合同的程序以外，还必须要看这些文件的全部或者部分内容能否纳入合同，或者已经纳入合同，或者能够独立地成为合同条款。如果根本不能成为合同条款，也就不能成为格式条款。例如，原告张某在一周前便知道被告（某商场）曾在大门上张贴营业时间的告示，称其营业时间为每天早9时至晚9时，后原告于一天早晨赶到商场时，发现商场已张贴一告示："今日盘点，不营业"，原告认为被告关于营业时间的告示属于格式条款，被告违反营业时间的规定属于违约。笔者认为，营业时间的告示根本不能纳入未来的买卖合同中，也不能单独作为合同条款存在，因此不是格式条款。

（三）案例分析

原告李某诉称，一天晚上，其家中的电话突然不能通话，便立刻与被告（该市电信局）联系，经查询得知因其逾期交费而被停机。李某认为电信局停机不合理，电信局提出，根据上级主管部门的规定，用户不按时交纳电话费，电信局有权停机，在用户安装电话时，电信局曾给每个用户开出一个收据，收据的反面都印有"用户须知"，其中便有"用户不按时交纳电话费，电信局有权停机"。李某提出自己从没注意到收据的反面印有"用户须知"，即使知道这一规定，停机也是不合理的。因为在停机前电信局未通知李某，也没有催促其交费。由于突然停机使其遭受巨大损失，李某要求电信局赔偿损失，电信局拒绝赔偿，李某便起诉到法院。

本案在审理中，对于电信局制定的"用户须知"是否属于格式条款且是否有效的问题，存在不同看法。一种观点认为，"用户须知"中的规定是电信局的上级主管部门制定的，属于行政规章，而不是格式条款，法院也无权审查该条款的效力。因此李某未按期交费，电信局有权停机。另一种观点认为，"用户须知"的规定，属于典型的格式条款，李某在安装电话时已经接受该条款，因此电信局停机是有合同上的依据的。还有一种观点认为，"用户须知"的规定虽然是格式条款，但这一规定是不公平、不合理的，应当被宣告无效。

笔者认为该规定应为格式条款，根据是：第一，该条款是为了反复使用而由一方预先制定的；第二，该条款是不能与用户协商的，因此属于典型的格式条款而不是示范合同。问题在于，由有关政府部门制定的规定，能否作为格式条款对待，并可以由法院审查其效力呢？对此应当区分两种情况：一是有关政府部门依据有关法律、国务院行政法规的规定而为企业的经营活动制定出有关格式条款，如果这些条款与法律和行政法规的规定完全符合，实际上是援引法律、法规的规定，法院虽然可以在发生纠纷时对其进行审查，但不得变更、撤销这些条款，或宣告其无效。如果这些条款与法律、行政法规的规定不完全符合，法院也有权对这些条款进行审查。二是有关政府部门单纯是为企业的经营活动制定的格式条款且企业已经将其作为格式条款使用，对这些条款应当作为格式条款对待。法院不仅可以在发生纠纷时对其进行审查，而且可以变更、撤销这些条款，或宣告无效。因为这些条款本质上属于合同条款，而不是法律的直接规定。条款的内容涉及第三人的权利和义务，企业已经将其作为合同条款使用，因此当然应当作为合同条款对待，不能因为这些条款是由行政机关制定或批准的，便改变了合同条款的性质，更何况一些政府部门从本部门利益考虑，对下属企业的经营活动规定了一些格式条款，其中有的不合理地限制了消费者的权利或者免除了经营者应尽的义务，假如认为这些规定都属于行政规章，消费者不能提起诉讼，这对于保障消费者的权利是十分不利的。所以本案中的“用户须知”的规定，应当作为格式条款对待。

本案中“用户须知”的规定是否已纳入合同，是一个有争议的问题。根据《合同法》第 39 条，采用格式条款订立合同的，提供格式条款的一方应当遵循公平原则确定当事人之间的权利和义务，并采取合理的方式提请对方注意免除或者限制其责任的条款，按照对方的要求对该条款予以说明。因此，免责的格式条款制定人应当提请对方注意，否则该条款不能纳入合同之中。然而本案中用户须知的规定，只是指出“用户不按时交纳电话费，电信局有权停机”，该规定显然只是针对未交费的问题作出的规定，而并不是要免除电信局的责任。电信局虽然没有对该条款提请李某注意，也不能依据《合同法》第 39 条宣告该条款没有纳入合同。

格式条款文件虽由一方预先制定，但制定方必须在承诺方承诺以前明确呈示其条款，若明确呈示其书面文件有困难，则应将合同条款悬挂于订约所在的清晰可见之处。[①] 总之，应当使相对人作出承诺时知道该格式条款的存在，如果相对人此前根本不知道或者也不应当知道的，则不能认为该格式条款已经纳入合同。因此，关于经营者以通知、声明、店堂告示等方式作出的规定，不一定都属于格式条款。是否属于格式条款，应以这些条款是否已经构成单独的合同、已经纳入或将要纳入合同作为判断标准。从本案来看，在用户安装电话时，电信局开出的收据反面都印有“用户须知”，李某提出他从没注意到收据的反面印有“用户须知”，这一说法是合理的。因为一般人只是把收据当作是交款的凭证，而不会注意到收据的反面印制的用户须知。即使印在收据的正面，一般人也可能不一定会认真阅读。既然李某没有注意到用户须知的规定，表明在订立合同时他并不知道该规定，因此不能认为该规定已经纳入双方的合同之中，并对双方产生法律拘束力。

如果确认电信局关于“用户不按时交纳电话费，电信局有权停机”的规定根本没有被纳入合同，则没有必要讨论该条款是否有效，因为合同或者合同条款根本不成立，对其效力的评价便失去了基础。

三、关于格式条款的无效

（一）法律条文

《合同法》第 40 条规定：“格式条款具有本法第五十二条和第五十三条规定情形的，或者提供格式条款一方免除其责任、加重对方责任、排除对方主要权利的，该条款无效。”

（二）学理分析

各国关于格式条款效力的规定采取了几种不同的方式：(1) 具体列举式规定。明定某些格式条款绝对无效，如德国《一般契约条款法》第 11 条即规定 16 种不公正的约款绝对无效。(2) 概括式规定。明定某一抽象原则作为法院规制格式条款的依据，违背该原则之定式约款即为无效，因此又称为抽象相对无效。如

① 参见德国《一般契约条款法》第 2 条。

德国《一般契约条款法》第 9 条规定：“一般交易条款之约款若违背诚实信用原则之规定而不合理地不利于使用人之相对人者，无效。”我国台湾地区“消费者保护法”亦作类似规定。(3) 弹性规定式，即列举某些格式条款须经法院判断始能决定其有效性，最终是否应被确认无效，由法院确定。如德国《一般契约条款法》第 10 条即规定了应受法院判断的 8 种不公正条款。

我国关于格式条款的效力问题，采用了具体列举的方式。凡是符合无效合同规定的，都当然适用于格式条款。例如，一方以欺诈、胁迫的手段订立合同，损害国家利益的；恶意串通，损害国家集体或者第三人利益；以合法形式掩盖非法目的；损害社会公共利益，违反法律、行政法规强制性义务的，该格式条款皆属无效。但是，格式条款的无效规定并不限于此，《合同法》第 40 条专门规定了格式条款无效的几种情况，从而大大拓宽了其范围，更有利于保护消费者权利。关于格式条款的无效问题，笔者拟提出如下意见。

第一，关于《合同法》第 40 条与第 39 条的关系。从表面上看，这两条似乎存在着矛盾，因为根据第 39 条采用格式条款订立合同的，提供格式条款的一方应当采取合理的方式提请对方注意免除或者限制其责任的条款，按照对方的要求，对该条款予以说明。但根据第 40 条，凡是提供格式条款一方免除其责任、加重对方责任、排除对方主要权利的，该条款无效。笔者认为对《合同法》的规定应当准确理解，将格式的免责条款提请注意，是因格式条款完全是一方制定的，免责条款只是对未来可能发生的责任予以免责，而《合同法》第 40 条所提到的免除责任，是指条款的制定人在格式条款中已经不合理、不正当地免除其应当承担的责任，而且所免除的不是未来的责任，而是现在应当承担的责任。可见这两条所规定的免除责任的情况是不一样的，因此是不矛盾的。法律并不禁止当事人设定免责条款，任何不违反法律规定的免责条款都是有效的，但免责条款制定人应当提请对方注意。而条款的制定人在格式条款中不合理、不正当地免除其现在应当承担的责任，则该条款无效。例如，我国《消费者权益保护法》规定了经营者依法应承担的义务，主要包括：依照法律、法规的规定和与消费者约定履行的义务，接受消费者监督的义务，保证商品和服务安全的义务，提供商品和服务真实信息的义务，标明真实名称和标记的义务，提供购货凭证或者服务单据的义务，保证商品或者服务质量的义务，履行“三包”或者其他责任的义务[①]；等等。由于这些义务都是法定的强制性义务，因此作为格式条款制定人的经营者，不得在其制定的格式条款中免除其应承担的义务，否则该条款因违反法律规定而无效（如某商店自定电视机保修期为3个月，违反了国家对电视机实行“三包”的规定，因此该条款无效）。[②]

第二，如何理解不得排除对方的主要权利。对《合同法》第40条规定的“排除对方主要权利”中的“主要权利”，目前有几种理解：第一种观点认为“主要权利”是指法律规定的权利。例如，格式条款的制定者不得以格式条款等方式排除或限制消费者的权利。《消费者权益保护法》第24条规定：“经营者不得以格式合同、通知、声明、店堂告示等方式作出对消费者不公平、不合理的规定，或者减轻、免除其损害消费者权益应当承担的民事责任。”此外，也不得免除人格权法规定公民享有的姓名、名誉等人格权利。笔者认为这种理解是不妥当的，因为违反法律规定的权利，是违反强行法的规定，应适用《合同法》第52条的规定。例如，格式条款规定“发生纠纷不得起诉”，因剥夺了当事人的诉权，属于违反强行法规定的条款。第二种观点认为，《合同法》对“主要权利”没有作出明确规定，法院应在审理案件中平衡当事人的利益，根据公平原则来决定。这种观点并没有对“主要权利”作出界定，并提出明确的标准，因此不可取。第三种观点认为，“主要权利”是根据合同的性质本身确定的。笔者赞成此种观点。合同千差万别，性质各不相同，当事人享有的“主要权利”不可能完全一样。认定“主要权利”不能仅仅看双方当事人签订的合同的内容是什么，而应就合同本身的性质来考察。如果依据合同的性质能够确定合同的主要内容，则应以此确定当事人所享有的主要权利。

第三，关于格式化免责条款的无效问题。依据《合同法》第53条的规定，

---

① 参见《消费者权益保护法》第16～20、22～23条。

② 根据《部分国产家用电器“三包”规定》第6条，彩色电视机的包修期，整机不低于1年，主要部件不低于3年。

凡是免除对方人身伤害责任的，该免责条款无效。依该条规定，并不考虑该人身伤害是因故意、重大过失还是一般过失造成的，免责条款一律无效，这一规定值得商榷。诚然，这一规定有利于保护消费者的人身安全和人身权利。但在实践中，一些特殊的行业的活动如医院做手术、汽车驾驶训练等，本身具有很高的危险性，如果不能通过免责条款免除一般过失造成的人身伤害，事实上将禁止在这些特殊行业使用免责条款，这将极大地限制这些行业正常业务的开展及其发展，最终也会损害消费者的权利。因此，建议对这些情况作些例外规定，也就是说，应当允许在特殊情况下，对一般过失造成的人身伤害，可以由当事人通过订立免责条款加以免除。

（三）案例分析

被告开设一家实弹射击娱乐场所，原告带领第三人前往被告处练习射击，原告正欲举枪射击时，不巧第三人操作有误，将子弹射向离原告不远处的水泥地面，弹壳反弹击伤原告的脸部，因第三人无力承担赔偿责任，原告请求被告赔偿其医疗费、住院费、精神损失费，共计 15 万元。被告提出，射击操作规程有“违反操作规则，责任自负”。该操作规程公开张贴于射击场内，因此被告不应承担责任。

首先应当指出，根据《合同法》第 39 条的规定，该射击场在其操作规程中规定的注意事项，属于免除或者限制射击场责任的条款，并且已经以公开张贴这种合理方法提起相对人的注意，故应认为该注意事项即格式化免责条款已经订入了合同。但笔者认为该条款是无效的。理由是：第一，该条款违反了《合同法》第 40 条的规定，实弹射击娱乐场所本身是一个风险很大的行业，经营者应当预见练习者会因为操作失误而造成自身或他人的人身伤害，而保护练习者和他人的人身安全是这种服务合同应有的内容，也是被告应承担的主要义务；同时依据诚信原则，被告也应当负有保护他人人身安全的附随义务。但被告却利用张贴注意事项这种方式，免除了其对练习者因操作失误造成人身伤害所产生的一切责任，其实也就等于免除了其应承担的主要责任，故违反了《合同法》第 40 条的规定，应宣告无效。第二，《合同法》第 53 条第 1 项明确规定，免除人身伤害责任的免责条款无效。而射击场并非医院等特殊行业，故其预先免除练习者造成他人人身伤害的责任的条款，应被宣告无效。必须指出，在本案中，免责条款无效不应当影响该服务合同的效力。由于该合同是有效的，所以原告可以请求被告承担因没有尽到安全保护的义务而违反合同所应当承担的责任。

四、格式条款的撤销和变更

（一）法律条文

《合同法》第 40 条规定：“格式条款具有本法第五十二条和第五十三条规定情形的，或者提供格式条款一方免除其责任、加重对方责任、排除对方主要权利的，该条款无效。”

（二）学理分析

关于格式条款能否变更的问题，《合同法》第 40 条仅规定格式条款可以适用《合同法》第 52、53 条关于合同无效的规定，而并未规定格式条款在显失公平的情况下是否可以适用《合同法》第 54 条关于可变更合同的规定。由于实践中绝大多数格式条款的争议都涉及条款的显失公平的问题，而在许多情况下相对人（大多为消费者）可能并不愿意宣告合同无效，只愿意变更合同条款，或者宣告合同无效不利于公正地解决纠纷（如格式条款只是轻微地加重了对方的责任，按无效处理不利于解决纠纷），在此情况下是否可以允许相对人依据《合同法》第 54 条的规定，要求变更格式条款，是值得研究的。笔者认为，《合同法》第 40 条的规定，其目的在于充分保障相对人特别是消费者的利益，该条并没有绝对排斥相对人请求变更格式条款的权利，因为如果格式条款是不公平、不合理的，消费者不愿意宣告该条款无效而愿意变更该条款的内容，从保护消费者利益出发，应当允许消费者提出这一请求。例如，格式条款规定，“三天之内必须退货”“赔偿损失不超过货物价值的一倍”等，消费者对这些条款并不愿意宣告无效，而只是愿意变更该条款，如希望延长退货的时间或增加赔偿的数额等，此时应当允许消费者依据《合同法》第 54 条关于显失公平可以变更的规定，要求变更该格式条款。

允许法院根据当事人的请求而变更格式条款也是符合我国司法实践的。由于我国的格式条款大多为行政主管部门所制定，而现实情况是，法院的权威性不够，由法院直接宣告行政主管机关制定的格式条款无效，在实践中很难操作和执行。而格式条款一旦在个案中被宣布无效以后，该条款以后便永久失效，这也是行政机关所无法接受的。所以，采用变更的方式，更有利于案件的处理，同时也给予了法官和当事人以选择的机会，即在这种情况下，法官既可以根据《合同法》第40条的规定宣告格式条款无效，也可以根据案情以及当事人的请求，对合同的条款予以变更。

（三）案例分析

原告王某于1995年9月在被告（该市某洗染公司）处干洗价值1 750元的西装一套，洗后严重缩水起皱，原告要求按西装原价赔偿或按洗衣价的100倍赔偿（赔偿1 500元），而被告同意最多只赔偿30元。因为该店规定："本厂如因意外有遗失或损坏衣物等，按洗衣价最高赔偿2倍"。这一规定是由主管部门制定的且已经印在取衣单上，因此，原告只能获赔30元。

应当看到，多年来，洗染业中有一套延续使用的赔偿规定，即被洗衣物如发生损坏、丢失、被盗等，洗染店按洗衣费的一定比例给予赔偿，这种赔偿规定虽然在历史上有过合理性，但是在人民群众生活水平不断提高、高档衣物日渐增多的新形势下显然是不公平的。原告的西装在洗后严重缩水起皱，事实上已经不能使用，而被告提出仅赔偿30元，远远不能弥补其给原告造成的经济损失，因此是显失公平的，原告要求按实际损失赔偿或按洗衣价的100倍赔偿，是合理的。如果按此比例赔偿，则要变更合同条款而不能宣告合同无效。

本案中，被告提出洗衣店赔偿规定是由主管部门制定的，原告应受该规定的拘束。这就提出了一个问题，即法院能否审查这些条款。在我国，究竟哪些文件属于格式条款、哪些文件属于行政法规和规章，往往没有明确规定。笔者认为，由行政主管部门制定的、供企业订约时所参考的，都应是示范合同。对这些示范合同，国家各级工商管理部门有权予以监督，工商管理部门不应当对所有合同的订立进行管理，但从保护消费者利益出发，笔者认为，应当对格式合同的订立进行必要的管理。这表现在：第一，加强事先审查的范围。在实践中经常运用格式合同的企业可以分为两类：一类是公用企业，如电力、电信、公共交通、自来水等，由于这些企业与人民群众日常的生活息息相关，加之这些企业基本上都是国有企业，因此其制定的格式合同应报有关上级主管政府部门进行审查批准；另一类是商业企业，其格式合同应报工商部门备案。当然，经工商机关审查后的格式合同条款，法院应有权对其效力进行审查。第二，工商管理部门应当制定一些具体规则，将《合同法》禁止的有关格式合同制定者利用格式合同免除其责任等行为予以具体化，使企业能明确哪些条款是违法的、无效的。第三，事后的监督。对企业利用格式合同条款严重侵害消费者利益的，工商机关应有权加以查处。而法院按照“不告不理”的原则无权对其进行审查。但这些条款一旦被企业采用且作为格式条款订入合同，那么就该合同条款发生争议时，法院当然有权进行审查。所以，本案中的赔偿条款虽由有关主管部门制定，但法院仍有权进行审查。

五、格式条款的解释

（一）法律条文

《合同法》第41条规定：“对格式条款的理解发生争议的，应当按照通常理解予以解释。对格式条款有两种以上解释的，应当作出不利于提供格式条款一方的解释。格式条款和非格式条款不一致的，应当采用非格式条款。”

（二）学理分析

格式条款的解释，是指根据一定的事实，遵循有关的原则，对格式条款的含义作出说明。一般来说，如果格式条款的各项条款不明确、具体、清楚，当事人对条款的理解不完全一致，则在发生纠纷后，便涉及合同的解释问题。例如，在我国温州等地，一些典当铺制定的格式条款中曾有“天灾人祸，皆不负责”的条款，当事人对天灾人祸的含义理解并不一致，容易发生纠纷。因此，对格式条款作出准确的解释，对于正确确定当事人之间的权利义务，保护各方当事人合法权益，并使格式条款保持合法性和公平性，是十分必要的。

由于格式条款与普通合同存在着诸多差异，因此格式条款的解释所遵循的原则应具有特殊性。根据一些主张格式条款为法律规范的学者的观点，由于格式条款具有客观法的性质，已成为法律的渊源，因此在解释上应采用关于法规的解释方法，注重客观标准，而不能采用主观标准以探求当事人的真实意志。而根据一些主张格式条款仍为合同的学者的观点，格式条款的解释应依据法律行为或契约的解释原则，也就是说，解释格式条款须顾及各个交易当事人的具体意见，探求各个当事人的真意，考虑当事人对于条款的理解的个别情况等。笔者认为，从性质上看，格式条款仍然属于合同而不是法律，因此不能按照解释法律的方法来解释格式条款。正是因为格式条款在性质上仍属于合同，因此要采纳一般合同解释所应遵循的原则：如解释合同应考虑合同的目的；应按照合同的全部条款解释而不能仅拘泥于个别文字；应公平合理并兼顾双方利益；不得违反法律规定；等等。

需要指出的是，格式条款是合同条款，却又和一般合同条款有所区别，因为格式条款是一方为了反复使用而预先制定的，格式条款不是为特定的相对人制定，而是为不特定的相对人制定的，因此格式条款的解释所依据的原则又应当具有特殊性。根据我国《合同法》第 41 条，格式条款的解释应采取三项特殊的解释原则。

1. 应当按照通常理解予以解释（plain-meaning rule）。文义解释必须坚持大众化、通俗化，依据社会一般观念来进行。[①] 对于格式条款，应当以可能订约者平均、合理的理解对格式条款进行解释。既然格式条款是为不特定的人所制定的，就应考虑到多数人而不是个别消费者的意志和利益。因此就格式条款发生争议时，应以可能订约者的平均的、合理的理解为标准进行解释。具体来说：第一，格式条款的解释不应仅以条款制作人的理解进行解释，而更应以一般人的理解进行解释，应超脱于具体环境及特殊的意思表示，也就是说，不应把各个具体的订约环境或特别的意思表示作为解释合同的考虑因素，而据此探求个别当事人

① 参见郑玉波：《法学绪论》，72～73 页，台北，三民书局，2008。

的真实意志。第二，对某些特殊的术语应作出平常的、通常的、通俗的、日常的、一般意义的解释。文字本身可能是在特定语境下使用的，在不同的时代和不同的时期，人们对其有不同的理解。但是，人们对文义的基本含义还是可以形成共识的。[①] 如果某个条款所涉及的术语或知识不能为某个可能订约的相对人所理解，则应依据可能订约者的平均的、合理的理解为基础进行解释。即便是行业间合同的特殊用语或文句，也应当以当事人之间共同的一般认识或理解作为解释的基础[②]；同时，如果某个条款涉及的术语或知识不能为相对人的平均理解能力所理解，则条款制定人不能主张该条文具有特殊含义。当然，如果条款所适用的对象本身是具有专门知识的人（如海上保险条款），并为其所理解，则应就条款所使用的特殊术语作出特定解释。第三，若格式条款经过长期使用以后，消费者对其中某些用语的理解，与条款制作人制定条款时的理解有所不同，此时应以交易时消费者的理解为标准进行解释。第四，在某些情况下，应根据其适用的不同地域、不同职业团体的可能订约者的一般理解来解释合同。格式条款适用于不同地域和团体时，各个地域和团体内的相对人对格式条款内容的理解是不同的，因此应以不同地域和团体的消费者的平均的、合理的理解为标准进行解释。如果格式条款中的某些知识或术语不能被个别消费者所理解，也应根据可能订约者的平均的、合理的理解为标准进行解释。[③] 即使个别当事人对条款的特殊含义能够理解，但仍应依据格式条款可能订约者的平均的、合理的理解标准进行解释。

2. 对条款制作人作不利的解释。“对条款提供者作不利的解释”规则导源于罗马法“有疑义应为对表意者不利益之解释”的规则[④]，其后为法学界所接受，法谚有所谓“用语有疑义时，应对提供者为不利益的解释”，该规则被英美普通

① F. Bydlinski, Juristische Methodenlehre und Rechtsbegriff, Wien/New York 1982, S. 442.

② 参见余延满：《合同法原论》，150页，武汉，武汉大学出版社，1999。

③ 参见刘春堂：《一般契约条款之解释》，载郑玉波主编：《民法债编论文选辑》上册，187～191页，台北，1984。

④ 乌尔比安：“在要式口约中，当就口约内容产生疑问时，应作不利于债权人的解释。”保罗：“在订立买卖契约时，一项表述不明确的条款，应认为是不利于卖方的。”转引自《民法大全选译Ⅳ·A债·契约之债》，丁玫译，16、19页，北京，中国政法大学出版社，1992。

法所采纳。[①] 德国《一般契约条款法》第8条规定："一般契约条款之内容有疑义时，条款利用者承受不利益。"《法国民法典》第1602条第2款关于格式条款规定，如果合同条款的解释存在争议，或者条款模糊不清，应当作出对制定者不利的解释。[②]《奥地利民法典》第915条规定："单务契约内容有疑义时，推定负有义务的一方就负较轻的义务，双方契约内容有疑义时，使用不明确语句的一方就承受不利益的效果。"我国《合同法》第41条也采纳了这一规定。这一规定显然是合理的。因为，既然格式条款是由一方制定的而不是由双方商订的，那么各项条款可能是制作人基于自己的意志所作的有利于自己的条款，既然在法律上推定条款制作人在制作条款时已充分考虑了其利益，那么在发生纠纷时，应对其作不利的解释，这也可以实现利益的平衡。尤其是条款制作人可能会故意使用或插入意义不明确的文字从而损害消费者的利益，或者从维持甚至强化其经济上的优势地位出发，将其解释强加于消费者，所以，为维护消费者的利益，应在条款不清楚时，对条款制作人作不利的解释。

一般认为，对格式条款作不利于提供者的解释，要分为两个步骤：首先，要确定该条款是合法有效的。如果该条款违反了法律的强制性规定或者公序良俗，应直接认定其为无效。其次，要做有利于相对人的解释，以适用于争议的案件。[③]

3. 格式条款和非格式条款不一致的，应优先采用非格式条款。非格式条款是指经个别磋商而约定的条款。非格式条款与格式条款共同构成合同的一部分且相互不一致时，非格式条款优先适用。此规则导源于"特别规定优先于普通规定"的法谚，现在已经成为各国普遍采纳的规则。《国际商事合同通则》第2.1.21条规定："若标准条款与非标准条款发生冲突，以非标准条款为准。"在对此条的解释中指出，这是因为非标准条款"更能反映双方当事人在具体交易中

① 在英美普通法上，本规则被称为"the contra proterntem rule"，有译者译为"反面解释的规则"，见A.G.盖斯特：《英国合同法与案例》，张文镇等译，150页，北京，中国大百科全书出版社，1998。

② Philippe Malaurie, Laurent Aynès, Pierre-Yves Gautier, Les contrats spéciaux, Defrénois, 2003, p.189.

③ 参见黄立：《德国新债法之研究》，87页，台北，元照出版有限公司，2009。

的意图"[①]。在一般的合同解释中，如果个别商议的条款与一般条款不一致，那么个别商议条款应当优先于一般条款。但是在格式合同中，格式条款是由一方预先制定的，因此格式条款与非格式条款的含义不一致，非格式条款优先于格式条款而适用，这也充分地尊重了双方的意思，而且有利于保护广大消费者。有一种观点认为，如果格式条款因客观上不明确，或者具有双重含义，或有相互矛盾之处，以至于无法确定其意义时，应视为当事人双方的意思表示不一致，因此合同不成立或应使其无效。笔者认为，此种观点是不妥当的，因为如果个别条款不明确或与其他条款相矛盾，不影响其主要内容时，不能随意认定合同无效或不成立，否则，既违背了当事人的真实意志，同时也对交易双方明显不利。

总的来说，《合同法》第 41 条的规定是必要的。这些解释规则所体现的基本精神是严格限制条款制作人的权限，从而更有利于保护广大消费者。但在采用这些特殊解释规则时，必须要看到《合同法》第 41 条与《合同法》第 125 条的规定是不矛盾的，换句话说，《合同法》第 125 条所确立的解释合同的一般原则对格式条款的解释仍然是适用的，在很多情况下，也应当成为解释格式条款的重要规则。此外，在格式条款的解释中，还应当遵循严格解释原则。严格解释又称为限制解释，包括两层含义：一方面，它是指在格式条款的解释中，应从维护公平正义的目的出发，对合同没有规定或规定不完备的事项，不得采用类推或扩张适用某些条文的适用范围的方法进行解释。因为，如果允许对格式条款未规定或规定不完备的事项，根据合同的条文简单加以类推、扩张和补充，必然会对相对人产生不利后果。另一方面，如果某个条文在适用范围上不明确时，应从"最狭义"的含义进行解释。例如，免责条款未指明是免除违约责任还是侵权责任时，因侵权责任具有一定的强制性，常常涉及公共秩序，因此应尽可能地不使当事人通过协议而免责。此外，在格式条款中，有时将具体事项一一加以列举，最后用"其他"或"等等"字样加以概括规定，对于"其他""等等"所包含的内容，应解释为与先前所列举的具体事项属于同一种类。此种解释方法，也是严格解释原

---

① 张玉卿主编：《国际商事合同通则 2004》，203 页，北京，中国商务出版社，2005。

则的体现。

（三）案例分析

1997 年 3 月 18 日，记者张某出差时住于某市华丰宾馆，登记时宾馆曾出示“注意事项”（内容为：旅客同志，为确保您的人身安全，按《旅店业治安管理办法》规定，请您务必将现金和贵重物品、行李包裹存入保管室。不愿存者，责任自负。请签名），张某选择了不存放，并在“注意事项”上签了字。第二天早上张某醒来发现其随身携带的相机、移动电话、剃须刀及现金 3 100 元等财物被盗，住房门却开着。张某要求宾馆赔偿，宾馆却以其在“注意事项”上签了字而拒绝赔偿。之后张某向某市第一中级人民法院起诉，要求宾馆赔偿全部经济及精神损失费共计 51 300 元。

某市第一中级人民法院经审理认为，张某来该市期间带有照相机、移动电话等物品的事实可以确认。保障旅客人身、财物的安全，是宾馆的义务，按《旅店业治安管理办法》规定，宾馆建立贵重物品和大宗现金的交柜保险制度，正是保障旅客人身和财产安全的服务手段，同时旅客完全可以按照《消费者权益保护法》的有关规定根据自己的要求选择宾馆的服务方式。张某在《华丰宾馆旅客住宿登记卡》的“注意事项”栏签名，表示选择了自己保管财物，也是张某与宾馆就特殊服务方式选择的约定。被盗物品在张某自己的控制和监督下丢失，要求宾馆承担赔偿责任无法律依据。因此，依照《消费者权益保护法》第 9 条、第 16 条、第 44 条规定，判决驳回原告的诉讼请求。原告不服一审判决，向某高级人民法院提起上诉，某高级人民法院经审理认为，张某的照相机和移动电话确系在宾馆丢失，对此损失，双方均有管理不善的过错，均应承担相应的民事责任。经法院主持调解，双方达成协议：张某在宾馆住宿时丢失的照相机和移动电话共计损失 15 860 元，由宾馆赔偿 4 758 元，其余损失由张某自己承担，上述协议二审法院予以确认，并制发了调解书。

笔者认为，宾馆印制的《旅客住宿登记卡》中的“注意事项”属于事先为了重复使用而预先拟定的，并且是不可能与对方具体协商的格式条款；换言之，宾馆在拟定该条款时不可能与旅客协商修改该“注意事项”的内容，旅客只能概括地表示接受或不接受该条款，不能对条款具体内容提出意见，因此该“注意事项”属于格式条款。

宾馆就该条款在订立合同时是否提请了旅客的注意？笔者认为，在登记的时候宾馆便向记者张某出示了“注意事项”，并要求签字，张某选择了“不存放”，并在“注意事项”上签了字。由于签字是一种最合理的提示的方法，因此宾馆已经尽到了提请注意的义务，该条款在双方正式建立了住宿合同关系以后，已经订入了合同，并成为合同的一部分。

问题在于，根据该“注意事项”，是否应当完全免除宾馆的责任呢？一审法院认为，张某在《华丰宾馆旅客住宿登记卡》的“注意事项”栏签名，表示选择了自己保管财物，也是张某与宾馆就特殊服务方式选择约定，该物品在张某自己的控制和监督下丢失，要求宾馆承担赔偿责任无法律依据。这主要涉及对“注意事项”应如何解释的问题。

该注意事项的本来含义应为，当旅客住宾馆时，为了确保旅客的人身安全，按照有关部门制定的《旅店业治安管理办法》的规定，请旅客将其现金和贵重物品行李包裹存入保管室。否则，旅客因为随身携带现金和贵重物品有可能遭受抢劫、盗窃而蒙受人身伤害，所谓“不愿存者，责任自负”应从严解释为如果不将现金和贵重物品存入保管室，则遭受人身伤害（如遭受抢劫而被犯罪分子刺伤）时宾馆不应承担责任。该条款并不是指如果因现金和物品被盗窃使旅客遭受财产损失，宾馆也不承担任何赔偿责任。

如果将“不愿存者，责任自负”解释为宾馆将对张某的财产损失不负任何赔偿责任，也不符合宾馆所应对旅客负有的基本义务。根据《消费者权益保护法》第18条，“经营者应当保证其提供的商品或者服务符合保障人身、财产安全的要求”。第11条规定：“消费者因购买、使用商品或者接受服务受到人身、财产损害的，享有依法获得赔偿的权利。”据此可见，宾馆作为经营者对作为消费者的旅客依法负有保障其人身、财产安全的义务。在这一点上，宾馆所负有的义务应当比饭店对顾客所负有的保护职责更为重大。因为饭店的旅客来来往往，顾客停留的时间短，饭店对顾客的财物很难看管，但宾馆情况不一样，宾馆本身应配备看门的保安和服务员，保障旅客的财产和人身安全，宾馆也完全能够对旅客的财物进行保管。假如该旅客在同意了不要求旅馆有特别保管的条款以后，宾馆便可以对旅客的财物完全不管，也是不合理的，这与宾馆所负有的主要义务是完全矛盾的，而且有悖于诚实信用原则。依《合同法》第125条的规定，根据合同的目的、交易习惯以及诚实信用原则进行解释，也不应当理解为宾馆对原告丢失的财产不负任何赔偿责任。

诚然，对现金和贵重物品进行保管是宾馆的一项特殊服务，旅客不愿接受此种服务，丢失了现金和贵重物品，旅客是有责任的，但这并不能完全免除宾馆的保护义务。假如旅客拒绝将贵重物品交宾馆保管以后，宾馆便可以对旅客在房间内的任何物品的失窃不负责任，则宾馆事实上免除了自己的主要合同义务，这与《合同法》第40条的规定是相违背的，所以，如果将“不愿存者，责任自负”解释为宾馆将对原告的财产损失不负任何赔偿责任，则根据《合同法》第40条，将导致该条款被宣告无效。更何况，即使不宣告该条款无效，那么如何解释贵重物品与非贵重物品也是一个值得探讨的问题。原告丢失的手机、皮包等物，尽管也是值钱的物品，但它是原告必须随身携带的（这也是原告不愿交宾馆保管的原因），而且也是日常生活物品，所以很难划入贵重物品之列，并由宾馆进行保管。根据《合同法》第41条，按照对条款的制作人作出不利解释的规则，应当将原告丢失的手机、皮包等随身必须携带的物品解释为不一定要由宾馆进行保管的物品。所以即使根据“不愿存者，责任自负”而免除宾馆对原告的财产损失的赔偿责任，那么也只能免除宾馆对贵重物品的丢失的赔偿责任，不能免除其对原告非贵重物品的失窃的损害赔偿责任。

采矿权转让未获批准的合同效力

一、案情简介

兰陵公司准备购买兴盛煤炭公司（以下简称“兴盛公司”）的煤矿，双方在谈判过程中，兴盛公司向兰陵公司出具了一份专家鉴定资料，其中明确表明该煤矿的储存量约为 25 亿吨，可开采 50 年。兰陵公司多次组织人员前去考察该煤矿，2008 年 5 月 5 日，双方签订了“煤矿转让协议”。合同第 1 条规定，转让煤矿的所有地面、井下的资产、设备、库存物品、采矿权以及以各种方式的土地使用权等资产和权益在本协议生效后全部转让给兰陵公司。合同第 2 条规定，合同总价款为 5 亿元，分三期支付，合同生效后先支付 2 亿元。第 3 条规定，兰陵公司在支付首次款项后即进厂办理接收手续。第 4 条规定，由兰陵公司办理采矿权转让审批手续，但兴盛公司负有协助办理的义务。合同第 10 条约定，任何一方违约，应按合同价款的 50%向另一方支付违约金。但在兰陵公司支付第一期款项后，煤炭价格急剧下跌，兰陵公司便拖延办理审批手续。期间，兴盛公司曾经催促兰陵公司及时办理审批手续，兰陵公司未作答复。2008 年 12 月底，兴盛公司催促兰陵公司支付第二笔款项，兰陵公司则提出，该采矿权转让合同一直没有获得政府审批，因此，合同是无效的，而且经过专家鉴定，该煤矿的储存量仅为10亿吨，仅可开采20年。因此，兴盛公司构成违约，其有权解除合同，并要求兴盛公司承担违约金责任。而兴盛公司提出反诉，认为兰陵公司故意拖延办理审批手续，并以尚未办理审批手续为由主张拒绝支付价款，构成违约，应当承担违约责任。

二、争议梳理

本案的争议焦点之一在于，在“煤矿转让协议”没有办理审批手续时，该合同是否有效，对此存在两种观点：一种观点认为，采矿权转让合同必须经过批准才能生效。本案中，采矿权合同并未经过批准，因此合同是无效的。另一种观点认为，采矿权转让合同未经审批只是导致采矿权不能转让，但该采矿权转让合同仍然是有效的。

本案的另一个争议焦点在于，哪一方当事人违反义务，是否可主张违约责任？一种观点认为，兰陵公司故意拖延办理审批手续，并以尚未办理审批手续为由主张拒绝支付价款，构成违约，应当承担违约责任。另一种观点认为，煤矿的储存量并没有达到兴盛公司声明的标准，兴盛公司应当构成违约。

三、案例评析

（一）关于“煤矿转让协议”的效力

首先需要确定的是，本案合同转让的标的究竟是什么？在本案中，当事人双方签订的合同名称为“煤矿转让协议”，但合同第1条规定，转让煤矿的所有地面、井下的资产、设备、库存物品、采矿权以及以各种方式的土地使用权等资产和权益在本协议生效后全部转让给兰陵公司。由此可见，该合同的标的并非单纯的煤矿转让，也不是单纯的采矿权转让，其实际上包括了煤矿财产和采矿权在内的集合财产的转让。正是因为它是集合财产的转让，所以，采矿权转让本身只是该合同的部分内容，而不是合同的全部内容。即使因为兰陵公司没有办理采矿权的审批手续而认定该采矿权条款无效，也只能认定该合同的部分条款无效，而不能认定整个合同无效。

依据我国现行法律规定，采矿权转让必须经过法定的审批手续。依据国务院颁布的《探矿权采矿权转让管理办法》第3条第2款的规定，“已经取得采矿权的矿山企业，因企业合并、分立，与他人合资、合作经营，或者因企业资产出售以及有其他变更企业资产产权的情形，需要变更采矿权主体的，经依法批准，可以将采矿权转让他人采矿。”因此，采矿权转让合同必须经批准方能生效。行政审批是针对合同进行管理的一种方法，而非对第三人的公示，因此不同于物权登记。严格地说，此处所说的行政审批是针对合同的效力而不是针对企业的成立而作出的批准。在合同法上，合同的审批、登记常常被认为属于合同的形式要件的范畴，并认为二者之间没有本质的区别。《合同法》第44条第2款规定：“法律、行政法规规定应当办理批准、登记等手续生效的，依照其规定”，该规定容易给人以二者属于同一范畴的误解，似乎登记和审批都是合同的特别形式要件。应当承认，二者都与合同的成立和生效有关，但两者仍然存在本质的区别。第一，行政审批针对的是合同的效力，未经审批常常导致合同不能发生效力。而根据《物权法》第15条的规定，“当事人之间订立有关设立、变更、转让和消灭不动产物权的合同，除法律另有规定或者合同另有约定外，自合同成立时生效；未办理物权登记的，不影响合同效力”。据此，登记只是物权的公示方法，并不针对合同效力本身。第二，在未经审批的情况下，合同并未生效，而登记是针对民事权利的变动而设定的，它与物权的变动紧密联系，是一种物权变动的公示方法。是否办理登记原则上不应影响到合同本身的效力，而只能导致权利的移转因缺少公示要件无法生效，但合同本身已经生效并且对当事人已经产生了债的拘束力。[①] 第三，未履行审批义务将导致缔约过失责任，而未履行登记义务将可能产生违约责任。审批是针对具体的法律行为所进行的一种政府管理行为，审批是对法律行为

① 参见万鄂湘主编：《最高人民法院关于审理外商投资企业纠纷案件若干问题的规定（一）条文理解与适用》，96页，北京，中国法制出版社，2011。

本身能否成立或生效作出的一种判断。除非法律有特别规定，审批应作为法律行为的生效要件。未经审批，合同不能生效。所以，在没有获得审批以前，当事人尽管已经达成协议，但是不能认为合同已经生效；而未经登记并不影响合同的效力。合同一方依据合同的规定应当办理登记的申请，乃是一种依据合同应负的义务；而另一方要求其履行登记义务实际上是要求其实际履行合同。如果负有登记义务的一方拒不办理登记义务，应当以构成违约论，另一方有权要求其承担违约责任。如果合同没有规定登记的义务，当事人也应当依据法律的规定负有办理登记的义务，此种义务一旦为法律所固定下来，便可以自动转化为合同义务。任何一方违反此种义务，都将构成违约。由于登记并不是针对法律行为，而是针对物权的变动所采取的一种公示方法，因此除非法律有特别规定，登记仅针对权利的变动而并不能成为合同的生效要件。在登记之前，当事人之间的合同已经成立，但由于没有登记，合同标的物的所有权不发生移转。

正是因为在采矿权转让合同中，行政审批本质上是合同生效的一个特别形式要件，因此，未办理审批手续的合同并不发生效力。在本案中，采矿权是当事人合同的内容之一，在采矿权未经审批的情形下，是否导致该条款无效，存在不同的观点。一是无效说。此种观点认为，依据《矿产资源法》第 6 条、《探矿权采矿权转让管理办法》第 3 条、第 10 条的规定，采矿权转让应当经过批准，该规定在性质上属于效力性强制性规定，违反该规定，采矿权转让应当归于无效。二是有效说。此种观点认为，虽然采矿权转让依据有关规定应当经过批准，但该规定属于管理性强制性规定，违反该规定并不当然导致合同无效。同时，《物权法》第 15 条规定："当事人之间订立有关设立、变更、转让和消灭不动产物权的合同，除法律另有规定或者合同另有约定外，自合同成立时生效；未办理物权登记的，不影响合同效力。"依据该条规定，当事人订立变动物权的合同，物权是否变动并不影响该合同的效力，而采矿权在性质上属于物权，应当适用该规则。三是合同成立未生效说。此种观点认为，未经批准的采矿权转让合同在性质上应当是已经成立的合同，但由于未经批准，因此尚未生效。对此，《合同法司法解释一》第 9 条第 1 款规定："依照合同法第四十四条第二款的规定，法律、行政法规规定合同应当办理批准手续，或者办理批准、登记等手续才生效，在一审法庭辩论终结前当事人仍未办理批准手续的，或者仍未办理批准、登记等手续的，人民法院应当认定该合同未生效；法律、行政法规规定合同应当办理登记手续，但未规定登记后生效的，当事人未办理登记手续不影响合同的效力，合同标的物所有权及其他物权不能转移。”最高人民法院《关于审理外商投资企业纠纷案件若干问题的规定（一）》第1条第1款规定：“当事人在外商投资企业设立、变更等过程中订立的合同，依法律、行政法规的规定应当经外商投资企业审批机关批准后才生效的，自批准之日起生效；未经批准的，人民法院应当认定该合同未生效。当事人请求确认该合同无效的，人民法院不予支持。”依据上述规定，未经审批的合同在性质上是已经成立但尚未生效的合同。

笔者认为，无效说虽然不无道理，且从我国司法实践来看，许多法院都采纳了无效说，但应当看到，无效说也不尽合理，因为一方面，无效说容易引发投机，甚至可能引发道德风险。也就是说，随着矿产价值的变化，采矿权的价值也会发生变化，当事人可能会等待矿产价值的变化而拖延办理相关的手续，例如，在合同明确约定当事人一方负有办理审批手续的情况下而拖延办理相关审批手续。在出现采矿权价值升高等情况时，转让方可能故意拖延办理相关的审批手续，而受让方则因合同无效而无权依据合同索赔。从本案来看，合同第4条规定，由兰陵公司办理采矿权转让审批手续，但兴盛公司负有协助办理的义务。兰陵公司作为受让人，其应当知道，如果没有获得采矿权，其采矿行为在法律上是存在瑕疵的，其应当积极主动地办理相应的采矿权手续，但兰陵公司拖延迟迟不办理审批手续，甚至在兴盛公司催促其及时办理审批手续时，也未作答复，主要原因就是当时的煤矿价格处于不断变化之中，兰陵公司想等待煤炭价格确定后才决定是否办理审批手续，这实际上是将煤炭价格变动的风险转移给了对方当事人，显然是一种投机的做法。另一方面，许多采矿权转让合同，在采矿权转让之后，受让人已经进行了施工、建设，而转让方则拖延办理相关的手续，最后主张转让合同无效，合同无效后需要恢复原状，这可能导致重大的经济损失。从本案来看，兰陵公司已经进入煤矿，开始煤矿开采活动，如果认定合同无效，则当事人双方应当负有恢复原状的义务，这也会给当事人造成巨大的损失。

笔者认为，采纳未生效说更为合理。一方面，采用未生效说有利于鼓励交易。如果认为依法需要审批而未经审批的合同的效力状态是未生效，那么当事人依据合同约定负有办理审批的义务，则当事人应当继续报批。对此，申请报批的行为可以由人民法院予以强制执行。如果缔约当事人能够按照约定积极报批，或者可由人民法院强制要求报批，则大量未经审批的合同将转变为有效，从而可以达到鼓励市场交易的目的。另一方面，采用未生效说有利于弥补合同形式上的缺陷。在未报审批的情况下，尽管合同存在形式上的缺陷，但这种缺陷并非不能弥补，法院可以责令负有报批义务一方继续报批，从而使合同满足各种形式要件要求。尤其应当看到，采用未生效说有利于平衡双方当事人的利益，保护诚信一方当事人的合法权益。从立法目的来考量，法律设立审批制度主要是为了维护公共安全与公共利益，采矿权转让合同虽未经审批，但并不有损公共利益，不宜导致整个合同无效。否则，会鼓励当事人的不诚信行为，也会出现本案中兰陵公司等待煤炭价格变动而故意拖延办理审批手续的情况，这显然是一种市场投机行为。此外，采用未生效说有利于维护市场交易秩序。对于需要审批的合同，从合同签订之日到合同履行之日大多存在一定的时间差，如果采用无效说或者不成立说，则合同当事人可能随时主张合同无效或者不成立，致使交易当事人的信赖落空，进而导致正常的市场交易缺乏诚信机制。若采用未生效说，则可以使合同关系在审批之前仍然存在，对当事人来说，合同的约定并非一纸空文，各方当事人仍然需要依据合同的规定来履行必要的义务。例如，合同规定一方负有报批义务的，该一方必须履行该义务。这就有助于维护合同的秩序，督促当事人履行合同的义务。

《合同法司法解释一》第 9 条第 1 款规定：“依照合同法第四十四条第二款的规定，法律、行政法规规定合同应当办理批准手续，或者办理批准、登记等手续才生效，在一审法庭辩论终结前当事人仍未办理批准手续的，或者仍未办理批准、登记等手续的，人民法院应当认定该合同未生效；法律、行政法规规定合同应当办理登记手续，但未规定登记后生效的，当事人未办理登记手续不影响合同的效力，合同标的物所有权及其他物权不能转移。”因此，在没有审批之前，合同已经成立但并未生效。从我国司法实践来看，未生效说也已经成为一种主流学说，被司法实践广泛承认。即便转让采矿权的条款是无效的，也只是合同部分条款无效，不应导致整个合同的无效。

（二）哪一方当事人违反义务

在本案中，关于哪一方违反了合同义务，存在不同的观点。一种观点认为，兰陵公司故意拖延办理审批手续，并以尚未办理审批手续为由主张拒绝支付价款，构成违约，应当承担违约责任。另一种观点认为，煤矿的储存量并没有达到兴盛公司声明的标准，兴盛公司应当构成违约。这两种观点都不无道理。

依据《探矿权采矿权转让管理办法》第8条的规定，“探矿权人或者采矿权人”在申请转让探矿权或者采矿权时，应当提交相应资料。但是并不能据此认为，该《管理办法》规定了在采矿权转让合同中，出让人一定负担进行报批的义务。由于双方在合同中约定由受让人即兰陵公司进行报批，因此，应当认为兰陵公司负有报批义务，而兴盛公司具有协助义务。从案件事实来看，笔者认为，兰陵公司已经违反了合同义务，构成违约，主要理由在于：

第一，兰陵公司负有义务办理审批手续而没有办理。办理审批似乎是为了兰陵公司的利益，但实际上其既然是合同的组成部分，就涉及双方的利益。煤矿价格的变动风险也应当是双方当事人应当承担的交易风险，在本案中，兰陵公司负有办理审批手续的义务，其因煤矿价格变动而没有办理，显然违反了合同义务。

第二，关于兴盛公司是否出具虚假鉴定文件的问题。在双方谈判过程中，兴盛公司向兰陵公司出具了一份专家鉴定资料，其中明确表明该煤矿的储存量约为25亿吨，可开采50年。但兰陵公司经过专家鉴定，该煤矿的储存量仅为10亿吨，仅可开采20年。这是否意味着，兴盛公司构成违约呢？笔者认为，双方在谈判过程中一方出具的材料是否属实，另一方应当认真核实，在本案中，受让人兰陵公司应当主动鉴定，合作双方共同组织人员鉴定，受让人对转让人所提供的材料，应当进行必要的核实。如果没有去核实或者自己组织专家鉴定，而轻易相信对方的资料，则应当认为自己承担煤矿价值不如预期那么高的风险。更何况，在本案中，兰陵公司多次组织人员前去考察该煤矿，但在考察后仍然签订合同，这表明，兰陵公司已经认可了该煤矿的状况，其事后也不得再主张兴盛公司进行了虚假宣传。

第三，合同中并没有规定煤矿的储存量问题，这表明煤矿的储存量等问题只是当事人订立合同的参考因素，而不是合同的重要内容。也就是说，因为在采矿权转让时，在当事人无法确定煤矿的开采量，而且借助科学技术无法确定煤矿的开采量时，当事人只能通过预估的方式确定大致的开采量。因此，当事人对煤矿储存量的预估只是订立合同的重要参考因素，兴盛公司也没有义务担保该煤矿的储存量必须达到一定数量。

问题在于，在兰陵公司违反审批义务、未及时申请办理审批的情况下，其应当承担何种责任？对此有两种不同观点，一是缔约过失责任说。此种观点认为，在一方当事人违反申请办理审批的义务时，由于合同尚未办理审批，并未生效，因此，对方当事人仅能请求其承担缔约过失责任，而不能主张违约责任。二是违约责任说。此种观点认为，缔约过失责任仅能对守约方的信赖利益损失提供救济，而且信赖利益损失的赔偿不能超过履行利益，这显然无法有效保护守约方的利益，守约方应有权主张违约责任。

笔者认为，对于未经审批的合同而言，由于其并未完成法定的审批要件，不能产生当事人预期的效果，因此，该合同虽然已经成立，但并未生效。也就是说，该合同已经成立，对双方当事人都产生了一定的拘束力，未经对方当事人同意，一方当事人不得擅自变更、解除合同。同时，由于该合同尚未生效，因此，其不能对当事人产生与生效合同相同的拘束力，在兰陵公司未办理审批手续的情形下，兴盛公司将无法请求其承担违约责任，而只能请求其承担缔约过失责任。但是本案中，采矿权手续只是合同的一个条款，即便该条款未生效，其也不应当影响整个合同的效力。因此，笔者认为，兰陵公司仍应当构成违约并承担违约责任。

（三）兴盛公司可否请求兰陵公司继续办理审批手续

在本案中，兴盛公司能否请求兰陵公司继续办理审批手续？对此存在两种不同的观点。一种观点认为，由于并未办理审批手续，因而整个合同无效，当事人之间只能产生恢复原状的义务。另一种观点认为，未办理审批，合同行为未生效，因而当事人之间并没有义务继续办理审批手续。笔者认为，这两种观点在结果上看，似乎是没有区别的。但是这两种观点在本质上是不同的。在无效的情形下，合同不可能变为有效，但是在未生效的情形下，情况则显然不同。在未生效的情况下，可以通过法院责令报批义务人继续履行报批义务，而使合同有效。

问题的关键在于，兴盛公司能否请求兰陵公司实际履行报批义务，法院能否要求兰陵公司办理该手续？笔者认为，应当将合同约定的报批义务条款作为合同中的独立条款，即使整个合同并未生效，但是报批义务已经生效，义务人应当履行报批义务。在这一点上，报批义务条款类似于仲裁条款与清算条款，在合同中具有一定的独立性，也就是说，即使合同并未生效，但报批义务条款并不因此也不发生效力。主要理由在于：一方面，从当事人订约目的来说，当事人订立合同的目的在于转让采矿权，只有通过使当事人之间的报批义务条款有效，才可能使得当事人之间的订约目的达成①；另一方面，如果报批义务不具有独立性，则可能鼓励投机，引发道德风险，即报批义务人在合同订立后，坐等采矿权价格变动，在价格上涨时不进行报批，下跌时则进行报批。这不仅使得该条款形同虚设，甚至鼓励了当事人投机。在合同存在约定的情况下，应当按照约定进行。还要看到，之所以要求采矿权转让合同进行审批，其目的在于对采矿权的变动进行行政管理，而非禁止当事人之间的采矿权转让。对合同进行审批仍然是政府管理经济的重要方式。如果报批义务不具有相对独立性，完全由采矿权人决定是否报批，如果采矿权人拒绝报批，则合同无效，那么政府管理就形同虚设。②

正是因为报批义务条款具有相对的独立性，因此从本案来看，在兰陵公司拖延办理审批手续时，兴盛公司仍应有权依据该办理审批条款请求兰陵公司继续办理该手续。法院也可以依据该报批义务条款，要求兰陵公司继续履行报批义务，办理相关手续。

---

①② 参见杨永清：《批准生效合同若干问题探讨》，载《中国法学》，2013（6）。

（四）关于违约金的支付

合同第10条约定，任何一方违约，应按合同价款的50%向另一方支付违约金，兴盛公司主张兰陵公司应当承担违约责任。笔者认为，如果兴盛公司没有因兰陵公司违约而遭受巨大损失，则当事人所约定的违约金显然过高，兰陵公司有权请求人民法院降低该违约金数额。关于违约金数额的调整，《合同法》第114条第2款规定："约定的违约金低于造成的损失的，当事人可以请求人民法院或者仲裁机构予以增加；约定的违约金过分高于造成的损失的，当事人可以请求人民法院或者仲裁机构予以适当减少。"据此，违约金数额的调整有两种情况，即违约金过高时当事人可以请求降低，违约金的数额低于实际损失的，可以请求增加。根据《合同法司法解释二》第29条第2款的规定，当事人约定的违约金超过造成损失的30%的，一般可以认定为《合同法》第114条第2款规定的"过分高于造成的损失"。但此处所说的损失究竟限于实际损失？抑或包括可得利益的损失？对此看法不一。采用不同的标准，损失的基数就不同，违约金调整的条件和基础也会存在差别。笔者认为，《合同法》第113条所规定的损失既包括实际损失，也包括可得利益损失，采用体系解释的方法，应当将《合同法》第114条所规定的损失解释为同时包含实际损失与可得利益损失。也就是说，在当事人所约定的违约金数额超出兴盛公司损失的30%时，则应当构成违约金数额过高，兰陵公司有权请求人民法院降低该违约金数额。

论同时履行抗辩权*

市场交易纷繁复杂，当事人之间的交易可能因各种原因而经常受阻，其既可能源于市场的系统性风险，也可能因当事人的原因而使交易难以进行。其中，在没有获得对方的对待给付之前，一方是否能够拒绝作出履行，其拒绝履行是否构成违约，为此时常发生纠纷。为解决此种合同履行困境，法律专设同时履行抗辩制度，该制度不仅有利于判断拒绝履行是否正当合法，也有利于尽量避免交易受阻，鼓励当事人继续履行。因此，同时履行抗辩也是交易的重要规则。有鉴于此，本文拟对同时履行抗辩规则谈一点粗浅的看法。

一、同时履行抗辩权的概念

所谓同时履行抗辩权，也称为履行合同的抗辩权，是指没有确定前后履行顺序时，双务合同的当事人一方在他方未对待履行以前，有权拒绝自己的履行的权利，它是抗辩权的一种。我国《合同法》第 66 条规定，“当事人互负债务，没有先后履行顺序的，应当同时履行。一方在对方履行之前有权拒绝其履行要求。一

* 原载梁慧星主编：《民商法论丛》，第 3 卷，北京，法律出版社，1995，1998 年修改。

方在对方履行不符合约定时，有权拒绝其相应的履行要求”，由此可见，同时履行抗辩权具有如下特点。

第一，同时履行抗辩权适用于双务合同。同时履行抗辩权是在双务合同中产生的，并且只适用于双务合同关系。所谓双务合同，是指双方当事人互负对待给付义务的合同，即一方当事人愿意负担履行义务，旨在使他方当事人因此负有对待履行的义务，或者说，一方当事人享有的权利也就是他方当事人所负担的义务。可见，双务合同是建立在“你与则我与”的原则之上的[①]，它与仅有一方负担债务的单务合同，或仅一方必然负担债务而另一方只偶然负担债务的不完全双务合同是不同的。

第二，同时履行抗辩权适用于双务合同中没有规定履行先后顺序的情况。就双务合同来说，有关合同是否规定履行先后顺序可以分为两种情况：一是异时履行，即当事人在合同中明确规定应由一方先履行，另一方后履行，如合同规定，“卖方应在买方付款后的10天内交货”，因此买方应当先作出履行。二是同时履行，如合同规定，“货到付款”。一般来说，异时履行应由合同明确作出规定，如果合同未作出异时履行的规定，应认为双方负有同时履行的义务。针对异时履行和同时履行的情况，我国法律设定了不同的抗辩权。异时履行应适用后履行抗辩权和不安抗辩权，同时履行则应适用同时履行抗辩权。可见，针对双务合同中的履行无先后顺序的情况而适用，是同时履行抗辩权与其他两种抗辩权的重要区别。

第三，同时履行抗辩权主要是一种拒绝权。我国《合同法》第66条强调：同时履行抗辩权是指“一方在对方履行之前有权拒绝其履行要求。一方在对方履行债务不符合约定时，有权拒绝其相应的履行要求”。这就表明，同时履行抗辩权是指一方在符合法律规定的条件下享有的拒绝对方请求的权利。有一种观点认为，同时履行抗辩权，就是指买卖合同的双方应当一手交钱、一手交货，如果一方不交钱，另一方有权不交货，这种观点虽然不无道理，但并没有全面地理解同时履行抗辩权的含义。同时履行抗辩权不仅适用于买卖合同，而且适用于各类双

① 参见杨振山主编：《民商法实务研究》，249页，太原，山西经济出版社，1993。

务合同，它也绝非仅适用于现货交易和即时结清的买卖，而是广泛地适用于各类不履行和履行不符合约定的情况。其准确的内涵应为：当一方不履行和不适当履行时，其要求对方作出履行时，对方有权拒绝其相应的履行要求。

第四，同时履行抗辩权的法律根据在于双务合同的牵连性。所谓双务合同的牵连性，是指在双务合同中，一方的权利与另一方的义务之间具有相互依存、互为因果的关系。此种牵连性表现为三方面：一是发生上的牵连性，是指双方当事人的权利义务由一个合同所产生，双方的权利义务从一开始就互为条件，一方的权利不发生即不成立或无效，另一方的权利也同样不发生；二是履行上的牵连性，是指在双务合同成立后，当事人各基于合同负履行义务，一方负担义务以他方负担义务为前提，如果一方不履行自己的义务，对方的权利不能实现，其义务的履行也要受到影响；三是存续上的牵连性，这就是说，既然双务合同中双方当事人应同时履行自己所负的债务，一方当事人只有在已经履行或者已提出履行的前提下，才能要求对方当事人履行义务；反过来说，在对方未为对待履行或未提出履行以前，可以将自己的履行暂时中止，而拒绝对方的履行请求。

同时履行抗辩权所赖以产生的法律基础是诚实信用原则。此种抗辩权乃是诚信原则的具体引申，同时也只有在诚信原则的指导下才能发挥其具体的规范功能。诚信原则对同时履行抗辩权的指导作用主要体现在三方面。

第一，根据诚信原则，如果发生特殊情况使当事人之间的利益关系失去平衡时，应进行调整，使利益平衡得到恢复，由此维持一定的社会经济秩序。双务合同的基本性质决定了双方的利益应维持平衡，这不仅表现在双方的债权债务应相互对等，同时表现在“双方债务在存续之结构本质上，具有统一的目的，即所谓均整价值，此种目的利益均衡存在，而成为一种整合之状态，苟有一方之债务由于不法，或其他事由而不存在时，他方之债务，居于目的利益平稳之原则，亦无从成立”[①]。同时履行抗辩权的设立旨在维持双方的利益平衡，这种利益平衡的维持当然应以诚信原则为指导。所以，如果当事人未履行自己的债务而请求他人履行，是不符合诚信原则的；而当事人仅提供部分履行或不完全履行，或发生履

① 苏俊雄：《契约原则及其实用》，111页，台北，1978。

行迟延，另一方是否可行使同时履行抗辩权也应依据诚信原则加以判断。

第二，诚信原则要求双务合同的当事人应彼此尊重对方的利益，并建立密切的协作关系。“诚实信用原则，在私法体系上作用之结果，债务人与债权人对于债务之履行与权利行使，互有协力之义务（Mitwirkungspflicht）。”[①] 当事人在履行合同义务时，应充分考虑对方的利益。若自己尚未履行，不得要求对方先为履行。一方已构成严重违约而要求对方履行，则对方有权拒绝。

第三，诚信原则要求当事人应当行使同时履行抗辩权，但不得滥用该项权利，“亦如一般权利之行使，欲受诚信原则之支配而不得滥用，故倘若他方当事人已为部分之给付时，依其情形，如拒绝自己之给付有违诚实及信用方法者，则不得拒绝自己之给付”[②]。

同时履行抗辩制度在适用中常常与留置权制度发生冲突。所谓留置权是指债权人按照合同约定占有对方（债务人）的财产，当债务人不按照合同给付款项并超过约定期限时，占有财产的债权人可以留置该财产，并依照法律的规定以留置的财产折价或者以变卖、拍卖该财产的价款优先受偿的权利。留置权与同时履行抗辩权极为类似。因为留置权发生的前提要件是债权人的债权与债权人占有的财产之间具有牵连关系。留置权允许债权人在债务人不履行其债务时，可留置对方的财产以保障自己债权的实现。《德国民法典》第273条规定“一般留置权”，其中就包括了同时履行抗辩和留置权。按照英国学者猜图（Treitel）的看法，留置权（the right of retention）与同时履行抗辩制度一样都是为了保护已经履行的一方，使其不会在履行后不能得到对方履行，而留置权可以填补因同时履行抗辩适用范围的有限性所留下的空白。此种看法是有一定道理的，但是，这并不意味着因为留置权的存在，可以不必设立同时履行抗辩权。事实上，由于两者之间存在着明显的区别，因此不能相互替代。它们的区别表现在如下几点。

第一，目的不同。留置权是债权未受偿前，留置对方财产，以在约定期限到来后债务人仍不支付其应付款项时，依法以留置财产折价或以变卖该财产的款项

① 苏俊雄：《契约原则及其实用》，111页，台北，1978。

② 何孝元：《诚实信用原则与衡平法》，104页，台北，1966。

优先受偿，其目的是担保合同债务履行；而同时履行抗辩权的发生和行使的主要目的不在于担保债务履行，而在于谋求双方同时履行，以维护利益的公平。①

第二，性质不同。留置权是担保物权，是为担保债务人履行其合同债务而设立的，留置权人可以按照留置的债务人的财产的价值优先受偿。而同时履行抗辩权不具有物权性质，它只能对抗双务合同中对方当事人的请求权，拒绝履行自己的义务。

第三，根据不同。留置权必须是一方按照合同约定占有对方的财产，对方不按照合同交付应付款项并超过约定期限时发生；而同时履行抗辩权的发生根据是双务合同在债务履行上的牵连性，即对方未履行给付义务，才可行使抗辩权。通常在抗辩权发生时一方并不占有对方的财产。

留置权与同时履行抗辩权的区别表明，不能因为有留置权制度而否定同时履行抗辩制度存在的必要性，也不可将法律关于留置权的规定简单地适用于同时履行抗辩的情况。

二、同时履行抗辩权制度的比较研究

双务合同的概念始于罗马法。在罗马法中，双务合同具有以相互的债务为交换目的的特点，但合同成立以后，双方的债权各自独立，当事人一方不能履行时，另一方享有不履行的损害赔偿请求权，而并不享有合同解除权。根据罗马共和国末期的法律规定，出卖人对于价金给付的请求，或买受人对于商品给付的请求，可以不考虑自己是否已经履行，而直接请求他方履行。可见，罗马法实际上认为双务合同并无牵连关系，因此罗马法并不存在同时履行抗辩权制度。不过，一些学者认为日耳曼法承认双务合同的牵连性。② 日耳曼法认为双方偿付的义务是构成一个统一债务关系的要素，双务合同的根本观念，建立在双方债务互为条件的牵连关系基础上，如在现物交换时，两个当事人之间实行同时交换，一方交

① 参见王家福主编：《民法债权》，401 页，北京，法律出版社，1993。

② 参见苏俊雄：《契约原则及其实用》，63 页，台北，1978。

付另一方才负同时对待给付的义务。这表明日耳曼法中已有同时履行抗辩制度的影子。

法国法规定若债务人不履行给付义务，应对债权人承担损害赔偿责任，但并没有规定债权人是否可以拒绝履行。在法国法中，常常将拒绝履行与解除合同同等看待。由于法国对解除合同作了极为严格的限制（要求解除合同必须由法院作出，而不能由当事人自行宣告合同解除），因而对拒绝履行的抗辩权也有严格的限制。一般来说，只有在严重违约的情况下才能适用拒绝履行的抗辩，例如，即便出租人不修缮房屋，承租人也不能拒绝支付租金。当然，违约的严重性的认定属于法院的职权问题。尽管《法国民法典》没有明确规定同时履行抗辩权，但其某些条文也体现了同时履行抗辩的精神，如第1465条规定："买受人因抵押权或所有物返还请求权而提起的诉讼受到阻碍，或有正当理由担心受到上述诉讼的阻碍时，得停止支付价金，直到出卖人排除此种妨碍为止。"该规定极类似于同时履行抗辩制度。

德国法确认了同时履行抗辩权。其民法典第326条规定："因双务契约而负担债务者，在他方当事人未为对待给付之前，得拒绝自己的给付；但自己有先为给付的义务者，不在此限。""应向多数人为给付者，在未为全部对待给付之前，对于对方各个当事人应受领的给付部分得拒绝履行。"[①] 该法典第326条规定了在一方迟延履行的情况下，另一方有权拒绝受领给付。[②] 不过，在德国法院和学者中，关于双务合同中同时履行抗辩的性质，历来存在着"交换理论"和"抗辩理论"的争论。前一种观点认为，双务合同的当事人仅享有以自己的履行请求他方履行的权利，因此，原告必须证明其本身也已履行其义务或不负有先行履行的义务，才能请求对方作出履行。后一种观点认为，双务合同的当事人所享有的请求权是相互独立的，请求权的行使因他方抗辩权的行使而受到障碍。根据这种观点，一方只要证明对方没有履行就可以拒绝履行自己的义务，而不必证明自己是

① 在德国债法现代化法修订之后，该条已被改为第320条。

② Emmerich, in Münchener Kommentar zum BGB, §320, Rn. 1.

否已经履行。[1] 两种观点的主要区别在于，一方是否必须证明自己已履行，才能请求对方履行，或者仅证明对方没有履行即可以拒绝要求自己履行的请求。显然，第二种理论与《德国民法典》第326条的规定是相符的，德国的法院也大多采纳了这一观点。[2] 由于这种观点仅要求一方证明对方没有履行就可以拒绝自己的履行，而不必证明自己是否已经履行，这对行使抗辩权的一方来说显然可减轻其举证责任。在德国法中，同时履行抗辩权除适用于买卖以外，还适用于租赁（《德国民法典》第537条）、承揽（《德国民法典》第633条）等双务合同关系。

英美法也承认了双务合同（bilateral contract），且在概念上与大陆法十分相似，即指双方当事人都负有履行和对待履行义务的合同。在双务合同的履行方面，普通法区分了先决条件和嗣后条件：如果一方当事人的履行是另一方履行的先决条件，则一方不履行，另一方有权拒绝履行。[3] 1979年的英国《货物买卖法》第284条规定双方必须同时履行。在美国法中，也承认双务合同的双方履行义务是“对流条件（concurrent condition）”，即指合同的双方当事人应同时履行义务，或者至少是每一方当事人都同时准备并愿意履行其义务，如无特别约定，一方不履行，另一方可以拒绝履行。[4]《美国合同法重述》（第二版）第232条规定，双务合同双方如无特别约定，应同时履行。当然，普通法对同时履行的要求与大陆法系的同时履行抗辩权仍有一些区别，这主要表现在普通法并不像大陆法系那样强调双方义务的牵连、对价关系，因此有时候一方未履行时，另一方仍然要履行。例如，在租赁合同中，如果承租方拖欠租金，出租人仍须根据合同约定修缮房屋，但是，如果出租人没有修缮房屋，则承租人有权拒付租金。可见双方的权利和义务并不完全具有对待性。此外，在英美法中，若某个双务合同为一方当事人规定了多项债务，该当事人仅违反了其中的某项义务，但没有给对方造成严重损失，这样，对方不能以违约为理由而拒绝履行。普通法对此所作的解

---

① Emmerich, in Münchener Kommentar zum BGB, §320, Rn. 30 ff.

② 参见郑玉波：《民法债编总论》，376页，台北，1962。

③ See Treirel, *The Law of Contract*, Sweet & Maxwell, 2015, p. 1009.

④ See Treirel, *The Law of Contract*, Sweet & Maxwell, 2015, p. 908.

释是：违约的当事人所违反的是独立的义务。普通法在很长时期内不承认“独立义务”的理由，可能是受到18世纪英国的Kingston v. Preston [①]一案的影响，不过现在已普遍接受了这一理论。既然己方的义务与对方的义务是相互独立的，因此，在违反该义务时，对方不能拒绝履行自己的义务。

我国合同立法长期以来并没有对双务合同同时履行抗辩权作出明确规定。未作规定的主要原因在于：一方面，我国法律强调履行合同是双方的义务，而不履行义务均应承担违约责任。法律侧重于规定当事人的违约责任，而忽略了当事人可以通过行使抗辩权而不是提出诉讼和提出请求来保护自己利益的问题。另一方面，我国法律在过去采纳了“双方违约”的概念，并适用于很多案件，从而使许多本应适用同时履行抗辩的情况，也被纳入了“双方违约”的范畴。当然，亦有有关法律的规定涉及同时履行抗辩的问题。如《民法通则》所规定的公平原则，法律允许既享有权利又负有义务的当事人要求同时履行或行使不履行抗辩权。[②]尤其是在我国社会生活中，也历来奉行“一手交钱，一手交货”的交易原则，从而保证双方当事人都不因首先履行而蒙受损失。然而，由于同时履行抗辩制度属于交易的基本原则，我国合同立法过去对此缺乏明确规定，这无疑是我国合同法的一大缺陷。它不仅造成了在实践中许多交易当事人不能也不敢行使同时履行抗辩权，而且造成在许多纠纷发生以后，法院和仲裁机构也很难依据同时履行抗辩权规则而准确地判断是非。因此，我国《合同法》第66条专设了同时履行抗辩制度，从而填补了我国合同立法的漏洞。我国《合同法》确立同时履行抗辩权的作用主要在于：

第一，平衡当事人之间的权益，维护当事人的权利。既然双务合同的双方当事人是对等的、相互牵连的，则一方不履行自己的债务而要求对方履行，意味着其只享有权利而不承担义务，这显然与公平的观念是背道而驰的。至于一方当事人仅提供部分履行、履行有瑕疵，是否可以使另一方拒绝履行，亦应依公平、诚实信用原则的观念来判断。

---

① See Kingston v. Preston, 2 Doug. 689 (K. B. 1773).

② 参见陈安主编：《涉外经济合同的理论与实务》，191页，北京，中国政法大学出版社，1994。

第二，确立了双务合同履行的规则。我国《合同法》第60条规定，当事人应当按照约定全面履行自己的义务。全面履行是指当事人应按照合同规定的标的及其质量、数量，严格按照约定的履行期限、履行地点、以适当的履行方式，全面履行合同义务。而合同的全面履行原则是针对各类合同的履行而设立的。在双务合同中，如何判定当事人是否全面履行呢？其中一个重要标准便是如果合同未规定履行的先后顺序，则双方当事人应同时履行。可见，同时履行是双务合同的当事人在合同无履行先后顺序的情况下所应承担的基本义务，我国《合同法》第66条规定："当事人互负债务，没有先后履行顺序的，应当同时履行。"这实际上是规定了全面履行原则在双务合同中的特殊规则。

第三，确立了解决纠纷的重要规则。同时履行抗辩权允许一方在另一方未履行或未适当履行的情况下可以拒绝履行，由于正当行使抗辩权不构成违约，这就可以为法官和仲裁员解决许多相同纠纷提供有效的规则。一方面，由于多年来我国立法并未对同时履行抗辩权制度予以高度的重视，在实践中也没有广泛运用这一规则，以至于将许多正当行使抗辩权的行为当作违约对待，从而出现了大量所谓双方违约的现象。正如梁慧星教授所指出的，双方违约的产生是因为忽略了同时履行抗辩权规则的结果[①]，此种状况与正确归责的要求是完全背离的。同时履行抗辩权规则的设立，便可以有效地解决各类双方违约的纠纷。另一方面，在实践中，经常发生的问题是一方在另一方仅实施轻微违约的情况下便拒绝履行自己的义务，或者以各种理由拒绝对方的履行，同时拒不履行自己的义务，等等，这就妨碍了合同的正常履行，严重影响了交易秩序。因此，需要通过明确同时履行抗辩权行使的条件，对拒绝履行的权利的行使作出严格的限制。还要看到，同时履行抗辩权允许一方在他方未为履行以前，可以拒绝自己的履行，从而有利于督促对方履行义务，并有利于维护交易秩序。王泽鉴先生认为，同时履行抗辩权也具有担保功能，如你不交货，我不付款，则是为了担保自己债权的实现。此种说法也有一定道理。[②]

① 参见梁慧星：《民法学说判例与立法研究》，82页，北京，中国政法大学出版社，1993。

② 参见王泽鉴：《民法学说与判例研究》，第5册，146页，台北，1987。

第四，增进双方的协作。根据诚实信用原则，债务人与债权人对于债务的履行和权利的行使，都负有相互协作的义务。相互协作不仅有助于债务的正确履行，而且有利于双方当事人建立牢固的合作联系，从而促进交易的增长。

三、同时履行抗辩制度的适用范围

同时履行抗辩制度主要适用于双务合同。根据《合同法》第 66 条，“一方在对方履行之前有权拒绝其履行要求。一方在对方履行债务不符合约定时，有权拒绝其相应的履行要求”。因此，在双务合同中，如果一方未履行，另一方有权拒绝履行自己的义务。所以，同时履行抗辩首先可适用于一方未履行、拒绝履行的情况；同时，在一方不适当履行的情况下，对方亦可援用抗辩权。由此可见，同时履行抗辩权与违约的各种形态有着密切联系，它决定着一方拒绝履行是否构成违约行为的问题，这表现在一方违约以后，另一方是否有权援用抗辩权拒绝履行自己的义务。如果无权援用抗辩权，则拒绝履行可能构成违约。有关同时履行抗辩权与违约的关系，我们将在后文详述。下面将具体探讨该规定在具体的双务合同和有关债的关系中的适用情况。

（一）买卖

买卖是典型的双务合同，买受人对于出卖人负有交付价金的义务；出卖人对于买受人则负有交付标的物及移转所有权的义务。这些义务都是买卖双方所负有的主要义务，法律要求当事人必须同时履行这些义务。如果一方违反的不是主要义务，而是依诚实信用原则所产生的附随义务，如忠实、协作等义务，另一方不能在对方已履行主要义务的情况下，拒绝履行自己的义务。

我国《合同法》在第九章有关“买卖合同”的规定中，专门规定了有关同时履行抗辩的问题。根据该法第 148 条，“因标的物质量不符合质量要求，致使不能实现合同目的的，买受人可以拒绝接受标的物或者解除合同。买受人拒绝接受标的物或者解除合同的，标的物毁损、灭失的风险由出卖人承担”。此处所规定的拒绝接受，实际上既包括了拒绝履行自己所负有的对符合合同规定的履行应当及时受领的义务，也包括了拒绝支付价款。可见，在标的物质量不符合质量要求与拒绝接受标的物之间，可以成立同时履行抗辩。

还应当指出的是，《合同法》在买卖合同一章中，还规定了多种当事人一方可以解除合同的情况。如第165条规定："标的物为数物，其中一物不符合约定的，买受人可以就该物解除。"第166条规定："出卖人分批交付标的物的，出卖人对其中一批标的物不交付或者交付不符合约定，致使该批标的物不能实现合同目的的，买受人可以就该批标的物解除。"尽管在这些条文中法律是就合同的解除作出的规定，但由于解除合同较之于行使同时履行抗辩权更为严重，因此，实际上是允许当事人一方在这些情形下行使同时履行抗辩权的。笔者个人赞成此种看法，即在此情况下，当事人一方可以作出选择："一方面通过行使同时履行抗辩权拒绝履行自己的义务，一方面继续请求违约方履行合同义务以实现自己的预期目的。"①

在长期供货合同中，当事人双方约定一方于确定的或不确定的期限内，向他方继续供给一定量的货物，而他方应分期支付价金。对此类合同，学者一般也认为其属于双务合同，当事人在某个时期不履行将构成对全部合同的不履行。一方交付了标的物，另一方不支付价金，则交付的一方可援用同时履行抗辩权，拒绝继续供应货物。②

（二）租赁

各国合同立法对租赁合同的双方当事人是否有权要求同时履行有不同的规定。根据法国法，如果承租人没有完全占有租赁财产，则可以拒绝支付租金。根据英国法，如果出租人没有修理房屋，承租人可以拒交租金，但如果承租人不交租金，出租人仍必须承担修缮义务。英国法认为，这两项义务是各自独立的合同义务。我国法律规定，在房屋租赁合同中，支付租金和修缮房屋都是租赁合同的主要条款所规定的给付义务，因此，一方违反其中的一项义务，另一方可以援用同时履行抗辩权，如《合同法》第221条规定："承租人在租赁物需要维修时可

① 刘家琛主编：《合同法新制度的理解与适用》，91页，北京，人民法院出版社，1999。

② 参见王泽鉴：《民法学说与判断研究》，第6册，153页，台北，1989。

以要求出租人在合理期限内维修。出租人未履行维修义务的，承租人可以自行维修，维修费用由出租人负担。因维修租赁物影响承租人使用的，应当相应减少租金或者延长租期。”此处明确规定承租人可以在出租人未履行维修义务时行使同时履行抗辩权，相应减少租金。但在承租人未交付租金时，出租人不得以此为理由而要求取回其已交付的租赁物，因为承租人只是在租赁关系期满或终止时，才负有返还租赁物的义务。不过，一方违反了对他方不具有对价关系的义务，不能成立同时履行抗辩权。如承租人为保养租赁财产曾支付过一定的维修费用，为了要求返还费用而援用同时履行抗辩权，拒绝返还租赁物，显然是不适当的，因为返还费用和返还租赁物之间不能成立对价关系。

（三）承揽

承揽合同是承揽方按照定作方提出的要求完成一定的工作，定作方接受承揽方完成的工作成果并给付约定报酬的协议。如果当事人没有特别约定，则承揽人完成一定的工作或完成工作的主要部分并向定作方交付了定作物以后，才能获取报酬。对于定作人来说，他接受定作物的期限，也就是他支付报酬或价款的期限。如果承揽人没有完成工作并交付工作成果，则定作人可援用同时履行抗辩权，拒绝支付报酬或价款。如果承揽方交付定作物或完成工作不符合合同约定的质量而定作人不同意利用的，应由承揽方负责修整或调整，若经过修整或重作以后，仍不符合合同规定的，定作方有权拒收，并可援用同时履行抗辩权而拒绝支付价款或报酬。如果承揽工作需要定作人协助，定作人不履行协作义务致使承揽工作不能完成的，承揽人可以催告定作人在合理期限内履行义务，并可以顺延履行期限（《合同法》第259条）。

（四）可分之债

可分之债是指债的主体为多数人，而债的给付内容可以分割。在学理上，一般认为，可分之债若由一个双务合同而产生时，债务人对其可分割的债务的履行，与债权人的对待履行之间形成对价关系，各个债务人所承担的债务与各个债权人的债权亦可相互对立。因此，各债权人可以就各个独立部分的债务不履行，成立同时履行的抗辩权。[①]

（五）连带之债

连带之债是指债权人或者债务人有数人时，各债权人均得请求债务人履行全部债务，各债务人都有义务履行全部给付义务之债。连带之债也可以适用同时履行抗辩权。如果甲向乙、丙购买苹果 1 000 千克，约定乙、丙负连带责任，如果甲向丙请求交付 1 000 千克苹果，丙可以主张甲应支付全部价金的同时履行抗辩。

（六）为第三人利益订立的合同

如果订约当事人并不为自己设定权利，而是为了第三人利益设立合同，这种合同就是为第三人利益订立的合同。如在托运人和收货人不一致时，托运人与承运人订立的合同就是为第三人利益订立的合同。在为第三人利益订立的合同中，如果一方未履行，则另一方可以拒绝向第三人作出履行。如甲乙约定，甲向乙购买苹果，价金 1 万元，约定丙对乙享有直接请求权，如果甲表示到期不能支付货款，则乙可以拒绝丙的请求。

（七）原债务的变形

因一方违约，使双方债务转化为损害赔偿债务，称为原债务的变形，此种情况亦可适用同时履行抗辩权。如甲以 A 物与乙的 B 物互易，因甲的过失致 A 物灭失，甲应负债务不履行的损害赔偿责任，乙对甲的损害赔偿请求权与甲对乙的给付 B 物的请求权之间，发生同时履行抗辩。又假设 A 物因遭受丙不法毁灭导致丙应赔 C 物时，乙对于甲关于 C 物的让与请求权，与甲对 B 物的给付请求权之间，亦可成立同时履行抗辩权。[②]

（八）相互间的返还义务

除了一些双务合同以外，一些虽非由双务合同所产生的双方应互负的相互返还义务，在实质上具有牵连关系的，应准许适用同时履行抗辩权。[③] 如当事人因

① 参见王泽鉴：《民法学说与判例研究》，第 6 册，167 页，台北，1989。

② 参见王泽鉴：《民法学说与判例研究》，第 6 册，150 页，台北，1989。

③ 参见苏俊维：《契约原则及其实用》，92 页，台北，1978。

合同解除而产生的相互返还义务，在法律上因其与双务合同当事人所负担的对待给付义务极为相似，所以一方不履行返还义务，另一方可援用同时履行抗辩权拒绝履行自己应负的返还义务。

合伙合同是否可以适用双务合同的同时履行抗辩权，这首先涉及对合伙合同的性质认识问题，由于对合伙合同是否为双务合同存在不同看法，因此，在关于合伙合同可否适用同时履行方面，我国台湾地区学者也有三种不同的观点：第一种观点认为，在合伙人为两人时可适用同时履行抗辩权。因为就约定出资而言，具有对价性，但因出资是以经营事业为目的的，与买卖合同等以交付为主要目的的双务合同毕竟不同，因此在两人合伙时，可适用同时履行抗辩权。如为三人或三人以上的合伙，则不能适用。① 如甲、乙、丙、丁四人约定各出资 10 万元经营某项事业，如果甲以乙未依约出资而拒绝自己的出资，则共同事业就难以维持。第二种观点认为，不管合伙人人数多寡，任何合伙合同关系均可以适用同时履行抗辩权。因为合伙合同是双务合同的一种，各合伙人为达到共同的目的，都负有协力出资的义务。在各个合伙人所负的义务之间，具有对价的关系，因而在各个履行义务之间均可适用同时履行抗辩权。② 第三种观点认为，是否适用同时履行抗辩权应考虑具体情况。例如，甲是未履行自己的出资义务的合伙人，如果甲请求乙、丙履行出资义务，乙丙有权针对甲未履行义务而提出抗辩；但乙丙不得以丁未履行出资义务为理由，而拒绝履行其出资的义务。笔者认为，前述几种观点都值得商榷。因为，合伙人订立合伙合同的目的不在于交换财产，而旨在经营合伙事业；某一合伙人履行其出资义务不是为了换取另一方的对价，而是为了形成合伙财产，所以合伙在本质上不属于一般以财产交换为目的的双务合同，不能适用同时履行抗辩权。如果允许某一合伙人可以根据其他合伙人未履行出资义务为由，拒不履行其自己应负的出资义务，则不仅难以形成合伙财产且合伙事业也难以经营下去，所以，在一合伙人未履行出资义务时，其他合伙人只能根据违反合同而获得补救，而不能行使同时履行抗辩权。

---

① 参见王泽鉴：《民法学说与判例研究》，第 6 册，148 页，台北，1989。

② 参见苏俊雄：《契约原则及其实用》，92 页，台北，1978。

四、同时履行抗辩权的适用条件

同时履行抗辩权的行使必须在符合下列构成要件的情况下，一方所提出的同时履行抗辩才能成立。

第一，须由同一双务合同互负债务。同时履行抗辩权，乃是根据双务合同履行机能上的牵连性和公平原则所产生的制度，它仅仅适用于双务合同，而不适用于各类单务合同（如无偿保管、无偿委托）以及非真正的（或称不完全的）双务合同（如委托合同）。

同时履行抗辩发生的前提条件是在同一双务合同中双方互负债务，对此兹作如下解释。首先，须由同一双务合同产生债务，即指双方当事人之间的债务是根据一个合同产生的。如果双方的债务基于两个甚至多个合同产生，即使双方在事实上具有密切联系，也不产生同时履行抗辩权。例如，甲先向乙购买自行车，然后又出售画册一本给乙，甲不能以乙未交付画册的价款为由，拒绝交付自行车，因为这是两项不同合同中的债务，不能产生同时履行抗辩权。其次，需双方当事人互负债务。所谓互负债务，是指双方当事人在同一合同关系中均负有债务，而不是指仅一方负有债务。再次，双方所负的债务之间具有对价或牵连关系。关于对价关系的性质，学术界有不同的看法：一种观点认为，一方的履行和他方的对待履行之间必须具有同等价格才能认定有对价关系的存在；另一种观点认为，双务合同双方之间的对待给付应基于各方当事人的主观评价而确定，即使一方对另一方付出的代价非常低廉，如果当事人自愿接受，也是一种对价；还有一种观点认为，当事人之间的履行和对等履行必须具备各方当事人所共同认可的同等价值。[1] 从各国立法和司法实践来看，对双务合同的对价性，只强调履行与对待履行之间具有互为条件、互为牵连的关系，而不考虑在履行和对待履行之间具有何种性质，尤其是并不要求双方履行的义务在经济上是否等价。因为“给付的价

① 参见苏俊雄：《契约原则及其实用》，78～83 页，台北，1978。

值，并不以经济的实际价值为限，亦不以交换上具有同等价值为要件”[1]。对价问题原则上应根据当事人的意志决定，同时法律要求双方在财产的交换尤其是金钱的交易上力求公平合理，避免显失公平的后果，但这并不意味着价值与价格完全相等。按照学理上的一般观点，当事人取得的财产权与其履行的财产义务之间在价值上大致相当，即为“等价”[2]。

在双务合同中，经常引起争议的问题是主给付义务和附随义务之间是否具有对价和牵连关系，并能否适用同时履行抗辩的问题。所谓主给付义务，又称为主义务，是指构成某种合同类型所必须具备的固有义务；所谓附随义务，是指基于诚实信用原则，为保障债权人给付利益的实现的义务。主义务和附随义务的关系表现在两个方面：首先，不履行主给付义务，另一方有权拒绝履行自己的义务。如出卖人在交付房屋以后，未应买受人的要求而办理登记，此时买受人可否因对方未办理产权转移登记而拒绝支付价金？笔者认为，既然办理登记从而移转房屋所有权乃是出卖人的主给付义务，而仅交付标的物则尚未履行其主给付义务，那么买受人可享有拒绝履行的抗辩权。其次，一方虽违反附随义务，但已履行了主给付义务，另一方不得援用同时履行抗辩权而拒绝履行主要义务。不过，如果附随义务的履行与合同目的的实现具有密切关系，应认为该附随义务与对方的主给付义务之间具有牵连性和对价关系。[3]

除附随义务与主给付义务的关系以外，主债务与从债务之间也不具有对价关系。主债务是指能够独立存在的债务；从债务是指从属于主债务，其效力受主债务影响的债务。主债务与从债务往往是联系在一起的，没有主债务就不发生从债务，没有从债务也就无所谓主债务，从债务对主债务起着担保作用；从债务随主债务的存在而存在，随主债务的消灭而消灭；主债务是从债务存在的前提，从债务不成立和无效，并不影响主债务的存在和无效。一般来说，主债务与从债务之

① 苏俊雄：《契约原则及其实用》，78～83页，台北，1978。

② 张新宝：《民事活动的基本原则》，22页，北京，法律出版社，1986。

③ 参见林诚二：《论附随债务之不履行与契约之解除》，载郑玉波主编：《民法债编论文选辑》中册，866～867页，台北，1984。

间不具有牵连关系，但对此亦应作具体分析。如违约金债务是双务合同中的从债务，与主债务之间无对价关系，因此不能成立同时履行抗辩权。而损害赔偿债务系双务合同一方当事人违反合同后的主债务的转化形态，它与原主债务之间具有同一性，并与对方所负债务之间具有对应关系，因此，可以就损害赔偿债务成立同时履行抗辩权。

值得注意的是，我们说从原则上讲，主债务与从债务之间不具有对应关系，但如果当事人在合同中特别约定某项从债务与主债务之间具有对应关系，应认为两者之间具有对应关系。如甲乙双方在买卖合同中规定："乙方付款后 10 天内甲方应交付房屋和房产证，但乙方应向甲方提供必要的资料。"乙方在依据合同规定交付房款后，甲方立即请求乙方提供一些办理产权证的资料，乙方认为要求提供的资料太多，有些资料应由甲方提供，因此未向甲方提供资料。而甲方认为乙方未提供必要的资料，因此不能向乙方交付房屋，也不能办理房产证。双方为此发生争执。一审法院认为甲方和乙方双方都有过错，构成双方违约。二审法院认为乙方已经履行了其主要义务即交付房款，而甲方以乙方未提供必要的资料为由而不交付房屋和房产证，是毫无理由的。笔者认为，在一般情况下，交付必要的资料与交付房屋和房产证之间，可能不具有对应关系，但本案中，当事人双方在合同中约定，将提供必要的资料作为甲方交付房屋和房产证的先决条件，因此双方已认为提供资料与交付房屋及房产证之间具有对应关系，乙方不提供必要的资料，甲方当然可以行使同时履行抗辩权，拒绝交付房屋和房产证。更何况，在实践中，乙方如果不提供必要的资料，甲方也不可能办理房产证。所以上述案例中的甲方未办理房产证，不构成违约。

第二，须双方互负的债务均已届清偿期。同时履行抗辩权的适用，是双方对待给付的交换关系的反映，并旨在使双方所负的债务同时履行，双方享有的债权同时实现，所以，只有在双方的债务同时到期时，才能行使同时履行抗辩权。[①]这就要求双方当事人互负的债务必须是有效的。一方面，如果原告向被告请求支付价金，而被告主张买卖合同不成立、无效或已被撤销；或债务业已被抵销或免

① 参见王家福主编：《民法债权》，402 页，北京，法律出版社，1991。

除，从而表明债务实际上不存在，原告并不享有请求权，被告在此情况下已不是主张同时履行抗辩，而是主张自己无履行的义务。因此，债务的存在是主张同时履行抗辩的前提。另一方面，尽管双方所负的债务是存在的，但如果双方债务未同时到期，也不发生同时履行抗辩。例如，依据合同的约定，一方有先为履行的义务，则负有先为履行义务的一方履行其义务以后不得要求对方同时履行；再如，双方债务虽然同时到期，但双方约定一方可以延期履行债务，从而又发生了一方先为履行的问题。总之，如果双方债务不能同时到期，则不产生同时履行抗辩问题。

第三，须对方未履行或未适当履行债务。原告向被告请求履行债务时，原告自己已负有的与对方债务有牵连关系的债务未履行，被告因此可以主张同时履行抗辩权，拒绝履行债务。如果原告已履行债务，则不发生同时履行抗辩权问题。不过，如果原告未履行的债务与被告所负的债务之间无对价关系，则被告不得援用同时履行抗辩权。如有偿委托合同中，委托人未偿还受托人所支付的费用；在有偿寄托关系中，寄托人未赔偿受寄人所遭受的损害等，都属于违反义务的行为。但一方所违反的这些义务在本质上与他方所负有的债务之间不形成对价或牵连关系，这些义务只是从属性的义务而不是主要义务，因此，受托人或受寄人不得援用同时履行抗辩权而拒绝履行自己的主要义务。如果一方不适当履行债务，如部分履行、履行有瑕疵等，另一方可援引《合同法》第 66 条的规定，拒绝对方相应的履行要求。

如果原告按照债务的本旨履行了债务，则债务的对立或牵连状态已经消灭，同时履行抗辩问题也就不再产生了。不过，如果原告已构成迟延履行或部分履行、瑕疵履行或有其他的违约行为，但已向对方提出履行债务，则被告能否主张同时履行抗辩权，值得研究。有观点认为，此时不发生同时履行抗辩权问题。①笔者认为，仅仅提出履行，并不意味着原告已作出实际履行，更何况在提出履行后，也会发生迟延履行、不适当履行等问题。既然迟延履行、不适当履行等也会使被告援用同时履行抗辩，则仅提出履行也应使被告有权援用同时履行抗辩。否

① 参见王家福主编：《民法债权》，403 页，北京，法律出版社，1991。

则，被告可能根本得不到对方的对待给付，或者所得到的给付与合同规定完全不符，则被告将会遭受不利的后果，这对于他来说显然是不公平的。

第四，须对方的对待履行是可能履行的。同时履行抗辩的机能在于一方拒绝履行可迫使他方履行合同，这样，可促使双方同时履行其债务。但是，同时履行是以能够履行为前提的。如一方因过错而不能履行其所负的债务（如标的物已遭到毁损灭失等），则只能适用债不履行的规定请求补救，而不发生同时履行抗辩问题。但就原债务的变形，即损害赔偿之债仍可能构成相互牵连的债务，此时仍可适用同时履行抗辩。如果因不可抗力发生履行不能，则债务人将被免责。在此情况下，如一方提出了履行的请求，对方可以不可抗力为由提出抗辩，而不应主张同时履行抗辩权。

五、同时履行抗辩权与一方违约

援用同时履行抗辩权，本质上属于合法行使权利的行为，不构成违约。但是，任何权利的行使均必须符合法律的规定和诚实信用原则的要求。在我国，一方违约以后如何确定双方的义务和责任，包括确定非违约方是否享有同时履行抗辩权问题，是当前立法和司法实践亟待解决的重大课题。我国《合同法》在规定同时履行抗辩权制度的同时，明确规定，“一方在对方履行债务不符合约定时，有权拒绝其相应的履行要求”。这就为一方在另一方违约后如何行使抗辩权提供了准则。

（一）迟延履行

在迟延履行的情况下，一方是否有权请求另一方同时履行，另一方是否有权拒绝？这在比较法上有不同的观点：一种观点认为，最先迟延履行的一方不得请求另一方同时履行；如果要求另一方同时履行，另一方有权援用同时履行抗辩权。另一种观点认为，只有在一方的迟延履行是严重的情况下，另一方才能援用抗辩权。我国一些学者认为，在一方迟延履行情况下，另一方当事人享有同时履行抗辩权，并应被免除履行义务。[①] 笔者认为，决定迟延履行是否导致另一方有权拒绝履行义务，应考虑如下因素：首先，如果双务合同没有履行期的规定，则任何一方都不能认为对方已构成迟延履行。只有在一方已经履行，并给予对方合理期限以后，才有权要求对方履行[②]，否则，对方有权援用同时履行抗辩权。其次，一方在规定的履行期限到来后不履行，另一方也不得随意拒绝以后的履行。我国法律对“退货”“拒绝接受定作物”的权利的行使是有一定的限制的。只有在符合法律规定的条件下，才能拒绝对方履行，并援用同时履行抗辩权，拒绝履行自己的义务。《合同法》第 94 条第 4 项规定，“当事人一方迟延履行债务或者有其他违约行为致使不能实现合同目的”，可见，我国法律将迟延履行构成根本违约作为解除合同的条件，这一规定对同时履行抗辩权的行使也是适用的。这就是说，只有在迟延履行的后果较为严重，且接受履行对另一方已无利益时才能拒绝履行。最后，如果一方已提出履行，他方已接受履行，则他方不得再主张同时履行抗辩权，而必须立即履行合同，否则也将陷入履行迟延。

还应当指出，即使有同时履行抗辩权的存在，若当事人不行使该抗辩权，仍可构成履行迟延。这是因为，在一方有权行使同时履行抗辩权的情况下，抗辩权必须行使才能产生作用，并影响到原法律关系，如果当事人不行使这一权利，则并未对抗对方的请求权，因而仍应负迟延履行的责任。假如原告起诉被告迟延履行，被告不主张同时履行抗辩权，法院亦不得根据同时履行抗辩权的存在而免除被告的迟延责任。

（二）受领迟延

一方当事人按照债的规定作出履行以后，另一方当事人无正当理由迟延受领，则已提出履行的一方当事人，向受领迟延的当事人请求履行时，该当事人可否主张同时履行抗辩权？这在理论上有两种不同的观点：第一种观点认为，当事人不得主张同时履行抗辩权，因为同时履行抗辩权的行使是以他方未为履行为要件的，既然一方已履行，另一方就不得主张同时履行抗辩权，否则与公平原则背

① 参见王家福主编：《民法债权》，403 页，北京，法律出版社，1991。

② 参见苏惠祥：《中国当代合同法论》，312 页，长春，吉林大学出版社，1992。

道而驰。[1] 第二种观点认为，受领迟延的效力，只是使债务人免除其因不履行所产生的一切责任而不是使债务本身消失。在发生受领迟延时，两个债务依然存在，其相互牵连性也不受影响。因此，合同当事人一方依合同规定履行自己的义务，请求他方作出履行时，如果他方既不接受履行，也不履行自己的义务，可认为该当事人已构成违约，已提出履行的一方可按迟延履行而请求补救。[2] 笔者同意第二种观点。因为，受领迟延并没有改变同时履行抗辩权行使的条件，在效果上也没有使当事人丧失抗辩权，而只是使债务人免除了其因不履行义务所产生的一切责任。如果债务人作出部分履行以后，债权人受领迟延，债务人在此情况下不愿意解除合同，而要求债权人继续履行，则债务人要提出此请求，须自己作出履行。如果债务人因对方受领迟延而不再作履行，则债务人要求债权人履行，债权人有权行使同时履行抗辩权。

（三）瑕疵履行

在一方交付的标的物有瑕疵时，另一方能否援用同时履行抗辩，拒绝履行自己的义务（如拒绝支付价款）？各国法律对此规定不完全相同。根据德国法，在瑕疵履行时，一般不能根据《德国民法典》第 326 条关于迟延履行的规定拒绝接受履行，但买受人可根据该法典第 478 条，在将瑕疵通知出卖人以后，有权拒绝支付价金。[3] 此种规定常与瑕疵担保责任的短期时效相矛盾，因为拒绝支付可能发生在短期时效完成以后。《奥地利民法典》第 932 条第 1 款规定，交付的标的物有瑕疵，如可以修补，则买受人有权要求修补，在修补期间买受人有权拒绝支付价金，但他必须在法定期限内就瑕疵问题作出通知，如果瑕疵并不严重，则不得拒绝支付价金。在法国法中，一般认为买受人对瑕疵履行所采取的补救方式是修理、降价，如果严重，可以拒绝支付价金。在普通法，区分了接收（receive）

① 参见洪文澜：《民法债编释义》，308 页，台北，1959。

② 参见郑玉波：《民法债编总论》，378 页，台北，1962；史尚宽：《债法总论》，506 页，台北，1972；胡长清：《中国民法债编总论》，376 页，台北，1968。

③ S. Lorenz, Münchener Kommentar zum BGB, §478, Rn. 1.

和受领（accept）[①]，买受人一旦受领有瑕疵的履行，则不能拒绝自己的履行，除非瑕疵是严重的。[②] 在实践中，买受人若在对方履行后自己尚未履行，对瑕疵履行常常倾向于拒绝接受，因为如果他要求修补，就不能解除合同，还必须继续履行自己的义务。

我国合同法是否允许非违约方在瑕疵履行的情况下行使同时履行抗辩权，值得讨论。根据《合同法》第148条、第166条的规定，“因标的物质量不符合质量要求，致使不能实现合同目的的，买受人可以拒绝接受标的物或者解除合同”，“出卖人分批交付标的物的，出卖人对其中一批标的物不交付或者交付不符合约定，致使该批标的物不能实现合同目的，买受人可以就该批标的物解除”。可见，我国《合同法》对瑕疵履行情况下解除合同是有限制的，即必须是在标的物瑕疵不符合质量要求已构成根本违约的情况下才能解除合同，笔者认为，这一规定对同时履行抗辩权的行使也是适用的。因为如果出卖人交付的债务有严重瑕疵，致使买受人的订约目的不能实现，则买受人依据《合同法》第66条规定可以拒绝自己的相应的履行。这就是说，在买卖合同中，如果出卖人交付货物有瑕疵，买受人认为该瑕疵履行致使其不能实现合同目的，应有权行使同时履行抗辩权，拒绝受领，并要求出卖人修补、替换，这样在交付无瑕疵之物与价金的支付之间可成立同时履行抗辩权。当然，如果瑕疵虽然存在但并未影响买受人的正常使用（如包装方式虽有瑕疵但不影响买受人的食用），买受人不能以此为由而拒绝支付价金。[③] 如果仅为部分货物有瑕疵，则可以拒绝支付该部分的价款。

值得注意的是，如果买受人已经受领标的物，在规定的时间内未提出异议，则不得在以后提出拒绝接受或拒付价款。根据《合同法》第158条，如果当事人约定检验期间的，则买受人应在检验期间内将标的物质量不符合约定的情形通知出卖人，买受人怠于通知的，视为标的物质量符合规定。当事人没有约定检验期

---

① 关于接收和受领的区别，See Samuel Williston, *The Law Governing Sales of Goods at Common Law and under the Uniform Sales Act*，(New York: Baker, Voorhis, 1909), p. 847。

② See Samuel Williston, *The Law Governing Sales of Goods at Common Law and under the Uniform Sales Act*，(New York: Baker, Voorhis, 1909), p. 847.

③ 参见刘家琛主编：《合同法新制度的理解与适用》，89页，北京，人民法院出版社，1999。

间的，买受人应当在发现标的物质量不符合约定的合理期间内通知出卖人，买受人在合理期间内未通知或者自标的物收到之日起2年内未通知出卖人的，视为标的物质量符合约定，但对标的物有质量保证期的，适用质量保证期，不适用该2年的规定。

（四）部分履行

关于双务合同的一方当事人作出了部分履行，另一方当事人可否拒绝受领的问题，学理上一般认为，如果仅是少量的不足，且斟酌当事人利益及交易惯例，一般不得拒绝受领。如果出现严重的不足，则可以拒绝对方的履行，并援用同时履行抗辩权，拒绝履行自己的义务。如果一方已经受领了部分履行，则必须作出相当于对方已履行部分的行为（如支付该部分货款）。我国《合同法》第165条规定："标的物为数物，其中一物不符合约定的，买受人可以就该物解除，但该物与他物分离使标的物的价值显受损害的，当事人可以就数物解除合同。"第166条规定："出卖人分批交付标的物的，出卖人对其中一批标的物不交付或者交付不符合约定，致使该批标的物不能实现合同目的，买受人可以就该批标的物解除。出卖人不交付其中一批标的物或者交付不符合约定，致使今后其他各批标的物的交付不能实现合同目的的，买受人可以就该批以及今后其他各批标的物解除。"这些规定虽然是对部分履行下解除合同的规定，但对同时履行抗辩权的行使也是可以适用的。当然无论如何，一方已受领履行以后，不得以对方没有履行而援用同时履行抗辩权，只能就对方未为履行部分援用同时履行抗辩权。

如果债务人为数人，各个债务人所负的债务是可分的，则数个债务人中的一人仅履行了自己的债务以后，债权人应有权根据其他债务人尚未履行而拒绝该债务人的履行。[①] 当然对此种情况应具体分析。如果一方应该对另一方的履行提供合作而没有提供的，或有义务不妨碍对方的履行而没有履行这种不作为的义务，也将构成违约。但另一方是否有权援用同时履行抗辩权而拒绝履行，则要考虑这些违约行为是否导致对方不能履行其主要义务，并使合同目的不能实现。例如，甲不能依约提供必要的数据，使乙不能如期制成软件，则乙有权行使同时履行抗

① 参见对《美国合同法重述》第266条的评论。

辩权。

从以上分析可见，各种违约状态均可以导致同时履行抗辩权的适用，但这并不意味着只要一方的行为构成违约，无论违约的性质和后果如何，另一方均可以行使同时履行抗辩权。实践中常常出现的问题是，在一方违约哪怕是轻微违约的情况下，另一方如不愿意履行，就会以此为借口而拒绝对方的履行，并拒绝履行自己的义务，以至于造成许多合同不能遵守。因此，从法律上限制同时履行抗辩权在一方违约的情况下的行使，是十分必要的。对此，两大法系均有所规定。首先，大陆法系主要采用诚实信用原则对同时履行抗辩权的行使作出限制。该法系认为，如果一方的违约在性质上和后果上是轻微的，则另一方在此种情况下援用同时履行抗辩权，拒绝对方的履行，并拒绝履行自己的义务，将根本违背诚实信用原则。[①] 判定违约的性质和后果是否严重，应依照具体情况来决定。如交付的物在量上只是轻微不足（如应交付 1 000 千克苹果，仅交付 990 千克），交付的标的物有瑕疵，但经过简单的修补可以利用且不影响买受人的利益等，都属于轻微违约，另一方针对轻微的违约不得行使同时履行抗辩权。其次，英美法依据“分离义务”理论，对同时履行抗辩权作出了规定。英美法规定，双方当事人对“完全（不可分割）的义务”须全部履行。如果一方当事人没有履行“完全的义务”，那么另一方拒绝履行是正当的；如果仅仅没有履行“分离的义务”，则另一方不能拒绝全部履行，而只能拒绝部分的履行。一方不履行分离的债务，并不能使其丧失请求对方对待给付的权利，除非其不履行是严重的。如某个建筑商未按合同规定完成两栋房屋的建造，法院认为，该建筑商没有履行“完全的义务”，因此对方有权拒绝支付价款。当然，现在在美国这一项规则有所改变，现在主要认为在承揽合同中，如果违约并不严重，违约方可获得价款，但应支付损害赔偿额，也可以根据有瑕疵的或未完成工作而减少价款的支付。[②] 但对拒绝履行的限制仍然是存在的。

总之，两大法系对同时履行抗辩权的行使作出了限制，尽管它们所依据的理

---

① 参见王泽鉴：《民法学说与判例研究》，第 6 册，153 页，台北，1989。

② See Treitel, *The Law of Contract*, Sweet & Maxwell, 2015, pp. 919-920.

论和原则是不同的，但所达到的效果都是相同的。如果允许当事人在对方仅具有轻微违约的情况下就拒绝对方履行，并拒绝履行自己的义务，确实不利于合同的遵守，并将会增加纠纷，不利于交易秩序的稳定，同时也会使同时履行抗辩权的适用失去了其应达到的目的。

我国合同法对同时履行抗辩权的行使也具有明确的限制。首先，既然同时履行抗辩权产生的基础是诚实信用原则，则当事人行使这一抗辩权也应遵行诚实信用原则。我国《合同法》第6条规定："当事人行使权利、履行义务应当遵循诚实信用原则。"这一规定对同时履行抗辩权的行使当然是完全适用的。其次，我国《合同法》第66条规定"一方在对方履行债务不符合约定时，有权拒绝其相应的履行要求"。此处特别强调"相应"二字。相应的含义是指拒绝履行的部分必须与不符合约定的行为相适应。如甲向乙交付1 000千克苹果，交付时发现烂掉5千克，乙有权拒绝支付烂掉的5千克苹果的价款，但不得就其余995千克苹果价款拒绝支付，否则已逾越了"相应"的界限，因而不是正当行使同时履行抗辩权，而是滥用抗辩权。

六、同时履行抗辩权与双方违约

所谓双方违约，是指合同双方当事人分别违背了自己的合同义务。双方违约在实践中是存在的。法律确认双方违约的目的旨在要求法官根据双方违约的事实，确定双方各自所应负的责任，这也是符合过错责任的要求的。但在实践中，立法者的意图却没有得到很好的贯彻。正如梁慧星教授所指出的，许多法官为片面要求双方接受调解，不适当地将许多本不属于双方违约的情况，如正当行使同时履行抗辩权、不安抗辩权、实行自助等，也视为违约行为，人为地造成所谓双方违约现象，以至于不适当地扩大了双方违约的范围[①]，使双方违约制度不仅不能起到正确区分双方责任的作用，反而使本不应负责的一方承担了责任。因此，为了准确地适用法律，保护合同当事人的权利，应当将正当地行使同时履行抗辩

① 参见梁慧星：《民法学说与立法研究》，82～83页，北京，中国政法大学出版社，1993。

权、不安抗辩权、实行自助等行为从违约中分离出来。

正当行使同时履行抗辩权不构成违约，行使抗辩权是合法行为，它和违约行为在性质上是根本有别的，不能将两者混淆。例如，一方交付的货物有严重瑕疵时，另一方拒付货款，乃是正当行使抗辩权的行为，不应作为违约对待。当然，在不符合行使抗辩权的条件的情况下，而拒绝履行义务或滥用同时履行抗辩权等，不属于正当行使权利的范畴，这些行为本身已构成违约，由此造成对方损害的，应负损害赔偿责任。如合同规定甲方交付大米1万千克，甲方依约发运了货物，但乙方收到货后发现缺200千克，乙方接受该批大米并转卖以后，仍援用同时履行抗辩权的规定拒付全部货款，据此乙方的行为已构成违约。所以，为了正确确定双方当事人的责任，保护当事人的合法权益，应当完善同时履行抗辩权制度，规定当事人行使抗辩权的条件和情况，从而使违约行为和行使抗辩权的行为作为两种性质根本不同的行为在法律上被严格区分开来，并分别对待。

有一种观点认为，在一方不履行以后，另一方若援用同时履行抗辩权而拒绝履行自己的义务，这样双方均已置合同而不顾，破坏了“合同必须遵守”的原则。也有人认为，在一方不履行时，另一方也不能拒绝履行，因为哪怕仅有一方履行，总比双方均不履行要好，否则，不利于增进双方的合作，督促双方履行合同。笔者认为这些看法是不妥当的。实际上，同时履行抗辩权只是使当事人享有一种抗辩权，它要求一方在请求他方履行义务时，自己也必须履行义务，否则另一方有权拒绝履行，从而使双方利益都得到维护；同时，这一制度通过规定行使抗辩权的要件，要求当事人不得随意拒绝履行自己的义务。从目的上来说，这一制度绝不是鼓励不履行，相反，它正是通过一方当事人行使抗辩权而督促对方履行义务。至于一方履行总比双方不履行要好的观点，也是值得商榷的。因为如果一方履行以后，另一方不履行，履行的一方承担了不利益的后果，合同仍未得到遵守，而不利益的后果要由认真履行合同的一方当事人来承担，这显然是不公平的，也不符合合同法保护当事人利益的宗旨。

七、援用同时履行抗辩权与解除合同

一方援用同时履行抗辩权，拒绝履行自己的义务，与单方行使解除权而宣告合同解除存在着明显的区别，表现在：

第一，同时履行抗辩的行使以有效的合同关系的存在为条件，尽管该权利的行使造成合同暂时不能履行，但当事人双方仍然希望维持合同的效力；而解除合同则是终止现有的合同关系，使基于合同发生的债权债务关系归于消灭，并使当事人之间的财产关系恢复到订约前的状况。

第二，在宣告合同解除以后，合同关系已不存在，当事人不负继续履行的义务，即使一方希望履行义务也不可能；而在一方行使同时履行抗辩权时，合同关系仍然存在，抗辩权只是给予一方当事人对抗对方请求权的权利，行使抗辩权并不免除自身的履行义务，如果双方都负有同时履行的义务，则法院应判决双方同时履行。①

第三，适用的条件不同，合同解除条件都是由法律明确规定的，同时履行抗辩权的行使条件不完全等同于合同解除的条件。

应当指出的是，尽管行使抗辩权与行使法定解除权不同，但法律关于解除合同的条件，在某些情况下对抗辩权的行使也是适用的。例如一方的违约构成根本违约，另一方依法可行使解除权，也可行使抗辩权。行使同时履行抗辩权虽不是一种补救措施，但在不解除合同的情况下，可以成为非违约方保护其利益的一种有效措施。当然，如果违约在性质上是严重的，则非违约方也可从自己的利益考虑，直接选择解除合同的方式。

在当事人通过双方协议和单方行使解除权而使合同解除以后，如果当事人约定解除具有溯及力或该合同属于非继续性合同，则基于合同发生的债权债务关系

① 《法国民法典》第322条规定：“当事人的一方因双务契约为自己应受领的给付提起诉讼时，如他方当事人提出在履行对待给付之前有拒绝自己给付的权利者，其主张仅有使法院判决对方同时给付的效力。”

溯及既往地消灭，合同如同自始未成立，当事人应负有回复原状的义务；也就是说，双方应返还各自从对方所接受的给付。在返还给付方面，亦应适用同时履行抗辩原则，即双方的返还应同时履行，一方在没有收到对方返还的财产前，有权拒绝对方要求返还的请求。

八、同时履行抗辩权适用的排除

同时履行抗辩权属于延期的抗辩权，不具有消灭对方请求权的效力。其效力仅表现为当事人一方在对方提出给付以前，可以暂时拒绝履行自己的义务，而并不是使自己的义务归于消灭。如出现以下情形，则不得适用同时履行抗辩。

第一，法律或合同规定一方负有先行履行的义务。此种情形意味着法律、合同确定了履行顺序，当事人必须按此顺序履行其义务，负有先履行义务的一方当事人不得要求对方同时履行，此种情况属于依合同履行义务的问题，不适用同时履行抗辩。

先行履行的义务通常都是由合同规定的，即使法律规定了履行顺序，这些顺序也是可以由当事人通过约定加以改变的。一方当事人负有先履行义务而不履行，将构成违约，对方可依据其违约而获得救济，但不得行使同时履行抗辩权。

一方负有提前履行的义务，但有可能得不到对方的履行。在此情况下，大陆法系设有不安抗辩制度，英美法则通过预期违约制度来解决另一方因为无支付能力、不愿履行等可能给提前履行的一方造成的损失。不过，适用预期违约制度并不影响履行顺序，提前履行的一方并不能因此被免除其提前履行的义务，当然，若对方不能提供履行的担保，则其可能依据法律获得补救。

第二，双方所负的义务无牵连性或对价关系。如果根据合同的性质或规定，合同双方所负有的义务是彼此独立的、无牵连关系，则一方违反了某项义务，不能成为另一方拒绝履行其义务的理由。如果合同没有明确规定义务各自独立，那么法院可以对合同条款的性质作出解释，在合同义务无牵连关系的情况下，若一方不能履行义务，另一方不能以此证明自己的不履行是合理的。

在以下情况下，可以认为合同义务不具有牵连关系或对价关系：首先，在混合合同中，合同规定了数项债务，各个债务的性质是不同的，如果合同中将买卖、租赁有关条款均规定在一起，各个条款在性质上不同，不能认为各项合同义务之间具有牵连关系。其次，合同规定了数个义务，各个义务之间是彼此独立的。最后，合同中的主要义务与附随义务之间一般不具有对价关系，但如果附随义务的履行直接影响主要义务的履行、合同目的的实现，则可以认为两者之间有对价关系。总之，如何确定双方义务不具有牵连性或对价性应依据当事人的意思、合同的规定，并参考交易的习惯等来考虑。

第三，依诚实信用原则不适用同时履行抗辩。① 诚实信用原则是债务履行中的一项重要原则。根据这一原则，双方应负有相互协力、保护、协作、忠实等义务。诚实信用原则也被认为是维持“双方当事人利益衡平”的原则。诚实信用原则的这一功能在同时履行方面主要表现为：由法官根据案件的具体情况来解释，在一方违约时，另一方是否有权拒绝接受违约方的履行，并能否有权援用同时履行抗辩权而拒绝履行自己的义务。一般认为，如果一方交付货物的数量不足，但不足的数量甚少，或交付的标的物的瑕疵极为轻微，对对方无明显损害，或一方违反义务并不影响另一方的履行等，对方不得以此为依据而行使同时履行抗辩权，拒绝履行自己的义务。

① 参见王泽鉴：《民法学说与判例研究》，第6册，164页，台北，1989。

违约责任十论*

中国合同法从结构到内容的种种缺陷已现实地摆在人们面前多年，要求完善合同法制的呼声也长期不绝于耳。足以令人欣慰的是，旨在结束三足鼎立、支离破碎现状的统一合同法起草工作已被摆上日程，相关的工作已经全面展开。我们有幸躬逢其会，共襄盛举，愿将自己在参与这项宏伟工程的过程中对违约责任若干理论和制度问题的研究心得发表于此，以求教于学术界和实务界同仁。

一、关于预期违约

预期违约（Anticipatory Breach）亦称先期违约，包括明示毁约和默示毁约两种。所谓明示毁约，是指在合同履行期到来之前，一方当事人无正当理由而明确、肯定地向另一方表示在履行期到来时他将不履行合同；所谓默示毁约，是指在履行期到来之前，一方当事人有确凿的证据证明另一方当事人在履行期到来时将不履行或不能履行合同，而另一方又不愿提供必要的履约担保。预期违约表现为未来将不履行合同义务，而不是实际违反合同义务，所以有些学者认为此种违

* 本文系与姚辉博士合作，部分内容刊载于《中国社会科学》1995年第4期。原标题为“论完善我国违约责任制度”。

约只是"一种违约的危险"或"可能违约"，它所侵害的不是现实的债权，而是履行期届满前的效力不齐备的债权或"期待权色彩浓厚的债权"①，正是因为预期违约不同于实际违约，因此在补救方式上对预期违约的补救与对实际违约的补救是不同的，并且也不能将预期违约纳入实际违约的范围之中。

预期违约是英美合同法中的特有概念，最早起源于英国1853年的霍切斯特诉戴·纳·陶尔案（Hochster v. De la Tour)。②《美国统一商法典》第2609、2610条对此作了详尽的规定。《联合国国际货物销售合同公约》（以下简称《公约》）第72条吸收了英美法的经验，对预期违约作了规定。在大陆法系国家，其法律规定了双务合同的不安抗辩权，它与预期违约制度极为相似。我国《涉外经济合同法》第17条确认了默示毁约制度，但并没有规定明示毁约且默示毁约制度仅适用于涉外经济合同。显然，我国法律关于预期违约制度的规定是不完整的。当前建立与完善我国的预期违约制度具有如下作用：第一，巩固合同效力，维护交易的安全和秩序。预期违约实际上是一种故意毁约，若不使当事人承担违约责任，则不利于鼓励当事人信守合同、维护合同效力。第二，有利于避免损失，在债务人拒绝履行以后，债权人若等到履行期到来时再去追究债务人的违约责任，将会发生实际损失或使损失扩大，预期违约制度旨在避免发生或扩大损害。第三，有利于保护债权人的利益。如果对预期毁约行为不追究违约责任，则债权人必须等到履行期到来后才能提出请求或提起诉讼，将会使债权人处于极为不利的境地，因为他无法判断是否应为自己履行或接受履行做准备。

应当指出，完善预期违约制度的基础，不仅在于认识其独到的价值，而且要明确该制度独立存在的必要性。笔者认为，大陆法系国家传统上不存在预期违约制度，构建预期违约制度主要面临如下两方面的障碍，需要从理论上予以正确阐释。

（一）拒绝履行的违约形态可否包括明示毁约

拒绝履行是指在合同履行期到来以后，债务人无正当理由而拒绝履行其义

① 韩世远、崔建远：《先期违约与中国合同法》，载《法学研究》，1993（3）。

② See Hochster v. De La Tour (1853) 2 E & B 678.

务，我国法律通常称为“不履行合同义务”。在大陆法系国家，学说和判例常常将明示毁约包括在拒绝履行之中，其主要理论根据在于：给付拒绝与履行期无关，履行期届满前也会发生拒绝履行问题。笔者认为，拒绝履行不应包括明示毁约。一方面，在债务履行期到来之前，债务人并不负实际履行的义务，如果债务人在履行期到来前作出毁约表示以后，债权人并没有因对方毁约而取消合同，则债务人可以撤回其毁约的意思表示，这样债务人便没有构成违约，同时债权人也根本不考虑债务人作出的毁约表示，而坚持待合同履行期到来时要求债务人履行合同。倘若届时债务人履行了义务，则也不构成违约。另一方面，在损害赔偿的范围上应该是有区别的。如果已到履行期后，债务人不履行债务，则应按照违约时的市场价格确定赔偿数额。如果是明示毁约，则应以毁约时的价格计算赔偿数额，而且在计算赔偿数额时，应考虑到因债务没有到履行期，债权人仍有很长时间可采取措施减轻损害，因此他通过采取合理措施所减轻的损害，应从赔偿数额中扣除。可见，大陆法系学者认为因为拒绝履行和明示毁约在赔偿范围上是一致的，因此前者应包括后者的观点[①]，显然是不妥的。

（二）不安抗辩制度可否代替默示毁约制度

大陆法系国家的许多学说常常认为大陆法系的不安抗辩权制度可以代替英美法的默示毁约制度，因此不必单设预期违约。所谓不安抗辩权，是指双务合同当事人一方依据合同规定须先为给付，在相对人难以作出对待给付时，有权拒绝先为给付，此种拒绝权即被称为不安抗辩权。诚然，不安抗辩权和默示毁约制度一样，都旨在平衡合同当事人双方的利益，维护公平和平等的交易。但两项制度是不能相互取代的。如果仔细比较可以看出，默示毁约制度较之于不安抗辩权制度，更有利于保护合同当事人的利益，维护交易的秩序。这具体体现在：第一，不安抗辩权的行使存在前提条件，这就是要求债务人的履行应有时间上的先后顺序，也就是说，负有先行给付义务的一方在先行给付以后，另一方才作出给付。正是因为履行时间上有先后，一方当事人先行给付时，若可能得不到另一方的对待给付，才能形成不安抗辩问题。若无履行时间的先后顺序，则仅存在同时履行

① 参见顾立雄：《给付拒绝》，载《台湾万国法律》，1990（50）。

抗辩而不存在不安抗辩问题。而默示毁约制度的适用不存在这一前提条件，可见，赋予合同双方以预期违约救济权更有利于实现当事人利益的平衡保护。第二，预期违约制度适用情形比较广泛，它不仅适用于债务人的财产减少的情况，在债务人经济状况不佳、商业信誉下降、债务人在准备履约及履行过程中的行为，或者债务人的实际状况表明债务人有违约的危险等情况下均可适用。[①] 根据《美国统一商法典》的官方解释，默示违约适用的理由不一定要求与合同有直接的关系。如甲和乙、丙、丁之间都订有合同，甲对乙、丙的违约可能成为丁对甲能否履约感到不安的理由。而不安抗辩权的行使范围是有限的，仅限于履行的一方财产状况恶化，有难为对待履行之虞的情况。[②] 可见，默示毁约发挥作用的范围更为广泛，它能将各种可能有害于合同履行、危及交易秩序的行为，及早地加以制止或防止，确有利于维护交易秩序。第三，默示毁约制度赋予受害人各种补救的权利，从而对受害人十分有利。而不安抗辩权并没有使行使抗辩权的一方当事人在对方不能提供履约担保时享有解除合同的权利，只能在对方提供担保前，中止自己的对待给付。显然，这并不能周密地保护预见到他方不履行或不能履行的一方当事人的利益。

在合同法中，应当妥当衔接不安抗辩权与默示毁约制度之间的关系。如果一方有确切的证据证明另一方在履行期到来后将不能或不会履行合同，其可以行使不安抗辩权，暂时中止自己合同的履行。正当行使不安抗辩权是合法的，不构成违约，但在暂时中止履行合同之后，其应当立即通知对方，要求另一方提供履约担保，如果另一方在合理期限内没有提供履约担保，且没有能够及时恢复履约能力，则应当构成预期违约，在此情形下，行使不安抗辩权的一方有权行使法定解除权，并请求对方承担违约责任。也就是说，不安抗辩权的功能在于中止履约，而解除合同、主张违约责任则是默示毁约制度的功能。

---

① 参见《美国统一商法典》第 2609 条，《公约》第 72 条。

② 参见《德国民法典》第 321 条。

二、关于加害给付

加害给付是与瑕疵履行相对应的概念，它是指因债务人交付的财产存在缺陷致债权人遭受了履行利益以外的损失。这里所谓履行利益以外的损害，主要是指因为债务人交付的产品存在缺陷，不仅使债权人遭受了未能获得合格产品的损害，而且因此使债权人遭受了人身、缺陷产品以外的其他财产等固有利益的损害。[①] 而瑕疵履行是指债务人交付的产品不合格，致债权人遭受履行利益的损失。所谓履行利益的损失，也就是指不合格产品本身的损失，如因产品有瑕疵，使债权人不能正常使用。加害给付理论最早由德国律师史韬伯（Herman Staub）提出，史氏在1902年第二十六届德国法学会纪念文集中发表了《论积极侵害债权》一文，率先提出了积极违约亦是一种违约形态的观点，而他所说的积极违约实际上就是指加害给付。该学说问世后，为德国学说和判例所采纳。德国学者汉斯·多勒（Hans Dolle）称该学说为“法学上的伟大发现”[②]，足以证明加害给付理论的重要性。

加害给付责任受到我国立法的高度重视。在加害给付的情况下，我国法律为保护债权人和其他受害人的利益，借鉴国外产品责任立法的经验，对行为人规定了侵权行为责任。这些规定是合理的，但又是欠完整的。因为尽管加害给付行为侵害了为侵权法所保障的权益，从而构成侵权行为，但此种行为发生时，行为人和受害人之间具有合同关系，且因为加害给付使合同不能得到履行，债权人基于合同所得到的利益未能实现。这就客观上需要对权利人遭受损害的权利以合同法上的方法加以保护。从合同法的角度来看，合同当事人之间具有一种信赖关系，由这种信赖关系所决定，债务人对债权人不仅负有保证合同履行利益得到实现的义务，而且负有保护权利人履行利益以外的财产和人身不受侵害的义务，债务人

① 参见我国《产品质量法》第41条。

② 王泽鉴：《法学上的发现》，载王泽鉴：《民法学说与判例研究》，第4册，1页，北京，北京大学出版社，2009。

因过错履行造成债权人的绝对权的损害，该损害也可以受合同法的保护，而不能单纯依靠侵权责任来解决。

有一种观点认为，加害给付的责任实际上就是产品责任。由于产品责任是从违约责任中发展出来的，它克服了受害人必须举证证明与加害人之间具有合同关系才能获得赔偿的困难，并使受害人因产品缺陷所遭受的人身、其他财产损失可获得充分的补偿。因此，对加害给付行为仅规定侵权责任就足以保护受害人的利益。既然产品责任已为我国所确认，因此合同法中不必单设加害给付责任。

笔者认为，产品责任不能完全替代合同法中的加害给付责任。因为尽管产品责任是从违约责任中发展出来的，但并未否定加害给付兼具违约责任的性质。现行法律规定了加害给付的侵权责任，并不排斥违约责任的存在。如《产品质量法》在规定产品责任的同时，也规定了加害给付的违约责任，该法第 40 条第 4 款明确规定："生产者之间，销售者之间，生产者与销售者之间订立的买卖合同、承揽合同有不同约定的，合同当事人按照合同约定执行。"在侵权责任之外规定违约责任，主要原因在于，侵权责任并不能完全解决对受害人的保护问题。表现在：第一，从赔偿范围来看，侵权责任主要赔偿因产品缺陷引起的人身、财产损失，一般不赔偿缺陷产品本身的损害，如果瑕疵产品本身的损害大于其他损害，则很难适用侵权责任。如交付有缺陷的锅炉致锅炉爆炸，但仅造成锅炉工轻微伤害，锅炉本身的损害大于锅炉工因人身伤害所造成的损害。在此情况下，基于违约责任提起诉讼，将对受害人更为有利。第二，对一些特殊的商品（如电视机等），国家规定了生产者、经管者负有"三包"责任，当事人之间也可以通过约定而对购销的商品实行"三包"。在交付的产品有缺陷的情况下，如果受害人更愿意获得合同约定的商品，则提起违约之诉要求债务人实行包修、包换，更有利于实现订约目的。第三，在因缺陷产品造成受害人其他财产损失的情况下，由于这些财产损失也是因违约造成的直接损失，与违约行为具有直接因果关系，因此，采用违约责任使受害人要求赔偿全部损失，足以保护受害人的利益。此外，由于侵权法和合同法在归责原则、责任构成要件、免责条件等方面均存在着差异，允许受害人提起合同之诉，则受害人可以从自身的利益考虑，选择对其最为有利的诉讼形式。

在加害给付的情况下是否应按责任竞合处理？王泽鉴先生指出：加害给付同时构成不完全给付责任与侵权责任，因此债权人得选择一种有利的根据请求赔偿。① 责任竞合观点确有一定的道理，在加害给付造成债权人的人身伤害或死亡以及精神损害时，行为人侵害了债权人为侵权法保护的利益，因而已符合侵权责任的构成要件。特别是由于损害后果包括了受害人的人身伤亡和精神损害，而这些损害很难通过提起违约之诉获得赔偿。所以，在加害给付的情况下，若承认竞合，允许受害人选择请求权，则受害人将选择一种对其最为有利的方式提出请求，的确有利于充分保护自己的利益。但是，责任竞合的前提是必须承认加害给付可产生违约责任，因为发生竞合以后，受害人极有可能选择违约责任，这就需要在合同法中首先确认加害给付可作为一种违约形态存在，并确认此种行为的违约责任，否则，责任竞合也就失去了存在的基础。

三、关于瑕疵担保责任与不适当履行责任

瑕疵担保，是指债务人对其所提出的给付应担保其权利完整和物的质量合格。如果债务人违反此种担保义务，则应负瑕疵担保责任。瑕疵担保责任分为两种，即权利的瑕疵担保和物的瑕疵担保。其中，物的瑕疵担保责任与不适当履行责任关系十分密切。由于权利瑕疵担保问题可适用无权处分等规则，因此后文如无特别说明，本文中的瑕疵担保主要是指物的瑕疵担保。关于两种责任的相互关系问题，各国立法主要采取两种制度：一是按照罗马法的模式，确认了瑕疵担保责任制度，但在违约形态中，不承认不适当履行，亦不存在不适当履行责任。瑕疵担保的责任形式主要是解除合同或减少价金②，买受人只是在例外情况下才可

① 参见王泽鉴：《民法实例研习丛书·（一）基础理论》，310页，台北，自版，1990。

② 参见《德国民法典》第462条。

请求不履行的损害赔偿。[①] 德国法和法国法采纳了此种形式。[②] 二是确认买卖合同中的出卖人对标的物质量负有明示和默示的担保义务，但在出卖人违反义务、交付有瑕疵和缺陷的产品时，则按违约行为对待，买受人可获得各种违约的救济。英美法和《公约》采纳了此种做法。比较两种方式，笔者认为第二种方式更为合理，表现在：(1) 第一种方式将瑕疵担保的责任形式限定为减价和解除合同两种，只有在出卖人故意不告知瑕疵时，出卖人才负债务不履行的损害赔偿责任，这显然不能对买受人提供足够的保护；而第二种方式，采用各种违约补救措施保护买受人，相对于第一种方式更为合理。(2) 英美法扩大了出卖人的担保义务，并使此种义务明确化、具体化。英美法规定出卖人不仅负有明示的担保义务，而且负有默示的担保义务。就默示的担保义务来说，出卖人应担保其出售的货物具有商销性，这一义务适用的范围是极其广泛的，不仅包括货物的品质，还包括数量、包装、标签等方面[③]，这就给出卖人施加了较重的担保义务。而根据大陆法系的瑕疵担保责任，除明示的担保以外，出卖人仅对其保证的货物品质负责，因此其担保的义务的范围是受限制的。(3) 英美法将违反担保义务、交付有瑕疵的物的行为均作为违约行为对待，并适用违约责任，不存在独立的瑕疵担保责任制度，因而也消除了大陆法长期存在的瑕疵担保责任与违约责任之间的矛盾和不协调现象。

我国传统上属于大陆法系，但目前尚未颁行民法典，瑕疵担保责任在法律上亦无明确规定。不过，我国有关法律法规对销售者出售不合格的商品的责任、对买受人和消费者的利益维护方面存在较为详尽的规定。许多学者认为这些规定属于瑕疵担保责任制度。[④] 对此，我们有不同看法：一方面，尽管我国有关法律规定确认了出卖人的担保义务，但我国历来认为交付不合格产品属于不适当履行合

① 如根据《德国民法典》第463条，标的物缺乏所保证的品质及出卖人故意不告知其瑕疵者，买受人得解除契约或减少价金，而请求不履行的损害赔偿。

② 参见《德国民法典》第460、462、463条，《法国民法典》第1641～1649条。

③ 参见《美国统一商法典》第2314条。

④ 参见梁慧星：《论出卖人的瑕疵担保责任》，载《比较法研究》，1991 (3)；周祈永：《产品质量法实用解读》，171页，长沙，湖南出版社，1993。

同行为，而不适当履行乃是一种独立的违约形态。可见，我国法律是将瑕疵担保责任作为不适当履行责任对待的。另一方面，根据我国法律规定，在出卖人交付的产品不合格时，买受人可采取违约责任的各种补救措施维护其权利，而不是仅能要求解除合同或减少价金。显然，这与大陆法系的瑕疵担保责任的形式是完全不同的。可以说，我国法律的规定更类似于英美法的规定，而并没有采纳大陆法系的瑕疵担保责任制度。

我国合同立法是否应借鉴大陆法系的经验，确认瑕疵担保制度？笔者认为，大陆法系确认的瑕疵担保责任制度，在很大程度上是罗马法的规定影响的结果。从比较法的角度来看，它并不是一种最佳的法律调整措施，其缺陷主要表现在：

1. 补救方式过于简单，瑕疵担保责任的主要形式是减价和解除合同，这就使违约责任的各种形式如修补、替换、损害赔偿等方式不能在瑕疵担保责任中得到运用，从而使买受人难以寻求到更多的维护其自身利益的补救措施。例如，买受人希望获得无瑕疵之物，采用修补、替换就比解约、减价对其更为有利。尤其是买受人不能运用损害赔偿方法来维护其利益，确实表明了瑕疵担保责任制度在补救方式上的简单性。

2. 瑕疵担保责任一般适用短期时效（德国法规定为 6 个月），时间过短也不利于保护买受人。在德国，“如初夏购买的滑雪板，打算在圣诞节前假期使用，到那时发现有瑕疵，6 个月的期间早已经过，已经不能向卖主主张瑕疵担保请求权。即使买主在瑕疵商品交付后即予使用，也常常在第 477 条的期间经过后才开始显露出来”[①]，因此不利于买受人提出请求。

3. 确立瑕疵担保责任制度以后，因为大量的不适当履行现象不能为这一制度所概括，因此仍需要在法律上加以解决。例如，出卖人交付的货物在给付数量、履行方法等方面不符合债的规定，特别是在违反诚实信用原则所产生的附随义务的情况下，因与物的瑕疵无关，故不能成立物的瑕疵担保责任。这样一来，人为地造成了两种制度并存的现象，在德国法中，这两种制度“自民法典施行以

① 梁慧星：《德国民法典债务法的修改》，载梁慧星：《民法学说判例与立法研究》，313 页，北京，中国政法大学出版社，1993。

来，成了无尽的争议的原因”①。

4. 在瑕疵担保责任中区分权利瑕疵和物的瑕疵担保责任，不仅十分困难，而且限制了买受人对补救方式的自由选择，尤其是因为两种担保制度在补救方式上存在着重大差异，故而在适用中也显得极不合理。正如德国债务法修改委员会所指出的：“权利瑕疵与物的瑕疵，竟发生这样不同的法律效果，使人不可理解。至少，假如两种瑕疵类型有明确的区别，恐怕还可容忍，但现实并非如此。”可见，这种区分意义是不大的。

由于瑕疵担保责任制度与不适当履行责任制度的分离存在着明显的缺陷，因此，我国正在制定的合同法应使两种制度合一，使责任制度达到最佳的调整效果。因为违反瑕疵担保义务，将承担违约责任，以不适当履行责任吸收瑕疵担保责任，这种合一不是使瑕疵担保责任制度取代不适当履行责任。大陆法系国家的实践已经证明：这种替代不仅不能消除两种责任的分离现象，而且不利于保护买受人和消费者的利益。所以，我们说的合一，是指摒弃瑕疵担保责任的概念，完全以违约责任替代瑕疵担保责任制度。只要出卖人交付的货物不符合合同规定，不管出卖人的不履行是属于物的瑕疵还是权利瑕疵，是属于异种物交付还是出卖人违反其他义务，除出卖人具有法定的免责事由可以被免责以外，应负不履行合同的责任，而买受人则可以寻求各种违约的补救措施。

四、关于根本违约及其与合同解除的关系

根本违约（Fundamental Breach，Substantial Breach），是从英美法中产生的一种违约形态。在英美法中，它是指义务人违反合同中的重要的、根本性的条款即条件条款，从而构成根本违约，受害人据此可以诉请赔偿，并有权要求解除合同。《公约》第25条对此作了明确规定，根据该条规定，构成根本违约必须符合两个条件：一方面，违约的后果使受害人蒙受损害，以至于实际上剥夺了他根据

① 梁慧星：《德国民法典债务法的修改》，载梁慧星：《民法学说判例与立法研究》，314～315页，北京，中国政法大学出版社，1993。

合同规定有权期待得到的东西。所谓“有权期待得到的东西”，是指合同如期履行以后，受害人应该或者可以得到的利益[①]，获得此种利益乃是当事人订立合同的目的和宗旨。另一方面，违约方预知或一个同等资格、通情达理的人处于相同情况下可以预知会发生根本违约的结果；也就是说，如果违约人或一个合理人在此情况下不能预见到违约行为的严重后果，便不构成根本违约。

我国《涉外经济合同法》第 29 条规定：一方违反合同，以致严重影响订立合同所期望的经济利益，在合同约定的期限内没有履行合同，在被允许推迟履行的合理期限内仍未履行，另一方可以解除合同。与《公约》的规定相比，我国法的规定具有如下特点：第一，对根本违约的确定标准不如《公约》严格，没有使用预见性理论来限定根本违约的构成，而只是强调了违约结果的严重性可以成为认定根本违约的标准。第二，在违约的严重性的判定上，没有采纳《公约》所规定的一些标准。如没有使用“实际上”剥夺另一方根据合同规定有权期待得到的东西，而只是采用了“严重影响”的概念来强调违约结果的严重性，这就使认定根本违约的标准更为宽松。总之，比较而言，我国法律赋予了债权人更为广泛的解除合同的权利。

除《涉外经济合同法》的规定以外，其他的有关合同法律法规并没有对根本违约作出规定，这是否意味着根本违约的规则仅适用于涉外经济合同而不适用于国内经济合同？笔者认为，从现行法律的规定来看，只能作此种理解。但这种情况确实反映了我国合同法的缺陷。根本违约制度作为允许和限定债权人在债务人违约的情况下解除合同的重要规则，是维护合同秩序、保护交易安全的重要措施，其适用范围应具有普遍性。

一般说来，违约造成了损害后果以后，只有此种损害达到根本违约的程度，非违约方才能解除合同。正如《公约》第 51 条所规定的：“卖方只有完全不交付货物或者不按照合同规定交付货物等于根本违约时，才可以宣告整个合同无效。”具体来说，一方的违约须符合如下根本违约的条件，另一方才能解除合同。

---

① 参见陈安主编：《涉外经济合同的理论与实务》，224 页，北京，中国政法大学出版社，1994。

1. 在约定的期限内没有履行，在被允许推迟履行的合理期限内仍未履行。为此要区分合同订有履行期和未订有履行期的情况。如果合同未订履行期，则按《民法通则》的规定，在债权人要求对方履行并给予对方必要的准备时间以后才能确定是否按期履行。如果要求对方履行而未给予对方必要的准备时间，则对方纵不履行，也不构成违约。如果合同订有履行期，债务人未在履行期履行合同，债权人应给予对方一定的宽限期而推迟履行的合理期限。如未在该期限履行，则债权人有权解除合同，但如果履行时间直接关涉合同目标的实现，不在一定期限内履行就不能达到合同目的，则债务人未在约定的履行时间内履行，债权人就有权解除合同。

2. 违约的后果严重影响了订立合同所期望的经济利益。这就是说，违约后果实际上剥夺了受害人根据合同所应该得到的利益，使其丧失了订立合同的目的。一般认为，损害是否重大，是否实际上剥夺了对方应享有的利益，应当根据每一个案件的情况来定。具体而言，应考虑合同义务的性质、违约部分的价值或金额与整个合同金额的比例、违约部分与合同目标实现的关系、违约的后果及损害能否得到修补等。

五、关于双方违约

《合同法》第 120 条规定："当事人双方都违反合同的，应当各自承担相应的责任。"可见，在我国法律中存在着"双方违约"的概念。所谓双方违约，是指合同双方当事人分别违背了自己的合同义务。[①] 其构成要件是：（1）双方当事人依据法律规定和合同约定，必须履行一定的义务。可见，双方违约通常适用于双务合同，对于单务合同来说，由于只有一方当事人负有义务，因此一般不会出现双方违约问题。（2）当事人双方而不是一方违背了其负有的合同义务，也就是说，双方当事人都分别违反了合同规定。如果仅有一方违反合同义务，仅构成一方违约。（3）双方当事人违背了合同规定的义务，在双方违反义务的情况下，应

① 参见苏惠祥主编：《中国当代合同法论》，309 页，长春，吉林大学出版社，1992。

区别违反义务的性质和内容。如果仅仅只是违反了法律义务，可能构成双方过错，但不一定构成双方违约。例如，一方违约后，另一方违反了法律规定的减轻损失的义务，造成了损失的扩大，从狭义的违约概念出发，这主要是一个过错问题，由此将导致对方的责任被减轻或免除，但不能认为是双方违约。[①] 当然，从广义的违约概念考虑，该行为也可以包括在违约之中。（4）双方均无正当理由。如果一方是行使同时履行抗辩权或不安抗辩权，则不能认为是双方违约。如果当事人在对方违约后采取适当的自我补救措施，如在对方拒不收货时，将标的物转卖等，不能认定为违约。即使这种补救措施不够适当，也主要是一个过错问题，不能作为双方违约对待。

"双方违约"的概念究竟具有何种实际意义？有一种观点认为，双方违约的概念是不存在的。因为，合同法上有同时履行抗辩权，当事人在对方未履行义务时拒绝履行义务，属适当行使权利，不构成"违约"。此种看法有一定道理，但亦有值得商榷之处，因为双方违约确属客观存在的现象。产生双方违约的原因主要有如下几种：第一，在双务合同中，双方所负的债务并不都具有牵连性和对价性，它们所负的各项债务有些是相互牵连的，但也有一些双方各自负有的合同义务，是彼此独立的。如果他们各自违反这些相互独立的义务，既不能适用同时履行抗辩权，也不能适用不安抗辩权，因此将产生双方违约问题。如在买卖合同中，出卖人交付的货物不符合约定的质量要求，而买受人也没有依照约定为出卖人的履行提供必要的协助，双方违反的义务并不具有牵连性，因而构成双方违约。第二，双方均作出了履行，但履行都不符合合同的约定。如甲方依据合同向乙方发运了货物，乙方也向甲方支付了货款。但甲方的货物与合同的规定不符，乙方的付款方式也违背了合同规定。第三，一方作出履行不符合合同的约定（如发生迟延或标的物不符合合同规定等），另一方接受迟延，则双方均违反了合同约定。第四，一方作出的履行不符合合同的规定，而另一方违反了合同规定的不得妨碍对方履行的义务，因而构成双方违约。总之，双方违约在实践中是存在的。法律确认双方违约的目的在于要求法官根据双方违约的事实，确定双方各自

① 参见苏惠祥主编：《中国当代合同法论》，310页，长春，吉林大学出版社，1992。

所应负的责任。这也是符合我国过错责任的要求的。但在实践中，立法者的意图却没有得到很好的贯彻，正如梁慧星教授所指出的，许多法官为片面要求双方接受调解，不适当地将许多本不属于双方违约的情况，如正当行使同时履行抗辩权、不安抗辩权，实行自助等，也视为违约行为，人为地造成所谓双方违约现象，以至于不适当地扩大了双方违约的范畴①，使双方违约制度不仅不能起到正确区分双方责任的作用，反而使本不应负责的一方承担了责任，这确实不利于保护当事人的利益。因此，为了准确地适用法律，保护合同当事人的权利，应当将正当地行使同时履行抗辩权、不安抗辩权，实行自助等行为从违约中分离出来。在出现上述纠纷以后，对各种行为应作具体分析，而不能草率地定性，盲目地归责。

正当行使同时履行抗辩权不构成违约。行使抗辩权是合法行为，它和违约行为在性质上是根本有别的，不能将两者混淆。例如，一方交付的货物有严重瑕疵，另一方拒付货款，乃是正当行使抗辩权的行为，不应作为违约对待。当然，在不符合行使抗辩权的条件的情况下而拒绝履行或滥用同时履行抗辩权等，不属于正当行使权利的范畴，这些行为本身已构成违约，由此造成对方损害的，应负损害赔偿责任。如合同规定甲方交付大米1万千克，甲方依约发运了货物，但乙方收到货后发现短缺200千克，乙方将该批大米接受并转卖以后，仍援用同时履行抗辩权的规定拒付全部货款，显然，乙方的行为已构成违约。所以，为了正确确定双方当事人的责任，保护当事人的合法权益，应当完善同时履行抗辩权制度，规定当事人行使抗辩权的条件和情况，从而使违约和非违约行为，作为两种性质根本不同的行为，在法律上被严格区分开来，并分别对待。

有一种观点认为，一方不履行以后，另一方可援用同时履行抗辩权而拒绝履行自己的义务，这样双方均已置合同而不顾，破坏了“合同必须遵守”的原则。也有人认为，在一方不履行时，另一方也不能拒绝履行，因为哪怕仅有一方履行，总比双方均不履行要好，否则，不利于增进双方的合作，督促双方履行合同。笔者认为，这些看法值得商榷。实际上，同时履行抗辩权只是使当事人享有

① 参见梁慧星：《民法学说判例与立法研究》，82～83页，北京，中国政法大学出版社，1993。

一种抗辩权。它要求一方在请求他方履行义务时，自己也必须履行义务，否则另一方有权拒绝履行，从而使双方利益都得到维护；同时，这一制度通过规定行使抗辩权的要件，要求当事人不得随意拒绝履行自己的义务。从目的上来说，这一制度绝不是鼓励不履行，相反，它正是通过一方当事人行使抗辩权，而督促对方履行义务。至于一方履行总是比双方不履行要好的观点，也是不妥当的。因为如果一方履行以后，另一方不履行，履行的一方承担了不利益的后果，合同仍未得到遵守，而不利益的后果要由认真履行合同的一方当事人来承担，显然是不公平的，也不符合合同法保护当事人利益的宗旨。

六、关于违约金责任

起源于罗马法的违约金最初是作为一种债权担保方式而出现的。继受罗马法的大陆法系国家大多把违约金条款视为合同内容的一部分或“从合同”，认为违约金是担保主债务履行的一种由当事人选择的担保形式；并确定应由债权人来决定违约金与实际履行、赔偿损失等的适用。[①] 视损害赔偿为违约补救主要方式的英美法并不十分重视违约金形式，违约金主要是作为预定的赔偿金，目的在于担保合同的履行和省却违约后计算及证明损失的麻烦。

我国现行合同法律并没有给违约金规定明确的定义。从《民法通则》等有关法律中可以基本概括出：违约金是预先确定数额并于违约后生效的独立于履行行为之外的给付。在我国民法中，违约金不仅是债的担保形式，而且是一种民事责任形式。这一点早已得到立法的明确肯定。《民法通则》和《经济合同法》是分别在“民事责任”章和“违反经济合同的责任”章中规定违约金的。在违约金的职能方面，学术界就违约金的担保作用存在不同看法，在彼此对立的两种观点中，违约金的担保作用与其作为违约责任的作用被认为是只居其一、互相排斥

① 参见《法国民法典》第1226条、第1229条后项，《德国民法典》第339条。

的。[①] 笔者认为，我国合同法中的违约金首先是一种违约责任形式，这不仅有现行法的规定作为根据，而且还可以从实践中法定违约金受到重视及违约金构成中强调过错要件得到证明。其次，违约金作为一种责任形式，并不影响其作为担保方式而存在。因为在成立方式上违约金兼有法定和约定两种形式，而约定违约金实质上是为担保主债务的履行而设定的从债务，完全符合担保的构成要件；更重要的是，不论法定还是约定，违约金都具有督促、制裁、补偿当事人的作用，从而确保债权的实现。

出于上述认识，我们强调，法律关于违约金的规定属于任意性规范；同时认为，违约金具有以补偿性为主、兼具惩罚性的性质。

（一）违约金规范应为任意性规范

随着法定违约金在许多国家民法中的发展，违约金逐渐被赋予越来越浓重的强制性色彩。这一点在苏联和东欧国家表现得尤为明显。在那种特定历史条件下，法律注重的是社会经济在计划条件下的正常运转以及国家部门之间商品供应的有效保证，因此必然是利用较之传统私法要严厉得多的措施来保证合同的履行。苏联法律曾经规定，不允许社会主义组织之间用协议限制违约责任的范围，如果某一组织对于违反合同的对方不追索违约金，则主管机关将追索。这种越俎代庖的做法在东欧国家的法律里也能看到。[②] 很显然，在采取这样一些做法时，违约责任实际上已变成了行政权力干涉合同关系的手段。

笔者认为违约金规则应属任意性规范。首先，从性质上来看，当事人关于违约金的约定具有从合同的性质，具有相对独立性，法律应完全允许当事人协商确定，即使是法定违约金，也应该由当事人选择适用。这是我国法律所确定的合同自由原则的具体体现。其次，从现实经济生活来看，由于当事人订立和履行合同的条件各不相同，对同一违约行为及其后果的认识和要求也不一样，由法律强制统一既不可能也无必要。最佳的选择是将自由约定违约金的权利交给对情况最为

① 参见《中国大百科全书·法学》，724页，北京，中国大百科全书出版社，2006；高敏：《关于违约金制度的探讨》，载《中国法学》，1989（5）。

② 参见［匈］阿季拉·哈尔玛季：《经济合同制度的比较研究》，载《国外法学》，1983（3）。

清楚的当事人自己。具体而言：

1. 合同法应当规定在违约金的数额过高或者低于实际损失时，法院可以应当事人的请求进行调整。那么，调整的原因是违约金数额过分高于或者低于实际损失，调整的依据应当是与实际损失相比过高或过低。但问题在于，此处的实际损失是否包括可得利益损失？笔者认为，既然损害赔偿包括可得利益的损失，那么违约金的调整标准也应当包括可得利益的损失。同时，如果在调整违约金数额时，只考虑实际损失，那么在承担违约金以后，又不承担损害赔偿责任，则对非违约方损失的补偿是不完全的，也就是说只补偿了其实际损失，而没有补偿其可得利益的损失。

问题在于，损失应当由谁进行举证？从举证责任的角度来看，根据谁主张谁举证的基本规则，既然违约方主张守约方所主张的违约金过分高于其实际损失，那么自然应当由违约方承担相应的举证责任。但在实践中，由违约方来证明非违约方的损害是做不到的，对违约方也是不公平的，可能非违约方根本就没有损失，所以无须赔偿；因为对于非违约方究竟有多少损失，其自己最容易证明，因此，由非违约方证明其损失的具体数额较为妥当。

2. 合同法中对违约金数额的调整必须由当事人提出请求，法院原则上不能依据职权主动调整违约金数额。由于违约金数额的调整只涉及当事人之间的权利义务关系，按照私法自治，应当由当事人提出调整的请求。在违约金过高的情形下，应当由违约方提出调整违约金数额的请求，而在违约金数额低于实际损失时，则应当由非违约方提出增加违约金的请求。

3. 如果当事人约定违约金过低，甚至低于法定比例时，是否应宣布其无效？从一些案例来看，有的法院经常在审判实践中将过低的违约金抹掉，从而否定当事人此项约定的效力，笔者认为这种做法大可不必。因为，当事人对违约责任的追究是一种请求权的行使，无涉公共利益的请求权本身即可由当事人随意处分，所以当事人也就完全可以约定较低的违约金，这同样是合同法“意思自治”原则的体现。当事人约定较低的违约金，表明其不愿违约金带有惩罚性，不愿接受过高违约金的束缚[①]，这种意思表示，只要是合法的和自愿真实的，法律就应该加以保护。

（二）违约金应兼具惩罚性和赔偿性

自罗马法以来，大陆法系民商法历来以损害赔偿额的预定作为适用违约金的基本原则，但也不排除不能替代原债务履行的惩罚性违约金。英美法则认为，违约金的主要性质在于补偿而不在于惩罚。[②] 正如《美国合同法重述》（第二版）第 356 条的评论所指出的："合同补救制度的目的是补偿而不是惩罚，对违约者实施惩罚，无论从经济上或者从其他角度都难以证明是正确的，规定惩罚的合同条款是违反公共政策的，因而是无效的。"

我国民法学界对于违约金的性质有不同的观点，学者们一般认为，《民法通则》规定的违约金兼具惩罚性和赔偿性，而《涉外经济合同法》规定的违约金则属于赔偿性违约金。值得注意的是有一种观点认为，我国违约金制度应完全采纳英美法的模式，取消惩罚性违约金，使违约金仅保留补偿性质。[③]

笔者认为，违约金就其固有性质而言，主要具有补偿性。这就意味着在立法及审判实践中必须对约定过高的违约金加以禁止，以防止违约金条款的设定成为当事人的一种赌博。例如，对轻微的违约行为约定并施加几十甚至上百万元的违约金的支付，这种违约金已明显超出违约金制度的目的，造成当事人之间利益的严重失衡。在法由个人本位走向社会本位的今天，法律已不可能对私法关系不加任何干预。在市场经济条件下，市场主体追求权利最大效率的自利的动机和目的，必须受到比之位阶更高的社会利益的关注和制约。不受限制的合同自由必须让位于现代社会所遵从的其他社会价值，违约金制度也是如此。自德国民法首开法院或仲裁机构增减违约金之先例以来[④]，世界各国纷纷效仿，都分别在法典中规定裁判机关有权干预约定违约金。这种干预具体表现为两个方面：第一，部分履行后，法院可按已经履行部分与未履行部分的比例相应减少违约金的给付；第

① 参见《德国民法典》第 340 条第 2 款。

② 参见崔建远：《合同责任研究》，227 页，长春，吉林大学出版社，1992。

③ 参见高敏：《关于违约金制度的探讨》，载《中国法学》，1989（5）。

④ 参见《德国民法典》第 343 条。

二，约定的违约金过分高于或低于违约所造成的损害的，当事人得请求法院或仲裁机构适当予以减少或增加。应该说，作为与惩罚性违约金相配套的措施，这种必要的干预是不可缺少的。因为在违约金纯粹由当事人自由商定的情况下，经济上占优势地位的当事人往往通过规定巨额违约金而使弱者蒙受损害。“结果，合同当事人等于可以自己制定法律，而法庭却严格地要求遵守他们自定的，也许比由立法者所制定的正式法律更为严酷的法律。”① 毫无疑问，上述违约金增减制度有利于校正权利的滥用和维护合同公平，同样应该为合同立法所肯定。

但应当看到，违约金也体现了一定的惩罚性。因为，一方面，违约金就其性质而言必然带有惩罚性，这是无法予以抹杀的。违约金属于一种事先预定，在其设定之时，损害并未现实地发生。因此，违约金只是一种预定，它与损害之间并无必然的直接联系，约定违约金并不等于约定损害的发生，或者即使有损害，在设定时也是不确定的。这样，违约金数额与损害实际是相脱离的，因此难免带有惩罚性，尤其是当约定违约金较高时，惩罚性更为明显。另一方面，从当事人约定违约金的目的来说，也很大程度上在于制裁违约行为。从学理上说，违约金具有惩罚性，更是明确了它与损害赔偿的基本区别。总之，我们承认违约金具有惩罚性和赔偿性双重性质，具体而言：

1. 如果当事人未在合同中特别约定或法律未特别规定违约金为补偿性的，应允许当事人约定的违约金与实际的损失不完全符合；当然，也不宜与实际损失相比过高或过低。

2. 在违约尚未造成损害的情况下，非违约方亦可要求支付违约金。因此，非违约方不必证明违约已经造成了实际损害，即可要求支付。但如果当事人在合同中约定的违约金仅为补偿实际遭受的损害，则非违约方要获得此违约金还必须证明有实际损害的发生。

3. 在请求支付违约金的同时，守约方亦有权要求继续履行，特别是在当事人专为迟延履行而约定违约金时，支付迟延履行的违约金并不免除债务人继续履

① ［英］彼得·斯坦等：《西方社会的法律价值》，王献平译，287 页，北京，中国人民公安大学出版社，1990。

行合同的责任。

由于违约金具有以补偿性为主、兼具惩罚性的性质，所以，我国合同立法应当在确定违约金的有关规则方面，充分考虑违约金所具有的此种性质而作出相应的规定。

七、关于可得利益的赔偿

一方当事人因违约而未能全面、适当地履行其合同义务，即应赔偿对方当事人因此而遭受的损失。从理论上讲，这种损失包括两部分，即当事人因对方违约而受到的损害和因此而失去的可得利益。我国学术界习惯以直接损失和间接损失来概括这两部分损失的内容。从国外立法看，直接损失和间接损失的区分来源于罗马法，但后世的德、法、瑞、奥等国民法则更多地采用“积极损害”和“消极损害”的概念，后者即可得利益的损失，指损害中本应得到而因违约未得到的部分。在英美合同法中，则将损失分为期待利益（Expectation Interest）、信赖利益（Reliance Interest）和替代利益（Restitution Interest）三类。其中信赖利益往往被解释为与大陆法所谓可得利益同义，但实际上二者是不同的。英美法的信赖利益指的是合同当事人因信赖对方的许诺而付出的代价或费用，而可得利益是指若债务人履行合同将合理产生的、非现实的利益。一为现实已支付的，一为当事人所合理期待的，两者并不相同。抛开上述语义上的分歧不论，就立法选择上看，可以说世界大多数国家都明文规定损害赔偿的范围应包括可得利益。确实，不论是出于损害赔偿的宗旨，还是现实需要，损害赔偿的范围都应将可得利益包括进去，对于这一点，人们的认识已逐步趋于统一。

因此，就违约责任中的损害赔偿责任而言，争议或关注的焦点已不再是可得利益的损失是否应当赔偿，而是如何科学地界定这部分赔偿的范围。尽管有不少学者将可得利益的损失概括为诸如利润、利息、工资、自然孳息等方面的损失，但是很显然，采取这种列举的方式来穷尽可得利益范围的设想是不现实的。然而如果没有这样一个范围的界定，所谓可得利益的赔偿最终就有可能只停留在理论上而无法实际操作。事实上，不同意赔偿可得利益的人所持的主要理由就是：可得利益损失伸缩性大，难以准确计算；要求违约方赔偿可得利益损失会超出其经济能力，并且有可能助长当事人一方提出非分的赔偿请求。

应该说，规定可得利益的赔偿不但必须，而且可行。关键在于设计出一个切实可行的合理标准。笔者认为，首先，必须确定可得利益损失的范围，其一般包括生产利润损失、经营利润损失和转售利润损失等类型。可得利益赔偿的目标是：通过赔偿使受害人处于合同已被适当履行的状态。合同如能履行时，非违约方所应该获得的利益。其次，明确可得利益损失的计算规则。借鉴司法实践经验，在计算和认定可得利益损失时，应当综合运用可预见规则、减损规则、损益相抵规则以及过失相抵规则等规则。在计算可得利益损失时，要确定因为违约而迫使非违约方所处在的现实利益状态。二者之间的差距即为非违约方所遭受的直接损失和可得利益的损失，而赔偿可得利益的极限就是合同如能严格履行时非违约方获得的全部利益。确定可得利益赔偿的范围，必须以上述标准来划定，而不能以受害人所处的合同订立之前的利益状态作为标准。如果仅仅只是确认后一种状态，那么尽管受害人在订立合同后为准备履行或作出履行所支付的代价获得了补偿，但其订约所期待的利益也没有实现；对于违约方来说，虽然作出了赔偿，但可能并未使其承担不利益的后果，甚至在违约本身就是为了获得比履行更多的利益的情况下，仅仅只是赔偿非违约方为准备履行或作出履行所支付的代价，显然会对违约方十分有利，其结果会诱使其违约。再次，应当明确可得利益损失的排除规则。如果经营者存在欺诈经营行为、当事人特别约定了损害赔偿的计算方法以及因违约导致人身伤亡、精神损害等情形，应当排除可得利益损失的赔偿。通过可得利益的赔偿使受害人处于合同已被适当履行的状态，使受害人原先期望通过合同的履行而能获得的利益都得到了赔偿。这样，即使合同已被违反，但是实际上宛如已经履行。除特定物买卖以外[①]，此种赔偿能够实现当事人订约所期待的全部利益。当然，在特殊情况下，如果非违约方所遭受的实际损失完全超过

---

① 在合同标的物为特定物的情况下，赔偿可得利益也不能使非违约方实现订约目的，而是应通过实际履行的办法使其获得合同标的物。

了可得利益的损失，就应按实际损失而赔偿。在立法中规定赔偿全部损失时，还应当确定以下几项规则。

1. 合同法并不赔偿受害人因从事一项不成功的交易所遭受的损失。这就是说，如果受害人做了一桩亏本买卖，只能自己承担损失。如甲与乙订约购买 1 万斤大米，每斤 1.2 元，在履行到来时，每斤大米的价格已跌至 1.1 元；卖方迟延交货达 10 天，在此 10 天内米价仍在下跌，降至每斤 0.9 元。那么，卖方只应赔偿在 10 天内大米由 1.1 元跌至 0.9 元而使其遭受的损失，而不能赔偿大米由每斤 1.2 元跌至 1.1 元的损失。因为这项损失发生在履行期到来之前。

2. 可得利益的损失属于履行利益的内容，其不应包括为获得履行利益而支出的合理费用。至于如何确定费用或开支的合理性，应根据交易习惯、合理人的标准等综合评判。

3. 损害赔偿的主旨在于补偿受害人的损失，但损失必须是实际遭受的损失。如果要赔偿利润损失，则必须有确凿证据证明这些利润是存在的或会发生的。尤其是在这些利润中应扣除必要的支出，也就是获取这些利润所必须支付的费用。所以，可得利益必须是净利，而不是净利加上为获取这些净利所应支付的费用。

4. 损害赔偿要适用损益相抵规则。因为违约常常使非违约方节省了履行费用，比如因投资中断使工程停工，但却减少了材料费、劳务费等的支出。这些由于违约而节省的费用必须从赔偿额中扣除。

5. 损害赔偿应扣除本来应可以适当避免扩大的损失。但对于为减少损失而支出的费用则应予赔偿。这些费用必须是合理的，比如安排一项替代性的购买而支出的费用。

6. 损害赔偿不能以违约方因违约而得到的利益为标准来确定赔偿额，不能判以惩罚性损害赔偿金。“损害是以原告的损失为基础，而不是基于被告的受益。”[①] 例如，A 卖货物给 B 的价格是 100 元，后又将货卖给 C，价格是 150 元。

① Guenter H. Treitel, *International Encyclopedia of Comparative Law*, Vol. Ⅶ, Contract in General, Chapter 16, Remedies for Breach of Contract, Tübingen, 1976, p. 24.

B要求赔偿。若在交付时货物的价格为100元，则B没有任何损失，A赚50元。[①] 这时，显然不能以A的获利作为赔偿标准。

八、关于实际履行责任

所谓实际履行责任，是债务人不履行或履行合同不符合约定条件时，根据债权人的要求继续履行合同义务的违约责任方式。我国合同法所使用的实际履行概念是广义的，包括强制违约方按合同规定交付标的物、提供劳务、提供工作成果、支付价款、修理、重作、更换、强制给付等。[②]

从比较法上看，大陆法系将实际履行视为违约的补救方法，英美法系则将实际履行作为救济权利人的平衡手段，只在例外情形下适用。我国合同法是否应当将实际履行作为重要的违约责任形式，学者存在不同观点。[③] 从表面上看，实际履行是继续履行原合同规定的义务或者说履行原合同债务，履行原合同债务性质上属于合同债务的履行方式，而实际履行在性质上则属于违约责任承担方式，此种责任不仅是对当事人的责任，也是对国家的责任。也就是说，在实际履行的情形下，不论违约方是否愿意，只要存在继续履行的可能，就要履行义务。所以实际履行与履行合同在性质上是不同的。

作为一种重要的违约责任形式，实际履行规则的适用应当注意以下几点。

第一，区分金钱债务与非金钱债务，金钱债务均可适用实际履行，非金钱债务在例外情形下则不需要实际履行。由于金钱债务以支付金钱为形式，因此，金钱债务不存在履行不能的问题。因此，从比较法上看，各国法律均规定金钱债务应当实际履行。[④]金钱债务如发生履行迟延，则债权人无须为损害之证明，径得

---

① See Acme Mills & Elevator Co. v. Johnson, 141 Ky. 718, 133 S. W. 784 (1911).

② 参见崔建远：《合同责任研究》，171页，长春，吉林大学出版社，1992。

③ 参见梁慧星：《关于实际履行原则的研究》，载《法学研究》，1991（2）；柴振国：《合同实际履行原则之我见》，载《法学研究》，1988（2）。

④ 参见［德］冯·巴尔等主编：《欧洲私法的原则、定义与示范规则：欧洲示范民法典草案》，高圣平等译，715页，北京，法律出版社，2014。

请求依法定利率计算支付迟延利息。[①] 在金钱债务未能及时履行时，无论迟延履行因何种原因引起，债务人都应负迟延责任。例如，《日本民法典》第 419 条规定："关于金钱债务的迟延，债务人不得以不可抗力为抗辩。"根据《德国民法典》第 275 条的规定，因不可归责于债务人的主观不能可以免除给付义务；但德国法认为金钱债务不得成立给付不能。大陆法关于金钱债务必须履行的观点对英美法也产生了一定的影响。[②] 美国法也认为，无能力支付金钱不能成为免责的理由。《国际商事合同通则》第 7.2.1 条规定："如果有义务付款的一方当事人未履行其付款义务，则另一方当事人可以要求付款。"可见，金钱债务必须实际履行是世界大多数国家（地区）的普遍经验。我国司法实践也认为，金钱债务和其他标的为金钱和报酬的债务应当实际履行。根据 1991 年最高人民法院《关于人民法院审理借贷案件的若干意见》第 19 条的规定，对债务人一次偿付有困难的借贷案件，法院可以判决或调解分期偿付；根据当事人的给付能力，确定每次给付的数额。该《意见》第 21 条又规定，被执行人无钱还债，要求以其他财物抵偿债务，申请执行人同意的，应予准许。由此可见，我国司法实践仅承认金钱债务因不可抗力不能履行只能导致延期履行、分期履行，而不是免除责任。对非金钱债务而言，虽然原则上也必须实际履行，但在特殊情形下，违约方可能无法实际履行，或者实际履行的成本过高，此时就不宜再要求违约方必须实际履行。例如，以交付特定物为客体的合同关系，该特定物灭失时，债务人即无法继续履行；再如，以提供劳务为客体的合同关系，客观上也难以实际履行。

第二，实际履行必须客观可行。如果实际履行在客观上并不可行，则不应当适用实际履行的责任形式，具体而言，在如下情形下不宜适用实际履行责任：一是依法不得实际履行。例如，对于提供个人服务具有人身性的合同，在法律上不能采取实际履行。如果采取实际履行措施，则将对个人实施某种人身强制，这与

---

① 参见梅仲协：《民法要义》，238 页，北京，中国政法大学出版社，1998。《德国民法典》第 1135 条规定："如债务限于支付一定金钱时，由于迟延发生的损害赔偿，除有关交易和保证的特别规定外，仅得判令支付法定利率的利息。"

② See Universal Corporation v. Five Ways Properties Limited (1979) 34 P & CR 687.

我国宪法和法律关于公民的人身自由不受侵害的规定是相违背的。二是实际履行事实上不可能。例如，合同的标的物是特定物并已遭受毁损灭失，在此情况下，强制债务人履行义务也是不可能的。三是依据合同的性质不宜实际履行。从合同的性质来看，对一些基于人身依赖关系而产生的合同，如委托合同、信托合同、合伙合同等，往往是因信任对方的特殊技能、业务水平、忠诚等所产生的，因此具有严格的人身性质，如果强制债务人履行义务，则与合同的根本性质相违背，因此违约发生后最适当的办法就是采取解除合同或赔偿损害等补救方式。四是实际履行成本过高或非常艰难。继续履行在经济上不具有合理性，会造成一定的损失和浪费。任何合同的履行都要体现经济上的合理性，对于违约补救来说也应该如此。如果违约方实际履行的成本过大，也不宜要求其实际履行。

第三，必须要明确继续履行与损害赔偿之间的适用关系。关于实际履行与赔偿损失的关系，有学者认为，二者功能不同，应当可以并存。① 问题在于，继续履行与赔偿损失并存的情形下，是否应当完全赋予非违约方对违约救济方式的选择权？还是应当由法律来规定一定的请求顺序，如原则上非违约方应先请求继续履行？笔者认为，考虑到违约责任制度的主要功能是救济非违约方，因此，原则上应当赋予非违约方选择违约责任形式的权利。但从经济上看，此种选择权有可能造成财富的损失和浪费，例如，实际履行所需要的代价可能是比较高的，而非违约方坚持要求违约方实际履行。为了避免非违约方滥用补救的选择权，可以借助于诚实信用原则对其选择权进行限制。例如，能够实际履行且实际履行对双方都有利的，则应当优先适用继续履行的责任形式。

九、关于定金责任

关于定金在合同法中的地位，一直存在争议。从国外立法例看，各国做法并不一致，有的把定金规定于买卖中，同时准用于其他有偿合同②；有的将其规定

① 参见崔建远：《合同责任研究》，189页，长春，吉林大学出版社，1992。

② 参见《法国民法典》第1590条，《日本民法典》第557条。

于债之通则[1]；还有的规定于合同通则。[2] 我国立法及审判实践中则历来将定金视为债的担保，如《民法通则》即将定金作为债的担保方式之一。这种做法与苏联在1964年通过的《苏俄民法典》的规定相同。从学理上看，定金包含多种类型，不同类型的定金，其功能也存在一定区别，具体而言，定金可以分为成约定金、证约定金、违约定金、解约定金、立约定金五大类别。

应该说，当事人所交付的定金究属何种性质，当依当事人的意思及交易上的习惯决定。[3] 但笔者认为，在法律没有直接规定的情况下，不能认为定金有解约性质。从理论和实践层面看，较难区分的是违约定金和解约定金。例如，同样是《民法通则》规定的定金，有的著作称其为解约定金，有的则认为应理解为违约定金，这可能影响法律规则的统一适用。

笔者认为，定金的主要目的在于督促当事人履约，防止和制裁违约行为，除当事人另有约定外，不能将定金界定为解除合同的代价。在当事人约定不明的情形下，如果将定金解释为解约定金，则意味着将赋予给付或接受定金的一方可通过抛弃或双倍返还定金而取得解除合同的权利，此时，当事人将无法请求继续履行，这与我国合同法的基本精神是不相符合的，也不利于保护合同当事人的利益。实际上，像日本民法等将定金规定为解约定金的立法例，也是明令将其限制在当事人一方着手履行合同之前的。[4] 换言之，在日本法上，因定金解约，并非基于债不履行的违约行为。作为违约责任的定金，应排除其解约金性质。因此，在当事人未作出约定，或者约定不明确的情形下，应当将定金解释为违约定金，而非解约定金。

作为违约责任的一种方式，定金的效力主要体现在其罚则上，即合同一方当事人在法律规定范围内向对方交付定金的，因交付定金当事人的过错致合同不能履行时，不得请求返还定金；因受定金当事人的过错致合同不能履行的，受定金

① 参见《德国民法典》第336～338条，《瑞士债务法》第158条。

② 参见我国台湾地区“民法”第248～249条，《奥地利民法典》第908条。

③ 参见史尚宽：《债法总论》，492页，台北，荣泰印书馆，1978。

④ 参见《日本民法典》第557条。

当事人应双倍返还定金。关于丧失或返还定金的条件，我国以往立法及有关司法实践均以不履行合同作为唯一条件，只有《农副产品购销合同条例》是个例外，按照该条例第17条第6款和第18条第6款，供方“不履行或不完全履行预购合同的，应加倍偿还不履行部分的预付定金”；需方“不履行或不完全履行预购合同的，无权收回未履行部分的预付定金”。据此规定，丧失或返还定金的条件不仅包括不履行，而且还包括不完全履行合同。笔者认为，该条例之所以作如此规定，是基于特定的历史条件和实际情况，在操作上则是将定金与预付款混为一体，不加区别，因此，这一规定不具有普遍性。

当事人一方未履行合同，给他方造成损失时，除适用定金制裁外，是否可一并请求违约金和损害赔偿？也就是说，定金、违约金、赔偿损失能否并用？各国立法对此规定并不一致。笔者认为，对于定金与违约金、赔偿损失的并用问题，应该作具体的分析，不宜笼统地作出规定。最重要的是，应该区分定金的不同性质而决定。就违约定金来说，由于它具有预付违约金的性质，因此，它与违约金在目的、性质、功能等方面相同，两者不宜并用，除非两种责任系针对不同的违约行为而约定。如果定金为成约定金和证约定金，那么，由于这两种形式的定金与违约金、赔偿金在性质与功能上各不相同且适用的范围也不一样，因而是可以并用的。总的来看，违约责任的范围一般应与违约行为所造成的损害相一致，而不应形成重复责任，所以笔者认为，不履行合同的一方当事人承担其他违约责任时，定金应算入赔偿金额中，并用的结果应以不超过违约所带来的实际损失以及可得利益的损失为限。否则，在给付损害赔偿时，定金应予返还。

十、关于违约责任的免责事由

合同成立后因不可归责于当事人的情况导致合同不能履行或履行困难时，根据世界各国立法例，可以免除违约责任。免责事由一般包括不可抗力、货物本身的自然性质、货物的合理损耗、债权人的过错等，其中，不可抗力是普遍适用的免责条件，其他则仅适用于个别场合。

我国现有立法只规定了不可抗力免责，而且，仅适用于因不可抗力致合同履行不可能的情形。这样的立法例带来以下一些问题：第一，如前所述，免责事由并不以不可抗力为限，仅将不可归责的事由限定为不可抗力，从立法技术上讲是不周延的，在实际效果上也有可能产生误导；第二，不可抗力免责仅限于履行不可能的情形，而没有关于履行迟延免责的规定，这在法律上是一个缺陷；第三，仅将不可抗力规定为免责事由，容易导致不可抗力和情事变更的混淆，而实际上二者是有区别的，不可抗力可以成为情事变更的原因，但不等于情事变更，此点，容后详述。

因此，鉴于现有立法的规定及存在的上述问题，我们建议在未来的立法中以“不可归责的事由”这一概念取代不可抗力；同时规定，合同成立后因不可归责于债务人的事由导致不履行合同或履行迟延时，应视不可归责的事由的影响，部分或全部免予承担违约责任。

《民法通则》仅规定不可抗力为法定免责事由，同时将不可抗力限定为“不能预见、不能避免并不能克服的客观情况”。主要是为了严格限定当事人被免责的情况，从而维护合同效力，保障交易秩序。在我国司法实践中，经常出现因电力供应不足、运输紧张、交通堵塞、原材料涨价等原因而阻碍合同的履行。这些因素，属于当事人在订立合同时应该预见到的阻碍合同履行的情况，也是当事人从事交易所应承担的风险，因此不属于不可抗力范围，也不属于不可归责的事由。出现这些情况后，当事人不能免责。当然，如果这些情况确实经常严重地阻碍合同的履行，则当事人在订立合同时就应予以注意。为了尽量减少风险，当事人可以通过对免责条款的约定和对不可抗力情况的特别约定，使其在出现这些情况后被免责。从合同立法的角度论，立法应该允许当事人在明确不可归责的事由的范围时采取约定不可抗力的做法，确立当事人约定不可抗力范围的法律效力。这对于社会经济秩序的稳定是有益无害的。

与不可抗力概念紧密相关的是情事变更。近年来，国内有许多学者将研究的注意力放在了情事变更上，有人进而认为扩大现行法违约免责事由的范围的途径之一，就是立法确认情事变更为免责事由。他们认为，社会发展所带来的新变化已使原来立法所确定的范围不敷应用。

情事变更与不可抗力所表现的一般特征是相同的，两者都属于当事人无法预见、无法避免和无法克服的客观情况，但是二者在客观表现、适用条件、免责范围等方面均有差异。就最根本的一点而言，情事变更原则的适用，旨在消除合同履行中出现的显失公平的结果。换句话说，出现情事变更的情形，比如社会经济形势巨变时，合同并非如不可抗力所直接影响一样不能履行，而是履行过于艰难，尤其是一方坚持依约履行的效果，将使得当事人之间的对价关系严重不成比例或目的无法实现。情事变更的效力，是使当事人因此获得变更或解除合同的权利，但此项权利并非法定变更解除权，而须经受不利影响的当事人以诉讼或仲裁方式提起。严格说来，适用情事变更原则的法律后果，主要是当事人合理分担非正常风险所造成的损失或解除合同，而不是单纯免除一方当事人的违约责任。从国外立法来看，在大陆法系中，《德国民法典》只有因不可归责的给付不能而免除债务人给付义务以及因不可归责的给付迟延而免除迟延责任的规定。[①] 只是在第一次世界大战后，由于情事变更问题的频繁出现，为救济实定法上依据不足的困扰，遂一方面发挥法律解释的功能，利用给付不能、瑕疵担保等既有法律制度以解一时之需，另一方面则在学说中针对法典未规定的给付困难发展起“法律行为基础制度”（das Rechtsinstitut der Geschäftsgrundlage）。对此项制度我们通常称为“情事变更原则”，但其含义实际上要广泛得多。法国法则将免责事由仅限于不可抗力，虽然议会曾数次颁令承认战争、通货膨胀等“情事变迁”可作为免责事由，但最高法院始终对其推广加以限制，故法院通常仍采不可抗力原则。在英美法中，有所谓“合同落空”（Frustration）学说，学者也往往将其译为情事变更，或认其为大陆法情事变更原则在英美法中之对位。但实际上 Frustration 的情形综合了大陆法上的不可抗力和情事变更，范围极其广泛。至于不可抗力概念则只出现于“不可抗力条款”（Force majeure Clause），实际上是当事人为避免因对 Frustration 事件的确认产生分歧而约定的免责范围。在我国台湾地区，情事变更原则所处理的问题，仅限于社会遭到灾难事变时，金钱请求权人受领实价

---

① 参见《德国民法典》第 275、285 条。

不足的情形，因此理论上只把情事变更的效力归结为一种所谓的“调适”，即在必须维护原有法律关系存在的基础上，对其法律效果加以调整，使其适合于变更后的社会环境。①

可见，情事变更与不可抗力是不能等同的。不可抗力原则是免责的原则，而情事变更原则为履行的原则。两者在合同法中的地位是不同的。当然，基于情事变更而解除合同后，不得请求因合同不履行的损害赔偿，故情事变更同样产生免责的效果，这大概是许多人误将情事变更作为免责事由的原因之一。情事变更与不可抗力必须区分而实际又不易区分的难题，最终的解决办法是在合同履行的规范中建立和完善情事变更原则，使其自成体系。在我国现有合同法框架中，因立法尚未对情事变更作出规定，我们建议可将情事变更问题依照有关显失公平的条款去处理。

结语

完善中国的合同立法，是完善社会主义市场经济法律体系的重要内容。在中国合同法建设中，许多陌生的领域仍待开拓，许多重大疑难亟待探讨解决。研究这些课题，既要密切联系实际，注重切合国情；又要大胆引进吸收，借他山之石以攻玉。中国正在走向世界，处于转轨时期的中国民法，既要有宏大的包容性和超前意识，又要时刻对位于自己所仰赖和服务的社会经济基础。这一点，是我们在从事研究时应始终牢记并躬以致行的。所谓学者立法的超脱，绝不是对实践中的现实充耳不闻、闭门造车。我们坚信，作为行为规范的总和，法律既是对局部功利的超越，也是对各种制度和学说单元的总体协调。随着合同法起草工作的进行，法学研究事业必会受到相应带动而走向更加繁荣。

① 参见彭凤至：《情事变更原则之研究》，245～246页，台北，五南图书出版公司，1986。

预期违约制度的若干问题*

一、预期违约是一种履行期前发生的违约

预期违约（Anticipatory Breach）亦称先期违约，包括明示毁约和默示毁约两种。所谓明示毁约，是指在合同履行期限到来之前，一方当事人无正当理由而明确肯定地向另一方当事人表示他将不履行合同。所谓默示毁约，是指在履行期限到来之前，一方当事人有确凿的证据证明另一方当事人在履行期限到来时，将不履行或不能履行合同，而另一方又不愿提供必要的履行担保。正如英国学者猜图（Treitel）所指出的："在规定的履行期到来前，合同一方当事人表示他将不履行，或者可能无能力履行，这样的行为有时被称为预期违约。"① 在这里，我们采用毁约而不是违约的概念，旨在与当事人实施的不符合合同约定的实际违约行为相区别，在实施此种实际违约行为时，违约人可能仍愿意保持合同效力，只是其行为与合同规定不符。而在明示或默示毁约中，当事人没有从事实际违约

---

* 原载《政法论坛》1995 年第 2 期。

① G. H. Treitel, *The Law of Contract*, London, Stevens & Sons, 6th. ed. 1983, p. 642.

行为，但毁约人的行为表明他已置合同于不顾，欲消灭有效的合同关系，因此与实际违约的概念是有区别的。当然，从违反合同义务的性质上理解，毁约仍可以包括在违约之中。

预期违约制度是英美法独有的制度，它最早起源于英国1853年的霍切斯特诉戴·纳·陶尔案（Hochster v. De la Tour）。[①] 在该案中，被告同意从1852年6月1日起雇佣原告为送信人，雇佣期为3个月。但在同年5月11日，被告表示其将不履行该合同。5月22日，原告起诉，请求立即损害赔偿。在5月22日和7月1日之间，原告找到了其他工作。法院判决原告胜诉，主要理由是，原告的起诉并不过早，如果不允许他立即起诉主张补救，而让他坐等到实际违约的发生，那么他必将陷入无人雇佣的境地。法院认为，在一方当事人明确表示他将不履行该合同的情况下，允许受害方缔结其他合同关系是合理的。法院的上述判决受到了学者的批评。一些学者认为，被告表示拒绝履行其未来的债务，使原告有权立即解除合同，但无权请求损害赔偿，因为合同并未到履行期。然而，各种批评意见未影响法院的判决。[②] 1872年，在Forst v. Knight案中，法院更明确地指出："因为将来的不履行而构成的违约在诉讼中成为实质上所关涉的问题：终将发生的不履行因为被预见，就被作为了诉因，并且损害赔偿责任可以基于此而请求和计算，尽管履行期可能还很遥远。"[③] 在预期违约的情况下，原告有权要求被告赔偿。1894年，在英国Synge v. Synge一案中，法院又确立了默示毁约规则。在该案中，被告于婚前向原告许诺，他婚后将把一栋房屋转归原告所有，但被告此后又将该房屋卖给第三人，使其许诺成为不可能。法院认为：尽管不排除被告重新买回该房屋以履行其许诺的可能性，但原告仍有权解除合同并请求赔偿。[④] 至此，在英国法中，已形成了两种预期违约的形态。

一方预期违约以后，另一方基于自身利益的考虑，可能会置对方的预期违约而不顾，对预期违约方暂不提起诉讼，而待履行期到来以后，要求违约方履行义

---

① See Jackson & lee C. Bollinger, *Contract Law in Modern Society*, 2nd ed., 1980, p. 1187.

② See Hochster v. De La Tour (1853) 2 E & B 678.

③ Forst v. Knight (1872) L. R. 7Ex. 111.

④ See Synge v. Synge (I894), I Q. B. 466.

务或赔偿损失。对于无过错的当事人的此种选择，英国法院也予以了承认。在1855年的英国 Avery v. Bowden 案中，租船人与船长订立了一个为期45天的租船合同，其中规定了船长应将船舶开到敖德萨港口，并在一定时间内装载一批货物。船抵达敖德萨港口后，租船人因货源不足而拒绝提供货物装船。当时，装载期限尚未届满，船长拒绝接受租船人的预先违约，要求租船人继续装货。但在装货期限届满前，英国与俄国爆发了克里米亚战争，合同因而落空，船主以被告违约为由诉请赔偿，法院认为，租船人的行为并不构成拒绝履行，因战争而使合同无法履行前，租船人并未违约。①

应当看到，预期违约方最终可能并不构成实际违约，在履行期到来之前，他还可以撤回其预期违约的表示。因此，英美法院认为预期违约在性质上不同于实际违约，但在发生了预期违约以后，允许受害人享有合同解除权和损害赔偿的诉权，这样在法律效果上与实际违约是大体相同的。对此，美国学者威尔斯顿（Willston）提出了批评，认为预期违约的概念是“不合逻辑的”（illogical）。因为在履行期限到来之前谈不上违约问题，当然也就不存在预期违约。预期违约制度“要求表意人过早地履行其允诺的义务，从而增加了他所负有的义务”②。本来被告履行债务应在将来某个时间，现在不得不立即承担损害赔偿，这就加重了被告的义务和责任。尤其是法院常常难以确定履行期限到来时的市场价格，因此难以确定预期违约时的损害赔偿数额。不过，大多数学者赞成预期违约规则，如美国著名合同法学者柯宾（Corbin）指出，针对预期违约提起诉讼是合理的。因为预期违约人的违约降低了对方享有的合同权利的价值，因此给对方造成了损害。允许受害人提起诉讼，也可以迅速了结他们之间的债务或赔偿纠纷。③ 英国学者猜图也指出：预期违约规则“有助于使损失降到最低限度。在像霍切斯特诉戴·纳·陶尔这样的案件中，如果原告不立即起诉，他就更要准备实际履行合同。预期违约规则赋予了原告立即起诉权，允许其解除合同。这样，可以避免额

① See Avery v. Bowden 119 E. R. 647.

② Willston, “Repudiation of Contracts”, 14 *Harv. L. Rev.* 317 and 421 (1901).

③ See Joseph M. Perillo, John E., Jr. Murray & Timothy Murray, *Corbin on Contract*, Vol. 4, Matthew Bender & Co, Revised edition, 2009, p. 863.

外的损失"[①]。预期违约规则对于保护受害人利益，是十分必要的。如果一方明确表示拒绝履行债务，而让另一方坐等履行期限届至时才向对方主张补救，那么他将遭受严重损失，"因为在他已经先履行的情况下，可能缺乏获得替代合同的手段"[②]。

正是因为预期违约制度对于督促当事人履行合同、减少损害、保护受害人利益具有重要作用，所以，《美国统一商法典》在总结了英美国家的判例经验的基础上，明确采纳了预期违约制度。[③] 该法典第2610条不仅肯定了美国判例确立的明示毁约情况下受害人享有的选择救济措施的权利，而且还增加了受害人中止履行合同的权利。为了准确地判定默示毁约，《美国统一商法典》第2609条规定，当一方有合理理由认为对方不能正常履约时，他可以以书面形式要求对方提供正常履约的充分保证，如果对方没有在最长不超过30天的合理时间内按当时情况提供履约的充分保证，则构成默示毁约。在大陆法系国家中，并没有关于预期违约的概念，一般在债法中规定了"不安抗辩权"制度，与预期违约制度极为相似。

《联合国国际货物销售合同公约》(以下简称《公约》)也采纳了预期违约的概念，不过，《公约》并未像英美法那样，将预期违约分为明示毁约和默示毁约，而将其分为预先非根本违约和预先根本违约两种。[④] 预先非根本违约是指如果订立合同后，因一方当事人履行义务的能力或信用有严重缺陷，或在准备履行合同或在履行合同中的行为表明他显然将不履行其大部分义务，另一方可以中止履行其义务，但中止履行义务的一方当事人无论是在货物发送前，还是在发运以后，都必须立即通知另一方当事人。如另一方当事人对履行义务提供了充分担保则他必须继续履行义务。[⑤] 关于预先根本违约，《公约》第72条规定："(1) 如果在履行合同日期之前，明显看出一方当事人将根本违反合同，另一方当事人可以宣告

①② G. H. Treitel, *The Law of Contract*, Sweet & Maxwell; 12 edition, 2007, p. 644.

③ 参见《美国统一商法典》第2609、2610条。

④ 参见张玉卿主编:《国际货物买卖统一法》, 3版, 458~460页, 北京, 中国商务出版社, 2009。

⑤ 参见《公约》第71条。

无效；(2) 如果时间许可，打算宣告合同无效的一方当事人必须向另一方当事人发出合理的通知，使他可以对履行义务提供充分保证；(3) 如果另一方当事人已声明他将不履行其义务，则上一款的规定不适用。”该条第3款是关于预期违约的规定，其核心是，在合同的履行期限到来之前，如果预期对方当事人将根本违反合同，则另一方当事人可以宣告合同无效。这大致相当于《美国统一商法典》第2610条的规定。[①] 但其与《美国统一商法典》第2610条的不同之处突出表现为，《公约》仅规定了“宣告合同无效”作为救济方式，而并未就他通知预期违约方将等待其履约后能否请求救济以及如不宣告合同无效是否可以中止自己的履行等问题作出规定。[②]

二、预期违约侵害的是期待的债权而不是现实的债权

预期违约的两种形态都属于在履行期前毁约，而不是在履行期限到来之后的违约，所以预期违约与实际违约的根本区别在于它们发生的时间的不同。正是由于预期违约发生在合同成立以后、履行期到来之前，因此它具有如下基本特点。

1. 预期违约行为表现为未来将不履行义务，而不像实际违约那样，表现为现实的违反义务。有些学者认为此种毁约只是“一种毁约的危险”，也有人将其称为一种“可能违约”[③]，这种看法不无道理。因为双方当事人签订合同后，相互间的权利义务虽然得以确定，但由于债务履行除即时清偿者外，都有一定期限规定，在期限到来之前债权人不能请求债务人履行债务，所以履行期限前发生的毁约是“可能的违约”。不过这并不意味着此种毁约就不属于违约。从债务人的角度来看，履行期限不过是债务人实际从事履行行为的期限，在此期限之前，债务人已经负担了在未来履行债务的义务；就是说，履行期限只是实际从事履行行为的期限而不是债务的发生期限，如果债务人单方面毁约，即使这种毁约发生在

① 参见张玉卿主编：《国际货物买卖统一法》，3版，459页，北京，中国商务出版社，2009。

② Uncitral. *Digest of Case Law: on the United Nations Convention on Contracts for the International Sale of Goods*, United Nations, New York, 2012, p. 336.

③ 韩世远、崔建远：《先期违约与中国合同法》，载《法学研究》，1993 (3)，34页。

履行期前，也将会破坏双方合同关系，同时也表明债务人根本漠视了其应负的合同债务，因此应构成违约。当然，由于这种毁约毕竟发生在履行期前，对债权人造成的损害是不同的。实际违约可能会造成期待利益的损失。如急等原材料投入生产，因对方到期不交付产品使其不能按时投入生产获取利益。就预期违约来说，一般造成的是信赖利益的损害，如因信赖对方履行而支付一定准备履行的费用等，因此在损害赔偿的范围上是不相同的。

2. 预期违约侵害的是期待的债权而不是现实的债权。有一些学者将其称为履行期届满前的效力不齐备的债权①，或“期待权色彩浓厚的债权”②。由于合同规定了履行期限，则在履行期限到来之前，债权人不得违反此条件而请求债务人提前履行债务，以提前实现自己的债权，所以在履行期限届至以前，债权人享有的债权具有期待色彩而不能现实地行使。对债务人来说，此种期限也体现为一种利益即期限利益，该利益应当为债务人享有。《日本民法》第136条规定：“期限推定是为债务人之利益而定，期限之利益得抛弃之，但不能因此有害于相对人之利益。”因此债权人不得在履行期前要求清偿债务。法谚有“未到期限之债务等于无债务”，这就是说，期限未到时，债务人无义务清偿，债权人也无权要求清偿。不过尽管债权人不得要求债务人提前履行，他仍然享有债权，这种权利也是不可侵害的，若债务人毁约，则使其期待利益不能实现，因此债务人应承担毁约责任。

3. 预期违约在补救方式上也不同于实际违约。在预期违约情形下，债权人可要求解除合同、赔偿损失等，而在实际违约的情形下，债权人除可要求解除合同、赔偿损失外，还可要求支付违约金或继续履行等。当然，在明示毁约中，由于合同尚未到履行期，所以债权人为了争取对方继续履行合同，可以不顾对方的毁约表示，而等待合同履行期到来以后，要求对方继续履行，如对方仍不履行，则预期违约已转化为实际违约，此时，债权人可采取实际违约的补救方式。

无论是实际违约还是预期违约，均构成对债权人权利的侵害和对合同关系的

---

① 韩世远、崔建远：《先期违约与中国合同法》，载《法学研究》，34页，1993（3）。

② 参见韩世远、崔建远：《先期违约与中国合同法》，载《法学研究》，34页，1993（3）。

破坏，必将影响交易的正常进行，所以法律应使违约人承担责任。不过，由于实际违约行为乃是指履行期到来后的违反义务的行为，而预期违约发生在履行期到来之前，该行为侵害的只是期待的债权而不是现实的债权，因此应将此行为作为一种特殊的违约形态对待。如果将预期违约纳入违约形态之中，作为一种特殊的违约形态对待，则预期违约是与实际违约相对应的，预期违约包括明示毁约和默示毁约两种，而实际违约则包括拒绝履行、履行迟延、不适当履行、部分履行四种形态。按照这样一种分类方法，违约形态可以被分为两大类：预期违约和实际违约，它们共同构成了我国违约形态体系和内容。

三、明示毁约是一方当事人在履行期前公开毁约的行为

（一）明示毁约的构成要件

所谓明示毁约，是指一方当事人无正当理由，明确肯定地向另一方当事人表示他将在履行期限到来时不履行合同。《美国统一商法典》第2610条采纳柯宾的观点，将此种行为表述为“任何一方表示拒不履行尚未到期的合同义务，且这种毁约行为对于另一方而言会发生重大合同价值损害”。《美国合同法重述》（第二版）第250条规定，只有在“一方当事人的行为是自愿的、确定的，而且使其义务的履行现实地、明显地表现为不可能时，才构成明示毁约”。对明示毁约问题，我国法律无明确规定，按照许多学者的观点，明示毁约乃是预期违约的主要形态，承认预期违约制度，必须确认明示毁约制度。既然我国法律已承认了默示毁约制度，因此应确认明示毁约制度，此种看法是有一定的道理的。可以说，缺乏明示毁约制度，预期违约制度并没有真正确立。

构成明示毁约，应具备如下条件。

1. 明示毁约方必须明确肯定地向对方提出违约的表示。《美国合同法重述》第250条提出只有在一方自愿地（voluntarily）、肯定地（affirmatively）提出毁约情况下才构成明示毁约。英美法的一些案例也表明只有在一方无条件地（un-

conditionally)、确定地（positively）提出毁约时才构成明示毁约。[①] 明确的意思表示，表明毁约方的毁约意图是明确的而不是含糊不清的。肯定的意思表示表明毁约方的毁约意图是不附任何条件的且这种表示是最终的表示。有一种观点认为，由于毁约方在作出提前毁约的表示后，可能会在履行期到来之前撤回其意思表示，所以在毁约方作出了毁约的表示以后，另一方应向对方发出一种要求其撤回毁约表示的催告，才能最后证实对方的表示为最终的表示，从而确定其是否构成提前毁约。这种观点是值得商榷的。《美国统一商法典》允许毁约方撤回其毁约行为，但又允许受害人在其撤回前取消合同（第2611条）。这样，受害人不必以催告作为确定毁约行为的条件。笔者认为此种规定是合理的。只要毁约方所作出的毁约表示是明确肯定的，就可构成明示毁约，而不必要求受害人催告其是否有意撤回。

2. 必须明确表示在履行期到来以后不履行合同义务。在履行期尚未到来之前，一方明确提出他将不履行合同才构成提前毁约，如果在履行期限到来以后提出毁约的，则构成实际违约。

毁约人向另一方当事人所作出的意思表示，必须明确地包含了将要毁约的内容，如果他仅仅表示缺乏支付能力、经济困难或不情愿履行，不构成明示毁约。[②] 值得注意的是，若被告提出他在履行期到来时将不能履行合同是否构成明示毁约？美国学者柯宾指出："一个关于履行不能的声明可能被这样作出，以致使对方有理由相信它是一个确定的拒绝履行……如果情况是这样，即不可能存在任何撤回该声明或者随后履行，且违约现在可确定要发生，那么似乎没有理由不将这种情况包括在预先违约理论之中。"笔者认为履行不能可能因为多种原因引起，如因为不可抗力、第三人的过错、当事人一方或双方的过错、重大误解、欺诈等原因所致，因此，在被告提出了履行不能的声明以后，应探究引起不能的各种原因，并将各种情况区别对待。在一般情形下，被告提出履行不能的声明，将构成明示毁约。但如果非因被告的过错导致履行不能，则被告提出拒绝履行是合

---

① See Friedman v. Katzner, 139 Md. 195, 201, 114 A. 884 (1921).

② See Arthur L. Corbin, *Corbin on Contracts*, Vol. 4. 1950, West Pub. Co., p. 863.

理的；如果涉及无效或可撤销的因素，则合同应按无效或可撤销合同处理。总之，不能简单地将履行不能的表示均当作明示毁约处理。

3. 必须表示不履行合同的主要义务。如果一方当事人只是表示将不履行合同中的次要义务，但将履行合同的主要义务，则一般不会妨碍合同的主要目的实现，因而不构成明示毁约。明示毁约之所以对另一方当事人的利益构成重大威胁，将严重损害其期待利益，也正是因为被告将不履行合同的主要义务。正如有的学者所指出的，这种拒绝履行应当是对相对人从合同履行中获得的利益有重大影响，致使其合同目的落空。如果被拒绝履行的仅是合同的部分内容，并且不妨碍债权人的根本目的实现，这种拒绝履行并没有使债权期待成为不能，就不构成预期违约。如果不区分拒绝履行的程度，一概任由债权人在发生拒绝履行的情况下均可解除合同，不但对债务人过苛，而且对整个社会也是无益的。[①] 正是基于这一点，《公约》强调一方表示其将“根本不履行合同”，才能构成预先根本性违约，这是有一定道理的。

4. 明示毁约无正当理由。在审判实践中，债务人作出明示毁约的表示，常常辅之以各种理由和借口，这就需要准确地分析这些理由是否构成正当理由。这里所说的正当理由，是指债务人有权作出拒绝履行表示的理由，这些理由主要包括：（1）债务人享有法定解除权，如债权人已构成违约等；（2）合同具有无效的因素，债务人要求宣告合同无效；（3）债务人因合同具有显失公平的原因而享有撤销权；（4）合同关系自始不存在或条件不成就，如一方误认为合同已成立，实际上因为双方尚未达成协议，因而不成立；（5）债务人享有抗辩权，如享有同时履行抗辩权；（6）债务人因特定事由而被免责，如因为不可抗力致使合同不能履行等。在具有正当理由的情况下，债务人拒绝履行义务乃是正当行使权利。但如果不具备上述情况，而债务人仅仅只是表示履行有困难、经济状况不佳、订约时对情况了解不清、法定代表人更换、交通堵塞、运输紧张、物价上涨、原材料供应不足等，均不构成正当理由。由于被告无正当理由而作出毁约的表示，也表明毁约人主观上具有过错，因此应负民事责任。

---

① 参见韩世远、崔建远：《先期违约与中国合同法》，载《法学研究》，1993（3）。

明示毁约可因各种原因引起，如被告为了获取更大的利润，而将一物数卖，对先前的买主构成明示毁约；也可能因为预见到履行期限到来时市场行情对自己极为不利，为减少损失而提前毁约；也可能因为被告从事了一项对自己不利的交易而准备撤回交易；等等。在一般情况下，明示毁约都是故意毁约行为，但法律并不考虑毁约人主观上是具有故意还是具有过失，只要符合上述条件，均构成明示毁约。

（二）明示毁约与拒绝履行

拒绝履行是指在合同履行期限到来后，债务人无正当理由而拒绝履行其义务。我国法律通常称之为“不履行合同义务”。大陆法系学者常常将明示毁约包括在拒绝履行之中，从而使拒绝履行与明示毁约两种形态合二为一，其主要理论根据是：第一，既然明示毁约行为在性质上属于违约行为，那么就应置于拒绝履行之中；第二，给付拒绝与给付迟延不同，给付迟延是指在履行期届满以后，在可能为给付的情况下，陷于迟延状态。而给付拒绝则与履行期无关，履行期届满前也会发生拒绝履行问题。按照史尚宽先生的看法：“履行拒绝，虽在履行期前为主，可认为已有任意履行义务之违反，即第一次义务之违反。盖在任意履行，系于债务人之自由意思，债务人明为拒绝，则任意履行，等于不能。因可归责于债务人之事由给付不能者，无须俟履行期之到来，债务人即应负债务不履行之责。同样，债务人预为履行拒绝，表示不实现债务内容之旨，则亦无须俟履行期之到来，即应负债务不履行之责。”[①] 所以，对履行期以前的毁约，应类推适用拒绝履行的责任。[②] 当然也有一些学者对此持不同的观点，认为在债务履行期到来之前，债务人并不负有实际履行的义务，且债务人虽拒绝履行，但不能排除其届时实际为履行行为的可能性，因此不构成违约，同时也不应将其置于拒绝履行行为之中。

明示毁约是否应包括在拒绝履行的违约形态之中？如前所述，明示毁约行为是一种故意的毁约行为，它和拒绝履行一样，都是指债务人无正当理由而拒绝履

① 史尚宽：《债法总论》，393～394页，台北，荣泰印书馆，1978。

② 参见顾立雄：《给付拒绝》，载《万国法律》，20页，1990（50）。

行债务，并损害了债权人的利益。在明示毁约中，债务人已实施了一定的行为，明确地表示他将单方面毁约，解脱债务的拘束。可见，不论债务是否已到履行期，都表明债务人已构成违约，如果必须等到履行期到来时才构成违约，才能追究债务人的违约责任，则不仅将会扩大债务人造成的损害，而且对交易秩序的维护也极为不利。但是，认为明示毁约已构成违约，并不意味着要将其包括在拒绝履行行为之中，明示毁约构成违约，是一种独立、特殊的违约形态，它与拒绝履行在许多方面存在着区别，若将两者合二为一，既不利于确定不同的违约行为，也不利于非违约方选择补救措施。我们试举一案分析如下。

甲、乙公司订立购买某化工产品的协议，双方约定在 5 月 1 日交货。合同订立后，乙公司向本地的丙工厂订货。不料在准备联系车皮发送的时候，甲公司于 3 月 1 日突然致电乙公司表示因 5 月 1 日收货困难，希望取消订货。乙公司派人与甲公司反复协商不成，不得已被迫取消与丙工厂的订货合同，乙公司起诉甲公司，要求赔偿其本可以取得的差额利润，即其与甲公司所订的货物价格以及其与丙工厂所订购的货物价格之间的差价。

本案属于典型的明示毁约。由于债务尚未到履行期，尽管一方明确表示将不履行合同，但该当事人并没有违反到期履行义务，而只是违反了“不危害给付实现的不作为义务”，它所侵害的只是期待债权。在履行期尚未到来之前，债务人虽已表示拒绝履行，但并不因此使他丧失了期限利益，使其债务等同于已经到期，相反，债务仍然没有到期，他所要承担的只是预期违约责任，而不是实际履行责任。这两种责任的主要区别在于：

第一，是否可以消除违约状态。如果在本案中，乙公司不考虑甲公司的毁约，而等到 5 月 1 日要求甲公司收货，而甲公司也克服了种种困难，按时接收了货物，则因甲公司如期履行而使违约状态不存在。但实际违约中不存在这种现象。

第二，是否可以撤回拒绝履行的意思表示。如果受害人尚没有因对方毁约而取消合同，则毁约方可以撤回其毁约的意思表示。如在上例中，甲方毁约后，乙方派人与甲方协商，甲方撤回其毁约的表示，则甲方的行为仍可不构成违约。但在履行拒绝中，一旦到了履行期，一方表示拒绝履行就构成违约。

第三，在赔偿的范围上应有区别。在本案中，如果债务已到了履行期，则赔偿两个合同价格之间的差价是合理的。但现在债务并未到履行期，市场价格又在不断变化，那么以履行期到来时（5 月 1 日）的价格作为提前毁约时的赔偿标准，显然是不适当的。赔偿数额应以提前毁约时的价格来计算。而且，在计算赔偿数额之时，应当考虑到从预期违约发生时到履行期到来，债权人有很长时间可以采取措施减轻损害，因而他采取合理的措施所减轻的损害，应从赔偿数额之中扣除。如果毁约方履行债务应在将来某个时间，而现在因为提前毁约就要承担债务到期时不履行债务的责任，等于加速了被告债务的履行，也使其承担了过重的责任。

总之，笔者认为，应将明示毁约与拒绝履行区别开来，作为两种不同的违约形态对待。

（三）明示毁约的法律救济

由于明示毁约不同于实际违约，因而在法律救济上两者也是不同的。在明示毁约的情况下，债权人有权拒绝接受对方的明示毁约，即根本不考虑对方作出的毁约的表示，而单方面坚持合同的效力。这种拒绝在法律上的效果是：一方面，合同将继续存在并将继续拘束双方当事人；另一方面，债权人不能在履行期到来之前要求债务人赔偿损害或解除合同，而必须等到履行期到来之后，请求债务人继续履行合同或根据实际违约时的损害而要求对方赔偿损失。所以，如果债权人希望继续维持合同的效力，并坚持要求双方履行合同，则可以采取拒绝承认明示毁约的方式。法律承认债权人有权拒绝明示毁约，对维护合同的效力是有利的。由于合同是在平等自愿的基础上达成的协议，合同一旦成立应对双方产生法律拘束力，一方作出提前毁约的表示不能从根本上动摇合同的效力，导致合同被解除。假如一方提前毁约便可以使合同失效，则合同必将形同虚设，合同秩序也不复存在，从而直接影响交易秩序。所以，在一方提前毁约的情况下，应允许另一方选择是保持合同的效力还是解除合同。还应当看到，承认债权人有权拒绝明示毁约，体现了保护债权人利益的精神，债权人可以根据具体情况，灵活地选择补救方式，实现自身最大利益。如甲乙双方订立一批木材买卖的合同，合同规定5月份交货，在3月份出卖人作出了提前毁约的表示。此时买受人估计到木材的价格至5月份将上涨，届时以上涨的价格计算损失并要求赔偿损失对自己更为有利，遂不考虑对方毁约的表示，而等待履行期到来。此种选择的结果对债权人显然是有利的。

债权人也有权承认对方的明示毁约而使合同关系终止。从实践来看，在一方作出明示毁约的表示以后，债权人为尽快使自己摆脱合同关系的拘束，尽快寻找新的合同伙伴，或停止作履约准备，减少各种损失等，迫切需要迅速终止合同关系。如果在对方毁约以后，坐等履行期到来，可能会使自己蒙受更大的损失。但如果承认对方的明示毁约，只是导致了合同关系的终止，债权人尚不能寻求其他的补救措施，则其利益仍未得到切实保护，因此需要确定债权人在承认对方的明示毁约以后，可采取其他相应补救措施。根据《美国统一商法典》的规定，如果债权人承认明示毁约，则债权人有权：(1) 解除合同，立即行使求偿权；(2) 停止自己的履行；(3) 为了减少损害，可以根据自己的合理的商业判断，停止制作、出售其货物或作其他的救助处理（参见《美国统一商法典》第2610条）。从我国实际情况来看，笔者认为应允许债权人寻求解除合同、赔偿损失的救济，不过，就损害赔偿而言，不能根据实际违约所造成的损害来确定。因此，债权人不能要求因预期违约所造成的期待利益的损失的赔偿，因为期待利益的损失是因实际违约所造成的。

根据《美国统一商法典》第2611条，毁约方在作出毁约的意思表示以后至履行期到来之前，可以作出撤回毁约的意思表示，但是“受害方在其毁约后取消了合同，或从根本上改变了他的境况，或表示他认定毁约是最终性的”则不可撤回。因此，如果毁约的表示已经导致对方解约的后果，或很大程度上改变了非毁约方的地位（如非毁约方暂停了合同标的的制作或原料的采购），则毁约方在发出撤回毁约表示后，非毁约方可以拒绝这种表示。笔者认为，赋予债权人享有此项权利也是有必要的。因为在市场价格不断变动的情况下，债务人很可能会利用价格变化，在提出毁约后又撤回毁约的表示，反复无常，其结果必然会使债权人蒙受损害。

承认明示毁约，应向对方发出承认的通知，从而宣告合同的终止。但如果债权人作出了解除合同、要求赔偿损害的通知，便表明他已选择承认明示毁约，或者说明示毁约已对他产生了影响，而不必另行作出承认的通知。

在明示毁约的情况下，债权人有权接受明示毁约，并有权解除合同，要求赔偿损害，均表明在明示毁约情况下的补救方式是独特的，是实际违约的补救方式所不可替代的。这些补救方式的存在也正是明示毁约制度能独立存在的重要原因。

四、默示毁约是一方当事人在履行期届至前以行为表明毁约

（一）默示毁约的构成要件

在合同成立以后，一方发现另一方在履行期限到来时将不会或不能履行，而自己又不能坐等履行期到来，使对方的违约成为现实，而使自己蒙受损失。如何使合同的当事人摆脱对方可能违约并给自己造成损害的危险，既关系到守约的一方当事人的利益，也关系到合同安全与交易秩序，同时也正是默示毁约制度所要解决的问题。根据《美国统一商法典》第 2609 条的规定：“1. 买卖合同双方都负有不辜负对方要求自己正常履约的期望的义务。当任何一方有合理理由认为对方不能正常履约时，他可以书面形式要求对方提供正常履约的充分保证，且在他收到这种保证之前，可以暂时中止与他尚未得到约定给付相对应的那部分义务，只要这种中止在商业上是合理的。2. 在商人之间，所提出的理由是否合理和所提供的保证是否充分，应根据商业准则来确定。3. 接受任何不当的交付和付款并不影响受害方要求对方对未来履约提供充分保证的权利。4. 一方收到另一方有正当理由的要求后，如果未能在最长不超过 30 天的合理时间内按当时情况提供履约的充分保证，即构成毁约。”我国《涉外经济合同法》第 17 条规定：“当事人一方有另一方不能履行合同的确切证据时，可以暂时中止履行合同，但是应当立即通知另一方。当另一方对履行合同提供了充分的保证时，应当履行合同。

当事人一方没有另一方不能履行合同的确切证据，中止履行合同的，应当负违反合同的责任。”这个规定有限地采纳了英美法的默示毁约规则。

默示毁约在性质上违反了合同当事人应“相互寄予期望”的原则。合同作为双方自愿达成的协议，是在双方相互信赖的基础上产生的，相互寄予履约的期望和利益，是合同的价值体现。[①] 如果一方在未来不履行或不能履行合同，将辜负另一方的期望，使对方基于合同享有的利益有可能丧失，因此，默示毁约制度有利于保护另一方的期望和利益。

还要看到，默示毁约形成一种破坏当事人之间的合同关系的危险。此种毁约与明示毁约行为一样都是发生在合同有效成立后至履行期届满之前，并都构成了对债权人的期待债权的侵害。但默示毁约与明示毁约又有不同之处[②]，表现在：第一，明示毁约是指毁约一方明确表示他将不履行合同义务，而在默示毁约的情况下，债务人并未明确表示他将在履行期到来时不履行合同，只是从其履约的准备行为、现有经济能力、信用情况等，可预见到他将不履行或不能履行合同，而这种预见又是建立在确凿的证据基础之上的。第二，明示毁约行为对期待债权的侵害是明确肯定的，债务人的主观状态是故意的，而默示毁约行为对期待债权的侵害不像明示毁约行为那样明确肯定，债务人对毁约的发生主观上可能出于过失。不过，无论默示毁约因何种原因产生，都会使债权人面临一种因债务人可能违约而使自己蒙受损失的危险，这种危险应该及早予以消除。若债权人只能等待履行期限到来后才能提出请求，无异于坐以待毙，将会蒙受更大的损失。所以，法律有必要设置默示违约制度，允许债权人采取一定的措施，防止未来的违约行为的实际发生，尽量减少和预防纠纷的产生，这对维护交易的安全也是十分必要的。

默示毁约的构成要件如下。

1. 一方预见到另一方在履行期限到来时将不履行或不能履行合同。预见的情况包括两种情况：一是没有能力履约，如出现资金困难、支付能力欠缺、欠债

① 参见徐炳：《买卖法》，415页，北京，经济日报出版社，1991。

② 参见陈安主编：《涉外经济合同的理论与实务》，233页，北京，中国政法大学出版社，1994。

过多难以清偿等；二是不履行合同，如对方商业信用不佳、已将部分货物转卖出去等。无论出现何种情况，默示毁约方都没有明确地表示他将毁约或拒绝履行合同义务，否则就构成明示毁约。然而，尽管债务人没有明确表示毁约，但根据其行为和能力等情况表明他将不会或不能履约，从而会辜负对方的合理期望，使对方的期待债权不能实现，所以，亦可构成违约。

2. 一方的预见有确切的证据。一方预见另一方在履行期限到来时不会或不能履约，毕竟只是一种主观判断，具有强烈的主观因素，为了使此种预见具有客观性，就必须要借助一定的客观标准来判定是否构成默示毁约，否则，必然会出现主观臆断默示毁约、滥用中止合同权的现象。就判定的标准而言，主要有三种标准：一是《美国统一商法典》的标准，即“有合理的理由认为对方不能正常履行”（《美国统一商法典》第2609条）。在美国，“合理的理由”是比较抽象的标准，在实践中法官对此有多种解释，如一方当事人出现严重的资金困难、一方当事人没能履行合同的重要义务、一方当事人没能履行相关的合同义务等，均被认为有“合理的理由”。可见，“合理的理由”是一条弹性比较大的标准。二是《公约》的标准。《公约》第71条规定了中止履约的三个客观标准，即对方履行义务的能力有严重缺陷、对方的信用有严重缺陷、债务人在准备履行合同或履行合同中的行为表明届时他将不会或不能履约。这三个标准较之于《美国统一商法典》的规定更为具体。三是我国《涉外经济合同法》第17条规定的“确切证据”标准。所谓“确切证据”标准，就是指要求预见的一方必须举证证明对方届时确实不能或不会履约，其举出的证据是否确切，应由司法审判人员予以确定。显然，我国法律的规定相对灵活一些，从我国审判实践来看，下列情况可认为是具有确凿证据：第一，出卖人就同一标的物订立两份买卖合同，如果标的物为特定物，或者致使其根本无能力履行第一个合同的债务，则一旦第一个合同中的买受人得知出卖人与他人就同一标的物订约后，即可认为具有确凿证据。第二，出卖人得知买受人拖欠他人债务，以致欠债累累，不能清偿债务。第三，在合同订立以后，出卖人得知买受人虽有足够的财产清偿债务，但买受人已多次移转财产、逃避债务，或有其他严重欺诈行为。不过，出卖人在订约时已知道买受人信誉不佳的，不能认为其有确凿证据。第四，在合同订立以后，出卖人得知买受人经营不善或多次交易失败，或遭受意外损失，已经出现严重亏损，影响其清偿能力。第五，在合同订立后，买受人没有按期从事合同规定的各项履约的准备工作。第六，在法人变更以后，未在合理期限内通知债权人。当然，预见方举出的证据是否确切，应由司法审判人员根据案件的具体情况予以判定。

3. 被要求提供履约保证的一方不能在合理的期间内提供充分的保证。在一方预见到另一方不能或不会履行合同以后，他虽然已面临着不能履约的危险，但他还不能立即确定对方已构成毁约，从而寻求法律上的救济，即使其理由十分充足、证据十分确凿，也不能据此宣告对方已毁约，进而寻求法律上的救济。

《涉外经济合同法》第 17 条规定：当另一方履行合同提供了充分的保证时，应当履行合同。那么如何理解“充分的保证”的含义？按照学者的一般看法，提供充分的保证是指提供充分的“履约保证”[①]，履约保证不一定是财产担保，但如果债务人愿提供财产担保，则更符合债权人的利益。一般来说，履约保证应包括保证按期履行的表示，在不能履行合同时应如何赔偿债权人的损失等。只要是足以使债权人消除对债务人有可能违约的疑虑的保证，都是充分保证。一项保证是否充分，应由债权人自己决定，即他人认为该保证是不充分的，但债权人认为已经充分，则应认为已经足够，法律不应多加干预。不过，如果债务人提供的保证，在一般人看来已经足够，而债权人仍要向债务人提出不合理的要求，债务人应有权予以拒绝。履约保证应在合理的期限内作出，超过了合理期限，则债权人亦有权拒绝。

美国学者怀特（James Whites）曾指出：要求提供履约的保证是在“涉及哪一方当事人预先违约时，公正解决纠纷的法律措施”[②]。债务人是否能够提供履约保证，是确定其是否构成默示毁约的重要标准。有一种观点认为，只要一方预见到另一方不能履行合同就构成默示毁约，“合同一方当事人的自身行为或客观

① 徐炳：《买卖法》，417 页，北京，经济日报出版社，1991。

② James J. White, “Eight Cases and Section”, 251, 67 *Cornell L. Rev.* 841 (1982).

事实预示其将不能履行合同"，就构成默示毁约。[1] 笔者认为此种看法是值得商榷的。一方面，一方预见到另一方届时不能履约，只是其根据某种事实所作出的主观判断，无论此种判断所依据的事实如何充分，也只是一种推断。此种推断不能代替对方的决定，并且此种判断也有可能与实际情况差异巨大。另一方面，债务人毕竟没有作出明示毁约表示，相反，他可能会通过各种努力而继续履行合同。例如，他暂时遇到资金困难，却可以通过各种途径而筹措资金、清偿债务。更何况预见的一方很难准确地知道债务人的履约情况，即使对债务人有一定的了解，也很难证明债务人无履行能力。甚至在一方当事人被宣告破产时，"法院指定的破产管理人可能有能力履行合同"[2]。尤其应当看到，如果随意允许债权人以对方毁约为借口而中止履行，这对交易秩序的维护也是不利的。所以，预见的一方要求对方作出履约保证，能够起到证实自己的判断是否准确的作用，同时也是证实对方是否构成毁约的重要标准。这就是说，若对方能够在合理的期限内提供履约保证，则证明对方不构成毁约，若对方不能在合理的期限内提供履约保证，则构成默示毁约，在此情况下，债权人有权选择毁约后的补救措施。由此可见，单纯地预见到对方将不履行或不能履行合同，并不意味着对方已构成默示毁约。

预见的一方要求对方提供履约保证，是保障合同得到遵守的重要措施。当然，一方提供履约保证必然会花费一定的时间。如果在提供履约保证以后，履行期尚未到来，债务人有足够的时间准备履行，就不会影响债务人按期履约。如果在提供履约保证后，已临近履行期，债务人无足够的时间准备履行，则应按合同原订的履行期履行还是应确定新的履行期并按新的履行期履行，对此我国法律没有作出规定。有一种观点认为，在此情况下，"原规定的履行合同日期应予顺延，以弥补中止履行义务的时间"[3]。此种观点有一定的道理，因为债权人在有确凿的证据证明债务人届期将不能或不会履约而要求债务人提供履约保证，乃是正当

---

① 参见南振兴等：《预期违约理论比较研究》，载《法学研究》，1993（1）。

② 陈安主编：《涉外经济合同的理论与实务》，231页，北京，中国政法大学出版社，1994。

③ 《联合国国际货物销售合同大会秘书处对公约草案的评注》，载联合国国际货物销售合同会议《正式记录》，联合国出版物销售品编号85页。

行使权利的表现。对债务人来说，若不能如期履行，乃是应债权人的要求提供履约保证的结果，他对迟延的发生并无过错。所以，对此情况最好是扣除提供履约保证的时间，然后确定新的履约时间，如果在新的履约时间到来时，债务人仍不能履行，则构成迟延。当然，如果债权人无正当理由要求对方提供履约保证，则应承担因中止履行引起的不能按原合同约定的履行期限履行的责任以及对方提供履约保证的费用。

只有符合以上几个条件，才构成默示毁约，而债权人才能基于对方的默示毁约而请求法律上的救济。假如债权人已预见到对方在履行期到来时将不会或不能履约，不要求对方提供履约担保，而单方面停止履行合同义务，则不符合默示毁约制度的要求，债权人将因此构成违约；同样，债权人无确凿证据而暂时中止合同，并要求对方提供履约保证，由此造成的损害，也应由债权人承担。

（二）默示毁约的补救措施

对于一方根据客观事实预见到另一方在履行期限到来时将不履行合同的情况，《美国统一商法典》第 2609 条规定了两种救济办法：第一，预见方有权要求对方对及时履行提供充分保证，但不能简单地解除合同。因为预见毕竟是一种主观推断，为了准确证实对方是否会违约，必须要求对方就履约作出充分的保证。如果对方在 30 天内不能提供根据实际情况能按时履行的充分保证，即为毁约，则预见方完全可依预期毁约而获得救济。第二，可以暂时中止履行自己的合同债务。这一规定主要是为了保障债权方利益，减少其损失。如继续制造货物，准备按合同规定支付价款，如不停止支付，在违约实际发生以后，就会发生难以挽回的损失。《公约》第 72 条规定在预期非根本违约情况下，预见方有权要求提供保证、中止履行及停止发货，而对预期根本违约则规定了宣告合同无效的救济权。值得注意的是，在预期违约的情况下，《公约》并没有把要求对方作出保证作为第一种救济手段，而规定一方当事人“显然将不履行其大部分义务”，则另一方当事人可以中止履行义务，如“明显看出一方当事人将根本违反合同”，另一方当事人可以宣告合同无效。而美国法对默示毁约采取的救济方法首先是要求对方在合理的时间内提供充分保证，在此之前，如果在商业上合理，可以中止自己的对待给付，在对方提供充分保证后则不能解除合同而应履行合同。只有在对方不及时提供充分保证时方可解除合同，请求赔偿。可见，美国法是将提供保证作为其他救济手段适用的前提来对待的。比较两种方式，笔者认为美国法的规定更为合理，主要原因在于，如果仅仅只是预见违约还不能等同于默示毁约，是否真正毁约很难完全判定。如果在预见违约后便随意允许债权人解约，极有可能使债权人以各种借口声称对方可能会违约而解除合同，滥用解除合同的权利。所以，从这一点来看，英美法的规定更为合理，值得我国借鉴。

在默示毁约的情况下，债权人可以不考虑对方将来是否有可能不履行或不能履行合同的情况，而等待履行期限到来以后对对方提出请求或提起诉讼。不过，从实践来看，这并不利于维护债权人的利益，因为等待的结果常常是使债权人坐以待毙，蒙受更大损失，所以，最好的办法是主动寻求法律上的救济。

但准确地讲，要求作出履行的保证并不是默示毁约的救济措施。有一种观点认为受害人"要求以书面形式提出对方作出履约保证的要求"，是其可选择的救济措施之一。[①] 笔者认为，要求作出履约的保证，只是确定对方是否构成默示毁约的重要条件，也就是说，只有在要求对方作出保证而对方在合理的时间内不作出保证时，才可以构成默示毁约。而救济是以默示毁约的存在为前提的，没有毁约就没有救济，在毁约没有确定以前就谈不上救济问题。所以，要求作出保证的目的不是寻求救济而只是确定毁约，因此不应属于救济方式的范畴。

值得探讨的是，《涉外经济合同法》第 17 条规定的暂时中止履行合同是否为一种补救措施？按照一般的观点，暂时中止履行是受害人的主要的补救措施。[②] 此种观点有一定道理。暂时中止履行合同确有可能减轻预见方的损失，使其在已预见到对方不能或不会履行合同时，暂时不作出履行，否则，一旦违约事实发生，其损失就难以挽回。但是应当指出，暂时中止履行合同的适用是有一定条件的，这就是说采取这一措施时，必须有另一方不能履行合同的确切证据，并且必须立即通知另一方。暂时中止履约是一种合法行为，因此造成合同的迟延履行不

① 参见徐炳：《买卖法》，416 页，北京，经济日报出版社，1991。

② 参见国家工商管理局经济合同司编著：《新经济合同法教程》，61 页，北京，法律出版社，1993。

以违约论处。不过，当另一方对履行合同提供了充分保证时，中止合同履行的一方应当履行合同。由于补救是以违约为前提的，在债权人暂时中止合同履行时，他只是预见到对方可能不履行或不能履行合同，但对方并没有构成毁约，只有在预见的一方要求对方在合理的期限内作出履行的保证，而对方未能作出此种保证时，对方才构成毁约。此时，预见的一方暂时中止合同的履行，并不是寻求违约的救济，而只是采取措施保护其利益、减少其损失，所以在这种情况下所采取的暂时中止合同履行的措施不是一种救济方式，而只是一种保护措施。但是，预见方也可以在对方不作出履行保证从而已经构成毁约的情况下，不寻求其他的违约救济方式，而采取暂时中止合同履行的方式，等到履行期到来以后，再寻求损害赔偿或解除合同的补救方式。只有在这种情况下，预见方所采取的暂时中止合同履行的方式，才是违约的补救措施。

暂时中止合同的履行不同于解除合同。在暂时中止合同的情况下，合同并没有解除，它对当事人仍然有效，只是合同债务暂时得不到履行。暂时中止合同也不同于双方合同中的履行抗辩权的行使，一方只是在对方已经到了履行期而不履行合同时，才可行使抗辩权以中止合同履行而在暂时中止合同履行的情况下，合同并没有到履行期且对方并没有实施不履行合同的行为，只是其行为表明他可能在履行期到来时不履行或不能履行合同。

假如债权人在按照合同规定已履行了部分先为履行的义务以后，发现债务人有可能不履行或不能履行合同，债权人是否有权暂时中止合同的履行？这个问题在实践中常常发生争议，试以学者曾讨论的一案予以说明。

1992 年 8 月 2 日，原告与被告签订购销合同一份。其中规定：由被告供给原告嘉陵—本田 JH70 型摩托车 300 辆，单价 6 350 元，计总货款 190.5 万元；原告在同年 9 月 9 日前将货款汇入被告账上，款到 10 日内被告将货供完；到期不履行合同，承担总金额 4%的违约金；合同有效期为 1992 年 8 月 2 日至 9 月 20 日。合同经双方当事人签字盖章生效后，原告按约于同年 9 月 8 日将货款 188.5 万元汇入被告账上，仅与合同约定先为给付的货款差 2 万元。被告将货款分解挪作他用。同年 9 月 14 日，被告以原告未按约定付清货款和摩托车价格上涨为由，要求原告继续履行先为给付义务。原告从被告工作人员处得知其并无合同约定的该型号摩托车且车款已挪作他用，便去函要求被告提供履行担保，但被告予以拒绝，原告便向法院提起诉讼。该案在审理时有两种不同意见：第一种意见认为，被告在原告已付清大部分货款的情况下，以小部分货款未付为由拒绝供货，其行为损害了原告的合法权益，理应承担违约责任；第二种意见认为，原告没有按合同约定全面履行先为给付的义务，在合同约定的履行期未满之时提起诉讼，被告并无真正的违约事实，应判令原告承担迟延付款的违约责任。①

笔者认为，在本案中，原告履行部分先为履行的义务以后，发现被告并无合同约定的型号的摩托车且车款已挪作他用，应认为原告已有确切证据证明对方在履行期限到来时将不履行或不能履行合同，原告有权暂时中止合同的履行。假如被告有能力按期交付合同约定的型号的摩托车，即使将车款挪作他用，原告也无权暂时中止合同履行。而在本案中，原告已确切地了解到被告并无合同约定的摩托车，由此可表明被告届时将不能履行合同，所以，原告暂时中止合同的履行，乃是正当行使权利的行为，而不构成违约。

如果对方未能在合理的期限内作出履行的保证，预见方可以采取哪些补救措施？我国《涉外经济合同法》第 17 条没有作出规定，笔者认为，在这方面可以吸取《美国统一商法典》的经验，允许预见的一方在暂时中止合同后，要求对方提供履约担保，如对方未及时提供，则可以要求解除合同、请求赔偿。因为对方不作出履行保证，足以表明他不愿履行合同或不能履行合同，因此预见方可以享有法定的解除权利，因此遭受损害的，应有权要求对方赔偿。

（三）默示毁约与不安抗辩权

不安抗辩权（Einrede der Unsicherheit）指双务合同当事人一方依据合同规定须先为给付，在相对人难以作出对待给付时，有权拒绝先为给付，此种拒绝先为给付的权利被称为不安抗辩权。《法国民法典》为保护买卖合同中卖方的利益，在第 1613 条中规定了不安抗辩权，依据该条规定，“如买卖成立后，买受人陷于破产或处于无清偿能力致使出卖人有丧失价金之虞时，即使出卖人曾同意延期支

① 参见王谊友等：《对不安抗辩权制度的几个问题的思考》，载《政法论坛》，1994（2）。

付，出卖人也不负交付标的物的义务，但买受人提供到期支付的保证者，不在此限。”《德国民法典》第321条也规定了不安抗辩权。该条规定：“因双务契约负担债务并应向他方先为给付者，如他方的财产于订约后明显减少，有难为对待给付之虞时，在他方未为对待给付或提出担保之前得拒绝自己的给付。”可见，德国法不安抗辩权的规定不限于买卖合同而推及一切双务合同，在适用范围上比法国法的规定更为广泛。法国法规定不安抗辩权适用的条件是支付不能，而德国法的规定更为概括，从而使其包容的范围更为广泛，据此，一些学者认为，相比之下，德国法的规定更为合理①，笔者认为这一观点是有一定道理的。

我国法律并没有规定不安抗辩权，根据我国学者的一般看法，不安抗辩权的适用应具备如下构成要件。

1. 须因双务合同互负债务。在双务合同中，一方当事人承担债务的目的，通常是为了取得对方当事人的对待履行，这就使双务合同当事人之间的债务具有双务性。此种双务性表现在：一方的权利对应另一方的义务，另一方的权利也对应该方的义务，一方只有履行义务，才能使对方的相应的权利得以实现。双务性是不安抗辩权产生的基础。不安抗辩权只能在双务合同中发生，在单务合同中则不能适用。

2. 须当事人特别约定一方应先履行债务，即当事人一方必须向他方先行履行。在双务合同中，对履行问题采取两种办法：一是同时履行，二是异时履行。一般来说，如果当事人之间无特别约定，合同应同时履行，一方当事人在对方当事人未为对待给付前，有权拒绝自己的给付。学者将此种拒绝权称为同时履行抗辩权。所以，如果履行在同一时间内发生，则只发生同时履行抗辩权。而不安抗辩权则是因异时履行而发生的。正是因为履行是在不同的时间内作出的，因此一方在作出履行之前，如果发现对方将来可能难以作出对待给付，在符合法定条件下，可援用不安抗辩制度以保护其利益。

3. 须在双务合同成立后后履行的一方财产状况恶化。当事人一方的财产减少，应从何时开始确定，在大陆法系立法上有两种不同的做法：一是须于订约后

① 参见张谷：《预期违约与不安抗辩之比较》，载《法学》，1993（4）。

财产显著减少，若订约时财产已显著减少，无论当事人是否知道，不得援用不安抗辩权；二是订约时财产已显著减少，而当事人又不知道此种情况，则当事人可享有不安抗辩权。[①] 笔者认为，比较而言，第一种规定更为妥当。因为如果在订约时财产已经减少，则表明双方在订约时就已经知道一方财产已减少的事实，如果当事人仍然订约，显然表明当事人是有过错的。因此法律没有必要对一方当事人提供特别的保护。当然，在订约时财产发生减少，另一方可能并不知道，即在主观上是善意的，此时可以依据具体情况，允许当事人提出确认无效或撤销该行为的要求，而不必行使不安抗辩权。

4. 须财产显著减少，致可能难为履行。如何认定“难为履行”，各国立法有两种不同做法：一是将难为履行原则上限制在支付不能的范围内，如《法国民法典》第 1613 条规定“买卖人陷入破产或处于无清偿能力致使出卖人有丧失价金之虞时”，即构成难为给付；二是将难为履行的判定标准只作一般规定，不加具体限制。例如，《德国民法典》第 321 条规定，如“他方的财产于订约后明显减少，有难为对待给付之虞时”，即可行使不安抗辩权。相比之下，对“难为履行”作出明确限定似乎更合理一些，因为如无明确限定，先为履行的义务人极有可能以各种借口，认为对待履行难以进行，而拒绝履行自己的合同义务，这就滥用了不安抗辩权。

不安抗辩权设置的主要目的是平衡合同当事人双方的利益、维护公平和平等的原则。在双务合同中双方互负债务、互为债权人和债务人，从而形成了合同债务的关联性。双务合同是最典型的交易行为，因此应遵循等价交换的规则。如果一方有先为履行的义务，而另一方有可能不会或不能履行，则法律仍要强制先为履行的一方履行义务，确与双务合同中等价交换性质不相符合，也使先为履行的一方承担了不公平的法律后果。因此，确立不安抗辩权制度的目的，就是要避免发生单方履行，使履行人无法获得对方的对待履行的后果，以平衡当事人双方的利益，促使公平原则具体实现。

不安抗辩权和默示毁约极为相似，它们都使债权人有权在对方已经履行或为

① 参见《奥地利民法典》第 1052 条。

履行提供了充分保证时才履行自己的义务，都旨在保障交易的秩序。但预期违约和不安抗辩权不同，两者的区别主要表现在如下几点。

1. 关于前提条件问题。对于不安抗辩权而言，其行使的前提条件之一是债务的异时履行，也就是说，负有先行给付义务的一方只有在先行履行以后，另一方才作出履行。如前所述，正是因为履行时间上有先后，一方当事人先行给付时，可能得不到另一方的对待给付，才能产生不安抗辩权问题。若无履行时间的先后顺序，则只存在同时履行抗辩而不存在不安抗辩权。由于存在着这一先决条件，所以法律将不安抗辩权的行使给予先行履行的一方，另一方当事人并不能行使该项抗辩权。而预期违约无此先决条件。依约应同时履行义务的任何一方当事人或依约应先后履行的任何一方当事人均可以依法在对方事先违约时中止履约，寻求法律救济。

2. 关于权利行使的根据。根据法国和德国的法律规定，行使不安抗辩权的条件是对方财产在订约后明显减少，有难为对待给付之虞，而默示毁约所依据的理由不限于财产的减少，包括债务人的经济状况不佳、商业信誉不好、债务人未从事准备履约的行为或者债务人的实际状况表明债务人有违约的危险等。由于默示毁约适用的范围很广泛，因此《美国统一商法典》第 2－609 条要求对此情况“应依据商业准则加以判断”。依据我国法律规定，一方有确切证据证明另一方在履行期到来时将不履行或不能履行合同，就可能构成默示毁约，而并不限于财产减少。

3. 是否以过错为构成要件。根据大陆法系各国民法的规定，不安抗辩权的成立无须对方主观上有过错，只要其财产在订约后明显减少有难为对待给付之虞即可，至于财产在订约后明显减少因何种原因引起，可不予考虑。而预期违约则不同，明示毁约的构成，实际上考虑到了过错问题，因为明示毁约是指一方明确地向另一方作出他将届时不履行合同的表示，行为人从事某种积极行为侵害对方的期待债权，所以，行为人主观上是有过错的。至于默示毁约的构成，因为要以债务人不按期提供履约保证为要件，若债务人未提供履约保证则表明债务人主观上也是有过错的。

4. 法律救济不同。不安抗辩的救济方法是权利人可以中止自己对对方的给付，一旦对方提供了充分的担保，则应继续履行义务。但对方不提出履约保证，债权人是否可以解除合同，各国法律对此规定得十分模糊。学者对此解释也不一样。如邓伯格认为先为履行的义务人可以规定合理期限催告相对人作出履行或提供担保，如于期限经过后仍未作出上述行为，可解除合同，而史韬伯等人主张应对解除合同作严格限定。[①] 也有的学者认为，即使对方未提供担保，债权人也不能解除合同。如果他自己的履行期已满，可以迟延给付而不负法律责任。由此可见，行使不安抗辩权是否可适用解除合同的方法，是存在争议的。而预期毁约制度的补救方法是完全不同的。就明示毁约来说，当事人一方明示毁约时，另一方可以根据自身的利益作出选择，他可以解除合同并要求赔偿损失，也可以置对方的提前毁约于不顾，继续保持合同的效力，等待对方在履行期到来时履约，若对方届时仍不履约，则提起违约之诉。对于默示毁约来说，预见他方将违约的一方可中止履行义务，请求对方提供履约担保。如果对方在合理的时间内不能提供履约的充分保证，可认为对方毁约，从而解除合同并请求损害赔偿。

由于预期违约与不安抗辩权存在着明显区别，因此二者不能互相替代。比较而言，预期毁约较之于不安抗辩权制度，更有利于保护当事人的利益，维护交易秩序。这主要表现在：第一，预期违约的适用不存在前提条件（如双方当事人履行债务的时间有先后之别），这就可以保护那些依约应后为履行的一方当事人，如果该当事人发现对方确实不能履约，他就可以暂时中止合同履行，而不必坐等对方实际违约后再作打算。显然这就可以极大地减少其风险和损失。第二，预期违约制度适用的情况比较广泛，而不安抗辩权的行使仅限于后履行的一方财产状况恶化有难为对待给付之虞的情况，所以预期违约制度将各种可能有害于合同履行、危及交易秩序的行为，及早地加以制止或预防，确有利于维护交易秩序。第三，预期违约制度对受害人的保护更为充分。因为不安抗辩权制度并没有使行使抗辩权的一方当事人在对方不能提供履行担保时，享有解除合同的权利，只能在对方提供担保前，中止自己的对待给付。显然，这并不能周密地保护预见到他方不履行或不能履行合同义务的一方当事人的利益。

① 参见史尚宽：《债法总论》，566～568 页，台北，荣泰印书馆，1978。

论加害给付

加害给付是指债务人作出的履行不符合合同约定，不仅造成了债权人履行利益的损失，而且因债务人交付的标的物或者提供的服务造成债权履行利益以外的财产或人身损害。例如，出卖人交付的汽车不合格，发生自燃，导致买受人遭受人身损害。再如，出卖人交付的牛奶不合格，导致买受人食用后中毒。加害给付作为交易中严重违约、损害消费者合法权益的行为，对市场经济秩序形成极大危害，也给广大消费者造成了极大的损害，因此通过加强合同立法，完善加害给付责任制度，从而严格保护消费者的合法权益，维护交易的正常秩序。本文拟就此谈几点粗浅的看法。

一、加害给付是造成债权人遭受履行利益以外的其他损害的不当履行行为

加害给付在德国法中称为积极侵害债权（positiven Vertrags-oder Forderungsverletzung）。[①] 在德国，该理论最早由德国律师史韬伯（Hermann Staub）

① Ernst, in Münchener Kommentar zum BGB, §280, Rn. 2.

于 1902 年提出，以弥补传统的违约形态划分的缺陷。该理论自从问世以后，受到广泛的重视，德国学者多勒（Dölle）认为该理论乃是“法学上的伟大发现”[①]。它不仅对德国的判例和学说产生了巨大的影响，而且深刻影响了属于德国法系的其他国家的民法。

何为加害给付，学者对此有不同的看法。第一种观点认为，加害给付是指未能按照债的规定作出给付或履行，也就是说，债务人虽然履行了债务，但履行行为不符合债的规定。如台湾地区学者郑玉波先生指出：“加害给付也称为不完全履行（ungehörige Erfüllung），乃债务人未依债之本旨，所为之给付也。”[②] 如给付腐蚀的水果或者有传染病的家畜、白皮鞋误擦黑油、修脸时刮掉眼眉、包办酒席致食客中毒等均属此列。[③] 第二种观点认为，加害给付不仅是指债务人履行债务的行为不符合债务的规定，而且是指此种不符合债的规定的履行行为造成了履行利益以外的其他损害。[④] 例如，台湾地区学者钱国成认为：“债务人所为不合债务本旨之给付，除发生债务不履行之损害外，更发生履行利益以外之损害，亦即债务人所为给付，因不合债务本旨，非仅使债权人受有原来债务不履行之损害，更蒙受超过履行利益范围以外之损害。”[⑤] 这两种看法都有一定的道理，但笔者认为，第一种观点未能将加害给付行为与一般的瑕疵履行行为相区别，因为在瑕疵履行的情况下，同样存在履行行为，但此种履行行为不符合债的规定。而加害给付作为一种特殊的违约行为，表现在债务人不仅实施了不符合债的规定的履行行为，而且此种履行侵害了债权人履行利益以外的其他权益，即德国学者所称的附带损害。所以笔者认为应采纳第二种观点，即加害给付乃是指因债务人的不适当履行造成债权人的履行利益以外的其他损失的行为。

加害给付具有以下几个特点。

第一，债务人的履行行为不符合合同约定或法律规定。加害给付首先要求存

① 王泽鉴：《民法学说与判例研究》，第 4 册，16 页，台北，1986。
② 郑玉波主编：《民法债编论文选辑》，717 页，台北，1984。
③ 参见王泽鉴：《民法学说与判例研究》，第 4 册，718 页，台北，1986。
④ Ernst, in Münchener Kommentar zum BGB, §280, Rn. 89.
⑤ 王泽鉴：《民法学说与判例研究》，第 4 册，726 页，台北，1986。

在给付行为。给付是大陆法系中的一个概念，它具有两种含义：一是指给付行为（Leistungsverhalten），二是指给付效果（Leistungserfolg）。有时候给付也可以作为债的标的来对待。[①] 与履行的概念相比较，给付的内涵更为广泛，给付除包括合同义务的履行以外，还包括各种非基于合同而实施的给付行为，如误以为存在合同债务而作出的清偿，不知道欠债已经还清而仍然作出清偿等，都可以称为给付。但是履行主要是指履行合同义务的行为，在债法中，履行总是与合同义务及附随义务联系在一起的。给付往往是债务人一方的义务，“自债务人方而言之，则为给付”。而履行则强调是双方的义务，即双方当事人都负有按法律和合同的规定履行的义务。确切地讲，履行的概念比给付的概念更能准确地表达当事人双方的义务，所以我国《民法通则》和《经济合同法》均使用了履行的概念。但由于加害给付已经成为一个约定俗成的概念，所以笔者认为不宜将加害给付改为加害履行。但是应该指出，这里所说的给付实际上是履行，也就是说，债务人实施了一定的履行行为，但此种履行不符合债的规定，并造成债权人除履行利益之外的其他利益的损害。

加害给付只能在履行有效合同义务的过程中发生，也就是说，合同已经成立并生效，但债务人所作出的履行行为不符合合同的约定。如果合同不能成立或者被宣告无效，或被撤销，在此情况下，只能产生不当得利的返还责任和缔约过失责任，而不产生加害给付责任。还应当看到，加害给付的主体只限于合同关系中的债务人，也就是说，只有当债务人实施的不符合合同约定的履行行为造成对债权人的损害，才有可能构成加害给付。如果是合同关系以外的第三人实施的行为，造成对债权人的损害，则可能不属于加害给付。

第二，债务人的不适当履行行为造成了债权人履行利益以外的损害。加害给付与瑕疵给付是相对应的概念，二者的主要区别体现在后果上。瑕疵给付侵害的是债权人的履行利益（Erfüllungsinteresse），致使该给付本身的价值或效用减少乃至丧失。而加害给付所侵害的是履行利益以外的其他权益（übererfüllungsmässiges Interesse），德国学者称为附带损害。

---

① 参见史尚宽：《债法总论》，223页，台北，荣泰印书馆，1978。

所谓履行利益损失，“乃指法律行为（尤其指契约）有效成立，但因债务不履行而生之损失，于此情形，债权人得请求赔偿者，系债务人依债之本旨履行时其可获得之利益”①。换言之，在债务人依照合同规定履行时，债权人从中所得到的利益就是履行利益；在债务人未依合同的规定履行时，债权人依合同本来应该得到的利益因为债务人不履行或不适当履行而没有得到，这就是履行利益的损失。也就是说，债务人本应依约定给付无瑕疵的财产或劳务，但债务人实际上没有履行这一义务，从而使债权人蒙受了损失。对于债权人来说，因为产品有瑕疵，致使其不能获得履行利益，因此产品有瑕疵就意味着履行利益的损失。法律对履行利益的保护，实际上是为了保护合同在严格履行的情况下债权人所获得的全部利益。

所谓履行利益以外的其他利益，学理上又称为固有利益或维持利益，是指债权人享有的不受债务人和其他人侵害的现有财产和人身利益。此处所称的现有财产是指履行标的物以外的财产，或称为履行利益以外的财产利益。所谓履行利益以外的损失，《产品质量法》第 41 条称为“人身、缺陷产品以外的其他财产损害”，即产品和劳务瑕疵以及违反附随义务等造成债权人遭受人身伤亡和给付标的以外的其他财产损害。

第三，加害给付是一种同时侵害债权人的相对权和绝对权的不法行为。从上述分析可见，债权人享有的履行利益实际上是债权人享有的债权，而债权人享有的履行利益以外的其他利益，乃是债权人享有的绝对权，这两种权利分别受到合同法和侵权法的保护。由于加害给付同时构成违约行为和侵权行为，因此该行为同时侵害了债权人的相对权和绝对权。此种行为既可以是以积极的方式实施的（如医院医生的误诊），也可以是以消极的方式实施的（如故意不告知产品不合格的危险而使买受人遭受伤害）。加害给付行为既可以是因为交付的标的物因质量不合格而造成债权人固有利益的损害，也可以是给付行为本身不符合合同约定而直接造成债权人固有利益的损害（如因承运人的重大过失致使旅游车翻车，使旅客遭受伤害）。无论在何种情况下，加害给付都会同时产生违约责任和侵权责任，

① 顾立雄：《给付拒绝》，载《万国法律》，1990（50），20 页。

因此，加害给付是产生违约责任和侵权责任竞合的重要原因。

值得注意的是，在德国的判例和学说中，虽将加害给付作为一种特殊的违约行为来对待，但加害给付制度只是作为一种辅助性的制度而存在的。换言之，积极侵害债权处于辅助性（residual，subsidiary）的位置，“只要是非给付不能与给付迟延之外的其他给付障碍形态的均称为积极侵害债权”①。德国判例也认为，积极侵害债权是除给付不能、给付迟延以外的第三种债务不履行形态，此种形态只有在给付不能、给付迟延均不构成时，始有适用。德国法将加害给付作为一种辅助性的制度对待，主要是因为加害给付没有在法典中规定，所以它只是通过判例学说所发展起来的、旨在填补立法不足的一项制度，因此应作为辅助性的制度。

我国是否应该借鉴德国法的经验，将加害给付规定为一种辅助性的制度？在理论上值得探讨。《产品质量法》第 43 条规定：“因产品存在缺陷造成人身、他人财产损害的，受害人可以向产品的生产者要求赔偿，也可以向产品的销售者要求赔偿。属于产品的生产者的责任，产品的销售者赔偿的，产品的销售者有权向产品的生产者追偿。属于产品的销售者的责任，产品的生产者赔偿的，产品的生产者有权向产品的销售者追偿。”此处所说的向产品生产者和销售者追偿，既包括侵权责任，也包括违约责任。这里的侵权责任实际上是产品责任②，而违约责任则主要是指不适当履行合同债务产生的责任，根据《民法通则》的规定，当事人一方不履行合同义务或者履行合同义务不符合约定条件的，另一方有权要求对方采取补救措施。此处所说的履行合同义务不符合约定条件的行为包括了加害给付行为。从立法和司法实践来看，我国并没有将加害给付作为一种特殊的违约形态对待，而是将其包括在不适当履行合同的违约行为之中。我国法律既不强调单纯以合同责任来处理加害给付案件，也不认为加害给付只是一种辅助性的制度。为了保护债权人和消费者的利益，在其因加害给付受到侵害后，法律提供了充足的补救措施，允许受害人直接以加害给付为根据提起侵权或违约之诉。当然，现

① Enneccerus-Lehmann，Schuldrecht，Bd. 2，1954，s. 225.

② 参见史树林：《企业产品责任指南》，25～30 页，北京，人民法院出版社，1994。

行法律对在加害给付条件下是否允许受害人选择请求权、如何保障请求权的正当行使等还缺乏明确的规定，因此加害给付制度还有待进一步完善。

二、加害给付的构成要件

所谓加害给付的构成要件，是指符合何种条件才能使债务人负担加害给付的责任。我国台湾地区学者对此有两种不同的观点。一种观点认为，加害给付必须以债务人存在给付行为为前提。例如，史尚宽先生认为不完全给付（包括加害给付）的构成要件是：须有给付、须给付为不完全、债务人有过失、行为违法[①]；郑玉波先生则认为不完全给付须债务人已为给付、须给付不完全、须可归责于债务人。[②] 另一种观点认为，加害给付可以不以债务人有给付行为为前提，而主要是以违反法定和约定的义务为主要特征。[③] 这两种观点的主要区别在于，非给付行为是否可以产生加害给付。笔者认为，一般情况下，加害给付是以不适当履行为前提的；也就是说，首先必须要债务人作出了履行，且履行不符合合同规定，从而造成了债权人的履行利益以外的损失。当然在某些特殊情况下，加害给付可能是因违反附随义务而不是因不履行约定义务而产生的。例如，出卖人对于复杂而危险的机器，未对买受人作出充分且必要的告知与说明，致使买受人错误操作而物毁人伤。当然，债务人履行时未尽到其依据诚实信用原则所产生的附随义务（如未尽到瑕疵告知的义务、保护协作忠实的义务等）也表明债务人未能全面履行其应尽的义务，因此也是一种不适当的履行。所以笔者认为，构成加害给付应该以债务人存在不适当履行行为为前提。由此可以看出，加害给付的构成要件主要是两个：不适当履行的行为及由此造成的债权人履行利益以外的其他损害。下面分别阐述之。

（一）债务人的履行行为不适当

如前所述，在加害给付的情况下，债务人存在着给付行为，但这种给付行为

① 参见史尚宽：《债法总论》，416～417页，北京，中国政法大学出版社，2000。

② 参见郑玉波主编：《民法债编论文选辑》，718页，台北，1984。

③ Esser，Schuldrecht，AT，s. 41.

是不符合合同规定的。在加害给付情况下，债务人的不适当履行包括哪些情况？学者对此有不同的看法。例如，德国学者 Lehmann 将积极侵害债权分为四种类型：一是瑕疵履行行为致非瑕疵履行本身所生的特别损害；二是继续性契约的一部分履行；三是履行未尽诚实信用；四是预期违约。[①] 笔者认为，加害给付是因为债务人的不适当履行行为造成的，债务人的不适当履行既可能是违反了约定的义务，也可能是违反了法定的义务。笔者认为，引起加害给付的不适当履行行为主要有：

1. 给付的产品本身存在着缺陷或瑕疵。所谓缺陷是指产品存在着危及他人人身、财产安全的不合理危险。《斯特拉斯公约》第 2 条规定："考虑到包括产品说明在内的所有情况，如果一项产品没有向有权期待安全的人提供安全，则该产品为有缺陷。"美国《产品责任法》中还将缺陷定义为"不合理的危险性"。《美国侵权法重述》（第二版）第 402A 条规定："产品缺陷是指产品处于一种使人或有形财产遭受不合理的损害危险的状态。"我国法律实际上也采纳了这一概念，如《消费者权益保护法》第 40 条提及"商品存在缺陷"并与其他商品不合格相区别，实际上这里所说的缺陷是指产品具有不合理的危险；《产品质量法》第 46 条更为明确地规定："本法所称缺陷，是指产品存在危及人身、他人财产安全的不合理的危险；产品有保障人体健康和人身、财产安全的国家标准、行业标准的，是指不符合该标准。"

缺陷与瑕疵关联密切。关于何为瑕疵，理论上一直存在着争议，笔者认为，瑕疵应指商品或服务不符合法律、合同等规定的质量标准以及对产品的适用性、安全性和其他特性的要求。瑕疵包括产品瑕疵和服务瑕疵，但在物的瑕疵担保中，其仅指物的瑕疵。

缺陷尽管和产品责任联系在一起，但其在广义上仍应当属于瑕疵，据此，瑕疵实际上可以分为两类：一是缺陷；二是缺陷以外的其他瑕疵。当然，从法律上看，缺陷不同于瑕疵，二者的区别主要体现为：第一，所指对象不同。缺陷仅仅用来描述产品存在着危险；而瑕疵既可以用来形容商品不合格，又可指服务不符

---

① Enneccerus-Lehmann, Schuldrecht, Bd. 2, 1954.

合合同规定。商品存在瑕疵并不一定具有“不合理的危险”，而一旦有了“不合理的危险”，则应当属于缺陷产品。第二，缺陷产品在使用中极易产生对人身、财产的损害，而其他瑕疵则不会像缺陷产品那样带来严重后果。由于缺陷是一种严重的瑕疵，对他人的人身、财产安全有不合理的危险，因此，缺陷产品不应当被予以生产和销售。但对产品存在使用性能的瑕疵，如果作出了说明，在法律允许的情况下，应当准予销售。根据《产品质量法》第13条的规定，产品质量应不存在危及人身、财产安全的不合理的危险，可能危及人体健康和人身、财产安全的工业产品，必须符合保障人体健康和人身、财产安全的国家标准、行业标准；未制定国家标准、行业标准的，必须符合保障人体健康和人身、财产安全的要求。第三，根据我国《产品质量法》的规定，加害给付主要是因为缺陷产品造成的。例如，该法反复强调，因产品存在缺陷造成人身、缺陷产品以外的其他财产损害，生产者和销售者应承担赔偿责任。而瑕疵履行是由于一般的瑕疵所造成的。此种分类有一定道理，但是在特殊情况下，一般的瑕疵也可能引起加害给付的损害后果。如给付虫蛀苹果致使债权人原有的苹果被虫蛀，实际上是一般瑕疵，但引起了加害给付后果，所以笔者认为，一般的瑕疵在特殊情况下也可能引起加害给付的后果。

在实践中，严格区分瑕疵和缺陷往往是十分困难的，原因在于，一方面，缺陷和其他瑕疵之间并无不可逾越的鸿沟，随着使用者的不同以及时间、条件的变化，二者往往会相互转化；另一方面，由于人的认识能力各不相同、各有局限，在实践中可能会混淆缺陷与瑕疵。诚如我国台湾地区学者刘得宽所指出的：“往往‘缺陷’同时亦含有‘瑕疵’之观念，如刹车不灵之汽车，非但是‘缺陷’，同时还为‘瑕疵’之商品。”[①] 在许多情况下，缺陷和瑕疵都可引起加害给付的后果。

2. 债务人的其他不符合合同约定的不履行行为。除了交付的产品不合格以外，债务人从事了其他的不履行行为，也可能产生加害给付的后果，这些行为主要包括：第一，履行行为本身不符合合同约定且造成债权人的损害。例如，因供

① 刘得宽：《民法诸问题与新展望》，543页，台北，中孚有限公司，1980。

电不足使工厂停工并造成重大损害；再如，受托人在从事受托行为过程中违反了对委托人所负有的保密义务致使委托人遭受重大的财产损害。在这些情况下，债务人并未交付一定的标的物，但是因为其履行行为不符合合同约定，也发生了加害给付的后果。第二，违反了因诚实信用原则产生的附随义务。附随义务如使用方法和瑕疵的告知义务、业务上的告知义务、忠实的义务、照顾的义务、保密的义务、注意的义务等，这些义务是合同当事人应负的义务。切实按照附随义务履行才能使债务得到严格的履行。如果债务人在履行中违反附随义务，也会造成加害给付的后果。例如，易燃、易爆、有毒物品的出卖人应向买受人告知该物品在运输、保管、使用方法等方面的情况，如未尽到此种告知义务，使买受人因物品的爆炸而造成人身伤害的，出卖人应负加害给付责任。应当指出的是，在上述两种情况中，债务人违反义务的性质是不同的，按照学者的一般观点，在前一种情况下，债务人主要违反了约定的义务；而在后一种情况下，债务人违反的则是法定的义务。因为诚实信用原则是债法中的强行性规范，当事人不得通过约定排除其适用，依诚实信用原则所产生的附随义务乃是法定义务。[1] 由此可见，加害给付行为既可以是违反了约定义务，也可以是违反了法定义务。

债权人违反其应尽的协力义务，导致受领迟延，是否可以构成加害给付？从合同关系的内容来看，双方当事人都负有义务作出履行和接受履行，但债权人和债务人负有的提供履行和接受履行的义务，在性质上还是有区别的。债权人所负有的义务是按时接受债务人的履行，若债权人违反此义务，将会导致受领迟延。尽管受领迟延也会给债务人造成损害，但并不会导致债务人履行利益以外的损害。因此迟延受领不应构成加害给付。而只有在债务人违反义务，不适当履行债务时，才能造成债权人履行利益以外的损害。因此，加害给付只能因债务人不适当履行合同的行为引发。

（二）造成债权人遭受履行利益以外的其他损害

加害给付的另一个构成要件是因为债务人的不适当履行行为造成了债权人履行利益以外的其他损害，也就是说，侵害了债权人履行利益以外的财产或人身利

① 参见王家福主编：《民法债权》，147页，北京，法律出版社，1991。

益。值得注意的是，债权人财产和人身利益遭受侵害必须是不适当的给付行为引起的；换言之，不适当的给付行为与损害后果之间存在着因果联系，如果不是因为给付行为而是因为单纯的侵权行为造成的，则不能构成加害给付。例如，被告在他人喂养牲口的饲料中放毒，使原告的牲口中毒死亡，因损害不是因为给付行为造成的，而是因为侵权行为造成的，因此仅构成侵权行为而不构成加害给付行为。

因为给付行为不合格而使债权人遭受履行利益以外的其他损害主要包括如下几点。

1. 因为不适当履行行为造成债权人人身利益的损害。例如，出卖人交付的热水袋破裂，导致买受人被烫伤；出卖人交付的啤酒因酒瓶爆炸，导致买受人受伤；出卖人（冷饮食品厂）生产的汽水里有玻璃碎渣，划伤顾客的喉咙等。债权人遭受人身利益的损害主要是指债权人遭受人身伤亡，但在特殊情况下也包括对其他人格利益的损害。例如，受托人未尽到保密义务对外披露委托人的隐私，从而侵害委托人的隐私权。

2. 债权人遭受履行利益以外的其他财产的损害。例如，制造的治疗鸡瘟的药物不合格造成买受人饲养的鸡死亡；出售假鸭饲料造成用户鸭子死亡；出售有毒饲料添加剂造成买受人耕牛中毒死亡。这里所称的财产利益的损害不包括因标的物本身不合格而造成对债权人的损害，而是指因标的物不合格造成债权人其他财产的损害。如果仅是标的本身有瑕疵而没有引起其他损害，则不构成加害给付。

3. 因不适当履行行为而侵害了债权人的知识产权和技术秘密。例如，受托人违反保密的义务，泄露委托人的技术秘密，给委托人造成重大损害。侵害技术秘密的行为通常体现为泄露和不正当使用。所谓泄露是指将技术秘密透露给他人，包括在要求对方保密的条件下向特定人、少部分人透露技术秘密，以及以不正当的手段获取的，其披露当然是违背权利人的意思的。[①] 所谓不正当使用是指未经授权而使用该秘密或将该秘密转让给他人。如将技术秘密用于自己的生产经营，由自己直接利用商业秘密的使用价值的行为或状态，或非法允许他人使用，都构成侵权。

---

① 参见孔祥俊：《合同法教程》，150页，北京，中国人民公安大学出版社，1999。

在上述情况下，债务人的不适当履行行为侵害了债权人的财产权或人身权，构成加害给付。值得注意的是，在实践中，债务人的不适当履行行为还有可能造成对债权人以外的第三人的损害，此种损害包括两方面：一是造成第三人的人身伤害和死亡。如交付不合格的汽化油炉造成火灾，致债权人的邻居受伤；交付的预制楼板不合格，造成楼房倒塌，致行人受伤。二是造成第三人的财产损害。如因为交付的牛犯病致第三人的牛被传染并死亡。因债务人的行为造成第三人的利益损害，是否可以构成加害给付？笔者认为，债务人造成第三人损害，尽管是因为债务人向债权人作出履行且履行不符合合同约定的行为引起的，但该行为造成第三人的损害只能视为侵权行为的后果，而不能视为加害给付行为的，其原因在于：加害给付是因为不履行债务而产生的。在债务人的行为致第三人损害的情况下，尽管此种行为是因向债权人的给付所引起的，但由于债务人和第三人之间不存在合同关系，所以当债务人的行为造成第三人的损害以后，从法律上看，债务人并没有违反其向第三人所负有的给付义务和附随义务，而只是违反了其负有的不得侵害第三人权利的义务。所以从合同的相对性原则出发，因债务人的行为致第三人的损害，不应该产生违约责任，而只能产生侵权责任。既然不会产生违约责任，那么也就不会出现责任竞合现象。在此情况下，应依据侵权责任法有关产品责任的规定来处理。

（三）债务人具有过错

由于我国违约责任采严格责任原则，违约责任的成立并不需要违约方具有过错，但债务人作出不适当履行行为并造成债权人履行利益以外的其他利益的损害，本身表明债务人是具有过错的，但此种过错是一种推定的过错，即只要债务人不能证明损害后果是因为不可抗力或其他法定的免责事由所致，则应推定债务人具有过错。同时，由于加害给付同时构成违约责任与侵权责任的竞合，侵权责任的成立以行为人具有过错为要件，因此，加害给付的成立通常也需要债务人具有过错。

在债务履行中，债务人的履行辅助人（代理人、使用人等）在债的履行中具有故意或过失，债务人应对履行辅助人的过错负责。然而，如果履行辅助人违反了对债权人应尽的注意和保护义务，实施的履行债务的行为造成了对债权人的人身伤害和财产损害，履行辅助人是否应对债权人负责？对此，德国的判例学说有两种不同的观点：一种观点认为，债权人和债务人的履行辅助人之间也存在着一种特定的保护关系，在许多情况下，履行辅助人具有债务人的管理人的地位，并为债权人所信赖，因此履行辅助人违反保护义务，也应对债权人负责。另一种观点认为，履行辅助人与债权人之间并不存在债的关系，由于他们所违反的并不是自己对债权人的义务，而是违反债务人对债权人的义务，因此，从原则上说，履行辅助人不应对债权人负违约责任。[①] 笔者认为，由于履行辅助人与债权人之间不存在合同关系，履行辅助人只是为债务人履行债务，由此产生的法律效果和责任应当由债务人承担，所以，因履行辅助人的不适当履行而产生的违约责任，应由债务人承担。但如果履行辅助人故意或过失实施侵权行为，造成债权人的损害，则应由履行辅助人对债权人承担责任。

值得注意的是，由于加害给付将产生责任竞合，而违约责任和侵权责任尽管都以过错责任为其基本原则，但过错责任原则在侵权和违约责任中的内涵和适用范围是有区别的，具体表现在：第一，如果受害人选择了违约责任，则加害人只有在证明损害后果是因不可抗力所致，才能表明其无过错并被免除责任；而在受害人选择了侵权的请求权的情况下，加害人只要证明其具有法定的侵权行为的免责事由如不可抗力、意外事件、第三人的行为等，均可以主张免责。可见，合同责任相对于侵权责任而言，加害人免责的可能性较小。第二，根据我国《民法通则》第131条的规定，在侵权责任中，受害人对于损害的发生也有过错的，可以减轻加害人的民事责任。但从我国司法实践来看，受害人的轻微过失一般并不影响加害人的责任；而在违约责任中，受害人具有轻微过失，可以减轻违约方的赔偿责任。第三，当事人的主观过错对赔偿损失的范围的影响不同。在侵权责任中，加害人的主观过错程度对其赔偿的范围有一定影响。但加害人在实施侵权行为时，是否预见到损害的实际后果一般不影响其赔偿后果。而合同责任中广泛采用了“应当预见”的标准。根据这一标准，违约当事人仅对其主观上可以预见

① Larenz, Schuldrecht, Bd. 1, Aufl. 13, 1982, s. 339.

到的损失负赔偿之责。我国《合同法》第113条第1款规定："当事人一方不履行合同义务或者履行合同义务不符合约定，给对方造成损失的，损失赔偿额应当相当于因违约所造成的损失，包括合同履行后可以获得的利益，但不得超过违反合同一方订立合同时预见到或者应当预见到的因违反合同可能造成的损失。"可见，违约当事人的主观过错程度对损失赔偿的范围有直接的影响。第四，第三人的过错对责任的影响。侵权法贯彻了"为自己行为负责"的原则，行为人仅对自己的行为过错负责，或对因自己的过错而使第三人实施侵权行为的后果负责，而不对第三人的过错所致的损害负责。在合同法中，第三人的过错常常并不影响违约当事人责任的成立。"合同法许可为他人的过错负责，把这当作一种一般原则。"[①] 例如，因第三人的过错致使债务人不能履行合同，债务人常常应当向债权人负违约责任，然后向第三人追偿。

三、加害给付与违约责任

加害给付发生的前提是债务人未按合同规定履行义务，即债务不当履行问题，正由于其违反的基本义务是合同义务，故许多人认为它是一个合同责任问题。在德国法中，加害给付主要产生合同责任，此种责任旨在弥补侵权法对债权人保护的不足，所以加害给付责任的产生导致许多德国学者所称的侵权法向合同法位移的现象。其中，最突出的表现是德国法的附保护第三人作用的契约。所谓"附保护第三人作用的契约（Vertrag mit Schutzwirkung für Dritte）"，为德国判例学说所独创，是指特定合同一经成立，不但在合同当事人之间发生债权关系，同时债务人对于与债权人有特殊关系的第三人，亦负有注意、保护的附随义务，债务人违反此项义务，就该特定范围内的人所受的损害，亦应依合同法原则，负赔偿责任。[②] 这一制度乃是对合同相对性和合同责任的新发展，其产生标志着德国合同责任的扩张。按照许多学者的看法，该制度产生的主要原因，乃是因为德

① ［苏］马特维也夫：《苏维埃民法中的过错》，101页，北京，法律出版社，1958。

② 参见王泽鉴：《民法学说与判例研究》，第2册，35页，台北，1979。

国法关于侵权行为法规定的不完备。[1] 因为德国民法缺乏像日本民法和法国民法对侵权行为的一般规定。[2] 根据《德国民法典》第 831 条的规定，雇佣人只需证明其就受雇人之选任、监督，已尽相当之注意，或纵为相当之注意，仍不免发生损害时，即可免责。在实务上关于此项免责的举证，向来从宽认定，这对受害人的保护是极为不利的。所以，为了强化对债权人或受害人的保护，德国法扩大了合同责任的适用范围，旨在透过合同法之处理，能使被害人或债权人易获救济。而附保护第三人作用的契约，正是适应此种需要而产生的。

然而，是否可以借鉴德国法附保护第三人作用之契约的经验来确定加害给付的责任，值得探讨。笔者认为，我国法律不宜借鉴这一经验，其原因在于，加害给付的后果主要造成债权人的损害，而不是造成第三人的损害，造成第三人的损害应适用侵权责任的规定。用扩大合同责任的办法来解决因债务人的行为造成第三人的损害问题将会遇到几个法律上的困难：第一，加害给付造成第三人的损害，常常包括第三人的人身伤害和死亡。例如，被告交付的水泥预制板质量不合格导致房屋倒塌，造成承租人及过往行人伤害的，对于这种损害如不能以金钱加以确定，是很难通过合同法来获得补救的。正如我国台湾地区学者曾世雄所指出的："通常情形下，契约之履行与否，与人身之损害无涉，与名誉、自由等人格权之损害无关。财产上之损害无可能，非财产上损害之赔偿更是于法无据。"[3] 第二，债务人与第三人之间的关系的性质难以确定。德国法强调债务人向第三人承担责任的根据在于债务人违反了其向第三人负担的注意和保护义务，但是随着德国判例的发展，第三人的范围也在不断扩大。现在在德国判例中，第三人与债权人甚至没有任何关系、第三人与债的关系没有关联性，法院也认为债务人对第三人负有义务，此种观点确实不尽合理。这就形成了一种为保护第三人而人为扩张第三人范围的现象。[4] 假如债务人根本不认识第三人（如上例中被告根本不认

① E. von Caemmerer, Wandlung des Deliktsrechts, 1964, ss. 50ff, 56ff; Fikentscher, Schuldrecht, Aufl. 6, 1976, §102, s. 625.

② 参见《日本民法典》第 709 条,《法国民法典》第 1382 条。

③ 曾世雄:《损害赔偿原理》, 55 页, 台北, 1969。

④ See Markosinis, "An Expanding Tort Law The Price of A Rigid Contract Law", *LQR*, 1987, No. 3.

识过往行人），如何能确定第三人与债的关系有关联性？如何确定债务人对哪些人负有特定义务？如何区别债务人向第三人负有的附随义务与债务人向一切人负有的侵权法上的注意义务？所以，笔者认为附保护第三人作用之契约并没有明确债务人负责任的根据，如果采纳这一制度，确实不符合合同相对性的规则。第三，采纳附保护第三人作用之契约来处理加害给付纠纷，实际上是排除了侵权责任的运用，这样并不有利于保护受害人。如前所述，德国法采纳这一制度很大程度上是因为德国法中有关侵权行为的规定不够完善，特别是因为德国法对于雇主的侵权责任的规定不利于对受害人的保护，因此应当扩大合同责任。从我国法律的规定来看，并不存在德国法所面临的问题，在许多情况下，采纳侵权责任对受害人更为有利。所以如果盲目引进附保护第三人作用之契约制度，从而排斥侵权责任的运用，反而不能充分保护受害人。

值得注意的是，笔者认为不宜借鉴德国法的经验，并不意味着加害给付单纯是一个侵权问题而不适用合同责任。事实上，加害给付因行为具有复杂性和损害后果的多重性，不仅产生侵权责任，而且产生合同责任。有一种观点认为，由于我国现行《民法通则》第 122 条关于“因产品质量不合格造成他人财产、人身损害的，产品制造者、销售者应当依法承担民事责任”的规定是放在侵权责任中作出规定的，而《产品质量法》对产品缺陷造成人身和缺陷产品以外的其他财产损害，主要规定的是侵权责任[①]，因此，加害给付主要是侵权责任，而不是合同责任问题。笔者认为这种观点是不妥当的。加害给付是因为不履行合同义务而发生的，在当事人之间仍然要产生合同责任问题。事实上，我国现行立法也并没有完全否定加害给付所产生的合同责任问题。例如，《产品质量法》在规定加害给付的侵权责任的同时，也于第 40 条第 4 款明确规定：“生产者之间，销售者之间，生产者与销售者之间订立的买卖合同、承揽合同有不同约定的，合同当事人按照合同约定执行。”显然，加害给付的受害人主张合同责任是有法律依据的。

尤其应看到，若一律适用侵权责任，在某些情况下并不能充分保护债权人利益，有时还可能给债权人主张权利带来不便。换言之，合同责任在许多情况下更

① 参见该法第 41 条至第 46 条。

有利于保护受害人，表现在：

第一，从责任竞合的观点来看，由于合同责任和侵权责任在举证、归责原则、责任构成要件、免责条件等方面存在着重大区别，选择不同的责任也将会对诉讼的管辖产生重大影响，所以，允许当事人选择合同责任对受害人利益的保护可能是有利的。例如，就诉讼管辖来说，根据《民事诉讼法》的规定，因合同纠纷提起的诉讼，由被告住所地或者合同履行地人民法院管辖（第 24 条）；因侵权行为提起的诉讼，由侵权行为地或者被告住所地人民法院管辖（第 29 条）。由于在加害给付行为发生以后，给付地点与给付造成损害结果的地点常常是不一致的，因此选择不同的诉讼将决定法院的管辖问题。

第二，从赔偿的范围来看，合同的损害赔偿旨在赔偿受害人期待利益或信赖利益的损失，从而使受害人获得从交易中应该得到的利益。如果因加害给付使受害人遭受了重大的可得利益的损失，受害人可以就此举证，那么允许受害人选择合同责任并使其获得可得利益的赔偿，显然对受害人是有利的。例如，原告交付的机器设备不合格发生事故造成原告其他设备的损害，使原告停工 3 个月，造成利润损失达 20 万元，如果选择侵权的损害赔偿，显然不能使原告获得利润损失的赔偿。

还应看到，在许多情况下，瑕疵产品本身的损害大于因瑕疵产品造成的受害人的其他损害，如交付的有缺陷的锅炉爆炸，致锅炉工烧伤，锅炉的损失大于锅炉工遭受的损害（包括医疗费、误工减少的收入等），在此情况下根据合同责任补偿受害人遭受的履行利益的损失，对受害人可能更为有利。一方面受害人可以要求赔偿锅炉本身的损失，另一方面，还可以将锅炉工所受的损害作为直接财产损失对待（作为合同损害的一部分）要求赔偿。可见，以合同责任处理加害给付可以使受害人获得充分赔偿。此外，合同责任可以由当事人事先作出约定，如果当事人事先已就赔偿问题作出了约定，那么选择合同责任也可能有利于受害人。

第三，从责任形式来看，合同责任形式与侵权责任形式是不同的。《消费者权益保护法》第 23 条规定："经营者提供商品或者服务，按照国家规定或者与消费者的约定，承担包修、包换、包退或者其他责任的，应当按照国家规定或者约定履行，不得故意拖延或者无理拒绝。”合同当事人可以在合同中特别约定实行“三包”。实行“三包”是违反合同后所采取的补救措施。合同一方当事人履行合同时不符合约定条件的，对方有权要求其实行“三包”，以使合同的履行达到约定的条件或者尽量减少损失。产品不符合质量要求的，出卖人应采取措施修理。如经修理可达到质量要求而不影响产品的性能、价值的，出卖人应无偿修理；如果修理后达不到质量要求或者影响到产品的性能、价值的，或者买受人要求更换的，出卖人应予更换。对于不符合质量要求的产品，买受人认为退货更为有利时，可以要求退货。退货实际上是一种解除合同的行为。因此，在加害给付的情况下，如果受害人愿意让对方实行“三包”来补救自己的损失而不愿意采取其他补救措施，则必须提起违约之诉。所以，如果受害人更愿意获得合同约定的商品，则提起违约之诉要求债务人实行包修、包换，更有利于实现订约的目的。而侵权责任不具有这种效果，只能采取损害赔偿的方式。

第四，加害给付在继续供给合同中，应如何处理？如果已履行部分造成加害给付，受害人可请求赔偿，但对于尚未履行部分，受害人应如何行使权利，颇有争议。有人认为将来出卖人是否仍会作出瑕疵给付，尚不能确定，所以不能解除合同；也有人认为，在继续性合同中虽然各次给付可构成独立的债权债务，但整个给付构成一个整体性的继续性合同。在加害给付发生以后，因为债务人的行为不能使债权人达到订约的目的，故应允许其解除合同。笔者认为，对此可以留给债权人作出选择，如果债权人不愿意解除合同，而愿意选择实际履行的补救方式，同时要求追究违约方的违约责任，应允许债权人作出此种选择，但债权人一旦选择此种补救方式，则必须以违约为由提起诉讼。

值得注意的是，如果债权人要求适用合同责任，而加害给付同时造成了对第三人的损害，该第三人是否可以同时要求适用合同责任？从法律上看，由于第三人与债务人之间毕竟不存在合同关系，也不宜借鉴德国法的经验来扩大合同责任的适用范围，因此，笔者认为债务人对债权人和第三人的责任应分别处理。这就是说，债务人应对债权人负合同责任（如果债权人选择了合同请求权），而对第三人承担侵权责任。

四、加害给付与侵权责任

债务人因交付不合格产品，致使债权人或其他人人身权、财产权遭受损害的，债务人的行为也侵害了侵权法所保障的权益范围，符合侵权责任构成要件。加害给付能够产生侵权行为责任的主要原因在于，此种行为乃是行为人因过错侵害了债权人的履行利益以外的利益，使债权人遭受了财产和人身损害，从而应负侵权责任。例如，出卖人因过失未告知汽车刹车有缺陷，使得买受人因车祸受害，就构成了侵权行为。加害给付是因不履行合同义务而造成他人人身伤害、财产损害的后果，这就表明，行为人违反了有关不得侵害他人财产和人身的法定义务，侵害了侵权法所保障的权益，因此构成了侵权行为。加害给付构成侵权行为，并不排斥这种行为本身的违约性质，不能否认合同责任的存在。但是，既然加害给付将产生侵权责任的后果，就应该考虑侵权责任的存在，而不应该也不可能将它仅仅视为合同责任。

在判例和学说中，加害给付与侵权行为常常相互替代。一种流行的观点认为，由于加害给付导致产品致人损害的后果，因此应按产品责任来处理此类纠纷，换言之，应该以产品责任制度来代替加害给付制度。此种看法有一定的道理，应当看到，产品责任作为产品制造者、销售者对其制造、销售或者提供有缺陷产品并致使他人遭受财产、人身损害所应承担的民事责任，曾在其发展过程中经历了一个从合同责任向侵权责任发展的过程。现在许多国家的法律已将其视为一种特殊的侵权责任。从我国现行法律规定来看，实际上也都是把产品责任作为侵权责任来对待的，如《产品质量法》第 41 条第 1 款规定：“因产品存在缺陷造成人身、缺陷产品以外的其他财产（以下简称他人财产）损害的，生产者应当承担赔偿责任。”按照该法的规定，此处所说的赔偿实际上是指侵权损害赔偿。《民法通则》也将产品责任规定在侵权责任中。从我国司法实践来看，对产品责任都是按侵权来处理的。在学说上，许多学者认为，由于产品责任是从合同责任中发展出来的，它克服了受害人必须举证证明其与加害人之间存在合同关系才能获得赔偿的困难，并使受害人因产品缺陷所遭受的人身、其他财产损失可获得充分的补偿。因此，对加害给付行为仅规定侵权责任就足以保护受害人的利益。并且，既然产品责任已为我国法律所确认，合同法中不必单设加害给付责任。

加害给付是否等同于产品责任并在性质上属于侵权责任呢？笔者认为，加害给付与产品责任的概念是不同的，表现在产品责任是指因产品有缺陷造成他人损害，并由生产者和销售者依法承担相应的责任。① 按照我国学者一般的解释，产品责任不是合同责任而是侵权责任。② 产品责任是对传统侵权责任的突破，因为产品责任制度适用严格责任的原则且赔偿的范围、时效等问题均由法律作出了特别的规定。而加害给付是指因债务人的不适当履行行为造成债权人履行利益以外的其他损失。不适当履行的行为既包括因为产品的缺陷所引起的损失，又包括因为债务人交付的产品具有一般的瑕疵以及债务人违反其所应负的附随义务和保护义务而给债权人造成的损失。德国学者通常将加害给付的发生原因归纳为：违反给付义务、违反附随义务、违反保护义务，此种看法是不无道理的。而对于产品责任来说，主要是因为产品的缺陷所引起的，依据《产品质量法》第 46 条规定，所谓产品的缺陷，“是指产品存在危及人身、他人财产安全的不合理的危险；产品有保障人体健康和人身、财产安全的国家标准、行业标准的，是指不符合该标准”。由此可以看出，加害给付责任所包含的范围更为广泛，产品责任只是加害给付的一种形态；还应当看到，加害给付的责任既包括侵权责任，也包括合同责任，产品责任是不能完全代替因加害给付所产生的合同责任的。尽管现行法律规定了产品的侵权责任，也并没有完全否定合同责任的存在。因为消费者与销售者之间仍然是一种合同关系，因产品质量不合格将在其相互之间产生合同责任。总之，产品责任是不能替代加害给付责任的。

问题在于，在加害给付情况下，如何区分合同责任和侵权责任？对此学者们观点不一。德国判例学说曾有一种观点认为，若损害与物之瑕疵有直接（unmittelbar）关联，则仅应适用瑕疵担保规定，因为此时瑕疵担保规定为买卖法上的

① 参见史树林：《企业产品责任指南》，1 页，北京，人民法院出版社，1994。

② 参见周祈永：《产品质量法实用解读》，183 页，长沙，湖南出版社，1993。

特别规定，应优先于加害给付的一般原则。若损害与物的瑕疵仅仅只是间接（mittelbar）关联，则可适用加害给付。此种观点受到了许多学者的批评[①]，后来法院接受学者的意见，采用以损害发生的客体为区分标准来决定如何确定责任[②]，即认为应区分瑕疵本身和瑕疵结果的损害。如果损害发生在债的标的物上，则为瑕疵损害；如果损害发生在标的物以外的债权人（或其他人）的其他法益上，则为瑕疵结果损害。对于瑕疵损害，按合同责任处理；对于瑕疵结果损害，则按侵权责任处理。笔者认为，这种看法不甚妥当。首先，上述观点并没有明确妥当地分清两种责任，因为并非所有的瑕疵结果损害都仅仅是一个侵权责任问题，有时候，瑕疵结果损害也可以适用合同责任方式得到救济。例如，因产品的缺陷造成财产损失，如果损失是违约方在交付产品时可以预见的，受害人可以要求其承担违约责任。其次，在加害给付情况下，瑕疵损害与瑕疵结果损害往往密切结合在一起，很难加以分割。在实践中，法院在确定损害赔偿的范围时，也常常将两种损害结合在一起考虑，共同作为赔偿的依据。最后，区分两种损害，使受害方分别提起两种不同的诉讼，极易使同一损害获得双倍的赔偿，这将给加害人造成过重的责任。

笔者认为，在加害给付的情况下，区分合同责任和侵权责任，主要目的不在于应该对何种财产予以赔偿，因为加害给付造成损害以后，受害人对其遭受的损害都有权获得补救。那么区分两种责任的意义何在？笔者认为，主要意义在于使受害人基于其利益考虑，选择一种对其最为有利的方式提出请求或提起诉讼，这对于充分保护受害人的利益是十分必要的。

诚然，加害给付既可以产生合同责任，也可以产生侵权责任。但是并不是在任何情况下由受害人作出选择都对受害人是有利的，这就需要法律明确规定在何种情况下当事人应按侵权责任或合同责任提起诉讼。在哪些情况下，受害人可以按侵权行为责任提起诉讼呢？笔者认为，主要有如下几种情况。

第一，由于债务人的不适当履行行为造成了对第三人的损害。由于第三人与

① Larenz, Allgemeiner Teil des Deutschen bürgerlichen Rechts, s. 228.

② BGH NJW 78, 2242.

债务人之间并无合同关系，对第三人的损害也是当事人订约时所不可预见的，如果适用合同责任，债务人既可以合同相对性规则否定其存在，也可因其订约时不可预见违约后果而要求减轻或免除其责任。这对第三人来说是不利的。所以笔者认为，应当将加害给付造成第三人损害作为一种单独的侵权行为对待，由加害人直接对第三人负侵权责任。

第二，因为加害给付造成了受害人的人身伤害，按照我国判例和学说的一般观点，在债务不履行的情况下，债务人主要应当对其违约行为所造成的财产损失承担违约责任。而对违约造成的人身伤亡，则因为是在当事人订立合同时不可预见的，因此不应由债务人赔偿。对于人身伤害的损害赔偿，主要应通过侵权责任来加以解决。从合同法和侵权法所保障的利益来看，合同法所保护的履行利益和信赖利益主要是财产利益；而侵权法所保护的利益则是指现有财产利益和人身利益。因此，如果加害给付造成人身伤亡的，已侵害了侵权法所保护的利益，必须按侵权责任来处理。

第三，因为加害给付造成受害人精神损害。例如，债务人交付的食物腐烂，受害人食用后造成精神痛苦，是否可以依据合同责任获得赔偿，对此国外的判例学说存在不同的观点，我国立法和司法实践并不允许受害人根据合同责任而获得精神赔偿。笔者认为，由于精神损害是合同当事人在订立合同时难以预见的，同时这种损害难以通过金钱加以衡量，因此原则上受害人不能通过合同之诉获得精神损害赔偿。如果将精神损害纳入合同法的范围，则会使因合同不履行行为而使债权人产生焦急、不安、愤怒、忧虑等都要求精神赔偿，从而会人为地增加各种不必要的赔偿纠纷。所以在因加害给付而造成精神损害的情况下，受害人只能按侵权责任获得赔偿。

五、加害给付中的责任竞合

加害给付行为是引起责任竞合的重要原因。由于此种行为在性质上具有违约行为和侵权行为的双重特征，因此在它产生以后，将在法律上导致违约责任和侵权责任的并存和相互冲突现象。从德国法的经验来看，积极侵害债权即加害给付判例的产生促使了责任竞合理论的发展；而通过扩张合同责任的适用范围，以保护加害给付的受害人，大大增加了竞合机会。正如德国学者威尔（Tony Weir）所指出的：加害给付为民事责任的竞合提供了更多的机会。①

因为加害给付已超出了合同责任的范畴，但又与合同责任有密切的联系，它既不是典型的合同责任也不是典型的侵权责任，据此有人认为，应当将其作为一种特殊的民事责任来处理。按照此种观点也就不存在竞合现象。笔者认为，此种观点是值得商榷的：一方面，将加害给付作为一种特殊的责任对待必然改变现有民事责任的设置，而且会打乱合同法和侵权法现有的逻辑体系，这显然是不可取的；另一方面，责任竞合并不是一种消极的状况，因责任竞合的出现而使受害人享有一种选择请求权的权利，这对受害人是十分有利的。因此在法律上没有必要单设一类责任而消除竞合现象。

所以，把加害给付按责任竞合处理较为妥当。如王泽鉴先生认为，不当履行行为同时具备侵权行为要件的，被害人尚有侵权行为损害赔偿请求权。例如，出卖人因其过失，以患有传染病之鸡交付于买受人，致受害人原有之家畜亦罹于疾病死亡，则同时构成不完全给付责任与侵权责任，债权人得选择一种有利的根据请求赔偿。②

在因加害给付而发生责任竞合的情况下，由于违约责任和侵权责任之间存在着重大的区别，因此适用不同的责任将对债权人（受害人）利益的保护产生一定的影响。具体来说，两类责任的区别主要体现在：

1. 损害赔偿的范围不同。合同的损害赔偿责任主要限于财产损失的赔偿，通常不包括对人身伤害和精神损害的赔偿责任。而且对于合同的损害赔偿来说，法律常常采用“可预见性”标准来限定赔偿的范围。对于侵权责任来说，损害赔偿不仅包括财产损失的赔偿，而且包括人身伤害和精神损害的赔偿；不仅包括对

① See Tony Weir, *International Encyclopedia of Comparative Law*, Torts, complex liabilities J. C. B. Mohr (Paul Siebeck) Tübingen, 1977. p. 23.

② 参见王泽鉴：《民法学说与判例研究》，第3册，台北，1985。

直接损失的赔偿，而且包括对间接损失的赔偿。

值得探讨的是，缺陷产品本身的损害是否应包括在侵权损害赔偿范围之中。如前所述，因加害给付所产生的损害可以分为履行利益的损害和履行利益以外的其他损害，由于履行利益是债务人基于债务履行时所期待取得的利益，因此它主要受合同法的保护。

而履行利益以外的利益，乃是任何人对债权人的财产和人身不可侵犯的利益，此种利益主要受侵权法的保护。所以，在德国，一种流行的观点认为，就侵权责任来说，债权人仅得就履行利益以外的权益损害请求赔偿，而不包括履行利益。① 根据我国《产品质量法》第 41 条第 1 款、第 42 条第 1 款规定“因产品存在缺陷造成人身、缺陷产品以外的其他财产（以下简称他人财产）损害的，生产者应当承担赔偿责任”，“由于销售者的过错使产品存在缺陷，造成人身、他人财产损害的，销售者应当承担赔偿责任。”这两个条文虽未明确指出产品缺陷的侵权责任范围，但实际上将对产品缺陷本身的损害排除在赔偿范围之外。按照我国许多学者的看法，缺陷产品本身的损害及因缺陷产品本身损害造成受害人可得利益的损失，不包括在此种所称的“损害”的概念之中。因为交付符合约定质量的产品是销售者等主体所负担的合同义务，所以，缺陷产品本身所产生的损害及消费者由此而遭受的可得利益损失应当依据违约责任制度进行确定。② 此种看法是不无道理的。从原则上说，实现履行利益属于订约的目的，一方当事人要在另一方当事人违约时，希望通过实际履行或赔偿履行利益的损失，以使其获得合同在严格履行下所应得到的全部利益，则必须行使因违约所产生的请求权。如果行使侵权上的请求权，则不能赔偿履行利益和可得利益的损失。由于缺陷产品本身的损害直接表现为履行利益的损害，因此，此种损害不应通过侵权损害赔偿的方式来获得补救，因为侵权损害赔偿范围不包括此种损害。

然而，应当看到，如果债务人交付的产品本身价值不大，因该产品具有缺陷所致的损害也不大（如交付的黄酒有毒致顾客食物中毒等），侵权损害赔偿范围

---

① Jauerning Bürgerliches Gesetzbuch，1979，s. 600.

② 参见梁慧星：《民法学说判例与立法研究》，145 页，北京，中国政法大学出版社，1993。

中不包括对缺陷产品本身的损害的赔偿似乎是合理的，但如果交付的产品本身价值较大（如电视机、冰箱等），因该产品具有缺陷而造成债权人较大的损害，而在确定侵权的赔偿范围时不赔偿缺陷产品本身的损害，而采取合同责任又难以补偿受害人所遭受的人身伤害和精神损害，在此种情况下，受害人所受的损害就不能得到完全的、充分的补偿。所以，笔者认为，上述规则只是相对的，不能作绝对的理解，在受害人选择了侵权责任，完全不赔偿瑕疵本身所致的损害对受害人不公平时，司法审判人员应从公平原则出发，要求加害人适当赔偿受害人遭受的缺陷产品本身的损害。

在加害给付的情况下，如果受害人实现了侵权的请求权，也可能不能完全获得救济。例如，电视机因产品缺陷而发生爆炸，不仅导致电视机本身的毁损，也使其他物品遭受了损害。如果请求加害人承担侵权责任，可能难以赔偿电视机本身所遭受的毁损。据此，有学者建议，应允许受害人另行行使合同请求权，而要求赔偿缺陷产品本身的损害。笔者认为，此种观点不无道理。但是，根据责任竞合理论，权利人只能实现一项请求权，不能同时实现两项请求权（合同和侵权请求权）而获得双倍赔偿。允许受害人实现两项请求权，不仅与责任竞合理论相违背，而且导致多重诉讼，并有可能使加害人承担双重责任。因此，为解决这一问题，有必要在今后的侵权责任法中扩大侵权赔偿的范围。

2. 时效的区别。《产品质量法》第 45 条第 1 款规定：“因产品存在缺陷造成损害要求赔偿的诉讼时效期间为二年，自当事人知道或者应当知道其权益受到损害时起计算。”基于侵权提起诉讼应适用 2 年诉讼时效，此为一般诉讼时效。若基于合同提起诉讼，按《民法通则》第 136 条第 2 项，“出售质量不合格的商品未声明的”应该适用 1 年诉讼时效，此为特殊（短期）诉讼时效。根据《水路货物运输合同实施细则》第 25 条、《公路货物运输合同实施细则》第 18 条的规定，因运输合同的不适当履行导致人身损害时，不适用《民法通则》1 年的时效而适用 180 日的时效。此种规定主要适用于合同责任之中。

3. 责任构成要件和免责条件不同。在违约责任中，行为人只要实施了违约行为且不具有有效的抗辩事由，就应当承担违约责任。一般说来，违约是否造成损害后果，不影响违约责任的成立。但在侵权责任中，损害事实是侵权损害赔偿责任成立的前提条件，无损害事实，便无侵权责任的产生。在违约责任中，除了法定的免责条件（如不可抗力）外，合同当事人还可以事先约定不承担责任的情况，但当事人不得预先免除重大过失和故意的责任。即使就不可抗力来说，当事人也可以就不可抗力的范围事先约定。在侵权责任中，免责条件只能是法定的，当事人不能事先约定免责条件，也不能对不可抗力的范围事先约定。

4. 从责任形式上看，如果受害人主张修补、替换、退货或继续履行，要求对方承担违约金责任、定金责任，都必须适用合同责任。如果受害人要求赔偿人身伤害、精神损害，则必须适用侵权责任。还应当看到，在我国，有关法规对公用事业单位的合同责任往往规定了最高赔偿额，如对公路、铁路、水路和空运货物中保价的规定以及非保价中最高额赔偿的规定。依此规定，一方当事人只能在保价额或最高赔偿额内要求赔偿，即使其能证明所受的损害高于最高额或保价额，也不能获得超过部分的赔偿。

5. 免责条款的效力不同。侵权责任一般不适用限制和免责条款，而合同责任有时可适用有效的免责条款及限制责任条款来限制或免除责任。此外，合同责任可以相互抵销，而侵权责任是不允许相互抵销的。

6. 对第三人的责任不同。我国现行法律并未承认合同在保护第三人问题上的效力，而严格遵守合同相对性原理，要求合同当事人提起诉讼，请求合同对方赔偿损害。所以在加害给付造成第三人人身、财产损害时，第三人只能依据侵权法提起诉讼，要求侵害人予以赔偿。

应当指出，因加害给付而发生违约责任和侵权责任竞合，受害人虽可选择一项对其有利的请求权行使，但在某些情况下，为了维护合同法和侵权法内在体系的和谐一致，充分保护受害人的利益，需要对受害人的选择权作出适当限制。当然，在何种情况下应对受害人的请求权的行使加以限制，应由法律作出明确的规定。

试论赠与人的法定撤销权

所谓赠与人的法定撤销权，是指在具备法律规定的事由时，由赠与人或者其他撤销权人享有依法撤销赠与的权利。《合同法》第192条规定："赠与人可以因下列情形撤销赠与：(一)受赠人严重侵害赠与人或赠与人近亲属；(二)对赠与人有扶养义务而不履行；(三)不履行合同约定的义务。"这就在法律上确认了赠与人的法定撤销权。该项权利是赠与人的撤销权的一种类型，也是我国《合同法》赠与合同制度的重要内容，这一制度对于当事人之间的权利义务关系影响较大且该撤销权涉及诸多问题，本文拟就此谈一点粗浅的看法。

一、赠与人法定撤销权的性质

赠与人的撤销权起源于罗马法，在优士丁尼《法学阶梯》中就明确记载："如果被赠与恩惠的人表现出忘恩负义，朕已以朕的一个敕令使赠予人在某些情况下享有撤销它们的自由，以免将其财产赠予他人的人蒙受这些人的某些不法侵害。"[①] 公元3世纪时，领主在释放自由人时，如果自由人忘恩负义，则领主可以

① 《优士丁尼〈法学阶梯〉评注》，徐国栋译，225页，北京，北京大学出版社，2005。

撤回赠与的权利。君士坦丁的有关法令认为，父亲在向子女作出赠与后，如果子女忘恩负义，也享有撤回赠与的权利，此后，优士丁尼承认，在赠与中，针对所有的忘恩负义的行为，均享有撤销的权利。[①]《德国民法典》第 530 条规定："受赠人因对赠与人或赠与人近亲属的严重冒犯而实施重大的忘恩行为的，赠与人可以撤回赠与。仅在受赠人故意地和不法地杀害赠与人或妨碍撤回赠与时，赠与人的继承人才享有撤回的权利。"该条即为法定撤销权的规定。《合同法》第 192 条在借鉴比较法经验的基础上，承认了赠与人的法定撤销权，一方面，是为了保护赠与人的利益，也就是说，在赠与合同履行后，如果受赠人不履行赠与合同约定的义务，或者实施严重侵害赠与人利益等忘恩负义的行为，如果不允许赠与人依法撤销合同，显然不利于保护赠与人的利益，而且与赠与人实施赠与行为的目的是相悖的。另一方面，赠与合同属于单务合同，只是赠与人出让利益而受赠人接受利益，即便赋予赠与人以法定撤销权，通常也不会损害受赠人与第三人的利益。

我国《合同法》第 192 条也对赠与人的法定撤销权作出了规定，关于赠与人法定撤销权的性质，可以从如下几个方面观察。

一是法定性。与赠与人约定的撤销权不同，法定撤销权并非当事人约定的，而是一种法定的权利。赠与人法定撤销权的法定性体现为，只要出现了法律规定的情形，赠与人即可享有依法撤销赠与合同的权利，正是因为《合同法》第 192 条关于赠与人法定撤销权的规定性质上属于法定的权利，具有强行性，所以当事人不能通过约定予以排除。当然，即便在符合赠与人法定撤销权的情形下，赠与人也可以不行使该权利，而将该权利抛弃，按照私法自治原则，也应当允许。

二是单方性。所谓单方性，是指在出现法律规定的情形时，一方当事人即可依法享有撤销权，而不需要对方当事人的同意。赠与人撤销权是形成权的一种。所谓形成权，是指依据权利人的单方意思就可以导致法律关系变动的权利。[②] 撤

① 参见［德］马克思·卡泽尔、［德］罗尔夫·克努特尔：《罗马私法》，田士永译，508 页，北京，法律出版社，2018。

② 参见史尚宽：《民法总论》，25 页，北京，中国政法大学出版社，2000。

销权不得预先抛弃，并且必须以向受赠人作出意思表示的方式行使。[①] 赠与人在行使法定撤销权时，只需要单方意思表示就可以导致赠与合同被撤销，无须征得相对人的同意。[②] 正是因为赠与人的撤销权属于形成权，仅需赠与人单方的意思就可以行使，会对相对人的权利产生重大影响，因此，为了保护相对人的利益，法律对赠与人法定撤销权的行使条件作出了比较严格的限制。

三是将产生消灭赠与合同的效力。赠与人一旦行使法定撤销权，将导致赠与合同效力消灭，赠与人可以不再履行赠与义务，而且赠与人法定撤销权的行使具有溯及力，赠与人已经作出履行的，有权请求返还。关于赠与人行使法定撤销权后对受赠人所享有的返还请求权的性质，存在不同观点。一种观点认为，在赠与人行使法定撤销权后，赠与人有权请求受赠人返还其所作出的给付，该权利在性质上属于不当得利返还请求权。[③]《德国民法典》第531条就法定撤销的法律后果也采纳了不当得利说。[④] 另一种观点认为，赠与人行使法定撤销权后，赠与人对受赠人所享有的权利在性质上属于所有物返还请求权。[⑤] 笔者认为，赠与人在行使法定撤销权后，赠与合同效力消灭，受赠人无法取得赠与财产的所有权，其对赠与财产的占有也缺乏法律依据，构成不当得利，因此，赠与人既可以基于不当得利返还请求权请求受赠人返还赠与财产的占有，也可以基于所有物返还请求权请求受赠人返还原物。

四是适用范围具有宽泛性。赠与人的法定撤销权既可以适用于赠与合同已经履行的情形，也可以适用于赠与合同尚未履行的情形。[⑥] 当然，在赠与合同尚未履行的情形下，如果在符合法定撤销权行使条件的情形下，赠与人也可以行使法

---

① 参见［德］梅迪库斯：《德国债法分论》，杜景林、卢谌译，149页，北京，法律出版社，2007。

② 参见［德］梅迪库斯：《德国债法分论》，杜景林、卢谌译，149页，北京，法律出版社，2007。需要指出，此处译者将其译为撤回权，但是从上下文看，应当为撤销权。

③ 参见汪渊智：《赠与合同的撤销》，载《兰州学刊》，2004（2）。

④ Looschelders，Schuldrecht Besonderer Teil，13. Aufl.，2018，Rn. 326.

⑤ 参见宁红丽：《我国赠与合同制度若干问题的反思》，载《浙江社会科学》，2007（2）。

⑥ 参见［德］梅迪库斯：《德国债法分论》，杜景林、卢谌译，149页，北京，法律出版社，2007。需要指出，此处译者将其译为撤回权，但是从上下文看，应当为撤销权。

定撤销权，消灭合同的效力。只不过在尚未履行的情形下，赠与人在行使法定撤销权后，并不存在返还赠与物的问题，而在已经履行的情形下，将产生恢复原状的后果。还需要指出的是，依据《合同法》第186条的规定，对于具有救灾、扶贫等社会公益、道德义务性质的赠与合同或者经过公证的赠与合同而言，赠与人并不享有任意撤销权，但在符合法定撤销权行使条件的情形下，赠与人仍可行使法定撤销权。

赠与人的法定撤销权不同于撤回权。对于我国《合同法》第192条所规定的撤销权的性质，理论上存在不同的看法，主要两种观点：一种观点认为，此应为赠与人的撤回权，撤回是指因特种事实的发生，法律准许利害关系人收回其所作的无瑕疵的法律行为。所谓赠与人的撤销权应被界定为赠与人的撤回权。[①] 有学者认为，为了与合同效力瑕疵中的撤销权相区分，应当将《合同法》第192条所规定的撤销权解释为“撤回权”。“撤销”是指利害关系人依法使有瑕疵的法律行为的效力归于消灭，而“撤回”则是指在发生特定事实后，利害关系人依法收回其所作出的法律行为，该法律行为在效力上一般并不存在瑕疵。[②] 另一种观点则认为，依据我国《合同法》第186条的规定，此权利应为赠与人的撤销权。[③] 笔者赞成后一种观点。“撤回”的对象一般是要约、承诺等意思表示，即意思表示在发出以后，在尚未到达意思表示的受领人之前，表意人将其意思表示撤回。只要撤回的通知先于意思表示到达或与意思表示同时到达，该撤回就是有效的。通常，在到达生效主义下，撤回的意思表示要先于意思表示本身到达相对人才能够被视为撤回，否则会被视为意思表示的撤销。而赠与人撤销权是指对于已经成立并生效的赠与合同，其针对的是赠与合同本身而非单纯的要约或承诺，因此，赠与人针对有效的赠与合同所进行的撤销，应当认为是行使撤销权，而不是撤回权。尤其需要指出的是，《合同法》第192条规定采纳的是“撤销赠与”的概念，赠与合同的撤销已经成为约定俗成的概念，其内涵和效力也已被普遍接受，因此

① 参见易军、宁红丽：《合同法分则制度研究》，161～162页，北京，人民法院出版社，2003。
② 参见宁红丽：《我国赠与合同制度若干问题的反思》，载《浙江社会科学》，2007（2）。
③ 参见王文军：《论赠与合同的任意撤销》，载《法学论坛》，2010（6）。

宜予以保留。

二、法定撤销权与穷困抗辩权的区别

与赠与人法定撤销权类似，在出现法律规定的事由后，赠与人也享有穷困抗辩权（Einrede des Notbedarfs），从而拒绝履行赠与义务。穷困抗辩也称急需抗辩，它是指在赠与合同成立后，因赠与人的经济状况严重恶化，如果继续履行赠与合同将造成赠与人生产经营或家庭生活受到严重的影响，赠与人因此可享有的不履行赠与义务的权利。[①]《合同法》第195条规定："赠与人的经济状况显著恶化，严重影响其生产经营或者家庭生活的，可以不再履行赠与义务"。该条规定赋予赠与人以穷困抗辩权。法律承认穷困抗辩权的主要原因在于，赠与合同是无偿的单务合同，受赠人因赠与而纯获利益，如果赠与人的经济状况显著恶化，而使得如果赠与人履行赠与则会严重影响其生计，在此情况下，如果强迫赠与人继续履行赠与义务，将给赠与人的生活或履行扶养义务造成重大妨害。[②]因此，应当给予赠与人以反悔的机会，否则无法实现当事人之间的利益均衡。还应当看到，即使允许赠与人反悔，因受赠人并未履行某种给付义务，因而也没有给受赠人造成某种损害。因此，在德国法上，穷困抗辩被视为情事变更原则或交易基础丧失的一个具体类型。[③]也就是说，在赠与合同订立后，出现了非因当事人原因的客观变化，继续履行赠与合同将使当事人之间的利益严重失衡，会不当加重赠与人的负担，此时，应当允许赠与人行使抗辩权，拒绝继续履行合同。可见，此种抗辩权是情事变更原则在赠与合同中的具体运用。

从比较法上来看，这种减轻赠与人责任事由、限制赠与人责任范围的规定也符合国际上的发展趋势。[④]但在赠与人经济状况恶化的情况下，如何减轻赠与人

① 参见郑玉波：《民法债编各论》上册，162页，台北，三民书局，1986。

② Looschelders，Schuldrecht Besonderer Teil，13. Aufl.，2018，Rn. 322.

③ MüKoBGB/Koch，7. Aufl. 2016，BGB §519 Rn. 1.

④ See Christian von Bar and Eric Clive，*Principles，Definitions and Model，Rules of European Private Law*，Volume Ⅳ，(Sellier. European Law Publishers GmbH，Munich，2009)，p. 2821.

的责任，比较法上有两种立法例：一是抗辩权主义，即在赠与人陷于穷困之后，赋予赠与人以抗辩权。这种抗辩权一般被称为穷困抗辩权、急需抗辩权、拒绝赠与抗辩权或者赠与履行拒绝权。德国、俄罗斯和我国台湾地区等采取此种立法例。[①] 不仅如此，《德国民法典》第528条还引入了不当得利返还规则，承认陷入贫困的赠与人得主张返还（Rückforderung wegen Verarmung）。[②] 也就是说，依据《德国民法典》第519条和第528条，赠与人陷入贫困，在履行赠与义务前，赠与人得主张第519条的急需抗辩来拒绝履行赠与义务，在履行赠与义务后，赠与人可以依据第528条援引不当得利规则要求返还。[③] 二是撤销权主义，即赋予陷于穷困的赠与人以撤销权。欧洲民法典草案采纳了此种观点。[④] 比较上述两种观点，各有利弊。我国《合同法》第195条规定："赠与人的经济状况显著恶化，严重影响其生产经营或者家庭生活的，可以不再履行赠与义务"，此处规定的"可以不再履行赠与义务"实际上是赋予赠与人一种抗辩权。也就是说，在符合穷困抗辩权的情形下，允许赠与人反悔而不再履行赠与义务，也不要求其因此而承担违约责任。可见，我国《合同法》采取的是抗辩权主义。

赠与人的穷困抗辩权虽然是法律赋予其享有的权利，但该项权利的行使与法定撤销权一样，都是可以放弃的权利。也就是说，即便出现赠与人的穷困抗辩权的行使条件，但如果赠与人自愿履行，法律上仍然予以认可。但是，在赠与人的经济状况显著恶化的情况下，只有在受赠人请求赠与人履行之后，赠与人才可以行使抗辩权。如果受赠人没有要求赠与人履行，则赠与人没有行使此种权利的必要。当对方当事人请求赠与人履行给付时，经济状况严重恶化的赠与人可以此对抗对方的请求权。可见，我国采取的是抗辩权主义的立法例。不过，当赠与人陷于穷困而受赠人有数人时，该赠与人对数受赠人是否可以一概不履行赠与义务或者仅能对部分受赠人不履行赠与义务，对此，我国《合同法》并未规定，有观点

---

① 参见易军：《债法各论》，86页，北京，北京大学出版社，2009。

② BeckOK BGB/Gehrlein，2018，BGB §528 Rn. 1.

③ Looschelders，Schuldrecht Besonderer Teil，13. Aufl.，2018，Rn. 324.

④ See Christian von Bar and Eric Clive，*Definitions and Model*，*Rules of European Private Law*，Volume Ⅰ，（Munich：Sellier. European Law Publishers，2009），p. 2872.

认为，应当仅在因穷困不能赠与的范围内产生穷困抗辩。[①] 此种观点值得赞同。

赠与人的穷困抗辩权与法定撤销权一样，其权利行使前提都是赠与合同已经成立。《合同法》第 195 条规定的“可以不再履行赠与义务”，就表示此项抗辩权的行使，必须在当事人间并未发生权利的移转，此种情况尤其适用于赠与人的赠与行为非为一次性行为，而是长期的、持续性行为。[②] 如果赠与人已经移转了赠与财产的权利，则赠与行为已经完成，赠与人也就无法反悔自己的行为，否则会严重影响到受赠人的生产生活，也不利于社会财产关系的稳定。[③] 但赠与人的法定撤销权不同于穷困抗辩权，二者的区别主要在于：

第一，法定事由不同。依据《合同法》的规定，在受赠人严重侵害赠与人或者赠与人的近亲属、对赠与人有扶养义务而不履行以及不履行赠与合同约定的义务等情形，赠与人有权撤销赠与合同。而穷困抗辩权的行使主要是因赠与人自身的经济状况严重恶化而导致的，与受赠人并无直接关系，同时，赠与人的经济状况显著恶化，需要达到严重影响其生产经营或者家庭生活的程度。[④] 所谓显著恶化，是指在赠与合同成立之后，赠与人的经济状况出现明显恶化的状态，例如，因为经营不善导致负债明显增多等。如果是轻微的经济状况的变化（如某月工资中奖金有所减少），则不属于显著恶化。此处所说的显著恶化应当仅限于经济状况，而非社会状况、健康状况等其他方面的内容。经济状况出现恶化的时间，必须发生在赠与合同成立之后，此时才能够满足情事变更原则适用的前提条件。[⑤] 在赠与合同成立之前赠与人已经无力捐赠，却仍然作出了捐赠的表示，则表明赠与人主观上缺乏诚意。[⑥]

第二，目的不同。赠与人的法定撤销权主要是为了惩治受赠人忘恩负义的行

① 参见李永军，易军：《合同法》，481 页，北京，中国法制出版社，2009。

② See Christian von Bar and Eric Clive, *Definitions and Model, Rules of European Private Law*, Volume Ⅰ, (Munich: Sellier. European Law Publishers, 2009), p. 2872.

③ 参见胡康生主编：《中华人民共和国合同法释义》，292 页，北京，法律出版社，1999。

④ MüKoBGB/Koch, 7. Aufl. 2016, BGB §519 Rn. 2.

⑤ 参见李永军、易军：《合同法》，481 页，北京，中国法制出版社，2009。

⑥ 参见胡康生主编：《中华人民共和国合同法释义》，291 页，北京，法律出版社，1999。

为，即赠与合同履行后，在受赠人严重侵害赠与人或者赠与人的近亲属、对赠与人有扶养义务而不履行以及不履行赠与合同约定的义务时，赠与人有权撤销赠与合同，并请求返还赠与财产。而穷困抗辩权的目的则是保护赠与人的利益，即在赠与人经济状况显著恶化，继续履行赠与合同可能对其生计造成重大影响，因此，有必要赋予其穷困抗辩权保护其利益。也就是说，从制度功能上看，穷困抗辩旨在照顾处于穷困中的赠与人，以平衡双方当事人的利益，而法定撤销权则在于惩罚受赠人的忘恩负义行为。①

第三，法律效果不同。法定撤销权的法律效果与合同解除类似，一旦行使，将导致合同效力溯及既往地消灭。② 而穷困抗辩权仅导致赠与人享有一项抗辩权，可以拒绝继续履行赠与义务，但对于已经履行的部分，赠与人不得请求返还。在适用穷困抗辩权时，赠与人并非完全解除赠与合同，而只是"可以不再履行赠与义务"。如果赠与人行使抗辩权仅导致其不履行部分赠与义务，而其事后又因经济状况改善等原因而恢复了经济能力，则应当继续履行其赠与义务。③

可见，赠与人法定撤销权与穷困抗辩权在行使条件、法律效果等方面存在重要区别，对二者进行必要的区分，对于保障两项权利的正确行使具有重要意义。

三、法定撤销权与任意撤销权的比较

所谓赠与人的任意撤销权，是指一般赠与中，赠与人在赠与财产的权利移转以前，依法享有的无条件地撤销赠与合同的权利。《德国民法典》第 528 条规定了由于赠与人的穷困而请求返还的权利。其立法目的在于避免使赠与人因实施赠与行为而在经济上遭受窘迫的风险。④ 此规范的关键在于，其作用产生于赠与发生之后，但是从规范目的上来说，其与《德国民法典》第 519 条规定的急需抗辩

① 参见谢鸿飞：《合同法学的新发展》，561 页，北京，中国社会科学出版社，2014。

② 参见王文军：《论赠与合同的任意撤销》，载《法学论坛》，2010（6）。

③ See Christian von Bar and Eric Clive, *Definitions and Model*, *Rules of European Private Law*, Volume Ⅰ, (Munich: Sellier. European Law Publishers, 2009), p. 2872.

④ MüKoBGB/Koch, 7. Aufl. 2016, BGB §528 Rn. 1.

权具有相似之处[①]，只是前者作用于赠与完成之后而后者作用于赠与履行之前。我国合同法在借鉴比较法的基础上规定了赠与人的法定撤销权和任意撤销权。

依据我国《合同法》的规定，在赠与合同有效成立之后，赠与人所享有的撤销权不仅包括一般赠与中的任意撤销权，还包括赠与人的法定撤销权。这两种权利都是法律为了维护赠与人的利益而赋予其的权利，赠与人通过单方的意思就可以撤销赠与合同，从而免受赠与合同的拘束。《合同法》第186条规定："赠与人在赠与财产的权利转移之前可以撤销赠与"，这就在法律上确认了赠与人的任意撤销权。此种权利是《合同法》的合同严守原则（Pacta sunt servanda）的例外，根据合同严守原则，合同一旦成立，当事人就应当按照合同约定的内容履行自己的义务。但是在赠与合同中，赠与人在实际履行赠与之前，可以任意地撤销合同。在法律上确立任意撤销权的主要原因在于：

一方面，从等价交换原则来看，合同都是反映交易的法律形式，因此合同应反映价值法则，而赠与是作为交易的例外存在的，其并不是一种等价交换。无偿的赠与合同与有偿交易合同无法相提并论，后者是自利的，前者是非自利的。[②]这是由赠与合同的无偿性和非交易性所决定的，德国学者梅迪库斯就认为，"相较于订立有偿合同的情形而言，赠与合同的无偿性使赠与人可以方便地摆脱自己所受到的拘束"[③]。所以，赠与人对受赠人赠与财产的行为实际上是一种施惠行为。对于赠与人反悔的，法律一般不能强制其必须移转权利。在英美法中，就明确了赠与因缺乏对价而不能强制移转权利[④]，而大陆法多承认赠与人有此种撤销权，两者实有异曲同工之妙。赋予任意撤销权的根本原因还在于赠与人未接受对价，因此不得强制其进行交付。

另一方面，允许赠与人任意撤销，也不损害受赠人的利益。契约正义属于典型的交互正义，注重当事人之间的利益平衡。[⑤] 在赠与中，由于受赠人不负担任

---

① MüKoBGB/Koch, 7. Aufl. 2016, BGB §528 Rn. 1.

② 参见陈自强：《民法讲义Ⅰ·契约之成立与生效》，107页，北京，法律出版社，2002。

③ ［德］梅迪库斯：《德国债法分论》，杜景林、卢谌译，147页，北京，法律出版社，2007。

④ 参见李培峰：《英美法要论》，148页，上海，上海人民出版社，2013。

⑤ 参见谢哲胜：《赠与的效力要件》，载《台湾法研究参考资料》，1998（8）。

何对待给付义务，双方的权利义务严重不对等，所以应当赋予赠与人撤销权以平衡这种不公平，因为即使允许赠与人享有任意撤销权，受赠人并未因此遭受损失，双方的利益并未失衡。此外，赋予赠与人任意撤销权与我国赠与合同所采的立法例也有极大关系。赠与合同在立法例上既可将其规定为诺成合同，也可以将其规定为实践合同。[①] 如果对其采实践合同的立法例，则在赠与物权利移转之前，赠与合同不成立。如此一来，赠与人反悔的，无须任意撤销权的行使，其拒绝交付赠与财产就使得合同不成立，从而保护其利益。但在采诺成合同的立法例中，只有赋予赠与人任意撤销权才可平衡赠与人与受赠人之间的利益。虽然两种立法例在是否赋予赠与人任意撤销权方面存在区别，但实际效果殊途同归。[②]

《合同法》第 192 条规定的法定撤销权与任意撤销权具有一定的相似性，因为从广义上说，任意撤销权也是由法律规定的，因此其也可以属于法定撤销权的范围之内。二者都赋予了赠与人撤销赠与的权利，但是两种撤销权存在明显的区别，主要表现在：

第一，适用范围不同。任意撤销权适用于一般的赠与，而法定撤销权既适用于一般赠与，也可适用于特殊赠与。在赠与合同中，赠与人虽然享有任意撤销权，但并非不受任何限制，否则可能使受赠人的利益遭受损害，且有违诚实信用原则，据此，《合同法》第 186 条规定："具有救灾、扶贫等社会公益、道德义务性质的赠与合同或者经过公证的赠与合同，不适用前款规定。"该条确立了任意撤销权行使的限制。在公益的赠与和经过公证的赠与中，赠与人不得行使任意撤销权，其原因在于：一是公益赠与的目的主要是用于公益事业。公益事业是指有关公共利益的事业，它应当是非营利性的。在公益赠与中，由于公益赠与本身的社会公益性，受赠人与赠与人之间的权利义务不对等具有一定的正当性，此时赠与人享有任意撤销权的基础也就不复存在。此外，在从事公益赠与时，赠与人有可能已经享有了一些优惠措施（如税收优惠等），也可以通过公益赠与建立良好的形象。当然，对公益事业的资助必须是普遍性的，即不能局限于封闭的、有限

---

① 参见陈小君主编：《合同法学》，244～245 页，北京，中国政法大学出版社，2014。

② 参见易军、宁红丽：《合同法分则制度研究》，163～167 页，北京，人民法院出版社，2003。

的人群。[①] 二是具有道德义务性质的赠与合同，是指当事人约定的赠与事项旨在实现某种道德上的义务，或者履行某种道德上的责任，但其与合同内容违反公共道德是有区别的。在履行具有道德义务的赠与合同中，由于当事人之间有着道义上的因素，如果允许赠与人任意撤销，则与道义不符。例如，成年子女对父母具有赡养性质的赠与；或者在受害人放弃损害赔偿请求权后，加害人对受害人道义上补偿性的赠与等，都要履行一定的道德义务，不能允许当事人通过随意撤销来逃避此种义务。三是经过公证的赠与合同具有一定的公信力。在赠与合同订立后，当事人交公证部门进行公证，就表明其已经十分审慎地表达了其赠与意思，因此，对经公证证明的赠与合同，赠与人不得任意撤销。通常认为，公证是一个社会公权力的证明过程，经过公证后，表明赠与合同就取得了一定的公信力[②]，不能任意撤销。但对法定撤销权而言，其行使并不存在上述限制，只要出现《合同法》第 192 条规定的情形，赠与人即可行使法定撤销权。也就是说，在《合同法》第 186 条第 2 款规定的几种特殊情况下，任意撤销权被排除，但是法定撤销权可以不受这些限制，即便在这几种情况下，只要出现了第 192 条规定的三种法定撤销事由，赠与人仍然可以行使撤销权。[③]

第二，适用条件不同。任意撤销权仅适用于赠与财产权利未移转的情况，这就确立了行使任意撤销权的时间。一方面，如果赠与人已经实际移转了财产权利，此时再要求撤销，就违背了民法最基本的诚实信用原则，同时也可能会对受赠人的正常生产、生活造成不利影响。另一方面，此处所说的移转财产权利应当区分动产和不动产，如已经交付且移转权利的只是赠与财产的一部分，则任意撤销权的行使范围仅限于未交付或未移转权利的部分，以维护赠与合同当事人双方权利义务关系的稳定。[④] 对动产而言，通常交付就移转权利，对不动产而言则必

① 参见全国人大常委会法工委国家法行政法室、中国青少年发展基金会编：《中华人民共和国公益事业捐赠法学习辅导读本》，34 页，北京，中国民主法制出版社，2000。

② 《公证法》第 36 条规定："经公证的民事法律行为、有法律意义的事实和文书，应当作为认定事实的根据，但有相反证据足以推翻该项公证的除外。"

③ 参见胡康生主编：《中华人民共和国合同法释义》，288 页，北京，法律出版社，1999。

④ 参见胡康生主编：《中华人民共和国合同法释义》，280 页，北京，法律出版社，1999。

须要经过变更登记。而法定撤销权不仅可以在赠与权利没有完全移转时行使，在赠与权利移转之后也同样能够行使。也就是说，在赠与人已经交付赠与财产的情形下，赠与人只能行使法定撤销权，而无权行使任意撤销权。此外，任意撤销权在行使时并不需要符合特定条件，也不需要赠与人指出撤销的原因，赠与人行使任意撤销权无须任何的理由，只要撤销的意思表示到达受赠人处即生效。在一般赠与中，只要赠与财产的权利尚未移转，赠与人就能够撤销赠与。通常来说，一般赠与的受赠人没有任何理由可以对抗赠与人撤销的意思表示。① 但赠与人行使法定撤销权必须符合法律规定的适用条件。这就是说，赠与人在行使法定撤销权时必须符合《合同法》第 192 条规定的条件。自比较法上，法定撤销权行使的条件比较严格，例如，要求受赠人实施了严重的过错行为（schwere Verfehlung）。②

第三，受赠人是否承担责任不同。如前所述，在赠与人行使法定撤销权的情形下，受赠人通常都存在忘恩负义的行为，因此，即便赠与人行使法定撤销权造成受赠人损害，赠与人通常无须承担赔偿责任。相反，在符合法定撤销权规定的情况下，受赠人通常都对法定撤销事由的发生具有故意，因此，赠与人在行使法定撤销权之后，仍可以请求受赠人承担其他法律责任。而在赠与人行使任意撤销权的情形下，通常受赠人并不需要承担其他法律责任。③ 也就是说，如果受赠人没有可归责的事由，但因赠与人行使任意撤销权导致受赠人的损失，如准备接受、安置赠与物品的费用支出等，赠与人应当承担赔偿责任。④

第四，是否具有溯及既往的效力不同。由于任意撤销权的行使是在赠与财产权利移转之前，因此，任意撤销权的行使一般不应具有溯及既往的效力，而只是向将来发生效力。在例外情况下，如果在交付赠与财产之后，赠与财产的权利尚未发生移转，则有可能发生溯及既往的效力。但是赠与合同成立后，受赠人为受领赠与物进行了准备，此时，如果赠与人行使任意撤销权，因该项权利的行使符合法律的规定，是否意味着赠与人对受赠人的损害不负任何责任？有学者认为，

① 参见魏耀荣等：《中华人民共和国合同法释论（分则）》，130 页，北京，中国法制出版社，2000。

② Tonner，Schuldrecht，Vertragliche Schuldverhältnisse，4. Aufl.，2016，§14，Rn. 20.

③ 参见唐德华：《合同法案例评析》（下），1320 页，北京，人民法院出版社，2000。

④ 参见汪渊智：《赠与合同的撤销》，载《兰州学刊》，2004（2）。

行为人对其法定权利的正当行使不应承担责任。[①] 但笔者认为，在赠与人行使任意撤销权之后，如果因此给受赠人造成损失（如受赠人为接受赠与而租赁场地，交通、食宿等费用，因赠与人撤销赠与，使其遭受此种费用的损失），受赠人有权基于缔约过失要求赠与人赔偿其所受信赖利益的损失。[②] 因为基于赠与人的承诺，受赠人产生了合理的信赖，并付出了一定的成本，赠与人撤销赠与合同的行为将破坏此种信赖，并使得受赠人遭受一定的经济损失，这种信赖和经济利益在法律上应当受到保护，否则对受赠人不甚公平。因此，赠与人行使任意撤销权给受赠人造成损失的，基于公平原则，其也应承担一定的赔偿责任。

而在法定撤销权中，因赠与财产已经交付给受赠人且权利已经发生移转，故法定撤销权的行使具有溯及既往的效力。也就是说，赠与人一旦行使法定撤销权，就在当事人之间产生恢复原状的效力。[③] 在此需要讨论的是，《合同法》第194条是否既适用于法定撤销，又适用于任意撤销？依据《合同法》第186条的规定，在任意撤销的情况下，赠与人在赠与财产的权利移转之前可以撤销赠与，显然，其适用于未交付财产的情形。在已经交付的情形，只可能发生法定撤销，而不可能发生任意撤销。所以，该条规定并不适用于任意撤销。由于法定撤销既可以适用于一般赠与，也可以适用于特殊赠与，因此，对于《合同法》第186条第2款规定的有关具有救灾、扶贫等社会公益、道德义务性质的赠与合同或者经过公证的赠与合同，也可以适用法定撤销。在撤销之后，赠与人可以向受赠人要求返还赠与的财产。

四、赠与人的法定撤销权制度的完善

（一）赠与人以外的人行使法定撤销权的条件需要进一步明确

《合同法》第193条第1款规定："因受赠人的违法行为致使赠与人死亡或者

---

① 参见王文军：《论赠与合同的任意撤销》，载《法学论坛》，2010（6）。

② 参见唐明：《试论赠与合同的立法及司法实践》，载《中国法学》，1995（5）。

③ See Christian von Bar and Eric Clive, *Definitions and Model, Rules of European Private Law*, Volume Ⅰ, (Munich: Sellier. European Law Publishers, 2009), p. 2845.

丧失民事行为能力的，赠与人的继承人或者法定代理人可以撤销赠与。”该条实际上确立了赠与人以外的其他主体也有权行使法定的撤销权[①]，依据该条规定，除赠与人以外享有法定撤销权的主体包括：一是赠与人的继承人，即在赠与人已经死亡的情况下，应当由赠与人的继承人行使撤销权。在赠与人有数个继承人时，只要有一位继承人行使了此项权利，即可生效。二是赠与人的法定代理人，即在赠与人丧失行为能力的情况下，撤销赠与的权利可以由其法定代理人行使。需要指出的是，法定撤销权原则上应当由赠与人行使，但如果因受赠人的行为导致赠与人死亡或者丧失民事行为能力时，赠与人客观上无法行使法定撤销权，此时，则应当由赠与人的继承人或者法定代理人行使。

但问题在于，对此处的“赠与人死亡或者丧失民事行为能力”是否必须与受赠人的违法行为有因果关系？有观点认为，只有在“赠与人死亡或者丧失民事行为能力”与受赠人的行为具有直接的因果关系时，赠与人的继承人或者法定代理人才能行使法定撤销权，如果因受赠人侵害赠与人或者其近亲属，并未直接导致“赠与人死亡或者丧失民事行为能力”，但赠与人因此忧伤过度或者自杀时，赠与人的继承人或者法定代理人不能行使法定撤销权。[②] 笔者赞成这一观点，因为赠与合同的法定撤销权原则上应当由赠与人行使，赠与人以外的人行使法定撤销权只是例外情形，其行使条件不宜过于宽泛。

（二）关于侵害行为的界定

依据《合同法》第192条的规定，在受赠人“严重侵害赠与人或者赠与人的近亲属”的情形下，赠与人可以撤销赠与，对此有如下几个问题需要探讨。

第一，如何界定“严重侵害”？对此存在不同观点。一种观点认为，泛泛地认定“严重侵害”过于抽象，应当将“严重侵害”的内涵进一步明确，即应当将“严重侵害”行为限定为受赠人的行为已经构成犯罪的情形，如果是因不可归责于受赠人的行为导致相应的损害后果，则赠与人无权行使法定撤销权。[③] 我国台湾地区“民法”认为这应当是故意的或者是要受到刑罚的行为。《法国民法典》

---

① MüKoBGB/Koch, 7. Aufl. 2016, BGB §530 Rn. 15.

②③ 参见宁红丽：《我国赠与合同制度若干问题的反思》，载《浙江社会科学》，2007（2）。

也认为必须是“受赠人对赠与人犯有虐待罪、轻罪或者侮辱罪时”[①] 才可行使。另一种观点认为，侵害行为虽然必须达到一定的严重程度，但应当不限于故意或者犯罪，只要结果上造成了严重损害即可。[②]《德国民法典》第 530 条第 1 款采纳了这一立场。[③] 笔者认为，不宜将该条所规定的“严重侵害”行为限定为构成犯罪的情形，只要达到严重的结果即可，而且通常情况下，行为人主观上具有侵害的故意，例如，因殴打赠与人致赠与人残疾，或在网络上传播侮辱、诽谤的言辞而造成赠与人名誉严重受损等。

第二，侵害的对象是否包括公共利益。有观点认为，在受赠人侵害公共利益的情形下，赠与人也应当有权依法撤销合同，即受赠人的侵权行为不仅仅是指直接侵害赠与人或赠与人近亲属法益的行为，还包括受赠人在侵害国家利益或者社会公共利益行为中，同时间接侵害赠与人个人法益的行为。[④] 从我国《合同法》第 192 条的规定来看，其所强调的是受赠人的侵权行为造成赠与人或其近亲属权益的严重损害，而没有将受赠人损害公共利益作为赠与人撤销赠与的事由，因此，在受赠人侵害公共利益时，赠与人无权撤销赠与。

第三，侵害行为的后果是否限于人身损害。一般认为，《合同法》第 192 条所规定的受赠人“严重侵害赠与人或者赠与人的近亲属”的行为主要是侵害赠与人及其近亲属人身权益的行为。但也有观点认为，其不限于人身权益。从民法典分编草案（二审稿）第 453 条的规定来看，在受赠人严重侵害赠与人或者赠与人近亲属“合法权益”的情形下，赠与人有权撤销合同。可见，该草案进一步扩大了侵害的对象，因为“合法权益”是十分宽泛的概念。笔者认为，虽然近亲属的合法权益范围很广泛，既有人身权益，也有财产权益，但将财产权益纳入其中并不妥当，因为赠与人法定撤销权主要针对受赠人忘恩负义的行为，不宜过度扩张该行为的范围。

---

① 易军：《债法各论》，76 页，北京，北京大学出版社，2009。

② 参见胡康生主编：《中华人民共和国合同法释义》，288 页，北京，法律出版社，1999。

③ MüKoBGB/Koch, 7. Aufl. 2016, BGB §530 Rn. 2 f.

④ 参见邱聪智：《债法各论》（上），245 页，台北，自版，1994。

第四，侵害行为是否具有违法性。有学者认为，侵害行为必须是违法的，如果受赠人因为行使权利或者构成无因管理等情形，造成赠与人损害，此时，具备违法阻却事由，受赠人的行为并不具有违法性，即便造成赠与人严重损害，赠与人也无权撤销合同。笔者赞同这一观点，即便受赠人的行为造成赠与人及其近亲属的损害，但如果受赠人的行为具有违法阻却事由，赠与人也无权撤销合同。

（三）对赠与人有扶养义务而不履行的规定需要进一步细化

依据《合同法》第192条的规定，在受赠人“对赠与人有扶养义务而不履行”的情形下，赠与人有权撤销合同，此处所说的扶养义务是否包括约定的扶养义务？从法律解释的规则来看，如果法律未作出区分，则解释时也不应作区分，既然此处所说的扶养没有仅仅限定于法定的扶养，则应当包括约定的扶养。[①] 此外，还应当包括受赠人有能力履行而没有对赠与人履行扶养义务的条件。[②] 在受赠人没有能力履行扶养义务的情形下，一味苛求其履行，并因无能力履行而剥夺其获得赠与的权利，显然是不公平的，也可能会与赠与人接济不具有扶养能力的受赠人的初衷相违背。例如，双方约定某青年甲对某老人乙尽到扶养义务，则乙去世后将所有的财产赠与甲，在甲没有尽到扶养义务的情况下，乙有权撤销赠与合同，现实中的遗赠扶养协议就是此例。而在受赠人对赠与人负有扶养义务而不履行的情况下，这不仅表明受赠人已构成忘恩负义，而且违反了其应负的法定义务。因此，针对该条规定，可以进一步进行细化，即规定为“对赠与人有法定或约定的扶养义务，有能力履行而不履行”，以明确该条的适用范围，避免司法实践中对该条适用的不统一。

（四）需要明确不履行赠与合同约定义务的后果

《合同法》第192条所规定的“不履行赠与合同约定的义务”主要是指违反了附义务的赠与中的义务，在一般赠与中，受赠人并不负有特定的义务。在附义务的赠与中，当事人可能约定受赠人应当对赠与人履行一定的义务。例如，当事人在合同中约定受赠人在接受赠与人所赠与的设备时，应当提供一定的配套设

① 参见郑玉波：《民法债编各论》上册，158页，台北，三民书局，1986。
② 参见史尚宽：《债法各论》，131页，北京，中国政法大学出版社，2000。

施。依据《合同法》第192条的规定，如果受赠人“不履行赠与合同约定的义务”，则赠与人有权撤销合同。问题在于，该条所规定的“不履行赠与合同约定的义务”是否包括部分履行？例如，受赠人已经履行了其大部分义务，但有一小部分义务没有履行，此时，赠与人能否撤销合同？笔者认为，《合同法》第192条所规定的“不履行赠与合同约定的义务”是十分宽泛的概念，从该条规定的文义来看，这里所说的没有履行既包括完全没有履行也包括部分没有履行。当然，如果受赠人已经履行了义务的主要部分，在具体案件中法官可以酌情考量。需要指出的是，受赠人不履行合同义务不能是由于不可归责于他本身的事由所导致的，因为在这种情况下，受赠人本身在主观上并没有可归责性，适用本条的基础也就不存在了。①

关于是否承认赠与人的原谅权利，值得探讨。在比较法上，一些国家，如《德国民法典》第532条规定，即使在受赠人严重侵害赠与人的权益的情况下，赠与人享有“原谅”的权利，如果赠与人明确表示原谅的，则赠与人已在法律上放弃撤销权。② 但赠与人所作出的原谅必须是明白无误的表达，而不应仅是赠与人的内心意愿，且原谅行为必须是自愿的、不受到任何胁迫的。③ 在赠与人原谅之后，如果受赠人又从事此类行为的，或有其他撤销事由的，赠与人仍可以享有撤销权。

---

① 参见易军：《债法各论》，77页，北京，北京大学出版社，2009。

② MüKoBGB/Koch，7. Aufl. 2016，BGB §532 Rn. 2 f.

③ See Christian von Bar and Eric Clive，*Definitions and Model*，*Rules of European Private Law*，Volume Ⅰ，(Munich：Sellier. European Law Publishers，2009)，pp. 2866-2869.

试论承包人的建设工程优先权

所谓建设工程优先权，是指在建设工程竣工以后，发包人未按照约定支付价款时，承包人所享有的对其承包的建设工程，通过折价、拍卖等方式而获得的价款优先受偿的权利。[①] 从比较法上来看，许多国家的法律都确认了承包人的建设工程优先权。我国《合同法》第 286 条对该权利作出了确认。在民法典合同编制定中，对有关该权利设立的必要性以及该权利的标的、效力等都存在争议，因此本文拟对此谈几点意见。

一、承包人建设工程优先权属于法定优先权的一种类型

如何界定《合同法》第 286 条所规定的承包人建设工程优先权的性质？对此存在不同看法。《合同法》只是确定了该权利的内容和效力，但是并未对该项权利的名称及其性质作出准确的概括。因此，自《合同法》颁布后，针对《合同法》第 286 条所规定的权利究竟是何种权利，学界展开了争论，观点可谓众说纷纭。

① 参见曹艳芝：《优先权论》，202～203 页，长沙，湖南人民出版社，2005。

“名者，实之宾也。”(《庄子·逍遥游》）在民法典分编中，有必要对承包人建设工程优先权的内涵和性质作出准确的界定并统一称谓，否则，就难以使焦点集中，甚至出现各说各话的现象。[①] 由于名称与效力联系在一起，因此，如果不明确称谓，将会使对效力的认识出现误解。例如，有人认为该权利是法定抵押权，也有人认为是不动产留置权，法定抵押权属于抵押权的范畴，而不动产留置权属于留置权的范畴，由于留置权和抵押权在效力上存在不同，因此，使用不同的名称将使该种权利的效力完全不同。因此，笔者认为，首先应当对这种权利名称作出统一的界定。

从比较法上来看，对于该权利的表述也不一致。例如，法国法将其归入优先权的范围之内；而德国法是将其规定在抵押之中。最高人民法院《关于建设工程价款优先受偿权问题的批复》则将该权利称为“优先受偿权”。总体而言，我国学界对此问题主要有三种不同的观点。

1. 法定留置权说。此种观点认为，该权利在性质上属于法定留置权，因为承包人是在发包人逾期不支付工程款的情况下对建造的工程予以留置。[②]《担保法》第 84 条第 1 款规定：“因保管合同、运输合同、加工承揽合同发生的债权，债务人不履行债务的，债权人有留置权。”建设工程承包合同在性质上就是承揽合同，所以因建设工程承包合同发生的债权也可以发生留置。

2. 法定抵押权说。此种观点认为，承包人的优先受偿权应当属于法定抵押权。[③] 因为一方面，承包人的优先受偿权具有从属性、不可分性、追及性等抵押权的一般特点；另一方面，在建设工程合同的履行中，承包人与发包人通常要共同指派施工代表，共同负责对施工现场的管理，相互配合，承包人必须接受发包人的检查和监督，因此发包人并未绝对地丧失对工程的占有和控制。这些都表明此种权利不以移转标的物的占有为必要，因此符合抵押权的一般特点。

3. 优先权说。此种观点认为，建设工程优先权在性质上是优先权。因为承

① 参见王旭光：《建筑工程优先受偿权制度研究》，5 页，北京，人民法院出版社，2010。

② 参见张东旺、孟宪东：《论建设工程优先权》，载《法学论坛》，2001 (3)。

③ 参见梁慧星：《合同法第二百八十六条的权利性质及其适用》，载《山西大学学报》(哲学社会科学版)，2001 (3)。

包人的优先受偿权既不是抵押权也不是留置权，而只是对承包人所享有的因建设工程所产生的承包之债的优先权。[①]

应当看到，上述各种观点都不无道理，采纳不同的观点对于此种权利的性质、内容、行使等都会产生重大影响，如采法定留置和法定抵押权说，则可能将其认定为一种物权，如果采优先权，则不属于物权。再如，采法定留置权说，则权利人有权留置该建设工程，而采法定抵押权说和法定优先权说时，权利人则没有留置该建设工程的权利。

诚然，将《合同法》第 286 条理解为法定留置权的观点有一定道理。因为留置权也大多是在承揽合同中发生的，它是指一方按照合同约定占有对方的财产，并为对方从事修理、保管等行为，对方不按照合同约定支付价款，并超过约定期限的，占有人有权留置该财产，并可以留置财产折价或者以变卖该财产的价款优先受偿。但笔者认为，《合同法》第 286 条所确认的权利不同于法定留置权，因为一方面，留置权通常以动产为标的，不得成立在不动产之上。依据《担保法》第 82 条和《物权法》第 230 条的规定，留置权只能成立于动产之上，但建设工程作为不动产，不得作为留置权的标的。另一方面，在留置权中，留置权人所留置的财产是债务人交付的动产，而在承包人的建设工程优先权中，承包人享有优先受偿权的财产是由其自己建造而成的，而非发包人交付的财产。还要看到，在许多情况下，承包人可能已经移转了建设工程的占有给发包人，在承包人不占有建设工程的情况下，也无法满足留置权的行使要件。

法定抵押权说解释了承包人建设工程优先权具有担保功能，但承包人的建设工程优先权在性质上也不是抵押权，主要原因在于：一方面，根据《物权法》的规定，不动产抵押权必须经过登记才能设定，未经登记，抵押合同仅在抵押人和抵押权人之间发生效力，而不能发生创设物权的效力；但依据《合同法》第 286 条，承包人的建设工程优先权不需要经过登记也可以设定，这和不动产抵押权的性质是不符合的。另一方面，抵押权一般不移转占有，而在承包人的建设工程优先权中，不存在财产的移转占有的问题。此外，在我国，抵押通常都是基于抵押

① 参见王旭光：《建筑工程优先受偿权制度研究》，14～15 页，北京，人民法院出版社，2010。

合同而设立的，而建设工程优先权的设立并非基于合同而是基于法律的直接规定。

笔者认为，承包人的建设工程优先权在性质上应当是一种法定优先权。其根据在于：

第一，它是一种法定的权利，无须当事人的约定。即建设工程承包人优先权的成立并不以当事人约定为条件，只要发包人没有按时支付工程价款，承包人对该建设工程即享有优先权。而且此种权利的取得不需要采取一定的公示方法，而担保物权都需要采用一定的公示方法，所以优先权在性质上不同于担保物权。如果承包人的优先受偿权是一种担保物权，则直接可以适用《物权法》的相关规则，在《合同法》中就不必对其作出专门规定。

第二，从法律设定该权利的目的来看，其主要是保障建设工程承包人的优先受偿权，而非保护其留置建设工程的权利。即赋予承包人对建设工程的变价款优先受偿的请求权，该权利优先于一般债权人的权利。所以，采用优先权的概念，比较准确地概括了承包人的优先受偿权的性质和特点。

第三，从比较法来看，国外有关的法律也采纳了优先权概念。例如，日本民法继受法国民法中的优先权建立了先取特权制度，根据这一制度，不动产工事的先取特权，因于工事开始前登记其费用预算额而保存其效力，并可先于抵押权而行使。① 所以，将我国《合同法》第 286 条的权利解释为优先权，在比较法上是有一定根据的。

第四，如果将承包人的建设工程优先权在性质上认定为一种法定优先权，也可以解决实务中存在的承包人因留置建设工程而产生的各种争议。例如，甲承包乙的工程，双方在合同中约定预留 15％的尾款，待交付验收合格后支付。后在交付之日，因验收时工程存在质量瑕疵，乙要求甲维修，甲也按照要求进行了相应的维修，但乙认为尚未达到其要求的标准，拒绝支付尾款。因此，甲长期留置乙的建设工程。后来，乙同意支付尾款，但是，甲仍然认为乙已经构成迟延交付，所以，继续留置该大楼，双方为此发生争议。在该案中，涉及《合同法》第

① 参见《日本民法典》第 337 条至第 339 条。

286条是否赋予了承包人留置建设工程的权利？按照法定留置权说，只要符合第286条的要件，承包人就享有留置的权利。笔者认为，《合同法》第286条并没有赋予承包人留置的权利，而只是赋予了其优先受偿的权利。因为此种权利是就建设工程的价值优先受偿的权利，该权利的行使不需要占有标的物。但是，当事人可以援引《合同法》第66条的规定行使同时履行抗辩权，而且，主张同时履行抗辩，也应当只是就相应的部分主张占有。如果仅仅就尾款的交付主张同时履行抗辩，则应当仅能拒绝交付部分建设工程，而不是拒绝交付整栋建筑物。

虽然承包人的建设工程优先权属于一种法定优先权，但它是一种特殊的优先权，与其他优先权相比较，存在一定区别：一方面，就建设工程优先权而言，其属于法定的优先权，因此，与当事人约定的优先权不同；另一方面，就适用对象而言，其主要适用于建设工程。也就是说，它是在建设工程中，在发包人未按照约定支付建设工程价款时，承包人所享有的一种法定权利。尤其应当看到，此种优先权具有特殊性，虽然可以优先于一般的债权，甚至优先于一般抵押权，但该权利又不能对抗一般房屋买卖关系中的买受人，这又使得该权利的效力受到严格限制。所以，其是一种特殊类型的优先权。

二、承包人建设工程优先权的基本特征

《合同法》第286条规定："发包人未按照约定支付价款的，承包人可以催告发包人在合理期限内支付价款。发包人逾期不支付的，除按照建设工程的性质不宜折价、拍卖的以外，承包人可以与发包人协议将该工程折价，也可以申请人民法院将该工程依法拍卖。建设工程的价款就该工程折价或者拍卖的价款优先受偿。"这就在法律上第一次规定了承包人享有的建设工程优先权。《合同法》作出此种规定的主要原因在于：一方面，强化对于建设工程承包人的保护。由于实践中，发包人在工程建筑承包合同中拖欠承包人工程款的现象十分严重，许多承包人是带资建设，而在工程完工之后，发包人不及时支付工程款，将使得承包人正常的经营受到极大影响，许多承包人资金严重困难，甚至发生破产。另一方面，

通过保护承包人的债权，有利于维护社会稳定。因为在实践中，发包人拖欠工程款可能使一些承包人的职工不能领到工资和报酬，由此影响社会安定。《合同法》为了强化对承包人的保护，维护社会的稳定，规定了建设工程优先权，具有重要的社会现实意义。[①] 承包人建设工程优先权具有以下特征。

第一，承包人建设工程优先权为法定权利。一般而言，优先权都是由法律直接规定的，在何种情形下债权人可以享有优先权，完全由法律以列举的方式明确规定[②]，建设工程优先权也不例外。作为一种法定的权利，其必然与抵押权、质权等约定的担保物权存在明显的不同，主要表现在，一方面，建设工程优先权的取得是法定的，只要符合法律规定的条件，承包人就自动享有此种权利，而无须与发包人协商设定；另一方面，建设工程优先权的内容和效力也是法律确定的。此外，在涉及承包人优先权与其他担保物权发生竞合时，也需要由法律对优先权的顺位作出规定。在一般情况下，在同一性质的担保物权中，成立的先后往往决定受偿的顺序，但在建设工程优先权中，法律直接规定了其受偿顺序。[③] 如《法国民法典》第2096条规定，“优先权债权人为数人时，各债权人之间，依各自优先权的不同性质，确定优先受偿的顺位。”我国有关司法解释也对建设工程优先权与抵押权等权利之间的顺位进行了明确的规定。[④]

第二，承包人建设工程优先权的内容是承包人有权就建设工程的变价优先受偿。所谓优先，是承包人针对其所承包的建设工程，在拍卖、变卖之后，就拍卖、变卖、折价所得价款得以优先于其他债权人受偿。[⑤] 虽然建设工程归属于发包人，但发包人未能按期支付工程款，承包人可以依法就其所承包的工程进行拍

---

① 参见胡康生主编：《中华人民共和国合同法释义》，438～439页，北京，法律出版社，1999。

② 参见杨永清：《建设工程价款优先受偿权司法解释的理解与适用——兼谈与该权利有关的几个问题》，载《判解研究》，2002年第3辑，17～18页，北京，人民法院出版社，2002。

③ 参见王旭光：《建设工程优先受偿权制度研究——合同法第286条的理论与实务》，17页，北京，人民法院出版社，2010。

④ 参见最高人民法院2002年6月11日通过的《关于建设工程价款优先受偿权问题的批复》（法释〔2002〕16号）。

⑤ 参见钟淑健、李霞：《简析优先权的种类》，载《政法论丛》，2001（5）。

卖、变卖、折价，就所得价款优先受偿。从这一点来讲，优先权具有类似物权的效力。[①] 但是由于此种优先权缺乏一种公示方法，且物权法未承认其属于物权，因此，优先权在性质上仍然不属于物权；同时，此种优先权的主体只能是建设工程的承包人，其他主体如承包人的债权人，即便因发包人的迟延付款而受到损害，也不能主张此种优先权。

第三，承包人建设工程优先权的设立无须公示。一般物权的产生必须要采取一定的公示方法，如动产要交付并移转占有，不动产应当登记，而优先权的取得不以占有和登记为要件。[②] 因为优先权是直接依据法律规定产生的，依据《合同法》的规定，承包人建设工程优先权的成立无须进行公示，只要承包人符合法律规定的条件，即可取得此种权利。但如果缺乏公示手段，法定的优先权可能危害交易安全，所以，欧陆各国在对罗马法上的特权制度决定是否继受时，态度较为谨慎。[③] 有鉴于此，笔者认为，尽管建设工程优先权在产生时不需要登记，但要使此种优先权具有优先于物权（如抵押权）的效力，出于维护善意第三人利益和保护交易安全的需要，有必要要求权利人对其进行登记，从而使一般物权人在设定物权时能够知道特定债权人是否对标的物享有优先权。[④] 例如，建设工程承包人的优先权要优先于一般抵押权，应当将工程款预先登记。

第四，承包人建设工程优先权的标的是承包人所建设的工程本身。承包人的优先权仅限于其所承包的建设工程本身，这就意味着只能针对建筑物而主张优先权。[⑤] 另外，此种建筑物必须是承包人所承包的建筑物。因为设定此种优先权的目的，就是要保证承包人的工程价款得到及时支付。所以，承包人行使优先权也只能针对其所建造的建筑物本身来主张。超出这一范围，就可能损害其他承包人或发包人的利益。一般而言，承包人对其所建造的建筑物在交付之前都由其进行

① 参见刘保玉：《物权法学》，390页，北京，中国法制出版社，2007。

② 参见张钧：《论建设工程优先权的成立与登记》，载《当代法学》，2003（6）。

③ 参见［日］近江幸治：《担保物权法》，祝娅等译，32页，北京，法律出版社，2000。

④ 参见王全弟、丁洁：《物权法应确立优先权制度——围绕合同法第286条之争议》，载《法学》，2001（4）。

⑤ 参见雷运龙、黄锋：《建设工程优先权若干问题辨析》，载《法律适用》，2005（10）。

占有，这也便利承包人行使优先权。尽管从《合同法》第286条的规定来看，在建设工程交付之后，承包人仍然可以享有优先权，但是，在实践中，如果建设工程已经交付给发包人，则承包人再主张优先权将会存在较多障碍。

第五，承包人建设工程优先权仅适用于建设工程合同。我国《合同法》第286条将此种权利规定在建设工程合同之中，表明其仅适用于建设工程合同，而并不适用于建设工程承包以外的承揽关系。如果在一般的加工承揽合同中，因为定作人逾期不支付价款，承揽人不得享有优先权。有些学者对此提出了批评，认为在一般承揽中，承揽人的劳动价值并不比不动产的加工等承揽小，而且往往要更大一些。况且，在承揽工作中，承揽人常常要提供一些原材料，但承揽人在定作人不支付报酬时，却不能行使优先权，这对承揽人明显不公。[①] 因此该优先权应当适用于一般的承揽关系。笔者认为，由于承揽合同范围较为广泛，如果允许一般承揽合同的承揽人都可以享有优先权，则优先权的范围未免过于宽泛。更何况在一般承揽合同中，如果定作人不支付价款，承揽人可以享有留置权，法律没有必要使一般承揽合同中的承揽人在留置权之外另享有优先权。由于建设工程投资额大、技术性强、质量要求高、需利用土地等资源、影响环境等原因[②]，从《合同法》第286条的规定来看，法定优先权仅适用于建设工程合同。

承包人建设工程优先权具有一定的物权效力，即承包人有权就建设工程的变价优先受偿。最高人民法院于2002年6月11日通过的《关于建设工程价款优先受偿权问题的批复》（以下简称“《批复》”）规定：“人民法院在审理房地产纠纷案件和办理执行案件中，应当依照《中华人民共和国合同法》第二百八十六条的规定，认定建筑工程的承包人的优先受偿权优于抵押权和其他债权。”据此，许多学者认为，承包人建设工程优先权在性质上属于物权，笔者认为，该项权利虽具有一定的物权效力，但其性质上仍属于债权。其原因在于，一是从立法安排上看，该权利被置于《合同法》之中，这表明立法者仍然将该权利界定为债权而非物权。二是该权利是从承包人的合同债权中产生的，其成立和效力都依附于建

① 参见谢鸿飞编著：《承揽合同》，135页，北京，法律出版社，1999。

② 参见王建东：《建筑工程合同法律制度研究》，49页，北京，中国法制出版社，2004。

设工程承包合同，建设工程承包合同有效，该项权利才能有效，建设工程承包合同无效，则该项权利也不复存在。据此，不宜将其认定为独立的物权，其在性质上属于具有特殊效力的债权。三是我国《物权法》采用物权法定原则，《物权法》并没有将承包人的建设工程优先权认定为一种物权，因此不能将其认定为物权。四是根据《批复》的规定，“消费者交付购买商品房的全部或大部分款项后，承包人就该商品房享有的工程价款优先受偿权不得对抗买受人”。可见，承包人所享有的优先权本身也是受限制的，其不能对抗买受人。如果一项权利不能对抗合同债权人所享有的权利，显然不能称其为物权。需要指出的是，如果将来就建设工程承包合同建立了预告登记制度，则承包人的权利将得到进一步的强化，在此情况下，该权利甚至可以对抗买受人。

三、承包人建设工程优先权担保的债权范围

自《合同法》第286条确认承包人的建设工程优先权以后，该项权利所担保的债权范围，理论上一直存在争议。依据《合同法》286条的规定，承包人有权对建设工程的价款就该工程折价或拍卖的价款优先受偿。需要指出的是，并非承包人对发包人所享有的所有债权都能纳入承包人建设工程优先权担保的范围。根据《批复》第3条，建设工程价款包括承包人为建设工程应当支付的工作人员报酬、材料款等实际支出的费用，不包括承包人因发包人违约所造成的损失。[①] 报酬是指从事建设工程施工活动的人员的劳务费用；材料款是指由承包人提供原材料时，购买原材料所支付的价款，除此之外，还包括设备、运输管理等实际支出的、直接用于工程建设的费用。[②] 由此可见，建设工程优先权所担保的债权范围是较为宽泛的。笔者认为，承包人建设工程优先权担保的债权应当包括如下几个方面。

第一，发包人未支付的工程款。在建设工程合同中，在工程建设完成以后，发包人应当按照合同约定的方式和期限进行工程决算，支付价款，并按照约定及

---

① 参见2018年《最高人民法院发布建设工程司法解释（二）》第21条第2款。

② 参见王建东：《评〈合同法〉第286条》，载《中国法学》，2003（2）。

时接收工程。承包人一旦收到工程价款，即应当按照约定将该工程交付给发包人，而不得继续占有该工程。但在发包人未及时支付工程款时，为了保护承包人的利益，法律设置了优先权制度。因此，承包人建设工程优先权的成立必须以发包人未支付工程款为行使的条件和前提。在实践中，经常出现将发包人已经支付的工程款也纳入承包人建设工程优先权担保范围的现象，此种做法显然是不妥当的。发包人已经支付的工程款属于正常的债务清偿，只有发包人尚未支付的工程款，才属于承包人建设工程优先权的担保范围。①

第二，承包人垫付的资金。关于承包人为建设工程垫付的资金是否属于优先权担保的范围，存在不同看法。有观点认为，承包人为建设工程所垫付的资金在性质上属于当事人之间其他的债权债务关系，不应当纳入优先权的担保范围，而且在实践中，承包人所垫付的资金有时数额较大，不宜完全纳入承包人建设工程优先权的担保范围。笔者认为，承包人垫付的资金应当属于承包人建设工程优先权的担保范围，因为承包人所垫付的费用在性质上属于为完成建设工程合同而实际发生的费用，而且该垫付资金已经物化成为建设工程的组成部分，所以应当得到优先受偿。② 当然，发包人在合同履行期间因违约而应当承担的赔偿责任并不属于工程款本身的费用，而是因不支付工程款而引发的损失，不能纳入承包人建设工程优先权的担保范围。

第三，建设工程的材料款。按照《批复》的规定，建设工程的材料款属于承包人建设工程优先权的担保范围。有学者认为，该规定与我国现行的房地产政策相违背，这将导致带资、垫资的情况进一步加剧，甚至实际上形成发包人与承包人的融资关系③，并使得该融资关系逃脱法律的规制。同时，建设工程的材料款在实践中往往也难以准确计算，由于缺乏登记，材料款的数额往往也难以认定。实践中，建设工程的材料款有时甚至被相关当事人进行虚构，并借助优先权制度，使得承包人相较于发包人的其他债权人获得不合理的优先受偿。尽管如此，笔者认为，建设工程的材料款属于为建设工程所支出的必要费用，应当属于承包

①② 参见雷运龙、黄锋：《建设工程优先权若干问题辨析》，载《法律适用》，2005（10）。

③ 参见谢鸿飞：《合同法学的新发展》，612页，北京，中国社会科学出版社，2014。

人建设工程优先权的担保范围。现实中存在的问题应通过登记制度逐步解决。

承包人建设工程优先权以建设工程为承包人债权的担保，建设工程的范围也应当包括装饰装修工程。国务院颁发的《建设工程安全生产管理条例》第 2 条第 2 款规定："本条例所称建设工程，是指土木工程、建筑工程、线路管道和设备安装工程及装修工程。"装修装饰工程在本质上属于建设工程的必要组成部分，因此，并没有排除的正当理由，所以也应当将装饰装修工程纳入建设工程的范围之中。[①]

需要指出的是，优先权担保的范围不应当包括承包人的利润。优先权的担保范围虽然是发包人在建设工程中应支付承包人的工程款，但是，该工程款由多部分组成，其中既有承包人的利润，又包括承包人必要的费用支出，这些费用支出包括建设施工材料费用、管理费用，以及具有劳动或劳务关系的劳动者的工资报酬。[②] 虽然关于《合同法》第 286 条的立法目的一直存在争议，即对该条的立法目的究竟是保护劳动者的利益，还是优先保护承包人的利益，存在不同看法，但笔者认为，应当优先保护劳动者的利益，使工人工资得到优先受偿。所以，该条的规范目的并不是所有的工程价款都可以优先受偿，而只是规定工人的工资应当优先受偿，至于承包商的工程款债权、利润等，则不应当优先保护。尤其是对于承包人的利润部分，其优先受偿缺乏正当性，在运行中，应当排除承包人就其利润优先受偿的权利，限缩担保债权的范围。因此，在未来的立法中，可以考虑将"建设工程的价款就该工程折价或者拍卖的价款优先受偿"改为"承包人可以就建设工程价款中的职工工资优先受偿"。

四、建设工程优先权具有优先于一般债权和抵押权的效力

（一）建设工程优先权具有优先于一般债权的效力

《合同法》第 286 条规定："发包人未按照约定支付价款的，承包人可以催

---

① 参见 2018 年《最高人民法院建设工程司法解释（二）》第 18 条。

② 参见王旭光：《建设工程优先受偿权制度研究——合同法第 286 条的理论与实务》，77 页，北京，人民法院出版社，2010。

告发包人在合理期限内支付价款。发包人逾期不支付的，除按照建设工程的性质不宜折价、拍卖的以外，承包人可以与发包人协议将该工程折价，也可以申请人民法院将该工程依法拍卖。建设工程的价款就该工程折价或者拍卖的价款优先受偿。”依据这一规定，在发包人逾期不支付的情况下，承包人对建设工程应当采取如下方式进行变价。

一是折价。折价是指由双方协商确定建设工程的价格，折抵债务人所欠的债务。折价首先要求标的物按其性质是可以折价的，例如国家重点工程、具有特定用途的工程等，不宜折价或拍卖的，则不能折价；其次，折价必须经由双方当事人达成一致协议，而不能由一方当事人自行决定折价的价格。在折价过程中，双方可以参照市场价格，如果工程的价值大于债务总额的，承包人应当返还多余的变价款给发包人；折价之后仍然不足的部分，由发包人继续承担支付义务。

二是拍卖。在双方不能达成折价协议或协议规定不明确的情形下，只能请求法院拍卖建设工程。需要指出的是，《合同法》第 286 条规定只允许法院以拍卖的方式处置建设工程，而不允许以变卖的方式进行处置。因为通过法院拍卖的方式处置更加公平合理，可以避免当事人通过变价方式损害其他当事人的利益。

在通过折价或拍卖的方式将建设工程变价之后，承包人有权从变价所得价款中优先受偿。此处所说的优先，是相对发包人的一般债权人优先，例如发包人在经营过程中对第三人所欠下的债务，即使这些债权人向法院主张拍卖建设工程，承包人仍然依法享有优先于这些债权人的受偿权。

（二）建设工程优先权具有优先于抵押权的效力

在建设工程优先权和抵押权同时并存的情况下，应当由哪一种权利优先受偿，对此存在如下不同观点：第一，一般抵押权优先说。此种观点认为，法定优先权并没有经过登记，没有进行公示，因此第三人很难知道，而一般抵押权大多经过了登记，所以根据我国《担保法》第 54 条规定，“抵押物已登记的先于未登记的受偿”，应当由一般抵押权优先。第二，法定优先权优先说。此说认为，法定优先权应当优先于一般抵押权受偿，因为法定优先权是直接依法产生的，不需要公示，可以直接对一般抵押权产生优先效力。[①] 第三，依成立的先后定其次序。[②] 此种观点认为，在法定优先权与一般抵押权之间很难说哪一种比另一种更优先，两种权利都应当受到平等的保护，应当根据其设立的时间先后顺序，来确定应当优先保护哪一种权利。第四，平等受偿说。在两项权利发生冲突的情况下，由于两项权利都是优先受偿权，任何一项权利都不能优先于另一权利，所以可以将两项权利视为具有同等效力的权利，并使其平等受偿。

笔者认为，如果发包人未按照约定支付工程价款，承包人固然可以请求发包人承担违约责任，但是违约责任在许多情况下并不能充分保护承包人的利益。其主要原因在于发包人在兴建工程的过程中为了融资，常常要将土地使用权或在建工程以及已经建成的工程抵押给他人。在承包人和发包人的其他债权人同时向发包人主张清偿债务的情况下，其他享有抵押权的债权人就会要求行使抵押权，对发包人已经竣工验收合格的工程优先受偿。如果承包人不享有法定优先权，其所享有的债权便无优先受偿的效力。承包人很可能因发包人没有资产，而致使其债权不能实现或者不能完全实现。因此，为了维护承包人的利益，法律规定了建设工程优先权。由此可见，如果抵押权可优先于法定优先权而实现，那么法定优先权的设定目的就无法实现。

是否可以根据“先来后到”的原则，确定法定优先权和一般抵押权的效力？笔者认为：一方面，对一般物权采用“先来后到”的原则是必要的，但是就建设工程法定优先权而言，很难完全适用这一规则，主要原因在于，如果采用“先来后到”的原则，必然要就法定优先权的成立时间予以确定。但是，由于此种法定优先权是在发包人未按照约定支付价款，且在承包人催告发包人于合理期限内支付价款、发包人仍然不支付的情况下所产生的，加之我国《合同法》没有规定此种优先权必须经过登记才能产生，因此在实践中，建设工程优先权大多未登记，很难根据登记确定其产生时间。如果以建设工程竣工并验收合格后，发包人应当

① 参见王全弟、丁洁：《物权法应确立优先权制度——围绕合同法第 286 条之争议》，载《法学》，2001 (4)。

② 参见谢鸿飞编著：《承揽合同》，138 页，北京，法律出版社，1999。

付款而未付款的时间计算，则多数情形下，一般抵押权的成立时间通常要早于法定优先权。这样一来，一般抵押权就都会优于法定优先权，这显然不利于保护承包人的利益。2002 年 6 月 11 日最高人民法院《关于建设工程价款优先受偿权问题的批复》规定："人民法院在审理房地产纠纷案件和办理执行案件中，应当依照《中华人民共和国合同法》第二百八十六条的规定，认定建筑工程的承包人的优先受偿权优于抵押权和其他债权。"这就确立了建设工程优先权应当优先于一般抵押权的规则，确立这一规则的主要原因在于：

1. 从性质上看，建设工程承包合同仍然是一种承揽关系，它和一般的承揽之间没有本质的区别。如果在一般的承揽中，动产的承揽加工人可以享有留置权，且此种留置权应当优先于一般动产抵押权，那么在建设工程承包中，由于建设工程优先权实际上类似于法定的留置权，因此也应当优先于一般抵押权。①

2. 在发包人拖欠的工程款中，相当一部分是承包人应当支付给工人的工资和劳务费。根据我国《民事诉讼法》的一贯规定，在执行债务人的财产时，应当对工人的工资等优先支付，这也符合我国《劳动法》保护劳工利益的宗旨。如果因为一般抵押权优先受偿，导致承包人的工程款不能实现，则工人的工资将难以保障，显然有违《劳动法》的立法宗旨。

3. 承包人通常并没有雄厚的资金优势，其垫付工程款以后，将使其所有的资本都投在建设工程上，一旦工程款不能支付，不仅会使其血本无归，而且使其无法再从事承包经营活动，甚至会导致其破产，这也不利于社会秩序的稳定。

4. 承包人通常在发包人支付工程款以前，就实际占有其建造的建设工程，如果要由一般抵押权人优先受偿，承包人必然不会轻易地交出建设工程，这样也容易引起纠纷。更何况，如果承包人认为其辛苦建造的建设工程的工程款不能得到支付，则有可能会采取各种方法毁损房屋，或者通过改变建设工程的用途等，使其不能发挥作用，从而有可能造成社会财富的损失和浪费。因此，只有使法定优先权具有优先效力，才能使承包人免于走向极端，使原来的建设工程继续留给

① 参见蒋子翘：《建设工程款优先受偿权研究》，载《上海政法学院学报（政法论丛）》，2012（2）。

社会，发挥其效用。①

笔者认为，承认建设工程优先权优先于一般抵押权，必须满足一个条件，即工程款是预先登记的。关于优先权是否需要登记的问题，也值得探讨。从比较法上来看，对此存在不同的立法例。② 我国学界看法并不一致。有一种观点认为，承揽人的优先权是一种物权，为保障交易安全，使法律关系明确，应以登记为必要，但此登记无须定作人同意，承揽人可单独为之。③ 事实上，《合同法》第286条的规定并没有要求承包人就建设工程优先权进行登记。这主要是因为建设工程优先权作为一种法定权利，只要符合法定的条件，承包人就可以享有优先于普通债权人而受偿的权利。因此，许多学者认为建设工程承包人所享有的优先权没有必要进行登记，这是此种优先权的基本特点。④

笔者认为，如果建设工程优先权只优先于一般债权，可以不必登记，但如果承包人所享有的建设工程优先权要优先于抵押权等其他担保物权，则必须将工程款预先予以登记，该登记的工程款也是承包人优先权实现的最高数额。如果实际结算的工程款高于登记的数额，则应当以登记的数额为准；如果低于登记的数额，则应当以实际结算的数额为准。其他的一般抵押权人可以从工程款预先登记中，了解将来可能发生的承包人的优先权。从比较法上来看，也有些国家立法要求承揽人优先权的取得必须经过登记，或要求将费用预先登记。例如，《日本民法典》第338条前段规定，“不动产工事先取特权应于工事开始前，将其费用之预算额登记，而保存其效力”。工程款应当预先登记的原因在于：一方面，抵押权等担保物权作为一种物上担保的形态，是最有效的保障债权的手段。如果因为工程款的拖欠导致承包人所享有的优先权要优先于抵押权等其他担保物权而受

---

① 参见张国炎：《论建筑承揽商法定抵押权》，载《社会科学》，1998（7）。

② 在德国民法上，优先权应进行登记，未经登记，优先权不得成立；瑞士法则将优先权区分为公法上的抵押权和私法上的抵押权，前者不要求登记，当法定的事实出现时，抵押权自然成立，后者则需登记方可成立；在法国民法中，优先权无须进行登记；我国台湾地区法律规定，优先权不经登记就可成立，但承揽人之优先权若发生转让，在转让之前必须进行登记。

③ 参见谢鸿飞编著：《承揽合同》，137页，北京，法律出版社，1999。

④ 参见汪治平：《关于建筑工程价款优先受偿权的若干问题》，载《北京仲裁》，2002（5）。

偿，抵押权等担保物权就不能起到有效保障债权实现的目的，这对交易安全也会造成妨害。但如果工程款已预先登记，抵押权人已事先知道优先权的存在，则其继续接受债务人以建设工程作出的抵押，意味着其已自愿接受抵押权可能无法实现的风险。另一方面，对建设工程的工程款进行预先登记也有利于避免和减少纠纷。建设工程在竣工以后，如果工程款不是在合同中明确确定且不允许决算后加以变更，则工程款的数额究竟有多少常常容易发生争议，而如果对工程款预先予以登记，则可以有效解决优先权人行使优先权时因工程款的数额不确定所引发的争议。更何况，如果发包人与承包人恶意通谋，故意虚报工程款，将使得承包人的优先权受偿以后，一般抵押权人蒙受损害，建设工程的工程款预先登记将有效避免此类问题产生。[①] 此外，进行登记也有利于保护抵押权人的利益。由于一般抵押权人并不知道发包人拖欠工程款，从而不知道是否有优先权存在，如果其事先知道存在优先权，一般抵押权人可能不会同意发包人以建筑物作为抵押标的，也可能会提高放款的条件。如果要使承包人的优先权优先于一般抵押权，则必须确保抵押权人在设定抵押时就知道工程款究竟最高可能拖欠多少，从而进一步确定是否与发包人进行交易以及所担保的债权的数额。所以，未经登记，该优先权仅能产生对一般债权人的优先效力，而不能产生对其他物权如抵押权的优先效力。

（三）建设工程优先权不得对抗消费者作为商品房买受者的权利

根据最高人民法院《关于建设工程价款优先受偿权问题的批复》，“消费者交付购买商品房的全部或者大部分款项后，承包人就该商品房享有的工程价款优先受偿权不得对抗买受人”。这就是说，承包人的优先权不得对抗作为消费者的房屋买受人的权利。因为房屋不仅是一般的生活资料，而且是公民赖以安身立命的场所，也是公民基本的财产。保护公民的房屋所有权实际上也是保护公民基本的财产权和生存权，因此建设工程的承包人不能因其行使优先权而妨碍公民作为买受人的权利的实现以及房屋所有权的取得。为了防止当事人虚构买卖合同，对抗建设工程优先权的实现，笔者认为，买受人享有的权利必须经过预告登记以后才

① 参见蒋子翘：《建设工程款优先受偿权研究》，载《上海政法学院学报（政法论丛）》，2012（2）。

能产生物权的效力，如果没有经过预告登记，买受人只是享有一般的债权，不能产生对抗建设工程承包人优先权的效果。

（四）优先权可以事先放弃

在实践中，金融机构在借款时经常要求承包人和发包人在合同中规定放弃优先权，以防范抵押权不能实现的风险。笔者认为，承包人的工程款等债权是当事人的私权，应当允许当事人放弃优先受偿，但工人的工资债权优先受偿的权利，则不应当允许承包人事先放弃。[①] 根据2018年最高人民法院发布的《关于审理建设工程施工合同纠纷案件适用法律问题的解释（二）》第23条的规定，“发包人与承包人约定放弃或者限制建设工程价款优先受偿权，损害建筑工人利益，发包人根据该约定主张承包人不享有建设工程价款优先受偿权的，人民法院不予支持”。

① 参见王涛、俞悦：《建设工程价款优先受偿权放弃的法律效力》，载《人民司法（应用）》，2016（16）。

试论不可抗力

不可抗力（vis major，force majeure），是指人力所不可抗拒的力量，它包括某些自然现象（如地震、台风、洪水、海啸等）和某些社会现象（如战争等）。在各国法律中，不可抗力均为免责事由。在我国合同法制定过程中，应当如何规定不可抗力的概念及其构成要件、法律效果，并确定不可抗力的适用范围，是我国合同法中的重大疑难问题。有鉴于此，笔者拟对此谈几点看法。

一、不可抗力是违约责任中唯一的法定免责事由

不可抗力是独立于人的行为之外，并且不受当事人的意志所支配的现象，它在各国法律中都是免责事由。除法律另有规定外，不可抗力将导致当事人被完全免责或部分免责。作为一种免责事由，不可抗力最初起源于罗马法。早在罗马法中，法学家拉贝奥就将因不可抗力而发生的债务人的抗辩引入契约法之中，因而不可抗力抗辩又被称为拉贝奥抗辩。[1] 在古罗马法的实体法（jus strictum）中，

① 参见陈帮锋：《罗马法中的不可抗力抗辩》，载龙卫球、王文杰主编：《民商法理论与方法论》，695页，北京，中国法制出版社，2015。

并没有规定合同落空原则，仅仅规定，不管发生何种情况，均需要根据当事人的约定来履行债务。[①] 罗马法中的不可抗力（vis major）包括意外事件在内，它是指完全不可预见或不可预防的事件，包括火灾、坍塌等。[②] 当不可抗力致使物品灭失或致给付不可能时，债务人可被免责。正如罗马法学家乌尔比安所指出的，遵守契约本身就是遵守法律，但是“根据善意诉讼原则，没有人对野兽的行为、对于无过失发生的死亡、对通常不受监视的奴隶的逃亡、对掠夺、对叛乱、对火灾、对水灾、对强盗的袭击承担责任”[③]。该规则对两大法系产生了重要影响，并在不同程度上为各国立法所借鉴。

《法国民法典》第1147条确认了过错推定原则，第1148条规定了作为免责事由的“外来原因”，包括“不可抗力和偶发事故”（force majeure ou cas fortuit）。虽然有观点认为应当区分偶发事故与不可抗力，但在更多的学者看来，二者的界限并不清晰，因而往往被视为同义的概念而加以使用。[④] 在法国，不可抗力的根本特征在于其对“过错”的排斥。[⑤] 一般认为，如果是在订立合同之时不可预见，以及在合同履行之中非基于一方的过错而不能预见的内容，即为不可抗力。不过，在法国法中，对于构成不可抗力的合同，最初作为无效合同进行处理。[⑥] 在第一次世界大战之后，法国一些学者提出不可预见理论，认为如果合同非基于一方的过错不能履行，基于合同的解释以及《法国民法典》第1134条所确立的诚信原则，一方可以免除责任。该观点后来被最高行政法院所采纳，并将其运用到有关公共利益的案件中。不过，在合同案件，民事法官仍然不愿意接受不可抗力免责原则。[⑦] 以后，判例和学说逐渐根据《法国民法典》第1148条规定，认为

---

① See R Lee, *The Elements of Roman Law*, 4th edn (1956), p. 349.

② 参见［意］彼德罗·彭梵得：《罗马法教科书》，331页，北京，中国政法大学出版社，1992。

③ D. 50. 17、23.

④ 参见崔建远主编：《新合同法原理与案例评释》，857页，长春，吉林大学出版社，1999。

⑤ 参见尹田：《法国现代合同法》，314页，北京，法律出版社，1995。

⑥ See Michael G. Rapsomanikas, “Frustration of Contract in International Trade Law and Comparative Law”, 18 *Duquesne Law Review* (1979—1980) 551-605.

⑦ See David, “Frustration of Contract in French Law”, 28 *J. COMP. LEGIS. & INT'L L.* 11-12 (1946).

“不可抗力和偶发事故”可以使债务人从债务中解放出来，并不承担损害赔偿责任，但在债务人迟延等情况下，仍不能发生免责的效果。[①]

在19世纪，德国学者并没有认识到不可抗力免责理论，直到1852年，《德国民法典》的起草人温德夏德（Windscheid）提出来一种“预定条件理论”（Voraussetzung），认为如果合同当事人一方的意思已经包含了所预定的条件，合同就应该按照既定的条件履行，如果情况发生变化，该种合同就不能按照所订立合同的内容得以履行。但是，该种理论并没有使得同时代的德国学者信服。[②]直到19世纪末20世纪初，经过诸多学者的努力，不可抗力免责理论才为德国理论界所接受。根据《德国民法典》，债务人是否应对其债务不履行的行为负责，应依归责原则决定，亦即债务不履行责任，以有可归责于债务人的事由为责任构成要件，债务人应负过失责任；因此“因不可归责于债务人之事由致未为给付者，债务人不负迟延责任”（第285条），“债务人于债之关系发生后，因不可归责于自己的事由，致给付不能者，免其给付义务”（第217条）。此处所说的“不可归责于债务人”的事由包括了不可抗力。德国学者主流观点认为，不可抗力可以成为免责事由。[③] 有学者甚至从诚信原则出发解释免责的合理性。因为原定合同的基础发生改变，再根据原有合同的基础来履行合同，将有违《德国民法典》所确立的诚信原则。[④]

在英美法中，不可抗力作为免责事由经历了一个发展过程。在英美法中，“合同严守”一直被作为合同履行中的重要原则。[⑤] 因而，有学者认为，不可抗力在英美法中的发展就是以缓和合同中的绝对义务为目的。[⑥] 在17世纪 Paradine

---

① 参见韩世远：《合同法总论》，2版，324页，北京，法律出版社，2008。

② See Hay, “Frustration and Its Solution in German Law”, 10 *AM. J. Comp. L.* 345-346 (1961).

③ See Michael G. Rapsomanikas, “Frustration of Contract in International Trade Law and Comparative Law”, 18 *Duquesne Law Review* (1979-1980) 551-605.

④ See Smit, “Frustration of Contract: A Comparative Attempt at Consolidation”, 58 *Colum L. Rev.* 287, 287 (1958).

⑤ 参见［英］A. G. 盖斯特：《英国合同法与案例》，张文镇等译，453页，北京，中国大百科全书出版社，1998。

⑥ 参见叶林：《论不可抗力制度》，载《北方法学》，2007（5）。

v. Jane 案中，法官确立了“暗含条件理论”，即在合同履行条件发生改变时，合同不能得以履行。[①] 嗣后，一些案件根据合同一方当事人无法履行根本不能履行的合同理论对此进行补充。英国法院在 1647 年的一个判决中指出：“一个人应当履行由自己订立合同而承担的合同义务或费用，不管发生何种不可避免的事故，对这些事故他本来是可以在自己的合同中加以排除的。”[②] 不过，直到 20 世纪初，英国上诉法院在 1903 年的克雷尔诉亨利的著名判例中确立了“合同落空”的免责原则。[③] 在墨西哥石油公司案中，法官在合同履行基础发生改变中进一步确认了“合同落空（Frustration）”规则。[④] 在 1939 年，怀特法官（Lord Wright）认为合同是公正与理性的当事人所订立的契约，履行基础发生改变不在合同所预期的范围内，这就使得合同不能得以履行。[⑤]《美国合同法重述》第 288 条规定：“凡以任何一方应取得某种预定的目标效力的假设的可能性作为对方订立合同的基础时，如这种目标或效力已经落空或肯定会落空，对于这种落空没有过失而受落空损害的一方，得解除其履行合同的责任。”当然，英美法中的“合同落空”概念不等于不可抗力，合同落空所包含的内容远比不可抗力广泛。[⑥]

1980 年的《联合国国际货物销售合同公约》（以下简称《公约》）第 45 条和第 61 条借鉴了英美法的经验，对违约责任采严格责任原则，从其条文表述来看，并没有要求“过错”的要件，只是明确了不履行合同义务的要件。[⑦] 但是，严格责任并不是绝对地不考虑过错，而只是意味着在违约发生以后，非违约方只需证明违约方的行为已构成违约，而不必证明其主观上出于故意或过失。从严格责任出发，《公约》第 79 条将不可抗力作为法定的免责事由，该条规定：“当事人对不履行义务，不负责任，如果他能证明此种不履行义务，是由于某种非他所

---

① See Paradine v. Jane，82 Eng. Rep. 897 (1647).

② Paradine v Jane [1647] EWHC KB J5.

③ See Krell v Henry [1903] 2 KB 740.

④ See F. A. Tamplin Steamship Co. v. Anglo-Mexican Petroleum Products Co. [1916] 2 A. C. 397.

⑤ See British Movietonews Ltd，v. London and Dist. Cinemas Ltd.，[1952] A. C. 166 (1951).

⑥ 参见张玉卿主编：《国际货物买卖统一法》，3 版，504 页，北京，中国商务出版社，2009。

⑦ See Bénédicte Fauvarque-Cosson and Denis Mazeaud (ed.)，*European Contract Law*，Sellier European Law Publishers 2008，p. 215.

能控制的障碍，而且对于这种障碍，没有理由预期他在订立合同时能考虑到或能避免或克服它或它的后果。”有关的示范法也确立了不可抗力作为免责事由。例如，《国际商事合同通则》（PICC）第7.1.7条也确认了不可抗力作为合同的免责事由。[①]《欧洲合同法原则》（PECL）第8：108条对因障碍而免责的规则作出了规定，该条第1款规定：“如果一方当事人能够证明，由于超出其控制的障碍导致了不履行，而且不能够合理地期待它于合同成立时将此种障碍考虑在内或者避免或者克服该障碍及其后果，则对该方当事人的不履行免责。”该条虽然使用了“障碍”这一表述，但从该条规定来看，其也强调当事人对该履行障碍不可预见、不可避免与不可克服，这实际上对履行障碍的范围进行了严格的限定，其实质上是不可抗力。《欧洲民法典草案》（DCFR）起草者认为“不可抗力”一词在欧盟各国之间其界定和外延均不甚统一，因此放弃采用“不可抗力”这一表述，在第3-3：104条中改为使用“因债务人不可控制的障碍（impediment）”一词，但在解释中还是认为其在内容上和不可抗力相类似。[②]严格地说，不可抗力已经成为一个通行的术语，已经为比较法上所普遍采用，所以，“不可控制的障碍”的概念相对抽象，且范围较为宽泛，反而不如不可抗力概念严谨。

我国古代的法律中也存在关于不可抗力的规定。在《唐律·杂律》中就规定有：“雨水过常，非人力所防者”，行船“卒遇风浪，损失财物及杀伤人者”，不坐不偿。[③]这种免除因人力所无法防范的自然力所带来的损害中赔偿责任的规定被视为我国最早关于不可抗力的规则。[④]我国现行民事立法规定了以不可抗力作为违反合同的免责条件。《民法通则》第107条规定：“因不可抗力不能履行合同或者造成他人损害的，不承担民事责任，法律另有规定的除外。”虽然《民法通则》在民事责任部分规定不可抗力，表明该规定既适用于合同，也适用于侵权，

---

① 《国际商事合同通则2004》第7.1.7条规定：“若不履行的一方当事人证明，其不履行是由于非他所能控制的障碍所致，而且在合同订立之时该方当事人无法合理的预见，或不能合理地避免或克服该障碍及其后果，则不履行方应予免责。”

② See Christian von Bar and Eric Clive, *Definitions and Model*, *Rules of European Private Law*, Volume Ⅰ,(Munich: Sellier. European Law Publishers, 2009), p. 784.

③ 参见李志敏：《中国古代民法》，194页，北京，法律出版社，1988。

④ 参见刘凯湘、张海峡：《论不可抗力》，载《法学研究》，2000（6）。

但这并不影响《民法通则》承认不可抗力可以作为违约责任的免责事由。我国合同法有必要借鉴《联合国国际货物销售合同公约》和《国际商事合同通则》的经验，采纳严格责任，同时将不可抗力作为法定的免责事由。

需要指出的是，违约责任的免责事由既包括法定的免责事由，也包括当事人约定的免责事由。而当事人约定的免责事由也包括了免责条款和当事人约定的不可抗力条款。一般来说，当事人约定的不可抗力条款只是对法定的关于不可抗力的免责条件的补充，如果不违反法律规定，则在这些约定的事由发生以后，法律应当承认它们具有免责的效力。法定的免责事由是导致合同被免责的重要事由，不过，只有在免责事由导致合同不能履行时，才能使债务人被免责。如果合同仍然可以履行，则当事人应继续履行合同债务，不应被免责。

二、不可抗力作为免责事由的必要性

在两大法系，不可抗力作为免责事由，曾遭到一些学者的反对。这些学者深受传统合同法理论的影响，认为为维护合同的神圣性和维护传统的“契约必须遵守”的原则，债务人应承担合同履行中出现的各种危险，包括不可抗力的情况所造成的后果，债务人不能因此而被免责。美国学者 Berman 指出，在交易中“无所谓不可预见之事”（nothing is unforeseeable），因为国际商事交往的当事人都是聪明具有预见能力的经济人，合同中的诸多情形已经为当事人所预见，不可能还存在合同尚未预见的情形，这些情形即使没有预见，也不能作为免责的理由。[①] 因此，他提出了“各自承担风险”（Enumerative Test）理论，认为合同双方根据各自合同的特点，已经在合同中分配了各自的风险，该种风险应该为当事人所承受。[②] 因此不必要采用不可抗力概念，也不需要法定的免责事由。美国学者吉尔莫在其著名的《合同的死亡》一文中，针对 Paradine v. Jane 一案的判决，

---

① See Berman, “Excuse for Nonperformance in the Light of Contract Practice, in International Trade”, 63 *Colum L. REV.* 1415 (1963).

② See Berman, “Excuse for Nonperformance in the Light of Contract Practice, in International Trade”, 63 *Colum. L. REV.* 1413, 1429, 1437-1439 (1963).

指出没有哪一个法律制度可以是绝对没有免责事由存在的，当事人也不可能承担完全不可能免责的合同责任。因此，不可抗力作为违约责任的免责事由是必要的。[①] 在1961年赫尔辛基会议上，曾经就国际商事合同中的不可抗力问题展开讨论。在此次会议上，法国比较法学家丹克（André Tunc）并不同意"各自承担风险"（Enumerative Test）理论，他认为，不可抗力的基础通常能够被理解为指示性而非排除性的，偶然性的因素将会导致合同发生实质性的改变，而这些变化，即使是勤勉的当事人也不能避免和克服。[②] 也有学者认为，合同主体如果对此有预见，他们会通过解除合同或者使得合同不能得以履行的方式予以解决。但当事人对此没有进行规定，并不必然表明当事人必须承担这些责任。所以，不可抗力作为免责事由仍有必要。[③]

在合同法中，确立不可抗力作为免责事由是必要的，尽管在现代社会，科学技术已高度发达，人类利用科学技术不断扩大了其自身的活动领域，在一定范围内征服了自然灾害，但是，自然灾害仍然威胁着人类的生产和生活，不可抗力是客观存在的现象。在社会生活中，各种社会现象（如罢工等）也会妨碍人们正常的生活，使合同不能履行。从法律上看，允许债务人在出现不可抗力的情况下被免除责任，具有如下意义：一方面，有利于保护无过错的当事人的利益，维护公平原则的实现。在不可抗力造成合同不能履行的情况下，尽管债权人也可能会遭受一定的损害，但债务人遭受的损害更大。因为债务人不仅可能会因标的物造成毁损灭失而使其不能得到相应的履行，同时因合同不能履行，而又不能使其免责，并且还应承担损害赔偿等责任；而债权人仅丧失了履行利益。可见，不可抗力情况发生以后，若债务人不能被免责，则将蒙受重大损失。由于不能履行是不可抗力所致，债务人本身没有过错，在此情况下让债务人承担与其行为无关而又无法控制的事故的后果，不仅对责任的承担者来说是不公平的，也不能起到教育和约束人们行为的积极后果。所以，对此种情况，最好的办法是使债务人被免除

① See Gilmore, *The Death of Contract*, Columbus: Ohio State University Press, 1974.

② See Michael G. Rapsomanikas, "Frustration of Contract in International Trade Law and Comparative Law", 18 *Duquesne Law Review* (1979-1980) 551-605.

③ See Farnsworth, Disputes Over Omission in Contracts, 68 *COLUM. L. REV.* 860, 883 (1968).

责任。另一方面，法律确认不可抗力作为免责事由，可以促使人们在从事交易活动中，预先确定未来可能出现的各种风险，从而准确地计算风险，在出现风险以后合理地解决风险的负担问题。所以，法律允许当事人约定不可抗力条款，确有利于提高效率，并及时解决当事人之间的纠纷。

三、不可抗力的认定标准

不可抗力是客观存在的事实，因此，认定不可抗力应当依据个案具体确定，关于不可抗力的认定标准，各国判例和学说主要有如下几种观点。

一是主观说。此种观点认为，对于已经发生的事件而言，如果当事人在主观上已经尽到最大的注意义务，但仍然无法履行合同，则应当将该事件认定为不可抗力。在合同履行中，如果当事人已经尽到最大的注意，但仍然无法避免，则应当将其认定为合同履行中的不可抗力。法国学者丹克（Andre Tunc）曾认为，认定已发生的事件是否为不可抗力，应考虑对于阻碍合同履行的事件的发生，当事人应负何种程度的注意义务，然后再考虑当事人是否已尽到其应尽的注意义务，从而决定其是否应被免责。[①] 这就是说，不可抗力事件是指当事人主观上尽其最大注意仍不能防止其发生的事件。

二是客观说。此种观点认为，不可抗力事件是当事人以外的非通常发生的事件，其与当事人的主观因素无关。[②] 按照前述主观说的观点，不可抗力并非完全独立于当事人意志之外，当事人有时是能够预见的，但只是无法避免；而客观说则强调，不可抗力是发生在当事人意志之外的、是当事人不可能预见和避免的。[③]

三是折中说。此种观点认为，不可抗力兼具主、客观双重因素，一方面，不可抗力具有客观性，它是发生于当事人外部的事件，不受当事人意志的左右；另

① See Michael G. Rapsomanikas, "Frustration of Contract in International Trade Law and Comparative Law", 18 *Duquesne Law Review* (1979-1980) 551.

② 参见史尚宽：《债法总论》，345页，台北，1954。

③ See Michael G. Rapsomanikas, "Frustration of Contract in International Trade Law and Comparative Law", 18 *Duquesne Law Review* (1979-1980) 551-605.

一方面，不可抗力的认定也要考虑当事人主观上是否尽到了应有的注意。也就是说，对于某外来因素而言，如果当事人尽到最大谨慎和最大努力，仍不能防止的，则应当将其认定为不可抗力；反之，如果某事件的发生是客观的，但当事人能够预见而由于疏忽没有预见，或未尽最大努力加以防止，则不应当将其认定为不可抗力。[①] 按照国际商会《国际销售示范合同》第13条的规定，不可抗力应当具备如下三个条件：一是导致当事人不能履行义务的事件是当事人无法控制的客观障碍；二是在合同订立时，不能合理预见到一方当事人已把这一障碍及其对他方履约能力产生的影响考虑在内；三是一方当事人不能合理地避免或克服该障碍或其影响。从该规定来看，不可抗力的认定既要考虑客观情况，也需要考虑当事人能否预见、能否避免与克服该事件的影响，这显然是采纳了折中说的观点。

依据我国《民法通则》第153条的规定，不可抗力是指“不能预见、不能避免并不能克服的客观情况”。可见，《民法通则》在规定不可抗力时也采纳了折中的观点，即要求在确定不可抗力时，不仅要考虑客观因素，而且要考虑主观因素。笔者认为，主观说的标准可能导致不可抗力的认定过分依赖于当事人的具体情况，而不能适应交易安全的需要；客观说的观点则无法考虑个案中当事人的具体情况，显然会对当事人提出过分苛刻的要求。因此，上述折中说妥当地兼顾了交易安全和当事人的期待可能性两方面的要求，值得赞同。

依据《民法通则》第153条的规定，不可抗力应当具备如下几个方面的要件。

第一，它是不可预见的情况。不可预见是从人的主观认识能力上来考虑不可抗力因素的，它是指根据现有的技术水平，一般人对某种事件的发生不可预见。[②] 一方面，预见性取决于人们的预见能力，人们的预见能力的提高必然影响到预见的可能性和范围。某种现象过去不能预见，现在却可以预见；现在不能预

① 参见佟柔主编：《中国民法》，575页，北京，法律出版社，1990。

② See Pierre Catala，John Antony Weir，“Deliet And Torts：A Study in Parallel”，*Tolane Law Rev June*，1963，p. 776.

见，将来未必不能预见。因此，决定人们对某种现象是否可以预见，应以现有的技术水平为根据。另一方面，预见性往往因人而异，某人可以预见，而他人却可能无法预见，反之亦然。因此，必须以一般人的预见能力而不是特定当事人的预见能力为标准，来判断对某种现象是否可以预见。还应看到，不可预见性具有相对性，它因时间、地点、环境的变化而有区别。例如，突如其来的台风造成损害，对当地的一般人是不可预见的，但某人在获得台风消息后冒险出航而遭到损害，就不能认为台风是不可预见的。

第二，它是不可避免并不能克服的情况。不可避免和不能克服，表明事件的发生和事件造成的损害具有必然性。一方面，所谓不能避免，是指当事人已经尽到了最大的努力，仍然不能避免某种事件的发生。另一方面，所谓不能克服，是指当事人在事件发生以后，已尽到最大的努力仍不能克服事件所造成的损害后果、使合同得以履行。诚如苏联学者约菲所言："不可抗力是这样一种非常的情况，它对于某一特定的人来说，尽管他也知道这一情况将要发生但是用尽他可能采用的一切手段也不能防止。"① 不可避免和不能克服表明事件的发生和事件造成损害具有必然性，超出了当事人的控制能力范围。应当指出的是，某种事件是否属于不能避免并不能克服，也要依据具体情况来决定。需要讨论的是，关于战争、暴乱、罢工等，是否可以作为不可预见并不能克服的情况，对此存在不同的观点。我国有关法律实际上承认了它们可以作为不可抗力。②

问题在于，在不可抗力事件发生以后，当事人可能会采取适当的措施减轻损害，这是否意味着该事件不属于不可抗力？笔者认为，对不能克服的含义应作扩大理解。如果从当时当地的情况来看，事件的发生必然会造成损害，当事人采取适当的措施已能使损害减轻，但仍不能完全避免损害，则应将该事件视为不可抗力。我国法律一向承认不可抗力可导致责任的减轻，实际上是承认此种情况也可以作为不可抗力事件而使当事人被减轻责任。

第三，它是一种客观情况。也就是说，不可抗力是独立于人的行为之外的一

---

① ［苏］约菲：《损害赔偿的债》，46页，北京，法律出版社，1956。

② 例如，《海洋环境保护法》第92条。

种客观情况。第三人的行为对当事人而言可能是无法预见、无法避免与无法克服的，但由于单个第三人的行为并不具有外在于人的行为的客观性的特点，因此，不宜被认定为不可抗力。同时，不可抗力应当是发生在合同成立以后至合同不能履行以前的客观情况，当事人订立合同之前以及迟延履行合同期间发生的客观事件，不能被认定为不可抗力。此外，作为不可抗力的客观事件还必须影响了合同的正常履行，如果该客观情况没有导致当事人无法履行合同，则不宜被认定为不可抗力。

在认定不可抗力时，上述三个要件缺一不可，也就是说，只有不可预见、不可避免且不可克服的客观情况，才能认定为不可抗力。合同履行过程中出现的其他情况，如果不符合上述要件，即便导致当事人履约困难，当事人也不能主张其构成不可抗力，并据此主张免责。由于这三个要件准确地概括了不可抗力的内涵，因而我国正在制定的合同法有必要采纳这一标准，明确规定不可抗力的内容。

四、不可抗力的具体类型

从不可抗力的定义可见，凡属于不可预见、不可避免并不能克服的客观情况均属于不可抗力的范围。为使不可抗力的范围具体化，依据我国有关法律和司法实践，不可抗力具体来说有如下几种。

第一，自然灾害。自然灾害作为不可抗力问题，各国法律规定不尽相同。如根据法国法，自然灾害不属于不可抗力；而英美法则承认其为不可抗力。我国法律认为自然灾害是典型的不可抗力。尽管随着科学技术的进步，人类已不断提高了对自然灾害的预见能力，但自然灾害仍频繁发生并影响人们的生产和生活，阻碍合同的履行。所以，我国法律将自然灾害作为不可抗力是合理的，因自然灾害导致合同不能履行的，应使当事人被免除责任。

第二，政府行为。这是指当事人在订立合同以后，政府当局颁发新的政策、法律和行政措施而导致合同不能履行。如订立合同以后，由于政府颁布禁运的法律，使合同不能履行。需要探讨的是，政府行为与情事变更制度中的“情事”变化是经常容易混淆的概念。例如，因为政府颁布征收令，对特定区域的房屋予以征收，导致已经出租的房屋无法继续出租，合同被迫解除。再如，政府颁布房屋限购令，不允许市民购买第二套房屋，导致购买人无法履行买卖合同。在这些合同中，都涉及政府的决定，究竟应当作为不可抗力而导致一方免责，还是应当适用情事变更制度？笔者认为，区分这两种情形主要考虑，政府行为不可预见、不可避免的程度，程度越高，越接近于不可抗力，反之，则属于情事变更。

第三，社会异常事件。这主要是指一些偶发的事件阻碍合同的履行，如罢工、骚乱、战争等。这些行为既不是自然事件，也不是政府行为，而是社会中人的行为，但对于合同当事人来说，在订约时是不可预见的，因此也可以成为不可抗力的事件。[①]

我国正在制定的合同法有必要具体列举不可抗力的三种类型，从而为司法实践中准确认定不可抗力提供指引。需要探讨的是，不可抗力是否可以包括意外事件？所谓意外事件，是指非因当事人的故意或过失而偶然发生的事故。意外事件也具有不可预见性，但二者存在一定区别：一方面，关于预见的可能性是不同的。不可抗力通常是一般人不可预见的，但是意外事件有的是可以预见的。例如，天降大雨导致交货迟延，虽然天降大雨难以阻止，但该情况是当事人可以预见到的，且可以采取一定的措施避免所导致的损害后果。而对于不可抗力来说，是一般人尽到合理的注意也不可预见的，因此，其具有更强的难以预见性。另一方面，从客观上看，意外事件虽然具有不可预见性，但它是能够避免和克服的。而对于不可抗力来说，即使预见到也是不能避免和克服的，如海啸，有时人们也可以预见到，但在现有的科学技术条件下无法克服和避免。还要看到，从比较法角度来看，意外事件只适用于过错责任，即只有在过错责任中其才能成为免责事由，对于法律明确规定了免责要件的严格责任来说，不能成为免责事由。而不可抗力在严格责任中也可以作为免责事由。

意外事件能否作为免责事由，这是违约责任与侵权责任的重要区别。对侵权责任而言，因意外事件造成损害，可能导致行为人免责。例如，因暴雨导致汽车

---

① 参见朱广新：《合同法总则》，447页，北京，中国人民大学出版社，2008。

失控而撞上其他车辆，造成他人损害，此时，如果行为人完全没有过错，则可以主张不承担责任。但在合同中，因天降暴雨导致运输货物的车辆迟延，导致迟延交货，并不能因此导致违约方免责，违约方仍然负有继续交付货物的责任，如果因迟延交付造成对方当事人损失的，违约方还应当承担赔偿损失的责任。在违约责任中，违约方之所以不能以意外事件为由主张免责，主要原因在于：一方面，违约责任以严格责任为归责原则，只要不是因不可抗力导致违约，都不能主张以意外事件作为免责事由。另一方面，如果确实因意外事件导致合同履行显失公平，在符合情事变更的情形下，当事人可以基于情事变更的规则请求变更或解除合同，而不能据此主张免除其违约责任。还要看到，从法官的裁量权限制而言，意外事件也不能作为免责事由。因为个案中意外事件的内容不同，如果将意外事件都作为免责事由，将会使法官的自由裁量权变得过于宽泛。笔者认为，意外事件作为免责事由的适用范围应受到严格限制，原则上，其不能作为违约责任的免责事由，但在特殊情况下，意外事件可以作为免除实际履行责任的事由。如因意外事件的发生，使债务人不能履行合同，或者履行合同将使其支付极不合理的费用，在此情况下，应允许债务人被免除实际履行合同的责任，而只承担损害赔偿和违约金责任。

五、不可抗力条款（force majeure clauses）

（一）不可抗力条款的作用

不可抗力条款是当事人在合同中约定的关于不可抗力的免责事由。由于不可抗力所包括的不可预见、不可避免且不可克服的客观情况等构成要件相对比较抽象，在发生争议后，法官在解释各构成要件时，仍然享有较大的自由裁量权，所以，为了避免不可抗力认定的任意性，各国法律大多鼓励当事人订立不可抗力条款，明确约定不可抗力的事由、范围和效力。[1] 不可抗力条款可以发挥如下三个

① See Matti. Kurkela Ed., *Comparative Report on Force Majeure in Western Europe*, The Union of the Finnish Lawyers Publishing. Company Ltd, 1982, p. 52.

方面的作用。

第一，补充法律对不可抗力免责事由规定的不足。由于不可抗力构成要件相对抽象，类型复杂，在不同环境下，不可抗力对合同履行的影响也不相同，特别是在实践中，各种交易行为种类繁杂，且都具有自身的特点，因此，法律不可能对不可抗力作出十分具体的规定，这就需要由当事人通过设定不可抗力条款，明确不可抗力的类型和效力等内容，以尽量减少不可抗力所引发的争议。

第二，减轻并合理分配风险。由于不可抗力的范围较广，法律无法对其进行封闭式的全面列举，这就要求当事人在订立合同时应当尽可能考虑合同履行中可能出现的各种风险，并事先作出安排，以尽量降低未来各种风险可能产生的影响，并通过免责条款等方式，在当事人之间合理地分配风险。

第三，正确认定责任。由于不可抗力事件的发生将导致当事人免责，如果法律对不可抗力事件的规定不明确，实践中又很难认定某种事件是否为不可抗力事件，将难以准确认定当事人的责任。因此，由当事人事先设定不可抗力条款，就可以在某种事件发生后，为准确认定某种情况是否属于不可抗力，以及该事件能否导致当事人免责或减轻责任提供明确的依据。不可抗力条款是对法定的不可抗力事件的补充，它和法律关于不可抗力的规定是统一而又不可分割的组成部分。这就是说，作为免责事由的不可抗力，不仅包括法律关于不可抗力的规定，也包括当事人约定的不可抗力条款。当然，法律对不可抗力的规定与当事人约定的不可抗力条款可能是不一致的，但只要不损害社会公共利益和第三人利益，则应当承认当事人约定的不可抗力条款的效力。

正是因为约定不可抗力条款具有上述作用，因而我国合同法有必要承认当事人约定的不可抗力条款的效力。也就是说，当事人约定的不可抗力条款可以使法定的不可抗力免责条款具体化，也可以通过约定对不可抗力的范围作出限定。但当事人约定的不可抗力条款，并非使得法律规定的不可抗力条款成为任意性规定。在此需要探讨的是，当事人能否通过约定排除法律关于不可抗力条款的适用？例如，当事人在合同中约定，即便发生不可抗力，违约方也不得主张免责。此类条款经常出现在国际贸易合同中，对此类条款的效力一直存在争议，笔者认为，法律规定不可抗力免责条款的目的在于对违约方提供保护，但如果当事人在订立合同时，自愿通过免责条款的形式承担不可抗力所带来的履行风险，则法律没有必要予以禁止。尤其是当事人在订立此类合同条款时，如果没有欺诈、胁迫等合同效力瑕疵的事由，就应当承认该条款的效力。从这个意义上说，当事人约定的不可抗力条款可以在一定程度上变更法律关于不可抗力条款的规定。

不可抗力条款与免责条款极为相似，由于二者都是由当事人在订约时事先约定的，且这些条款的适用都会发生合同责任被免除的后果，因此，在大陆法系国家，许多人认为不可抗力条款的约定乃是对免责条件的约定。① 例如当事人在合同中约定，如果原材料价格涨至一定价格则属于不可抗力，从而能够免除一方的交付责任，该种约定是否有效，值得探讨。法律规定的不可抗力具有特定内涵，当事人不得随意扩大不可抗力的范围。当然，基于合同自由原则，当事人可以约定免责事由。但该种免责事由需要符合合同的公平原则。笔者认为，不可抗力条款与免责条款是不同的，表现在：第一，不可抗力条款所列举的事由在发生后可能会导致当事人不能履行合同或履行艰难，从而使合同发生变更或解除；而免责条款主要对出现了违约情况是否应当免责问题作出规定，它总是与违约联系在一起的。第二，免责条款是当事人事先约定的关于限制和免除其未来责任的条款，其适用将导致一方当事人限制和免除责任；而不可抗力条款的适用既可以使当事人完全被减轻或免除责任，也可以导致合同的变更和解除。第三，法律对免责条款的限制性规定，如禁止当事人免除其故意和重大过失的侵权责任等，一般不能适用于不可抗力条款。

（二）不可抗力条款的设定方式

当事人在设立不可抗力条款时，应采取何种方式确立不可抗力事件，对此有两种不同观点。一种观点认为，当事人在合同中订立不可抗力条款时，应通过列举方式明确规定不可抗力事件，只有明文列举才有排他的效力，而且只有在条款中所明确列举的事件发生时才可导致当事人被免除责任，如果发生的事件是条款

① See Matti. Kurkela Ed., *Comparative Report on Force Majeure in Western Europe*, The Union of the Finnish Lawyers Publishing. Company Ltd, 1982, p. 42.

中没有明文列举的，即使阻碍了合同履行也不能导致当事人被免责。① 另一种观点认为，不可抗力条款应采取概括的方式。此种观点认为，列举的方式已不符合现代贸易的需要，在实践中，当事人设定不可抗力条款应采取概括的方式。② 笔者认为，这两种观点都有一定道理，但比较而言，列举式的观点更为合理。主要理由是，当事人设立不可抗力条款旨在对法律关于不可抗力的规定作出具体的补充。法律的规定常常过于原则，如果当事人在合同中订立的不可抗力条款也同样过于原则，将很难起到补充法律规定不足的作用。当然，具体列举也有其不足之处，这主要表现在：具体列举的事件不可能穷尽，一旦当事人未列举的事件发生并导致合同不能履行，完全可以由法院作出解释并认定该事件是否属于不可抗力事件。所以有一些买卖合同仅笼统地规定本合同适用不可抗力条款，或重复法律关于不可抗力条款的规定，都不能使不可抗力条款产生应有的作用。

当事人具体列举的不可抗力事件主要包括自然灾害、政府行为和社会异常事件三类，但当事人是否可以列举一些不符合法律关于不可抗力规定的事件，是否可以扩大不可抗力事件的范围，对此有两种不同的观点。一种观点认为，既然允许当事人设立不可抗力条款，就应当允许当事人自由地列举不可抗力事件，并在这些事件发生时使当事人被免除责任；而且从合同自由的原则出发，既然可以允许当事人自由设定免责条款，那么也应当允许当事人自由设立不可抗力条款。另一种观点认为，对不可抗力条款的设立应有所限制，而不能随意扩大其范围，否则会混淆不可抗力和其他概念的区别。笔者认为，当事人约定的不可抗力条款原则上应符合法律关于不可抗力的规定③，这些规定是当事人约定不可抗力事件最基本的法律依据。如果当事人约定的条款不符合法律的规定，法院可以根据具体情况认定当事人约定的事件不属于不可抗力。如果允许当事人可以任意列举不可抗力事件，法律关于不可抗力的规定也就形同虚设，尤其可能造成不可抗力与意

---

① See Rapsomonikis Michael G.，“Frustration of Contract in International Trade Law and Comparative Law”，18 *Duquesne Law Review* 551-605 (1980).

② See Schitthoff，Clive M，“Colloquium on Some ProbLems of Non-Performance and Force Majeure in International Contracts of Sale”，*International and Comparative Law Quarterly* 677-682 (1960).

③ 参见《民法通则》第 153 条；《涉外经济合同法》第 24 条。

外事件等概念的混淆，从而不利于正确认定合同责任。当然，如果当事人从减轻风险出发，愿意扩大不可抗力的范围，则完全可以通过设定免责条款的办法加以解决。当事人在合同中设立的不可抗力条款，不仅要具体列举不可抗力事件的范围，而且应当就一些可能引起争议的问题作出规定。例如，不可抗力事件发生以后的通知义务，一方是否对另一方作出补偿，是否可以导致合同的变更，等等。

（三）关于法院对不可抗力条款的解释

某种意外事件发生后，导致合同不能履行，而当事人对不可抗力的约定发生争议时，法官是否有权对此进行解释，国外学者有两种不同的观点。美国学者伯尔曼认为，当事人在合同中设定不可抗力条款时应逐一加以详细列举，如果发生了当事人在不可抗力条款中没有明文列举的事故，因而产生的危险应由买卖关系中的出卖人承担，出卖人不得根据免责的规定要求免除责任。按照伯尔曼的看法，免责问题应以合同本身为基础，即应当根据不可抗力条款来决定某种异常危险（abnormal risk）在当事人间的分配[①]，法官不必对不可抗力事件作出解释。而美国学者 Fransworth 认为，当事人在订立合同时有可能对一些重要情形没有作出规定，因此导致合同履行意外受阻的不可抗力事故，即属于合同漏洞（omisson in contract，Vertragslücke）。在此情况下，应根据当事人的本意或公平正义的原则，由法院对导致合同履行意外受阻的事件的性质问题作出解释。[②] 笔者认为，虽然当事人可以约定不可抗力条款，但当事人关于不可抗力的约定发生争议，对此应该允许法官对此进行解释。例如，当事人在合同中约定如果原材料价格涨至一定价格则属于不可抗力，从而能够免除一方的交付责任，该种约定是否有效？首先应该看到，法律对不可抗力的规定属于强行性规范的内容，如《民法通则》关于不可抗力“不能预见、不能避免并不能克服的客观情况”的规定，当事人不能对此任意进行解释。其次，我们要看到，不可抗力条款本身属于裁判规范，对法官具有较强的约束性，法官必须对不可抗力的内容进行裁判。由于当

---

① See Berman Harold T.，“Excuse for Nonperformance in the Light of Contract Practices in International Trade”，63 *Columbia Law Review*，1413-1439（1963）.

② See Allan Farnsworth，“Disputes over Omission in Contracts”，68 *Colum. L. Rev.* 871-873（1968）.

事人的约定不符合法律的规定，法官也需要对当事人约定的内容进行解释。鉴于当事人依据《民法通则》有权自由约定免责条款，上述情形可以解释为对免责条款的规定，而非不可抗力的内容。此外，从交易的实践来看，当事人很难就未来所发生的不可预见的事情全部在合同中作出列举规定。对某种事件是否属于不可抗力性质的认定实际上是对不可抗力条款内容本身进行解释，既然一般合同条款在发生争议时可由法院作出解释，那么不可抗力条款同样可以由法院作出解释。

六、不可抗力的效力

在发生不可抗力之后，一方应当将阻碍其履行的不可抗力的情况的发生及时通知另一方。通常债务人应当负有通知的义务，因为不可抗力是否影响其给付，债务人最为清楚。如果债务人不及时通知，则债权人不知不可抗力的发生，可能因为接受合同履行而作出准备，因而不可抗力发生免责效力后将对债权人造成损害。因此，如果债务人未能及时履行通知义务，债权人由此遭受的损失，债务人应当承担赔偿责任。例如，因发生地震使建造的房屋倒塌，开发商不能及时向购房人交付房屋，则开发商应当在地震发生后向购房人发出因不可抗力而导致不能及时交房的通知，以使购房人能够及时决定是否继续等待该房屋。如未履行通知义务，造成购房人损失，应当承担赔偿责任。

不可抗力的效力主要体现在如下几个方面。

第一，免除当事人继续履行的责任。在不可抗力发生以后，常常会妨碍当事人的继续履行，甚至造成履行不能，因此，债务人可以基于不可抗力要求免除实际履行的责任，非违约方在发生不可抗力的情形下不能要求违约方继续履行。然而，不可抗力导致当事人被免除继续履行的责任只是一般的规则，对此，各国法律大多对此存在例外规定，根据《国际商事合同通则》第 7.2.2 条的规定，即使在发生不可抗力的情况下，对金钱债务，当事人也可以要求实际履行。由此可见，金钱债务即使发生不可抗力也不能被免责，这一规则已被大多数国家的立法和判例所广泛接受，不可抗力导致债务人被免除继续履行的责任，主要是因为，基于不可抗力的发生导致了债的标的物发生毁损灭失，或给付已经不可能，因而无法继续履行。然而，就金钱债务而言，通常并不会因为不可抗力而导致给付不能。一方对另一方负有金钱债务的情形下，即使发生不可抗力，债务人也仍然应当继续履行还本付息的债务。

第二，免除违约责任。在发生不可抗力的情况下，即使因不可抗力导致一方不能履行或不能完全履行合同，也能够因此被免除违约责任。但不可抗力作为免责事由要求其必须是违约发生的唯一原因。因此，在发生不可抗力的时候，应当查清不可抗力与违约之间的关系，并确定当事人的活动在发生不可抗力的条件下对于其所造成的损害后果的作用。如果非违约方对损害的发生也有过错（例如，洪水来到时，未及时将堆放在低处的货物转移而造成货物毁损），或者在不可抗力造成损害以后，因非违约方的原因致使损害扩大，则非违约方也应当承担一定的责任。

当然，并非任何情况下，不可抗力都可以导致不履行一方被完全免除违约责任，因不可抗力不能履行合同的，可以根据不可抗力的影响，部分或者全部免除责任。不可抗力导致当事人全部或部分免除责任，在很大程度上取决于不可抗力的影响范围。具体而言，一是如果不可抗力的发生持续地影响到合同全部义务的不能履行，则可以导致责任被全部免除。二是如果只是暂时阻碍合同的履行，可以推迟合同的履行。根据《国际商事合同通则》第 7.1.7（2）条的规定，“若障碍只是暂时的，则在考虑到该障碍对合同履行影响的情况下，免责只在一段合理的期间内具有效力”。这就是说，如果不可抗力只是暂时的，则只是在影响履行的期限内被免责。在阻碍合同履行的不可抗力因素消除后，当事人应当继续履行合同。三是如果不可抗力并非导致合同主要义务不能履行，只是导致次要义务不能履行，当事人仍应履行主要义务。当然在上述两种情况下，可以免除当事人迟延履行和次要义务不能履行的违约责任。四是如果不可抗力的发生导致合同部分不能履行，应由对方决定不履行一方是否履行合同。对方认为继续履行对其没有意义，则应当免除不履行一方的履行责任和其他违约责任。如果对方要求部分履行，则不履行一方应当继续履行其能够履行的部分。不履行一方拒绝履行的，应当承担相应的违约责任。[1] 五是要考虑法律对此是否有特别规定，即使发生不可抗力，对合同的履行并不发生影响。例如《邮政法》第48条第1项规定：即使发生不可抗力，因不可抗力造成的保价的给据邮件的损失仍然应该赔偿。

第三，解除合同，也就是说，因为不可抗力的发生，受不可抗力影响的一方有权提出解除合同。施米托夫（Schmitthoff）曾经提出“规范风险理论”，他认为，需要一种标准来规范所有合同中所遇到的风险。他认为，不可抗力的效力应当依据其影响的后果而定，法律应该规定“严重的不可抗力”可以使合同得以解除。而“轻微的不可抗力”可以使合同推迟履行。[2] 所以，不可抗力并非当然导致合同被解除，合同能否被解除还要考虑不可抗力的影响范围。如果不可抗力的发生使得合同中的主要义务根本无法履行，或者即使履行也会导致当事人之间的利益严重失衡，在此情形下，才应当允许当事人一方解除合同。但如果不可抗力的发生，只是影响了部分次要的合同给付内容，则不应允许当事人解除合同。此外，不可抗力也可能导致合同条款的变更。例如，一旦发生不可抗力事由，又可以援用不可抗力条款时，当事人将未发出的部分货物停止发货，终止部分合同义务的履行等，均属于变更合同的内容。

第四，迟延后发生不可抗力，债务人仍应承担责任。如果债务人迟延履行后，在迟延期间发生了不可抗力，债务人是否可以主张免责？一般认为，在此情形下债务人不得主张免责，因为在迟延后发生的不可抗力与债务的违约行为具有因果联系。因为假如债务人没有迟延履行，则不可抗力的发生也不会导致债务的不能履行。所以，在迟延后发生不可抗力的，债务人仍然应当继续履行，不能继续履行的，应当承担其他违约责任。

---

① 参见韩世远：《合同法总论》，2版，330页，北京，法律出版社，2008。

② See “Schlegel, of Nuts and Ships, and Sealing Wax, Suez, and Frustrating Things—The Doctrine of Impossibility of Performance”, 23 *Rutgers L. Rev.* 419, 447 (1969).

论不当得利与侵权责任的竞合*

一、因侵权行为可产生不当得利与侵权责任的竞合

无合法根据取得利益而造成他人损害的法律事实，称为不当得利。《民法通则》第92条规定："没有合法根据，取得不当利益，造成他人损失的，应当将取得的不当利益返还受损失的人。"不当得利也是产生债务或责任的一种原因。不当得利产生的原因较多，因此其类型也较为复杂。奥地利学者Wilburg在1934年提出了非统一说，并在此基础上区分给付型不当得利（Leistungskondiktion）和非给付型不当得利（Nichtleistungskondiktion），构建起不当得利的基本类型。① 后来，德国学者von Caemmerer受此影响，在此基础上进一步发展了Wilburg的理论②，将《德国民法典》第812条所涉及的不当得利分为四种类型，即给付型不当得利（Leistungskondiktion）、权益侵害型不当得利（Eingriffs-

* 原载《中国法学》1994年第5期。

① Walter Wilburg, Die Lehre von der ungerechtfertigten Bereicherung nach österreichischem und deutschem Recht, Kritik und Aufbau, Leuschner und Lubensky, 1934, S. 5 ff.

② Ernst von Caemmerer, Bereicherung und unerlaubte Handlung, J. C. B. Mohr, 1954.

kondiktion）、支出费用型不当得利（Verwendungskondiktion）和清偿债务型不当得利（Rueckgriffskondiktion），后面三种被统称为非给付型不当得利。目前在德国，给付型不当得利和非给付型不当得利的区分成为通说。[①] 不过，德国学者对于这两种类型之外的其他不当得利类型也进行了探讨。例如，上述 von Caemmerer 教授提出了基于清偿他人债务的不当得利和基于未支付价款或提供服务而获得他人财产的不当得利。再如，Reuter 和 Martinek 教授创立了第三类不当得利情形（Abschöpfungskondiktion）。在英美法中，虽然在很长时间内并没有形成统一的不当得利的一般性规则，但也有些学者尝试对不当得利返还请求权进行类型化，例如，英国学者 Birks 将不当得利分为“因原告财产的减少而得利”和“因向原告实施了错误行为而得利”这两类。[②] 这种分类与德国法上的给付型不当得利和非给付型不当得利的分类方式十分相似。

我国学者大多继受了 Wilburg 的分类方式。按照这一分类方法，不当得利可以分为两种类型：一是给付型不当得利，它是指基于一方的给付行为而使另一方受利益[③]，但此种利益的获得没有法律根据。二是非给付型不当得利，它是指不当得利并非基于一方当事人的给付行为而产生[④]，其主要包括因受损失者自己的事实行为而造成的不当得利、因受益人实施的侵权行为而发生的不当得利和由第三人的行为以及自然事件等原因而发生的不当得利。非给付不当得利的典型形式是因受益人实施侵权行为而产生的不当得利，此种不当得利在德国学说中称为“侵害他人权益之不当得利”（Eingriffskondiktion）。因侵权发生的不当得利，具有如下几个特征。

第一，受益人实施侵权行为，并致他人损害。如不是受益人实施侵权行为，而是第三人实施侵权行为，则受益人不负侵权责任。如果受益人实施侵权行为，并未造成他人的损害，则构成不当得利而不构成侵权责任。例如，在他人的房屋

① Reinhard Ellger, Bereicherung durch Eingriff: das Konzept des Zuweisungsgehalts im Spannungsfeld von Ausschließlichkeitsrecht und Wettbewerbsfreiheit, Mohr Siebeck, 2002, S. 237.

② See Peter Birks, “The Condition of the English Law of Unjust Enrichment” [1992], Acta Juridica 1.

③ 参见黄茂荣：《不当得利》，88 页，台北，植根法学，2011。

④ 参见黄茂荣：《不当得利》，92 页，台北，植根法学，2011。

上悬挂广告招牌，虽形成不当得利，但并未妨害所有人对房屋的利用，从而不构成侵权。应当指出，这里所说的损害，主要是指他人财产利益受到损失。它既包括使他人现有财产减少，即直接损失，也包括使他人财产应增加而未增加，即应得利益的丧失。应得利益是在正常情况下可以得到的利益，并非指必须得到的利益。因此，只要某人有可能得到的利益因他人的侵权而未得利，即属于受有损失。例如，因他人对专利权的侵害，使专利权人应得利益丧失。

第二，受益人的获利是因为自己的行为所致。这里所说的获利，是指侵权人自己获得利益，而不是指他人获得利益。从民法上看，获利包括两方面的内容：其一，行为人取得各种财产利益，这主要是财产利益的增加。行为人的原财产权利发生扩张、原财产权利的限制得以消除、占有他人财产而受有利益等，也视为取得利益。其二，行为人消极取得利益，这是指行为人的财产本应减少而没有减少的情况，包括本应支出费用而没有支出，本应负担债务而后来不再负担，应在自己的财产上设定负担而没有设定，等等。侵权人因实施侵权行为而获利，是其侵权行为造成他人利益损失的结果。在给付型不当得利的情形，受益人的获利是因为他人的给付行为所致，主要是受损人基于一定的基础关系（如合同关系）对受益人作出给付，而嗣后该基础关系不复存在，从而导致受益人所受领的给付利益构成不当得利。而在非给付型不当得利中，受益人的获利往往不是基于受损人对其作出给付，而主要是基于自己的行为所致，如受益人因侵夺受损人财产而获利。也正是因为这一原因，非给付型不当得利返还请求权常常与侵权请求权发生竞合。在此类行为中，最为典型的就是“损人利己”的行为，即行为人因侵害他人权益而获利，由于受益人所获收益往往是以干涉或损害他人权益为代价的，而受益人的行为本身，就可能构成侵权行为。因而，受损人既可以根据不当得利返还请求权向受益人主张权利，也可以直接要求其承担侵权责任。值得注意的是，在我国司法实践中，很多法院都习惯于将此类案件直接作为侵权行为处理，而较少适用不当得利规则。笔者认为，不当得利返还请求权与侵权请求权在构成要件、法律效果等方面存在较大区别，而且两种请求权中当事人的举证责任负担也不同，如在不当得利返还请求权中，受损人即无须举证证明受益人存在过错。因此，在两种请求权竞合时，法院应当允许权利人依据实际情况自由选择依据何种请求权提出请求，即应当允许权利人在不当得利和侵权责任之间作出选择。

第三，受益人的获利可能使他人遭受损害。在非给付型不当得利中，得利人主要是因侵权行为而获得了利益。按照权益归属说（Zuweisungstheorie），得利人侵入了法律确定的受损人的权利领域，因此，得利人应当将其获利返还给受损人。[①] 该制度除了具有调整不当财产变动的功能以外，还具有一定的预防不法行为发生的功能。在非给付型不当得利中，尤其是对侵害权益型不当得利而言，行为人可能因侵害他人权益而获利，可能出现损害大于获利，或者获利大于损害的情形，此时，就需要发挥非给付不当得利制度在预防损害方面的功能。不当得利制度的功能就不再限于调整欠缺法律原因的财产变动关系，其在很大程度上也具有预防侵权行为发生的功能，即对此类不当得利而言，其重要功能是剥夺获利，预防非法行为。所以，即使是在无法确定损害或者损害小于获利的情形，也可能要求侵权人返还其全部获利。例如，某人使用他人闲置的机器获利，受损人所遭受的损害可能是轻微的，但这并不妨碍其请求侵害人全部获利的返还。

第四，受益人的获利无法律上的根据。所谓无法律上的根据，是指得利事实没有法律上的原因。在现代社会，任何利益的取得都应当有法律上的原因，它们或直接依据法律，或直接依据法律行为。因侵权行为而得利，行为本身具有不法性，且使本应由权利人获得的利益由不法行为人取得，这都表明此种得利无法律上的根据，因而构成不当得利。

关于侵害他人权益而获利为何欠缺法律上的原因，学说上有两种理论：一是违法性说。此种观点主要由德国学者 Schulz 所主张，其认为，侵害他人权益而获益之所以构成不当得利，是因为行为人的侵害行为具有不法性，导致其获得的利益无法律根据，因此，行为人负有返还的义务。[②] 二是权益归属说。此种观点以 von Caemmerer 和 Wilburg 为代表，按照他们的观点，任何权利均有一定的利

---

① 参见［德］冯·巴尔等主编：《欧洲私法的原则、定义与示范规则：欧洲示范民法典草案》（第五卷至第七卷），王文胜等译，987 页，北京，法律出版社，2014。

② 参见王泽鉴：《不当得利》，140 页，北京，中国政法大学出版社，2002。

益内容，此种利益应归于权利人享有，该民事权益由受害人享有，行为人基于侵权行为获取他人利益即因不法原因改变了该权益归属，该权益变动欠缺法律上的原因，构成不当得利。① 在 von Caemmerer 提出权益归属说之前，德国主流的观点采违法性说，但普遍认为，违法性说不能合理说明谁有权获得非法取得的利益。目前德国学界的主流观点是采权益归属说。笔者认为，这两种观点都有一定的合理性，是从不同的角度对该利益变动所进行的考察，都可以说明行为人因侵权行为而获取的利益欠缺法律上的原因。但笔者认为，因侵害他人权益而获利应负返还义务的主要原因在于，其不符合自然正义的理念。罗马法学家 Pomponius 认为，根据自然法，无人能够以他人的费用而使自己获利。自然法学派主张，损人利己违反了自然正义，从这一原则出发，应将禁止不当得利确立为一个基本原则。任何人不得因其不法行为而获利，这是自然正义的基本原则，因此，损人利己的行为构成不当得利，根本原因在于其违反了自然正义的法则。

二、因侵权行为而发生的不当得利的典型形态

（一）非法使用他人之物

此种行为是指受益人无法律上的权利依据而使用他人的物。例如，使用他人墙面做广告宣传。再如，租赁期届满后拒不返还租赁物，而对租赁物继续使用和收益等。在非法使用他人之物的情形下，通常可以直接认定行为人因使用他人之物而获得利益。此种形式的获利多种多样，包括使用人通过使用他人的财产所获得的一切有形或无形的经济利益，因为使用他人财产而使行为人本应支付的费用未予支付、行为人本应减少的财产没有减少，均应视为获取收益。

使用人使用他人之物，无论物本身是否毁损灭失，都已构成对物的所有人的损害。有学者认为，单纯的使用并没有致物的损害，不构成侵权，而只构成不当得利。② 笔者认为，依据《侵权责任法》第 6 条第 1 款的规定，只要因过错侵害

---

① 参见沈达明编著：《英美合同法引论》，34 页，北京，对外贸易教育出版社，1993。

② 参见王泽鉴：《不当得利》，146 页，北京，中国政法大学出版社，2002。

他人的权益，即可构成侵权。在非法使用他人之物的情形下，即使没有造成他人之物有形的损害，未经许可使用他人之物本身即构成对他人之物所有权的侵害，在此情形下，受害人虽然无法请求行为人赔偿损失，但可以请求行为人承担停止侵害等侵权责任。因此，受害人可以在不当得利返还请求权与侵权请求权之间作出选择。

在非法使用他人之物的情形，受损人应当有权请求非法使用人返还不当得利。在此需要讨论的是，该返还请求权的范围如何？即受损人可以请求使用人返还何种利益？笔者认为，因为非法使用他人之物既可能基于善意也可能基于恶意，所以，返还义务的具体确定应当考虑受益人的主观心理状态：如果受益人是善意的，应当返还现存利益；而如果受益人是恶意的，即便其所获得的利益已经不存在，其仍应当负担返还义务。此外，在使用人占有物的情形，还应当返还该物的占有。在确定使用人返还所获利益的范围时，笔者认为，可以考虑将使用人在非法使用他人之物期间所应当支付的使用费作为获利予以返还。例如，小区屋顶在性质上属于业主共有，甲未经其他业主的许可而在屋顶建庭园，侵害了业主对该屋顶平台的共有权，如果其他业主以侵权请求权向甲提出请求，则只能请求甲及时拆除该屋顶庭园，恢复屋顶原状。但甲未经其他业主同意而使用该屋顶平台，造成其他业主损害，并因此获利，应构成不当得利。如果其他业主以不当得利返还请求权向甲提出请求，此时需要确定甲获利的具体数额问题，笔者认为，可以将甲两年内使用屋顶平台的使用费作为其获利的数额。

（二）无权处分

无权处分是指在未经权利人同意的情况下，行为人擅自处分他人标的物的行为。由于无权处分人的行为已侵害他人权利，构成侵权行为，同时，如果行为人因该无权处分行为获利，并使原所有人遭受损失，而且处分人的获利并没有法律上原因，则构成不当得利。此外，在第三人不构成善意取得的情形下，其对标的物的占有也构成不当得利，此时，权利人对第三人也享有不当得利返还请求权。例如，甲将从乙处借来的收音机卖给丙，即构成对乙收音机的无权处分，如果符合善意取得的要件，丙可取得所有权。此时，乙可向甲请求返还不当得利（因出卖收音机而获得的价金)，也可以基于侵权请求权向甲提出请求。当然，如果丙明知甲无处分权而仍然购买该收音机，则构成恶意，丙将无法取得对收音机的所有权，此时，乙既可以基于物权请求权请求丙返还收音机，也可以基于不当得利返还请求权向丙提出请求，此时，不当得利返还请求权针对的对象是对收音机的占有。

因此，在因无权处分而发生不当得利的情形，权利人不当得利返还请求权的请求对象、请求内容等，可能因交易相对人是否构成善意取得而不同。从比较法上来看，善意取得也可能适用于无偿的无权处分。但依据我国《物权法》第106条的规定，善意取得以有偿交易为前提，所以，处分人实施了无偿的处分行为，则并不能使第三人善意取得物权。例如，在前例中，如果甲将乙的收音机赠与丙，此时，丙并没有取得收音机的所有权。因而，丙占有该物并无法律上原因，从而构成占有不当得利。另外，由于甲并没有占有该物，因而，乙无法依据不当得利返还请求权向甲提出请求。

依据《合同法》第51条的规定，在无权处分合同因未被追认而被宣告无效的情况下，如果处分人已经交付了财产，也会产生无法律上原因的无权处分的问题。[①] 例如，甲将从乙处借来的收音机依买卖合同交付于丙，甲的转让行为即构成无权处分，如果丙是善意的，即便其与甲之间的买卖合同因未被乙追认而被宣告无效，丙也可以基于善意取得的规定取得标的物的所有权，乙无法向丙主张不当得利返还请求权。如果允许无权处分人请求买受人返还不当得利，善意取得制度将无法发挥作用，交易安全和交易效率也可能受到影响。

（三）非法出租

所谓非法出租，是指无租赁权或未经他人同意，而擅自出租他人财产，或在租赁关系消灭以后，拒不返还租赁物，而将租赁物出租给他人，从而获取租金。从性质上看，非法出租他人的财产与无权处分一样，均构成对他人财产权利的侵

① 值得注意的是，《买卖合同司法解释》第3条第1款规定："当事人一方以出卖人在缔约时对标的物没有所有权或者处分权为由主张合同无效的，人民法院不予支持。"该规定显然与《合同法》第51条的规定不相符合。

害，由此所获得的租金无法律上的原因，因而构成不当得利，行为人应向权利人负返还不当得利和赔偿损失的责任。在非法出租的情形，出租人获得了租金，则构成受益。如果出租人尚未获得租金，则其对于承租人的租金请求权，也构成受益。

在此需要讨论的是，在租赁关系存续期间内，承租人非法转租所获得的收益是否构成不当得利？笔者认为，这并不构成不当得利。既然出租人与承租人之间具有合法的租赁关系，则依据合同的规定，承租人有权对租赁物进行使用收益，出租人对租赁物已不能行使使用收益权能。所以，承租人因违法转租而获取收益，并未致出租人重大损害。若出租人在获取租金后，还可向承租人请求返还不当得利，则出租人将获取双倍收益，显然有失公平。因此，在此情况下，出租人可基于承租人违约而要求解除合同，赔偿因转租给其造成的损失，但不得要求承租人返还不当得利。

（四）拒不返还拾得物

拾得人在拾得遗失物后，公然地将拾得物据为己有。所谓“公然”，是指通过一定的表示及实施一定行为，公开宣称拾得物属于自己所有。例如，第三人明确表示拾得物是自己的财产，或在失主发现拾得物以后要求其返还时拒不返还，均属此类。在实践中，从拾得遗失物到公然将其据为己有，常常有一个发展过程，如拾得遗失物以后并未公然宣称拾得物属于自己所有，而当未发现失主时，就公然据为己有。例如，某人拾得他人的大牯牛以后，将其牵回家中饲养，并没有公然据为己有的表示，因此不能认定其在拾得牯牛以后，就已将其据为己有。但在权利人找到拾得人要求返还大牯牛，而被告拒绝返还时，就可认定其已经将拾得物公然据为己有。对于拾得人拒不返还拾得物，应如何处理，在司法实践中有两种不同的观点。一种意见认为，应按侵权行为处理。根据最高人民法院《关于贯彻执行〈中华人民共和国民法通则〉若干问题的意见（试行）》第 94 条的规定，“拾得人将拾得物据为己有拒不返还而引起诉讼的，按照侵权之债处理”。另一种意见认为，拾得人将拾得物据为己有，拒不返还引起诉讼的，应按返还不当得利的规定处理。拾得人因其故意行为造成拾得物毁损灭失的，应向所有人承担责任。[①]

毋庸置疑，拾得遗失物据为己有，构成不当得利。拾得遗失物本身情况复杂，如果拾得人有代为管理遗失物的意图，可构成无因管理。但在拾得人拒不返还时，已表明拾得人不具有此种代为管理的意图，拾得人既然已知道遗失物的主人，就不再有无因管理意图。继续占有遗失物，显然无法律上的依据，同时，此种占有使原所有人丧失了占有上的利益，因此而受到损失。那么，如果拾得人在拾得遗失物以后据为己有，但他占有遗失物本身无价值或者他并没有从中获得现实利益，是否可以认为获利？有一种观点认为，既然不法占有人尚未取得所有权，就谈不上受益问题。我们不同意此种观点，事实上，原所有人虽未丧失其所有权，但其占有因此而丧失，据此，亦能成立不当得利返还请求权。对于遗失物的占有人来说，不管占有是一种权利还是一种利益，取得占有本身就是一种受益，其取得占有则在法律上居于有利的地位，故应发生不当得利返还。有时拾得人还可以取得遗失物的孳息。在拾得人取得了遗失物所生孳息的情况下，拾得人仅负孳息的返还义务，显然不足以保护所有人的利益。

拾得遗失物据为己有，亦构成侵权行为。因为遗失物并不是无主物，也不是所有人抛弃的或因为他人的侵害而丢失的物，而是因所有人不慎所丢失的动产。我国民法规定，拾得遗失物应归还失主，可见，我国法律已明确确认遗失物的所有权归于失主（原所有人或合法占有人）。尽管所有人因财产丢失而丧失事实上的占有，但并不丧失权利。若所有人未丧失其所有权，则拒不返还拾得物就构成对所有权的侵害。

笔者认为，拾得遗失物的情形，虽然可能构成不当得利返还请求权与侵权请求权的竞合[②]，但在一般情况下，对拒不返还拾得物的，从有利于平衡失主和拾得人利益的角度出发，首先应当依据不当得利的规则处理，而不应按侵权行为处

---

① 参见全国法院干部业余法律大学：《民法教学案例选编》，128～129 页，北京，人民法院出版社，1989。

② 严格地说，在拾得遗失物的情形，可能构成不当得利返还请求权、侵权请求权与物上请求权的竞合，但从司法实践来看，主要适用的是不当得利返还请求权与侵权请求权的竞合，物上请求权的适用情形较为少见。

理，主要原因在于：

第一，如果按侵权处理，权利人不仅有权请求拾得人返还遗失物，而且有权请求拾得人赔偿相关的损失，这实际上意味着应对拾得人予以制裁，显然不太合理。毕竟失主丢失其物，自身也有过错，尽管拾得人拒不返还拾得物有过错，但依照侵权责任由拾得人赔偿遗失期间的间接利益损失，则可能对拾得人课以过重的责任。同时，行为人在拾得遗失物之后予以保管，这在一定程度上也避免了权利人损失的扩大。此外，对拾得人予以制裁，使其承担民事责任，则可能导致拾得人不精心照管他人遗失的财产，从而造成其毁损灭失，这可能导致社会财富的浪费。例如，在前述案例中，如果牯牛的所有权人不但要求拾得人返还牯牛，而且要求拾得人赔偿其在丢失牯牛期间不能使用牯牛的利益损失，那么被告可能拾得之后不进行保管，任其生病甚至死亡，其结果对失主更为不利。

第二，按不当得利而不是按侵权处理，已经足以保护失主的利益。即在拾得遗失物的情形下，权利人依据不当得利返还请求权向拾得人提出请求，一般情况下已经足以恢复其既有的财产状态，因此，无须将拾得人的行为界定为侵权行为。而且对不当得利返还请求权而言，权利人通常只需要证明拾得人占有其财产，而且这种占有是无法律根据的即可，在举证责任上不需要像侵权责任那样要求权利人证明行为人存在过错。所以，在一般情况下，按不当得利要求拾得人返还拾得物，是比较妥当的。

第三，在拾得遗失物后，拾得人对遗失物进行使用、收益，使原物价值减少、形态变更或转换，行为人因此获得较大利益时，适用不当得利返还请求权对受害人更为有利。当然，在此种情形下，权利人需要举证证明拾得人获得了较大的利益。

需要指出的是，在拾得人拒不返还遗失物的情形下，并不能一概排除权利人的侵权请求权。例如，在权利人依据不当得利返还请求权向拾得人提出请求时，如果拾得人拒不返还，而且故意造成拾得物损害的，此时即构成了恶意侵占、损害他人财产的侵权行为，在此情况下应当允许权利人请求拾得人承担侵权责任。再如，如果拾得物已经灭失或拾得人已为保养原物支付了较高费用，而且此种费用已经超过遗失物的价值时，权利人依据不当得利返还请求权提出请求可能不利于保护其合法权益，反而可能不当增加其负担，而依据侵权请求权提出请求，则不存在相关费用的补偿问题，此时，也应当允许权利人选择依据侵权请求权提出请求。

（五）侵害知识产权而获取利益

知识产权具有财产权的性质，其作为一种无形财产，在现代社会中具有越来越重要的价值。知识产品具有财产价值和商品属性，能够运用于社会生产和其他经济活动中创造出物质财富，并能给行为人带来一定的经济利益。行为人侵害他人知识产权，如抄袭和非法复制他人有著作权的作品、非法使用他人商品或擅自制造并销售他人注册商标标识、未经专利权人许可而使用其专利等，均可能因此获得一定的经济利益，由于此种获利没有法律根据，行为人亦应负返还不当得利的责任。例如，在衣念（上海）时装贸易有限公司与浙江淘宝网络有限公司、杜国发侵害商标权纠纷上诉案中，杜国发在淘宝网上销售的服装上卡通小熊的图案与衣念公司的注册商标高度近似，衣念公司起诉到法院，要求杜赔偿衣念公司经济损失及合理费用 84 900 元，并登报道歉。[①] 该案既构成侵权也构成不当得利，但从实践来看，类似案件一般都按照侵权来处理。

笔者认为，虽然在侵害知识产权而获利的情形，按照侵权来处理有利于对受害人的保护，即通过确认行为人的行为构成侵权，并课以其承担侵权责任，可以起到谴责行为人、预防损害发生的效果。但不能据此完全排除不当得利请求权的适用。对于侵害知识产权而获利的行为，按照不当得利处理具有如下几点优势：一是减轻权利人的过错举证负担。在适用侵权请求权时，受害人需要举证证明行为人主观上存在过错，而在适用不当得利返还请求权时，权利人无须举证证明行为人的主观过错，这对充分救济受害人更为有利。[②] 二是减轻对损害的举证负担。虽然不当得利请求权也要证明有损害，但此种损害的证明负担要远小于侵权责任中的损害证明负担，权利人只需要证明其遭受了一定损害，并且该损害与行

① 参见上海市第一中级人民法院（2011）沪一中民五（知）终字第 40 号民事判决书。

② 参见王泽鉴：《不当得利》，172 页，北京，中国政法大学出版社，2002。

为人的获利具有一定的因果联系即可。而适用侵权请求权时，受害人不仅需要证明损害存在，而且通常需要证明其损害的具体数额，否则难以获得救济。而知识产权的客体具有无形性，权利人一般难以证明行为人的利用行为对其知识产权造成了何种损害[1]，也难以证明其损害的具体数额，这使受害人难以获得有效的救济。尤其是在行为人因侵害知识产权获利较大的情形下，按照实际损害进行赔偿可能也难以实现侵权法损害预防的功能。此时，肯定权利人的不当得利返还请求权，既有利于减少权利人的上述举证困难，而且权利人可以请求行为人返还获利，这也有利于起到制裁不法行为、预防损害发生的效果。

（六）侵害人身权而获取利益

人身权以人身利益为内容，本身不具有财产因素，但人身权也和财产权有密切的联系，某些人身权的行使（如个人肖像权的许可使用），也会给权利人带来一定的经济利益。人格权商业化利用现象日益普遍，例如，名人的姓名、肖像、声音等，都具有一定的社会知名度，因此在商业上具有相当程度的利用价值，可以用金钱来加以衡量。即使是普通人的姓名、肖像等也有用作宣传广告等的可能。在欧洲出现了所谓的“形象代言人权利”。甚至一个人的声音、笔迹、特定的人体动作等，都可进行商业上的使用，产生一定的经济利益。所以，不法行为人侵害某些人身权，如假冒他人的姓名而获利、以营利为目的使用他人的肖像等，都可能使不法行为人获取一定的经济利益，因此，行为人应负侵权责任和返还不当得利的责任。例如，在“崔永元与北京华麟企业有限公司侵害肖像权、名誉权案”中，原告认为，被告未经许可利用原告的肖像做广告，在全国 90 家电视台播放，同时，被告还四处散发招贴广告。被告从中获取了大量利益，因此，要求被告赔偿其经济损失 170 万元。一审法院认为，“因为原告未举出其他证据证明其遭受了经济损失，所以，对其要求赔偿经济损失的诉讼请求，本院不予支持”[2]。笔者认为，原告虽然无法充分证明其遭受损失的准确数额，但法院完全驳

---

① 参见唐力、谷佳杰：《论知识产权诉讼中损害赔偿数额的确定》，载《法学评论》，2014（2）。

② “崔永元与北京华麟企业有限公司侵害肖像权、名誉权案”，北京市朝阳区人民法院（1999）朝民初字第 4247 号民事判决书。

回原告赔偿经济损失的请求，确实不妥，无法起到遏制被告的侵权行为的目的。

三、不当得利与侵权责任竞合的法律效果

只有同时满足不当得利和侵权责任的构成要件，才能发生返还不当得利的责任与侵权责任因同一法律事实而产生的竞合现象。在此情况下，受害人究竟是享有一项请求权还是两项请求权？若享有一项请求权，是否可以就两者择一行使，在理论上值得研究。日本流行的判例和学说认为，侵权行为损害赔偿请求权与不当得利请求权在目的和构成要件上不尽相同，但从保护受害人考虑，不妨使两种请求权并存，允许当事人择一行使。德国有关判例认为，不当得利返还的请求权作为辅助的（subsidiarilaet）请求权，如果能够适用合同请求权，则不能适用不当得利请求权。而法国一般的学说和判例均强调，不当得利返还请求权只是在不存在其他请求权时才能适用，均强调不当得利请求权是一种辅助性的请求权，其适用应当受到限制，只有在依据合同或者侵权不能得到救济时才能予以适用。[①]不当得利主要是由判例及学说基于衡平理念弥补制定法不足，在裁判中，法官首先要适用实定法，只有在无实体法规定时，才能适用自然法原理。因而不当得利只有在无其他诉权时才能适用。[②] 在我国，也有许多学者主张，所有权返还请求权与不当得利返还请求权不能两立，因为“在受害人并未取得该项利益的所有权（经营权）时，适用所有权（经营权）返还请求权而不借助于不当得利制度，更易于实现民法的任务”[③]。

由于不当得利返还请求权与基于侵权行为的请求权在目的、构成要件、责任形式等方面存在着重大区别，因此，适用不同的请求权，将直接影响到案件的处理后果。这具体表现在：

（1）从构成要件上看，由于侵权行为责任适用的主要目的是使加害人对受害

① 参见王泽鉴：《不当得利》，8 页，北京，北京大学出版社，2009。

② 参见刘春堂：《不当返还请求权与其他请求权之竞合》，载《台湾法学丛刊》第 94 期。

③ 崔建远：《不当得利研究》，载《法学研究》，1984（4）。

人所受的损害予以补偿，使受害人受到侵害的权利得以恢复，所以，侵权损害赔偿应以受害人实际发生损害为成立要件，尤其是在决定责任范围时，实际的损害程度直接影响赔偿范围。至于加害人是否因为加害行为受益、受益的程度等，不影响侵权责任的构成和责任范围的确定。而不当得利制度旨在剥夺受益人的不正当的受益，使受益人将其所获得的利益返还给受损人。所以，此种责任应以受益人直接受益为条件。由此可见，在不法行为人侵害他人的权利，虽致受害人较大的损害，而自己却获得较少的利益时，或虽致受害人较少的损害，而自己却获得较大的利益时，适用不同的责任将直接影响到行为人承担的责任范围以及对受害人如何保护的问题。

（2）从责任形式来看，依据我国《民法通则》的规定，侵权责任以损害赔偿为主要形式，但又不限于损害赔偿，还包括返还财产等多种责任形式。因此，一旦侵权行为责任成立，则可以以多种形式对受害人予以保护。而不当得利返还责任主要是返还财产的责任。《民法通则》第 92 条规定："没有合法根据，取得不当利益，造成他人损失的，应当将取得的不当利益返还受损失的人。"若不当得利人不予返还，受损失者可以请求人民法院责令其返还。可见，不当得利返还责任的形式是单一的。这样，在不法行为人致他人损害并使自己从中获得利益的情况下，若受害人希望恢复其对原物的占有和支配，或希望使其所遭受的财产和人身损失得到充分补偿，则适用侵权责任对受害人更为有利。

（3）从举证责任来看，由于不当得利返还责任的构成不以受益人主观上是否有过错为要件，因此，一方当事人（受损人）行使不当得利返还请求权，不必对另一方当事人（受益人）的故意和过失负举证责任。当然，受益人主观上是出于善意或恶意，将直接影响到其返还的范围，但并不影响其返还责任的成立。而一般侵权责任以过错为责任构成要件，因此基于侵权行为的请求权的成立，必须建立在受害人能就加害人具有故意或过失举证的基础上。若受害人不能就此举证，则难以成立一般侵权责任。

在举证责任方面，若要成立不当得利返还责任，则一方当事人（受损人）应就另一方（受益人）已取得不当利益的事实举证。同时，在满足一定条件时，受益人亦能以“所受利益已不存在”为抗辩。例如，受益人证明其所受领的金钱已赠与他人、使用消费之物已经消费等。受益人未获利益或因其善意使所获利益丧失，则不存在返还问题。而就侵权行为责任来说，受害人要使其损害赔偿的请求成立，必须就其遭受的损害事实举证。即使在适用无过失责任的情况下，受害人也必须证明损害事实的存在。比较这两种举证责任的内容可以看出，在不法行为人致他人损害并使自己从中受益的情况下，受害人要证明自己遭受损害的事实是容易的，但要证明加害人获得利益以及获利的程度则相对困难。

此外，对故意的侵权行为所产生的债务，在民法上禁止债务人进行抵销，否则，将根本违背公共秩序和社会公德。而因不当得利返还所产生的债务，在民法上是可以抵销的。

以上是就不当得利返还请求权与基于侵权行为的请求权所作的一般的比较。在我国，依据《民法通则》的相关规定，基于物权产生的所有权返还请求权就属于基于侵权行为而产生的请求权的内容。但是，返还所有权的请求权具有其自身的特点，它和不当得利返还的请求权一样，都要适用《民法通则》第134条所规定的返还财产的责任形式。但两种请求权在适用中仍有明显的区别。表现在：一方面，在构成要件上，返还所有权实际上是返还原物，而返还原物必须以原物依然存在为要件，若原物已经灭失，返还原物在客观上已不可能，所有人只能要求赔偿损失，而不能要求返还原物。若原物虽然存在，但已经遭受毁损，则原物所有人只能根据其利益，请求返还原物或提出恢复原状等请求。而适用不当得利返还责任，以受益人获利为标准，不管原物是否存在，只要受益人获得利益，就应负返还责任。例如，原物因各种原因已改变形态，或转化为货币，但受益人仍应负返还责任。另一方面，从范围上看，返还所有权的对象不仅限于原物，也包括因原物所产生的孳息。返还的目的是使所有人恢复对原物的占有，因此，返还的范围主要及于原物。而不当得利返还的范围指受益人所获得的一切不当的利益，包括所受的利益（如接受权利、占有财产、被免除债务等）、基于原物的占有而取得的收益、基于权利的取得而获得的利益，以及原物因第三人的毁损和占有而获得的赔偿金、保险金等，虽然在返还时要考虑受益人的善意和恶意，但显然不当得利返还的范围更为广泛。

从以上分析可见，不当得利返还责任与侵权行为责任存在着重大差异，适用不同的责任，直接影响到行为人的责任范围和对受害人的保护问题。从我国司法实践来看，两种责任是相互排斥、不能并立的。这不仅是因为责任的并立将混淆两种不同的法律关系和请求权，而且容易不适当地加重行为人的责任，并有可能使受害人获得重复救济。所以，在出现不当得利返还责任与侵权责任竞合的情况下，从尊重当事人的自主自愿、保护受害人的利益出发，应允许受害人就两项请求权择一行使。受害人选择并实现一项请求权，意味着受害人放弃了另一项请求权。无论如何，两项请求权不能同时实现。

第五编

侵权责任制度

当代侵权法的发展趋势

正如德国社会学家乌尔里希·贝克教授（Ulrich Beck）所指出的，现代社会是一个“风险社会”，风险无处不在、事故频发。[①]“今天工业的种种经营、交通方式及其他美其名曰现代生活方式的活动，逼人付出生命、肉体及资产的代价，已经达到骇人的程度。意外引起的经济损失不断消耗社会的人力和物资，而且有增无减。民事侵权法在规范这些损失的调节及其费用的最终分配的工作上占重要的地位。”[②] 时常发生的环境污染、生态破坏、产品缺陷、交通事故以及其他各种自然灾难和人为灾害，都严重威胁着成千上万人的财产和人身安全。尤其是20世纪以来，两次世界大战促进了人权观念的勃兴，对人身权、财产权的保护被提到了前所未有的高度。因此，为保障民事主体的权利，维护社会的秩序，回应社会发展的需要，西方国家的侵权行为法也相应发生了“急剧的变化”(abrupt change)。侵权法呈现出了一系列新的发展趋势。

---

① 参见［德］乌尔里希·贝克：《风险社会》，何博文译，16~17页，南京，译林出版社，2004。

② John G. Fleming：《民事侵权法概论》，何美欢译，1页，香港，香港中文大学出版社，1992。

一、保护范围的扩大化

“法律是一种不断完善的实践”①，不断适应社会生活的变化而变化，作为一部全面保障私权的法律，侵权法也顺应私权保障理念的发展而不断扩大其保护范围，主要表现在如下几个方面。

第一，侵权法从传统上主要保护物权向保护人格权、知识产权等绝对权扩张，甚至将债权等相对权以及股权、继承权等权利纳入其保护的范围。传统的侵权法主要以物权为保护对象，因此，损失赔偿这一侵权责任形式成为对财产的侵害提供补救的主要的、最公平的方式。而随着民事权利的不断丰富和发展，侵权法保障的权利范围也逐渐扩大。以《德国民法典》为例，其第 823 条第 1 款规定，因故意或过失不法侵害他人的生命、身体、健康、自由、所有权或其他权利，构成侵权责任。对于第 823 条第 1 款来说，立法者明确将该条所保护的权利限定于生命、身体、健康、自由、所有权或其他权利。因为该款使用“其他权利”一词，属于兜底性规定，从而为法官不断扩张侵权法的保护范围留下空间。基于对该款的解释，“其他权利”是与生命、身体、健康、自由、所有权相当的绝对法益，在实践中由此确立了一般人格权、营业权（Das Recht am eingerichteten und ausgeübten Gewerbebetrieb）等新型的权利。② 英美法中也发展了“引诱违约制度”③。《美国侵权法重述》（第二版）第 766 条明确确认了这一规则，即“故意、不当干扰他人合同的履行（婚姻除外）……，应对他人负责”。正是因为现代侵权法保障的权利范围非常宽泛，所以，许多学者认为，现代侵权法不限于对绝对权的保护，其保护范围十分宽泛，可以说包括了各种私权，即不仅包括绝对权，还包括相对权。④ 当然，侵权法保护的主要对象还是绝对权。

---

① Ronald Dworkin，*Law's Empire*，Harvard University Press 1986，p. 44.

② Haack，Schuldrecht BT 4，5. Aufl.，Münster 2005，S. 55.

③ ［英］P. S. 阿蒂亚：《合同法概论》，程正康等译，285 页，北京，法律出版社，1982。

④ 参见王泽鉴：《侵权行为法》，第 1 册，97 页，北京，中国政法大学出版社，2001。

第二，侵权法从传统上主要保护财产权到逐步强化对人身权的保护。20 世纪以来，人格尊严价值日益凸显，对人格权的保护成为侵权法的重要使命。从某种程度上说，侵权法通过保护人格权也起到了人格权确权的功能。在许多国家，有关名誉、隐私、肖像等权利，正是通过侵权法的保护而得以逐步受到法律确认，例如，《法国民法典》第 1382 条广泛适用于对各类无形财产权的保护，因而对人格权的侵害行为都可以通过该条来进行规制。① 甚至在财产权和人格权发生冲突的情况下，当代侵权法向人格权保护倾斜。例如，2017 年法国侵权责任法改革草案第 1254 条第 2 款规定："在人身损害的情况下，只有受害人的严重过错方可导致加害人的部分免责。"

第三，侵权法从保护权利向保护利益发展。侵权法的保护对象不仅限于财产权和人身权，而且包括法律尚未规定但应当由民事主体享有的权利（如隐私权等）以及一些尚未被确认为权利的利益。② 例如，因他人的不正当竞争行为所遭受的损失、因他人滥用权利而遭受的损失、因侵害占有而致他人所遭受的损害，等等，这些都可以依侵权法的规定而使加害人负赔偿责任，甚至纯粹经济损失也都被纳入了侵权损害赔偿的范围。例如，《日本民法典》经过修改，在其第 709 条规定，"因故意或过失侵害他人权利或受法律保护的利益的人，对于因此发生的损害负赔偿责任"。该条特别强调了保护客体包括"受法律保护的利益"，这可以作为侵权法保护客体扩张的例证。由于侵权法加强了对合法利益的保护，一些新的侵权责任，如商业欺诈、滥用权利、侵害债权、妨害邻居等概念和制度也相应地产生。不过，为防止人们动辄得咎，法律上对侵害利益的责任要件有着更为严格的要求。例如《德国民法典》第 826 条规定，以违反善良风俗的方式故意对他人施加损害的人才承担损害赔偿义务。再如，就纯粹经济损失的赔偿来说，各个国家和地区一般都对其给予严格限制。根据奥地利学者库齐奥（Koziol）的考察，欧盟国家基本上都是通过考虑如下十项因素来确定是否认可纯经济损失赔

① See Gert Brüggemeier, Aurelia Colombi Ciacchi, Patrick O'Callaghan, *Personality Rights in European Tort Law*, Cambridge University Press, 2010, pp. 10-15.

② 参见［奥］海尔穆特·库奇奥：《侵权责任法的基本问题》，朱岩译，13 页，北京，北京大学出版社，2017。

偿，包括：限制潜在原告的数量、无额外注意义务、近因性与特殊关系、危险性、依赖、明显性与实际知晓、明确的内容、过失与故意、经济损失对原告的重要性、被告的经济利益。[①]

二、侵权法功能的扩展

（一）侵权法主要是救济法

传统的侵权法主要是责任法，从制度目的而言，旨在对因过错导致他人损害的行为实施制裁，教育行为人并保护受害人的权益。当然，19 世纪的侵权法侧重在"自由的合法行为"与"应负责任的不法行为"之间划定一个界限，以维护社会一般人的行为自由。[②] 然而，随着 20 世纪以来人类社会进入风险社会，大量事故频发，如何对各类事故中的不幸受害人提供全面救济，就成为侵权法的中心议题。所以，侵权法为应对风险社会的需要，开始逐渐强化对不幸受害人的救济。例如，在《德国民法典》施行一百多年后的今天，侵权法的指导理念逐渐转变为满足"人们对社会生产、生活基本安全的需求"[③]。因而，当代侵权法逐渐从制裁过错的法转化为对受害人提供救济的法。"侵权责任法的首要任务体现为受害人就其已经遭受的损害有权获得赔偿。"[④] 其主要目的是为受害人遭受的损害提供救济。

侵权法的救济法功能主要体现在如下几个方面。

第一，在制度目的上，侵权法主要以救济不幸的受害人为制度设计的重要目的。也就是说，在制度定位上，侵权法经历了从以行为人为中心到以受害人为中心的发展。在近代法上，侵权法是以行为人为中心的，即制裁行为人的过错行

① 参见［奥］海尔穆特·库齐奥：《欧盟纯粹经济损失赔偿研究》，朱岩、张玉东译，载《北京大学法律评论》，2009（1）。

② Fuchs，Deliktsrecht，7. Auflage，Springer，2009，S. 3.

③ Hein Kötz/Gerhard Wagner，Deliktsrecht，Luchterhand，2006，Rn. 48.

④ ［奥］库齐奥：《侵权责任法的基本问题（第一卷）：德语国家的视角》，朱岩译，75 页，北京，北京大学出版社，2017。

为，尽可能地保障人们的行为自由，避免动辄得咎。德国民法法典化之初，侵权法受到经济自由主义的深刻影响，保护行为自由被视为“当务之急的法律政策”[①]，此种思想便是指导整个立法的基本逻辑。但是，当代社会，侵权法所强调的重点已从惩罚过错转移到了补偿损失。[②] 在此背景下，对受害人的关爱被提高到更重要的地位，侵权法更为强调对受害人的救济。例如，行为人在高速公路上因疲劳驾驶造成车毁人亡，发生该重大交通事故之后，法律上应当如何确定行为人究竟是重大过失，还是一般过失，其意义并不明显，法律所关注的主要是如何对事故发生后的不幸受害人给予救济。

第二，在制度设计上，适应救济法的需要，侵权法的许多制度发生了重大变化，尽管过错责任仍然是一般的归责原则，但在许多领域已经让位于严格责任，过错责任原则的地位受到削弱。当今社会，各国普遍强调二元制的归责原则，即过错责任和严格责任并存。而在严格责任制度中，行为人是否具有过错、是否应受道德谴责已经不再重要，法律更为关注对受害人的救济。[③] 日益增加的严格责任类型使得被告没有过错也要承担责任，从而强化了对受害人的保护。正如德国学者埃塞（Esser）教授所指出的，过错责任侧重于对不法行为的制裁，而危险责任则侧重于对不幸损害的适当分配。[④]

第三，在救济机制上，从单一的侵权法救济向多元的救济机制发展。侵权法也逐渐从单纯的责任法而转变为与责任保险、社会救助相衔接，共同分散风险的法律机制。尤其是近几十年来，损失分担理论日益勃兴，此种理论认为，现代社会出现了大量的、人为制造出来的不确定性。例如，对生态的破坏、工业危险等，因此，需要通过侵权责任制度来实现损失的分担，由最能够承受损失、分散损失或投保的人来承受损失。“意外的损失都要通过损失分担制度得以弥补，借

---

① Fuchs，Deliktsrecht，7. Auflage，Springer，2009，S. 3.

② 参见［德］福克斯：《侵权行为法》，齐晓琨译，4～5页，北京，法律出版社，2006。

③ See *European Group on Tort Law*，*Principles of European Tort Law*：*Text and Commentary*，Springer，2005，p. 102.

④ Esser，Grundlagen und Entwicklung der Gefaehrdungshaftung，2. Aufl.，1969，S. 69f.

此实现社会的公平正义。"[①]

（二）侵权法也是预防损害的法

传统侵权法主要是对受害人遭受损害后提供救济，而现代侵权法越来越强调对损害的预防。可以说，现代侵权法除了具有补偿功能之外，其"重要机能在于填补损害及预防损害"[②]。所谓预防功能，是指侵权法通过规定侵权人应负的民事责任，来有效地教育不法行为人，引导人们正确行为，预防和遏制各种损害的发生，保持社会秩序的稳定和社会生活的和谐。侵权法之所以强调预防功能，一方面，因为大量的损害都具有外部性，损害往往由社会承担，而利益由行为人享有，尤其是受害人经常面临损害举证的困难，因而防患于未然也成为侵权法的功能之一；另一方面，因为现代社会进入了一个互联网、高科技、信息社会，网络侵权一旦发生，就如覆水难收，相关的侵权信息可能瞬间实现全球范围的传播，所造成的后果无法估计。也正因如此，更应当强调对损害的事先预防，这也导致了对损害的预防比以往任何时候都显得重要。

损害填补在于赔偿"过去"业已发生的损害，是一种"事后"的救济。预防损害系着眼于"未来"损害的防免，是一种"向前看"的思考方法。[③]《欧洲民法典草案》甚至认为，预防损害的发生优于损害赔偿。[④]

侵权法预防功能的发挥主要体现在如下几个方面：一是引入了停止侵害、排除妨害等预防性的责任形式。传统上，侵权责任的形式限于损害赔偿，而当代侵权法还采用了其他责任形式，如停止侵害、消除危险等，这些责任形式的确立旨在制止不法行为、防止损害的发生、避免损害的扩大。[⑤] 二是课以相关主体的防范损害的义务。传统侵权法强调对损害的事后救济，即在损害发生后，通过认定

---

① André Tunc, *International Encyclopedia of Comparative Law*, Vol. 6, Torts, Introduction, J. C. B. Mohr (Paul Siebeck), Tübingen, 1974, p. 181.

② 王泽鉴：《侵权行为法》，第1册，34页，北京，中国政法大学出版社，2001。

③ 参见王泽鉴：《损害赔偿》，34页，台北，三民书局，2017。

④ 参见欧洲民法典研究组等编著：《欧洲示范民法典草案：欧洲私法的原则、定义和示范规则》，高圣平译，65页，北京，中国人民大学出版社，2012。

⑤ 参见石佳友：《论侵权责任法的预防职能》，载《中州学刊》，2009（3）。

行为人的侵权责任，实现对受害人损害的事后填补。而现代侵权法则注重课以相关主体损害预防的义务。如我国《侵权责任法》第37条确立了安全保障义务，其目的也在于课以相关主体采取一定的措施，实现对损害的事先预防。三是通过适用惩罚性赔偿、获利返还等责任形式，实现对损害的预防。预防的功能可以分为特殊预防（specific deterrence）和一般预防（general deterrence）。特殊预防是指侵权法对于实施了侵权行为的人本身发挥预防的作用，避免其以后再次实施类似行为。而一般预防是指侵权责任法可以起到对于社会一般人的预防作用，发挥类似于“杀鸡儆猴”的功能。[①] 无论是惩罚性赔偿还是获利返还制度，都通过对行为人的获利予以剥夺甚至对行为人的恶意侵权实施制裁，从而起到预防警示的作用，以防范侵权行为的发生，对行为人施加严苛惩罚，增加其违法成本，以阻止其再次实施侵权行为。

以预防为中心来重构现代侵权法，将会对侵权责任法的制度和规范体系产生深远的影响。[②] 这就表明，当代侵权法除了要填补损害之外，还应当主动和提前介入我们这个“风险社会”的一切“风险源”之中[③]，从而达到“防患于未然”的效果。

三、侵权行为类型的多样化

随着侵权法保障权益范围的扩张，侵权行为的类型也在逐步增多。现代社会是一个危机四伏、充满危险的社会。人们在生活中遭受外来侵害的风险种类和风险程度日益增加，各类新的侵权形态频发，因此，导致侵权法中特殊侵权的类型越来越多。侵权行为类型的日益丰富也是侵权法发展的一项趋势。[④]

一是高度危险责任的类型增加。由于现代工业与高科技的发展，人类社会生活中的危险事故频频发生，因此，核事故、化学产品泄漏事故、交通事故、环境

---

① See Andre Tunc, *International Encyclopedia of Comparative Law*, Vol. XI, Torts, Introduction, J. C. B. Mohr (Paul Siebeck), Tübingen, 1974, pp. 161-162.

②③ 参见石佳友：《论侵权责任法的预防职能》，载《中州学刊》，2009（4）。

④ 参见王泽鉴：《侵权行为法：特殊侵权行为》，17页，台北，三民书局，2006。

污染事故、医疗事故等，成为现实生活中的一些严重问题。

二是产品缺陷致人损害的发展。现代市场经济的发展使得生产者与消费者之间的信息不对称日益加剧，许多产品因缺陷而致人损害，消费者常常处于难于举证的境地，这也促进了产品责任的发展。产品责任是指因产品缺陷造成他人的财产或人身损害，产品的生产者和销售者对受害人承担的严格责任。① 各国从保障食品药品安全、维护社会秩序等考虑，越来越重视对产品责任的规范。

三是网络侵权问题突出。随着计算机和互联网技术的发展，人类社会已经进入一个信息爆炸和信息高速传播的时代。互联网深刻地改变了人类社会的生活方式，给人类的交往和信息获取、传播带来了巨大的方便。网络广泛收集、存储各类信息，并突破了地域、国家的限制，且具有无纸化、交互性的特点。② 网络侵权往往具有侵权主体的匿名性、传播的快捷性、影响的广泛性和不可逆转性，以及造成损害后果的严重性等特征，对个人的隐私、名誉都构成了越来越大的威胁。因此，网络侵权责任也在侵权责任中占据重要的位置。

四是大规模侵权的产生。传统侵权法所遭遇的重要挑战之一，就是难以应对大规模侵权事件，尤其是对于大规模环境侵权、公共卫生侵权等事件的预防收效甚微。所谓大规模侵权，是指涉及大量受害人的权利和法益的损害事实的侵权。③ 在大规模侵权中，受害人为数众多（numerosity），其群体可能具有地理分散性（geographic dispersion），损害发生的时间具有分散性（temporal dispersion），但诉讼结果具有同一性。④ 产品责任、矿难事故、环境污染等事故经常以大规模侵权的形式出现。这些事故的发生，不仅造成了财产损害，而且还引起了人身伤害和生命威胁。为此，一方面，侵权法需要在发挥事后救济功能的同时，通过停止侵害、排除妨害等制度发挥事前预防功能，防止损害的发生，避免损害

① 参见刘静：《产品责任论》，6页，北京，中国政法大学出版社，2000。

② See Douglas Thomas & Brain D Loader, *Cybercrime*, Routledge, London and New York, 2000, p. 10.

③ 参见［德］冯·巴尔：《大规模侵权损害责任法的改革》，贺栩栩译，1页，北京，中国法制出版社，2010。

④ See Richard A. Nagareda, *Mass Torts In a World of Settlement*, University of Chicago Press, 2007, pp. 12-13.

的扩大。[①] 另一方面，也需要针对大规模侵权的责任以及有关赔偿基金的建立等作出规范。

五是环境污染、生态破坏侵权的严重性。21 世纪是生态环境不断恶化的时代，环境污染事故是现代社会中新型的、发生频率较高的、损害严重的事故。因此，保护生态环境也成为法律规范的重点。

特殊侵权行为的类型化与扩大化表明侵权行为在当今社会的复杂性和多样性，特殊侵权责任的不断丰富和完善也是侵权法发展的趋势。当然，这种类型化是在一般条款指导下的类型化，而不是散乱的、毫无体系的类型化。特殊侵权行为的大量出现也对传统侵权法理论提出了很大的挑战，导致侵权法中许多理论在不断改变，如因果关系理论、过错理论、损害赔偿责任理论等，侵权责任制度和体系也在逐渐丰富和完善。

四、归责原则的多元化

自罗马法确立了过错责任原则后，过错责任替代了结果责任。过错责任原则在 19 世纪的建立和发展，是侵权行为法长期发展的结果，也是人类文明发展到一定阶段的产物。[②] 它对于维护行为自由，确立行为标准发挥了重要作用。在这个时期，过错责任原则不仅成为侵权行为法中唯一的归责原则，更成为整个民法的三大基本原则之一。但随着 20 世纪以来社会经济生活的变化，归责原则发生了重要变化。这主要表现在侵权法的归责原则从单一的过错归责原则向多元的归责原则转化，奥地利学者威尔伯格（Wilburg）将其称为多元归责体系。虽然有学者对多元归责的合理性和科学性提出质疑[③]，但毫无疑问，归责原则的多元化

① 参见石佳友：《论侵权责任法的预防职能》，载《中州学刊》，2009（3）。

② See André Tunc，*International Encyclopedia of Comparative Law*，Vol. 4，Torts，Chapter 1，Introduction，J. C. B. Mohr（Paul Siebeck，Tübingen），1975，p. 61.

③ 例如，奥地利学者库奇奥认为，多元归责对注意义务的确立将起到不利的效果，而且不利于法官准确地归责。参见［奥］海尔穆特·库奇奥：《侵权责任法的基本问题》，朱岩译，11 页，北京，北京大学出版社，2017。

是侵权责任法的发展趋势。[①] 具体表现在：

第一，严格责任不断发展。在现代社会，危险事故与危险责任大量发生，强化对受害人补救的需求日益高涨，从而导致在两大法系中，严格责任的适用范围都出现了不断扩张的趋势。严格责任不仅在产品责任中具有广泛的适用空间，而且在物件致人损害、高度危险责任、环境污染等许多领域都可以适用。严格责任的目的即在于使有承担能力的人承担损害，当然，通常需要实行最高赔偿额之限制，以避免可能导致的责任过重情形。[②] 例如，《德国民法典》虽然仅规定了过错责任原则，但是在民法典颁布之后，判例与特别法又逐渐发展出了危险责任。德国学者埃塞（Esser）将此种现象概括为“侵权法的双轨制（Zweis-purigkeit）”[③]。《法国民法典》虽然没有明确规定严格责任，但其司法实践通过判决来扩大解释第 1385 条中的对物的责任，发展出了“无生命物的责任（responsabilité resultant de la chose inanimée）”，从而使得该条几乎成为严格责任的一般条款。[④] 在法国，随着严格责任的发展，其适用范围已经非常广泛，尤其是在人身损害赔偿领域内甚至已经超过了过错责任。在美国法中，除产品责任之外，在其他诸如高度危险致人损害、环境污染等领域都已广泛运用严格责任制度。《美国侵权法重述》（第二版）专门规定了严格责任，并将其作为与故意侵权和过失侵权相对应的一类侵权责任。

第二，过错推定原则的发展。所谓过错推定，是指如果原告能证明其所受的损害是由被告所致，而被告不能证明自己没有过错，法律上就应推定被告有过错并使其负民事责任。[⑤] “应用过错推定，是现代工业社会各种事故与日俱增的形势下出现的法律对策”[⑥]，在特定情形，法律就加害人的过错（确切而言是加害

---

① 参见王泽鉴：《侵权行为法：特殊侵权行为》，17 页，台北，三民书局，2006。

② 参见谢哲胜：《民法基础理论体系与立法——评大陆（中华人民共和国）民法草案》，载王利明、郭明瑞、潘维大主编：《中国民法典基本理论问题研究》，59 页以下，北京，人民法院出版社，2004。

③ Josef Esser, Die Zwei Spuigkeit unseres Haftungsrechts, JZ 1953.

④ See Koch/Koziol (Eds.), *Unification of Tort Law: Strict Liability*, Kluwer Law International, 2002, p. 127.

⑤ 参见佟柔主编：《中国民法》，570 页，北京，法律出版社，1990。

⑥ 王卫国：《过错责任原则：第三次勃兴》，44 页，杭州，浙江人民出版社，1987。

人的过失）采取了举证责任倒置的方式，强化对受害人的救济。过错推定原则适用于日益增加的侵权责任类型，如工作物致害责任、雇主责任等。[①] 过错推定既有效地保护了受害人的利益，同时也维护了以过错责任为单一的和主要的归责原则的侵权制度的内在体系的和谐。

第三，公平责任的产生和发展。公平责任是基于衡平理念而产生的责任。从公平分担损失、充分救济受害人的需要出发，许多国家的判例学说中，广泛产生了一种根据当事人的分担能力来分配损失的做法，法官根据当事人的经济能力而使有财产但不一定有过错的行为人承担责任，从而对不幸的受害人提供救济。因为公平责任的承担主要考虑当事人双方的财产状况[②]，也被认为是“富生义务”的体现，或被认为是因财富而产生的责任。所以，公平责任也有利于解决因社会贫富差异而造成的种种问题。

过错责任和危险责任都建立在正义原则之上，但后者更多地建立在分配正义的原则基础上。[③] 目前，从两大法系来看，出现了过错责任和严格责任并存的多元化的归责原则。例如，德国民法采取的还是以过错责任为一般原则，危险责任的类型由法律明确规定。严格责任主要适用于危险活动和危险物致人损害[④]，即主要还是适用于法定的特殊情形。[⑤] 但从总的发展趋势来看，严格责任的适用范围在不断扩张，不仅仅限于法律规定的情形，从救济受害人考虑，法官也在不断扩大严格责任的适用范围。[⑥]

---

① 参见周友军：《侵权法学》，40页，北京，中国人民大学出版社，2011。

② Kötz/Wagner，Deliktsrecht，9. Aufl.，Neuwied/Kriftel 2001，S. 130.

③ Esser，Grundlagen und Entwicklung der Gefaehrdungshaftung，1969，S. 69 ff.

④ See Bernhard A. Koch，*Strict Liability*，*in Principles of European tort Law*：*Text and Commentary* 101，103-104 (European Group on Tort Law ed.，2005).

⑤ See Erdem Büyüksagis and Willem H. van Boom，“Strict Liability in Contemporary European Codification：Torn between Objects，Activities，and Their Risks”，*Georgetown Journal of International Law*，2013.

⑥ See Gert Brüggemeier，*Modernising Civil Liability Law in Europe*，*China*，*Brazil and Russia*：*Texts and Commentaries*，Cambridge University Press，2014，p. 96.

五、补救手段的多元化

传统大陆法系国家债法基本上是以损害赔偿为中心构建的补救体系，在补救的方式上都是单一的，即主要是通过支付金钱的方式来对受害人进行补救，但随着侵权法保护范围的扩张，单一的损害赔偿方式已不足以对各种权益的损害进行全面的补救。例如，就名誉权的侵害而言，仅仅通过金钱赔偿并不能够对受害人的损害进行全面的补救，还必须采取停止侵害、恢复名誉、赔礼道歉、消除影响等责任方式。具体而言：一是采用停止侵害的责任形式。尤其是在侵害人格权、知识产权等情形下，如果损害正在继续且损害结果还将不断扩大，采取停止侵害的方式对受害人的保护而言至关重要。通过采用停止侵害方式，可以发挥侵权法的损害预防功能。二是排除妨害、恢复原状。在比较法上，许多国家承认了排除妨害、恢复原状请求权，并将其与侵权损害赔偿请求权相区分，有的国家甚至规定了非常宽泛的恢复原状的内容。例如，在法国债法上，所谓恢复原状裁决（condamnation tendant *à* restaurer la situation de la victime，直译为“旨在恢复受害人境遇的裁决”）是广义的，包含了要求履行某项行为的裁决、消除危害后果、认定有过错的债权人的债权发生失权效果、责令违法行为人代替受害人偿付某项债务、为了受害人的利益而给侵权人强加一项义务等①，可见，其包含的内容是十分宽泛的。三是消除影响、恢复名誉。在侵害名誉权的情况下，受害人所遭受的直接损害实际上是名誉受到毁损，社会评价降低。要消除损害的根源，真正对受害人提供救济，就必须采取恢复名誉的方式，而不是损害赔偿。如果行为人是通过互联网等方式侵害他人的名誉权，考虑到网络传播迅速和广泛等特点，采用停止侵害、恢复名誉、赔礼道歉等责任形式是从名誉权的本质方面消除损害后果的最有效方式，至少其作用是损害赔偿方式所不可替代的。四是赔礼道歉。赔礼道歉通常被称为人身性的方式，它不是以财产给付为内容的，是非财产性的

---

① Geneviève Viney，Patrice Jourdain，Traité de droit civil，Les effets de responsabilité，2e éd.，LGDJ，2001，pp. 57-72.

责任方式。赔礼道歉侧重于精神上的补救，通过赔礼道歉，受害人感觉得到了尊重，其精神损害得到了补救。赔礼道歉既可由加害人向受害人口头表示承认错误，也可以由加害人以写道歉书的形式进行，甚至在行为人拒绝赔礼道歉的情形下，还可以通过法院登报等方式实现。①

补救方式的多元化也适应了现代社会强化对受害人救济的理念，可以说只有采取多种补救方式才能对受害人进行周密的、全方位的保护，也才能更有效地遏制不法行为的发生。

六、损害赔偿的多样化

随着受害人救济理念的发展，损害赔偿的内容也日益多元化，具体表现在：

一是精神损害赔偿的强化。传统上，基于对人格商品化和对法官滥用自由裁量权的担心，精神损害赔偿受到较多的限制。最初，各国将精神损害赔偿限于法律特别规定的情形，而且，通常是在侵害某些人格权的情况下才能产生。然而，自 20 世纪以来，随着人格权的发展以及对人格权保护的强化，西方国家的民事立法和实践均以金钱抚慰或赔偿的方式作为保护人格权的主要方法。在强化精神损害赔偿制度功能的同时，精神损害赔偿的适用范围也在扩大，最初限于法律特别规定的情形，如今基本上已经扩大适用到所有的人格权，甚至是身份法益。②依据《德国民法典》第 253 条第 2 款的规定，精神损害抚慰金普遍适用于危险责任。③ 可以说，精神损害赔偿责任的强化是当代侵权法发展的一个重要趋势。

二是获利返还制度的产生。获利返还是指要求侵权人返还其因侵权行为而获得的利益，这一制度主要适用于营利性的侵权行为。“无论是财产性还是非财产性的法益，都应当有效威慑故意利用他人权利用于营利性目的的行为；‘侵权不

① 有的学者正是基于此点认为，赔礼道歉本质上仍是一种赔偿责任。参见王涌：《私权救济的一般理论》，载《人大法律评论》，2000（1）。

② 参见［德］U. 马格努斯：《侵权法的统一：损害与损害赔偿》，谢鸿飞译，18 页，北京，法律出版社，2009。

③ ［德］福克斯：《侵权行为法》，齐晓琨译，261 页，北京，法律出版社，2006。

得盈利’原则普遍适用。”[①] 获利返还制度通过剥夺侵权人的获利，实现侵权法的损害预防功能。一般认为，获利返还制度虽然采纳了侵权责任的一些构成要件，但其法律后果却采纳了不当得利法所规定的内容。[②] 德国法在侵害知识产权、人格权等情形下，采纳了获利返还赔偿规则，即在侵害知识产权和人格权的情形下，受害人可以选择三种损害赔偿的计算方式：一是按照实际损失赔偿；二是加害人向受害人支付拟制的许可使用费；三是获利返还，即加害人向受害人返还实际取得的利润。[③] 在侵害知识产权和人格权的情形下，受害人有权在上述三种计算方式中选择对其较为有利的损失计算方式。[④]

三是惩罚性赔偿的适用。惩罚性赔偿具有“准刑事罚”的性质，其功能包括：损害赔偿、吓阻、报复、私人执行法律等，但主要功能是报复和惩罚。[⑤] 根据弗里德曼教授的观点，获利返还的威慑性要小于惩罚性赔偿，因为当侵权人返还所获利润时，即使该利润大于权利人的实际损失，其也不至于因侵权行为而折本；但当对其适用惩罚性赔偿时，侵权人将可能会因此得不偿失。[⑥] 在比较法上，各国对待惩罚性赔偿的立场存在较大差异。英美法国家（包括美国、英国、澳大利亚、加拿大等）一般都认可这一制度，而大陆法系国家侵权法主要贯彻损害填补原则，只是在例外情况下才可适用惩罚性赔偿制度。例如，为了对一些故意侵权行为进行制裁，法院在计算损害时会借助自由裁量权判定具有重大过错的行为人承担高于其他情形的赔偿责任。[⑦] 在认可惩罚性赔偿的国家和地区，主要是在产品责任、知识产权侵权等领域，对故意侵权行为进行适用，以贯彻惩罚有

① ［德］瓦格纳：《损害赔偿法的未来》，王程芳译，139 页，北京，中国法制出版社，2012。

② 参见［奥］库齐奥：《侵权责任法的基本问题（第一卷）：德语国家的视角》，朱岩译，44 页，北京，北京大学出版社，2017。

③ MünchKomm/Oetker，BGB §252（2016），Rn. 55.

④ MünchKomm/Säcker，BGB §12（2015），Rn. 166；Delahaye GRUR 1986，217；Wandtke GRUR 2000，942，943；Schaub GRUR 2005，918，919.

⑤ 参见陈聪富、陈忠五、沈冠伶、许士宦：《美国惩罚性赔偿金判决之承认及执行》，69 页，台北，学林文化事业有限公司，2004。

⑥ Friedmann，“Restitution of Benefits Obtained Through the Appropriation of Property of the Commission of a Wrong”，80 *Colum. L. Rev.*（1980）p. 552.

⑦ 参见［德］瓦格纳：《损害赔偿法的未来》，王程芳译，115 页，北京，中国法制出版社，2012。

过错者（wrongdoers）的原则，从而发挥侵权法的吓阻功能，以避免侵权行为的再次发生。

七、过失认定标准的客观化

在19世纪，过失被认为是主观的概念，所谓过失，是指行为人个人主观心理状态的欠缺，也就是说，在其内心本应当注意而未注意。此种过失也被称为“人格过失”或“道德过失”[①]。19世纪的主观过失理论虽然具有其合理性，但难以适应强化保护受害人的需要，因为在侵权事故发生后，往往难以判断行为人的主观心理状态，而法律所关注的应当是对受害人的损害提供法律救济。正是因为这一原因，在现代侵权法中，虽然过错责任仍然是一项重要的归责原则，但是过错的概念以及认定过失的标准发生了重大变化。随着客观归责的加强，过失的判断标准也日益客观化。在实践中，对侵权人是否具有过失进行判断和认定，通常采取一个客观的外在的行为标准来进行衡量与判断。如果行为人符合该标准就认定其没有过失，否则就认定其具有过失。

在普通法中，不仅经常采用“合理人”标准判断过失，而且各种新的判断过失的理论，如汉德公式等得到广泛运用，注意义务正成为判断过失的一般标准。法官也大量适用“事实本身证明”（Res ipsa loquitur）法则。在大陆法系国家中，即使是在民法典中仍然坚持单一的过错责任的法国，也十分注重采用“善良家父”的标准认定过错，而且大量采用过错推定的方式。过错推定既有效地保护了受害人的利益，同时也维护了以过错责任为主要归责原则的制度体系的内在和谐。在德国法中，则出现了“违法推定过失”和“违法视为过失”等理论。所谓违法推定过失，是指当行为人实施了某种违法行为而致他人损害时，直接从此种违法行为中推定行为人具有过失。所谓违法视为过失，是指当行为人实施某种违法行为而致他人损害以后，法官可以直接根据该违法行为而认定行为人具有过

① 邱聪智：《庞德民事归责理论之评介》，载邱聪智：《民法研究（一）》（增订版），102页，台北，五南图书出版公司，2000。

失。这两种过失判断的方式基本上都免除了受害人对加害人过错的举证负担，直接赋予了法官从行为人的违法行为中认定过失的权力，但是两者的区别在于：在违法推定过失的情况下，行为人仍然可以通过举证加以推翻；而在违法视为过失的情形下，行为人不能通过举证加以推翻。邱聪智教授认为："如从现代过失责任原理之动态发展观之，过失责任似有由过失客观化迈向违法视为过失的趋势。"① 尤其是德国法中，"交往安全义务"（Verkehrspflichten）的出现，为确立客观过失提供了理论依据。因为此种义务通常是由法官在判例中确立的，如何解释此种义务具有很大的弹性，只要违反了此种义务，就可以认定行为人具有过失。客观过失标准的产生极大地减轻了受害人的负担，且便于法官审理侵权案件，更好地发挥了侵权法规范人们行为的作用。这些变化不仅使过错归责理论的内容发生变异，使客观过错理论逐渐取代了主观过错理论，而且强化了对受害人的救济。

八、因果关系理论的发展

传统侵权法中侵权行为都相对简单明确，行为人常常是单一的，而损害结果也是单一的，此种一因一果的侵权行为中因果关系的判断都相对简单，因此，从"条件说"到"原因说"再到"相当因果关系说"的因果关系理论基本上可以解决绝大多数侵权案件中因果关系的判断问题。但是，在现代社会中，侵权行为的形态多种多样，不仅有一因一果，还有一因多果、多因一果，甚至多因多果的侵权形态，受害人的损害常常是掺杂了多人的行为甚至介入了各种外来的因素而造成的。尤其是大工业的发展造成了各种危险事故中因果关系的判断越来越复杂，危险活动急剧增加，从而导致对过错的认定和因果关系的认定的困难。因为受害人往往距离损害发生的原因比较遥远，或者因为技术上的障碍、信息不对称、经济实力等原因而造成举证的困难，受害人往往难以确定损害究竟是如何发生的。

① 邱聪智：《法国无生物责任法则之发展》，载邱聪智：《民法研究（一）》（增订版），205页，台北，五南图书出版公司，2000。

为适应社会发展的需要，侵权法中因果关系理论出现了一些新的发展，主要表现在：

一是判断因果关系的理论呈现多样化。尽管大陆法系国家仍主要采取相当因果关系说，但是也以其他许多因果关系理论来加以弥补；在因果关系的判断过程中，越来越强调价值判断，这实际上给予了法官在因果关系的判断方面更大的自由裁量权。①

二是因果关系推定的出现。在美国法中，为适应市场经济发展的需要，以及强化对消费者保护的需要，在因果关系的推定方面采取了四项原则，即选择责任原则（alternative liability）、企业责任原则（enterprise liability）、一致行动原则（concerted action）和市场份额原则（market share）。② 为了调和加害人和被害人就因果关系举证责任的不平等，故而将举证责任课于较容易取得相关资信的一方，或举证较容易的一方，不要求由被害人举证证明加害行为和损害之间有因果关系。推定因果关系主要适用于产品责任、环境污染责任等领域中。③

九、多元化的社会救济机制的形成和发展

在现代社会，多元化的社会救济机制，特别是在事故损害赔偿领域，已经逐渐形成。这种模式的产生，首先是以侵权法功能的转变为先导，在此基础上逐渐形成了侵权损害赔偿、责任保险、社会救助三种救济机制并存的多元化受害人救济机制。

---

① 参见［荷］施皮尔：《侵权法的统一：因果关系》，易继明等译，127页，北京，法律出版社，2009。

② 参见李响：《美国侵权法原理及案例研究》，317页，北京，中国政法大学出版社，2004。所谓选择责任原则，是指在共同危险行为中，由行为人自己证明因果关系是否存在，否则推定因果关系存在。所谓企业责任原则，是要求某个特定行业中有联合操纵控制风险能力的生产商共同为产品的责任承担赔偿责任。所谓一致行动原则，是指如果所有的被告以公开的或沉默的方式达成了一致的意见，并按该意见行动且造成了损害后果，则推定其行为和结果之间具有因果关系。所谓市场份额理论，是指生产同一产品的各个企业，根据其市场份额确定其应当分担的责任。

③ 参见谢哲胜：《民法基础理论体系与立法——评大陆（中华人民共和国）民法草案》，载王利明、郭明瑞、潘维大主编：《中国民法典基本理论问题研究》，北京，人民法院出版社，2004。

首先，侵权法的救济功能不断加强，已经逐渐成为当代侵权法的主要功能。同时，侵权法还不断强化了预防功能。正如《奥地利侵权责任法草案》第1292条第1款所指出的，侵权法的任务之一是“创造避免损害发生的激励机制”。当代侵权法越来越强调对损害发生的预防功能。[①]

其次，责任保险成为侵权损害赔偿之外的一种重要的受害人救济途径。近几十年来，责任保险的适用范围越来越宽泛，产品责任保险、环境责任保险、事故赔偿责任保险等得到广泛的发展，多数国家对航空器责任、核能事故、汽车意外事故等规定了强制责任保险制度，医疗事故以及其他专家责任也实行了责任保险。例如，机动车的强制保险、专业人员的职业保险等保险制度的发展，在分散损害方面发挥了重要作用，这既可以避免过分加重行为人的负担，也可以使受害人得到更为充分的救济。从比较法上看，除了过失侵权之外，责任保险的适用范围十分宽泛，在发达国家已经渗透到社会生活的许多领域。[②] 责任保险成为侵权损害赔偿之外的一种重要的受害人救济途径。

最后，社会救助制度在救助受害人方面发挥着日益重要的作用。在责任保险制度发展的同时，随着社会化国家与福利国家的发展，“从摇篮到坟墓”的福利国家理论的影响，社会救助制度也不断发展，其在很大程度上弥补了侵权责任法在填补损害方面的不足。在西方国家，社会救助的主要形式是社会保险，其主要包括养老保险、疾病保险、工伤保险、失业保险、生育保险等。[③] 因此，工伤事故赔偿已经不再属于侵权损害的范畴，而属于工伤保险、社会救济制度的范围。各国关于职业伤害的赔偿几乎都被纳入了工伤保险制度中，成为社会保险的主要内容。[④] 当然，责任保险制度也在一定程度上降低了过错责任的功能，使过错责任的惩罚和教育功能相对弱化，这也使人们对于责任保险制度可能引起的道德风

① See Hans Jonas, *The Imperative of Responsibility: In Search of Ethics for the Technological Age*, University of Chicago Press, 1984, p. 57.

② See Andre Tunc, *International Encyclopedia of Comparative Law*, Vol. 4, Torts, Introduction, J. C. B. Mohr (Paul Siebeck) Tübingen, 1974, p. 51.

③④ 参见林嘉：《社会保险对侵权救济的影响及其发展》，载《中国法学》，2005（3）。

险产生担心。

当然，各国由于社会、经济、文化等诸多因素影响，特别是受到各国经济实力的影响，因而在多元化救济机制上形成了多种模式。但是，普遍承认多元的损害分担机制，已经成为当代侵权法的发展趋势，因此，当代侵权法不仅需要构建合理的责任认定制度，而且需要妥当协调其与责任保险、社会救助等损害分担机制之间的关系。

十、两大法系的融合

随着社会的发展，也因为在法典中将侵权行为作为债的发生原因过于简略，于是大陆法系国家一方面通过判例不断充实发展侵权行为法，以法国为例，因为其民法典之中对于侵权责任的规定非常简略，因此，其侵权法的发展很大程度上借助于判例。[①] 另一方面，大陆法系也不断吸收、借鉴英美侵权法中的优秀经验。例如，产品责任制度最初起源于美国，后来被很多大陆法系国家所继受。[②]

与大陆法系侵权法的发展情形相反的是，英美侵权法从一开始，其发展就是独立开放的。英国侵权法的发展是以早期的令状（writ）制度为基础，或者说采取了所谓的“鸽洞模式”，即通过具体列举各种侵权之诉的方式，对私权提供保护，受害人提出请求必须符合特定的令状形式，才可以通过诉讼制度寻求救济。[③] 但英美侵权法历经几百年的发展，其体系、内容越来越丰富、庞大，急需通过成文法的方式加以整理，对其进行系统化、体系化的梳理，因此英美侵权法也开始进行成文化。例如，美国法学会组织起草的两次美国侵权法重述，以及目前正在进行的第三次侵权法重述的起草工作，就表明了这一趋势。从这一点来看，两大法系侵权法正在不断融和。

---

① See George A. Bermann，Etienne Picard（ed.），*Introduction to French Law*，Kluwer Law International BV，2008，p. 237.

② 美国产品责任制度的详细介绍，参见［美］约翰逊：《美国侵权法》，5 版，赵秀文等译，161 页以下，北京，中国人民大学出版社，2017。

③ 参见王泽鉴主编：《英美法导论》，155 页，北京，北京大学出版社，2012。

还需要指出的是，欧盟自成立以来，逐渐倡导制定统一的欧洲民法典，并且将侵权法的统一纳入议事日程，相关的草案也已制定出来并在不断地完善修改。[①] 例如，冯·巴尔教授主持的《欧洲民法典共同参考框架》（DCFR）中的《合同外责任》，库齐奥教授主持的《欧洲侵权法原则》，以及法国司法部 2005 年委托巴黎第二大学 Pierre Catala 教授主持起草的《债法和时效制度改革草案》中的“侵权法”部分，都大量借鉴了英美侵权法的经验。不少学者预言，如果统一的欧洲合同法能够出台，那么，未来的欧洲侵权法的统一也即将成为现实。[②]

结语

“法与时转则治”。在现代社会中，侵权法迅速发展，已经成为民法的新的增长点。正如有学者所指出的，侵权法的边界一直在扩张，侵权法的理论也在不断深入，侵权法在法律体系中占据越来越重要的位置。可以说，侵权法是现代社会最富有生命力的法律部门。[③] 正确把握这些趋势，并不断借鉴比较法上的经验，对理解和适用侵权法，对于加强我国侵权立法、不断完善侵权法的内容和体系具有重要意义。

---

① 1974 年欧洲部分法学家在丹麦首都哥本哈根讨论制定一部在共同体内适用的关于合同和非合同之债的准据法的公约。1976 年在佛罗伦萨的欧洲大学研究院召开了主题为“欧洲共同法前景”的研讨会。在这次会议上，丹麦教授奥·兰度（Ole Lando）极力主张建立一个新的欧洲“共同法”。1989 年 5 月 26 日，欧盟议会通过了一项决议，呼吁成员国进行私法方面的相互趋同工作。1994 年 5 月 6 日，欧盟议会又通过了一项决议，重申了 1989 年的要求，呼吁就私法的某些部门在欧盟范围内进行协调化，制定一部欧洲私法典。目前，欧洲统一民法典的制定已经纳入议事日程。

② 参见［德］格哈特·瓦格纳：《当代侵权法比较研究》，高圣平、熊丙万译，载《法学家》，2010（2）。

③ 参见李响：《美国侵权法原理及案例研究》，6 页，北京，中国政法大学出版社，2004。

我国侵权责任法中权利和利益的界分

我国《侵权责任法》第2条将其保护的范围界定为民事权益，这就是说，侵权法保护的客体不仅包括债权以外的各项绝对权，也包括权利之外的利益。与该条的规定相一致，《侵权责任法》在此后的许多条款中都采用了“民事权益”的表述。[①] 这种立法模式显然极大地扩张了侵权责任法的保护范围，使得该法保护的对象具有相当程度的开放性。然而，以民事权益为保护对象也使人误认为，《侵权责任法》没有严格区分权利和利益，对二者进行了没有区别的、同等的保护。对此，笔者认为，在侵权责任法中，区分权利和利益是非常重要的，其不仅关系到侵权责任具体构成要件的认定，更直接涉及对受害人保护和行为自由维护这两种利益之间的平衡。[②] 本文拟就侵权责任法中权利和利益的界分问题谈一些看法，以供理论界与实务界参考。

---

① 参见《侵权责任法》第6条、第7条、第23条。

② 参见程啸：《侵权责任法》，16页，北京，法律出版社，2011。

一、侵权责任法应当既保护权利又保护权利以外的利益

近代侵权责任法所救济的对象主要是权利，或者说主要是绝对权。但是，随着社会的发展，侵权责任法的保护范围日益扩张。无论是英美法系还是大陆法系，它们的侵权责任法都在逐渐扩张其保护的范围，不仅对权利给予保护，也对不属于权利的法益给予保护。这一过程既体现了现代法律对受害人充分救济的理念，同时，也是因为责任保险等相关制度的发展才得以实现。①

《法国民法典》第 1382 条规定："任何行为使他人受损害时，因自己的过失而致行为发生之人，对该他人负赔偿责任。"该规定属于侵权法上的一般条款，它可以广泛适用于各种侵权行为，并对后世的侵权法的立法产生了重大影响。《法国民法典》第 1382 条实际上是"不得伤害他人"的自然法原理的成文化。②正如起草人塔里伯在解释《法国民法典》时所指出的："这一条款广泛包括了所有类型的损害，并要求对损害作出赔偿。"③"损害如果产生要求赔偿的权利，那么此种损害是过错和不谨慎的结果。"④所以，受到第 1382 条保护的客体不限于权利，也包括纯粹经济损失等利益。例如，某职业足球运动员被他人杀害，受害人所属的足球俱乐部也可以请求侵权人赔偿因此所受的经济损失。⑤虽然法官在司法实践中对于损害的解释非常宽泛，但为了防止对利益的保护过于泛化，法官也对损害作了适当的限制，主要采用"直接的"和"确定的"标准，来限制损害赔偿的范围。⑥

---

① See M. Davies, "The End of the Affair: Duty of Care and Liability Insurance", (1989) 9 *Leg. Stud*. 967.

② See Zimmermann, Reimann (eds.), *Oxford Handbook of Comparative Law*, Oxford University Press, Oxford, 2007, p. 1007.

③ Jean Limpens, *International Encyclopedia of Comparative Law*, Vol. 4, Torts, Chapter 2, Liability for One's Own Act, J. C. B. Mohr (Paul Siebeck, Tübingen), 1975, p. 45.

④ Andre Tunc, *International Encyclopedia of Comparative Law*, Torts, Introduction, J. C. B. Mohr (Paul Siebeck) Tübingen, 1974, pp. 71-72.

⑤ 参见王泽鉴：《侵权行为》，41 页，北京，北京大学出版社，2009。

⑥ 参见周友军：《侵权法学》，19 页，北京，中国人民大学出版社，2011。

从德国法的发展来看，其对于利益的保护也呈现出日益扩大的趋势。在《德国民法典》制定之时，立法者严格区分了权利和利益，并采取不同的保护模式。[①]《德国民法典》第823条第1款确立了"侵害绝对权型的侵权"，仅对所有权等绝对权予以保护，而第823条第2款确立了"违反保护他人法律型的侵权"，第826条确立了"背俗加害型的侵权"。较之于第823条第1款，第823条第2款和第826条的构成要件更为严格。由此可见，《德国民法典》的立法者认为，对权利以外的法益的保护，应受到比较严格的限制。学者一般认为，这一做法有利于充分保障一般行为自由，符合当时的经济自由主义思想。[②] 在司法实践中，法官通过援引上述规定，以判例的方式扩张了对利益的保护。但是，随着社会的发展，《德国民法典》所确立的规则无法满足对利益保护的需要，因此，在实践中，法官通过法律解释，甚至法官造法的方式，不断扩大对利益的保护，主要有如下几种：一是法院借助第823条第1款中的"其他权利"这个不确定概念，创设了"一般人格权"和"营业权"(Das Recht am eingerichteten und ausgeübten Gewerbebetrieb)，前者用以扩张对人格利益的保护，后者用来保护营业利益。[③] 二是在解释民法典第826条时，判例也逐渐放松了对"故意"要件的要求，这也有助于对利益的保护。[④] 三是法院通过创设"交往安全义务"(Verkehrspflichten)，扩大对社会交往过程中当事人人身和财产利益的保护。[⑤] 四是通过扩大解释"善良风俗"的概念，创设双重买卖、引诱违约[⑥]、不正当雇佣[⑦]等制度，保护债权利益。最后还要看到的是，德国法院以法官造法的方式也在相当程度上扩大了侵权法的保护对象。[⑧]

在英美法上，历来就没有权利和利益的严格界分。英美侵权法保护的范围是

---

① MünchKomm/ Wagner，§826，Rn. 12 ff.

② Brueggemeier，Deliktsrecht，Baden-Baden 1986，S. 44.

③ MünchKomm/ Wagner，§823，Rn. 178 ff.

④ MünchKomm/ Wagner，§826，Rn. 23.

⑤ Mertens，Verkehrspflichten und Deliktsrecht，VersR 1980，400.

⑥ Vgl. MünchKomm/ Wagner，§826，Rn. 144 ff.

⑦ MunchKomm/ Wagner，§826，Rn. 53.

⑧ Mertens，Verkehrspflichten und Deliktsrecht，VersR 1980，400.

非常宽泛的，根据许多英美法学者的观点，普通法中的侵权行为可以分为如下几类：(1) 对人身或财产的故意侵害；(2) 对人身和财产的非故意侵害；(3) 对人身、财物侵害的严格责任；(4) 破坏名誉、对个人隐私的侵害；(5) 破坏家庭关系；(6) 侵害合同关系或商务关系；(7) 滥用法律程序。[①] 这些分类中既包括了对权利的侵害，也包括了对利益的侵害。尤其需要指出的是，英美侵权法自1932 年的 Donoghue v. Stevenson 一案以来[②]，发展出了“过失侵权”(Negligence) 制度[③]，在这一制度之下，原告需要证明三项内容：一是被告负有注意义务；二是被告违反了该义务；三是被告因违反该义务而造成了损害。[④] 借助过失侵权制度，保护了隐私、纯经济损失、震惊损害等各种利益。迄今为止，普通法学者普遍认为，“过失侵权”的概念具有高度的灵活性和广泛的适用性，因此，可以允许法官利用该制度对各种损失提供救济，这就导致了侵权责任的扩张。正是因为这一原因，普通法系一般都采取各种措施以限制这一制度的适用。[⑤] 例如，英国法院通过可预见性 (forseeability) 或关联性 (proximity) 及公平、正义及合理性 (fairness、justice 及 reasonableness) 以限制其适用范围。[⑥]

综上所述，在比较法上，既保护权利又保护法益是侵权法发展的一个重要趋势。[⑦] 我国《侵权责任法》第 2 条在明确列举该法保护的各类具体权利，同时采用兜底条款的方式，明确规定《侵权责任法》保护权利之外的“人身、财产权益”。可见，《侵权责任法》是以民事权益作为其保护的对象。从《侵权责任法》第 2 条第 2 款列举的 18 项权利来看，我国《侵权责任法》保护的权利主要限于合同债权以外的绝对权。所谓绝对权，是指无须通过义务人实施一定的行为即可

---

① See Jean Limpens, *International Encyclopedia of Comparative Law*, Vol. 4, Torts, Chapter 2, Liability for One's Own Act, J. C. B. Mohr (Paul Siebeck, Tuebingen), 1975, pp. 46-48.

② See Donoghue v Stevenson [1932] AC 56.

③ See *Markesinis and Deakin's Tort Law*, 6th Ed., Clarendon Press, Oxford, 2008, p. 113.

④ See Vivienne Harpwood, *Modern Tort Law*, 7th ed., Routledge-Cavendish, 2009, p. 20.

⑤ See *Markesinis and Deakin's Tort Law*, 6th Ed., Clarendon Press, Oxford, 2008, p. 113.

⑥ 参见王泽鉴：《侵权行为》，52 页，北京，北京大学出版社，2009。

⑦ See Jean Limpens, *International Encyclopedia of Comparative Law*, Vol. 4, Torts, Chapter 2, Liability for One's Own Act, J. C. B. Mohr (Paul Siebeck, Tuebingen), 1975, p. 47.

以实现并能对抗不特定人的权利。[①] 绝对权主要包括物权、人格权、身份权、知识产权。侵权责任法保护的对象主要是民事权益中的绝对权，而相对权主要在特定的当事人之间发生，且缺乏公示性，故通常不被纳入侵权责任法的保护范围。[②] 因为绝对权对抗的是除权利人以外的任何人，所以又称为对世权。从义务人的范围来看，绝对权是指义务人不确定，权利人无须经义务人实施一定行为即可实现利益的权利。“不论侵权、背俗或违法，要让行为人对其行为负起民事上的责任，都须以该行为涉及某种对世规范的违反为前提，其目的就在于建立此一制度最起码的期待可能性，以保留合理的行为空间。”[③] 对于尚没有形成权利的法益，在法律上缺乏一种可预见性，人们并不知道何种行为会导致对他人法益的侵害以及将造成何种后果。所以，对侵害法益的侵权行为应当施加一定的限制，从而避免干涉人们的行为自由。但《侵权责任法》第 2 条明确采用“民事权益”的概念，并宣示保护权利之外的“人身、财产权益”，这就意味着，其保护的范围既包括权利也包括利益。这本身就是我国侵权责任法的一项重要特色。

首先，《侵权责任法》保护权利之外的“人身、财产权益”，这是我国立法经验的总结。1986 年《民法通则》第 5 条就确立了“公民、法人的合法民事权益受法律保护”的原则。曾有学者批评该条采用“民事权益”而不是“权利”的提法，认为这与权利理论不符。但实际上，《民法通则》之所以采“权益”而非“权利”的表述，目的就在于要扩张民法的保护范围，该规定的保护范围不限于权利，而扩张至某些利益，从而适应社会生活发展的需要。根据《民法通则》第 106 条的规定，侵权行为所侵害的对象是“财产”或“人身”，在这里，“财产”和“人身”并非仅限于财产权和人身权，还包括了未形成为权利的财产利益和人身利益。1986 年 2 月的《民法通则草案》（修订稿）第 104 条第 2 款曾规定：“公民、法人由于过错侵害社会公共财产，侵害他人财产、人身权利的，应当承担民

① 参见洪逊欣：《中国民法总则》，61 页，台北，1992。

② 参见胡波：《中国民法典编纂体例之我见——以绝对权与相对权的二元结构为中心》，载《河北法学》，2007 (4)。

③ 苏永钦：《走入新世纪的私法自治》，306 页，北京，中国政法大学出版社，2002。

事责任。”但正式颁布的《民法通则》删去了“权利”二字，立法者的意图是比较明显的。这一立法意图也被我国司法实践所贯彻。通过解释“财产”“人身”，我国法院对侵害合法利益的侵权行为也予以了制裁。例如，在“莒县酒厂诉文登酿酒厂不正当竞争纠纷案”中，法院认为，被告文登酿酒厂违背诚信原则，以仿制瓶贴装潢及压价手段竞争，构成不正当竞争，应停止侵害，赔偿损失。本案中，瓶贴装潢虽未形成权利，但瓶贴装潢能够代表原告的白酒信誉，并能带来一定的经济利益，因此应受到侵权责任法的保护。①

其次，保护权利之外的“人身、财产权益”是全面保护受害人的需要。现代侵权法充分体现了人本主义的精神，特别关注对人的保护，其基本的制度和规则都是“以保护受害人为中心”建立起来的，最大限度地体现了对人的终极关怀。②《侵权责任法》第 2 条将保护合法权益作为侵权责任法的首要功能，实际上就是明确侵权责任法的首要功能是救济功能。③ 在第 2 条第 2 款对民事权益进行列举时，《侵权责任法》把生命健康权置于各种权利之首，就体现了立法者把生命健康作为最重要的法益而予以保护的理念，体现了《侵权责任法》的人文关怀。侵权责任法是私权保障法，它是在权利和法益受到侵害的情况下提供救济的法，即通过对私权提供救济的方法来保障私权的。既然侵权法是通过救济来保护私权，则其核心在于救济。现代侵权法发展的一个重要趋势是强化对受害人的保护，凸显其救济功能。现代“法律所强调的重点已从承担过错转移到补偿损失”④。

再次，保护权利之外的“人身、财产权益”符合我国司法实践的需要。现行立法对于权利的概括具有有限性，而在现代社会，各种新型利益不断涌现，需要获得法律的保护。随着社会的发展，侵权责任法的保护范围正在逐渐扩大，受其

① 参见“莒县酒厂诉文登酿酒厂不正当竞争纠纷案”，载《最高人民法院公报》，1990（3）。

② 参见欧洲民法典研究组等编著：《欧洲示范民法典草案：欧洲私法的原则、定义和示范规则》，高圣平译，65 页，北京，中国人民大学出版社，2012。

③ MünchKomm/Wagner，vor §823，Rn. 38.

④ ［德］马克西米利安·福克斯：《侵权行为法》，5 版，齐晓琨译，5 页，北京，法律出版社，2006。

保护的对象除了财产权和人身权等绝对权利之外，还包括一些合法的人身利益和财产利益。因此，“必须通过对侵权行为做扩张解释：侵害的‘权’不仅包括民事权利，而且包括受到法律保护的利益”[①]。例如，死者人格利益、某些纯经济损失、占有利益、虚拟财产利益等，都是现代侵权责任法在发展过程中逐步承认并提供保护的。应当看到，侵权法发展的重要趋势就是，其保障权益范围的不断扩张。此种扩张主要是在利益保护方面的扩张，利益的范围也随着社会的发展而日益宽泛。[②]

最后，保护权利之外的“人身、财产权益”有利于保持侵权责任法的开放性。随着高科技的形成和市场经济的发展，各种新的财产和人身利益不断涌现。例如，数据财产、网络虚拟财产、个人信息、声音、形体动作等，都可以作为重要的利益而受到侵权责任法的保护。这些都迫切需要侵权责任法始终保持开放性，将各种新型利益纳入其保护范围。现代社会是一个风险社会，各种新的事故、损害不断出现，这都涉及侵权责任法是否提供救济的问题。从法解释学的角度来说，使用“等人身、财产权益”的表述相当于一个兜底条款。因为《侵权责任法》第 2 条第 2 款列举出来的只是典型的民事权利，现实生活中还有大量非典型的、随着社会发展而不断出现的权利和利益，都可能受到侵权责任法的保护。此外，由于扩张了对利益的保护，因此在原有的权利保护功能之外，《侵权责任法》还会具备权利的生成功能，即通过对某些利益的保护使之逐渐上升为一种权利，这就有效地保持了侵权责任法的开放性。

二、侵权责任法所保护的权利外利益的认定与范围

如前所述，侵权责任法需要保护权利之外的利益，但利益的保护也不是漫无边际的，任何一部法律都有其特定的调整对象，侵权责任法的调整对象也不可能过于泛化。从侵权责任法主要以损害赔偿为中心考量，《欧洲示范民法典草案》

① 张新宝：《侵权行为法的一般条款》，载《法学研究》，2001 (4)。

② 参见曹险峰：《在权利与法益之间——对侵权行为客体的解读》，载《当代法学》，2005 (5)。

认为，各种权利外的利益能否受到侵权责任法的保护，关键要看侵害这些利益造成的后果，是否属于“法律上的相关损害”。“依据某些限制性条款的规定，只要财产损失或人身伤害是因侵犯法律赋予的权利或值得法律保护的利益造成的，该财产损失或人身伤害同样也构成第六卷意义上的法律上相关损害。”① 笔者认为，损害的后果是侵害利益之后所引发的结果。《欧洲示范民法典草案》通过“法律上的相关损害”来间接界定利益，这虽然也是一种方法，但也在一定程度上回避了这一问题。笔者认为，权利之外的利益是否受到保护，仍然首先需要从利益本身出发进行判断。

受侵权责任法保护的利益应当符合如下标准：一是这种利益必须是私法上的利益。一般认为，侵权责任法所保护的利益仅限于私益，而不包括公法上的利益。② 易言之，侵权行为所侵害的权利或利益必须是民事主体所享有的利益，而非社会公共利益或受公法保护的利益。二是这种利益应当具有一定的公开性，具有对抗第三人的效力。所谓公开性，是指这种利益不限于特定当事人之间，应当能够为第三人所知道和了解。因为只有向社会公开使第三人知道，才能够使该利益产生对抗第三人的效力，使得权利人之外的一切人负有不得侵害该利益的义务，从而起到行为规则的作用。所谓具有对抗第三人的效力，是指该利益可以排除任何第三人的非法侵害，在其遭受侵害的时候，民事主体可以针对行为人提出主张和提起诉讼。三是这种利益具有合法性。侵权法保护的“利益”应限定为“合法利益”，这也就是所谓的“法益”。对于非法的利益，侵权法不应给予保护。所谓非法利益是指那些与非法行为密切相关的利益。③ 例如，甲、乙两人都是高三学生，甲帮助乙作弊，导致甲自己的高考资格被取消，甲被迫复读一年，造成了相关的损失，如报名费、住宿费等。在该案中，甲所遭受的损失是与非法行为

① 欧洲民法典研究组等编著：《欧洲示范民法典草案：欧洲私法的原则、定义和示范规则》，高圣平译，65～66页，北京，中国人民大学出版社，2012。

② 参见王泽鉴：《民法学说与判例研究》，第2册，218页以下，1996；王泽鉴：《侵权责任法：基本理论·一般侵权行为》，97页，1998；孙森焱：《民法债编总论》（上），210页，1979。

③ 德国联邦最高法院的一则判决认为，色情性交易契约违反善良风俗，因此无效，娼妓因被车撞伤而无法从事色情交易期间的收入损失，不属于合法利益，不得请求赔偿。至于该受害妓女的实际生活困难应由社会加以救助。BGHZ，67，119.

密切相关的利益，是不具有可救济性的损失。再如，我国法律禁止“黑出租”，如果“黑出租车”司机因交通肇事而受伤，则其因无法开黑车而遭受的利润损失，是不能获得救济的。法律体系之间必须保持统一性，如果侵权责任法对于非法利益给予补救，则会导致侵权责任法与其他法律的冲突。① 四是这些利益必须具有侵权责任法上的可补救性（erstattungsfähig），也就是说，对这些利益的侵害能够通过侵权责任方式给予救济。② 由于侵权责任法保障的权益范围正在不断扩大，在许多法律没有规定的利益遭受侵害以后，受害人也希望寻求侵权责任法的救济，从而使侵权责任法保障范围的界定更为困难。笔者认为，在确定侵权责任法保障范围时，必须要明确侵权责任法所保护的利益是能够通过侵权责任形式提供救济的。对于侵权责任不能提供救济的利益，是不能通过侵权责任法保护的。

总之，即便对于私法上利益的保护，也应当有适当的限制。例如，就纯粹经济损失而言，如果法律上的保护毫无限制，就可能漫无边际，过分侵害一般行为自由。1931 年，美国著名法官卡多佐曾在 Ultramates 案中提出了著名的“水闸理论”，认为一旦放宽对纯粹经济损失的保护，则诉讼将像水闸泄洪一般泛滥。他认为：“如果因为轻率、不假思索之失误，未能从表面假象中发现真实，就课以过失侵权行为责任，将会使会计师面临在不特定时间中，对不特定人员负不特定责任之危险。”③ 具体而言，侵权法所保护的几种典型的利益如下。

1. 数据和网络虚拟财产等财产利益

我们已经进入了一个互联网、大数据背景下的信息社会，也进入了数字经济时代，数据是财富，数据信息被喻为大数据时代的“新石油”，是经济增长和价值创造的重要源泉。数据的开发和利用已成为科技创新的重要内容，同时也成为民事主体的重要财产。数据究竟包括哪些权利，是一个值得探讨的问题。在实践中，盗用他人姓名、账号、密码、执照等进行交易，造成他人损害的，行为人应

① See European Group on Tort Law, *Principles of European Tort Law: Text and Commentary*, Springer, 2005, p. 24.

② Geigel/Pardey, §4, Rn. 1.

③ Ultramares Corp. v. Touche, Niven & Co., 255 N. Y. 170, 174 N. E. 441, 1931.

当承担民事责任。网络虚拟财产是伴随着互联网发展而产生的新的财产，如比特币、网游中的装备、电子邮箱等，它们与一般的财产在本质上有很大的共性，都具有一定的经济价值，甚至可以在一定范围内流通。在司法实践中，已经出现了电子游戏装备、QQ号码归属等纠纷。①《民法总则》对网络虚拟财产的保护作出原则性规定，可以为网络虚拟财产的保护提供法律依据。② 数据、网络虚拟财产也是重要的民事权利的客体。《民法总则》第127条规定："法律对数据、网络虚拟财产的保护有规定的，依照其规定。"该条对数据、网络虚拟财产的保护作出了规定，适应了互联网、大数据时代的要求。

2. 声音、个人信息等新型人格利益

人格权益是一个不断发展、变化的体系，具有开放性。③ 我国《民法总则》第111条并没有将个人信息规定为一项具体人格权，而是将其规定为一项人格利益，因此，个人信息在性质上属于新型人格利益。除个人信息外，个人的声音、特有的肢体动作等，在性质上均属于人格利益，也应当受到侵权责任法的保护。

3. 一般人格利益

所谓一般人格利益，是指由法律采取高度概括方式而赋予民事主体享有的具有集合性特点的人格利益。④ 人格权是一个开放的、发展的体系。我国早在《民法通则》中就确认了多项具体人格权。然而，随着社会的发展，这些具体的人格权并不能概括各种新的人格利益。为了强化对公民人格利益的保护，《侵权责任法》需要扩大对一般人格利益的保护。在法律没有确认这些一般人格利益为人格权的情况下，它们都属于法律保护的权利之外的利益。

---

① 例如，在"李宏晨诉北极冰公司案"中，游戏玩家李宏晨因为游戏道具被盗，遂以游戏运营商侵害其私人财产为由诉至法院。法院认为，关于丢失游戏装备的价值，虽然虚拟装备是无形的，且存在于特殊的网络游戏环境中，但并不影响虚拟物品作为无形财产的一种，获得法律上的适当评价和救济。玩家参与游戏需支付费用，可获得游戏时间和装备的游戏卡均需以货币购买，这些事实均反映出作为游戏主要产品之一的虚拟装备具有价值含量。参见北京市第二中级人民法院（2004）二中民终字第02877号民事判决书。

② 参见北京市朝阳区人民法院（2003）朝民初字第17 848号民事判决书。

③ Jean-Christophe Saint-Pau (dir.), Droits de la personnalité, LexisNexis, 2013, p. 37.

④ 参见王利明、杨立新、姚辉：《人格权法》，23页以下，北京，法律出版社，1997。

一般人格利益应当包括如下三项内容：一是人格平等。有学者主张将平等权作为具体人格权，笔者认为，平等更应当是整个人格权法乃至整个民法所贯彻的一种价值。人格权法保护的平等是指人格不受歧视的平等，它是一种精神利益和权利的平等，而不是一种财产上、物质上的平等。二是人格尊严。人格尊严是指公民基于自己所处的社会环境、地位、声望、工作环境、家庭关系等各种客观条件而对自己和他人的人格价值和社会价值的认识和尊重。① 人格尊严是一项重要的人格利益，其无法被名誉权等具体人格权所涵盖。三是人身自由。许多学者认为，自由权应该作为具体人格权，但实际上自由的概念非常广泛，既包括财产自由，也包括人身自由、经济自由、竞争自由等，但人格权法保护的自由主要限于人身自由。最高人民法院《关于确定民事侵权精神损害赔偿责任若干问题的解释》第 1 条第 1 款明确承认，自然人在“人格尊严权、人身自由权”受到侵害之后有权向人民法院起诉请求赔偿精神损害。该司法解释将违反社会公共利益或者社会公德侵害他人人格利益作为一种独立的侵权类型，对这类合法利益提供直接的司法保护。这样的规定为我国侵权责任法的保护范围的扩展奠定了实践的基础。

4. 死者人格利益

死者不是民事主体，无法享有人格权，死者的名誉、姓名、肖像等不再体现为一种权利。但民事权利以利益为内容，这种利益是社会利益和个人利益的结合，个人死亡后，其不可能再享有实际权利中包含的个人利益，但由于权利中包含了社会利益的因素，因此，在个人死亡后，法律仍需要对这种利益进行保护。② 同时，侵害死者的人格利益还将导致死者的近亲属遭受财产与精神上的损害，因此，对死者人格利益的保护并非对死者的保护，而只是对某些社会利益或个人利益的保护。最高人民法院《关于确定民事侵权精神损害赔偿责任若干问题的解释》第 3 条正是基于这一考虑而明确规定，对死者的姓名、肖像、名誉、荣誉、隐私和其他相关的人格利益作出延伸性保护，允许死者的近亲属请求精神损害赔偿。

---

① 参见王利明、杨立新、姚辉：《人格权法》，35 页，北京，法律出版社，1997。

② MünchKomm/Rixecker, Anhang zu §12 Das Allgemeine Persönlichkeitsrecht, Rn. 32.

5. 占有

在现实生活中，尽管许多占有的状态还没有形成权利，但法律从维护社会秩序和人对物的关系出发，需要对这些占有状态进行保护。例如，拾得遗失物和漂流物、发现埋藏物，依据法律规定，占有人应及时返还失主或上交国家，而不能据为己有，占有人也不能因其占有而获得占有权并长期占有这些物。但这是否意味着占有人的占有不受法律保护呢？显然不是。因为占有一旦形成，便应当受到法律保护，假如对上述占有人不予保护，任何人都可以凭借暴力从占有人手中侵夺其占有物，则社会经济秩序和财产秩序将遭到严重破坏，法律秩序也将荡然无存。① 因此，为保护占有、维护秩序，需要扩大占有的概念，即使未形成权利的占有也需获得法律的保护。占有本身并不是物权，甚至并不是一种权利，而是一种应当受到法律保护的状态，或者说是一种利益，我国《物权法》第 245 条规定了侵害占有的侵权责任，以及对占有物的返还原物请求权、排除妨害请求权和消除危险请求权。因此，占有也是受侵权法所保护的权利外的利益。

6. 债权利益

《侵权责任法》第 2 条第 2 款列举的权利中没有包括债权，也就是说，债权原则上是不受侵权法的保护的，而应当受到合同法的保护。一般来说，侵权责任法保护的对象不包括相对权即合同债权，这也是侵权责任法和合同法的基本区别，但此种区别并不是绝对的。随着现代民事责任制度的演化，尤其是违约责任和侵权责任竞合现象的发展，侵权责任法在特殊情况下也保护合同债权。根据英美侵权法，第三人故意引诱他人违约，将构成经济侵权（economic harm），并负侵权行为责任。② 就对外效力来说，债权与其他民事权利一样都具有不可侵害性，当这种权利受到第三人侵害之后，债权人有权获得法律上的救济。尤其是债权也体现了债权人所享有的利益，尽管这种利益是预期的利益，但如果债务得以履行，这种利益是可以实现的。在现代社会中，这种利益已经成为一种重要的财

① MünchKomm/Wagner，§823，Rn. 157 ff.

② See Epstein，Gregorg & Kleven，*Cases and Materials on Torts*，Little，Brown and Company，1984，pp. 1336-1344.

富，所以债权也可以成为侵权法保护的对象。债权作为侵权责任法的保障对象的另一个重要根据在于：债权在遭受第三人侵害的情况下，如果无法得到侵权责任法的保护，则债权人可能难以得到法律救济；同时，对于加害人来说，也难以使其受到法律的制裁。

需要指出的是，由于侵权法保护的权益都具有绝对性，债权仅仅在例外的情况下才能受到侵权法的保护。所谓例外，一方面是指债权的保护原则上应当通过合同法等制度来实现，侵害债权制度应该仅作为一种辅助性的法律制度而存在；另一方面，债权受到侵权法的保护具有严格的条件限制。例如，侵害债权的行为人主观上具有故意。这就是说，侵权行为人不仅明知他人债权的存在，而且具有直接加害于他人债权的故意。对于债权人来说，他要向第三人主张侵害债权的赔偿，也必须证明第三人在实施某种行为时具有损害其债权的故意，如果其不能证明行为人具有侵害债权的故意，而仅能证明行为人具有侵害其他权利的故意（如侵害债权人的其他财产的故意），或者侵害债权的主观状态为过失，均不能主张侵害债权的侵权责任。将侵害债权的行为人主观上具有故意作为构成侵害债权的要件，从根本上说旨在限定侵害债权制度的适用范围。[①] 从实践来看，某人实施一定的行为，可能会妨碍债务人履行债务，或者不同程度地影响债权人债权的实现，但因为债权具有非公开性，行为人通常不知道他人债权的存在，或从不具有侵害债权的意图，便使其负侵害债权的责任，将会严重妨害人们的行为自由，妨碍自由竞争的展开。[②] 同时，这也会使大量的违约行为被纳入侵害债权的范围，从而将严重混淆侵权责任和违约责任的区别。

《侵权责任法》虽未对第三人侵害合同债权的侵权责任作出明确规定，但该法第 2 条第 2 款规定的“民事权益”中也包括了债权利益。不过，法院在确立第三人侵害合同债权的侵权责任时，其所援引的法律依据应当是《侵权责任法》第 6 条第 1 款，而非该法第 2 条第 2 款，因为《侵权责任法》第 2 条第 2 款并非完全法条，不包含构成要件和法律后果。从归责原则上说，侵害债权的责任仍然是

---

① 参见孙森焱：《民法债编总论》上册，164 页，北京，法律出版社，2007。

② MünchKomm/Wagner，§826，Rn. 17.

过错责任，且从后果上说它仍然是侵害民事权益，只不过，其是作为特殊的利益，因此，侵害债权可以看作是《侵权责任法》第 6 条第 1 款所确立的过错责任适用的特殊情况。

7. 其他合法利益

由于侵权责任法保护其他合法利益在法律上难以一一列举，因此，《侵权责任法》第 2 条采用了“等人身、财产权益”这一兜底性表述。这表明我国侵权法的保护范围具有很大的开放性，它为各种新型合法利益的保护提供了很大的空间，能够适应现代社会发展的需要。[①] 在此需要讨论纯粹经济损失的概念。“纯经济上的损失”在英语中称为“pure economic loss”或“pure pecuniary loss”，在德语中称为“纯粹经济损害”（blosse Vermögensschäden 或者 reine Vermögensschäden）。它是指行为人的行为虽未直接侵害受害人的权利，但给受害人造成了人身伤害和有形财产损害之外的经济上损失。在侵害利益的责任中，大多涉及纯经济损失的补偿问题。[②] Robbey Bernstein 认为：“纯经济损失，就是指除了因对人身的损害和对财产的有形损害而造成的损失以外的其他经济上的损失。”[③] 该定义被认为是关于纯粹经济损失比较经典的定义。例如，某注册会计师就公司的资产出具了虚假的验资报告，股民因相信该报告购买该公司的股票后，股票价值大幅下跌，此时该注册会计师就造成了股民的纯经济损失。再如，某人因驾驶不当，与前车相撞，致使道路堵塞，后面的车主因为不能及时驾车出席演唱会，造成财产损失。由于纯经济损失常常表现为一种费用的损失，所以，纯经济损失也被认为是因对原告的人身和有形财产造成的实质损害而产生的费用损失。[④] 纯经济损失不表现为对民法上绝对权利的侵害，而是绝对权利之外的财产法益损失。在侵权法上，纯经济损失是一个日益受到关注的问题，也是侵权法中的一个新课题。尽管

---

① 参见扈纪华、石宏：《侵权责任法立法情况介绍》，载《人民司法（应用）》，8 页，2010（3）。

② See Epstein, Gregorg & Kleven, *Cases and Materials on Torts*, Little Brown Company, 1984, pp. 1336-1344.

③ Robbey Bernstein, *Economic Loss*, Sweet & Maxwell Limited, 2nd ed., 1998, p. 2.

④ 参见［美］D. W. Robertson：《义务的新领域·纯粹经济损害》，刘慧译，载张新宝主编：《侵权法评论》，2003 年第 1 辑，北京，人民法院出版社，2003。

一些学者认为，纯经济损失所解决的问题实际上是因果关系解决的问题，可以由法官从因果关系的角度加以判断解决。[①] 但是，从侵权责任法的保护对象的角度来看，它也涉及侵权责任法的保护范围是否应当扩张到纯经济损失的问题。笔者认为，原则上，纯粹经济损失无法获得赔偿，但在例外情况下，从保护受害人的需要出发，有必要对纯粹经济损失予以赔偿。

三、侵权责任法应当区分权利和权利外利益的保护

两大法系虽然都扩张了对法益的保护，但对于权利的保护和利益的保护也是有一定的界分的。从两大法系的经验来看，一般都对权利的保护和利益的保护进行了界分。大陆法系国家试图区分侵害权利和利益的侵权责任的构成要件，在德国，立法者最初试图通过设置一条具有高度概括性的过错责任一般条款进行规定。《德国民法典》第一草案第 704 条第 1 款规定："因故意或过失的违法的行为或不作为给他人造成损失的，应当承担赔偿损失的责任。"[②] 不过，民法典起草人为了避免给法官过于广泛的自由裁量权[③]，在过错责任原则之下，又确立了多重责任限制规则，这主要表现为明确过错责任适用的对象，即对绝对权利的不法侵害（第 823 条第 1 款）、违反保护他人之法律（第 823 条第 2 款）、违背善良风俗加损害于他人（第 826 条）等规定，从而具体限定了过错责任的适用范围。按照马克西米利安（Markesinis）的看法，这种分类实际上是建立在侵害法益的不同类型基础上的。《德国民法典》第 823 条第 1 款是对权利的侵害，但该权利不包括相对权。行为人是否要承担责任，取决于其是否构成如下构成要件：一是侵害了各种被列举的具体权利，即生命、身体、健康、自由、所有权或者其他权利；二是行为具有违法性；三是行为人必须具有过错；四是行为和损害之间具有

① 参见［美］D. W. Robertson：《义务的新领域：纯粹经济损害》，刘慧译，载张新宝主编：《侵权法评论》，2003 年第 1 辑，北京，人民法院出版社，2003。

② ［德］马克西米利安·福克斯：《侵权行为法》，5 版，齐晓琨译，3 页，北京，法律出版社，2006。

③ Vgl. Brox/Walker, Besonderes Schuldrecht, C. H. Beck 2008, 33. Auflage, S. 490.

因果关系。[1] 而关于利益的侵害主要适用第823条第2款和第826条，它们是对第823条第1款和第824条的补充，它的保护对象是法律没有明文规定的法益。[2] 由于《德国民法典》第823条和第826条所规定的保护范围过于狭窄，所以法官在司法实践中不得不扩张侵权法的保护范围，甚至通过扩张违约责任的范围（如采纳附保护第三人作用的合同、积极侵害债权等）对纯粹经济损失提供救济，这也使得权利和利益的界分变得极不清晰。[3]

《日本民法典》最初在第709条中，仅使用了“侵害权利”的表述。在2004年《日本民法典》第709条修改之前，日本判例通过违法性要件扩张其侵权法保护范围，即扩大到对利益的保护。[4] 2004年修改民法时，增加规定了“受法律保护的利益”。根据该条规定，“因故意或者过失侵害他人权利或者受法律保护的利益之人负有赔偿因此而造成的损失的责任”。显然，该条规定强化了对权利外利益的保护。但在实践中，对权利和利益之间的界限，学界也存在不少争议。通常，哪些利益受到保护是通过判例来解释的。而以我妻荣教授和加藤教授为代表的学者提出了违法性认定的“相关关系说”，即对于违法性的判断应当根据“侵害利益的种类”和“侵害行为的形态”的相关关系来判断。加藤教授指出：“被侵害利益如果是强固的（或者被害的程度重大），侵害行为的不法性即使很小，在加害上也有违法性；而被侵害利益不是太强固（或者被害的程度不重大）的情况下，侵害行为的不法性不大，加害则没有违法性。”[5] 这一观点在司法实务中影响很大，由此可见，日本主要是通过违法性要件来确定侵害利益的类型，及其

---

① See B. S. Markesinis, *A Comparative Introduction to the German Law of Torts*, third edition, Clarendon Press, Oxford, 1994, p. 35.

② Palandt and Thamas, Kommentar zum Bürgerkiches Gesetzbuch, Verlag C. H. Beck, 2003, S. 1265.

③ 参见［奥］海尔穆特·库奇奥：《损害赔偿法的重新构建：欧洲经验与欧洲趋势》，载《法学家》，6页，2009（3）。

④ 参见［日］圆谷峻：《判例形成的日本新侵权行为法》，赵莉译，65～68页，北京，法律出版社，2008。

⑤ 转引自［日］圆谷峻：《判例形成的日本新侵权行为法》，赵莉译，69页，北京，法律出版社，2008。

与侵害权利的界分。

在英美法中，对于过失侵权行为通过多种标准予以限制。例如，在Donoghue v. Stevenson一案中，法官就提出了“邻人标准”（neighbour test），法官Atkin在该案中指出：“爱你的邻人的规则成为了法律：你不得伤害你的邻人。法律人的问题是：谁是我的邻人？其应得到一个限制性的回答。当你合理地预见到你的作为或不作为会影响到你的邻人时，应采取合理的措施，以避免损害的发生。”① 但是，关于邻人的标准常常也引发一些争议。许多学者认为，它并没有在纯经济损失和财产损失之间作出严格的界分，而这恰恰是侵权法迫切需要解决的问题。② 然而，在这个判例中，法官不仅提出了邻人标准，而且提出了可预见性标准。后来的法官和学者在此基础上发展出了可预见性规则，依据这一标准，在判断对某种损害是否应提供救济时，要判断在事故发生之时，行为人是否可以预见到损害。③ 另外，也要考虑损害发生的风险、损害的严重程度以及预防损害的成本。④ 但严格来说，英美法上限制过失侵权的标准虽然较多，但主要是一种法律政策考量，而并没有对权利和利益的界分提出清晰的标准。

在我国侵权责任法制定过程中，关于是否需要严格区分权利和利益，一直存在不同的看法。一种观点认为，权利和利益是存在区别的，应当对其保护方式进行区分。对于权利的侵害，只要满足一般的过错责任的构成要件即可；而对于利益的侵害，则需要特殊的构成要件，一般应当要求行为人具有故意或重大过失。另一种观点认为，权利和利益虽然存在区别，但并不需要规定不同的侵权责任构成要件，许多权利和利益本身也没有明确的界限，权利和利益之间是可以相互转化的。⑤ 随着社会的发展、纠纷的增多，一些利益也可能“权利化”⑥。笔者认为，我国民法典侵权责任编有必要区分对权利的保护和对利益的保护，主要原因

① Donoghue v Stevenson [1932] AC 56.

② See *Markesinis and Deakin's Tort Law*, 6th Ed., Clarendon Press, Oxford, 2008, p. 115.

③ See Vivienne Harpwood, *Modern Tort Law*, 7th ed., Routledge-Cavendish, 2009, p. 134.

④ See *Markesinis and Deakin's Tort Law*, 6th Ed., Clarendon Press, Oxford, 2008, p. 235.

⑤ 参见王胜明主编：《〈中华人民共和国侵权责任法〉解读》，10页，北京，中国法制出版社，2010。

⑥ 扈纪华、石宏：《侵权责任法立法情况介绍》，载《人民司法（应用）》，2010（3）。

在于：

第一，避免对利益保护的泛化。通过界分权利和利益，并进一步区分不同的责任构成要件，可以避免利益的保护泛化。例如，《欧洲侵权法原则》第2.102条在规定“受保护的利益”时指出，对纯粹经济损失和合同利益的保护范围应当受到限制。毕竟在现实生活中，许多合法的利益应当受到法律的保护，但如果对权利和利益不加区分地进行保护，利益的保护就超过了其合理的边界。为此，通过区分权利和利益的不同保护标准，可以避免对个人行为自由构成过多限制，也有利于实现侵权法平衡权利保护与维护个人行为自由关系的功能。

第二，强化对于一般人的行为自由的保障。在19世纪，侵权责任法的主要功能在于维护个人的行为自由，并因此产生了为自己行为负责的原则。该原则曾经成为民法的三大原则之一。正如有学者所指出的，侵权责任法的主要任务在于，如何平衡法益保护与行为自由之间的矛盾关系。① 由于权利都是通过一定的公示方法公开的，且权利是确定他人行为自由的重要标准，因此，应采用一般的侵权责任构成要件（严格责任的情形除外）。而利益通常不是法律明确规定的，在新型纠纷发生后，法官通常会根据个案总结提炼出不同的利益种类，因此需要有不同的构成要件。行为人在侵害了某种利益后，是否构成侵权，行为人难以根据既有法律规则作出明确预判。因此，从维护行为自由的角度，应当对利益的保护进行必要的限制，以免过度妨碍人们的行为自由。因此，就必须要在利益的保护与对他人的行为自由之间进行有效的平衡。② 从维护行为自由的角度，需要对利益的保护加以适当限制，以防止因过度保护利益而妨碍行为自由。

第三，为法官认定侵权提供明确依据。权利是类型化的利益，法律明确了特定的权利，就明确了相对人的义务。因此，法官在判断是否构成侵权责任时就有明确的标准。而利益并没有被法律类型化，行为人的行为是否侵害了某种利益、是否违反了某种义务，要由法官确定。因此，法官在确定社会其他人的义务时，

① 参见［德］马克西米利安·福克斯：《侵权行为法》，5版，齐晓琨译，4页，北京，法律出版社，2006。

② 参见［奥］海尔穆特·库奇奥：《损害赔偿法的重新构建：欧洲经验与欧洲趋势》，载《法学家》，2009（3）。

要进行多方面的考量。正如库奇奥（Koziol）所指出的，从比较法上来看，各国都比较重视侵害人格权尤其是精神性人格权情形下的利益平衡。例如，在奥地利，法律对各项具体人格权作了十分明确的区分，在侵害生命权、身体完整权、自由等最有价值的人格权益的情形下，将直接认定行为人有过错；而在侵害其他人格权益（如肖像权、隐私权、人格尊严）的情形下，在判断行为人是否具有过错时，则需要考虑与此相冲突的其他利益。[①]

四、侵权责任法有必要借鉴动态系统论保护权利和权利外的利益

如何保护权利和利益，这可以说是侵权责任法上的难题。各国学者都尝试提出不同的区分标准，而事实证明，无法用一个简单的标准来对其加以区分。笔者认为，准确区分权利和利益，有必要借鉴奥地利学者威尔伯格（Walter Wilburg）所提出的动态系统论。威尔伯格在比较法的基础上提出了动态系统论的思想，其基本观点是：调整特定领域法律关系的法律规范包含诸多构成要素，但在具体的法律关系中，相应规范所需要素的数量和要素的强度有所不同，也就是说，调整各个具体关系的规范要素是一个动态的系统。[②] 威尔伯格教授的“动态系统论”的理论对于受保护利益的认定采取多标准的规则。[③] “动态系统提供了一个替代方案：通过明确规定法官裁判时应当考量的各种重要因素，立法者可以达到非常具体化的规定目的，能够决定性地限制法官的自由裁量空间，并且也使得法官自由裁量具有可预见性，而同时又有所控制地兼顾了生活事实的多样性。”[④] 动态系统论认为，在判断责任时，应当对所有的构成要件发挥的不同作

① E. Karner & H Koziol, Der Ersatz ideellen Schaden im österreichischen Recht und seine Reform: Verhandlungen des Filnjzehnten Osterreicmscben, Juristentages lnnsbruck 2003, S. 34-35.

② 参见［日］山本敬三：《民法中的动态系统论——有关法评价及方法的绪论性考察》，解亘译，载梁慧星主编：《民商法论丛》，第23卷，177页，北京，法律出版社，2002。

③ 参见［奥］海尔穆特·库奇奥：《损害赔偿法的重新构建：欧洲经验与欧洲趋势》，载《法学家》，2009（3）。

④ ［奥］海尔穆特·库奇奥：《损害赔偿法的重新构建：欧洲经验与欧洲趋势》，载《法学家》，2009（3）。

用进行评价，针对影响因素的不同程度，来综合考量、认定责任。这实际上是一种在量上分层的认定方法，威尔伯格认为：“如果一个因素以一种特殊强烈的方式出现，就可充分满足认定存在责任的要求。”[①]

之所以在利益的保护方面要采纳动态系统论的理论，因为立法虽然是一个系统，但它不可能考虑到各种特殊的情形，所以要给法官一定的自由裁量权，从而使法律系统更加富有弹性。在利益平衡的过程中，对于过错程度的考虑是一个重要的因素。[②] 社会生活是复杂的，侵权案件也是不断变化和发展的。只有充分发挥法官的司法创造性和一定的自主性，使法官能够依据具体情况处理纠纷、确定责任，才能使过错责任原则得到准确适用。

德国学者冯·巴尔（von Bar）教授主持起草的《欧洲私法共同参考框架》（DCFR）第 2：101 条第 3 款规定：“在判断赋予损害赔偿或预防损害的权利是否公平且合理时，应参考归责基础、损害或有发生之虞的损害的性质和近因、已遭受或即将遭受损害之人的合理期待以及公共政策考虑。”在库奇奥（Koziol）教授主持起草的《欧洲侵权法原则》第 2：102 条中，确立了利益保护所应考虑的多重因素，主要包括：利益的性质、利益的价值、利益的定义是否精确与明显、行为人与受害人的接近程度、责任性质、行为人的利益（尤其是该行为人行动与行使权利的自由）以及公共利益。[③] 受保护利益的范围取决于该利益的性质：利益价值越高，定义越精确，越显而易见，保护范围就越广泛。该条规定显然是受到了动态系统论的影响。由此可见，上述两个侵权法的草案都没有提出明确的区分标准，而实际上通过采纳动态系统论，赋予法官一定的自由裁量权，综合考虑各种因素以确定是否保护某种利益。

按照动态系统论考量在何种情况下应对权利外的利益进行保护，可以从如下

① B. A. Koch, Wilburg's Flexible System in a Nutshell, in: Koziol/B. C. Steininger, *European Tort Law: Liber Amicorum for Gelmut Koziol*, (2000) 293 ff.

② 参见［奥］海尔穆特·库奇奥：《损害赔偿法的重新构建：欧洲经验与欧洲趋势》，载《法学家》，2009（3）。

③ See European Group on Tort Law, *Principles of European Tort Law: Text and Commentary*, Springer, 2005, p. 191.

几个方面展开。

第一，要考虑利益的位阶。各项利益之间存在一定的位阶。受道德、经济和其他一些考量因素的影响，根据法律对不同人身或者财产利益提供保护力度的强弱，这些利益之间呈现出一定的位阶关系。一般认为，人格利益，尤其是生命健康的利益应当高于财产利益，人的尊严应当置于首位。生命、身体或精神上的完整性，人的尊严和人身自由享受最广泛的保护。在某一个类型的利益内部，也可能可以进一步区分为不同的位阶。一般来说，利益的位阶越高，则侵权责任法越有必要对其提供保护，而利益的位阶越低，则其保护程度就相对较低。原则上，人格利益在位阶上要优于财产利益，生存利益要优于商业利益，而生命健康等物质性人格利益要优于精神性人格利益，因此，位阶低的利益在保护上要受到更大的限制。①

第二，要考虑相关的并行利益。这就是说，对权利和利益的保护需要兼顾各种法律需要保护的利益，协调各种利益的冲突。例如，由于利益通常不具有公开性，第三人在行为时可能不知道其将损害他人利益，因此，对利益的保护如果过度，就可能损害人们的行为自由，使人们动辄得咎。正如库奇奥所说，每个人的权利都应当受到保护，但不能因为保护某人的利益，而过分牺牲或损害他人的利益。② 在瑞士法中，在侵害人格利益的情形下，如果没有抗辩理由，则将认定行为具有过错，在判断抗辩事由能否成立时，需要考虑将受害人的利益与相对应的私法和公法的利益相比较，如果相关人格利益的保护是不重要的，则行为人的过错就可能会被排除。③ 按照威尔伯格的动态系统论，对纯粹经济损失和合同利益的保护，不应全部排除或全部赔偿，其范围应当受到限制，否则会损害其他相关

① 参见欧洲侵权法小组编著：《欧洲侵权法原则：文本与评注》，于敏等译，63页，北京，法律出版社，2009。

② 参见［奥］库齐奥：《侵权责任法的基本问题（第一卷）：德语国家的视角》，朱岩译，16页，北京，北京大学出版社，2017。

③ A Bucher, Natuerliche Persoenen und Persoenlichkeitsschutz, Helbing & Lichtenhahn, 1995, S. 162ff.

的利益。[1]

第三，要考虑行为人的主观过错程度。原则上，只有当行为人具有故意或者重大过失时，才应当承担侵权责任。由于尚没有形成权利的利益，在法律上缺乏一种可预见性，人们并不知道何种行为会导致对他人利益的侵害以及将造成何种后果，所以行为人侵害他人利益仅具有一般过失时，不能使其承担侵权责任。我国相关司法解释也采纳了此种立场。例如，最高人民法院《精神损害赔偿司法解释》第1条明确规定，只有行为人以违反社会公共利益和社会公德的方式侵害他人人格尊严利益时，受害人才可以要求精神损害赔偿，行为人才应当承担责任。这就是从主观要件和行为方式上限制了人格利益的保护范围。再如，债权属于相对权，不具有社会公开性，第三人又无从知悉，且同一债务人的债权人有时很多，如果适用侵权责任，加害人的责任将无限扩大，不符合社会生活中损害合理分配的原则，同时也会妨碍自由的市场竞争。但在特殊情况下，因第三人故意违背善良风俗而侵害债权时，侵权责任法也可以提供救济。[2]

第四，考虑行为自由的保护。“不论侵权、背俗或违法，要让行为人对其行为负起民事上的责任，都须以该行为涉及某种对世规范的违反为前提，其目的就在于建立此一制度最起码的期待可能性，以保留合理的行为空间。”[3]《欧洲侵权法原则》第2条第6款规定：“决定利益保护范围时，应考虑行为人的利益，尤其是该行为人行动与行使权利的自由，以及公共利益。”[4] 侵权法不仅要保护民事权益，而且要保护人们的一般行为自由。如果民事利益的保护程度过高，就会使得人们动辄得咎，行为自由受到不当的限制。因为对于利益而言，它不像权利那样具有公开性，第三人往往不知道该利益的边界，甚至可能对某种利益是否应

---

① Wilburg, Die Elemente des Schadensrecht (1941); Wilburg, Entwicklung eines beweglichen Systems im buerglichen Recht (1950).

② 参见王文钦：《论第三人侵害债权的侵权行为》，载梁慧星主编：《民商法论丛》，第6卷，北京，法律出版社，1997；朱晓喆：《债之相对性的突破——以第三人侵害债权为中心》，载《华东政法学院学报》，1995 (3)。

③ 苏永钦：《走入新世纪的私法自治》，306页，北京，中国政法大学出版社，2002。

④ European Group on Tort Law, *Principles of European Tort Law: Text and Commentary*, Springer, 2005, p. 193.

当受到法律保护存在疑问，此时如果仅仅因为过失而导致对利益的损害，就承担侵权责任，将妨碍行为自由。[①] 例如，在保护纯粹经济损失时，要考虑到对行为自由的保护，如果片面扩大对纯粹经济损失的保护，将使行为人随时面临无尽的诉讼和责任。每个人都可能因为轻微的过失而承担巨大的损害赔偿责任。再如，关于性骚扰究竟侵害了何种权利，现在还存有较大争议。一般认为，性骚扰侵害的是一种人格利益，在认定此种侵权责任时，有必要从行为人主观要件上进行限制。也就是说，关于性骚扰，通常只有在行为人故意实施的情况下才能构成侵权。

第五，要考虑行为人与受害人之间的相互关系。按照《欧洲侵权法原则》，对纯粹经济损失和合同利益的保护，应当适当考虑行为人与受害人的接近程度，或考虑行为人明知其行为将造成损失的事实。行为人侵害他人利益，在确定行为人是否应当承担侵权责任时，应当考虑当事人之间的密切关系，以及他们之间的相互依赖性。[②] 一般而言，如果行为人与受害人关系密切，则行为人在实施侵害行为时就应当预见到可能侵害他人利益，此时，其就应当承担侵权责任。例如，行为人与被侵害人之间关系密切，对被侵害人的人身、财产状况有充分的了解，则其对行为造成的损害结果有可能预见。如果行为人与受害人相距遥远，就不能预见到损害的发生，受害人也就可能不受保护。如果行为人与受害人之间不存在密切关系，其一般不会预见到他人利益的存在，从维护个人行为自由出发，不应当课以其侵权责任。

---

① 参见［奥］库齐奥：《侵权责任法的基本问题（第一卷）：德语国家的视角》，朱岩译，24页，北京，北京大学出版社，2017。

② 参见欧洲侵权法小组编著：《欧洲侵权法原则：文本与评注》，于敏等译，62页，北京，法律出版社，2009。

公平责任初探

公平责任，又称衡平责任（Billigkeitshaftung）或“具体的衡平主义（Prinzip der konkreten Billigkeit）”，它是指在法律规定的情形下，根据当事人双方的财产状况等因素，由双方公平合理地分担损失。《民法通则》132条规定：“当事人对造成损害都没有过错的，可以根据实际情况，由当事人分担民事责任。”这就在法律上明确规定了公平责任。从本质上看，公平责任也被称为因财产而产生的责任，或者说，它是因分担能力而产生的责任。《民法通则》第133条第2款明确规定，有财产的责任主体应当承担公平责任。由此表明，公平责任很大程度上是依据财产状况进行的责任分担，这体现了公平责任所具有的社会法特点。而且公平责任可以弥补过错责任和严格责任的不足。例如，在“李某、龚某诉五月花公司人身伤害赔偿纠纷案”[①] 中，原告李某、龚某夫妇二人带着8岁的儿子龚某皓，与朋友到被告五月花公司经营的五月花餐厅就餐，因餐厅服务员为顾客开启“五粮液酒”盒盖时发生爆炸，夫妻二人受伤，其儿子死亡。制造爆炸物的犯罪嫌疑人已被抓获。法院认为，五月花餐厅接受顾客自带酒水到餐厅就餐，是行业习惯使然。对顾客带进餐厅的酒类产品，根据我国目前的社会环境，

---

① 《最高人民法院公报》，2002（2）。

还没有必要、也没有条件要求经营者采取像乘坐飞机一样严格的安全检查措施。由于这个爆炸物的外包装酷似真酒，一般人凭肉眼难以识别，因此不能认定被告具有过错。根据法律、司法解释关于公平责任的规定，考虑李某、龚某一家的经济状况，为平衡双方当事人的受损结果，酌情由五月花公司给李某、龚某补偿一部分经济损失。

在传统归责原则体系下，无论是单一过错责任归责原则体系，还是过错与无过错相结合的二元归责体系，都没有公平责任的存在空间。公平责任是伴随着近代侵权法的发展而产生的，近代侵权法在功能上日益强调对受害人的救济，产生了公平分担损失的制度，公平责任也应运而生。然而，公平责任的适用也对传统侵权法的归责原则提出了一定的挑战，有关“公平责任”的性质及其适用范围等问题引发了学界的广泛争议。鉴于该问题在理论上的争论，以及对司法实践的重要影响，本文对此作初步探讨。

一、公平责任的产生是现代侵权法发展的重要内容

公平责任虽然是近代的产物，但古代法律中已有公平分担损失的萌芽。在古希腊，梭伦实行立法时，曾强调保障公民的赔偿请求权，并提出要协调贵族和平民的相互利益的冲突。梭伦指出：“我手里拿着一只大盾，保护两方，不让任何一方不公正地占据优势”，“即使是那些有财有势的人，也一样，我不使他们遭受不当的损失”[①]。古希腊哲学家也注重用衡平（epieikeia）的方法来解决司法中的困难。[②] 在罗马法中，曾有关于公平责任的规定。根据罗马帝国时期的《法学总论》，如伤害他人身体未造成死亡的，“应由审判员根据具体情况，基于公平原则所估计的金额为准判处罚金；在估计时，审判员应考虑支付医生的诊费和其他治疗上的费用，此外还应考虑由于丧失工作能力而在就业上已受到和将受到的损

① 周一良等主编：《世界通史资料选辑（上古部分）》，282 页，北京，商务印书馆，1964。

② 参见［美］博登海默：《法理学——法哲学及其方法》，邓正来译，1 页，北京，中国政法大学出版社，1999。

失"[①]。只不过在古代社会，还没有形成系统的公平责任原则。

现代公平责任最初产生于无民事行为能力人和限制民事行为能力人致人损害的案件，在这一领域，古老的法律曾经实行结果责任。根据古伊斯兰法的原则，"未成年人毁坏了他人的财产，必须用自己的钱向财产的主人赔偿"。古代德国法也采取结果责任制度，实行"行为虽出于无意（无意思能力），但其责任与有意的相同"。甚至到了中世纪，寺院法也确定了"派遣他人行为，如同自己行为"的规则，认为未成年人不过是他人用来达到自己目的的一种工具。但近代以来，随着文艺复兴运动的兴起和人本主义、人文关怀理念的强化，特别是随着 19 世纪以来过错责任的发展，理性哲学对过错理论的影响，许多国家认为无民事行为能力人没有过错，不具有责任能力，因而不应对其造成的损害承担侵权责任。但完全免除有财产的无民事行为能力人的责任，对受害人极不公平，因此，各国法律规定了几种责任承担模式：一是基于主观过错的概念，认为未成年人和精神病人没有过错，因而不应对其造成的损害负责，但允许法官基于公平的考虑，在特殊情况下要求未成年人和精神病人负责，此种公平责任称为"基于过错而一般免责"的例外。二是基于客观过错的概念，认为未成年人和精神病人致他人损害是有过错的，因而应对其行为负责，但法院可以基于公平考虑，部分或全部地免除未成年人和精神病人的责任。三是明确规定未成年人和精神病人致他人损害时，监护人具有过错，应对受害人负责，但当受害人不能从监护人那里获得足够的赔偿时，可以对未成年人和精神病人提起诉讼，此种做法称为"从属性的公平补偿"[②]。第三种模式就是典型的公平责任。

公平责任理论的产生在一定程度上也受到自然法理念的影响。古希腊哲学家亚里士多德曾提出用衡平（epieikeia）的方法来缓解法律规则适用的刚性。17 至 18 世纪的古典自然法认为，任何人致他人损害均应赔偿，但赔偿须以过失为前

---

① ［古罗马］查士丁尼：《法学总论》，204 页，北京，商务印书馆，1989。

② Jean Limpens，*International Encyclopedia of Comparative Law*，Vol. 4，Torts，Chapter 2，Liability for one's own act，J. C. B. Mohr（Paul Siebeck，Tübingen），1975，pp. 99-103. 又参见《意大利民法典》第 165 条第 2 款，《德国民法典》第 829 条，《奥地利民法典》第 1310 条，《希腊民法典》第 918 条，《波兰民法典》第 428 条。

提，但任何人不仅不得损害他人，而且必须有利于他人。因为“人系弱者，必须营造社会生活，故必须要互助。此乃人性上普遍应尽之义务，惟在此义务中，有强行的，完全的，有任意的，不完全的”[①]。从这一思想理念出发，就产生了富人致穷人损害，即使无过失也应当赔偿的观念，这便是古老的自然法原则的产物。[②] 在1797年《普鲁士普通法》第一次草案审议会上，与会者从自然法的观点出发，提出：“患精神病的富翁伤害穷汉的身体，若使穷汉自认晦气，忍受损害，实属不当。”[③] 这其实就是“因财产而产生的责任”的所谓公平责任所贯彻的理念。

在《德国民法典》起草时，曾有学者（如海德曼）主张将公平责任作为一般条款。《德国民法典》草案第二稿第752条曾采纳了此种建议，规定了公平责任，将公平责任界定为独立于过失和无过失责任之外的第三种责任。但该规定受到普遍指责。反对者认为，该条文在“法律上的含糊性达到了使人不能忍受的程度”，仅仅“要求行为无过失的侵权人作出赔偿极不明智”[④]。《德国民法典》最终放弃了公平责任原则的规定，仅在未成年人致人损害案件中规定了公平责任。依该法典第829条，在未成年致人损害时，“受害人如不能由有监督义务的第三人取得其损害赔偿，依据情况特别是依据当事人间的关系，依公平原则要求作某种赔偿时，在赔偿不妨害加害人保持与自己地位相当的生计并履行法律上扶养义务所需资金限度内，加害人仍应负损害赔偿的义务”。近来，许多德国学者主张仍应对公平责任作出一般规定。

1912年的《瑞士债法典》最初明确规定了公平责任，首开公平责任的立法先河，根据该法典第43条第1款的规定，在确定赔偿的性质和范围时，法官必须考虑案件的情节以及加害人过错的严重程度；该法第44条第2款规定，在执

---

① 何孝元：《诚实信用原则与衡平法》，26页，台北，1977。

② See Hans Stoll, *International Encyclopedia of Comparative Law*, Vol. 4, Torts, Chapter 8, Consequences of Liability: Remedies, J. C. B. Mohr (Paul Siebeck, Tübingen), 1972. p. 145.

③ 刘甲一：《私法上交易自由的发现及其限制》，126页，载郑玉波主编：《民法债编论文选辑》（上）。

④ Hans Stoll, *International Encyclopedia of Comparative Law*, Vol. 4, Torts, Chapter 8, Consequences of Liability: Remedies, J. C. B. Mohr (Paul Siebeck, Tübingen), 1972. p. 145.

行赔偿将给责任方造成经济上的窘迫时，法院可以适当减少其赔偿金额，但行为人由于故意或重大过失或者不谨慎造成损害的除外。该法典规定的模式对大陆法系其他国家的立法也产生了一定的影响。例如，《荷兰民法典》要求法官在处理非法死亡和人身伤害案件时，估计损害赔偿应考虑当事人的社会和经济状况以及其他情况（第 1406 条、第 1407 条第 2 款）。1961 年荷兰的新民法典草案第六稿允许为达到保护债务人使其不致陷入贫困的目的而公平减轻债务人的赔偿。但该建议尚未得到立法的明确采纳。斯堪的那维亚地区的民法典已考虑制定一个普遍适用的公平责任条款。例如，挪威在 1969 年的一个有关民事损害赔偿的法规中已实际上采纳了这一建议。① 瑞典 1972 年的《侵权行为法》第 2 章第 3 条规定："如果在某种程度上考虑到行为人的智力状态、行为性质、造成损害中的过失、涉及损害的任何第三者的保险能力、最大限度的经济因素及其他情况，认为是公平合理的，则应使任何患有精神病或有智力缺陷的公民对造成他人的人身伤害、财产毁损和灭失负损害赔偿的责任。"

公平责任的产生和发展，是现代社会应对风险、充分救济受害人而采用的一种损失分担的做法。现代社会是风险社会，风险具有不确定性，大量的事故损害使得受害人的救济日益成为法律关注的重心。正如英国著名侵权法学者弗莱明（Fleming）教授所指出的："今天工业的种种经营、交通方式及其他美其名曰现代生活方式的活动，逼人付出生命、肉体及资产的代价，已经达到骇人的程度。意外引起的经济损失不断消耗社会的人力和物资，而且有增无减。民事侵权法在规范这些损失的调节及其费用的最终分配的工作上占重要的地位。"② 这就促使侵权法要实现其重要转型，即从以加害人为中心转向以受害人为中心，强化其救济功能。在众多的损害发生之后，通过侵权责任公平分担损失，以及借助于保

① 该法规定：父母或监护人如果出于疏忽而未履行其监护责任，或者不能证明自己对理应能预见到的损害采取一切保护措施，则须对儿童或 18 岁以下的未成年人造成的损害负赔偿责任（第 1～2 条）。此外，父母或其他监护人对数额达 500 挪威克朗（合 70 美元）的损失负严格赔偿责任（第 1～2 条第 2 款）。如果据案件的情节令监护人或父母全部赔偿有失公平，则可以适当减轻赔偿责任，有关监护人对精神病患者的责任，适用同样规定（第 1～3 条第 2 款）。

② John G. Fleming：《民事侵权法概论》，何美欢译，1 页，香港，中文大学出版社，1992。

险、社会基金的救助，从而实现损失分担的社会化，减少了传统的个人责任的发生。[①] 损失分担其实也是强化对受害人救济的重要途径。例如，在无行为能力人致人损害的情形下，无论是由该无民事行为能力人完全承担赔偿责任，还是免除其责任，都是不合理的，特别是在该无民事行为能力人有财产而致他人损害，完全免除其赔偿责任而由受害人自己承担损失，显然是极不公平的。因此，由法官依据公平观念，责令加害人给受害人提供适当的补偿，显然更有利于人们生活的安定和社会秩序的稳定。可见，公平责任的产生归根到底是为了分散风险社会中的损害，并强化对受害人的救济。

我国目前仍然处于社会转型的剧烈变动时期，同时，随着现代化进程的推进，我国进入了一个风险社会，各种损害频发，为了维护社会的和谐、稳定，必将使侵权法的重心从对加害人过错的制裁转向对受害人的救济。在这一背景下，公平责任的产生具有其合理性。一方面，公平责任体现了分配正义。从理论上说，公平责任是要实现分配正义。这和过错责任要实现矫正正义是不同的。因而，它具有独立存在的价值。公平责任赋予了法官自由裁量权。另一方面，在损害发生之后，由当事人公平合理地分担责任，体现了互助友爱、扶贫济困、公平正义的精神，符合中华民族传统的善良风俗。因而，它是将社会主义道德规范中的公平内容上升为法律规范的结果。可见，公平责任作为一项归责原则，对发扬社会主义道德风尚是必要的。同时，公平分配损失，在许多情况下也有利于民事纠纷的合理解决，防止矛盾的激化，维护社会的安定团结。[②] 还要看到，我国司法实践中，素来把考虑当事人的经济状况作为确定损害赔偿的一项重要原则。因此，我国司法实践历来贯彻了原则性和灵活性相结合的司法原则，这些原则都在一定程度上体现了公平责任的内容，因此，公平责任作为一项归责原则，也是我国司法实践经验的总结。因此，我国《民法通则》第 132 条专设了可适用于多种案件的公平责任。同时，《民法通则》也在无民事行为能力人和限制民事行为能力人致人损害的案件（第 133 条）、紧急避险致人损害的案件（第 129 条）中确

① See John Fleming，"Is there a future for Tort?"，44 *La. L. Rev.* pp. 1193，1198.

② 参见刘保玉：《公平责任之我见》，载《研究生法学》，1986（6）。

认了公平责任。我国《民法通则》规定的公平责任是我国长期以来司法实践的创造，它对于合理弥补受害人的损失，弘扬社会主义道德风尚，维护社会安定和经济秩序稳定，具有重要的作用。

二、公平责任在侵权责任法中的地位

公平责任是否是一项与过错责任、严格责任相并列的归责原则，历来存在争议。从比较法上来看，虽然有个别国家规定了公平责任原则，但大多数国家并没有将公平责任作为与过错责任、严格责任相并列的独立的归责原则，其主要原因在于，公平责任主要适用于法律规定的一些特殊情形，不宜简单扩张其适用范围，否则可能导致法官任意适用公平观念裁判案件，并使过错责任和严格责任面临严峻的挑战，甚至架空过错责任的基本规则，导致过错责任形同虚设。从我国《民法通则》第 132 条的规定来看，似乎让人误以为公平责任可以广泛适用于各种情形，而不限于法律明确规定的情形，但笔者认为，我国法律只在特定情况下规定了公平责任，其仅适用于法律规定的特别情形。在法律规定的特定情形以外，不能适用公平责任，否则就会对过错责任形成冲击。对《民法通则》第 132 条应当理解为对公平责任适用条件的规定，而不能理解为是普通适用于一般情况的公平责任的规则。

根据《民法通则》第 132 条，公平责任是在当事人双方对造成损害均无过错的情况下，由人民法院根据公平观念，在考虑当事人的财产状况及其他情况的基础上，责令加害人对受害人的财产损失给予适当补偿。笔者认为，该条并不是公平责任的一般条款，因为一方面，该规定具有明确的适用范围，即公平分担的前提是存在损害，而且是现实的损害。受害人和行为人对损害的发生都没有过错，此时才能根据实际情况确定损失的分担。另一方面，《民法通则》第 132 条的规定本身就是为法官在确定责任时提供指引，其是作为公平确定责任的规则出现的。如果认为该条规定了公平责任的一般条款，可以普遍适用于各类侵权责任纠纷，这不仅会不当扩张公平责任的适用范围，而且可能会颠覆过错责任存在的根基，使其无法发挥作用。

即使认为《民法通则》第132条可以适用于多种类型的案件，从而可以成为一项归责原则，那么，它也只能是一项辅助性的原则，其地位不能与过错责任、过错推定责任和严格责任相比，将公平责任作为一项辅助性的归责原则的理由主要在于：

第一，从归责原则体系来看，应当承认公平责任是一项辅助原则。侵权责任法中多个条款都规定了公平责任，这些责任无法归入过错责任、过错推定责任和严格责任之中。在我国《侵权责任法》中，过错责任原则、过错推定原则和严格责任原则可以涵盖《侵权责任法》所规定的大部分责任，但也有部分责任无法被纳入这些归责原则之中，如有财产的无民事行为能力人和限制民事行为能力人致人损害时的责任，这些特殊的责任形态，无法为其他归责原则所概括和统辖，必须借助公平责任来归纳。但公平责任只是辅助过错责任等归责原则发挥作用的责任。

第二，从归责的基础来看，公平责任具有其独特的归责基础，即根据分担能力来分配责任。侵权责任法中的公平责任是我国民法中公平原则的必然引申。如前所述，法律责任可以分为惩罚过错和恢复权利两类责任。依公平责任补偿受害人的损失，是由民法所担负的保护公民和法人合法权利的任务所决定的。在受害人遭受损害之后，如果行为人没有过错，又无法适用严格责任，则有必要通过公平责任在当事人之间合理分配损失，以平衡各方当事人的利益。我国民法把公平原则作为一项基本原则，根据当事人的分担能力来分配责任，可以衡平当事人之间的经济利益，使民事责任符合公平正义的要求。

第三，从功能上来看，公平责任不仅是确定损失如何分配的归责原则，也是确定责任成立的归责原则。公平责任并不是简单地对损害进行分担，其在责任确立方面也具有重要作用。因此，公平责任具有独立存在的必要性。在相当长的时期内，由于我国社会保险和社会保障等不健全，公平责任在损失分担方面仍将发挥重要作用，仍有其存在的社会基础。

第四，公平责任只是在过错责任原则等难以适用的情形下才能适用。具体来说，一是它只是在依法不能适用过错责任的情形下才能适用的归责原则。过错责任是侵权法的一般归责原则，凡是能够适用过错责任的，都应当适用过错责任，只有在特殊情形下，如果行为人没有过错或者无法确定其过错，依据法律规定可适用公平责任。这就是说，公平责任只能适用于当事人没有过错的情形。由于认定当事人“没有过错”是适用公平责任的前提，因此法院应当审慎地认定行为人从事致害行为时，是否具有过错，准确地得出“没有过错”的结论，而不能用十分宽松的过错标准来评价行为人有无过错，从而把有过错的案件作为“没有过错”的案件处理①，或者把所有依过错难以处理的案件不适当地按公平责任处理，否则可能严重威胁过错责任一般原则的地位，从而导致民事归责原则体系的瓦解。二是公平责任应当在无法适用过错推定责任和严格责任的情形下才能适用。因为公平责任毕竟只是辅助其他归责原则而适用的，过错推定和严格责任都是法律特别规定的责任，凡是能够适用这些归责原则的，都不能适用公平责任；只有在不能适用过错责任、过错推定责任、严格责任的情形下，才能适用公平责任。

三、公平责任的适用范围

如前所述，公平责任只是辅助性的归责原则，这就决定了，它不可能像过错责任那样具有非常宽泛的适用范围。在法律上，只有明确界定公平责任的适用范围，才能避免因其适用而冲击过错责任，也才能使得公平责任与过错责任、过错推定责任以及严格责任之间实现相互补充。

从比较法上来看，公平责任主要适用于无民事行为能力人和限制民事行为能力人致人损害的情形，但出于对受害人救济的需要，侵权法损失分担的功能需要

① 例如，老年妇女苏某某在院内公用铁丝上晒被褥，邻居马某某认为遮挡了自己房间的光线，两人发生争吵。苏某某有严重心脏病，在马某某的谩骂声中犯病栽倒，经抢救无效死亡。有人认为，本案中，马某某骂人只违背道德，对苏某某的死亡结果并没有过错，因此应依公平责任处理。参见宋章：《谈谈〈民法通则〉中侵权损害三个责任原则的规定》，载《北京律师》，1987（1）。这种认为马某某没有过错，应适用公平责任的观点，显然是不妥当的。

不断强化，因而公平责任的适用范围是否需要相应地扩展，对此，国外学者曾展开过热烈的讨论。对此有几种观点，一是明确列举公平责任的适用情形。挪威学者尤申认为，公平责任主要应适用于两类情况：第一类情况是由于赔偿的附带来源（如保险）的存在使损害赔偿的目的成为次要考虑的问题；第二类情况是指旨在保护损害赔偿的债务人，使其摆脱过重的经济负担的一种法律恩惠形式。① 德国学者海尔曼则认为，如果加害人只具有一般过失，则法官可以依据公平考虑而减轻其应负的损害赔偿责任。② 二是严格限定公平责任的适用条件。1967 年联邦德国司法部曾公布了一部法律修改草案，该草案试图以一项较为特殊的减轻条款来取代完全赔偿原则。根据这一草案，在"根据责任的情况看来损失是异常重大"的情况下，如果受害人不能被确定有重大过失或故意违法行为，法官有权为避免重大的不公平而减少补救数额。③ 但是，此种责任是在因加害人轻微过错而造成重大损失，若由加害人承担全部责任将显失公平的情况下的考虑，而并非是仅从加害人负担能力出发的公平责任，因此，这不是我们所说的不考虑过错的公平责任。三是不对公平责任的适用范围作出限制。例如，荷兰学者波西奥顿甚至认为，不宜对公平责任的适用情况作出具体分类，他认为法官在作出判决时，考虑到受害人在全部赔偿的补救中的利益、损害的可预见性和程度、双方当事人的经济情况、加害人在损害行为中的经济利益以及在损害发生时的法律关系，应适用公平责任时，则可以适用。④ 这些观点对一些立法产生了影响。

我国《民法通则》第 132 条规定："当事人对造成损害都没有过错的，可以根据实际情况，由当事人分担民事责任。"关于该条规定的性质，学术界存在不同看法。一种观点认为，这是对公平责任原则的一般规定，可以适用于各类案

---

① See Hans Stoll, Andre Tunc, *International Encyclopedia of Comparative Law*, Torts, Consequences of liability, remedies, J. C. B. Mohr (Paul Siebeck, Tübingen), 1972, p. 147.

② Hermann Lange, Schadensersatz und Privatstrafe in der mitterlalterlichen Rechtstheorie, Munster 1955. S. 264.

③ See H. Stoll, *International Encyclopedia of Comparative Law*, Torts, Consquences of Liability: Remedies, J. C. B. Mohr (Paul Siebeck) Tübingen, 1974, p. 142.

④ See Hans Stoll, Andre Tunc, *International Encyclopedia of Comparative Law*, Torts, Consequences of liability, remedies, J. C. B. Mohr (Paul Siebeck, Tübingen), 1972, p. 147.

件，且不限于法律明文规定的情况。[①] 另一种观点认为，这一规定只是对特殊侵权损害的民事责任的规定[②]，因此仅限于法律的明文规定。王泽鉴先生在评述《民法通则》第132条的规定时，曾提出两点疑问：一是仅考虑当事人的财产，由有资力的一方当事人承担社会安全制度的任务，并不合理；二是在实务上，难免造成法院不审慎认定加害人是否具有过失，从事的作业是否具有高度危险性，而基于方便、人情或其他因素从宽适用此项公平责任条款，致使过失责任和无过失责任不能发挥其应有的规范功能，软化侵权行为归责原则的体系构成。[③] 这两点意见不无道理。从现实来看，第132条的规定确使“十分棘手的双方无过错之损害赔偿案件迎刃而解，给人民群众的诉讼与人民法院的审理带来许多方便”[④]，但如果因为过于追求方便，可能会不适当地扩大《民法通则》第132条的适用范围，这显然是不妥当的。因而，对第132条的规定作出合理的解释，明确限定其适用范围是十分必要的。所以，针对《民法通则》第132条，需要准确而严格地界定其适用范围，而不能宽泛地予以适用。

笔者认为，公平责任的适用必须限于法律规定的特殊情形，法律的特别规定不能随意地扩张解释，更不能将《民法通则》第132条作为一般条款予以适用。我国《民法通则》关于公平责任的规定主要有如下几种情形。

1. 有财产的无民事行为能力人或限制民事行为能力人致人损害的责任

公平责任主要是从有财产的未成年人致人损害中发展出来的责任。根据大多数国家的法律规定，法官依法享有一定的自由裁量权，基于对当事人的经济状况、经济收入和造成损害的实际情况的考虑，而决定由当事人公平分担损失。[⑤] 因为未成年人没有意识能力，其没有过错，因此从过错责任的角度来看，其是可以免责的，但在其具有财产的情况下，完全免除其责任也不合理。我国《民法通

① 参见蒋颂平：《公平责任原则是独立的归责原则》，载《人民司法》，1989（7）。

② 参见全国法院干部业余法律大学：《中国民法讲义》下册，38～39页，北京，人民法院出版社，1989。

③ 参见王泽鉴：《民法学说与判例研究》，第6册，302页，台北，三民书局，1986。

④ 蒋颂平：《公平责任原则应是独立的归责原则》，载《人民司法》，1989（7）。

⑤ See Hans Stoll, *International Encyclopedia of Comparative Law*, Vol. 4, Torts, Chapter 8, Consequences of Liability: Remedies, J. C. B. Mohr (Paul Siebeck, Tübingen), 1972, p. 148.

则》第133条第2款规定："有财产的无民事行为能力人、限制民事行为能力人造成他人损害的，从本人财产中支付赔偿费用。不足部分，由监护人适当赔偿，但单位担任监护人的除外。"这就对有财产的无民事行为能力人或限制民事行为能力人的公平责任作出了规定，也有利于减轻监护人的责任。在父母以外的人担任监护人的情况下，这一规定有利于避免当事人相互推诿，而使受害人得不到补偿。例如，某个精神病人拥有大量财产，在其实施了侵害行为之后，应当由其承担一定的责任，从而使监护人相应地减轻责任。

2. 暂时没有意识或者失去控制的完全民事行为能力人致人损害的责任

完全民事行为能力人通常情况下具有意思能力，可以自行保护自己的人身和财产，但是，该完全民事行为能力人如果暂时没有意识或者失去控制，导致其造成他人损害，在侵害行为发生时，其是没有过错的。例如，某人在开车过程中突发心脏病，导致出现交通事故，与他人汽车相撞。因为其事发时暂时没有意识，所以也没有过错，完全由其承担赔偿责任，与过错责任的理念并不相符。当然，在此种情形下，如果因为其没有过错而完全免除其责任，在法律上显然也不合理，毕竟损害是因其行为引起的，不应当完全由受害人自担损失。因此，有必要适用公平责任，由暂时没有意识或者失去控制的完全民事行为能力人承担适当的补偿责任。当然，如果该暂时没有意识或者失去控制的完全民事行为能力人对其丧失意识或者失去控制具有过错，则应当适用过错责任原则，由行为人承担赔偿责任。例如，如果行为人因为酗酒失去意识致他人损害，此时，其应当对受害人的损害承担赔偿责任。

3. 紧急避险人适当承担的责任

紧急避险是指为了使公共利益、本人或他人的合法权益免受现实和紧急的损害危险，不得已而采取的致人损害的行为。对紧急避险造成的损害的赔偿问题，各国法律采取了各种不同做法：有的规定行为人对在紧急避险中所造成的损害应负责任[①]；有的规定行为人对在紧急避险中所造成的损害不负责任[②]；也有一些

① 参见《苏俄民法典》第449条第1款。

② 参见《德国民法典》第228条。

国家规定应承担公平补偿的责任。例如，《意大利民法典》第2045条规定："某人因行使紧急避险以保护本人或他人免遭正在发生的和重大的人身危险所造成损害，且其危险并非此人自动引起，也非以此种方式不能排除，受害人有权获得补偿，其数额由法官公平决定。"

从过错责任的角度来看，虽然紧急避险与正当防卫相比，行为人容于思考的时间往往较长些，危险也稍轻，但紧急避险人是为了使公共利益、本人或他人的人身或其他合法权利免受正在发生的危险，不得已而采取的一种损害行为，就主观而言没有过错。可是，倘若依过错责任使紧急避险人完全免责，而危险是由自然原因引起的，则无辜的受害人得不到任何补偿，又显失公平。因此《民法通则》第129条规定，"因紧急避险造成损害的，由引起险情发生的人承担民事责任。如果危险是由自然原因引起的，紧急避险人不承担民事责任或者承担适当的民事责任"。依据这一规定，如果危险是由自然原因引起的，则任何人都不能依过错责任原则对受害人负责，但为了充分救济无辜的受害人，法院可从案件的实际情况出发，考虑受害人所受损失的程度、当事人的经济状况、所保全的财产和所造成的损害在价值上的比较等因素，责令紧急避险人承担适当的民事责任，也可以依具体情况免除其责任。如果紧急避险是为了使他人的人身或其他权利免受正在发生的危险，则他人将从紧急避险中受益，因此，法院也可基于公平的考虑，由受益人承担适当的责任。正如最高人民法院所指出的："因紧急避险造成他人损失的，如果险情是由自然原因引起，行为人采取的措施又无不当，则行为人不承担民事责任。受害人要求补偿的，可以责令受益人适当补偿。"①

4. 受益人的补偿义务

《民法通则》第109条规定："因防止、制止国家的、集体的财产或者他人的财产、人身遭受侵害而使自己受到损害的，由侵害人承担赔偿责任，受益人也可以给予适当的补偿。"例如，某个小偷闯入某家行窃，被该家庭聘请的保姆发现，该保姆与违法行为人搏斗遭受损害，其用工者应当对该保姆遭受的损害负补偿义

① 最高人民法院《关于贯彻执行〈中华人民共和国民法通则〉若干问题的意见（试行）》第156条。

务。因此，通过规定补偿义务，有利于鼓励人们实施见义勇为的行为，也有助于发扬中华民族扶危济困的良好道德风尚。

在受益人人身、财产安全面临危险时，见义勇为者对受益人提供救助，使受益人免受危险，并使自身遭受损害，基于公平的理念，受益人应当适当补偿见义勇为者的损害，此种补偿义务在性质上应当属于公平责任的范畴。① 在见义勇为的情形下，课以受益人对见义勇为者的损害承担公平责任，具有一定的合理性，在发生危险的情形下，见义勇为者以自己慷慨赴险的壮举，使受益人转危为安，对其进行救助，从长远来看应当是社会的责任。在缺乏相应机制的条件下，作为利益共同体的受益人，适当分担损害，给受害人以补偿，是符合公平原则的。

5. 当事人没有过错且难以适用严格责任的特殊情形

《民法通则》第 132 条关于“没有过错”的情形，包括如下几点：一是不能找到有过错的当事人。例如，一辆满载乘客的公共汽车在正常行驶途中，对面驶来一辆满载硫酸的卡车，两车交会时，卡车因路途不平而剧烈地颠簸了一下，致所装的硫酸溅至公共汽车内，驾驶员与十多名乘客在不同程度上被灼伤或衣服被烧，事发后，虽经多方追查，未能找到肇事的卡车司机。为此，负伤的乘客向法院提起诉讼。在本案中，事故的发生是由有过错的第三人所引起的，但却不能找到有过错的当事人，被告虽无过错，但其行为与受害人的损害却有一定的事实上的联系，故适当分担损失是合理的。二是不能推定行为人有过错。换言之，不能通过过错推定的办法来确定行为人有过错。在实践中，经常发生由于各方面的原因，使原告难以就被告的过错进行举证的情况，但被告不能通过反证证明其没有过错，此种情况亦应适用公平责任。例如，在“李某、龚某诉五月花公司人身伤害赔偿纠纷案”② 中，法院认为，五月花餐厅接受顾客自带酒水到餐厅就餐，是行业习惯使然。对顾客带进餐厅的酒类产品，根据我国目前的社会环境，没有必要、也没有条件要求经营者采取像乘坐飞机一样严格的安全检查措施。由于这个

① 参见汪渊智：《侵权责任法学》，59 页，北京，法律出版社，2008。

② 《最高人民法院公报》，2002（2）。

爆炸物的外包装酷似真酒，一般人凭肉眼难以识别，因此不能认定被告具有过错。根据《民法通则意见》第157条关于公平责任的规定，考虑李某、龚某一家的经济状况，为平衡双方当事人的受损结果，酌情由五月花公司给李某、龚某补偿一部分经济损失，是适当的。三是无法认定当事人一方或双方具有过错。在日常生活以及民事活动中，经常发生此种情况，即损害的发生不能确定双方或一方的过错，而且也不能通过推定的方式确认当事人的过错。例如，在“上诉人胡某海因与被上诉人贾某英人身损害赔偿纠纷案”中，双方当事人的电动车在某交叉路口路段相撞，法院认为，交警部门并未对交通事故责任作出认定，双方当事人也没有提供有关事故责任的证据，应当依法适用公平原则，依据《侵权责任法》的规定，应当由双方分担损失。[①]

当然，即使在没有过错的情形下，也不能直接适用公平责任，而应当先考虑严格责任，严格责任是在法律有特别规定时，予以适用，但在上述情形中，也就是法律并没有规定适用严格责任时，只能适用公平责任。

四、公平责任的具体适用

（一）公平责任的适用条件

1. 必须发生了实际的损害

公平分担的前提是受害人遭受了损害，而且是遭受了实际的损害。一般来说，可以被公平分担的损失仅针对财产损失，而公平责任主要适用于侵害人身、财产的情况下，对受害人造成财产损失的场合。公平责任的宗旨是在考虑当事人之间的财产状况和财产损失的情况下，对不幸的损失在当事人之间进行公平合理的分配，以实现财产利益的平衡。可见，公平责任作为平衡财产利益的手段，其适用应以侵害他人人身、财产而造成财产损失为限。即便是在对人身权的侵犯案件中，公平责任也仅限于造成财产损失的情况，如人身伤害和死亡所支付的花费（医疗费、误工损失、补助费、丧葬费等）。由此也决定了公平责任主要适用于财

① 参见河南省信阳市中级人民法院（2013）信中法民终字第1099号民事判决书。

产损害，而不适用于精神损害。在侵犯人身权的情况下，也可以产生精神损害赔偿问题，但公平责任并不适用于精神损害赔偿。因为精神损害赔偿的目的主要在于制裁不法行为人并抚慰受害人，因此应适用惩罚过错的过错责任。同时，由于精神损害本身具有难以确定的特点，这就需要根据过错程度来确定加害人的责任，而不宜适用弹性较大的公平责任。

2. 受害人和行为人对损害的发生都没有过错

如何理解《侵权责任法》第24条中关于“受害人和行为人对损害的发生都没有过错的”的含义？所谓“没有过错”包括加害人与受害人均没有任何过错。例如，在“张某艳诉张某华、杨某文为人身损害赔偿纠纷案”① 中，法院认为，“在本案中，被告所居住的一楼房屋突然起火，致使租住二楼的原告在逃生到一楼时被火烧伤，在起火原因不明，双方均没有过错的情况下，可以根据公平原则由当事人双方分担损失”。没有过错是公平责任适用的重要前提条件，具体而言：一是不能确定行为人有过错。换言之，受害人既难以证明行为人有过错，也不能够通过过错推定的办法来确定行为人有过错。二是不能找到有过错的当事人。三是确定当事人一方或双方的过错显失公平。在日常生活以及民事活动中，经常发生此种情况，即损害的发生不能确定双方或一方的过错，而且认定或推定过错也显失公平。

3. 根据实际情况确定损失的分担

根据《侵权责任法》第24条，可以根据实际情况由双方分担损失。这实际上赋予了法官一定的自由裁量权，允许其根据具体的案情来考虑公平责任的范围。但如何理解此处所说的“实际情况”？笔者认为，所谓“实际情况”，并非指行为人的主观状态、意识能力等，而主要是指经济负担能力和受害人所遭受的损失情况。经济状况具体包括：当事人的实际经济收入、必要的经济支出与应对家庭和社会承担的经济负担等。尤其是，这里所说的经济情况是当事人双方的实际

① 河南省洛阳市涧西区人民法院（2009）涧民三初字第659号民事判决书。

经济情况，而不仅指一方的经济情况。[①] 因为公平责任实际上主要考虑当事人双方的财产状况，其具有社会法的特点，因此，它主要根据当事人双方的分担能力来确定具体的责任。所谓受害人遭受的实际损失，主要是指受害人因财产、人身遭受侵害，所实际遭受的损失。受害人遭受的损失越大，则公平责任就越重。因此，法官要考虑的实际情况主要是指其经济分担能力。

（二）适用公平责任应当考量的因素

公平责任又称衡平责任，是指在法律规定的情形下，根据当事人双方的财产状况等因素，由双方公平合理地分担损失。因此，适用公平责任，需要重点考虑受害人所受损害与当事人的财产状况。

1. 损害程度

损害程度直接决定当事人分担的必要性和分担方式。损害既可以是一方遭受的损害，也可能是双方均遭受损害，无论是何种损害，都仅限于财产损失，而且只应限于直接的经济损失，不包括利润损失、未来利益损失等间接损失。应当指出的是，适用公平责任的损害必须是较严重的，如果只是轻微的损失，则完全可以由受害人自己承担损失或由加害人一方承担损失，而不必采取公平分担责任的办法。因为在公平分担损失的情况下，双方当事人对损害的发生均无过错，而一方遭受的损失是较严重的，那么全由受害人自己承担损失就是不公平的。因此，公平责任的适用应限制在“损失重大”的案件。

在考虑损失程度以决定公平分担损失时，应注意几个问题：第一，应当结合受害人的经济能力判断损失程度问题。损失程度是一个相对的概念，一般人对损失大小的概念，并不一定符合特定的当事人的观念，尤其是应当考虑到当事人遭受损害后，其对损害承担的能力究竟有多大。如果受害人有超出一般人的损害承担能力，则不一定要求行为人承担过重的责任。第二，应当综合考量受害人的损害程度与受益状况。许多国家的法律规定，“在涉及某人作出某种对受害人有益

① 参见奚晓明主编：《〈中华人民共和国侵权责任法〉条文理解与适用》，185页，北京，人民法院出版社，2010。

事情的情况下，允许法官公平地减轻他的赔偿责任”①。例如，在免费乘车的情况下，受害人免费乘车的事实也是决定其应分担损失的因素。② 我国司法实践中，也常常把一方受益的事实作为适用公平责任的条件。例如，在某个案件中，受害人应被告邀请，为被告之子准备婚宴，当晚，受害人因坚持不到被告屋中睡觉而自愿睡在厨房里，结果因煤气中毒死亡。一审法院认为，被告对受害人的死亡虽无过错，但死者是因帮被告办事而死的，因而被告应承担因受害人之死所遭受的损失，故法院判决被告应支付死者的部分丧葬费。在公平责任中考虑受益情况是必要的，但受益的事实应与损害程度结合考虑。当然，这并不是说，在公平责任中，应实行“损益相抵”的规则，而不顾及经济状况。只是说，受益的程度是决定当事人是否应该承担损失或承担多大范围的损失的重要因素之一。第三，损害程度与受害人的情况应综合考虑。受害人的情况并非指受害人的过错，而是指受害人财产的易受损害性、被损害的财产的价值和受害人应承担的风险。

2. 当事人的经济状况

由于公平责任的重要功能在于在当事人之间公平地分配损失，因此，当事人的经济状况是确定公平责任要考虑的重要因素。奥地利学者温格（Unger）曾将公平责任概括为“经济负担能力相当之责任”，并将公平考虑所产生的债务称为“财富产生债务”③。此种看法虽未免绝对，但公平责任确以考虑当事人经济状况为基本要素。公平责任为什么要以考虑经济状况为内容？学者对此有不同的解释。有人认为，让某个穷人承受由某个具有万贯家财的人对其造成的严重损害，显然是不公平的。④ 例如，Atiyah 指出，“仅仅因为一点小小的过失就剥夺一个

① Hans Stoll, *International Encyclopedia of Comparative Law*, Vol. 4, Torts, Chapter 8, Consequences of Liability: Remedies, J. C. B. Mohr (Paul Siebeck, Tübingen), 1972, p. 146.

② 例如，瑞士《联邦公路交通管理法》第 59 条第 3 款规定：在受害人或死者是被免费运送或者汽车驾驶人不收取报酬的情况下，法官可以减轻或者在特殊情况下免除赔偿责任。

③ 刘甲一：《私法上交易自由的发展及其限制》，载郑玉波主编：《民法债编论文选辑》（上），130 页，台北，五南图书出版公司，1984。

④ See Hans Stoll, *International Encyclopedia of Comparative Law*, Vol. 4, Torts, Chapter 8, Consequences of Liability: Remedies, J. C. B. Mohr (Paul Siebeck, Tübingen), 1972, p. 141.

人全部的财产甚至其赖以生存的最基本物质条件，这样的做法很难说是公正的和符合社会利益的"①。另一些学者认为，侵权行为的责任是由于当事人之间的相对利益遭到破坏引起的，损害赔偿只是一种提供援助的义务②，所以应考虑当事人的经济状况。在我们看来，考虑当事人的经济状况是由公平责任乃是在当事人之间公平分担损失的性质所决定的。正如有的学者所指出的："强者对弱者的扶持、富有者对贫困者的救济，乃是致害人虽无过错，但受害人因之造成损失的特定条件下社会公平的要求，惟其如此，才能充分体现衡平责任成为法律规则的巨大社会意义。"③

当事人的经济状况包括当事人的经济收入、必要的经济支出和应对家庭和社会所承担的经济负担。根据许多国家的法律规定，考虑当事人的经济状况，主要是考虑加害人的经济状况。对此，国外立法有不同的法律规定。有的规定，如果有财产，基于公平的考虑应承担全部损失或承担更多的损失。这就是温格所说的"财富产生债务"的情况。有的规定，如果损害赔偿将严重影响加害人的生计，基于公平的考虑，应酌情减轻加害人的赔偿责任。④ 此种规定与西方国家民事诉讼法禁止对生活必需品进行扣押的规定是一致的。前一种情况是指依公平考虑，确定加害人应负责任和承担多大范围的责任；后一种情况是指基于公平考虑，减轻加害人所应负的赔偿责任。这两种做法从表面上看是不同的，但效果是相同的。

需要指出，考虑经济状况时应考虑当事人双方的经济状况，这就是说，不仅要考虑加害人而且要考虑受害人的经济状况。一方面，只有将加害人的经济情况与特定的受害人的经济情况相比较，而不是和一般人相比较，才能确定出当事人公平分担损失的具体数额。如果加害人的经济情况优越于一般人但不如受害人，或者当事人财产状况大体相当，受害人又无特殊困难，则加害人无须承担责任或

① 转引自胡雪梅：《"过错"的死亡》，91页，北京，中国政法大学出版社，2004。

② See Hans Stoll, *International Encyclopedia of Comparative Law*, Vol. 4, Torts, Chapter 8, Consequences of Liability: Remedies, J. C. B. Mohr (Paul Siebeck, Tübingen), 1972, p. 147.

③ 陈慧谷：《衡平责任原则探究》，载中国社会科学院《未定稿》，1989（7）。

④ 参见《德国民法典》第829条。

承担较少的责任；反之，如果加害人作出赔偿将妨碍其生计，但受害人相较于他人经济更为困难，如果令受害人自己承担损失将会使受害人陷入更严重的困境，则应考虑由加害人适当分担责任。另一方面，受害人的经济状况与其损害程度是联系在一起的。如果损害较轻，受害人则可能有能力承担而不必由当事人双方分担。总之，笔者认为，应该综合考虑当事人双方的经济状况，只有对当事人的经济状况作出全面了解，才能恰当地处理由当事人公平地分担责任的问题。

在公平责任的适用中，是否应该考虑被告参加责任保险的事实，在国外有不同的看法。挪威最高法院认为，确定被告的侵权行为责任，不应考虑被告的保险措施的存在。而德国法院曾认为，责任的确立不取决于保险的存在，但保险可以影响责任的范围。诚然，保险的存在是确定严格责任的重要根据，但由于保险是间接补偿的来源，它与当事人的经济状况是密切联系在一起的，因此在公平责任中，考虑当事人的保险问题也是合理的。瑞典 1972 年《侵权行为法》规定：决定公平责任，法官要考虑“第三者涉及损害的责任保险的存在”和“最大限度的经济因素”。1961 年《荷兰民法典》规定：在加害人有义务加入责任保险而没有这样做时，法官无权减轻损害赔偿。因此，在公平责任的范围确定方面，应当考虑加害人是否有责任保险，如果加害人已经有责任保险，将会为公平责任的承担提供良好的物质基础。

结语

法谚云：“法律乃公平正义之术。”公平责任实际上是公平原则在侵权责任法领域的体现。公平是一种道德观念，在不同的社会政治、经济以及文化制度下，公平观念的具体内涵并不相同。在我国，依公平观念确定责任意味着法官要本着公平正义的观念，合理地在当事人之间分配损失。但适用公平责任不能仅依据道德观念，而应当遵循法律关于公平责任适用的特殊情况的规定。由于公平责任是一项弹性较大的责任，其赋予了法官一定的自由裁量权，使他们能够针对案件的具体情况，公平合理地作出判决，这也充分体现了我国司法中所贯彻的原则性与灵活性相结合的原则。但由此也可能导致法官不当扩张适用公平责任。由于公平责任是一种辅助责任，其仅适用于法律明确规定的情形，因此，在实践中，如何有效规范公平责任的适用，规范法官的自由裁量权，准确认定责任，是公平责任适用中应解决的问题。

行为的违法性能否作为侵权责任的构成要件*

一、过错与违法行为的概念的关系

根据过错责任原则，侵权责任的成立以行为人具有过错为要件。过错是一个主观和客观因素相结合的概念，它是指支配行为人从事在法律上和道德上应受非难的行为的故意和过失状态。换言之，是指行为人通过违背法律和道德的行为表现出来的主观状态。过错体现了社会对行为人行为的价值评断，并通过此种评断归责，其目的在于实现淳化道德风尚、确定行为标准、预防损害发生、协调利益冲突等效果。可见，在依据过错责任和过错推定责任而归责的侵权行为中，过错是一个关键性的因素。

值得探讨的是，在侵权责任构成要件中，行为的违法性应否与过错相区别，并作为侵权责任的构成要件？大陆法系各国的立法、司法实践和学说对此观点各异，目前基本上形成了两种截然不同的看法。以法国和法国法系国家为代表的国家的法律，认为过错是责任的一般的、基本的要件，过错的概念本身包括了违法

---

* 本文原作于1992年，收录于王利明：《侵权行为法归责原则研究》，北京，中国政法大学出版社，1992。

行为，因而违法行为不应作为独立的责任构成要件。而以德国和德国法系国家为代表的法律，则认为过错和行为的违法性是两个不同的概念，均为侵权责任的重要构成要件。导致这两种观点的分歧的原因是多方面的，其中一个重要的原因在于法国法和德国法采纳了不同的过错概念和过错标准，由此表明过错和违法行为的概念具有重要联系。

在罗马法中，过错概念包括了违法行为。违法行为（injuria）一词，最早出现在《十二铜表法》中，但当时“injuria”仅指对人身的伤害。根据《阿奎利亚法》，如果行为人不法，即意味着他“无权（non jure）”或缺乏对造成他人损害的抗辩。[1] 之后，违法行为这一概念发展成为过失的概念。罗马法学家乌尔比安指出：“在此不可将‘不法’理解成为伤害诉讼中侮辱的一种，而要将其理解为某些不合法的东西，即不法行为，如某人过错地实施伤害。”[2]《法学阶梯》记载的一些案例也表明，违法行为意味着过失（culpa），而过失（culpa）的含义比违法行为（injuria）的概念更为广泛。[3] 根据古代伊斯兰法，违法具有完全的客观性，与过错无关，不涉及造成损害的人是否可以预见到其行为的后果问题。对他人财物的损害，不管是完全损害还是部分损害，均构成违法行为，至于行为人主观上有无过错，不影响其责任的成立。这种观点实际上是一种结果责任。不过，根据“麦加那（Madjalla）”规则，若某人造成对他人的损害并不是有形的（corpore corpori）损害，就要确定行为人是否出于故意；若某人造成他人的损害是间接损害，确定责任则要看行为人的行为是否具有违法性（unlawful）。

法国法完全沿袭罗马法的规定，采纳了过错吸收违法性要件的立法模式。根据《法国民法典》第1382条，侵权行为责任产生的根据在于行为人的过错，责任乃是过错行为的结果。这个观点乃是因为法国法采纳了客观违法的概念而形成的。早在20世纪初叶，法国学者普兰尼奥尔和萨瓦蒂安等人就提出：过错是一种行为的错误和疏忽，它是指行为人未能像“良家父”那样的行为标准，从而形

---

① See F. H. Lawson & B. S. Maresinis, *Tortious Liability for Unintentional Harm in the Common Law and the Civil Law*, p. 100.

② Digest 9. 2. 5. 1.

③ Digest 4. 7. 8. 2. 20.

成了过错内涵的双重性，即过错不仅包括行为人主观上的应受非难性（imputability），也包括了客观行为的非法性（unlawful）。一些学者也试图列举各种过错行为即不法行为，使过错概念的内涵极为宽泛，从而包括了不法行为的概念。此种观点深刻地影响了法国法院的司法实践，由于采纳了这样一种过错概念，也给法官在认定侵权责任方面带来了极大的方便。

德国法虽采纳了罗马法的过错责任原则，但并没有沿袭罗马法的过错概念，而认为过错和违法是两个不同的概念。德国学者耶林最早区分了过错和违法。他提出了“客观违法与主观违法”的概念，认为善意占有人是客观的违法，而恶意占有人是主观的违法。耶林的观点在德国影响很大。按照德国法院的观点，违法（Rechtswidrigkeit）是指客观的行为或结果的不法（Handlungs-oder Erfolgsunrecht）①，而过错（Fahrlässigkeit）在理论上应当是个主观概念，它体现的是行为人主观上应受非难的状态②，然而其判断的标准在德国法中却是客观的，导致过错标准在整体上也变得客观化③，但过错并不是指行为本身。因此，对行为的判断要依据违法行为的概念来确定。许多德国学者也援引《德国民法典》第 827 条和第 828 条关于无行为能力人致人损害不负赔偿责任的规定，证明过失为主观因素。1900 年的《德国民法典》实际上明确了过错和不法行为是两个不同的责任构成要件。根据该法第 823 条，“因故意或过失不法侵害他人的生命、身体、健康、自由、所有权或其他权利者，负有向他人赔偿因此所生损害的义务”。在这里，“故意”、“过失”与“不法”是不同的概念。受德国法的影响，瑞士、奥地利、荷兰、希腊等国家的民法均采纳了违法行为的概念。

在普通法系国家，侵权行为的概念与大陆法系国家的概念是截然不同的。普通法中众多类型的侵权行为分别要求不同的责任构成要件，因此不存在一般的责任构成要件。不过，在过失侵权行为中，过失是使行为人负责的必备要件。要认定过失，必须证明行为人负有注意的义务、违背了注意义务并造成了损害。有人

① Wagner, Münchener Kommentar zum BGB, §23, Rn. 4.

② Wagner, Münchener Kommentar zum BGB, §823, Rn. 37.

③ Wagner, Münchener Kommentar zum BGB, §823, Rn. 36.

认为，普通法中“注意义务”的内容与德国法中的客观违法概念相似，而普通法中“违背义务”又与德国法中的过失概念相似，因此，普通法的过失概念也受到德国法的影响。[①] 这种分析显然是缺乏根据的。在普通法中，极少有人把过失概念视为行为人的一种心理状态；同时，注意义务、违反义务、造成损失是普通法中过失概念的有机组成部分，是不可分离的因素。所以，不能说普通法的过失概念是受到德国法影响的结果。

苏联民法素来注重过错责任及过错在归责中的重要价值，同时也承认违法行为是侵权责任的构成要件。正如约菲所指出的：“使他人遭受损害的作为或不作为的违法性质是发生损害赔偿的债的必要条件。”[②] 按照苏联学者的看法，作为或不作为的违法性，是侵权责任的四项构成要件的首要条件。违法性强调的是不法行为人的行为，而过错则是指实施此种行为以及此种行为所产生的后果。认定违法应以行为人的行为作为依据，而认定过错则应分析行为人的主观心理状态。将过错和违法行为作为不同的责任构成要件，实质上是将行为人的外在行为与其内在的意思分别进行考察。

苏联学者的观点曾对我国民法产生了重大影响。按照学术界一般的观点，侵权责任是由损害事实、行为的违法性、过错、因果关系四个要件构成的。过错是指行为人主观上的故意和过失，而违法行为强调的是行为人的作为或不作为违反了法律规定。若人们的意识活动尚未表现为外在的行为时，不构成违法行为。然而，由于界定违法行为概念内涵的困难、区分违法行为和过错不具有实际价值等原因，我国民法并没有将违法行为作为责任的构成要件。我国《民法通则》第106条第2款规定：“公民、法人由于过错侵害国家的、集体的财产，侵害他人财产、人身的，应当承担民事责任。”从这个定义可以看出：一方面，我国《民法通则》并没有仿效德国民法等立法例，将“不法”“违法”作为侵权行为责任的构成要件；另一方面，我国民法中的过错概念，不仅包括了行为人主观状态的

① See Jean Limpens, *International Encyclopedia of Comparative Law*. Vol. 4. Torts. Chapter 2. Liability for One's Own Act. J. C. B. Mohr (Paul Siebeck, Tübingen), 1975, p. 20.

② ［苏］约菲：《损害赔偿的债》，中央政法干部学校翻译室译，15页，北京，法律出版社，1956。

应受非难性，而且包括了客观行为的违法性。过错本身意味着法律对某人的行为作出了否定的评价。过错吸收违法行为的概念，不仅在理论上是科学的，而且在实践中对于正确认定行为人的责任，也具有重要意义。

二、对违法行为概念的分析

科学地定义违法行为的概念，并使之与过错相区别，是违法行为能否作为责任构成要件的前提。如果违法行为的概念难以定义，或难以与过错概念相区别，那么，它将丧失其作为独立的责任构成要件的价值。事实上，在采纳违法行为概念的国家，迄今为止尚未找到一个科学的“违法行为”概念，并使之与过错相区别。许多民法学家为此冥思苦索，也未能找到解决问题的合理的方案。

（一）定义违法行为概念的困难

由于民事活动纷繁复杂、侵权纠纷种类繁多，因此，民法上不可能对各种不法侵害他人权利的行为种类和方式，像刑法那样采取法定主义。哪些行为是不法行为，民法不必也不可能作出集中性的列举规定。这样一来，就给具体确定违法行为的独立内涵并依据明确的标准判断各种具体的违法行为造成了困难。同时，由于侵权行为涉及社会生活的各个方面，包括的范围极为广泛，要使作为责任构成要件的违法行为概念涵盖各种致人损害的行为，在法律上是十分困难的。

《德国民法典》第 823 条明确规定了“不法”行为是责任的基础。然而，何谓“不法”，在德国一直有结果不法说（Erfolgsunrecht）和行为不法说（Handlungsunrecht）的争议。前者认为，应从损害结果中判定违法。凡是侵害民法典第 823 条所列举的各项法定权利都是违法的，这就是说，只要造成损害结果就是违法。[①] 行为不法说则为 Nipperdey 教授首倡，他认为在社会共同生活中充满着利益的冲突，所以并非任何对权利的侵害行为都构成违法，但侵害了他人绝对权或侵害《德国民法典》第 823 条第 2 款所保护的法益的行为，都具有违法性，违

① Wagner, Münchener Kommentar zum BGB, §823, Rn. 7.

法性判断应与侵害行为相联系，因为只有人的行为才可以被强制或禁止。① 在行为不法说的前提下，对于故意和过失侵权的认定要采取不同的标准。在过失侵权的情况下，并非所有侵害法益的行为都会构成违法，需要依据具体的案情加以判断。因此，某个电车司机在按照交通规则驾驶时，伤害了一个在路边攀车的人，其行为并不构成违法。②

瑞士法律采纳了违法行为的概念，但关于违法行为的内涵和判断标准，曾引起激烈的争论。根据《瑞士债法典》起草者的观点，应该把“无权”作为侵权责任的基础。因此，《瑞士债法典》第50条规定：“任何人在无权的情况下给他人造成损害，不管是蓄意的，还是出于疏忽或大意，都必须赔偿损害。”然而，在1911年3月10日对债法典进行第1次修改时，立法者将该条修改为：“任何人以一种违法的方式给他人造成损害，不管是蓄意的，还是出于疏忽或大意，都必须赔偿损害。”这就以“违法的方式”代替了“无权”的概念。从表面上看，由于民法不能对各种权利作具体列举，使“无权”的判定缺乏标准，因而以“违法的方式”代替“无权”的概念更为确切。实际上，“违法的方式”概念更为模糊，尤其是更难与过错的概念相区别。因此，许多学者强烈呼吁修改债法典的这一规定，以便平息关于违法概念的争论。③

在我国，许多民法学者主张采纳违法行为的概念，但认为应对违法内容作扩大理解。有人主张根据现行法律及立法精神、道德规则来判定违法。甚至有学者主张：“在法律无明文规定的情况下，违背社会主义公共生活规则、违背社会主义法律意识和政策精神的行为，也应该视为违法行为。”④ 这样一来，不仅使违法概念缺乏明确的限定性和判断标准，而且与法理学中违法行为的概念相矛盾。

---

① 参见周友军：《德国民法上的违法性理论研究》，载《现代法学》，2007（1）。

② See Jean Limpens, *International Encyclopedia of Comparative Law*. Vol. 4. Torts. Chapter 2. Liability for One's Own Act. J. C. B. Mohr (Paul Siebeck, Tübingen), 1975, p. 16.

③ See Jean Limpens, *International Encyclopedia of Comparative Law*. Vol. 4. Torts. Chapter 2. Liability for One's Own Act. J. C. B. Mohr (Paul Siebeck, Tübingen), 1975, p. 10.

④ 杨立新：《侵权损害赔偿》，64页，长春，吉林人民出版社，1988。

违反法律和违反道德的行为也很难严格区别。[①]

总之，使用“违法行为”“不法性”的概念来概括许多违反现行法规定的侵权行为是正确的，但不宜以“违法行为”作为适用于各种侵权行为的责任构成要件，因为对此种要件在理论上作出科学的定义和限定是极为困难的。

（二）区分违法行为与过错的概念的困难

如果违法行为能够作为独立的责任构成要件，则这一要件必须与过错要件相区别。根据主张违法行为为独立要件的学者的观点，违法行为和过错是不同的。违法行为是对行为人的外部行为在法律上的客观判断，即行为所表现于外部的事实与法律规定相抵触。至于过错的概念，乃是对行为人主观状态而不是客观行为的判断。正如史尚宽先生所指出的，违法行为是指“行为外部之与法规抵触（客观的要素）而言。其内心状态如何（如注意义务之有无违反），在所不问。是以故意过失（主观的要素）之有无，为负责与否之问题，与违法性无关”[②]。

在我们看来，从行为和主观状态角度，是很难区分违法行为和过错的。这首先是因为违法行为的概念本身难以确定，并很难找到恰当的标准来判断某种行为是违法还是过错问题。尤其是在接受行为不法说和承认交往安全义务的情况下，这两者更有趋同的意味。[③] 一方面，如果单纯从合法权益遭受损害的事实状态中认定行为的违法性，即凡是行为侵害了他人的合法权益，就应当认为该行为是违法行为，这样，不仅使违法行为与损害事实的概念混淆了，而且极易导致不适当地给行为人强加责任的结果。所以，德国法院一直认为，单纯对合法权益的侵害还不足以构成违法，必须在行为人没有尽到一个“良家父”应尽的注意义务时，才构成违法。然而，这样一来，法院承认：“我们又回到如何解释过失问题上，以便确定在与他人交往时，我们的粗心大意可以被允许到什么程度。”[④] 另一方面，由于民事侵权行为大多为过失行为，很难用现行法的规定判定行为人是否触

---

① 参见孙国华：《法学基础理论》，366 页，天津，天津人民出版社，1988。

② 史尚宽：《债法总论》，102 页，台北，荣泰印书馆，1954。

③ 参见周友军：《德国民法上的违法性理论研究》，载《现代法学》，2007（1）。

④ Jean Limpens，*International Encyclopedia of Comparative Law*，Vol. 4. Torts. Chapter 2. Liability for One's Own Act. J. C. B. Mohr (Paul Siebeck，Tübingen)，1975，p. 17.

犯了现行法律的规定。例如，甲邀请乙做客时，甲的暖瓶突然爆炸致乙受伤；某人在某商店门前歇息时，被该商店屋檐上掉下的“冰溜子”砸伤。在这些案件中，很难说甲、某商店的行为违反了现行法的规定。同时，为了使大量的因缺乏注意、技术、才能等原因而造成损害结果的行为人，不至于因为不符合违法行为的要件而被免除责任，就必须采用较为宽松的标准来判断某种行为是否违法，由此也必然导致违法行为和过错的概念相混淆。例如，荷兰民法曾把违法行为作为责任构成要件，但最高法院根据实际的归责需要，不得不给违法行为下了一个宽松的定义，即“任何人因其行为或疏忽侵害了他人的权利，或违反了法定义务，或形成不正当行为，或缺乏在日常事务中的注意标准，都是违法行为”①。这个概念显然包括了过错的概念。瑞士的实践也表明，采纳宽松的标准来判断行为的违法性，则“过失问题和行为的违法性问题或多或少是相互重叠的”②。

还要看到，过错本身并不仅仅体现行为人的某种主观状态。某种应受非难的主观状态若不表现为外部行为上，而只是某种主观的意志活动，那么就不具有法律上的意义。只有当应受非难的主观状态表现在外部的致人损害的行为上，才具有法律上的过错。

总之，笔者认为，作为责任要件的违法行为，并不具有特定的、并与过错的概念相区别的内涵，因此违法行为不宜作为责任构成要件。

三、对区分违法行为和过错的价值的质疑

如果违法行为能够作为独立的责任构成要件，则不仅应在概念上区别违法行为和过错，而且违法行为和过错的区别应具有某些法律上的意义。

（一）确定行为标准的价值

按照许多主张采纳违法行为概念的学者的观点，“违法行为概念的主要目的

---

① Hoge Read，31. Jan. 1919. W. 1919，No. 10，365.

② Jean Limpens，*International Encyclopedia of Comparative Law*，Vol. 4. Torts. Chapter 2. Liability for One's Own Act. J. C. B. Mohr (Paul Siebeck，Tübingen)，1975，p. 17.

是要明确公民可以做什么，不可以做什么。每个人应当知道也有权知道他要遵守的行为标准是什么。违法行为的概念客观地、准确地确立了这些标准。只有对一种规定的行为标准进行了客观的分析以后，再考虑主观上的因素才是恰当的"①。然而，在我们看来，这种观点是很难成立的。一方面，在法律上，权利和义务是确定行为标准的依据，人们只能在法定的权利义务范围内，才有权从事某种行为和不行为，超出了法定的权利义务范围是违法的，行为人的行为不仅不受到法律的保护，而且还应使行为人承担法律责任。可见，只有法定权利义务才是判定行为合法与非法的标准，而违法行为本身不能作为行为标准。另一方面，由于民事行为纷繁复杂，而法律没有必要也不可能对行为人在从事各种行为时，都规定具体的行为标准。因此，在侵权法领域，还需要借助于过错的概念来协调人们的行为自由，并确定行为标准。过错也是法律和社会对行为人行为的正当性的评价，过错的实质是加害行为的不可原宥性，表现了行为人的行为偏离了正当行为的标准。所以，过错责任的价值在于它确定了某种行为标准。因此，认为过错不涉及行为标准的看法，显然是不妥当的。还要看到，在某些情况下，行为人从事的活动本身是合法的，但其行为造成了对他人的损害，例如，某些高度危险活动本身并无不法性可言，但行为人仍应承担法律责任。尤其应当看到，由于违法行为难以定义，因此它很难作为明确的行为标准。

（二）明确受法律保护的法益

随着社会经济的发展，侵权法所保护的法益范围逐渐扩大，不仅法定的财产权和人身权，而且不表现为权利的合法利益，皆受侵权法的保护。正如史尚宽先生所说："盖社会的法益，依其种类，应受尊重及保护程度，有深浅之殊，侵害行为之形态，亦各有别。"② 由于法律不可能对各种复杂的、应受法律所保护的利益均作出明确的规定，因此有一种观点认为：确定违法行为的价值在于明确法律所保护的利益。因为违法行为就是指行为人侵害了法律所保护的合法权益，只

① Jean Limpens, *International Encyclopedia of Comparative Law*, Vol. 4. Torts. Chapter 2. Liability for One's Own Act. J. C. B. Mohr (Paul Siebeck, Tübingen), 1975, p. 16.

② 史尚宽：《债法总论》，102 页，台北，荣泰印书馆，1954。

要行为人的行为侵害了他人的合法权益，就应认为致害行为是违法行为，至于行为人是否有过错，在所不问。笔者认为，这种观点也是难以成立的。一方面，法律所保护的利益能否作为违法性的判断标准，本身是值得研究的。即使以此作为判断标准，也只是表明法律所保护的利益是判定违法的依据，而不是通过违法行为来确定法律所保护的利益。事实上，在民法中，凡不属于非法利益的利益，均应受到法律的保护，无须通过违法行为的概念来确定法律所保护的利益范围。另一方面，在某些情况下，侵害法律所保护的法益，不仅表明行为人的行为具有违法的结果，而且可以表明行为人具有过错。例如，认定妨害邻居的侵权责任，法国的判例采纳了“过度妨害”标准，即妨害的结果超过了邻人的正常容忍限度，即认为行为人具有过错并应承担责任。所以，史尚宽先生也认为，在某些情况下，行为人的故意和过失的主观状态直接表现在违法后果上。他认为：“被害之客体，为他人之权利者，故意过失之所在，为他人权利之侵害”[①]，“被侵害之客体，为个人之利益时（不问其为权利、法益或为其他一切之利益），即故意以背于善良风俗之方法加损害于他人……其故意之所在为加害”[②]。这时，过错直接表现在行为人的加害结果上。

（三）明确在实施合法行为时不负责任

根据我国许多学者的观点，采纳违法行为的概念，有助于解释在具有阻却违法的事由存在的情况下，行为人虽实施了致人损害的行为，但因为行为人的行为是合乎法律规定的行为，因此行为人不负赔偿责任。[③] 阻却违法行为的事由主要是职务授权行为、正当防卫行为、紧急避险行为等。一旦存在这些情况，行为人就不负责任。

笔者认为，行为人对合法行为不负责任，实际上是一个免责问题，对免责事由的确定，并不是必须通过确定违法行为的概念才能解决。在没有把阻却违法行为作为免责要件对待的情况下，法律也可以规定免责事由。同时，应当看到，阻

① 史尚宽：《债法总论》，113页，台北，荣泰印书馆，1954。

② 史尚宽：《债法总论》，116页，台北，荣泰印书馆，1954。

③ 参见杨立新：《侵权损害赔偿》，61、65页，长春，吉林人民出版社，1989。

却违法的事由，实际上也可以称为阻却过错的事由，各种免责事由都涉及过错问题，免责事由存在主要是指行为人没有过错，从而应使其被免除责任。所以，通过过错的概念就可以解释免责事由及其效力问题。此外，表明行为人的行为具有合法性的事由是多样的，并不仅限于合法执行职务等几种情况。即使出现这些情况，是否都应导致行为人被免责，也要根据法律规定和具体案情来决定。例如，许多国家的法律并不承认紧急避险为免责事由。根据我国民法的规定，不可抗力和紧急避险都是免责事由，但如果出现防卫过当和避险过当的情况，行为人应负一定的责任。

总之，区分违法行为和过错并不具有实际意义。正如丹克所指出的："对这两个概念进行区别的实际重要性是很有限的。就对自己行为负责而言，法律要求既要有违法行为，又要有过失，因此可以去掉这两个概念之间的界限，而不会改变最终的结果。"①

四、过错应包括行为的违法性

民法上的过错，不是单纯指主观状态上的意志的缺陷，而是对国家、集体和个人利益的轻慢和漠不关心的表现。过错意味着行为人的行为违反了法律和道德规范、侵害了法律所保护的法益，因而才应受到法律的谴责。正如狄骥所指出的："内在的意志不是一种社会的行为，它因此就不可能在法律世界中有任何反响。"② 只有当行为人的行为违反了法律和道德，并造成对他人的损害，行为人才具有过错。由此可见，过错的概念本身包括了法律对行为人的行为的否定评价，也就是说，包括了行为的违法性。

民法上的过错包括行为的违法性，是由民法本身的特点所决定的。法理学一般认为，违法是由主客观条件构成的，"违法，一般是行为者出于故意或过失，

① Jean Limpens, *International Encyclopedia of Comparative Law*, Vol. 4. Torts. Chapter 2. Liability for One's Own Act. J. C. B. Mohr (Paul Siebeck, Tübingen), 1975, p. 17.

② [法] 狄骥：《宪法论》，第1卷，钱克新译，248页，北京，商务印书馆，1962。

即行为人有主观方面的过错”①。如果行为人在实施其行为时主观上没有过错，但却使法律所保护的社会关系受到损害，此种行为称为客观上的不合法行为，对此行为人不负责任。可见，在法理学中，违法的概念包括了过错的概念，这一观点显然是从刑法的原理分析中所得出的结论。根据我国刑法，对定罪量刑应贯彻罪刑法定主义原则，危害社会的行为必须触犯刑律，具备了刑法所规定的犯罪要件，才应被认定为犯罪。然而，民法上的侵权行为是不可能在侵权法中列举的，各种侵权行为的责任也不可能法定化，对于大量的致人损害的行为来说，难以确定这些行为是否具有违法性。尤其是对于许多因缺乏注意、不具有足够的技术和能力等原因造成损害，很难依据现行法律的规定来评价行为人的行为是否为合法行为。因而在民法中，违法行为是严重的过错行为，但过错又不限于违法行为，还包括了大量的违反道德规范和社会规范的不正当行为。因此，过错的概念要比违法行为的概念在内涵和外延上更为宽泛。

过错包含违法的概念，并不是否定了过错概念中的主观因素，而只是表明过错是一个主客观因素相结合的概念。这就是说，过错意味行为人主观上具有应受非难性（imputability）、客观行为具有非法性和不正当性，这就决定了对过错可以采取客观标准来衡量。在许多情况下，也可以采取过错推定的办法来确定行为人的过错。有一种观点认为，若过错包括违法行为的概念，则难以解释无行为能力人的责任问题。实际上，无行为能力人致人损害是否应负责任，在各国法律规定中是极不一样的。丹克指出：“过错是违反了人类社会规则的行为，假如这些规则规定未成年人不负责任，那么未成年人就没有违反规则；如果规定应负责任，那么就意味着未成年人违反了规则并应负责任。”② 违反了规则表明无行为能力人或其监护人仍然是有过错的。③ 根据我国民法的规定，无行为能力人致人损害，可认定其监护人具有过错并使之承担责任。而只有在过错包括了行为的不

① 沈宗灵主编：《法学基础理论》，426 页，北京，北京大学出版社，1988。

② Jean Limpens, *International Encyclopedia of Comparative Law*, Vol. 4. Torts. Chapter 2. Liability for One's Own Act. J. C. B. Mohr (Paul Siebeck, Tübingen), 1975, p. 24.

③ See Jean Limpens, *International Encyclopedia of Comparative Law*, Vol. 4. Torts. Chapter 2. Liability for One's Own Act. J. C. B. Mohr (Paul Siebeck, Tübingen), 1975, p. 95.

法性的情况下，才能认定监护人具有过错。

即使在把违法行为作为独立的责任要件对待的国家，其法律也常常规定，在某些情况下，违反法律本身即为有过失。例如，《德国民法典》第823条第2项规定了违反保护他人的法律、加损害于他人，应负损害赔偿责任。德国通说认为，此处所谓的过失，系指针对保护他人的法律而言，即违反保护他人法律的过失。至于被告人是否预见到违反保护他人的法律会造成损害，可不予考虑。[①] 史尚宽先生也指出：在某些情况下，“故意过失之所在，为法律规定之违反”[②]。

在过错中包括行为的违法性，并不仅仅是为了避免概念的模糊，而在于建立科学的归责要件体系，从而使司法审判人员通过适用正确的责任构成要件，公正合理地认定行为人的责任，充分保护受害人的利益。过错包括行为的违法性的主要意义在于：

第一，简化责任构成要件。在过错中包括行为的违法性，这样，违法行为不再作为责任的构成要件，过错责任的构成要件便从四要件简化为三要件，这三个要件是：损害事实、因果关系、过错。过错为归责的最终要件。责任要件的简化所产生的结果是：一方面，司法审判人员在认定侵权责任时，不需要在难以判断行为人的行为是否违法时，牵强地作出判断；而只需要审慎地认定行为人有无过错，就可以确定行为人是否有责任。另一方面，若行为人的行为违反了现行法律的规定，可直接认定行为人有过错。例如，根据《民法通则》第124条的规定，行为人违反了国家保护环境、防止污染的规定，应承担民事责任。这样，只要行为人违反了环境保护法的规定并造成了损害，就应认定行为人有过错并应承担责任。因此，简化责任构成要件，可使行为人不至于因为对其行为是否违法难以判断而使其被免除责任，同时，也有利于更迅速地解决侵权纠纷，使受害人的损失尽快得到补救。

第二，正确认定侵权责任。过错包括违法行为的概念，可以消除将违法行为作为责任构成要件所产生的一些弊端，从而有利于司法审判人员正确地认定侵权

① 参见王泽鉴：《民法学说与判例研究》，第2册，23页，台北，三民书局，1979。

② 史尚宽：《债法总论》，115页，台北，荣泰印书馆，1954。

责任。一方面，法律的规定往往只能针对一般情况而很难针对行为人致人损害的个别情况来作出规定，因而违法行为作为责任构成要件，并不可能考虑到行为人致人损害的特定情况。而采用包括了违法行为的过错标准来评断行为人的行为，综合考虑行为人的主客观因素，就能够准确地认定行为人的责任。同时，如果过错仅仅是一个主观因素，也很难认定法人的过错和责任。另一方面，由于侵权纠纷错综复杂，各种致人损害的行为难以用违法性标准进行判断。若采纳违法行为的概念，极易使许多致人损害的行为人因其行为的违法性难以确定，而使其被免除责任。这对于保护受害人利益、充分实现侵权法的补偿职能是极为不利的。若过错包括了行为的违法性，以过错作为责任的最终要件，则可以消除这一缺陷。

第三，适应多元归责原则发展的需要。过错包括行为的违法性，突出了过错要件在归责中的重要价值，从而充分体现了过错责任的要求。同时，因为过错包括行为的违法性，使过错成为一个主客观因素相结合的概念，这就为过错推定责任的运用提供了基础。还要看到，随着现代社会生活的发展，各种新的侵权损害将不断产生，对这些侵权行为的责任，法律不可能都及时地、具体地作出规定。尤其是许多行为本身并无违法性，但因其造成他人损害，从保护受害人角度考虑应使行为人承担一定的责任。因此对各种新的侵权行为，适用违法性标准进行判断是困难的，但因为过错概念极为灵活，适应性很强，只要司法审判人员准确地掌握了过错标准，就可以公平合理地解决各种新的侵权纠纷。

总之，笔者认为，过错归责（过错责任和过错推定责任）的责任构成要件是损害事实、因果关系和过错。违法行为不应作为独立的责任构成要件。正确运用上述三个要件，就能够公平合理地确定责任和责任范围，有效地实现侵权法的各项功能。

论监护人侵权责任的性质

所谓监护人责任，是指监护人就无民事行为能力人或限制民事行为能力人造成他人损害依法所应承担的责任。[①] 此处所说的监护人责任，是一种侵权法上的损害赔偿责任，而并非是指监护人所应负有的对被监护人的监护职责。我国《侵权责任法》第 32 条第 1 款规定："无民事行为能力人、限制民事行为能力人造成他人损害的，由监护人承担侵权责任。监护人尽到监护责任的，可以减轻其侵权责任。"这就在法律上确立了监护人责任制度。由于被监护人通常缺乏足够的责任财产，在被监护人造成他人损害时，监护人应当承担何种责任，既关系到对受害人的救济，也关系到监护人监护义务的履行。鉴于实践中有关监护人责任经常引发争议，所以有必要对监护人责任的相关规则进行探讨。

一、监护人责任是一种替代责任

在被监护人造成他人损害的情况下，监护人依法应当承担民事责任，但关于监护人责任的性质，在比较法上存在不同看法，主要有以下几种观点：一是"替

① 参见张新宝：《侵权责任法原理》，306 页，北京，中国人民大学出版社，2005。

代责任”（vicarious liability）。此种观点认为，监护人不是对自己的行为负责，而是代被监护人承担责任。二是过错或过错推定责任。此种观点认为，监护人并不是代被监护人承担责任，而是对自己没有尽到监护职责的行为负责，其在性质上属于过错或过错推定责任。① 三是共同责任。此种观点认为，在被监护人造成他人损害的情况下，监护人和被监护人都有过错，应当共同承担责任。② 比较法上不同立法模式的选择，对于受害人的救济和未成年人的保护都有不同的影响。笔者认为，从强化受害人保护、平衡各方利益考虑，将监护人责任作为一种替代责任是比较合适的。

（一）监护人责任作为一种替代责任是现代侵权法的重要发展

监护人责任作为一种替代责任，是现代侵权法强化救济功能的重要体现。从侵权法发展的历史来看，监护人的责任实际上经历了一个由对自己过错负责向替代责任逐步发展的过程。所谓替代责任，实际上是对他人的行为负责，此种责任是自己责任的例外，且与责任能力制度并不衔接。替代责任就是责任人对他人的行为所承担的责任。③ 在监护人责任中，在被监护人造成他人损害时，如果其没有责任财产，监护人都应当对该损害承担责任，因此，监护人并不是对自己的行为负责，而是对被监护人的行为负责，因此，监护人责任在性质上应当属于替代责任。

在早期的罗马法中，侵权行为人对于其给受害人造成的任何损害负有责任，而不论其是否有过错，这一点对于未成年人或精神病人致人损害的情形同样是适用的。换言之，未成年人应对其致人损害行为负责，而家长作为一家之主，依法

---

① 例如，奥地利民法对替代责任没有作出一般的规定，根据《奥地利普通民法典》第 1310 条的规定，父母对未成年人或心智不健全的成年人负有监管义务，违反此种监管义务应承担责任。此种责任在性质上是一种过错责任。

② 详细请参见 Jean-Pierre Le Gall, *International Encyclopedia of Comparative Law*, Vol. 4, Torts, Chapter 3, Liability For Persons Under Supervision, J. C. B. Mohr (Paul Siebeck, Tübingen), 1975. p. 10。

③ 参见周友军：《侵权责任认定：争点与案例》，57 页，北京，法律出版社，2010。

享有家父权，因而对子女的一切活动负责。[①] 可以说，早期罗马法对于未成年人致人损害的责任采纳了由父母负责的原则，这实际上就是当代侵权法中监护人严格责任的来源。[②] 但在罗马法后期，逐步根据过错归责的要求，将监护人责任的成立建立在监护人过错基础上。根据这个时期法学家的理论，精神病人和低于责任年龄的儿童的行为不过是动物的行为，或仅仅是一个事件。[③]

至中世纪末期，替代责任（vicarious liability）开始出现。这种监护人为被监护人行为承担责任的理论的产生，对近代民法中的监护人责任理论产生了重大的影响。但是，在欧洲中世纪，家庭是一个具有固定组织的社会单位，家长代表家庭，个人只能在有限的范围内拥有财产，家长和子女之间的关系表现为身份的支配关系，子女不能对自己的行为负责。[④] 既然个人劳动所得的收入归家庭所有，自己不享有财产权，那么，个人在造成损害时也就无法以自己的财产来承担责任，而需要以作为对外生活交往单位的家庭及其财产对外承担责任。

在近代，1804 年的《法国民法典》对监护人责任实际上采纳了过错推定原则，但后来逐渐发展成为替代责任。法国是最典型的采纳替代责任的国家。在法国，法国法的替代责任被称为“responsabilité du fait d'autrui”。《法国民法典》第 1384 条规定，任何人均可能为他人行为承担责任。法院最初将父母对子女行为的责任解释为过错推定责任，在 1991 年的一个案例中，法国最高法院认为，根据该款可以创设新的替代责任。在未成年人造成他人损害的前提下，即使父母能够证明其履行了监督职责，也不能成为免责的抗辩事由。[⑤] 根据《法国民法典》第 1384 条第 4 款，未成年人的父母对其造成的损害应当承担责任，1970 年 6 月 4 日的第 70－459 号法律对监护人的责任作出了更为详细的规定。按照该法

① See Jean-Pierre Le Gall, *International Encyclopedia of Comparative Law*, Vol. 4, Torts, Chapter 3, Liability For Persons Under Supervision, J. C. B. Mohr (Paul Siebeck, Tübingen), 1975. p. 4.

② Donatuti, Ⅱ suggetto parrino dell'injuria: Studi Rati (Milan 1934) 511-543.

③ Ulpian Dig. 9. 2. Ⅰ5; Gaius Inst. 3. Ⅰ9. IO.

④ See Jean-Pierre Le Gall, *International Encyclopedia of Comparative Law*, Torts, Liability for persons under supervision, J. C. B. Mohr (Paul Siebeck) Tübingen, 1975, p. 94.

⑤ 参见［德］施皮尔主编：《侵权法的统一：对他人造成的损害的责任》，梅夏英、高圣平译，111 页，北京，法律出版社，2009。

规定，父母对未成年子女造成的损害承担责任以如下两个要件为基础：父母必须没有被剥夺照管权（autorité parentelle）；该损害必须是该未成年人在与他们一起居住期间所造成的。[①] 此外，受害人还必须要证明，该未成年人对受害人造成的损害负有责任。[②] 但 1997 年 2 月 19 日的一个判决推翻了以往的解释，该判决提出，父母要对其未成年子女的行为承担当然责任，父母只有证明不可抗力的存在以及受害人本人的过错才能免责。[③] 此类责任在学理上被称为客观责任（responsabilité objectieve）、当然责任（responsabilité de plein droit）。有时被学者简称为无过错责任（responsabilité pour faute）。[④] 此类责任类似于严格责任。有学者在解释法国法上的替代责任时指出，家庭责任保险是使未成年人的父母负严格责任的一项依据。[⑤]

德国法中的监护人责任经历了一个发展过程。在德国的学说中，究竟何种责任属于替代责任存在争议。有观点认为，只有当事人对他人的行为承担严格责任时，才构成替代责任。因而，德国法中的雇主责任属于替代责任，而监护人责任则不属于替代责任。与之相对，也有观点认为，应当从责任承担者的角度认定替代责任，只要当事人就他人的侵权行为承担了责任就构成替代责任，因而雇主责任和监护人责任均属于替代责任。[⑥] 考察德国法的发展历程，也可以发现德国法的发展轨迹逐步向替代责任靠拢。根据 1794 年《普鲁士普通邦法》第 1794 条的规定，对 7 岁以下的儿童及精神病人进行监督的人，应当对被监护人承担责任，但是，受害人必须证明，监护人具有过错。这显然采纳了过错责任。此后，《德国民法典第一草案》仍然采取此种做法，坚持过错责任，但最终的《德国民法

① 参见《法国民法典》下册，罗结珍译，1097 页，北京，法律出版社，2005。

② 参见［德］施皮尔主编：《侵权法的统一：对他人造成的损害的责任》，116 页，北京，法律出版社，2009。

③ 参见《法国民法典》下册，罗结珍译，1108 页，北京，法律出版社，2005。

④ Nathalie Albert-Moretti, Fabrice Ledu, Olivia Sabard (dir.), Droits privés et public de la responsabilité extracontractuelle, Etude comparée, LexisNexis, 2017, p. 59.

⑤ 参见王泽鉴：《侵权行为法》，第 2 册，106 页，台北，2006。

⑥ 参见张民安：《替代责任的比较研究》，载《甘肃政法学院学报》，2009 (3)。

典》借鉴了《法国民法典》第1384条的做法，采纳了过错推定原则。[1] 由于过错推定容易导致监护人被免除责任，有人认为，此种责任是处于过错责任和严格责任之间的责任。[2] 所以，德国法对推定的过错作了严格限制，表现在：一是监护人所负有的监督义务，必须考虑个案的具体情况，包括未成年人的年龄、成长状况等。二是监护人注意义务（即监督义务）的认定采客观标准，如父母应当达到在具体案件中尽到了合理谨慎义务的父母所应当尽到的注意义务。[3] 所以，在德国法中，监护人反证证明自己没有过错，是有严格限制的，推翻对过错的推定非常困难[4]，这些限制事实上导致监护人责任近乎严格责任，从而成为替代责任。

从比较法上来看，几乎所有的欧洲国家都认为父母对其未成年子女的行为承担不同于普通过错责任的侵权责任。在一些国家，父母承担的是严格责任，但是在另一些国家，虽然采过错推定，但对过错推定采取严格认定的态度。从总的发展趋势来看，是朝着替代责任方向发展的。例如，根据意大利法，虽然其对监护人责任采过错推定，但法官很少会作出有利于父母的判决。一些法律明确规定了替代责任，例如依据以色列法，“使父母对其监护之下的未成年人子女造成的损害承担责任”[5]。《欧洲民法典草案》（DCFR）在第6—3：104条规定了儿童或被监护人造成损害的责任承担问题。该条前两款规定：“未满十四周岁的人的行为如由成年人所为将构成故意或过失的，该未成年人的父母或其他法定监护人，应当就该未成年人的行为所造成的具有法律相关性的损害承担责任。”“在以下几种情况下，负有监护义务的机构或其他组织，应当就第三人遭受的具有法律相关性的损害承担责任。”

---

① See Miquel Martín-Casals（Editor），*Children in Tort Law，Part I：Children as Tortfeasors：Children as Tortfeasors Pt.*1（*Tort and Insurance Law*），Springer（1 Mar 2006），p. 236.

② 参见［德］施皮尔主编：《侵权法的统一：对他人造成的损害的责任》，梅夏英、高圣平译，142页，北京，法律出版社，2009。

③ Staudinger-Belling/Eberl-Borges，§832，Rn. 29f.

④ 参见［德］冯·巴尔主编：《欧洲私法的原则、定义与示范规则》，王文胜等译，478页，北京，法律出版社，2014。

⑤ ［德］施皮尔主编：《侵权法的统一：对他人造成的损害的责任》，梅夏英、高圣平译，392页，北京，法律出版社，2009。

在美国，按照其普通法，父母对其子女的侵权行为并不承担替代责任，但许多州的法律确立了对特定种类损害的替代责任。例如，一些州规定，未成年人故意损坏学校的建筑物时，父母要承担责任。当存在替代责任法令时，替代责任一般限定于故意致人损害的情形。[①] 在 Starr v. Hill 一案中，法院认为被告对其儿子在圣诞节期间购物、开车肇事致他人受害，应当承担赔偿责任。[②] 就机动车事故责任而言，如果父母是基于非营利目的，而将机动车交由家庭成员使用，则基于家庭目的原则，汽车的所有人会承担替代责任。[③] 现在，美国许多州为限制父母替代责任的范围而规定的最高赔偿限额，也有一些州规定的替代责任制是要求对特定年龄的未成年人承担替代责任。[④]

替代责任的产生和发展一定程度上也体现了侵权法强化对受害人救济的发展趋势，也就是说，在被监护人造成他人损害的情况下，法律上应当强化对受害人的救济，不能因被监护人或者监护人没有过错而使其免责。从过错责任向替代责任的发展，其重要的目的在于，要保护受害人。因为总体上来说，监护人较之于被监护人更具有赔偿能力，而且在法人或非法人组织作为监护人时，其往往可以投保责任保险，使其承担替代责任更有利于受害人。另外，如果采过错责任，监护人可以通过证明其没有过错而免责，从而使受害人处于困境。[⑤] 因此，在总结比较法经验的基础上，我国《侵权责任法》第 32 条第 1 款规定："无民事行为能力人、限制民事行为能力人造成他人损害的，由监护人承担侵权责任。监护人尽到监护责任的，可以减轻其侵权责任。"依据该条规定，监护人责任在性质上应当属于替代责任，因为监护人承担责任并非因为其具有过错（即没有尽到监护责

---

① 参见［德］施皮尔主编：《侵权法的统一：对他人造成的损害的责任》，梅夏英、高圣平译，372 页，北京，法律出版社，2009。

② See Starr v. Hill, 353 S. W. 3d 478 (Tenn. 2011).

③ R. E. Barber, Annotation, "Modern Status of Family Purpose Doctrine with Respect to Motor Vehicles", 8 *A. L. R.* 3d 1191 (1967).

④ 参见［美］文森特・R. 约翰逊：《美国侵权法》，赵秀文等译，15 页，北京，中国人民大学出版社，2017。

⑤ 参见［德］施皮尔主编：《侵权法的统一：对他人造成的损害的责任》，梅夏英、高圣平译，119 页，北京，法律出版社，2009。

任），而是因为监护人和被监护人之间的监护关系的存在。换言之，监护人就被监护人的侵权行为而替代被监护人承担责任。虽然本条规定监护人尽到监护责任的，可以减轻其侵权责任，但这一规定并不影响监护人责任的成立，而只是监护人责任成立之后的“无过错责任衡平化”处理而已。

我国《侵权责任法》第32条从有利于受害人救济的角度出发，在无行为能力人和限制行为能力人侵权的情况下，首先考虑被监护人是否拥有财产，如果其具有自己的财产，则应由其从本人的财产中支付赔偿费用。如果其没有财产或者财产不足以承担责任，则应由监护人承担赔偿责任。在确定监护人责任时，一方面，《侵权责任法》没有区分无行为能力人和限制行为能力人，而统一规定由监护人承担责任。另一方面，对监护人责任采严格责任，其基本制度的设计以有利于救济受害人为原则，而并非以责任能力为制度构建的基础。有关责任能力的问题只是在确定监护人责任范围时，作为减轻责任的因素加以考虑，而并非作为归责的因素加以考虑。我国《侵权责任法》的规定不仅具有中国特色，而且符合我国的实际需要。

（二）监护人责任作为替代责任的理由

监护人责任应当是替代责任。之所以将监护人责任定位为替代责任，主要原因在于：

第一，它符合替代责任的基本理念和价值。替代责任最主要的思想建立在“归责于上”（respondeat superior）的思想[①]，“关于父母为孩子不法行为承担替代责任的理由很多，其中一个主要原因在于，父母是孩子亲权（Parental Authority）的享有者和行使者”[②]。替代责任的价值理念是通过损失分担来实现社会正义。随着现代经济社会的发展和风险社会的来临，侵权法的发展趋势是强化对受害人的救济，而监护人责任正是为了适应保护受害人的需要而产生的，在被监护人造成第三人损害的情况下，需要对无辜的第三人提供救济，无论被监护人是

① See Dobs, *The Law of Torts*, Vol. 2, 2001 Westgroup, p. 905.

② Jean-Pierre Le Gall, *International Encyclopedia of Comparative Law*, Torts, Liability for persons under supervision, J. C. B. Mohr (Paul Siebeck) Tübingen, 1975, p. 94.

否具有行为能力，都不应当漠视对受害人的救济问题。尤其是在贫富分化的社会中，富者造成了穷困者的损害，若可因无责任能力而免责，将有违实质正义，进一步加剧社会不公。所以，监护人责任要求，一旦被监护人造成他人损害，监护人都应当替代承担责任，这也体现了强化对受害人进行救济的思想。

第二，监护人承担严格责任具有伦理上的合理性。监护人和被监护人之间通常存在着一种天然的血缘或亲属关系，被监护人由于年龄尚小或智力不成熟，其行为具有一定的不可预料性，往往会给他人和社会造成一定的损害，监护人应当负有一定的监护职责。被监护人造成他人损害的情况下，在其不能承担责任时，理应由其父母或其他亲属等监护人承担责任，这也符合“子不教、父之过”这一社会通常观念。监护人承担替代责任的基础是其与被监护人之间基于血缘和亲属关系而产生的监护关系，而非监护人的行为是否有过错，即便监护人尽心尽职地照管了被监护人，在被监护人造成他人损害时，为了保护受害人利益，维护社会安全，监护人仍应当为被监护人的行为承担责任。

第三，监护人的责任是对造成他人损害的被监护人的行为负责。一方面，监护人责任以特定监护关系的存在为前提。在我国监护制度中，监护因监护对象的不同而包括两类，一是未成年人的监护制度，所谓未成年人监护，是指以未成年人为被监护人的监护，即专门针对未达到法定成年年龄的人所设立的监督和保护制度。二是成年监护，它是指依据法律规定和约定对无民事行为能力或者限制民事行为能力的成年人所实施的监护。从《民法总则》的规定来看，成年监护又包括法定监护与意定监护。所谓成年法定监护，是指依据法律规定对无民事行为能力或限制民事行为能力的成年人所进行的监护，监护人的范围、顺序以及监护职责等都是依法确定的。所谓成年意定监护，是指按照具有完全民事行为能力的成年人与有关个人或组织之间的约定所形成的成年监护。《民法总则》第 33 条对成年意定监护作出了规定。《侵权责任法》第 32 条所规定的监护人责任是指未成年人监护以及成年法定监护情形下的监护人责任，而不包括成年意定监护在内。此种监护关系中，一般是以监护人和被监护人存在一定的血缘或亲属关系为前提的，由于监护关系的成立一般依照特定的血缘关系而确定，通常依照法律规定的范围和顺序确定，所以，在发生了被监护人造成他人损害之后，监护人就应当承担责任。而且监护人责任之所以是严格责任，在一定程度上也是因为监护关系的存在所决定的。基于这样一种血缘或亲属关系，监护人对于被监护人进行一定的人身或财产的照管，在被监护人造成他人损害的情况下，监护人承担责任具有法律上的正当性。

第四，强化对受害人的保护。监护人责任的有无以被监护人的行为是否造成他人损害为前提，只要被监护人的行为造成他人损害，监护人都应当“替代”其承担责任，因此，监护人责任应当是一种替代责任。受害人对于损害的发生往往是没有责任的、无辜的，在因被监护人的行为造成损害后，虽然被监护人没有意思能力、不能认为其具有主观过错，但并不能因此即否定受害人获得救济的合理性。同时，考虑到被监护人自身往往也缺少足够的财产，难以独立承担责任，因此，对于因被监护人行为而遭受损害的受害人的损失，必须通过由其他人替代地承担责任的方式加以救济。此外，受害人在损害发生以前，一般对于被监护人和监护人了解甚少，所以，很难证明监护人的过失。①

第五，有利于预防损害的发生。监护人是对被监护人负有监督义务的人，可以在很大程度上影响被监护人的行为。要求监护人承担替代责任，可以督促其尽到监护职责，避免被监护人给第三人造成损害。由父母承担严格责任，有利于督促父母对子女的教育和对子女行为的约束，从而可以实现预防侵权行为发生的目的。此外，采纳严格责任也是我国立法和司法实践经验的总结。从《民法通则》颁布以来，我国司法实践中对监护人责任一直采纳严格责任归责原则。审判实践证明，该规定是行之有效的。

笔者认为，监护人责任不是共同责任，因为共同责任的前提是行为人存在共同过错，我国并没有采纳责任能力制度。所谓“责任能力”（Deliktsfähigkeit，tortious capacity），是指行为人侵害他人民事权利时能够承担民事责任的资格，

① See Jean-Pierre Le Gall, *International Encyclopedia of Comparative Law*, Vol. 4, Torts, Chapter 3, Liability for persons under supervision, J. C. B. Mohr (Paul Siebeck, Tübingen), 1975, p. 6.

或者说是为自己的过错行为能够承担责任的能力。[①] 根据这一制度，只有当行为人对其行为的性质及其后果具有识别能力，也即“认识到其行为的不法以及随之的责任，并且以任何方式理解其行为的后果”时，行为人才有可能承担责任。[②] 例如《德国民法典》第828条第1款规定，不满7周岁的行为人为无责任能力人，因而对其造成的损害不承担责任。但根据我国《侵权责任法》第32条第1款的规定，责任能力不是确立责任并认定责任主体的条件，因为无论被监护人是否具有责任能力，只要其造成损害，如果其没有责任财产，都要由监护人承担责任。被监护人是否具有责任能力，就不再是决定过错和责任的基本条件，在无行为能力人和限制行为能力人致人损害后，立法者并没有表明是否要判断其具有过错。因为一旦认定被监护人具有过错，就可能要使其独立承担责任，这与监护人责任制度不相符合；反之，如果认定被监护人没有过错，又可能因为监护人无力承担责任时，导致无人负责的现象。正是因为《侵权责任法》的规定不考虑被监护人责任能力以及过错等问题，因此，监护人责任不属于共同责任。

监护人责任也不是自己责任，因为自己责任的成立原则上以行为人存在过错为前提，而监护人责任的成立并不考虑其是否存在过错，只要被监护人造成他人损害，且没有责任财产，无论监护人是否尽到了监护责任，监护人都应当负责。《侵权责任法》第32条第1款规定：“监护人尽到监护责任的，可以减轻其侵权责任。”该规定只是针对监护人责任减轻的规定，即监护人尽到监护责任的，可以减轻其责任，但监护人责任的成立并不以其具有过错为要件。

二、监护人责任是一种不完全的替代责任

（一）监护人责任在性质上属于不完全的替代责任

如前所述，监护人责任是一种替代责任，但监护人责任又是一种不完全的替

① 参见［德］卡尔·拉伦茨：《德国民法通论》上册，王晓晔等译，156页，北京，法律出版社，2003。

② MünchKomm-Mertens，1999，§828，Rn. 1.

代责任，其与完全替代责任存在以下区别。

第一，在替代责任中，责任人承担责任后，有权向直接行为人追偿，而监护人责任中，监护人承担责任后，其对被监护人并无追偿权。从《侵权责任法》第32条规定来看，只是规定了监护人责任减轻的规则，即“监护人尽到监护职责的，可以减轻其侵权责任”，而没有规定监护人对被监护人的追偿权，因此，监护人责任在性质上应当属于不完全的替代责任。

第二，在替代责任中，替代责任人承担责任范围的大小完全依据直接行为人的行为进行判断，一般不考虑替代责任人的行为，而在监护人责任中，监护人承担责任的大小需要考虑监护人是否尽到监护职责，尽到监护职责的，虽然不能免除其责任，但可以减轻其责任，其责任范围大小一般不考虑被监护人的行为，这也是其与替代责任的重要区别。

第三，在替代责任中，替代责任人承担责任的前提是直接行为人的行为符合侵权责任的构成要件，而责任则由替代责任人“替代”承担，而在监护人责任中，只要损害是被监护人造成的，无论被监护人有无过错，也不论被监护人的行为是否符合侵权责任的构成要件，都不影响监护人责任的承担，这与替代责任也存在一定区别。

第四，在替代责任中，在直接行为人造成他人损害时，责任应当由替代责任人承担，而监护人责任中，依据《侵权责任法》第32条第2款的规定，在被监护人具有财产时，应当优先由被监护人的财产承担责任，监护人责任的承担具有次位性。因此，在确定监护人责任时，首先要考虑被监护人是否有财产，如果其有财产，则应当从其自己的财产中支付赔偿费用。只有在被监护人没有财产，或者其财产不足以赔偿全部损害的情况下，监护人才承担责任，因此，在被监护人有财产时，监护人的责任处于第二顺位。第一顺位是拥有财产的被监护人自己的责任。有学者甚至认为，被监护人有独立财产应当独立承担责任，因而监护人的责任具有补充性。[①] 笔者认为，监护人的责任与补充责任是存在区别的：一方面，补充责任只有在法律有明确规定的情况下才承担，而《侵权责任法》对监护

① 参见刘菲：《监护人法律地位的认定》，载《人民司法·案例》，2010（12）。

人的责任并没有明确规定为补充责任；另一方面，补充责任有可能存在追偿的问题，而监护人承担责任后不可能向被监护人追偿。因此，监护人责任在性质上并不属于补充责任。

在监护人责任中，有无必要区分无民事行为能力人和限制民事行为能力人，并分别认定监护人的责任？笔者认为，有必要对两者作出一定的区分。因为一方面，无民事行为能力人和限制民事行为能力人在意思能力、辨别能力方面毕竟有所区别，限制民事行为能力人对于行为的性质和后果能够有一定的识别能力，而无民事行为能力人则完全不能识别其行为的性质和后果。就此而言，对无民事行为能力人的保护应当比对限制民事行为能力人的保护更加周密一些。另一方面，就未成年人而言，虽然无民事行为能力人和限制民事行为能力人都可能有一定的财产，但是无民事行为能力人的年龄较小，且根本不具备劳动能力，更需要保障其今后的生活费用，为此，应当给其保留一定的财产，以维持其今后的生活。因此，在是否减轻监护人的责任以及被监护人是否应独立承担责任方面，有必要区分无民事行为能力人和限制民事行为能力人，而予以分别考虑。

（二）监护人责任的减轻

从比较法来看，监护人的责任范围的确定要考虑各种因素，根据大多数采用过错推定原则的国家的法律规定，在推定监护人过错的时候要区别被监护人的情况。如果被监护人为低于责任年龄的无行为能力人[①]，则由于被监护人不具有意识能力和责任能力，对监护人的过错推定极为严格，监护人免责的可能性相对来说是很小的。如果被监护人是已够责任年龄的未成年人，则因为被监护人具有一定的意识能力和责任能力，对监护人的过失推定要相对宽松一些，监护人通过反证证明其没有过错而免责的机会也相应大一些。按照许多国家的法律规定，精神病人致人损害与低于责任年龄的未成年人致人损害的情况是相同的，但在未成年人致人损害时，对监护人的过失推定既包括监督过失推定也包括抚养过失的推

① 各国关于责任年龄的规定是不同的。例如，阿根廷、挪威等规定为14岁，丹麦、瑞典、芬兰等规定为15岁，比利时规定为16岁，英国规定为10岁，美国规定为7岁。

定，而在精神病人致人损害时，对监护人的过失推定仅限于监督过失推定。[①]

《侵权责任法》第 32 条第 1 款后段规定："监护人尽到监护责任的，可以减轻其侵权责任。"这就意味着，监护人责任虽然采用严格责任，但可以考虑各方面情况减轻其责任。法律设置减轻责任的规则，一方面，是为了鼓励监护人履行其监护职责。如果监护人已经尽到了其监护职责，仍然要承担完全的赔偿责任，这在一定程度上不利于鼓励监护人履行其监护职责。另一方面，也是为了适当缓和监护人责任的严格性。在我国，监护人责任是严格责任，监护人几乎没有免责事由。法律上设置减轻其责任的规则，这一做法被称为"无过错责任的衡平化"。在责任范围的确定上，则仍需要考虑各种具体的因素。

第一，监护人必须要证明其已尽到了监护职责。从各国关于监护人责任的规定来看，即便采纳过错推定责任的国家，对抗辩事由的规定也不尽相同。归纳起来，大致有如下几种：一是已尽监督责任（参见《德国民法典》第 832 条）。二是监护人已尽到一个合理的、谨慎的家长所应尽的义务。根据西班牙等国家的法律，监护人必须证明其已经按照"良家父"的行为标准适当履行了阻止损害发生的义务。三是不能阻止被监护人造成损害（参见《墨西哥民法典》第 1922 条）。四是监护人必须证明损害是不可避免的，且不得以侵权行为发生时不在现场为理由而免责（参见《阿根廷民法典》第 1116 条）。五是已经履行了监护义务或损害的发生与监护人的监护义务无关（参见《波兰民法典》第 427 条）。波兰的一些学者也认为，监护义务的范围应由案件的具体情况决定，被监护人形成的危险、监护人的经济条件和职业都应加以考虑。在各种类型的抗辩事由中，对监护人所提供的免责机会是不同的。证明某种抗辩事由的存在越困难，则监护人的责任越严格。反之则越宽松。[②] 笔者认为，根据我国《侵权责任法》，监护人如何才能证明自己已经尽到监护之责，应依具体情况来认定。在判断时，应当按照"善良家父"的标准，即以一个合理的一般人标准为参照。例如，未成年人甲用弹弓致

①② See Jean-Pierre Le Gall, *International Encyclopedia of Comparative Law*, Vol. 4, Torts, Chapter 3, Liability for Persons under Supervision, J. C. B. Mohr (Paul Siebeck, Tübingen), 1975, p. 6.

乙损害，若其父在此之前也曾经发现其有类似危险举止，而仅止于口头教育、告诫，尚不足以表明其已尽到监护职责，还必须采取合理措施，如收缴弹弓等，以防止甲用弹弓伤人事件的发生。一般来说，认定监护人是否已尽到监护之责，应采用合理的标准来衡量，即要求监护人像一个谨慎的、合理的人那样，积极履行其监护义务，尽可能地防止损害发生。

第二，监护人尽到了监护职责的效果是减轻而不是免除责任。依据《侵权责任法》第32条规定，监护人责任采严格责任，此种严格性表现在即使监护人尽到了监护职责，也不能免除而只能减轻其责任。因为一方面，从救济受害人考虑，在因被监护人造成他人损害的情况下，如果完全免除监护人责任，则无辜的受害人遭受的损失可能得不到任何救济，这对其是不公平的。另一方面，考虑到监护人和被监护人之间的这种天然的血缘或人身关系，相较于受害人，法律应当更多地要求监护人承担责任，而不能随意地免除监护人的责任，让受害人自行承担损害后果。但是，如果监护人已经尽到了教育、照管等监护职责，法律从公平角度出发，为了平衡当事人利益，可以适当地减轻监护人的责任。依据《侵权责任法》第32条的规定，减轻责任的依据是监护人已经尽到了监护职责，也就是说，只有在监护人已经尽到教育、照管等职责的情况下，才可以有限度地减轻其责任。

第三，减轻责任应当由法官考虑案件具体情况进行酌情裁量。也就是说，要给予法官一定的自由裁量权，允许法官根据具体案情来判断监护人是否尽到了监护职责。从审判实践来看，法院考虑减轻监护人的责任，主要是考虑被监护人的年龄大小。如果被监护人的年龄低于10周岁的，对监护人责任减轻要比较谨慎，因为年龄较小的未成年人需要更重的监护。笔者认为，尽管我国《侵权责任法》并未采纳责任能力的概念，但被监护人的年龄、识别能力等，对监护人的责任范围仍有一定的影响，因为减轻监护人的责任，其依据是监护人是否尽到监护职责，被监护人的年龄越小，其识别能力越弱，其监护人就应当负担更重的监护职责，反之，则监护人的监护职责就相对较轻。

需要讨论的是，依据《侵权责任法》第32条第1款规定后段规定："监护人尽到监护责任的，可以减轻其侵权责任。"有学者认为，该规定引入了过错责任原则。笔者不赞成此种观点，该规定实际上明确了监护人责任是严格责任，主要理由在于：第一，从文义解释来看，监护人尽了监护责任的，只是可以减轻其民事责任，而不能免除其责任。也就是说，监护人不能以举证证明损害是因为受害人的过错等原因造成的而完全免除责任，相反，只要无行为能力人和限制行为能力人造成了他人的损害，监护人就要负责。该条后句是前句的组成部分，因此，所谓"减轻监护人责任"实质上是适用"严格责任"下的一个组成部分。即便监护人履行了监护职责，也仍然要承担责任，只不过是可以减轻其责任。由此可以看出，监护人责任并不存在免责问题。监护人即便尽到了监护责任，也只是减轻其责任，不可能免除其责任。第二，在严格责任之下，并非不存在减轻责任的事由。相反，在严格责任中，也可以基于过错因素的考量而适当地减轻行为人的责任，这被称为"无过错责任的衡平化"①。就监护人责任而言，也是如此。虽然其在责任成立上没有免责事由，但是，如果其确实尽到了监护责任，也可以减轻其责任，如此可以鼓励和督促监护人积极履行其监护责任。正如王泽鉴教授所说，"从严认定原则，旨在保护被害人，有相当依据，自不待言。惟所应注意的是，传统上向有'子不教，父之过'之思想，从而不免更倾向于加重法定代理人之责任，致变为道德上之制裁"②。为了防止此种过于加重法定代理人责任的倾向，也有必要规定减轻责任的事由。第三，从立法目的看，立法者设置该条款的目的就是希望达到"被监护人致人损害，监护人即应当因此承担责任"的效果，而并不考虑监护人的过错。

在确定监护人是否尽到监护职责存有疑问时，是否应当考虑被监护人自身的识别能力？如前所述，我国《侵权责任法》未将无行为能力人或限制行为能力人有无责任能力，作为免除其自身承担责任的依据。但是，考虑到无行为能力人或限制行为能力人由于年龄、智力等方面的差异，其对于自身行为的识别能力和控

---

① 王泽鉴：《侵权行为法》，第2册，316页，台北，自版，2006。

② 王泽鉴：《民法学说与判例研究》，第3册，133页，北京，中国政法大学出版社，2005。

制能力，还是存在相当差异的，因此，在确定监护人是否尽到监护职责，并据此减轻其责任时，也应当考虑各被监护人由于年龄、智力的不同而造成的自身的识别能力的差异。

关于监护人对被监护人是否享有追偿权，学界一直存在争议。我国现行法律没有对此作出规定，司法实践中也并没有允许监护人行使追偿权。笔者认为，监护人不应当享有对被监护人的追偿权，理由主要在于：第一，如果被监护人有财产，要从其财产中优先支付。如果被监护人没有财产，则在监护人承担责任后，即便允许其追偿，该追偿权也往往难以实现，承认监护人的追偿权并不具有现实意义。第二，在被监护人没有财产时，监护人享有追偿权，这不利于被监护人的健康成长。就未成年人来说，其成年以后，因为追偿权的设计导致其负担较重的债务，这与保护未成年人的精神是相违背的。第三，监护主要是基于血缘亲属关系而产生的，如果监护人对被监护人享有追偿权，也不符合我国的家庭伦理观念。法律上赋予监护人追偿权，可能会对和睦的家庭关系产生消极影响。此外，监护人责任的承担往往是因为其没有尽到监护职责，属于对自己行为负责。如果允许监护人追偿，可能会违背对自己行为负责的原则。因此，一般认为，自然人中父母与子女类型的监护替代责任一般不存在追偿权，但如果是单位作为监护人，则理论上是存在追偿权的。[①]

三、监护人责任是与被监护人责任的配合适用

从比较法上来看，一些国家的监护人责任属于过错责任或者过错推定责任，这可能不利于对受害人的救济。因为采过错责任和过错推定都可能因监护人没有过错而免除其责任，从而不利于对受害人的保护，因此许多国家通过逐渐发展公平责任而加以调整。主要有如下几种模式：一是在认定责任时，给予法官一定的自由裁量权，要求法官必须考虑当事人的状况、未成年人的经济收入。法官对于

---

① 参见相蒙：《民法替代责任的追偿权分析》，载中国民商法律网，http：//www.civillaw.com.cn/article/default.asp?id=4429。

责任的判断，很大程度上是基于对相关因素的评估，尤其是对实施侵权行为一方和受害者一方经济状况的考虑。① 二是法律明确规定，如果未成年人有财产则应用自己的财产承担责任。《德国民法典》第829条规定："受害人如不能由有监督义务的第三人取得其损害赔偿，依据情况特别是当事人之间的关系，依公平原则要求做某种赔偿时，在赔偿不妨碍加害人保持与自己地位相当的生计并履行法律上的扶养义务所需资金限度内，加害人仍应负担损害赔偿的义务。"因此，《德国民法典》同样采取了监护人责任和被监护人公平责任结合适用的做法。根据《德国民法典》第840条，如果未成年人与监护人分别依据第828条、第832条都需要承担责任，那么，未成年人与监护人要对受害人承担连带责任。② 这就是说，由于限制行为能力人具有一定的责任能力，因此其应当承担责任。监护人责任归责的基础在于，其首先取得了监护权利，并因此承担了防止被监护人造成他人损害的注意义务。③ 在美国一些州，法律规定在未成年人致人损害的情形下，如果其具有金钱或财产，可以用这些财产执行法院的判决。④

关于有财产的未成年人应对自己的过错行为负责的问题，在学理上究竟应如何解释，一直存在争议。一种观点认为，此种情形实际上已经从过错责任转向严格责任；另一种观点认为，此种责任实际上并不涉及过错，而只是基于公平考虑承担的责任，或者说是来自于利益平衡（the balance of relative interests）的结果。⑤ 例如，在1811年《奥地利民法典》制定时，一些学者认为，公平责任思想乃是罗马法的敌人，不能为法典采用，但法典起草人深受自然法影响，因而接受了公平责任观点（参见《奥地利民法典》第1310条）。从一定程度上讲，公平责

① 参见《葡萄牙民法典》第489条，《意大利民法典》第2047条，《奥地利民法典》第1310条。

② Maximilian Fuchs，Deliktsrecht，7Auflage，Springer 2009，S. 218.

③ 在德国，按照学者的解释，监护人的责任之所以不宜采用严格责任，是因为父母"拥有并抚养孩子的行为本身不能作为归责的基础"。See Christian von Bar，*Non-Contractual Liability Arising out of Damage Caused to Another*，European Law Publishers，p. 614.

④ 参见［美］文森特·R. 约翰逊：《美国侵权法》，赵秀文等译，15页，北京，中国人民大学出版社，2017。

⑤ See André Tunc：*International Encyclopedia of Comparative Law*，Vol. 4，Torts，Chapter 2，Liability for One's Own Act，J. C. B. Mohr（Paul Siebeck，Tübingen），1975，p. 98.

任是不考虑意思状况而只考虑财产状况而确定的责任。有学者解释认为，自然人民事责任能力的判断标准，应以基于意思能力而确定的行为能力状况为一般标准，以财产状况作为确定欠缺行为能力人责任能力的例外标准。限制行为能力人也应有限制的民事责任能力①，对责任能力的判断，则采取的是个别判断的办法，即要根据每个具体不法行为人的意思能力和财产等分别进行判断。② 笔者认为，有财产的未成年人对侵权行为负责实际上是公平责任的体现，这与过错的认定是没有关系的。从这一意义上说，监护人责任与被监护人基于公平考虑而承担的责任是配合适用的。

我国《侵权责任法》第 32 条第 1 款规定：“无民事行为能力人、限制民事行为能力人造成他人损害的，由监护人承担侵权责任。监护人尽到监护责任的，可以减轻其侵权责任。”该条第 2 款规定：“有财产的无民事行为能力人、限制民事行为能力人造成他人损害的，从本人财产中支付赔偿费用。不足部分，由监护人赔偿。”关于如何理解《侵权责任法》的上述监护人责任规则，学界存在不同观点。有学者认为，《侵权责任法》的上述规定确立了单一责任的规则，即监护人责任的归责原则是单一的。有观点认为其是一种严格责任，也有观点认为其是一种过错推定责任，至于《侵权责任法》第 32 条第 1 款后段以及第 2 款的相关规定，只是适用监护人责任的一种例外情形，并不能提到监护人责任归责原则的高度。还有观点认为，《侵权责任法》的上述规定实际上是规定了双重归责原则，即监护人责任是由严格责任和公平责任结合形成的，并认为这是我国监护人责任的一个重要特点。笔者认为，从《侵权责任法》的上述规定看，其不仅确立了监护人责任的归责原则，而且确立了监护人责任与被监护人责任配合适用的规则，《侵权责任法》之所以采纳这种相互结合适用的做法，主要是基于如下理由。

第一，此种责任本身就是由被监护人的行为所引起的，由被监护人承担责任，有助于督促其尽到注意义务，避免损害的发生。而且监护人是对被监护人的

---

① 参见刘保玉、秦伟：《论自然人的民事责任能力》，载《法学研究》，2001（2）；李庆海：《论民事行为能力与民事责任能力》，载《法商研究》，1999（1）。

② 参见郑玉波：《民法总则》，89 页，台北，三民书局，1998。

行为负责，从这一意义上说，监护人责任只是对被监护人责任的“替代”，但这并非意味着监护人应当承担全部责任。如果被监护人有赔偿能力，也可以由被监护人予以赔偿。

第二，在一些情况下，被监护人也可能拥有一定的责任财产，毕竟侵权行为是由其实施的，由被监护人负责更具有合理性。在父母以外的第三人（包括组织）作为监护人的情形，由拥有财产的被监护人负责，也有利于适当减轻监护人的责任，这也有利于解决实践中父母以外的人不愿意担任监护人的问题。在无行为能力人、限制行为能力人有财产的情况下，应当由其以自己的财产承担赔偿责任，如有不足的部分，才由监护人负责，这一规定也被实践证明是合理的。被监护人所承担的责任在性质上属于公平责任。所谓被监护人的公平责任，是指在无行为能力人、限制行为能力人致人损害时，如果被监护人拥有财产，应当首先从其本人的财产中支付赔偿费用。在此种责任中，责任的主体不是监护人，而是被监护人。由于无民事行为能力人、限制民事行为能力人要以自己的财产进行赔偿，因此，只能称其为被监护人的公平责任，而非监护人的公平责任。当然，在这种责任中，监护人也并非完全不承担责任，在被监护人承担责任之后，不足部分仍由监护人来完成赔偿责任，从这一意义上说，监护人的责任是第二顺序的责任。该条规定从公平责任出发，强化了有财产的被监护人的责任，适当减轻了监护人的责任，体现了当事人之间利益的平衡。

第三，有利于救济受害人。监护人承担严格责任的原因是被监护人没有独立的财产，为了救济受害人而由法律作出的特别规定。相反，如果被监护人有自己的独立财产，却仍然要求监护人承担完全责任，则缺少合理性。一方面，毕竟是被监护人自己的行为造成实际损害后果。在其有能力承担责任的情况下，被监护人不对自己的行为负责，缺少相应的正当性。另一方面，从替代责任的基本原理来看，监护人之所以代替被监护人承担责任，很大程度上也是因为实际行为人没有独立财产，若被监护人有独立的财产，仍然由监护人负责，显然不符合替代责任的基本原理。毕竟损害是由被监护人的行为造成的，监护人负全部责任的前提是致人损害的无行为能力人、限制行为能力人没有自己的财产（工资收入和其他财产等）。根据《侵权责任法》第 32 条第 2 款的规定，如果被监护人有个人财产的，则此时被监护人的责任是公平责任，只有在被监护人财产不足以赔偿损失的情况下，监护人才需要承担赔偿责任。

第四，有利于在监护人和被监护人之间灵活地、合理地分配责任。此种监护人责任和被监护人责任相互结合的方式，可以赋予法官一定的自由裁量权，法官可以考量个案的情况，如监护人和被监护人的财产状况、监护人和被监护人的身份关系、监护本身是否有偿等因素，合理确定监护人和被监护人之间的责任分配，从而实现个案的公正。

需要指出的是，我国《侵权责任法》在确定监护人责任时，并没有考虑行为人的责任能力。被监护人致人损害，无论其有无识别能力，只要造成了损害，监护人都要承担责任。从监护人责任来说，在确定其责任时，是不考虑被监护人的责任能力的。不过，虽然在监护人的责任承担方面没有考虑被监护人的责任能力，但在减轻监护人责任方面，实际上是考虑了被监护人的责任能力的。换言之，在确定监护人所应当承担的责任范围上，责任能力的区分仍然是具有重要意义的。依据《侵权责任法》第 32 条第 1 款，“监护人尽到监护责任的，可以减轻其侵权责任”。在判断监护人是否尽到监护责任时，要区分被监护人的年龄大小来判断。一般来说，被监护人年龄越大，识别能力越强，监护人的监护责任就越轻；反之，被监护人的年龄越小，监护人负有的监护责任就越重。如果依据被监护人的责任能力大小，确定监护人已经尽到其监护责任，就可以减轻其责任。

第六编

其他

海峡两岸民商法律纠纷仲裁问题研究*

海峡两岸人民民商往来的繁荣和不断发展，不可避免地将衍生出民商事法律纠纷。如何妥善处理这些纠纷，是两岸人民所共同关注的问题。本文基于促进两岸民商正常往来、健康发展的目的，在考虑了诉讼、调解、仲裁三种方案后，认为以仲裁方式解决两岸民商法律纠纷系最佳方案，并主张以两岸联合仲裁方式进行仲裁。鉴于目前两岸联合仲裁尚无法律、规则可循的情形，本文提出若干建议，以供参考。

一、仲裁在解决两岸民商法律纠纷中的地位

作为解决民商事法律纠纷的通常途径，调解、诉讼和仲裁各有其特点，不宜在一般意义上判定孰优孰劣，而在解决具体的纠纷中，各有所长。在两岸民商事法律纠纷中，由于一国内两个"法域"的事实存在而使其具有复杂性。反映在纠纷的解决方式上，仲裁则具有调解和诉讼无法比拟的优越性，并应为解决两岸民商事法律纠纷的最佳方案。

---

* 本文系与李明良合著，原载海峡两岸关系协会：《涉台法律问题研究》，1994。

首先，仲裁与调解相比具有优越性。调解是在双方当事人进行磋商而不能取得协议时，由第三者从中调停，促使他们达成协议的办法。从效力上看，调解一般无拘束力。故若调解不成再行仲裁或诉讼，如此既浪费时间又费用昂贵；而仲裁一般有拘束力，能使争议通过一次程序有效解决，若当事人不履行仲裁裁决，对方当事人可按有关规定申请法院强制执行。在两岸民商交往中，由于调解结果无强制性且在两岸政治对立的情形下，当事人对调解能否妥善解决纠纷是持怀疑态度的。同时，在仲裁中我们向来主张调解的作用，仲裁时一般先调解，仲裁过程中也注重调解，调解不成时再行裁决，这样使仲裁又具有了调解的优点，因而仲裁比调解更具优越性。

其次，仲裁与诉讼相比具有优越性。表现在：(1) 迅速且费用低廉。诉讼是法院根据司法管辖权对起诉的案件按法定程序进行审理，它注重程序规则，而且从起诉到判决的确定，程序较为复杂，尤其是上诉制度使得许多纠纷很难在短期内解决，而且每一程序都涉及诉讼费用，及至纠纷解决，费用往往昂贵；而仲裁则在双方当事人自愿的基础上依据仲裁协议处理纠纷，采用一次终局裁决制度，相对于诉讼而言，程序简便、迅速，费用低廉。还应看到，目前两岸尚未“三通”，经贸投资等往来，均通过香港、日本或其他第三地转口进行，所以对纠纷解决的迅速性要求更强，因而仲裁对两岸当事人吸引力更大。(2) 两岸经贸、投资、知识产权、海事、海商等纠纷，不仅涉及法律问题，更主要涉及行业习惯、专业技术等问题。仲裁员与法官相比较，在掌握行业习惯及专业知识方面，后者确比前者稍逊。并且在专业性极强的纠纷中，仅仅靠法律是不能很好地解决纠纷的。(3) 仲裁有促进两岸当事人和睦团结、维持两岸祥和气氛之功效。诉讼一般要公开进行，依法裁判。一方当事人为了胜诉必须详陈案情的诸多细节，并要将对方在事实和法律上驳倒，双方难免在法庭上言辞尖锐对立，易伤双方感情。尤其应当看到，诉讼是以国家权力为后盾，涉及敏感的政治问题。诉讼极易受政权当局的影响，使本来简单明了的纠纷人为地复杂化，不利于及时有效地处理纠纷。“七·二一”闽狮渔事纠纷案十分清楚地表明了这一点。该案中，我国台湾地区“三鑫财”号船损害我方渔民渔网，我方渔民吴清勇等人为了求得赔偿，实施了并靠、上船、交涉、搬物等自助行为，且后来在第三者的调停下双方已和解。而台湾地区“法院”对此普通的且业已终结的民事纠纷小题大做，并将之政治化，对无辜渔民强加“妨害自由罪”。笔者认为在相当长的时期内，以诉讼方式解决两岸民商事法律纠纷并不可行。（4）由于目前两岸系不同的“法域”，诉讼不可避免地将产生管辖权争议，这些问题短期内是无法解决的。而仲裁受理案件基于双方当事人的协议，自愿接受仲裁机构的管辖，所以不存在管辖争议问题。

最后，与行政手段相比较，仲裁具有优越性。行政手段是行政权的体现，表现了国家公权力的作用，在一定程度上和政党政治相联系。显然，在目前两岸政治上尖锐对立的情况下，用行政方法来解决纠纷，也是不可行的。

二、两岸联合仲裁的必要性与可行性

在具体操作方案上，两岸民商事法律纠纷的仲裁可由祖国大陆与台湾地区单方进行，第三者（如香港或其他国家、地区的仲裁机构）单方进行或两岸联合仲裁。我们主张两岸协同仲裁的方案。其理由是：

首先，在解决两岸民商法律纠纷方面，两岸仲裁的局限性及差异性决定了由大陆或台湾地区单方仲裁是不可能的。显然，两岸各自现行的仲裁制度的形成都未考虑两岸民商事法律纠纷的仲裁问题，因而在收案范围、仲裁程度、仲裁裁决的执行等方面互不协调。我国台湾地区于 1961 年 1 月 20 日公布、1982 年 6 月 11 日修正的“‘中华民国’商务仲裁条例”及 1973 年 4 月 6 日公布、1983 年 11 月 9 日修正的“商务仲裁协会组织及仲裁费用规则”，共同形成了凡有关商务上现在或将来的争议，由当事人订立仲裁契约（仲裁协议），由商务仲裁协会进行仲裁的商务仲裁体系。而两岸民商法律纠纷的范围则远远超过了“商务”范畴。大陆的仲裁体系虽然复杂得多，但并未考虑两岸民商事法律纠纷仲裁问题。大陆仲裁体系由国内经济合同纠纷仲裁、国际经济贸易仲裁和海事仲裁三部分组成。1983 年国务院颁布《经济合同仲裁条例》，规定有关经济合同纠纷由国家工商行政管理局和地方各级工商行政管理局设立的经济合同仲裁委员会进行仲裁。虽然两岸民商纠纷同属国内纠纷，但从当时立法宗旨和立法内容（如规定当事人一方或双方对仲裁不服，在收到仲裁决定书之日起 15 日内，向人民法院起诉）来看，不宜用于解决两岸民商事法律纠纷。国际经济贸易仲裁和海事仲裁的收案范围具有涉外性，作为国内纠纷的两岸民商纠纷不宜由其仲裁。并且，两岸民商纠纷是综合性的，包括婚姻家庭、物权、债权、知识产权等多方面内容，而上述三机构的收案范围各局限于某一类纠纷，显然不宜援用而作为解决两岸民商法律纠纷的途径。尤其应当看到，虽然仲裁是民间解决纠纷的活动，但现代社会是政党政治的社会，不受政治影响的纯粹民间活动是不存在的。两岸民商事法律纠纷仲裁也是如此。由任何一方的仲裁机构单方作出仲裁裁决，都可能受到所在地方政权当局的影响，而对方也可能对此仲裁裁决心生疑虑，若需要在对方实际控制的领域内执行，则困难重重。因而，由大陆或台湾地区单方仲裁两岸民商纠纷是不合实际的。

其次，台湾是中国领土不可分割的一部分，两岸民商法律纠纷属国内纠纷，应由我们自己解决，不宜由第三者插手，这也是国家主权与尊严的要求。

早在 1988 年 7 月，中国国际经济贸易仲裁委员会曾致电“台湾商务仲裁协会”，邀请台湾地区仲裁界人士在香港洽谈有关经济贸易的仲裁问题，并举行了“海峡两岸商务仲裁研讨会”，肯定了两岸商务仲裁的重要性。1990 年 2 月，我国由中国国际经济贸易促进会牵头成立“海峡两岸经贸协调会”，并于 1991 年年初与台湾方面的“海峡两岸商务协调会”举行了年度工作协商会议。虽然“海峡两岸经贸协调会”的调解和仲裁裁决无强制执行效力，但却为两岸联合仲裁两岸民商法律纠纷积累了丰富经验。尤其应当看到，两岸仲裁界人士对于各自所处地区的民商习惯及法律谙熟，能公平地仲裁案件，而由两岸联合仲裁，有利于仲裁的进行和裁决的执行。我国台湾地区“两岸关系条例”规定，经台“有关主管机关”许可，台湾地区的人民、法人、团体或其他机构，可与大陆的人民、法人、团体或其他机构联合设立法人、团体、其他机构或缔结联盟。这表明两岸联合仲裁，共同组建仲裁机构是可行的。

三、两岸联合仲裁若干问题的建议

如何对两岸民商法律纠纷进行仲裁，目前尚无相应立法或规则可循。为更好开展两岸民商法律纠纷仲裁，我们就下列问题谈谈看法。

（一）仲裁机构的设立及仲裁员的选定

1. 机构的设立

两岸联合仲裁民商法律纠纷，其仲裁机构设在何处？这是首先要解决的问题。作为仲裁两岸民商法律纠纷的机构，我们拟称其为“海峡两岸民商法律纠纷仲裁委员会”，其机构所在地以设在北京为宜。因为在两岸民商交往过程中，大部分法律事实、法律关系都发生在祖国大陆。而在大陆，北京是中国国际商会、中国国际经济贸易仲裁委员会和中国海事仲裁委员会等机构的所在地，其作为中国的政治、法律、文化中心，汇集了法律界、工商界、仲裁界众多的优秀人才，这是其他任何地方无法相比的。所以，我们主张两岸联合仲裁机构设在北京。但与此同时，由于地理位置、风土人情等诸多因素，大陆有的省份（如福建）与台胞的民商往来比其他地方要多得多，从便利当事人的角度，可以在这些地方设立办事处，经“海峡两岸民商法律纠纷仲裁委员会”授权，有权仲裁案件。

2. 仲裁员的选定

仲裁机构是由独任仲裁员或几个仲裁员组成仲裁庭对当事人提交的争议事项进行仲裁审理的组织，因而如何选定仲裁员是无法回避的问题。两岸交往过程中的民商法律纠纷，不仅涉及经济、法律、贸易、投资、渔事、海事、探亲、旅游、知识产权等，并且随着两岸关系的不断发展，还会产生高科技技术交流、劳务合作等纠纷，“三通”之后还会产生海上船舶碰撞、海难救助、海洋环境污染等海事海商纠纷；而且，两岸不同“法域”的客观存在，将在某种情形下导致适用我国台湾地区的有关规定。因而仲裁员必须具有专业知识及实践经验，并且必须熟悉台湾地区的有关规定，同时还应具备较高的职业道德修养。按通常做法，仲裁机构应将这些具有仲裁员资格的人员聘为仲裁员，形成仲裁员名册，供当事人在具体案件中选择。那么，进入仲裁员名册的仲裁员应如何确定？为便利纠纷的解决，应由大陆、台湾地区、香港地区及其他国家、地区三方面人员组成。大陆的、台湾地区的仲裁员对各自所处区域的法律、民商事习惯等都十分熟悉，且仲裁机构有两岸人士存在也有利于解决纠纷。在台湾地区，有“海基会”；在大陆，有“海协会”等民间机构处理两岸民商往来事宜，因此，加入仲裁员名册的人士可由上述民间机构推荐，相互认可。从仲裁员人数考虑，因大陆在人口、纠纷发生等方面较台湾地区为多，所以大陆仲裁员的人数应当多于台湾地区的，可考虑大陆仲裁员占仲裁名册总数的60%，台湾地区占25%，余下15%由香港地区及其他国家或地区人士担任。香港人士的聘任，应由香港仲裁界推荐，经两岸入选的仲裁员认可。之所以吸收香港人士，是基于仲裁公正性考虑，更是考虑到香港作为国际金融、贸易、交通中心，具备优良的条件，如通信发达、信息灵通、交通便捷、转口贸易经验丰富。这些对于仲裁都具有积极意义；并且，无论香港回归祖国之前或之后，两岸往来都将与之发生密切联系，若单纯由两岸人士对两岸纠纷进行仲裁，有时难免相互之间发生摩擦。故此，客观上需要香港及其他国家或地区的仲裁界人士从中斡旋。

（二）仲裁的收案范围

从根据海峡两岸民商法律纠纷的特点及照顾到两岸仲裁体系的完善角度，两岸联合仲裁适用于台湾地区自然人、法人或其他经济组织同大陆自然人、法人或其他经济组织在民商事活动中所产生的民商法律纠纷，或台湾地区自然人、法人、其他经济组织相互之间发生的民商法律纠纷，这些纠纷均应具有涉台因素且宜于仲裁。可见，仲裁收案范围具有下列特征。

1. 主体的涉台性

主体涉台性，即纠纷之一方或双方必须是台湾地区自然人、法人或其他经济组织。主体不具有涉台性的民商法律纠纷可依不同情形由国内经济合同仲裁委员会、中国国际经济贸易仲裁委员会、中国海事仲裁委员会或约定的其他机构仲裁。主体涉台民商事纠纷包括下列情形：（1）台湾地区当事人和大陆当事人在大陆或台湾地区或其他国家、地区发生的民商事纠纷；（2）台湾地区当事人相互之间在大陆进行民商活动产生的纠纷；（3）台湾地区当事人在台湾地区或其他国家、地区发生民商法律纠纷而愿意提交该机构仲裁的。

2. 法律事实和争议标的的涉台性

当事人双方均为大陆的自然人、法人或其他经济组织时，一般不属于两岸民商法律纠纷仲裁范围。但若其法律事实涉及台湾地区或争议的标的涉及台湾地区，根据“场所支配行为”的原则，纠纷可能涉及台湾地区有关规定而使该纠纷具有涉台性，可以被纳入两岸民商法律纠纷仲裁范围。如大陆民众继承其亲属遗留在台湾地区的遗产就属于此种情况。

具体而言，“海峡两岸民商法律纠纷仲裁委员会”的收案范围可包括：

（1）合同纠纷。两岸民商往来多以合同方式确定双方当事人的权利、义务关系，由此产生纠纷时可提交仲裁。

（2）侵权纠纷，特别是新闻侵权纠纷。随着两岸交流的发展，两岸新闻记者互往采访越来越频繁，由此产生的新闻侵权纠纷可提交仲裁。

（3）旅游团费拖欠纠纷。台胞组团来大陆旅游，应“先收费、后接待”，旅行团费应一团一清。但为了方便台胞，大陆旅行社有时允许其拖欠团费，因而产生纠纷，此类纠纷可提交仲裁。

（4）债务纠纷，主要包括金钱借贷纠纷。

（5）两岸邮电业务使用纠纷。两岸直接通邮前，邮件、电报、电话往来是非正式的，容易产生纠纷，即使直接通邮后，也存在使用邮电业务的纠纷问题。

（6）两岸资金融通纠纷。台胞投资企业可以向大陆金融机构贷款，也可向大陆外金融机构借款，由此产生的纠纷可提交仲裁。

（7）两岸著作权、商标权、专利权及其他知识产权纠纷。

（8）两岸运输纠纷，包括两岸民间往来中的公路、铁路、水上、航空等运输和联合运输中产生的纠纷。

当然，随着两岸交流的日益发展，还会产生许多新型纠纷，仲裁的收案范围也不可能以列举方式穷尽一切宜于仲裁的纠纷。确定收案范围，关键是要把握前述收案范围的涉台性特征。

（三）仲裁原则

两岸协同仲裁中应遵循下列原则。

1. 维护祖国统一原则

台湾是中国领土的组成部分之一，任何形式上或实质上的分裂祖国、主张“一中一台”或“台独”的行为，都是不允许的。反映在两岸民商纠纷中，应认识到纠纷的性质是国内的，台湾地区的有关规定是国内客观存在的特定区域的法律，而不是外国法，仲裁活动必须坚持维护祖国统一原则。

2. 平等互利原则

在仲裁过程中不能因为当事人所处的区域不同而予以不同的待遇，应充分尊重双方当事人在民商活动中的意愿和仲裁过程中的意思自治。仲裁活动中应赋予当事人双方平等的法律地位，不能因经济实力、政治信仰的不同而给予不同的待遇。同时，在仲裁过程中，应依公平合理原则依法公平地赋予当事人双方平等的权利义务内容，不能强加给任何一方不平等的义务。

3. 尊重两岸民商习惯原则

民商事习惯在民商活动中为双方当事人恪守，对调整当事人的行为有重要作用。仲裁过程中应充分考虑双方当事人各自的或共同的民商事习惯，以此判断纠纷，方能体现仲裁的公允。

4. 独立公允原则

仲裁是民间解决纠纷的形式，不应受过多的政治因素的妨碍，特别是对两岸民商纠纷的仲裁，应尽量避免政治上的因素导致仲裁的结果对一方有失公平。

5. 调解与仲裁相结合的原则

调解是中华民族传统文化的结晶，两岸各自的仲裁制度中都强调调解的作用，这是两岸协同仲裁中加强调解的基础，并且两岸交流中应尽量避免伤及两岸人民感情，所以调解在两岸仲裁中的作用应是很大的。仲裁受理后至仲裁裁决作出前都可以对当事人进行调解，但要避免“只调不决”的现象。

（四）仲裁中实体规则的适用

仲裁的任务是最终确定当事人之间的权利义务关系。因而实体规则的适用在仲裁中处于重要地位。一般认为，仲裁应以实体法为依据确定当事人的权利义务。但在海峡两岸民商法律纠纷中，由于两岸政治上的对立，以法律为依据确定当事人的权利义务困难较多。如台湾地区有关规定的效力问题，当事人若选择台湾地区有关规定为仲裁所适用的实体法，那么，如何看待台湾地区有关规定的效力与地位？这显然是一个难题，因而我们不主张在两岸民商法律纠纷仲裁中以实体法律为依据确定当事人的权利义务。从实务角度，笔者认为，由“海峡两岸民商法律纠纷仲裁委员会”制定仲裁适用的实体规则是可行的。这个实体规则的形成应由仲裁委员会主持，由仲裁员名册中的仲裁员共同协商确定。协商过程中应注意：

1. 本着实事求是的精神，从妥善解决两岸民商纠纷角度，力求避免两岸敏感的政治问题。

2. 赋予两岸当事人间的民商习惯以仲裁适用的实体规则的地位。在若干商事领域，各行业形成了各自的民事习俗、商事习惯等。如两岸人民关于渔事、海事作业的习惯，处理渔事、海事纠纷的习惯等。这些习惯有的以行业章程表现出来，有的虽未以成文形式体现却长期为人们在活动中恪守。这些民商事习惯一般不带有政治因素，宜于为两岸当事人乃至政权当局接受。所以，将其吸收进仲裁适用的实体规则，对于解决两岸民商法律纠纷是有积极意义的。

3. 尤其应当注意，大陆几十年来进行国内经济合同仲裁、国际经济贸易仲裁及海事仲裁的经验，所依据的法律、规则，若有利于两岸民商法律纠纷的解决，也应被吸收进两岸仲裁适用的实体规则中。当然，大陆的规则是否可作为仲裁规则、哪些内容作为仲裁规则，应由全体仲裁员协商解决。

4. 正确认识台湾地区民商法律的地位和作用，对其有利于解决两岸民商法律纠纷的民商法律，可吸收进仲裁适用的实体规则中。法律是统治阶级的工具，但也有促进经济发展的属性。近年来，台湾地区当局为了促进经济的发展，也制定了一些有利于经济发展的相关规定。随着两岸交流的日益频繁，台湾地区当局也制定了一些较为合理的法令、法规来规范两岸人民的往来，对这些有利于解决两岸纠纷的部分民商法律，可适当吸收进仲裁适用的实体规则。当然，对于不利于两岸民商往来的、落后的甚至是反动的法规、法令，不能吸收进仲裁适用的实体规则。

在国际商事仲裁中有“友谊仲裁”的做法，即在双方当事人授权的情形下，仲裁员或仲裁庭可依公正善良原则，而不依任何法律或规则进行裁决，且裁决有拘束力。笔者认为，这种方式不可用于两岸协同仲裁。因为“公正善良”是一种主观概念，客观上无确定标准，判断往往因人因事而异，具有不易确定性，不利于纠纷的解决。

（五）仲裁与调解

在解决纠纷方面发挥重大作用的调解，是中华民族传统文化的结晶，两岸各自的诉讼制度和仲裁制度都充分肯定了调解的地位和作用。在两岸联合仲裁民商法律纠纷过程中，调解的地位表现在：在双方当事人自愿的情况下，调解贯穿于仲裁过程的始终。案件一经仲裁庭受理，仲裁员即应征询当事人的意见，力求调解解决纠纷。仲裁程序进行过程中，可充分运用调解方式，促使双方当事人互谅互让。但应注意，调解必须建立在当事人双方自愿的基础上，不能强行调解。尤其应当注意，不能久调不决，若调解不成，应尽快作出裁决，避免以调解为由使案件久拖不决，而有违仲裁的宗旨。

（六）仲裁与诉讼的关系（仲裁机构与法院的关系）

作为解决民商法律纠纷的手段，仲裁通过双方当事人以协议将其争议提交第三者，由该第三者审理并作出对双方当事人具有拘束力的裁决。诉讼则以法院通过司法管辖来解决争议。两者在案件管辖、审理程序等多方面存在着不同。然而仲裁与诉讼又有着密切联系。海峡两岸民商法律纠纷仲裁，与仲裁地法院的联系表现如下。

1. 在某些特定民商法律纠纷中，若法院享有专属管辖权，则诉讼优于仲裁。通常认为，判断某项民商纠纷是否属于法院专属管辖，应以仲裁地法律为据，因而两岸民商纠纷是否由法院专属管辖应以我国大陆法律判断而不应以台湾地区有关规定判断。应该看到，在两岸民商纠纷仲裁中坚持大陆法院对特定事项的专属管辖权是十分必要的，它体现了我国政治上的主权和司法上的管辖权。不管台湾地区的当事人如何主张，都不能否定大陆法院依据法律对某些案件所享有的专属管辖权，如民事纠纷中涉及刑事因素，就要由法律规定的法院来管辖。

2. 不属法院专属管辖的案件，若当事人已约定提交仲裁，则仲裁优于诉讼。两岸各自的仲裁立法对此的规定是一致的。我国《民事诉讼法》（1991 年）第 257 条规定："……当事人在合同中订有仲裁条款或者事后达成书面仲裁协议，提交中华人民共和国涉外仲裁机构或者其他仲裁机构仲裁的，当事人不得向人民法院起诉。"我国台湾地区"商务仲裁条例"第 3 条亦规定："仲裁契约，如一方不遵守，而另行提起诉讼时，他方得据以请求法院驳回原告之诉。"两岸民商纠纷仲裁也必须坚持这个原则，对已达成仲裁协议的事项排除诉讼的适用，以充分保护当事人的意思自由及权利，防止无理缠讼。

3. 法院可否决定仲裁员的选任和回避？我国台湾地区"商务仲裁条例"对此是持肯定态度的。它规定，当事人已选出的两位仲裁人不能公推第三位仲裁人时，由法院选定；仲裁人因法定情形被拒绝和拒绝后新任仲裁人的选定也由法院进行。但在两岸民商纠纷仲裁中，对于纯属仲裁过程中的事项不宜由法院介入，以免当事人心生疑虑，或借口司法机关介入有失公允而不利于仲裁进行。从客观务实角度，应由仲裁委员会对此类问题作出决定。

4. 仲裁过程中，法院可以协助仲裁机构进行特定的行为。在不影响仲裁机构的判断的情形下，允许法院协助仲裁机构工作是十分必要的，并且有些强制措施仅能由法院进行，仲裁机构无权进行。两岸民商纠纷仲裁也应允许法院的协助。一般说来，法院可进行下列协助行为。

（1）保全措施；

（2）送达有关文书、文件；

（3）一方当事人拒不履行仲裁裁决时，经申请予以强制执行；

（4）其他事项。

5. 仲裁裁决作出后，法院是否有权对其撤销？我国台湾地区"商务仲裁条例"规定，法院有权撤销仲裁裁决，被撤销后当事人可就此事项起诉。两岸民商纠纷仲裁却不能采取这种做法。一方面法院不宜干预两岸民间仲裁；另一方面由大陆法院撤销仲裁裁决，我国台湾地区方面不会同意，缺乏可行性。若仲裁裁决确有错误，应由仲裁委员会予以改正。

6. 法院对生效的仲裁裁决，经认可后有强制执行权。仲裁裁决理应由当事人自觉履行，但鉴于两岸政治、经济情况的复杂性，不排除当事人拒不履行情形的出现。作为仲裁机构，它无强制当事人履行仲裁裁决的权力，因而当事人只有申请法院予以强制执行。

（七）仲裁书的执行问题

仲裁机构经过前述程序，最终将作出仲裁裁决，以确定争议双方当事人的权利、义务关系。一般说来，双方当事人自愿将其争议提交仲裁，理应自动执行仲裁裁决。但因两岸当事人法律观念存在差异，所以也可能产生一方当事人拒不执行仲裁裁决的情况。在此情形下，应如何实现仲裁裁决中所确定的权利、义务关系呢？若仲裁裁决应在大陆执行，则可申请有管辖权的人民法院执行；若需在台湾地区和我国以外的国家（地区）执行，可由当事人直接向有管辖权的外国法院申请承认和执行，或由人民法院依照中华人民共和国缔结或者参加的国际条约的规定，或者按照互惠原则，请求外国法院承认和执行。上述两种执行方式不存在问题，但若需在台湾地区执行应如何处理？对此，有三种方案可供选择。

1. 通过行政途径执行。此方案认为行政方式具有效率高、速度快、责任明确等优点，与仲裁宗旨相符，因而一方当事人不履行义务需在台湾地区执行的，他方当事人可向台湾地区行政当局提出执行申请，由行政机关予以执行。“两岸关系条例”第 4 条规定：“行政院”得设立或指定机构或委托民间团体，处理台湾地区与大陆人民往来有关之事务。这表明，我国台湾地区方面允许以行政途径来解决两岸人民往来的事务，其中自然包括了解决两岸民商法律纠纷。

2. 通过法院执行。虽然两岸长期以来政治上冲突，互不信任，但妥善解决两岸民众往来的纠纷既不涉及政治，又对包括台湾地区在内的两岸人民生活安定有利。因而仲裁裁决在两岸获得承认及执行不应存在问题。而法院是司法、执法机关，具有强制执行权力，因此由法院执行是最为适宜的，并且从世界范围看，由法院执行仲裁裁决是通行的途径。

3. 通过中介团体执行。鉴于两岸长期的政治冲突，在两岸谋求行政的或司法途径使两岸民商仲裁裁决获得执行是不现实的。只有通过中介团体来执行方具有可行性。

上述三种方案各有道理，但在两岸关系正常化以前，两岸在行政事务上进行协助或由行政机关执行仲裁裁决是不可能的，并且由行政机关执行仲裁裁决在世界范围内十分少见。因为行政方式虽然有效率高、迅速等优点，但行政权力高度集中，并且行政官员对仲裁业务、法律等都不太熟悉，不易发现仲裁过程中的错误，极易侵害当事人的权益。法院作为执法机构，执行仲裁裁决具有相当的可行性，并且这也是仲裁裁决执行的通常做法。但法院本身是统治阶级的执法工具，容易受政治的左右，若单纯地以法院途径作为执行途径，易被我国台湾地区方面以“公序良俗”为借口不予执行，如此则无法实现仲裁裁决内容。所以，不能完全采取由法院执行的办法。并且，仲裁裁决是两岸协同仲裁的结果，在相当程度上反映了我国台湾地区仲裁界的认识和看法，也有利于我国台湾地区民众的生活秩序、社会秩序的安定，故台湾地区法院也可能会对某些案件予以执行。我国台湾当局在“两岸关系条例”第 74 条中规定，法院有条件地承认、执行大陆作出的民事仲裁裁决，这正是这种矛盾心态的外现。我们则应充分利用这一情况，力争通过台湾地区法院执行仲裁裁决。当然，我们不能完全依赖台湾地区法院执行。在目前的情况下，通过像“海基会”一类的中介团体协助仲裁的执行，尤其是充分发挥中介团体的作用，防止我国台湾当局以“公序良俗”刁难执行，十分必要。我们称这种方案为“以法院为主，中介团体为辅”的执行方案。具体说来：一方面利用法院来执行，并在条件成熟时，促进两岸法院就有关执行问题达成协助协议；另一方面要利用中介团体做好有关工作，避免台湾地区法院以“公序良俗”为由拒绝执行。即使出现了拒绝执行的情况，中介团体也可做好当事人的工作，敦促其自觉履行。

审判方式改革中的民事证据立法问题探讨*

一、我国民事证据立法模式的选择

关于证据法律制度的立法模式，英美法系与大陆法系各不相同。英美法系许多国家采用统一的证据立法模式，将民事证据与刑事证据规范规定在一起；大陆法系国家则大多采取将民事证据法律制度单独规定于民法典或民诉法典的模式。我国民事证据立法究竟应采何种模式，学者看法各不相同，主要有统一证据法说、完善程序法说、制定单独的民事证据法说、民法典组成部分说四种观点，各种观点均不无道理。

应当看到，民事证据法与刑事证据法具有一定的共性，如关于举证的原则、在庭审中必须质证等。然而，从总体上来说，两者的个性大于共性，主要表现在：刑事责任的目的在于惩罚犯罪、保护合法权益，其中涉及是否对犯罪嫌疑人的人身自由加以限制或剥夺的重大问题；而民事责任主要在于对受害人的权利侵害加以救济。这一差别决定了在民事诉讼与刑事诉讼中的证明标准不同、对证据

* 原载《中国法学》2000年第2期。

的证明力的要求也是不一样的。例如，在英美法系中，刑事案件的证明标准为“排除合理怀疑”的高度盖然性，而民事案件则采取优势证据法则。因此，在我国制定一部统一的证据法确有一定的难度，但是，分别制定民事证据法和刑事证据法在立法技术上也会遇到相当的困难。从国外的立法经验来看，只有极少数国家采取此种模式。

尽管民事证据法涉及大量的不宜在实体法中作出规定的程序规则，如关于举证、质证、交换证据的程序规则，然而，程序法与实体法有着不可分割的联系。因为证据的形式与法律行为的方式是密切联系在一起的，证据的使用具有两方面的目的：一方面是为了在发生纠纷后用来解决纷争（主要是用于诉讼活动中）；另一方面，证据也可以用来规范、指导当事人的民事法律行为。当某人从事某一法律行为时，自然希望其从事该行为而产生的各项权利均有证据支持，因此也应当了解使用何种证据才能使权利获得保障或确保权利的有效行使。例如，法律对证据的形式及其证明力的规定，实际上是告诉当事人应当采用何种正确的方式从事法律行为。从这个意义上说，证据制度与实体权利的保障具有密切联系。正因为如此，大陆法系许多国家或地区的民法典都设有证据规则方面的规定。我国澳门特别行政区的民法典就完全仿照葡萄牙的模式，在总则第 4 编“权利的行使及保护”中对民事证据制度作出了系统完备的规定。该编不仅规定了证据的一般规则，而且对推定、自认、书证、鉴定证据、勘验、人证等作出了详细的规定。①同样，《德国民法典》《法国民法典》中也有大量关于证据制度、证据规则的规定。因此，民事证据制度完全能够也可以成为民法典的组成部分。

笔者认为，民事证据法应当单独立法或制定统一的证据法典，如不能制定单独的证据法律，则可以将民事证据法放在实体法中。民事证据法从性质上说是程

① 葡萄牙自 1867 年的民法典开始，便模仿法国及意大利的做法，将关于证据法的规范置于民法典内。其 1966 年民法继续采用这一模式，当时法典的主要起草人 VAZ SERRA 坚持认为有关举证责任、各种证据的可采纳性及其证明力等规范均属实体法范围。如果不将其纳入实体法范围中，就将证据法的效力仅局限于某一具体诉讼案件，不能完全表现证据法的功能，因为证据法的功能已超越了对解决个案争议的规范作用。此外，证据法对法律行为中的利害关系人能就其所实施的行为建立信心及产生安全感也有作用。

序法与实体法结合的产物，它既可以融合于实体法与程序法之中，也可以成为一个独立的法域。从我国立法的实际情况来说，与其将民事证据法放在程序法中，不如将其放入实体法中。理由主要有：第一，如果将民事证据法放在民事程序法中规定，由于证据规则在民事诉讼进行中的每一个阶段、每一个环节都可以适用，因此，无法将之放在各个具体的民事诉讼制度中作出规定。既然不可能分散地作出规定，那就只能将所有的证据规则集中加以规定。可一旦这样集中规定之后，又使民事证据法在民事诉讼法中显得过于臃肿庞大、极不协调，从立法技术上看也是不合理的。如果将民事证据法作为一个整体规定在民法典中，则可将之放在分则中加以规定（不必像有些大陆法系国家的民法典那样放在总则中规定），而且倘将证据法规定在民法典分则中，还能够实现其与合同法、物权法及侵权法的协调一致。第二，目前我国程序法（民事、刑事）修改不久，短期内不可能完全废弃现有的《民事诉讼法》而完全重新制定，甚至不可能作重大的修改。如果将证据法放在《民事诉讼法》中加以规定，则必然要对《民事诉讼法》作“伤筋动骨式”的重大修改，甚至是重新起草，这在目前来说是不现实的。第三，我国民法典已纳入了立法计划中，立法机关已组成了起草小组，正在加紧制定民法典。如果将证据法作为民法典的组成部分，证据法也可以“搭制定民法典的便车”而得以尽快出台。现在可以考虑将证据法作为一个完整的制度放在民法典的分则部分加以规定，以后即便因适应实践的要求须将证据制度从民法典中分离出来，作为单独的法律也是可行的。当然，如果放在民法典中，也并不意味着这些规则全部是实体法的规则，更不是要回归古代法中实体与程序不分的“诸法合一”状态。其实，无论是将证据法放在《民事诉讼法》还是放在民法典中加以规定，都只是法律渊源的表现形式不同而已。我国《民法通则》也曾规定“涉外民事关系的法律适用”的规则，这本属于国际私法的领域，但并不代表就将“涉外民事关系的法律适用”的规则从国际私法这个法律部门中分离出来。

在尽快展开民事证据立法的同时，最高人民法院也应当着手制定统一的证据规则。一方面，最高人民法院的统一解释可以将目前现有的各级各地人民法院的证据规则统一起来，并能根据各地人民法院的司法实践经验，对证据规则进一步加以充实完善。另一方面，最高人民法院统一证据规则的制定和施行，也可以为制定统一的民事证据法提供有益的资料与经验。当然，从长远的角度来看，笔者认为，不能仅仅以最高人民法院的司法解释来代替证据立法，而应当制定统一的证据法。有一种观点认为，由于证据规则主要是在诉讼中使用的，也是民事审判方式改革的产物与重要内容，因此，证据规则不宜立法而应通过司法解释的方法解决。笔者认为，这种观点是不妥当的。因为最高人民法院的司法解释不能代替立法，尤其在证据规则方面更加需要立法。其原因为：第一，民事证据规则是用来解决民事纠纷的，而解决民事纠纷的途径既包括诉讼，也包括仲裁、调解等。证据规则在仲裁过程中的适用也是非常重要的，最高人民法院制定的证据规则怎能适用于仲裁活动中？如上所述，证据规则也具有指导当事人正确从事民事法律行为的功能，它为当事人从事民事法律活动提供了可预期性，使当事人清楚采用不同的证据形式订合同、立遗嘱将会有不同的法律效果，进而预防纠纷、减少纠纷。第二，在我国审判方式改革中，由各地法院所摸索创新出来的许多民事证据规则实际上已经突破了《民事诉讼法》的规定。例如，关于举证时限的规定是对《民事诉讼法》关于证据可以随时提出的规定的突破；审前交换证据及不交换将导致证据失效的规定，也是与《民事诉讼法》的规定相矛盾的。在我国法制尚不健全的今天，由人民法院通过实践摸索、积累适当的经验，从而发展一些法律规则是可行的，也是必要的，但如果通过司法解释将之固化为当事人从事诉讼活动和人民法院判案的基本规则，就必须要与现行立法保持一致，至少不能存在重大的尖锐的冲突。从法律效力体系角度来看，司法解释也必须符合法律而不能随意修改法律，否则这种解释是无效的。为此，必须通过立法确认审判方式改革的经验。第三，证据规则不仅是要确立一些诉讼活动的准则，更重要的是为当事人设定了一些基本的诉讼权利与诉讼义务。例如，证人、鉴定人的权利义务及保障，这些都涉及公民的基本权利和义务，根据法律保留的原则，只能通过立法加以规定而不能通过司法解释来确认。总之，司法解释不能代替民事证据立法。

二、关于当事人举证和法官依职权收集证据

在我国原有的超职权主义民事诉讼模式下，证据并不由当事人提出，而是由法官负责调查收集。尽管自20世纪80年代末期的民事审判方式改革以来，人民法院逐步强调了当事人的举证责任，但《民事诉讼法》仅用10条（第64条至第73条）对证据问题作出规定。从这些规定来看，主要是有关证据的种类以及人民法院调查、收集及审查证据的规定，根本没有涉及当事人收集证据的程序与手段的规定。此种缺陷并不是立法技术上的问题，而是民事诉讼模式的选择问题，即仍然选择的是“以法官依职权收集、调查证据为主”的民事诉讼证据收集模式。选择这种模式的指导思想之一就是“以事实为根据”。持这种想法的学者认为，只有法官亲自调查收集证据，才能发现真实。笔者认为，作为一种司法的理想，“以事实为根据”的司法原则无疑是正确的，但司法活动是一种实践性和操作性都很强的活动，“以事实为根据”实际是指以法律上的事实为根据，也就是以证据证明的事实为依据。[①] 尤其需要指出的是，“以事实为根据”绝不是说只有由法官亲自调查所认定的事实才是可以认定的客观事实。[②] 由于“以事实为根据”归根结底仍是“以证据为根据”，而“以证据为根据”要求在诉讼中，任何当事人若要主张一定权利的存在，就必须要主张该权利发生的原因、事实，也就是说，要承担提出证据的义务，倘其不能举出足够的证据，则要承担败诉的风险。法官在诉讼中的主要职责是对当事人提交法庭的证据予以分析和判断，而非

---

① 人类的文明史表明，迄今为止，人们尚未找到比通过证据证明事实更有效的发现真实的方法，唯有证据才是发现真实的方法，诉讼中的事实都要靠证据来证明，依据充足的证据而确定的裁判才有可能是公正的裁判。也正是在这个意义上，边沁（Jereme Bentham）才指出：“证据为正义之基础（Evidence is the basis of justice）。”由于诉讼中的事实都要靠证据来证明，因此诉讼中认定的事实并不一定是客观上存在的事实，司法裁判只能以证据证明的事实为依据进行裁判，而不能也不可能离开证据而追求完全客观的真实。从“以事实为根据”转变到“以证据证明的事实为根据”，就必然要求完善有关证据的收集、调查、采纳、时限、辩论等一系列证据制度与证据规则。

② 参见齐树洁等：《民事审判方式改革与证据制度的完善》，载陈光中、江伟主编：《诉讼法论丛》，第2卷，589页，北京，法律出版社，1998。

亲自去调查收集证据。之所以在民事诉讼中必须由当事人负担提出证据的义务并承受由此可能带来的不利判决，其原因在于：一方面，民事诉讼直接关系到当事人的切身利益，当事人有义务对自己的诉讼请求赖以存在的原因、事实加以证明，他们为了实现自己的权益会毫不犹豫地承担提出证据的责任，各方当事人为了在诉讼中获胜，都会在诉讼中努力举证。另一方面，当事人都亲自参与了纠纷发生与发展的全过程，他们完全能够向法庭提供较为充分的证据材料。还要看到，通过双方当事人的充分举证不仅可以获得比法官亲自调查取证要多得多的证据，而且通过双方从不同的方面和角度所举出的证据也可以使法官进一步了解案件的事实，通过当事人的说明和辩论，法官也可以逐渐了解证据的真实价值，从而在此基础上，对双方的证据加以认定并作出对案件事实准确的判断。我国的司法实践一再证明，允许法官享有广泛的调查取证的权力，很难避免法官滥用权力，对司法公正也极易造成严重的危害。

由当事人承担举证责任，既是我国审判改革的重心，也是我国民事证据立法模式的基础。未来我国民事证据立法应该紧紧围绕由当事人举证这一原则展开。同时，在民事证据立法中也应当完善各种配套措施，努力保障司法的公正性、权威性、稳定性。从当前民事审判方式改革的实际情况来看，需要在法律上规定当事人收集证据的方法和程序、关于举证责任分配原则及其例外、司法认知、推定和自认规则，从而完善我国民事证据立法。

《民事诉讼法》第 64 条第 2 款规定："当事人及其诉讼代理人因客观原因不能自行收集的证据，或者人民法院认为审理案件需要的证据，人民法院应当调查收集。"由于该条对于造成当事人及其诉讼代理人不能收集的证据的"客观原因"并没有作明确具体的解释，尤其是对法院认为确有必要收集的情况没有作出严格的限制，从而使这一条款在实践中往往被过分扩大地解释，法官因此而享有了主动收集调查证据的极大的权限。此种做法很难保证法官在调查取证过程中始终保持独立、中立和清廉，尤其是法官在调查过程中容易形成先入为主的认识和偏见，因此从根本上说是不利于公正裁判的。在实践中，个别法官利用其独立收集、调查证据的权力，与当事人之间实行所谓的"同吃""同住""同办案"，也难免滋生司法腐败。尤其是，只要保留了法官独立收集证据的权力，而且这些证据又具有优先于当事人提出的证据的效力，就必然会给法官滥用职权提供机会，当事人也会利用这种法律上的缺口诱使法官实施有利于自己的职权行为。

虽然自审判方式改革以来，法院依职权包揽调查取证和收集证据的做法已被进行了一些改革，但对于是否保留法院调查取证的职权及其范围，依然存在着不同的看法。一种观点主张对此应当完全取消，另一种观点则认为应当保留但应予完善或改进。笔者认为，对《民事诉讼法》第 64 条的规定应当理解为：法官调查取证的范围仅限于当事人及其代理人依法律规定的原因不能收集而主动要求法官收集的证据。这就是说，一方面，必须是当事人及其代理人依法律规定的原因不能收集的证据。例如，当事人是否在银行开户，账号、存款数额等依据法律规定只有司法机关等有关国家机关才有权查阅，而当事人不能够查阅该情况。如果当事人因为人力物力的限制而不能自行收集证据，则不应属于《民事诉讼法》第 64 条规定的范围。另一方面，必须是当事人主动向人民法院提出申请，请求法院调查取证，如果当事人并没有向法院提出要求，则法院不应当行使该项职权。在审判方式改革中，我国许多地方的法院开始严格限制法官调查取证的范围。例如，将法官的主动收集证据限定在当事人主动申请法官查证，该要收集的证据是处理案件需要的证据，而非因当事人自己所能克服的客观原因造成的当事人自己难以收集。① 尤其需要指出的是，即使是当事人客观上不能收集的证据，也必须由当事人主动提出请求法院收集该证据，法院才可依职权收集。当事人在提出申请的时候必须要详细说明不能收集的理由，如涉及商业秘密、银行存款账户等。法院要认真审查其理由，在一方请求法院收集证据以后，也应当允许另一方对此提出异议，如果另一方所提出的异议合理，法院应当拒绝一方请求收集证据的申请。

诚然，在实践中，会出现某些当事人因为法律知识欠缺、不懂举证的要求从而收集的材料不符合证据要求的现象，但据此就认为法官有义务帮助当事人收集证据的观点却是值得商榷的。如果当事人诉讼经验缺乏，应当聘请律师帮助其调

① 参见刘兰芳等：《关于庭审方式改革的思考与实践》，载《中外法学》，1996（4）。

查取证，否则，因不能完成证明责任则应当承担败诉的责任。即便当事人没有聘请律师，法院也只有对当事人提供某些必要的法律建议的义务，如告诉当事人应当举出哪些证据，或者指出其哪方面的举证不足；法官也应当通过交换证据的方式使诉讼经验缺乏的一方当事人意识到自己在举证方面的不足，从而积极地、全面地履行举证责任。但无论如何，法院不能以一方当事人不能举证为由而主动地代当事人收集证据。

三、关于庭审前交换证据问题

在当前的民事审判方式改革中，各地法院普遍采用了一种被称为“一步到庭”的审判方式。所谓“一步到庭”，其含义是：法院在受理案件之后、开庭之前，不接触双方当事人，也不接触任何证据，甚至也不详细阅读案卷材料，当事人的一切主张和证据都要在开庭时予以出示，法官只有在开庭时才能接触证据、了解案情。“一步到庭”的做法，不仅强化了当事人的举证责任，而且使法官在庭审前因不能接触证据和当事人而使案件蒙上了一层厚厚的面纱，从而使法官避免产生先入为主的判断。尤其因法官不能在庭前接触当事人，极大地减少了司法腐败现象，保证了庭审活动的公正进行。对于许多简单的民事纠纷来说，因证据较为简单，案情并不复杂，采取“一步到庭”的做法是可行的。但对于某些较为复杂的民事经济纠纷，如集团诉讼案件、复杂的合同争议、产品责任案件、重大事故案件等，采用“一步到庭”的办法并不一定有效。一方面，由于这些案件十分复杂，证据千头万绪，尤其当法庭上一方当事人随时提出新的证据，而另一方要求就该证据另外收集新的证据加以反驳时，因法官在庭审前对案情和证据未加分析归纳，则整个庭审活动将会变得杂乱无章，一次开庭了解不了基本的证据，就必然会导致多次开庭，案件审结也因而会一拖再拖，诉讼效率无法保障；另一方面，尽管某些案件十分复杂，但当事人仍然有可能达成和解，如果在庭审前能够达成和解，也不一定必须要开庭。综上所述，笔者认为，对“一步到庭”的实践经验也不能采取简单的一刀切的办法。

事实上，所谓“禁止法官在庭审前与当事人接触”，指的是法官不得与当事人私自接触，而不是指法官不能与当事人有任何接触，更非法官不能接触任何证据。法官是否能接触证据不能一概而论。因案件的情况不同，对法官了解证据的过程也应当有不同的要求。从国外的经验来看，两大法系并没有采取一步到庭的做法，相反对重大的案件则采取了庭前的准备程序。[①] 这些经验都是值得借鉴的。笔者认为，对于审判方式改革中出现的“一步到庭”的做法应区分不同的情况而适用，对于简易的案件可以采取这一做法，但对复杂的案件，则应当由法官或者书记员召集双方当事人及其代理人参加庭前会议，实行庭前交换证据。所谓庭前交换证据，是指一审中双方当事人及其代理人在审判人员的主持下，于庭审前相互交换各自拥有的证据，并向审判员说明证据与诉讼请求主张之间的关系及其证明力等问题。通过庭前交换证据，可以使各方了解对方的主张和所拥有的证据，从而对诉讼的结果能形成合理的预期，既可以有效地减少诉讼成本及法院资源的消耗，又可以防止滥讼致他人诉累情形的发生。通过交换证据，使各方都知道自己在证据收集方面的不足，从而可以积极、全面地收集证据，并可以防止一方隐藏证据以达到诉讼突袭的效果。庭前交换证据的规则在适用中应注意如下几点：第一，庭前交换证据是在审前的阶段进行的，如果在庭审阶段，则只能采用事实调查的方式。第二，庭前交换证据包括两个方面：一方面，双方将各自拥有的证据提交法院，法院应当将这些证据在当事人之间进行交换，使当事人相互了解对方所拥有的证据。这些证据的形式不应当局限于原始证据，传来证据同样可以进行交换。另一方面，由于该阶段仅仅是相互交换证据、了解情况，所以没有必要传唤证人，更没有必要对已经交换的证据展开辩论。绝不能因为实行了庭前交换证据，便可以省略庭审程序。第三，庭前交换证据并不是开庭，所以主要应当采用会议的形式，但要由法院主持进行。庭前交换证据原则上主要适用于复杂的案件，并且应主要限于普通诉讼程序，对于简易的民事案件不应当适用此种方式。

---

① See J. Skelly Wright, *The Pretrial Conference in American Court Systems*, *Readings in Judicial Process and Behavior*, Sheldon Goldman and Austin Sarat, 1978, p. 120.

如果当事人无正当理由在庭前不交换证据，将会发生何种后果？对此，学者的观点与司法实践的做法并不相同。第一种观点认为，未经庭前交换证据的，该证据不应当被质证和认定。[①] 第二种观点认为，除非一方有正当理由证明另一方故意隐瞒证据而不交换的，否则另一方仍然可以在庭审期间提交证据。第三种观点认为，我国《民事诉讼法》规定，在任何时候都可以提交证据，没有在庭前交换证据，因此给另一方造成损失的，应当承担赔偿责任，但未提交证据的一方可以在任何时候提交证据。最高人民法院在《第一审经济纠纷案件适用普通程序开庭审理的若干规定》中规定了庭前交换证据问题，但并未对不交换证据的后果作出规定，实际上是允许当事人在开庭时继续提交。笔者认为，尽管《民事诉讼法》规定了当事人可以在案件审理期间内随时提交证据，但是这一规定显然不合理。庭前交换证据作为审判方式改革的一种措施，与其他改革措施一样已经突破了《民事诉讼法》的规定。但如果采纳第一种观点，则未免对未提交证据的一方过于苛刻。因为要求当事人在庭前证据交换前就将所有的证据收集齐全，这实际上是很难做到的。尤其对于被告来说，他在收到原告的起诉状副本之后，需要一段时间进行反驳或提出反诉。如果当事人身处外地，要在本地收集证据，往来奔波也需要花费很长的时间，所以不可能要求当事人在庭审前将所有证据收集齐全并交换证据。如果当事人在庭审期间收集到有关证据，当然有正当理由在庭审期间提出。甚至在第一次庭审结束时，如果一方要求有更多的时间继续收集证据，只要该要求是合理正当的，法院也应当准许其在一定期间内收集证据。当然，如果在庭审前已经收集到了证据而故意不交换，对这一部分证据另一方有权在庭审期间不予质证。故意是指一方已经声称其取得了某证据或在起诉书中已经提及了其取得的某证据，或者另一方有充足的理由认为其已经掌握了某证据，而故意不提供。有关故意的问题，应当由另一方负举证责任。

① 参见《广东省法院民事、经济纠纷案件庭前交换证据暂行规则》。

四、必须建立证人出庭作证的制度

证人证言是我国《民事诉讼法》所规定的一种证据形式，也是民事诉讼中经常采用的证据形式。而所谓证人证言，是指根据法院的传唤而出庭作证的证人在法庭上所作的能够证明案件情况的口头陈述。换言之，只有当证人在法庭上所作的能够证明案件情况的口头陈述，并经法庭当庭笔录固定后才能被确认为证人证言。①《民事诉讼法》第72条规定，“凡是知道案件情况的单位和个人，都有义务出庭作证”。然而实践中，证人出庭率很低，许多当事人只是在法庭上提出书面证言，或者由提交书面证言的一方提请审判长宣读之后，由双方各自提出自己对该证言的看法和理解。笔者认为，在证人不能出庭作证、仅仅只是由一方当事人向法庭提供书面证言的情况下，由于证人无法到庭参与质证，因而其证明力较弱。因为证人证言必须当庭陈述并质证，若仅仅由一方向法庭提供书面证言，则难以判断该证言是否确实，是否由某证人所作以及该证人是在何种情况下提供了该书面材料。尤其是因证人不出庭，对方当事人无法就其内容与证人进行对质，更不能就证人提供的证言向证人提出询问，因此，很难确定证人证言的准确性和可靠性，甚至不排除有捏造证人证言的可能。

证人出庭作证率低的状况不仅影响到了证人证言的运用及采纳，更重要的是对我国当前进行的民事审判方式改革形成了极大障碍。可以说，证人出庭率低的问题不解决，民事审判方式改革是很难取得应有效果的。在大多数民事经济案件中，由于证人证言是证明案件事实最重要的证据之一，如果证人不能出庭作证，对事实的辩论将会缺乏可靠的依据甚至是无的放矢，公开审判的功能因此会大打折扣。由于审判方式改革的一项重要环节是在公开审判中加强质证的作用，当事人对证人进行发问和质询的权利是其依法享有的重要的诉讼权利，如果证人不能出庭，质证措施的作用就很难得到充分发挥。各种伪证不能得到揭露，程序很难说是公正的。尤其应看到，证人出庭率低可能会促使法官被迫进行依职权调查、

① 参见罗锡南：《谈民事诉讼庭审中的证人出庭》，载《法律适用》，1995（3）。

取证的工作。因为在证人不出庭的情况下，仅凭一纸在庭外形成的证言，很难判断其内容的真实性，书面证言中难免出现虚构、篡改的现象。如果法官不能仅仅凭此作为定案的依据，那么他可能会在一方提供书面证言后，因证人没有出庭，而在庭外对该证言加以查证，从而会形成暗箱操作。法官依职权所从事的调查活动不仅因此而难以减少，更会为司法腐败提供机会，同时还会导致审判效率低下。

造成证人出庭率低的原因是多方面的，如对证人出庭作证缺乏可靠的安全保障和提供适当的经济补偿。尤其是许多公民作证意识淡薄，害怕涉及官司惹麻烦，多一事不如少一事，因此不愿意出庭作证。[①] 笔者认为，当前完善证人证言制度急需解决如下问题。

（1）明确规定出庭作证是证人对国家应尽的义务。既然证人出庭是对国家应尽的义务，那么对拒绝作证的行为可以规定相应的强制措施。证人出庭作证并保证不作伪证，绝不是单纯地为了帮助一方当事人打赢官司（即使是当事人一方聘请的证人也不完全是为了该当事人的利益而出庭作证）。证人出庭作证主要是为了帮助法院调查事实、查明真相，从而作出公正的裁判。所以，证人出庭作证，是其对国家所负的一项义务。任何公民都应当负有此种义务。如果证人拒绝出庭作证，应当以国家强制力保证证人出庭作证。一方面，在法律上应当规定，如果证人不出庭作证，其证言不能作为定案依据被采纳；另一方面，对拒绝出庭作证的证人，法院有权加以罚款。如果因其无正当理由拒不出庭而造成案件审理的迟延，法院还有权责令其赔偿损失。

对于拒绝出庭作证的证人，能否采用拘传、拘留的办法？对此，学术界有很大争议。有人认为证人主要是害怕报复，采用拘传可能会打消其遭到报复的担忧、减轻其出庭作证的心理负担，反而有利于对证人的保护。应当看到，民事案件毕竟涉及的是当事人的民事争议，对证人不出庭作证采取拘传、拘留的措施，实际上是对公民的人身进行了强制，已具有了严厉惩罚和制裁的色彩。但如果对

---

① 参见徐义：《证据与证人保护制度》，载《现代法学》，1999（6）。也有一些证人因害怕报复而不愿意出庭作证。参见刘琪、扶民：《当前民事损害赔偿案件的特点》，载《人民法院报》，1999-12-31。

无正当理由拒不到庭的证人，不采取强制措施，则证人出庭率低的问题很难解决。所以，笔者认为对无正当理由拒不到庭作证的，可以采取强制措施，但证人到庭以后，可以以自己不知道案情为由而保持沉默。

（2）必须明确界定证人确有困难不能出庭的范围。实践中，证人常常以健康等原因为由不出庭作证，笔者认为，证人原则上都应当出庭作证，当然，强调证人应出庭作证并非没有例外情形。在以下情形中，应当允许证人提交书面证言：一是证人在庭审期间身患严重疾病或者行动极为不便的；二是由于出国等原因，暂时无法出庭作证的；三是因为不可抗力等原因而无法到庭的；四是争议双方当事人均认为无须证人出庭的；五是合议庭同意证人不出庭的。在上述五种情形下，除双方当事人都认为无须到庭的情况外，对其他几种不出庭的情形，应当要求证人提供电话录音甚至录像，否则其出具的书面证言因未经过质证不应成为定案的根据。如果证人确有正当理由无法出庭作证，除非经一方申请要求法院查证，法院也不应在庭外单独与该证人接触。

（3）应当建立交叉询问制度。通过由双方对证人实行交叉询问，不仅可以及时发现伪证或证人证言中的虚假部分，而且可以真正对证人证言实行质证。由此可见，交叉询问是一项较为公正的程序，即使在实行过程中需要花费一定的时间，但对于发现真实却是十分必要的。

（4）关于证人出庭的经济保障问题。如前所述，证人出庭作证是证人对国家应负的义务。因此，即使是一方当事人提供的证人，也不能认定其仅是帮助一方打官司的人，也不能采取谁提供证人谁负担费用的做法。其结果难以保证证人证言的客观性，造成谁提供证人就为谁作证的情况，甚至导致一方以经济利益为引诱，而诱使证人出庭作证。然而，民事诉讼毕竟涉及当事人双方的利益，因此，一方提供证人以后，也不应当由法院承担证人出庭的费用，这样做的结果，也会在一定情况下鼓励当事人随意提供证人，而要求法院传唤并报销费用。笔者认为较好的办法是，由当事人提供证人或证人证言，法院认为有必要时，可传唤其出庭，对于证人出庭作证的合理费用，由法院确定，并在案件审结时，由败诉的一方承担该费用或由双方予以分担。

(5) 关于对作伪证的制裁。目前，实践中证人作伪证的情况较为严重。这一方面是因为证人出庭率低，不能在出庭作证时予以揭露，另一方面也是因为法律对证人作伪证问题没有明确规定其责任。此外，个别律师缺乏职业道德，采取非法手段，教唆当事人作伪证，或要求证人作伪证。① 笔者认为，就某一事实的证明而言，如果一方证人是因当事人或其代理人的教唆或胁迫作伪证，可依具体情况推定另一方在这方面的证据证明的事实是真实的。对证人当庭作伪证的，法庭应当予以训诫、批评；情节严重的，可予以罚款。对于一方当事人采用暴力、威胁、贿买方式或纵容、唆使证人作伪证的，法庭可以对该当事人予以训诫或者罚款、赔偿损失或者责令其承担所有证人出庭的费用；情节严重构成犯罪的，应依法追究其刑事责任。

(6) 应当建立证人宣誓制度。证人出庭作证之前，应当宣誓不作伪证。这在一定程度上，对证人不作伪证能起到约束作用，而且体现了法庭审判的神圣性和法庭的尊严。对证人违背誓言而作伪证，追究其责任也就顺理成章。

最后是对于证人的人身安全的保障问题。这是一个较为复杂的问题，不仅需要对侵害人实施制裁，更重要的是建立一整套安全保障制度和体系。通过公、检、法的密切配合，司法行政部门的合作，从而对证人的人身安全形成一种强有力的保障机制，为证人出庭作证创造一种良好的环境。

五、关于举证时限问题

《民事诉讼法》第139条规定，“当事人在法庭上可以提出新的证据”。对此规定，一般都理解为当事人可以在任何时候向法庭提出新的证据。这就是所谓的证据随时提出主义。

证据随时提出主义的弊端是明显的。首先，允许当事人随时提出证据可能会违背二审终审所设定的目标。法律上之所以设定二审终审，就是为了在二审期间对一审判决的事实认定和法律判断加以审查，据此发挥一种监督和制约的作用。

① 参见刘琪、扶民：《当前民事损害赔偿案件的特点》，载《人民法院报》，1999-12-31。

如果当事人一方在一审中只提出部分证据甚至不提出证据，那么，一审根据当事人所提出的证据而作出的判决自然应成为二审的审查对象。但如果当事人在二审中提出新的证据，那么，二审据此所作出的判决，实际上又成为一审，受此不利判决的当事人却再也不可能提出上诉。其次，允许当事人随时提出证据，必将造成诉讼资源的浪费。因为一方面，诉讼活动本身有一定的时间限制，法院不可能对一个案件无止无休地审理。如果当事人一旦提出新证据，法院就要进行审理，那么法院的审判活动无疑屈从于当事人提出证据的活动。当事人在一审中不提出证据而在二审中提出证据，法院根据二审中提出的证据进行判决时可能使一审法院付出的资源白白浪费。同理，当事人在一审或二审中不提出证据而在审判监督程序中提出证据，将使一审、二审法院付出的资源被无端耗费。因此，证据的提出如无时间的限制将根本违背诉讼效率的原则。最后，证据的提出没有时间限制，很可能被当事人滥用。实践中，某些当事人对部分证据故意在一审中不提供，而留在二审提出，从而导致二审更改一审的判决或者案件被发回重审。这不仅使一审法院的公正审判活动受到人为的妨碍，也给另一方当事人造成了损害。如果允许当事人随时提出证据，那么，一方就可以在庭审前不提出证据或不进行证据交换，而在庭审中突然提出证据，搞突然袭击，或者在一审中不提出证据而在二审中提出新的证据，使对方措手不及。这种诉讼突袭的现象破坏了公平诉讼的原则，使受攻击的另一方缺乏足够的时间进行防御准备，也对其充分行使辩论权造成了障碍。[①] 此外，证据随时提出原则会鼓励当事人恶意诉讼，从事违背诚信原则的行为。

总之，我国《民事诉讼法》的上述规定已经对审判方式改革形成了某种障碍，然而，在现有的体制下能否通过司法解释以及各级法院的规定对该条作出突破，是值得研究的。一方面，我国宪法体制并不允许法院享有立法以及修改法律的权限，如果通过司法解释改变《民事诉讼法》的规定必然出现法院的越权现象。另一方面，从九届人大三次会议通过的《立法法》的规定来看，对法律的修改与完善应由立法部门进行，而不能由法院享有此项权力。所以，笔者认为，即

① 参见左卫民、陈刚：《证据随时提出主义评析》，载《法学》，1997（11）。

使法院通过司法解释进行某种改变，其合法性依然值得质疑。因违反举证时限的规定而败诉的当事人也无法接受败诉的结果。

然而，如果仍然采纳证据随时提出主义，则审判方式改革中所采纳的庭前交换证据、当庭质证等都将变得毫无意义，庭审改革是很难进行下去的。改革证据随时提出主义，就是要采纳举证时限制度。那么，如何将举证时限合法地引入诉讼过程中呢？笔者认为，可以采用合同约定的方法，即在庭审的事实调查阶段即将结束的时候，法院可以将有关举证时限的规定提交给各方当事人，如果当事人愿意接受举证时限的规定，视为当事人与法院之间已经就受举证时限的拘束力问题达成了合意，而这种合意改变了《民事诉讼法》的上述规定。法院在庭审中就举证时限的问题与当事人达成了合意，从根本上说是为节省诉讼成本、提高诉讼效率，是有利于诉讼当事人双方的，因此达成这种改变也是合法的。当事人事后不能任意反悔，否则违反了禁反言规则。当然，当事人也可以拒绝接受该举证时限的规定，在此情况下，对当事人依然适用证据随时提出主义。可见，举证时限的规则应当以当事人具有合意为前提和基础。

所谓举证时限包括两方面的内容：一是由法律明确规定或由法院确定一定的举证期限，当事人只能在该期限内举证，超过了该期限而不举证，将产生举证不能的法律后果。对于由法律规定的举证期限应到何时届满存在着不同的观点。有一种观点认为，举证时限的终点应定在第一审法庭辩论的终结之日。① 另一种观点认为，应以开庭日期为法定的举证时限终点。② 笔者赞成第一种观点，因为要求在开庭前提出证据时间显得过短，在这个期间，当事人可能还不了解对方证据的情况，从而难以确定应当提供哪些证据。尽管有些法院实行庭审前的证据交换程序，但审前交换证据适用的范围是有限的，同时，如果当事人不交换证据，也不能认定其行为的效力，更何况庭审阶段就是当事人提供证据、证明自己的主张、法院查清案件事实的过程。如果当事人有证据而不允许其提供，显然与该阶段的目的相违背。依据法律规定，在事实调查阶段终结，进入辩论阶段之前，法

① 参见赵争平：《论举证时限的设立》，载《人民司法》，1996（6）。

② 参见陈桂明、张峰：《民事举证时限制度初探》，载《政法论坛》，1998（3）。

官都可以要求当事人回答是否还有新的证据予以提供，只有在当事人允诺没有新的证据提出后，庭审才应进入辩论阶段。

当事人在一审不举证而在二审举证，即使该证据是真实的也不能作为证据使用。如果当事人已经受举证时限的限制，在二审终审判决已经生效后，也不能在申诉阶段提出新的证据。事实上，从一审到二审已经给予当事人足够的时间向法院提供证据，因此没有必要在二审终结以后再给当事人提供新证据的机会。审判监督程序只能就一审和二审中提出的证据以及二审法院认定的事实和裁判进行审查。当事人只能以对其在一审和二审中提供的而法院无正当理由没有认定的证据，请求再审，不能通过提出新的证据请求再审。人民检察院也不能够依据当事人提供的新的证据对已经生效的裁判提出抗诉。

二是逾期举证的法律后果。如果当事人不能在举证期限内提出证据，该证据将不为法院所采纳，从而失去证据的证明力。[①] 举证时限届满以后，原则上法院不应当采纳此后当事人提出的证据，也就是说这些证据将失去证明力。当然，当事人在逾期提供证据的时候，可能会同时提供其迟延提交的理由，如果这些理由是正当的，则法院应当采纳该证据。由于逾期提供证据的理由直接关系到证据能否被采纳，因此必须以法律明确规定，而不能由法官作出判断。笔者认为，这些正当理由应当包括：第一，当事人在一审期间明确要求延长收集证据的时间并且有合理的理由，但被法院拒绝；第二，因不可抗力的发生，导致当事人不能及时地收集证据；第三，一审法院违反了证据规则和程序，使一方当事人认为没有必要对某诉讼请求举证，或者没有必要提出某项证据，致使当事人不能及时举证。如果出现这些情况，法院不能拒绝当事人提出的新证据。

六、关于当庭质证和认证

所谓当庭质证，是指当事人双方在法庭上出示了各种证据以后，应当在法庭

① 参见宋艳华、张钢成：《民事审判方式的改革瓶颈：举证时限制度》。该文为作者在 1999 年 12 月 9 日至 10 日由最高人民法院经济庭、民庭与中国人民大学法学院合办的“完善我国民事证据制度座谈会”上提交的论文。

的主持下，相互对双方所出示的证据进行对质核实，以确认证据的证明力。[①]《民事诉讼法》第68条前段规定："证据应当在法庭上出示，并由当事人互相质证。"可见，当庭质证是法定的必经程序。

质证是在法官的主持下，由当事人对证据进行质对与核证。法官虽需主持此项活动，但其本身与案件的调查、收集以及依证据证明事实没有关系。也就是说，法官不能成为质证主体。如果法官成了质证的主体，则其本身就与案件的事实发生了利害关系。而且法官成为质证主体，不仅因此会与当事人发生冲突和矛盾，导致整个质证活动甚至诉讼活动都难以进行，更易使法官失去独立性与公正性。法官只能在当事人因法定原因不能调查收集证据的情况下，才能根据当事人的请求调查收集证据。如果确实是法院依职权收集的证据，对该证据也应当在庭上出示，并由当事人双方进行质证。《民事诉讼法》第68条规定，"证据应当在法庭上出示，并由当事人互相质证。"依据这一规定，所有的证据，包括法院依职权调查取得的证据都应当进行质证。即使是公安和检察机关在侦察阶段取得的证据，认为当事人涉嫌刑事犯罪从而要求法院中止或终止民事案件的审理，对这些证据材料也要由当事人双方进行质证。《民事诉讼法》要求所有的证据都要在法庭上出示，并由当事人质证，其中就包括了法院依职权所收集的证据。如果该证据不具备客观真实性和合法性，则不应当成为定案的根据。质证的内容主要是对证据的客观性和合法性进行对质、核实，法院也应当围绕这三个方面来组织质证活动。质证的主要内容是由当事人对证据的客观真实性与合法性进行对质、核实。至于证据的关联性，则是由法庭判断的问题，原则上不属于质证的范围。一般来说，所有与案件事实有关的证据材料都应该当庭质证。如果当事人及其诉讼代理人对证据有疑问的，经法庭允许，可以向对方当事人、证人、鉴定人发问，被发问人应当对所提的有关案件事实和证据的问题予以回答。对于证人出具的书面证据，如果当事人有疑问也可以要求该证人出庭接受质询。

所谓认证，是指法庭对当事人所提交的及法院依职权调查收集的证据材料予

① 参见谭兵等：《论我国民事诉讼中的质证制度》，载《法学评论》，1995（5）。

以审查判断，并决定是否予以采纳的诉讼活动。认证的主体是指担任民事、经济案件审理的合议庭或独审法官。认证的对象包括两方面的证据材料：一方面是当事人及诉讼代理人向法庭所提交的证据；另一方面是法院依职权调查收集的证据，包括由法院指定的鉴定人出具的鉴定意见。当然，这些证据都必须是经过当庭质证的，才能作为认证的对象。在此要区分证据材料与证据的概念。从广义上说，它们都包括在证据的概念之中。但严格地说，当事人向法院所提交的证据，甚至法院依职权调查收集的证据，在法院正式采纳其为证据之前，实际上只是作为证据材料使用的。这些材料必须经过质证、认证、采证过程，最终才能成为证据。

对于“认证”一词，人们容易误解为“确认证据”。实际上，认证包含两个部分：一是对已质证的证据进行审查判断。这是司法审判人员从事的查明案件事实的专门法律活动。通过审查判断证据而鉴别证据的真实性、合法性，判定证据资格和证明力，剔除虚假证据，确认证据和案件事实之间的联系，并据此确认其是否能作为证据使用以及对案件事实的证明力。[①] 二是指采证。采证是审查判断证据的目的和结果，不仅由司法审判人员决定是否采纳某一证据，还要对采纳该证据的理由予以说明，同时也要阐明该证据所能证明的事实。作为一项制度，认证不仅包括审查判断证据和采证，还包括对证据“三性”的要求以及采纳证据的规则等。

关于认证是否应当庭作出，理论界和实务界存在着不同的看法。在许多法院，当庭认证都已被作为审判方式改革的一种方式。笔者认为此种方式是不妥当的，因为认证与质证是不同的。认证通常是在质证完成后，对经过质证的证据由法院进行审查判断。质证应当发生在事实调查阶段并当庭进行，它是认证的前提。在一般情况下，没有经过质证的证据材料不应当进行认证。质证需当庭进行，认证一般应当在庭审后进行，不应当当庭解决。认证在一般情况下不必当庭作出的主要原因在于：第一，认证是审查判断并确认证据的过程。在大多数案件中，当事人提出的证据需要由合议庭合议讨论，认证过程同时也是合议庭讨论过

① 参见江伟主编：《证据法学》，281页，北京，法律出版社，1999。

程。如果要求当庭作出，合议庭不可能在庭上合议。[①] 第二，认证的过程是一个综合分析判断的过程，需要留一定的时间给法庭以充分考虑、研究，尤其是在多数案件中，证据多种多样，更应当给予法庭一定时间进行分析判断。如果当庭必须认证就可能会草率行事，更何况对某些证据，当事人还需要补充，一时也不能予以确定，因此不宜都当庭认定。第三，当庭认证也会使法庭辩论程序虚化。在质证结束后马上进入认证阶段，当事人就很难再进一步进行辩论。因为法庭辩论不仅是适用法律的辩论，也是对案件事实的辩论，而后者是有助于法庭认证的。在辩论过程中，一方提出证据，另一方提出反驳意见，能够加深法庭对当事人提供的证据包括法院依职权收集的证据的证明力的认识。

认证不应当庭作出并不是绝对的，在某些情况下也可以在质证后当庭认证，这主要包括以下几种情况：第一，一方当事人对另一方提出的证据没有表示异议；第二，对法庭调查的证据，双方都没有提出异议；第三，对当事人一方提交的或法庭依职权收集的证据，另一方虽有异议但未能在规定时间提出相应的证据材料予以反驳。

在认证过程中，如果证据确凿充分，各个证据之间没有冲突，认证是不困难的。但在很多情况下，法庭所掌握的证据并不可能达到确实充分程度，从现有证据不可能确定案件事实。此时，应当怎样认证？笔者认为，可以引入优势证据法则。所谓“优势证据”（preponderance of evidence），是指证明某一事实存在或不存在的证据的分量与证明力比反对的证据更有说服力，或者比反对的证据的可靠性更高。[②] 所以，优势证据实际上是指一方提出的证据相比另一方提出的证据的证明力处于优势地位，且达到了合理可信的程度，就可以认定。之所以在法律上应采纳优势证据法则，有以下几点理由：第一，民事诉讼主要涉及双方当事人的权益，当事人对自己的主张应提出证据，并反驳对方。双方这种攻击和防御就像一场比赛一样，法官居于中立的裁判地位。如果双方举出的证据都不充分，就只

---

① 参见齐树洁等：《民事审判方式改革与证据制度的完善》，载陈光中、江伟主编：《诉讼法论丛》，第2卷，587页，北京，法律出版社，1998。

② 参见［美］E. M. 摩根：《证据法之基本问题》，49页，台北，世界书局，1982。

能由举出更为充分证据的一方胜诉或者使其某一方面的主张被采纳。第二，案件事实都是已经发生的事实，证据的不充分在许多案件中都是难免的。一味地追求客观真实，事实上是不可能做到的。第三，如果在证据不确凿充分的情况下，为了追求案件的客观真实，其结果必然是当事人不断调查、法院不断查证。不管最终是否能收集到证明案件事实的证据，都会造成案件审理的延误，所以，笔者认为，我国应采纳“优势证据”规则。

在认定证据的过程结束以后，必须使认证在判决中得到反映。如果在裁判书中不要求对证据的认定举出理由，则同样会给予法官很大的自由裁量权。也就是说，如何认定证据，如何从证据中确定事实，完全由法官自由决定，且不需要给当事人说明理由，这同样会导致司法的专横，也会为司法的腐败提供机会，从根本上说是不利于公正的裁判的。如果判决书中仅仅指出“上述事实，有某某书证、某某证人证言证明，足以认定”，至于这些证据是由谁提供的、是否经过了当庭的质证与认证、每一项证据究竟能证明什么问题、证明力怎样、其与案件的事实的关联性如何等极为重要的问题，通通语焉不详，这样的判决是不可能保证裁判的公正和使当事人信服的，也不可能树立司法的权威。因此，判决书中一定要详细反映认证的过程。

七、关于鉴定人与专家证人的问题

鉴定是民事诉讼与仲裁中运用得十分广泛的方式，依据《民事诉讼法》第76条的规定，鉴定人是有专门知识的具备鉴定资格的人。而鉴定意见也通常是法院就专门问题交给鉴定部门进行鉴定而得到的书面意见。长期以来，在实践中，鉴定人只能由法院聘请或指派，而不能由当事人聘请并提交鉴定意见。笔者认为，这种做法应当改变。因为，鉴定意见本身只是证据的一种形式，提出鉴定意见属于当事人举证责任的范围，而非完全是法院职权活动的内容。既然法律规定当事人提出主张就负有举证责任，当然应允许当事人聘请鉴定人并提出鉴定意见。除非当事人因自身能力所限无法聘请，向法院请求聘请鉴定人，法院才可以依职权聘请或指定鉴定人。

剥夺当事人聘请鉴定人的权利在实践中也会造成许多危害后果，主要表现在：第一，无法使法官保持独立与中立。在实践中，许多案件甚至一些重要的案件（如邱满囤案等）之所以一审、二审的判决结果截然对立，就是因为不同的法院聘请的鉴定人不同，作出的鉴定意见也完全不同。由于某一鉴定意见常常决定着案件的基本事实，因此鉴定意见的差异从根本上改变了案件的事实与判决。在鉴定机构众多、素质参差不齐的情况下，完全由法院聘请鉴定人，必然会在一定程度上使法院介入了对立的双方当事人的纠纷之中。显然，法院并不比当事人具有更多的判断鉴定人优劣的能力与素质，完全由法院选择双方当事人都满意的鉴定人是困难的，甚至是根本做不到的。尤其当案件中的当事人分处两地时，法院对外地的鉴定人根本一无所知，如果完全聘请本地的鉴定人，则外地当事人又不会相信这种聘请或指定是公正的。即使法院具有这种判断能力，在鉴定意见与一方期待差距巨大的情况下，该当事人是很难相信法院聘请的鉴定人是合适的，由此当事人对法院判决的公正性必然会产生怀疑甚至不满。即使鉴定人作出的鉴定是公正的、客观的，但只要对一方不利，那么受结果不利的一方必然会认为法院在帮助对方聘请鉴定人。第二，完全由法院聘请鉴定人容易产生司法腐败。因为在鉴定意见对案件结果起决定性作用的时候，鉴定人的选择权极为重要，如果由法院保有此种权利，则法官想偏袒一方甚至枉法裁判就变得很容易。实践中出现的个别法官造假案、颠倒黑白、混淆是非，确与法官享有对鉴定人的聘请权有关。第三，如果当事人本身没有要求鉴定，法院主动进行鉴定也是对民事诉讼处分权原则的根本违背，而且在法院有倾向性地聘请鉴定人的情况下，高额的鉴定费用还要由败诉的当事人承担，这无论如何是令人难以接受的。

正是由于存在上述弊端，许多法院已着手对此加以改革。采取的措施主要有：第一，将鉴定人聘请为法院的陪审员参与案件的审判，在合议庭中直接体现专家证人的意见。这种方式的优点是，法院不是直接出面聘请鉴定人，而是将鉴定人的意见直接转换为合议庭的意见，从而不会产生当事人对法院直接聘请鉴定人的怀疑和不满。同时，由于鉴定人意见直接体现在判决书上，当事人即便不满也可以通过上诉程序来表达。但这种方式依然没有减少法官决定鉴定意见的权利，因为陪审员归根结底还是要由法官选择和聘请的。第二，在涉及案件需要鉴定的情况下，法院首先要求当事人就鉴定人的聘请达成合意，否则由法院聘请鉴定人。这种方式较之以前的做法更为尊重当事人的程序权利，但由于民事诉讼中的双方是处于对立状态的，因而在绝大多数情况下当事人对此是很难达成合意的，其结果最终仍是由法院作出决定。第三，完全由当事人自愿聘请鉴定人，法院只是对当事人分别提出的鉴定意见结合其他的证据加以审查，最后决定采纳哪一方提供的鉴定意见。从实践来看，这种做法取得了明显的效果。

应当看到，第三种做法是较为合理的，但这一做法在法律依据上遇到了很大的困难，即当一方对另一方的鉴定意见提出异议或双方的鉴定意见互相冲突时，法院如果希望进一步了解鉴定的情况和内容，必然要求鉴定人出庭进行质证。然而，我国《民事诉讼法》既未规定鉴定人必须出庭的情形，也未对鉴定人出庭时的身份及相应的权利义务作出规定，因此实践中操作起来十分困难，甚至有的当事人明确指出鉴定人出庭是非法的。由于遇到这一困难，某些法院也就没有要求鉴定人出庭，但这又会遇到新的问题，因为当事人聘请鉴定人并提出鉴定意见只是向法院提供了一种证据资料，最终还要由法院来审查判断。既然只是一种证据材料，鉴定人当然应当出庭并在法庭上质证。

笔者认为，聘请鉴定人并非法官的职权范围，相反，主要应当由当事人自己协商确定。如果当事人已经在合同中约定了鉴定机构，则应当完全尊重当事人的合意。如果当事人没有特别约定鉴定机构，在诉讼中又不能达成协议，则应当由当事人各自聘请鉴定人。应当看到，鉴定人并不一定是鉴定单位，鉴定人通常是具有一定专业知识的个人或者机构，除非当事人同意，对鉴定人的聘请应当由当事人自己决定而不应当由法院聘请。事实上，既然民事诉讼涉及的是双方当事人的权益，那么鉴定人也应当由当事人自己去聘请。在这方面可以借鉴英美法关于专家证人的经验。所谓专家证人是指基于特有的实践经验或专门知识对案件事实提出判断性意见的人。[①] 按照美国《联邦证据规则》第 702 条的规定，“如果科学

① 参见毕玉谦：《民事证据法及其程序功能》，282 页，北京，法律出版社，1997。

技术或其他专业知识将有助于事实审判者理解证据或确定争议事实，凭其知识、技能、经验、训练、教育够格为专家的证人可以用意见或者其他方式作证”。笔者认为，在我国，也可以将鉴定人转变为专家证人。其必要性在于：首先，民事案件涉及双方当事人利益，应当由双方当事人自己聘请鉴定人，而法院是不宜出面聘请鉴定人的。既然鉴定人不是由法院聘请而是由当事人自行聘请的，则称其为当事人的证人而不是鉴定人就更为恰当。当事人聘请的鉴定人，与《民事诉讼法》规定的鉴定人在性质上是不同的。当事人聘请的鉴定人，应称为专家证人，只是证人的一种。其次，由于专家证人主要是由当事人聘请的，所以就案件的鉴定问题，双方当事人都能够向法院提供专家证人。对于专家证人，双方当事人在法庭上也都可以分别进行询问与反询问。[①] 当事人完全可以采用交叉询问的方式以及相互辩论的方式来揭示事实的真相。通过这种方式也可以使法官查证哪一方当事人聘请的专家证人的证言更为可靠。最后，民事诉讼中所涉及的鉴定，并不完全如刑事案件要求实施法医和物证技术鉴定。民事案件错综复杂，如对于医疗事故、交通事故、房屋验收、合同和遗嘱文本等是否真实的问题进行鉴定，无法像刑事案件中那样设立统一的鉴定中心来进行鉴定，同时也不可能通过机构进行鉴定，而可能需要借助于专家个人的知识进行鉴定，所以，采用专家证人的方式是适当的。因为双方都可以聘请专家证人，这样在一方聘请了专家证人以后，如果另一方并没有提供专家意见，而又没有充足的理由来反驳对方的专家证人的意见，法院就应当采纳一方所提供的专家证人的意见。如果双方都提供了专家证人，那么，法院就应当传唤双方的专家证人出庭作证，法官通过对双方专家证人的提问以及双方当事人的相互询问，可以判断哪一方的鉴定意见更为可靠。因此，专家证人的意见最终需由法院审查并确认，以决定是否采纳作为案件判决的证据。这样既可以避免法官介入当事人的争议，保持司法的独立和程序的正义，也有利于减少腐败，保障司法的公正。

---

① 参见邱星美：《民事诉讼鉴定证据质疑》，载《法律科学》，1998（4）。

后　记

本辑收录了笔者自1992年至1998年间发表的部分论文。1992年，党的十四大确立了我国社会主义市场经济的基本框架，推动了社会主义市场经济的建立，从而为我国民法的发展奠定了坚实的基础，我国的民事立法也迈入了新的历史阶段。为适应市场经济的发展需要，1999年3月15日，《合同法》颁布，笔者先后撰写了多篇论文，探讨《合同法》制定中一系列重大、疑难问题。在文稿辑录过程中，我又对部分论文做了一定的修改和补充。在修改过程中，北京航空航天大学周友军教授、北京理工大学孟强博士、中国人民大学法学院朱虎副教授、刘明博士后、王叶刚博士、张尧博士等都提供了大量帮助，缪宇博士和谢远扬博士也协助查找和翻译了一些德文资料，法律出版社朱宁编辑、吕丽丽编辑也给予了大量帮助，尤其是此次在中国人民大学出版社出版修订版，得到了郭虹、施洋等编辑的大力协助，在此一并致谢。

图书在版编目（CIP）数据

民商法研究：修订版. 第二辑，1992—1998 年/王利明著. —新 1 版. —北京：中国人民大学出版社，2019.12

（中国当代法学家文库. 王利明法学研究系列）

ISBN 978-7-300-27667-0

Ⅰ. ①民… Ⅱ. ①王… Ⅲ. ①民商法-研究-中国 Ⅳ. ①D923.04

中国版本图书馆 CIP 数据核字（2019）第 262882 号

"十三五"国家重点出版物出版规划项目

中国当代法学家文库·王利明法学研究系列

民商法研究（第二辑）（修订版）（1992—1998 年）

王利明　著

Minshangfa Yanjiu

出版发行	中国人民大学出版社		
社　　址	北京中关村大街 31 号	**邮政编码**	100080
电　　话	010－62511242（总编室）		010－62511770（质管部）
	010－82501766（邮购部）		010－62514148（门市部）
	010－62515195（发行公司）		010－62515275（盗版举报）
网　　址	http://www.crup.com.cn		
经　　销	新华书店		
印　　刷	涿州市星河印刷有限公司		
规　　格	170 mm×228 mm　16 开本	**版　　次**	2019 年 12 月第 1 版
印　　张	46.75　插页 3	**印　　次**	2019 年 12 月第 1 次印刷
字　　数	692 000	**定　　价**	168.00 元